图书在版编目（C I P）数据

贵阳统计年鉴. 2017 / 贵阳市统计局, 国家统计局贵阳调查队编. -- 北京 : 中国统计出版社, 2017.10
ISBN 978-7-5037-8324-1

Ⅰ. ①贵… Ⅱ. ①贵… ②国… Ⅲ. ①统计资料－贵阳－2017－年鉴 Ⅳ. ①C832.731-54

中国版本图书馆 CIP 数据核字(2017)第 217638 号

贵阳统计年鉴-2017

作　　者/ 贵阳市统计局　国家统计局贵阳调查队
责任编辑/ 陈越月 高媛媛
装帧设计/ 华健在线
出版发行/ 中国统计出版社
地　　址/ 北京市丰台区西三环南路甲 6 号　邮政编码/100073
电　　话/ 邮购（010）63376909　书店（010）68783171
网　　址/ http://csp.stats.gov.cn
印　　刷/ 广州市尚铭印刷有限公司
经　　销/ 新华书店
开　　本/ 890mm×1240mm　1/16
字　　数/ 706 千字
印　　张/ 32 印张
版　　别/ 2017 年 10 月第 1 版
版　　次/ 2017 年 10 月第 1 次印刷
定　　价/ 300 元

如有印装差错，由本社发行部调换。

编　者　说　明

一、《贵阳统计年鉴--2017》是一部全面反映贵阳市国民经济和社会发展情况的资料性年刊，信息量大，综合性强。本书收录了2016年贵阳市经济和社会发展等各方面的统计数据以及改革开放以来的主要统计数据。

二、本年鉴内容包括：行政区划和自然资源；综合；人口与计划生育；从业人员及职工工资；固定资产投资；能源消费；工业；建筑业；农业；国内外贸易及旅游；交通、运输、邮电、城市公用事业；财政、税收、金融、证券、保险；城乡调查；科技、教育、文化、广播；卫生、体育、民政及其他；全国、全省及省会城市和副省级城市主要经济指标；主要年份资料。

三、本年鉴资料来源于统计年报、抽样调查和部门资料，部分统计指标的范围及统计口径变化在表下加有注释。

四、本年鉴部分数据合计数或相对数由于四舍五入而产生的计算误差均未作机械调整。

五、凡有以前出版的统计资料数据与本年鉴不一致的，均以本年鉴为准。

六、本年鉴县域经济中各区（市、县）资料有部分指标是区（市、县）属口径。

七、本年鉴表中的符号使用说明："空格"表示该项数据不详或无数据，"#"表示其中数，"-"表示该项指标取消或无可比性，无法计算。

本年鉴在编辑过程中得到有关部门的大力支持和帮助，在此深表感谢！由于时间紧、信息量大和水平有限，书中难免存在不足之处，为了更好地满足社会各界的需要，希望广大读者提出宝贵意见和建议。

2017年9月

Preface

Ⅰ. *Guiyang Statistical Yearbook 2017* (hereinafter Yearbook) is an annual statistical publication, which comprehensively reflects the economic and social development in Guiyang. It covers data of all aspects, such as economical and social development, of Guiyang in 2016 and key statistical data since the reform and opening-up of China.

Ⅱ. The Yearbook contains seventeen chapters: 1. Divisions of Administrative Areas and National Resources; 2. General Survey; 3. Population and Family Planning; 4. Employment and Wages; 5. Investment in Fixed Assets; 6. Energy Consumption; 7. Industry; 8. Construction; 9. Agriculture; 10. Domestic Trade, Foreign Trade and Tourism; 11.Traffic，Transportation, Postal and Telecommunication Services, Urban Public Utilities; 12. Government, Taxation, Banking, Securities and Insurance; 13. Urban and Rural Survey; 14. Science and Technology，Education ，Culture and Broadcast; 15. Public Health, Sports, Civil Administration and Others; 16. Major Economic Indicators of China, Guizhou Province, Provincial Capital and Deputy Provincial Cities in China; 17. Major Indicators in Main Years.

Ⅲ. The major data sources of this publication are obtained from annual statistical reports, sample surveys and document of related departments. Some statistical data in this yearbook have been adjusted accordingly, and we have made footnotes to these indicators.

Ⅳ. Statistical discrepancies of some statistical total number and relative number due to rounding are not adjusted in this yearbook.

Ⅴ. In case of any discrepancy of data between previous yearbook and this one, data in this Yearbook shall prevail.

Ⅵ. Some indicators of districts (city, county) in the Yearbook have their own regional standards.

Ⅶ. Notations used in this yearbook："blank" indicates that data are not available or unknown；"#" indicates the major items of the table；"-" indicates the data are cancelled or not comparable, which are beyond number.

During the edition of this yearbook, we have won strong support from related departments, and we deeply thank for these all. Because of the massive information, limited time and our ability, some mistakes are unavoidable in the book. Any candid comments and criticism are welcome.

Sep. 2017

《贵阳统计年鉴－2017》编辑委员会

Editorial Board

《贵阳统计年鉴—2017》编辑人员

Editorial Staff

目　录

CONTENTS

一、行政区划和自然资源

Divisions of Administrative Areas and Natural Resources

二、综　合

General Survey

五、固定资产投资

Investment in Fixed Assets

六、能源消费

Energy Consumption

八、建筑业

Construction

九、农　业

Agriculture

十一、交通、运输、邮电、城市公用事业

Traffic, Transportation, Postal and Telecommunication Services, Urban Public Utilities

十二、财政、税收、金融、证券、保险

Government Finance, Taxation, Banking, Securities, Insurance

十四、科技、教育、文化、广播

Science and Technology, Education, Culture and Radio

十五、民政、卫生、体育及其他

Social Welfare, Public Health, Sports and Others

十六、全国、全省及省会城市和副省级城市主要经济指标

Major Economic Indicators of China, Guizhou, Provincial Capitals and Deputy Provincial Cities in China

十七、主要年份指标

Major Indicators in Main Years

行政区划和自然资源

Divisions of Administrative Areas and Natural Resources

1-1 区(市、县)及乡(镇)、社区名称(2016年)
Name of Each District(City, county), Township (Town) Office and Community Office(2016)

区县(市)名称 District, County(City)	乡(镇、社区)名称 Township (Town and Community Office)				
南明区 Nanming	新华社区服务中心 Xinhua	西湖社区服务中心 Xihu	大南社区服务中心 Danan	中南社区服务中心 Zhongnan	市府社区服务中心 Shifu
	河滨社区服务中心 Hebin	遵义社区服务中心 Zunyi	兴关社区服务中心 Xingguan	沙冲社区服务中心 Shachong	花果社区服务中心 Huaguo
	油榨社区服务中心 Youzha	中曹社区服务中心 Zhongcao	二戈社区服务中心 Erge	见龙社区服务中心 Jianlong	龙洞社区服务中心 Longdong
	太慈社区服务中心 Taici	沙南社区服务中心 Shanan	水口寺社区服务中心 Shuikousi	湘雅社区服务中心 Xiangya	后巢乡 Houchao
	永乐乡 Yongle	云关乡 Yunguan	小碧布依族苗族乡 Xiaobi Bouyei and Miao Village		
云岩区 Yunyan	中华社区服务中心 Zhonghua	中环社区服务中心 Zhonghuan	中东社区服务中心 Zhongdong	东山社区服务中心 Dongshan	延中社区服务中心 Yanzhong
	北京路社区服务中心 Beijinglu	市西社区服务中心 Shixi	普陀社区服务中心 Putuo	贵乌社区服务中心 Guiwu	金狮社区服务中心 Jinshi
	中天社区服务中心 Zhongtian	黔东社区服务中心 Qiandong	栖霞社区服务中心 Xixia	威清社区服务中心 Weiqing	头桥社区服务中心 Touqiao
	金龙社区服务中心 Jinlong	三桥社区服务中心 Sanqiao	圣泉社区服务中心 Shengquan	宅吉社区服务中心 Zhaiji	省府社区服务中心 Shengfu
	金关社区服务中心 Jinguan	蔡关社区服务中心 Caiguan	金鸭社区服务中心 Jinya	荷塘社区服务中心 Hetang	普天社区服务中心 Putian
	金惠社区服务中心 Jinhui	黔灵镇 Qianlin			
花溪区 Huaxi	明珠社区服务中心 Mingzhu	阳光社区服务中心 Yangguang	贵筑社区服务中心 Guizhu	清溪社区服务中心 Qingxi	溪北社区服务中心 Xibei
	花孟社区服务中心 Huameng	黔江社区服务中心 Qianjiang	清浦社区服务中心 Qingpu	瑞华社区服务中心 Ruihua	兴隆社区服务中心 Xinglong
	黄河社区服务中心 Huanghe	三江社区服务中心 Sanjiang	平桥社区服务中心 Pingqiao	金竹社区服务中心 Jinzhu	金欣社区服务中心 Jinxin
	小孟社区服务中心 Xiaomeng	航天社区服务中心 Hangtian	航空社区服务中心 Hangkong	高坡苗族乡 Gaopo Miao Village	
	黔陶布依族苗族乡 Qiantao Bouyei and Miao Village		马铃布依族苗族乡 Maling Bouyei and Miao Village		
	孟关苗族布依族乡 Mengguan Miao and Bouyei Village		久安乡 Jiuan	燕楼镇 Yanlou	麦坪镇 Maiping
	青岩镇 Qingyan	石板镇 Shiban			
乌当区 Wudang	振新社区服务中心 Zhenxin	创新社区服务中心 Chuangxin	顺新社区服务中心 Shunxin	新天社区服务中心 Xintian	高新社区服务中心 Gaoxin
	新场镇 Xinchang	下坝镇 Xiaba	百宜镇 Baiyi	东风镇 Dongfeng	水田镇 Shuitian
	羊昌镇 Yangchang	新堡布依族乡 Xinpu Bouyei Village	偏坡布依族乡 Pianpo Bouyei Village		

1-1 续表 (continued)

区 县（市）名 称 District, County(City)	乡(镇、社区)名称 Township (Town and Community Office)
白 云 区 Baiyun	艳山红社区服务中心 Yanshanhong　红云社区服务中心 Hongyun　大山洞社区服务中心 Dashandong　白沙关社区服务中心 Baishaguan　铝兴社区服务中心 Lvxing　都新社区服务中心 Duxin　都拉布依族乡 Dula Bouyei Village　牛场布依族乡 Niuchang Bouyei Village　艳山红镇 Yanshanhong Town　麦架镇 Maijia　沙文镇 Shawen
观 山 湖 区 Guanshanhu	金源社区服务中心 Jinyuan　金岭社区服务中心 Jinling　金麦社区服务中心 Jinmai　新世界社区服务中心 Xinshijie　世纪城社区服务中心 Shijicheng　碧海社区服务中心 Bihai　逸景社区服务中心 Yijing　金华园社区服务中心 Jinhuayuan　会展城社区服务中心 Huizhancheng　金华镇 Jinhua　朱昌镇 Zhuchang　百花湖乡 Baihuahu　观山社区服务中心 Guanshan
开 阳 县 Kaiyang	紫兴社区服务中心 Zixing　南山社区服务中心 Nanshan　毛云乡 Maoyun　南龙乡 Nanlong　龙水乡 Longshui　米坪乡 Miping　宅吉乡 Zhaiji　高寨布依族苗族乡 Gaozhai Bouyei and Miao Village　禾丰布依族苗族乡 Hefeng Bouyei and Miao Village　南江布依族苗族乡 Nanjiang Bouyei and Miao Village　城关镇 Chengguan　双流镇 Shuangliu　金中镇 Jinzhong　冯三镇 Fengsan　楠木渡镇 Nanmudu　龙岗镇 Longgang　永温镇 Yongwen　花梨镇 Huali
息 烽 县 Xifeng	新华社区服务中心 Xinhua　流长乡 Liuchang　鹿窝乡 Luwo　西山镇 Xishan　石硐镇 Shidong　养龙司镇 Yanglongsi　永靖镇 Yongjing　小寨坝镇 Xiaozhaiba　温泉镇 Wenquan　青山苗族乡 Qingshan　九庄镇 Jiuzhuang
修 文 县 Xiuwen	龙岗社区服务中心 Longgang　珍珠河社区服务中心 Zhenzhuhe　谷堡乡 Gupu　小箐乡 Xiaojing　六屯镇 Liutun　洒坪镇 Saping　大石布依族乡 Dashi Bouyei Village　龙场镇 Longchang　扎佐镇 Zhazuo　久长镇 Jiuchang　六广镇 Liuguang　六桶镇 Liutong
清 镇 市 Qingzhen	红新社区服务中心 Hongxin　新岭社区服务中心 Xinling　百花社区服务中心 Baihua　巢凤社区服务中心 Chaofeng　红塔社区服务中心 Hongta　流长苗族乡 Liuchang Miao Village　王庄布依族苗族乡 Wangzhuang Bouyei and Miao Village　麦格苗族布依族乡 Maige Miao and Bouyei Village　红枫湖镇 Hongfenghu　犁倭镇 Liwo　暗流镇 Anliu　站街镇 Zhanjie　新店镇 Xindian　卫城镇 Weicheng

1-2 行政区划(2016年)
Administrative Divisions(2016)

单位：个 (unit)

区(市、县)名称	District (city,County)	乡 Township	#民族乡 Ethnic Township	镇 Town	社区居委会 Community Council	村民委员会 Village Committee	社区服务中心 Community Service Center	社区服务机构 Community Service Institution
贵阳市	**Guiyang**	**27**	**17**	**48**	**576**	**907**	**171**	**2140**
南明区	Nanming	4	1		156	29	23	235
云岩区	Yunyan			1	143	19	28	210
花溪区	Huaxi	5	4	4	54	122	27	233
乌当区	Wudang	2	2	6	27	74	13	143
白云区	Baiyun	2	2	3	38	56	11	121
观山湖区	Guanshanhu	1		2	65	49	13	124
开阳县	Kaiyang	8	3	8	22	108	18	236
息烽县	Xifeng	1	1	9	16	161	11	302
修文县	Xiuwen	1	1	9	17	108	13	212
清镇市	Qingzhen	3	3	6	38	181	14	324

注：1)社区服务中心含农村社区服务中心；
2)社区服务机构包括：社区服务中心、社区服务站、社区养老机构、社区互助型养老机构、其他社区服务机构。
a) Community Service Institutions include rural area community service centers;
b) Community Service Institutions include service center, service station, retirement organization, mutual aid retirement organization and others.

1-3 区(市、县)土地面积(2016年)
Areas of District(City,County)(2016)

单位：平方公里 (sq.km)

区(市、县)名称	District(city,County)	面积 Area
贵阳市	**Guiyang**	**8043.37**
南明区	Nanming	209.28
云岩区	Yunyan	91.65
花溪区	Huaxi	964.15
乌当区	Wudang	683.22
白云区	Baiyun	269.52
观山湖区	Guanshanhu	307.64
开阳县	Kaiyang	2023.32
息烽县	Xifeng	1036.53
修文县	Xiuwen	1071.47
清镇市	Qingzhen	1386.58

注：土地面积数据来源于市国土局。
a) The data of land areas are from Guiyang Municipal Land and Resources Bureau.

1-4 气象情况(2016年)

指标		Item		年 Year	一月 January	二月 February
平均气温	(℃)	Average Temperature	(℃)	15.3	4.1	6.3
平均最高气温	(℃)	Average Highest Temperature	(℃)	19.6	7.3	11.2
平均最低气温	(℃)	Average Lowest Temperature	(℃)	12.6	2.4	3.1
极端最高气温	(℃)	Annual Highest Temperature	(℃)	33.7	17.3	24
极端最高气温出现日期	(日)	Occurring Date of Annual Highest Temperature	(day)	8月1日	42374	42412
极端最低气温	(℃)	Annual Lowest Temperature	(℃)	-4.8	-4.8	-2.7
极端最低气温出现日期	(日)	Occurring Date of Annual Lowest Temperature	(day)	1月23日	42392	42402
总降水量	(mm)	Total Precipitation	(mm)	1045.8	32.1	10.8
一日最大降水量	(mm/日)	Daliy Precipitation	(mm/day)	51.8	9.6	4.5
最大降水量出现日期	(日)	Occurring Date of Maximum Daily Precipitation	(day)	5月14日	42400	42426
最长连续降水日数	(天)	Longest Continuous Rainy Days	(day)	12	9	2
最长连续无降水日数	(天)	Longest Continuous Dry Days	(day)	17	4	10
雨	(天)	Rain	(day)	221	23	11
雾	(天)	Fog	(day)	60	14	1
露	(天)	Dew	(day)	91	2	6
雪	(天)	Snow	(day)	13	3	7
结　冰	(天)	Freeze	(day)	9	5	4
霜	(天)	Frost	(day)	6	1	4
平均气压	(百　帕)	Average Atmospheric Pressure	(100 Pa)	877.8	881.2	883.4
平均相对湿度	(%)	Relative Humidity	(%)	80	89	70
日照时数	(小　时)	Sunshine Hours	(hour)	1160.2	21.6	92

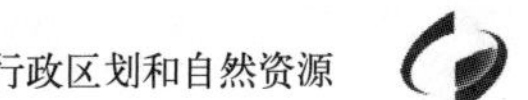

Basic Statistics on Meteorology(2016)

三 月 March	四 月 April	五 月 May	六 月 June	七 月 July	八 月 August	九 月 September	十 月 October	十一月 November	十二月 December
11.1	16.5	19	22.4	24.3	23.1	20.5	17	11.2	8
15.7	21.4	23.4	26.7	28.9	27.7	24.8	21.3	15.2	11.9
8.5	13.6	16.1	19.6	21.2	20	17.5	14.4	8.9	5.7
24.8	30.3	29.6	31.2	32.9	33.7	28.7	29.6	23.9	19.8
42449	42475	42495	42527	42582	42583	42639	42647	42692	42713
0.1	8.3	10.9	16.2	18.6	15.6	14.9	6.6	0.1	1.3
42440	42478	42505	2天	42566	42610	42635	42673	42699	42732
90	163.7	164.9	115.6	73	170.3	27.1	108.1	59.7	30.5
25	23.8	51.8	39.9	42.2	41	22.1	29.6	17.6	13.9
42451	42472	42504	42528	42552	42586	42622	42663	42682	42724
11	11	12	4	4	5	2	7	3	3
5	2	3	3	11	3	17	6	8	10
25	24	17	17	17	23	11	21	18	14
8	10	3	1		2		4	9	8
3	6	7	6	9	18	12	4	10	8
2								1	
								1	
878.7	874.6	874.6	873.3	872.7	873.4	877.6	879.4	881.6	882.6
80	82	80	80	77	81	74	82	84	80
76.4	77.9	113.9	110	190.9	140.2	102.8	93.8	73.6	67.1

1-5 自然资源(2016年)
Natural Resources(2016)

指 标		Item		数 量 Amount
土 地		**Land**		
国土面积	(平方公里)	Total Land Area	(sq.km)	8043
耕地面积	(千公顷)	Cultivated Area	(1000 hectares)	261.23
气 候		**Climate**		
平均温度	(℃)	Average Temperature	(℃)	15.3
极值高温	(℃)	Highest Temperature	(℃)	33.7
极值低温	(℃)	Lowest Temperature	(℃)	-4.8
年降水量	(毫 米)	Annual Precipitation	(mm)	1045.8
平均相对湿度	(%)	Average Relative Humidity	(%)	80.0
日照时数	(小 时)	Sunshine Hours	(hour)	1160.2
森 林		**Forest**		
森林面积(管护面积)	(平方公里)	Forest Area(guarded)	(sq.km)	
森林覆盖率	(%)	Forest Coverage Rate	(%)	46.50
水 利		**Water Conservancy**		
地表水资源总量	(亿立方米)	Annual Average Surface Water Resources	(100 million cubicmeters)	32.55
地下水资源总量	(亿立方米)	Annual Average Underground Water Resources	(100 million cubicmeters)	9.96
河长10公里以上或流域面积大于20平方公里河流	(条)	Number of River over 10 Kilometres Long orwith l	(line)	98
多年平均径流量	(亿立方米)	Average Runoff	(100 million cubicmeters)	45.15
水能理论蕴藏量	(万千瓦)	Hydroenergy Reserves in Theory	(10 000 kwh)	128.22
水能可开发量	(万千瓦)	Available Hydroenergy Resources	(10 000 kwh)	101.64
大中型水库总容量	(亿立方米)	Total Capacity of Large and Medium-sized Reservoirs	(100 million cubicmeters)	28.09
矿 产(保有储量)		**Ensured Reserves of Minerals**		
铝 土	(亿 吨)	Alumina	(100 million tons)	4.69
磷	(亿 吨)	Phosphorus	(100 million tons)	12.94
煤	(亿 吨)	Coal	(100 million tons)	18.49

注：1) 国土面积、耕地面积数据来源于市国土局；
2) 森林面积(管护面积)是指贵阳市天然林资源保护二期工程森林管护面积。
a) Data of land area and cultivated area are from Guiyang Municipal Land and Resources Bureau;
b) Forest area (guarded) refers to areas of guarded forest in the second phase of the natural forest resources protection project of Guiyang.

主要统计指标解释

行政区划 指国家对行政区域的划分。根据宪法规定，我国的行政区域划分如下：(1)全国分为省、自治区、直辖市；(2)省、自治区分为自治州、县、自治县、市；(3)自治州分为县、自治县、市；(4)县、自治县分为乡、民族乡、镇；(5)直辖市和较大的市分为区、县；(6)国家在必要时设立的特别行政区。

气 候 指地球与大气之间长期能量交换与质量交换所形成的一种自然环境状态，它是多种因素综合作用的结果。气温、降水、湿度等气象要素的多年平均值是用来描述一个地区气候状况的主要参数，而各种气象要素某年、某月的平均值(或总量)则可以反映出该时期天气气候状况的重要特征。

自然资源 指人类可以直接从自然界获得，并用于生产和生活的物质资源。自然资源一般可以分成可再生资源和非再生资源两大类。可再生资源指在较短时间内可以再生、可以循环利用的资源，包括土地资源、水资源、气候资源、生物资源和海洋资源等。非再生资源指在使用后不能再生的资源，包括矿产资源和地热能源。

国 土 指中华人民共和国国家管辖下的领土、领海和领空。

耕地面积 指经过开垦用以种植农作物并经常进行耕耘的土地面积。包括种有作物的土地面积、休闲地、新开荒地和抛荒未满三年的土地面积。

森林面积 指由乔木树种构成，郁闭度 0.2 以上(含 0.2)的林地或冠幅宽度 10 米以上的林带的面积，即有林地面积。森林面积包括天然起源和人工起源的针叶林面积、阔叶林面积、针阔混交林面积和竹林面积，不包括灌木林地面积和疏林地面积。

森林覆盖率 指一个国家或地区森林面积占土地总面积的百分比。森林覆盖率是反映森林资源的丰富程度和生态平衡状况的重要指标。在计算森林覆盖率时，森林面积包括郁闭度 0.2 以上的乔木林地面积和竹林地面积，国家特别规定的灌木林地面积、农田林网以及四旁(村旁、路旁、水旁、宅旁)林木的覆盖面积。计算公式为：

森林覆盖率（%）=森林面积/土地总面积×100%

气 温 指空气的温度，我国一般以摄氏度(℃)为单位表示。气象观测的温度表是放在离地面约 1.5 米处通风良好的百叶箱里测量的，因此，通常说的气温指的是离地面 1.5 米处百叶箱中的温度。其统计计算方法为：

月平均气温是将全月各日的平均气温相加，除以该月的天数而得。

年平均气温是将 12 个月的月平均气温累加后除以 12 而得。

相对湿度 指空气中实际所含水蒸气密度和同温度下饱和水蒸气密度的百分比值。其统计方法与气温相同。

降水量 指从天空降落到地面的液态或固态(经融化后)水，未经蒸发、渗透、流失而在地面上积聚的深度。其统计计算方法为：

月降水量是将全月各日的降水量累加而得。

年降水量是将 12 个月的月降水量累加而得。

日照时数 指太阳实际照射地面的时间。其统计方法与降水量相同。

水资源 水在自然界中以固体、液体和气态三种聚集状态存在，分布于海洋、陆地(包括土壤)以及大气之中，通过水循环形成水资源。水资源包括经人类控制并直接可供灌溉、发电、给水、航运、养殖等用途的地表水和地下水，以及江河、湖泊、井、泉、潮汐、港湾和养殖水域等。水资源是发展国民经济不可缺少的重要自然资源。

地表水和地下水 陆地上的水因空间分布不同，分为地表水和地下水。地表水指分别存在于河流、湖泊、沼泽、冰川和冰盖等水体中水分的总称，又称陆地水。地下水指储存在地面以下饱和岩土孔隙、裂隙及溶洞中的水。贵阳市属于岩溶地区，浅层地下水最终成为地表径流的一部分，其总量含在地表水资源量中。

水资源总量　一定区域内的水资源总量指当地降水形成的地表和地下产水量，即地表径流量与降水入渗补给量之和，不包括过境水量。

矿产资源　矿产指由地质作用形成，富集于地壳中或出露于地表达到工农业利用要求的有用矿物。

Explanatory Notes on Main Statistical Indicators

Divisions of Administrative Areas refer to the division of administrative areas by the State. The relative laws stipulate that l) the whole country is divided into provinces, autonomous regions and municipalities directly under the Central Government; 2) provinces and autonomous regions are further divided into autonomous prefectures, counties, autonomous counties and cities; 3) autonomous prefectures are further divided into counties, autonomous counties and cities; 4) counties and autonomous counties are further divided into townships, ethnic townships and towns; 5) municipalities directly under the Central Government and large cities are divided into districts and counties, 6) the State shall, when necessary, establish special administrative regions.

Climate refers to the natural environmental status formed by the long-term exchange of energy and mass between the earth and the atmosphere, and is the result of interaction of many factors. The average values across several years of meteorological factors such as temperature, rainfall and humidity are used as important parameters to describe the climate of a region, while the average values (or total values) of a given year or month of meteorological factors reflect the key characteristics of climate for that period of time.

Natural Resources refer to material resources that could be obtained from the nature by human being and used for production and living. Natural resources in general can be classified as renewable resources and non-renewable resources. Renewable resources refer to resources that could be renewed and recycled during a relatively short period of time, including land resource, water resource, climate resource, biology resource and marine resource. Non-renewable resources include resources that could not be renewed, such as minerals and geothermal resource.

Territory refers to territorial land, sea and air space under the administration of the People's Republic of China.

Area of Cultivated Land refers to area of land reclaimed for the regular cultivation of various farm crops, including crop-cover land, fallow, newly reclaimed land and land laid idle for less than 3 years.

Forest Area refers to wooded area, i.e. the area of forest where trees and bamboo grow with a canopy density above 0.2 (inclusive) or a crown width above 10 meters, including natural and planted coniferous forest, broad-leaved forest, mixed forest, and bamboo groves, but excluding shrubbery and open forest.

Forest Coverage Rate refers to the ratio of area of afforested land to total land area. It is a very important indicator that reflects the status of abundance of forest resource and balance of the ecosystem. Forest land includes the area of trees and bamboo growing with a canopy density above 0.2, the area of shrubby trees according to regulations of the government, the area of forest land inside farm land and the area of trees planted by the side of villages, farm houses and along roads and rivers. The formula for calculating forest coverage rate is as follows:

$$\text{Forestrycoveragerate}(\%) = \frac{\text{Areaof AfforestedLand}}{\text{Areaof TotalLand}} \times 100\%$$

Temperature refers to the air temperature. China uses centigrade as the unit. The thermometry used for weather observation is put in a breezy shutter, which is 1.5 meters high from the ground. Therefore, the commonly used temperature refers to the temperature in the breezy shutter 1.5 meters away from the ground. The calculation method is as follows:

Monthly average temperature is the summation of average daily temperature of one month divided by the actual days of that particular month.

Annual average temperature is the summation of monthly average of a year divided by 12 months.

Relative Humidity refers to the ratio of actual water vapour pressure to the saturation water vapour density under the current temperature. The calculation method is the same as that of temperature.

Volume of Precipitation refers to the deepness of liquid state or solid state (thawed) water falling from the sky to the ground that has not been evaporated, infiltrated or run off. The calculation method is as follows:

Monthly precipitation is the summation of daily precipitation of a month.

Annual precipitation is the summation of 12 months precipitation of a year.

Sunshine Hours refer to the actual hours of sun irradiating the earth. The calculation method is the same as that of the precipitation.

Water Resource Water exists in the nature in solid, liquid and gaseous states, is distributed in the ocean, land (including earth) and air, and constitutes the water resource through the circulation of water. Water resource includes surface water and ground water that is controlled by the human being for irrigation, power-generation, water supply, navigation and cultivation. It also includes rivers, lakes, wells, springs, tides, gulf and water area for cultivation. Water resource as an important natural resource is indispensable for the development of the national economy.

Surface Water and Ground Water Water on earth can be divided into surface water and ground water according to its distribution. Surface water refers to different forms of water existing in rivers, lakes, swamps, glaciers, icecaps and so on. It is also called land water. Ground water refers to water deposited underground in crannies and holes of saturated rock soil and in water-eroded caves. Guiyang city belongs to the karst area, shallow groundwater eventually become a part of surface runoff, the total amount of the surface water resources.

Total Water Resources refer to total volume of water resources measured as run-off for surface water from rainfall and recharge for groundwater in a given area, excluding transit water.

Mineral Resources refer to useful minerals that can be used for industrial or agricultural purposes enriched in lithosphere or on earth surface due to geological processes.

综 合

General Survey

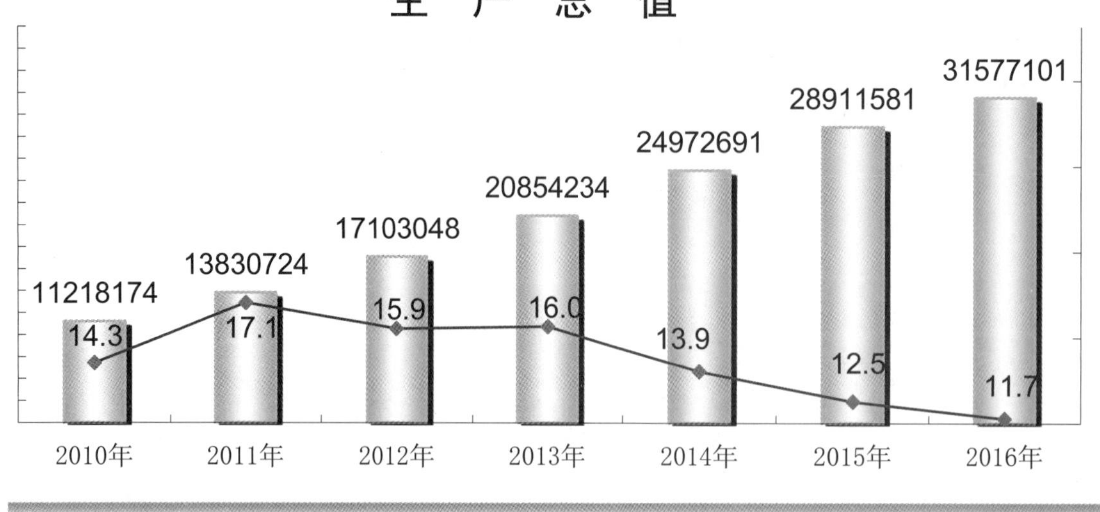

三 次 产 业 结 构

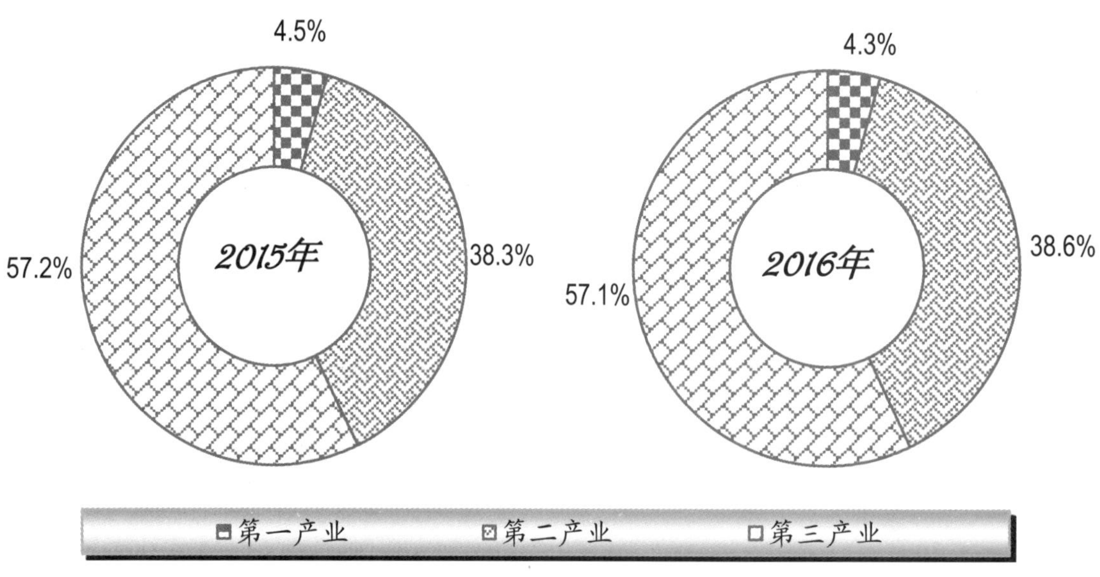

人 均 生 产 总 值(元)

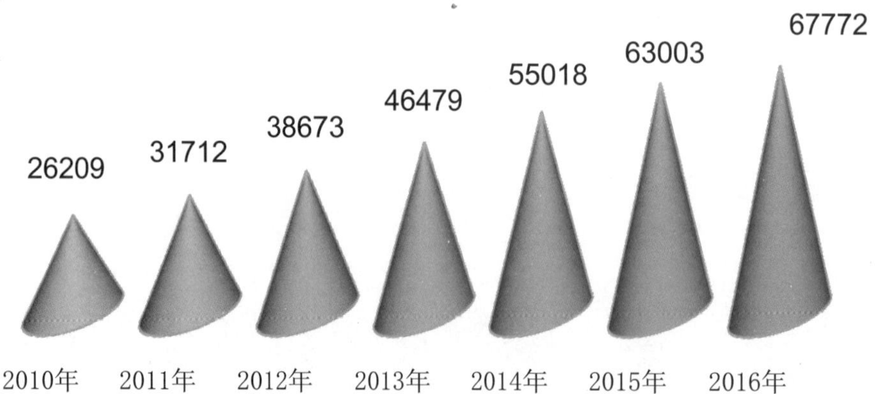

2-1 国民经济主要指标及增长速度
Main Indicators of National Economy and Growth Rate

指　　标		Item		2016	2015	2016年比2015年增长(%) Growth Rate in 2016 over 2015 (%)
年末总人口(常住半年及以上)	(万 人)	Population at Year-end (half year and above)	(10 000 persons)	469.68	462.18	1.6
年平均人口(常住半年及以上)	(万 人)	Annual Average Population (half year and above)	(10 000 persons)	465.93	458.89	1.5
人口密度	(人/平方公里)	Population Density	(person/sq.km)	583.93	574.61	1.6
生产总值(现价)	(万 元)	GDP(current Price)	(10 000 yuan)	31577101	28911581	11.7
第一产业	(万 元)	Primary Industry	(10 000 yuan)	1371360	1298860	5.9
第二产业	(万 元)	Secondary Industry	(10 000 yuan)	12187910	11085216	12.1
工　业	(万 元)	Industry	(10 000 yuan)	7713303	7141495.1	9.9
建筑业	(万 元)	Construction	(10 000 yuan)	4474608	3943721	16.0
第三产业	(万 元)	Tertiary Industry	(10 000 yuan)	18017831	16527505	11.9
人均生产总值	(元)	Per Capita GDP	(yuan)	67772	63003	10.1
规模以上工业总产值	(万 元)	Gross Output Value of Enterprises Above Designated Size	(10 000 yuan)	28168691	25785917	11.6
农林牧渔业总产值(当年价)	(万 元)	Gross Output Value of Agriculture, Forestry, Animal Husbandry	(10 000 yuan)	2256078	2004103	6.0
固定资产投资总额	(万 元)	Total Investment in Fixed Assets	(10 000 yuan)	33807314	28044458	20.5
社会消费品零售总额	(万 元)	Total Retail Sales of Consumer Goods	(10 000 yuan)	11953393	10601690	12.7
建筑业总产值(当年价)	(万 元)	Gross Output Value of Construction (current price)	(10 000 yuan)	15621000	12801900	22.0
财政总收入	(万 元)	General Financial Revenue	(10 000 yuan)	7177007	7232965	2.3
#一般公共预算收入	(万 元)	Public Budgetary Revenue	(10 000 yuan)	3663181	3741476	4.4
#税收收入	(万 元)	Tax Revenue	(10 000 yuan)	2837769	3018866	
财政总支出	(万 元)	Total Financial Expenditure	(10 000 yuan)	6914779	6103907	
#一般公共预算支出	(万 元)	Public Budgetary Expenditure	(10 000 yuan)	5252621	5035189	4.4
进出口总额	(万美元)	Total Value of Imports and Exports	(10 000 US dollars)	392747	912149	
金融机构本外币住户存款余额	(万 元)	Saving Deposits of Urban and Rural Households	(10 000 yuan)	25054136	22629124	10.7
在岗职工平均工资	(元)	Average Wage of On-post Staff	(yuan)	70535	63949	10.3
城镇常住居民人均可支配收入	(元)	Per Capita Disposable Income of Urban Households	(yuan)	29502	27241	8.3
农村常住居民人均可支配收入	(元)	Per Capita Disposable Income of Rural households	(yuan)	12967	11918	8.8

注：1）本表绝对数为当年价格，增长速度按可比价格和可比口径计算；
2）2016年因“全国营业税改增值税”的影响，财政统计口径发生改变，增速与2015年不可比；
3）城镇(农村)常住居民人均可支配收入为实际增长(已扣除物价因素)；
4）在岗职工平均工资包含劳务派遣人员。

a) The absolute figures in this table are calculated at current prices,whereas the growth rates are calculated at comparable prices.
b)In 2016, the fiscal statistics has been changed due to the policy:"business tax changes into value-added tax", so the data are incomparable with the data in 2015.
c)Annual per capita disposable income of urban household and rural household refers to real increase, allowing for inflation.
d)Average wage of employed persons included wage of dispatched persons.

2-2 国民经济主要指标比例关系

指　　标	Item	2001	2002	2003
生产总值三次产业	**GDP of Three Industries**	**100**	**100**	**100**
第一产业	Primary Industry	8.10	7.70	7.40
第二产业	Secondary Industry	47.30	47.00	45.90
第三产业	Tertiary Industry	44.60	45.30	46.80
农林牧渔业增加值比例(现价)	**Added Value Proportion of Agriculture,Forestry, Animal Husbandry and Fishery(current price)**	**100**	**100**	**100**
农　业	Agriculture	66.60	61.31	63.92
林　业	Forestry	1.88	2.25	1.32
牧　业	Animal Husbandry	29.92	32.85	31.36
渔　业	Fishery	1.60	1.44	1.23
农林牧渔服务业	Services of Agriculture,Forestry,Animal Husbandry and Fishery		2.15	2.18
规模以上工业增加值中轻重工业比例	**Industrial Added Value Proportion of Light and Heavy Industry in the Enterprises Above Designated Size**	**100**	**100**	**100**
轻工业	Light Industry	40.90	41.00	40.58
重工业	Heavy Industry	59.10	59.00	59.42
规模以上工业增加值经济类型结构	**Economic Structure of Industrial Added Value in the Enterprises Above Designated Size**	**100**	**100**	**100**
国有企业	State-owned Enterprises	40.42	24.87	39.34
集体企业	Collective-owned Enterprises	4.21	4.13	2.31
股份合作企业	Joint—equity Cooperative Enterprises	0.44	0.38	0.38
联营企业	Joint Ownership Enterprises	0.20	0.61	0.28
有限责任公司	Limited Liability Companies	35.33	33.62	18.41
股份有限公司	Companies Limited by Shares	9.95	22.36	25.45
私营企业	Private Enterprises	6.38	11.28	7.08
其他企业	Other Enterprises			
港澳台投资企业	Enterprises with Funds from Hong Kong, Macao and Taiwan	1.48	1.51	0.92
外商投资企业	Enterprises with Foreign Investment	1.59	1.21	5.82

注：1) 生产总值2000－2004年为第一次经济普查调整数，2006－2008年为第二次经济普查调整数；
2) 农林牧渔业增加值2002年以后按新标准划分，2006年、2007年农业为第二次农业普查调整数，2010年按国家对粮食生产核实数作相应调整；
3) 2000-2011年规模以上工业增加值口径为年主营业务收入500万元及以上工业企业，2012年起为年主营业务收入2000万元及以上工业企业。

The Ratio between the Main Indicators of the National Economy

2004	2005	2006	2007	2008	2009	2010	2011	2012	2013	2014	2015	2016
100	**100**	**100**	**100**	**100**	**100**	**100**	**100**	**100**	**100**	**100**	**100**	**100**
6.90	6.70	6.29	6.57	5.82	5.10	5.10	4.60	4.23	3.91	4.33	4.49	4.34
46.90	47.40	48.39	46.41	46.97	40.70	40.70	42.40	41.94	40.69	39.10	38.34	38.60
46.20	45.90	45.32	47.02	47.21	54.20	54.20	53.00	53.83	55.40	56.57	57.70	57.06
100	**100**	**100**	**100**	**100**	**100**	**100**	**100**	**100**	**100**	**100**	**100**	**100**
63.06	62.47	65.16	66.69	67.24	71.72	72.38	70.48	70.20	69.79	72.05	66.90	66.80
0.92	0.68	0.71	0.53	1.32	0.66	0.57	0.80	0.63	0.70	0.57	0.60	0.60
34.21	34.67	32.11	30.61	29.47	25.53	24.89	26.73	27.17	27.50	25.40	24.90	25.30
1.33	1.53	1.04	1.17	1.10	1.23	1.20	1.22	1.20	1.17	1.24	1.10	1.10
0.49	0.64	0.97	1.01	0.87	0.86	0.90	0.83	0.81	0.83	0.73	6.50	6.20
100	**100**	**100**	**100**	**100**	**100**	**100**	**100**	**100**	**100**	**100**	**100**	**100**
40.10	43.32	40.54	40.59	41.04	45.96	44.85	46.11	49.05	51.59	49.66	49.57	49.18
59.90	56.68	59.46	59.41	58.96	54.04	55.15	53.89	50.95	48.41	50.34	50.43	50.82
100	**100**	**100**	**100**	**100**	**100**	**100**	**100**	**100**	**100**	**100**	**100**	**100**
37.46	39.07	34.61	40.98	39.22	39.42	37.86	45.94	41.17	37.42	33.91	34.98	27.43
1.26	1.17	0.54	0.60	0.35	0.28	0.26	0.36	0.11	0.09	0.11	0.25	0.23
0.53	0.64	0.85	1.20	1.47	0.46	0.12	0.11	0.02	0.01	0.03	0.03	0.00
0.42	0.12	0.11	0.13	0.11	0.10	0.11	0.05	0.06	0.06	0.01	0.01	0.01
24.48	26.70	27.01	24.45	26.63	29.55	27.21	20.50	26.08	32.83	35.67	33.86	36.46
23.42	21.23	24.58	19.75	19.10	15.66	20.70	13.00	14.64	13.20	10.73	12.03	11.84
6.54	8.08	7.15	7.56	8.20	8.07	6.98	13.49	11.95	10.52	10.94	12.78	14.92
								0.00	0.09	0.11	0.05	0.00
1.29	0.89	1.05	1.18	1.36	2.50	2.96	2.19	1.59	1.04	1.82	2.10	4.76
4.61	2.10	4.09	4.14	3.57	3.95	3.81	4.36	4.39	4.73	4.54	3.92	4.36

a) GDPs of 2000-2004 are the adjusted figures of the First Economic Census; GDPs of 2006-2008 are the adjusted figures of the Second EconomicFigures;

b) The added value of agriculture, forestry, animal husbandry and fishery is calculated according to the new cretiea since 2002, The data of agriculture in 2006-2007 comes from the second economic census, It has made an adjustment according to verification of food production in 2010;

c) The caliber of industrial added value of enterprises above the designated size over 2000-2011 refers to the industrial enterprises with annual main business income of 5 million yuan and above, since 2012 it refers to industrial enterprises with the main business income of 20 million yuan and above.

2-3 贵阳市主要经济指标占全省的比重
The Proportion of Main Economic Indicators of Guiyang to Guizhou Province

指标		Item		贵州 Guizhou Province		贵阳 Guiyang City		贵阳占全省比重(%) The Ratio of Guiyang to Guizhou Province(%)	
				2016	2015	2016	2015	2016	2015
土地面积	**(平方公里)**	**Area of Land**	**(sq.km)**	**176137**	**176137**	**8043**	**8043**	**4.57**	**4.57**
年末总人口(常住半年及以上)	**(万 人)**	**Population at Year-end (half year and above)**	**(10 000 persons)**	**3555.00**	**3529.50**	**469.68**	**462.18**	**13.21**	**13.09**
生产总值	**(亿 元)**	**GDP**	**(100 million yuan)**	**11734.43**	**10502.56**	**3157.71**	**2891.16**	**26.91**	**27.53**
第一产业	(亿 元)	Primary Industry	(100 million yuan)	1846.54	1640.62	137.14	129.89	7.43	7.92
第二产业	(亿 元)	Secondary Industry	(100 million yuan)	4636.74	4147.83	1218.79	1108.52	26.29	26.73
#工 业	(亿 元)	Industry	(100 million yuan)	3682.58	3315.58	771.33	714.15	20.95	21.54
第三产业	(亿 元)	Tertiary Industry	(100 million yuan)	5251.15	4714.12	1801.78	1652.75	34.31	35.06
人均生产总值	(元)	Per Capita GDP	(yuan)	33127	29847	67772	63003	-	-
财政、金融		**Finance**							
财政总收入	(亿 元)	General Financial Revenue	(100 million yuan)	2409.35	2291.82	717.70	723.30	29.79	31.56
#一般公共预算收入	(亿 元)	Public Budgetary Revenue	(100 million yuan)	1561.34	1503.38	366.32	374.15	23.46	24.89
一般公共预算支出	(亿 元)	Public Budgetary Expenditure	(100 million yuan)	4262.36	3939.50	525.26	503.52	12.32	12.78
金融机构人民币各项存款余额	(亿 元)	Total Deposits of Financial Institutions	(100 million yuan)	23770.93	19438.64	9928.30	8772.22	41.77	45.13
#住户存款余额	(亿 元)	Household Balance	(100 million yuan)	8531.81	7394.86	2486.07	2250.60	29.14	30.43
金融机构人民币各项贷款余额	(亿 元)	Loan Balance of Financial Institutions	(100 million yuan)	17857.80	15051.94	9153.20	7875.58	51.26	52.32
固定资产投资		**Investment in Fixed Assets**							
固定资产投资总额	(亿 元)	Investment in Fixed Assets	(100 million yuan)	12929.17	10676.70	3380.73	2804.45	26.15	26.27
#工 业	(亿 元)	Industry	(100 million yuan)	3076.50	2746.22	661.53	582.71	21.50	21.22

注：固定资产投资中的工业投资不含工业园区基础设施投资。

a) Industrial investment in fixed assets investment excludes infrastructure investment of industrial parks.

2-3 续表 (continued)

指 标		Item		贵州 Guizhou Province 2016	贵州 Guizhou Province 2015	贵阳 Guiyang City 2016	贵阳 Guiyang City 2015	贵阳占全省比重(%) The Ratio of Guiyang to Guizhou Province(%) 2016	贵阳占全省比重(%) The Ratio of Guiyang to Guizhou Province(%) 2015
国内外贸易		**Domestic and Foreign Trade**							
社会消费品零售总额	**(亿 元)**	**Total Retail Sales of Consumer Goods**	**(100 million yuan)**	**3708.99**	**3283.02**	**1195.34**	**1060.17**	**32.23**	**32.29**
进出口总额	**(万美元)**	**Total Value of Imports and Exports**	**(10 000 US dollars)**	**572087**	**1222142**	**392747**	**912149**	**68.65**	**74.64**
出 口	(万美元)	Imports	(10 000 US dollars)	476370	994872	328783	789732	69.02	79.38
进 口	(万美元)	Exports	(10 000 US dollars)	95717	227270	63964	122417	66.83	53.86
实际直接利用外资	**(万美元)**	**Total Amount of Foreign Direct Investment Actually Utilized**	**(10 000 US dollars)**	**363331**	**262747**	**111988**	**92740**	**30.82**	**35.30**
旅 游		**Tourism**							
海外旅游人数	(万人次)	Number of Overseas Visitors	(10 000 person-times)	110.19	94.09	18.37	15.85	16.67	16.84
国内旅游人数	(万人次)	Number of Domestic Visitors	(10 000 person-times)	53038.23	37535.92	11073.42	8461.95	20.88	22.54
旅游外汇收入	(万美元)	Foreign Exchange Earnings from International Tourism	(10 000 US dollars)	25270.74	20111.94	7902.86	6034.70	31.27	30.01
国内旅游收入	(亿 元)	Earnings from Domestic Tourism	(100 million yuan)	5011.94	3500.46	1384.08	1036.56	27.62	29.61
教育、文化、卫生		**Education, Culture and Health Care**							
专任教师数	(万 人)	Full-time Teachers	(10 000 persons)	51.16	47.95	7.45	7.01	14.56	14.61
在校学生数	(万 人)	Students Enrollment	(10 000 persons)	914.45	898.44	146.08	143.93	15.97	16.02
医 院、卫生院数	(个)	Number of Hospitals, Health Centers	(unit)	2661	2631	260	260	9.77	9.88
医院、卫生院床位数	(张)	Number of Beds of Hospitals, Health Centers	(bed)	199930	187334	30540	31592	15.28	16.86
医生数	(人)	Number of Doctors	(person)	69007	63412	15834	14478	22.95	22.83
城镇常住居民人均可支配收入	**(元)**	**Per Capita Disposable Income of Urban Households**	**(yuan)**	**26743**	**24580**	**29502**	**27241**	—	—
农村常住居民人均可支配收入	**(元)**	**Per Capita Disposable Income of Rural Households**	**(yuan)**	**8090**	**7387**	**12967**	**11918**	—	—

注：医生数指执业医生和执业助理医生。

a) The number of doctors refers to licensed doctors and assistant doctors.

2-4 全市基本情况
Basic Situation of Guiyang

指标名称		Item		2016		2015	
				全 市 The Whole City	市辖区 Municipal District	全 市 The Whole City	市辖区 Municipal District
行政区划、人口、劳动力及土地面积		**Divisions of Administrative Areas, Population, Labour and Land Area**					
行政区数	(个)	Number of Administrafive Districts	(unit)	6		6	
行政县数	(个)	Number of Countries	(unit)	3		3	
行政县级市数	(个)	Number of Cities at County Level	(unit)	1		1	
年末总人口(公安户籍)	(万 人)	Total Population at Year-end (Public Security Registration)	(10 000 persons)	401.35	244.86	391.79	236.15
年末常住人口(常住半年及以上)	(万 人)	Permanent Residents at Year-end (half year and above)	(10 000 persons)	469.68	333.89	462.18	328.54
年平均常住人口(常住半年及以上)	(万 人)	Annual Average Permanent Residents(half year and above)	(10 000 persons)	465.93	331.22	458.89	326.33
年末单位从业人员数(城 镇)	(万 人)	Engaged Persons at Year-end (urban area)	(10 000 persons)	105.74	93.64	104.02	92.56
第一产业(农、林、牧、渔业)	(万 人)	Primary Industry(Agriculture,Forestry, Animal Husbandry and Fishery)	(10 000 persons)	0.14	0.03	0.15	0.05
第二产业	(万 人)	Secondary Industry	(10 000 persons)	53.79	48.10	53.10	47.41
第三产业	(万 人)	Tertiary Industry	(10 000 persons)	51.81	45.50	50.77	45.10
年末城镇登记失业人员数	(人)	Registrated Unemployment in Urban Area at Year-end	(person)	35103		35281	
行政区域土地面积	(平方公里)	Land Area in Administrative Area	(sq.km)	8043	2525	8043	2525
水资源总量	(万立方米)	Total Water Resource	(10 000 cu.m)	32.55		51.53	
综合经济		**General Economy**					
生产总值(当年价格)	**(万 元)**	**Gross Domestic Product (current price)**	**(10 000 yuan)**	**31577101**	**24036527**	**28911581**	**22275776**
第一产业增加值	(万 元)	Added Value of Primary Industry	(10 000 yuan)	1371360	453418	1298860	446274
第二产业增加值	(万 元)	Added Value of Secondary Industry	(10 000 yuan)	12187910	8400331	11085216	7667114
第三产业增加值	(万 元)	Added Value of Tertiary Industry	(10 000 yuan)	18017731	15182778	16527505	14162388
人均生产总值(常住人口平均)	(元)	Per Capita GDP (permanent resident average)	(yuan)	67772	72571	63003	68264
生产总值增长率	(%)	Growth Rate of Gross Domestic Product	(%)	11.7	12.4	12.5	9.9
人均生产总值增长率	(%)	Growth Rate of Per Capita GDP	(%)	10.1	10.7	11.3	8.3
人均生产总值(户籍人口平均)	(元)	Per Capita GDP(registered permanent residence average)	(yuan)	79626	99940	74640	95427
财政、金融、保险		**Government Finance, Banking and Insurance**					
一般公共预算收入	(万 元)	Public Budgetary Revenue	(10 000 yuan)	3663181	2011755	3741476	2028043
#各项税收	(万 元)	Taxes	(10 000 yuan)	2837769	1601014	3018866	1717029
#企业所得税	(万 元)	Corporate Income Tax	(10 000 yuan)	283594	123821	304043	147280
个人所得税	(万 元)	Individual Income Tax	(10 000 yuan)	118824	66149	119133	67534

2-4 续表1 (continued)

指标名称		Item		2016 全 市 The Whole City	2016 市辖区 Municipal District	2015 全 市 The Whole City	2015 市辖区 Municipal District
一般公共预算支出	(万 元)	Public Bedgetary Expenditure	(10 000 yuan)	5252621	2714818	5035189	2624723
#一般性公共服务支出	(万 元)	Expenditure for General Public Services	(10 000 yuan)	742574	469292	723700	459385
科学技术支出	(万 元)	Expenditure for Science and Technology	(10 000 yuan)	172621	105499	145535	90755
教育支出	(万 元)	Expenditure for Education	(10 000 yuan)	992693	516719	986633	506192
文化体育与传媒支出	(万 元)	Expenditure for Culture,Sport and Media	(10 000 yuan)	78916	32415	79771	25131
社会保障和就业支出	(万 元)	Expenditure for Social Security and Employment Effort	(10 000 yuan)	389449	185677	346245	159603
医疗卫生支出	(万 元)	Expenditure for Medical and Health Care	(10 000 yuan)	393314	154386	394605	145878
城乡社区事务支出	(万 元)	Expenditure for Urban and Rural Community Affairs	(10 000 yuan)	508370	352756	466461	324164
交通运输支出	(万 元)	Expenditure for Transportation	(10 000 yuan)	67798	17224	84778	13000
节能环保支出	(万 元)	Expenditure for Environment Protection	(10 000 yuan)	126349	66258	166989	77742
年末金融机构各项存款余额(人民币)	(亿 元)	Deposits of Financial Institutions at Year-end (RMB)	(100 million yuan)	9928.30	9393.97	8772.22	8342.38
#城乡居民储蓄存款	(亿 元)	Saving Deposits of Urban and Rural Households	(100 million yuan)	2229.76	2109.76	2036.53	1936.74
年末金融机构各项贷款余额(人民币)	(亿 元)	Loans of Financial Institutions at Year-end	(100 million yuan)	9153.20	8734.95	7875.58	7521.18
保费收入	(万 元)	Premium	(10 000 yuan)	1143483		956077	
财产险	(万 元)	Property Insurance	(10 000 yuan)	577687		505967	
人身险	(万 元)	Life Insurance	(10 000 yuan)	565796		450111	
赔款、给付	(万 元)	Payment of Claims	(10 000 yuan)	453873		397024	
财产险	(万 元)	Property Insurance	(10 000 yuan)	301510		257599	
人身险	(万 元)	Life Insurance	(10 000 yuan)	152362		139425	
农 业		**Agriculture**					
蔬菜及食用菌产量	(万 吨)	Output of Vegetables and Edible Mushrooms	(10 000 tons)	263.47	86.95	250.33	92.30
园林水果产量	(万 吨)	Output of Garden Fruits	(10 000 tons)	19.40	6.81	17.62	7.07
肉类总产量	(万 吨)	Output of Meat	(10 000 tons)	15.19	2.97	15.75	3.87
牛奶产量	(吨)	Output of Milk	(ton)	55787	6555	49560	4461
水产品产量	(吨)	Output of Aquatic Products	(ton)	9560	719	10227	962
工 业		**Industry**					
年销售收入2000万元及以上工业企业		Industrial Enterprises with Annual SalesRevenue of 20 million yuan and above					
工业企业数	(个)	Number of Industrial Enterprises	(unit)	691	411	580	347

2-4 续表2 (continued)

指标名称		Item		2016 全市 The Whole City	2016 市辖区 Municipal District	2015 全市 The Whole City	2015 市辖区 Municipal District
内资企业	(个)	Domestic-funded Enterprises	(unit)	655	383	541	319
国有企业	(个)	State-owned Enterprises	(unit)	31	29	39	33
私营企业	(个)	Private Enterprises	(unit)	250	122	163	70
港、澳、台商投资企业	(个)	Enterprises with Funds from Hong Kong,Macao and Taiwan	(unit)	19	9	18	14
外商投资企业	(个)	Enterprises with Foreign Investment	(unit)	17	12	21	14
工业增加值	(亿 元)	Industrial Added Value	(100 million yuan)	782.82		712.28	
工业总产值	(亿 元)	Gross Industrial Output Value	(100 million yuan)	2816.87		2578.59	
内资企业	(亿 元)	Domestic-funded Enterprises	(100 million yuan)	2542.19		2427.26	
国有企业	(亿 元)	State-owned Enterprises	(100 million yuan)	456.96		551.16	
私营企业	(亿 元)	Private Enterprises	(100 million yuan)	490.69		380.45	
港、澳、台商投资企业	(亿 元)	Enterprises with Funds from Hong Kong,Macao and Taiwan	(100 million yuan)	166.85		54.32	
外商投资企业	(亿 元)	Enterprises with Foreign Investment	(100 million yuan)	107.83		97.01	
从业人员年平均人数	(万 人)	Avarage Annual Employed Persons	(10 000 persons)	19.51		19.20	
流动资产合计	(亿 元)	Total Current Assets	(100 million yuan)	1566.38		1466.54	
固定资产合计	(亿 元)	Total Fixed Assets	(100 million yuan)	1001.73		979.94	
主营业务收入	(亿 元)	Revenue from Principal Business	(100 million yuan)	2767.40		2534.58	
主营业务成本	(亿 元)	Cost of Principal Business	(100 million yuan)	2116.20		1915.45	
主营业务税金及附加	(亿 元)	Tax and Extra Charges from Principle Business	(100 million yuan)	110.86		117.88	
本年应交增值税	(亿 元)	Value-added Tax Payable	(100 million yuan)	92.45		89.98	
利润总额	(亿 元)	Total Profits	(100 million yuan)	267.72		266.00	
交通运输、邮电通信、能源电力		**Transportation,Postal and Telecommunication Services, Energy and Electric Power**					
民用汽车拥有量	(辆)	Possession of Civil Vehicles	(unit)	916740		841570	
#个人汽车拥有量	(辆)	Possession of Private Vehicles	(unit)	800380		726195	
民用车辆拥有量	(辆)	Possession of Civil Vehicles	(unit)	1190626		1108244	
#个人车辆拥有量	(辆)	Private Vehicles	(unit)	1072832		991303	

2-4 续表3 (continued)

指标名称		Item		2016		2015	
				全 市 The Whole City	市辖区 Municipal District	全 市 The Whole City	市辖区 Municipal District
铁路客运量		Passenger Traffic of Railways	10 000 (persons)	2204		2019	
铁路货运量		Freight Traffic of Railways	10 000(tons)	1313		1264	
公路客运量(全社会)	(万 人)	Passenger Traffic of Highways (in the Whole City)	(10 000 persons)	62385		63580	
公路货运量(全社会)	(万 吨)	Freight Traffic of Highways (in the Whole City)	(10 000 tons)	37355		30915	
境内公路里程	(公 里)	Length of Highways	(km)	10102		9847	
#境内等级公路里程	(公 里)	Length of Class I to IV Highways	(km)	9477		8992	
#境内高速公路里程	(公 里)	Length of Expressways	(km)	549		449	
水运客运量(全社会)	(万 人)	Passenger Traffic of Waterways (in the Whole City)	(10 000 persons)	72.00		46.24	
水运货运量(全社会)	(万 吨)	Freight Traffic of Waterways (in the Whole City)	(10 000 tons)	7.53		4.34	
内河航道通航里程	(公 里)	Length of Navigable Inland Waterways	(km)	513		513	
#六级以上航道	(公 里)	Inland Waterways above Class VI	(km)	316		243	
民用航空货邮运量	(吨)	Freight Traffic of Civil Aviation	(ton)	95900		87200	
民用航空客运量	(万 人)	Passenger Traffic of Civil Aviation	(person)	1511		1325	
年末邮政局(所)数	(处)	Number of Postal Offices at Year-end	(unit)	187	124	187	
邮政业务收入	(万 元)	Business Revenue of Postal Services	(10 000 yuan)	156984		105390	
电信业务收入	(万 元)	Business Revenue of Telecommunication Services	(10 000 yuan)	628295		575072	
固定电话用户年末用户数	(万 户)	Subscribers of Fixed Telephone at Year-end	(10 000 households)	87.52		97.04	
移动电话年末用户数	(万 户)	Subscribers of Mobile Telephone at Year-end	(10 000 households)	655.89		856.63	
#3G移动电话用户	(万 户)	3G Mobile Phone Subscribers	(10 000 households)	60.89		203.58	
互联网宽带接入用户数	(万 户)	Subscribers of Internet Broadband Access	(10 000 households)	123.65		116.15	
全年用电量	(亿千瓦时)	Electricity Consumption of theWhole Year	(100 million kwh)	236.74		239.85	
#工业用电	(亿千瓦时)	Industrial Electricity Consumption	(100 million kwh)	143.38		157.07	
城乡居民生活用电	(亿千瓦时)	Households Electricity Consumption	(100 million kwh)	60.39		54.91	
内外贸易、外经、旅游		**Foreign Trade,Economy and Tourism**					
限额以上批发零售贸易业商品销售总额	(万 元)	Total Sales Value of Enterprises above Designated Size of Wholesale and Retail Trade	(10 000 yuan)	18198177	17225148	18439332	16764737
社会消费品零售总额	(万 元)	Total Retail Sales of Consumer Goods	(10 000 yuan)	11953393	11252438	10601690	10304647
限额以上批发零售贸易企业数(法人数)	(个)	Number of Enterprises above Designated Size of Wholesale and Retail Trades	(unit)	536	443	547	463
#零售业	(个)	Retail Trade	(unit)	360	283	351	281
限额以上批发零售贸易业企业财务		Finances of Enterprises of Wholesale and Retail Trades aboveDesignated Size					
流动资产合计	(万 元)	Total Current Assets	(10 000 yuan)	9090031	8757820	9902859	9582797
固定资产合计	(万 元)	Total Fixed Assets	(10 000 yuan)	501063	456314	478039	452905

2–4 续表4 (continued)

指标名称		Item		2016 全市 The Whole City	2016 市辖区 Municipal District	2015 全市 The Whole City	2015 市辖区 Municipal District
主营业务收入	(万 元)	Revenue from Principal Business	(10 000 yuan)	15913279	15072312	16425984	15604706
主营业务成本	(万 元)	Cost of Principal Business	(10 000 yuan)	14626716	13915427	15195884	14456334
主营业务税金及附加	(万 元)	Tax and Extra Charges from Principal Business	(10 000 yuan)	146269	138075	144540	136904
本年应交增值税	(万 元)	Value-added Tax Payable	(10 000 yuan)	201520	189977	360530	353953
利润总额	(万 元)	Total Profits	(10 000 yuan)	314152	247019	267237	255176
进出口额(外贸数)	(万美元)	Total Value of Imports and Exports	(USD 10 000)	392747		912149	
进口额	(万美元)	Total Imports	(USD 10 000)	63964		122417	
出口额	(万美元)	Total Exports	(USD 10 000)	328783		789732	
外国和港澳台地区在华直接投资		Direct Investments from Foreign Countries,Hong Kong,Macao and Taiwai					
当年新签项目(合同)个数	(个)	New Contracts	(unit)	24	13	30	14
当年合同外资金额	(万美元)	Foreign Fund in New Contracts	(USD 10 000)	11423		63213	
当年实际直接利用外资金额	(万美元)	Total Amount of Foreign Investment Actually Utilized	(USD 10 000)	111988	72045	92740	59673
海外游客人数(含一日游游客)	(人)	Overseas Tourists (including one-day tour tourists)	(person)	183685		158469	
#外国人	(人)	Foreigners	(person)	82622		71960	
港、澳、台同胞	(人)	Chinese Compatriots from Hong Kong, Macao and Taiwai	(person)	101063		86509	
旅游(外汇)收入	(万美元)	Foreign Exchange Earnings from Tourism	(USD 10 000)	7902.86		6034.70	
星级饭店数	(个)	Number of Star-rated Hotels	(unit)	56		59	
固定资产投资		**Investment in Fixed Assets**					
固定资产投资总额	(亿 元)	Total Investment in Fixed Assets in the Whole City	(100 million yuan)	3380.73	2258.78	2804.45	2484.20
#房地产开发	(亿 元)	Real Estate Development	(100 million yuan)	927.32	865.91	1005.00	960.61
#住 宅	(亿 元)	Residential Buildings	(100 million yuan)	493.33	456.74	586.45	560.30
全年新增固定资产	(亿 元)	Newly Increased Fixed Assets in the Whole Year	(100 million yuan)	1978.89	1134.30	2148.53	
本年施工住宅面积	(万平方米)	Floor Space under Construction This Year	(10 000 sq.m)	4271.67		4947.98	
本年竣工住宅面积	(万平方米)	Floor Space Completed This Year	(10 000 sq.m)	825.09		1119.26	
房地产		Real Estate					
商品房屋销售面积	(万平方米)	Floor Space of Commercialized Buildings Sold	(10 000 sq.m)	988.57	874.81	968.17	892.93
#住 宅	(万平方米)	Residential Buildings	(10 000 sq.m)	832.78	732.10	798.25	732.36
#高档别墅公寓	(万平方米)	Villas,High-grade Apartments	(10 000 sq.m)	26.21	25.54	7.39	7.39
商品房屋销售额	(亿 元)	Total Sale of Commercialized Buildings	(100 million yuan)	587.47	546.09	581.37	553.43
#住 宅	(亿 元)	Residential Buildings	(100 million yuan)	447.98	417.48	394.94	376.34
#高档别墅公寓	(亿 元)	Villas,High-grade Apartments	(100 million yuan)	21.78	21.11	7.58	7.58
待售面积	(万平方米)	Floor Space of Commercialized Buildings for Sale	(10 000 sq.m)	270.59	236.32	400.00	385.48

2–4 续表5 (continued)

指标名称		Item		2016 全市 The Whole City	2016 市辖区 Municipal District	2015 全市 The Whole City	2015 市辖区 Municipal District
教育、科技、文化、卫生		**Education,Technology,Culture and Health Care**					
学校数		Number of Schools					
普通高等学校	(所)	Regular Institutions of Higher Education	(unit)	32	5	29	5
成人高等学校	(所)	Institutions of Higher Education for Adult	(unit)	2	1	2	1
中等职业教育(学校)	(所)	Secondary Vocational Education(Schools)	(unit)	60	30	62	31
普通中学	(所)	Regular Secondary Schools	(unit)	316	243	306	233
职业中学(初中)	(所)	Vocational Secondary Schools (Junior Secondary Schools)	(unit)	2		3	1
小 学	(所)	Primary Schools	(unit)	550	370	546	378
专任教师数		Full-time Teachers					
普通高等学校	(人)	Regular Institutions of Higher Education	(person)	19156	2331	17127	2745
成人高等学校	(人)	Institutions of Higher Education for Adult	(person)	334	280	332	24
中等职业教育(学校)	(人)	Secondary Vocational Education(Schools)	(person)	5463	1753	5478	1810
普通中学	(人)	Regular Secondary Schools	(person)	18204	12634	20581	14488
职业中学(初中)	(人)	Vocational Secondary Schools (Junior Secondary Schools)	(person)	46		63	26
小 学	(人)	Primary Schools	(person)	18590	13183	15292	10467
在校学生数		Number of Students Enrollment					
普通高等学校	(人)	Regular Institutions of Higher Education	(person)	404401	59063	368536	56208
成人高等学校	(人)	Institutions of Higher Education for Adult	(person)	5439	1647	7736	2139
中等职业教育(学校)	(人)	Secondary Vocational Education(Schools)	(person)	137953	40947	152876	49602
普通中学	(万 人)	Regular Secondary Schools	(10 000 persons)	23.81	16.33	24.57	16.52
#高 中	(万 人)	Senior Secondary School	(10 000 persons)	8.88	5.79	8.89	5.70
职业中学(初中)	(人)	Vocational Secondary Schools (Junior Secondary Schools)	(person)	326		670	257
小 学	(万 人)	Primary Schools	(10 000 persons)	34.83	24.94	33.01	23.90
初中毕业生升学率	(%)	Promotion Rate from Junior Secondary Schools to Senior Secondary Schools	(%)	83.7	90.4	88.8	98.2
专利申请受理量	(件)	Number of Patents Application Accepted	(case)	9956		7194	
专利申请授权量	(件)	Number of Patents Application Granted	(case)	4754		8002	
#发 明	(件)	Inventions	(case)	1236		940	
剧场、影剧院数	(个)	Number of Theaters,Music Halls and Cinemas	(unit)	5		5	
公共图书馆图书总藏量	(千册、件)	Total Collections of Public Libraries	(1000 copies)	9093		7821	
医院、卫生院数	(个)	Number of Hospitals and Health Centers	(unit)	260		262	176

2–4 续表6 (continued)

指标名称		Item		2016		2015	
				全 市 The Whole City	市辖区 Municipal District	全 市 The Whole City	市辖区 Municipal District
医院、卫生院床位数	(张)	Number of Beds in Hospitals and Health Centers	(bed)	30540		29124	25600
医生数	(人)	Number of Doctors	(person)	15834		14478	12219
#医院、卫生院医生数	(人)	Number of Doctors in Hospital and Health Centers	(person)	11252		10295	
注册护士	(人)	Registered Nurses	(person)	18333		16951	14260
#医院、卫生院注册护士	(人)	Registered Nurses in Hospital and Health Centers	(person)	15048		13736	
人民生活、社会保障		**People's Living Condition and Social Security**					
城镇居民人均住宅建筑面积	(平方米/人)	Per Capita Building Space of Urban Households	(sq.m/person)	36.25		34.28	
农民人均住房面积	(平方米/人)	Per Capita Living Space of Rural Households	(sq.m/person)	50.63		49.87	
在岗职工平均人数	(万 人)	Average Number of On-post Staff	(10 000 persons)	93.90	81.36	93.34	80.56
在岗职工工资总额	(万 元)	Total Wage Bill of On-post Staff	(10 000 yuan)	6511239	5828869	5813417	5196084
在岗职工年平均工资	(元)	Annual Average Wage of On-post Staff	(yuan)	70535		63949	
城镇居民家庭总收入	(元)	Total Household Income	(yuan)	31623			29697
工资性收入	(元)	Income from Wages and Salaries	(yuan)		17696		16193
经营净收入	(元)	Net Business Income	(yuan)		2511		2354
财产净收入	(元)	Net Property Income	(yuan)		2720		2559
转移净收入	(元)	Net Income from Transfer	(yuan)		6575		6134
城镇常住居民人均可支配收入	(元)	Annual Per Capita Disposable Income of Urban Households	(yuan)		29502		27241
最低20%户人均可支配收入	(元)	Lowest Annual Per Capita Disposable Income(first ten percent group)	(yuan)		14575		12935
最高20%户人均可支配收入	(元)	Highest Annual Per Capita Disposable Income(first ten percent group)	(yuan)		51931		52308
城镇常住居民人均消费支出	(元)	Per Capita Consumption Expenditure of Urban Permanent Residents	(yuan)		24335		22532
食品烟酒	(元)	Food,Tobacco and Liquor	(yuan)		7656		6935
衣 着	(元)	Clothing	(yuan)		1763		1729
生活用品及服务	(元)	Daily Necessities and Service	(yuan)		1739		1523
医疗保健	(元)	Health Care and Medical Services	(yuan)		1271		1072
交通通信	(元)	Transportation and Communication	(yuan)		3048		3142
教育文化娱乐	(元)	Education, Culture and Entertainment	(yuan)		3620		3337
居 住	(元)	Residence	(yuan)		4772		4388
其他用品和服务	(元)	Others	(yuan)		466		406
每百户城市居民家庭拥有：		Per 100 Rural Households Owned:					
家用电脑	(台)	Computer	(set)		55		65
固定电话	(部)	Fixed Telephone	(set)		46		55

2-4 续表7 (continued)

指标名称		Item		2016 全市 The Whole City	2016 市辖区 Municipal District	2015 全市 The Whole City	2015 市辖区 Municipal District
移动电话	(部)	Mobile Telephone	(set)		210		196
电冰箱(柜)	(台)	Refrigerator(freezer)	(set)		97		94
彩色电视机	(台)	Color TV Set	(set)		105		105
家用汽车	(辆)	Automobile	unit		31		21
中高档乐器	(套)	Mid &High-grade instruments	unit		3		3
空调机	(台)	Air Condition	(set)		18		17
洗衣机	(台)	Washing Machine	(set)		99		97
居民消费价格指数(上年为100)	(%)	Consumer Price Index(100 last year)	(%)		101.1		102.3
农村常住居民人均可支配收入	(元)	Per Capita Disposable Income of Rural Households	(yuan)	12967		11918	
养老保险参保人数	(人)	Endowment Insurance Contributors	(person)	1700106		1559556	
在职职工养老保险人数	(人)	Endowment Insurance ofOn-the-job Staff	(person)	1427615		1306187	
离退休养老保险人数	(人)	Retirement Endowment Insurance Contributors	(person)	272491		253369	
基本医疗保险参保人数	(人)	Basic Medical Care Insurance Contributors	(person)	1320378		1264322	
失业保险参保人数	(人)	Unemployment Insurance Contributors	(person)	667312		645794	
生育保险参保人数	(人)	Maternity Insurance Contributors	(person)	1207282		1077452	
工伤保险参保人数	(人)	Work Injury InsuranceContributors	(person)	891942		827746	
城乡福利院机构数	(个)	Number of Social WelfareHomes	(unit)	81		78	
城乡福利院床位数	(张)	Number of Beds in Social Welfare Institutes	(bed)	10177		9053	
居民最低生活保障线以下人数	(人)	Number of Persons under Minimum Living Standard	(person)	102740		109660	
城镇居民	(人)	Urban Households	(person)	58391		61381	
农村居民	(人)	Rural Households	(person)	44349		48279	
社会治安		Social Security					
火灾事故死亡人数	(人)	Number of Deaths in FireAccidents	(person)	0		1	
火灾事故损失额	(万 元)	Economic Losses in FireAccidents	(10 000 yuan)	1552		413	
刑事案件立案数	(件)	Number of CriminalCases Registered	(case)	7689		7791	
犯罪人数	(人)	Number of Offenders	(person)	6757		8499	

2-4 续表8 (continued)

指标名称		Item		2016		2015	
				全市 The Whole City	市辖区 Municipal District	全市 The Whole City	市辖区 Municipal District
市政公用事业		**Municipal Public Utilities**					
城市维护建设资金支出	(万 元)	Expenditure on Municipal Infrastructure	(10 000 yuan)		14379		145932
年末实有城市道路面积	(万平方米)	Area of Paved Roads(at year-end)	(10 000 sq.m)		2643		2645
排水管道长度	(公 里)	Length of City Sewage Pipes	(km)		3424		3523
供水综合生产能力	(万立方米/日)	Production Capacity of Tap Water Supply	(10 000 cu.m/day)		143.5		115.6
供水总量	(万立方米)	Total Volume of Tap Water Supply	(10 000 cu.m)		34350		29634
售水量	(万立方米)	Total Volume of Tap Water Sold	(10 000 cu.m)		26518		22930
#居民生活用水量	(万立方米)	Water Consumption for Residential Use	(10 000 cu.m)		15943		14257
用水人口	(万 人)	Number of Residents with Access to Tap Water	(10 000 persons)		360		355
煤气(人工天然气)供气总量	(万立方米)	Volume of Coal Gas Supply (artificial natural gas)	(10 000 cu.m)		24903		20500
#家庭用量	(万立方米)	Households Consumption	(10 000 cu.m)		9854		8658
用天然气人口	(万 人)	Population with Access to Natural Gas	(10 000 persons)		252		210
液化石油气供气总量	(万 吨)	Volume of Liquefied Petroleum Gas Supply	(10 000 tons)		4.40		4.20
液化石油气销售气总量	(万 吨)	Volume of Liquefied Petroleum Gas Sold	(10 000 tons)		4.40		4.20
#家庭用量	(万 吨)	Households Consumption	(10 000 tons)		4.40		4.20
用液化气人口	(万 人)	Number of Residents with Access to Liquefied Petroleum Gas	(10 000 persons)		72		72
年末实有公共汽(电)车营运车辆数	(辆)	Number of Public Vehicles under Operation at Year-end	(unit)		2759		2738
全年公共汽(电)车客运总量	(万人次)	Passengers Transported by Public Vehicles in the Whole year	(10 000 person-times)		53569		57584
年末实有出租汽车数	(辆)	Actual Number of Taxiesat Year-end	(unit)		8904		7849
建成区园林绿地面积	(公 顷)	Garden Green Land of CompletedArea	(hectare)		11744		11115
建成区公园绿地面积	(公 顷)	Area of Public Greenland in Built-up Districts	(hectare)		3601		3065
建成区绿化覆盖面积	(公 顷)	Green Covered Area of Completed Area	(hectare)		12182		11533
环境保护		**Environment Protection**					
工业废水排放量	(万 吨)	Emission of Industrial Sewage	(10 000 tons)		3768		2700
工业二氧化硫排放量	(吨)	Emission of Industrial SurpluDioxide	(ton)		40373		57192
工业固体废物综合利用率	(%)	Comprehensible Utilization Ratio of Industrial Solid Wastes	(%)		39.13		48.15
生活垃圾无害化处理率	(%)	Harmless Treatment Ratio of Household Refuse	(%)		97.47		95.09

注：市生态委于2014年7月按《国家园林城市遥感调查与测试要求》(建城园函［2010］150号)标准，以覆盖贵阳市建成区(299平方公里)、贵阳市规划区(1230平方公里)和市域范围(8034平方公里)卫星遥感数据为基础数据源开展相应调查，调整指标统计口径和范围，数据不可比。

a) According to the standards of "National Garden City Remote Sensing Survey and Testing Requirements"(Letter No. 2010150, the city park),basedon the satellite remote sensing data of Guiyang built-up area(299sq.km.),Guiyang planning area(1230sq.km.) and Guiyang city region (8034aq.km.), Guiyang Ecology Committee stared to investigate in July 2014, and adjusted the investigation caliber and region, so the data is incomparable.

2–5 生产总值
Gross Domestic Product

指 标	Item	2016 绝对数 (万 元) Absolute Figures (10 000 yuan)	2016 构 成 (%) Proportion (%)	2015 绝对数 (万 元) Absolute Figures (10 000 yuan)	2015 构 成 (%) Proportion (%)	2016年比2015年增长 (%) Growth Rate in 2016 over 2015 (%)
生产总值	**Gross Domestic Product**	**31577101**	**100.0**	**28911581**	**100.0**	**11.7**
第一产业	Primary Industry	1371360	4.3	1298860	4.5	5.9
农、林、牧、渔业	Agriculture,Forestry,Animal Husbandryand Fishery	1462030	4.6	1289386	4.5	5.9
农林牧渔服务业	Service of Agriculture,Forestry, Animal Husbandry and Fishery	90670	0.3	9474	0.03	6.7
第二产业	Secondary Industry	12187910	38.6	11085216	38.3	12.1
工 业	Industry	7713303	24.4	7141495	24.7	9.9
建筑业	Construction	4474608	14.2	3943721	13.6	16.0
第三产业	Tertiary Industry	18017831	57.1	16527505	57.2	11.9
交通运输、仓储和邮政业	Transportation,Storage and Post	2636418	8.3	2391014	8.3	15.5
信息传输、计算机服务和软件业	Information Transmission,Software Industry and Computer Services	1408941	4.5	1264583	4.4	15.1
批发和零售业	Wholesale and Retail Trades	2693224	8.5	2560203	8.9	9.8
住宿和餐饮业	Hotels and Catering Services	1289933	4.1	1239817	4.3	11.3
金融业	Financial Industry	3375610	10.7	3100708	10.7	15.0
房地产业	Real Estate	929656	2.9	894960	3.1	3.1
租赁和商务服务业	Leasing and Business Services	450248	1.4	409434	1.4	13.6
科学研究和技术服务业	Scientific Research,Technic Services and Geological Exploration	665514	2.1	622110	2.2	6.1
水利、环境和公共设施管理业	Management of Water Conservancy, Environment and Public Facilities	99582	0.3	93082	0.3	6.1
居民服务、修理和其他服务业	Services to Household, Repair and Other	441181	1.4	385054	1.3	18.3
教 育	Education	968561	3.1	886886	3.1	8.3
卫生和社会工作	Health and Social Work	565173	1.8	493289	1.7	13.6
文化、体育和娱乐业	Culture,Sports and Entertainment	602436	1.9	509030	1.8	22.2
公共管理和社会组织	Public Management and Social Organization	1800684	5.7	1677335	5.8	6.5
人均生产总值(元)	**Per Capita Gross Domestic Product (yuan)**	**67772**		**63003**		**10.1**

注：1) 表中绝对数按当年价格计算，增长速度按可比价格计算；
2) 表中人均生产总值按常住半年及以上平均总人口计算。

a) The absolute figures in this table are calculated at current prices,whereas the growth rates are calculated at comparable prices;
b) Per capita gross domestic product in this table is calculated according to average annual population who live in Guiyang forsix months or above.

2–6 各区(市、县)生产总值(2016年)
Gross Domestic Product of District(City, County) in Guiyang(2016)

区(市、县)名称	District(City, County)	生产总值 Gross Domestic Product	第一产业 Primary Industry	第二产业 Secondary Industry	第三产业 Tertiary Industry	人均生产总值(元) Per Capita Gross Product (yuan)
绝对值(万元)	**Absolute Figures(10 000 yuan)**					
南明区	Nanming	6540105	20273	1482861	5036971	73646
云岩区	Yunyan	6899366	5506	1291400	5602460	69347
花溪区	Huaxi	5369053	187140	3191848	1990065	82997
乌当区	Wudang	1606858	148522	780498	677838	66619
白云区	Baiyun	1951008	59312	1037059	854637	69320
观山湖区	Guanshanhu	1670137	32665	616665	1020807	64323
开阳县	Kaiyang	2081423	293758	1149323	638342	56065
息烽县	Xifeng	1646230	171051	790772	684407	72108
修文县	Xiuwen	1655741	213451	785640	656650	61678
清镇市	Qingzhen	2801090	239682	1310127	1251281	58453
增速(%)	**Growth Rate(%)**					
南明区	Nanming	12.4	-7.6	15.3	11.7	10.7
云岩区	Yunyan	12.4	-2.2	13.4	12.2	12.2
花溪区	Huaxi	11.7	6.1	10.2	14.6	10.1
乌当区	Wudang	13.5	6.5	14.9	13.4	11.5
白云区	Baiyun	13.0	6.5	12.7	13.7	10.9
观山湖区	Guanshanhu	13.1	6.3	14.2	12.7	6.3
开阳县	Kaiyang	13.1	6.4	14.5	13.4	11.6
息烽县	Xifeng	13.2	6.4	13.2	14.7	10.3
修文县	Xiuwen	13.2	6.6	13.3	14.9	11.4
清镇市	Qingzhen	13.5	6.3	14.5	13.8	11.9

注：1) 本表绝对值按当年价格计算，增长速度按可比价格计算；
2) 人均生产总值按常住半年及以上平均人口数计算。

a) The absolute figures in this table are calculated at current prices, whereas the growth rates are calculated at comparable prices;

b) Per capita gross domestic product in this table is calculated according to average annual population who live in Guiyang for six months or above.

2-7 非公有制经济增加值
Added Value of Non-public Sector of the Economy

单位：万元 (10 000 yuan)

指 标	Item	GDP总量 Total GDP		非公有制经济 Non-public Economy		
		2016	2015	2016	2015	增长(%) Growth Rate (%)
生产总值	**Gross Domestic Product**	**31577001**	**28911581**	**16811461**	**15076586**	**15.0**
第一产业	Primary Industry	1371360	1298860	1090795	998295	6.0
第二产业	Secondary Industry	12187910	11085216	6450365	5641617	18.7
工 业	Industry	7713303	7141495	4392045	3886662	18.2
建筑业	Construction	4474608	3943721	2058320	1754956	19.9
第三产业	Tertiary Industry	18017731	16527505	9270301	8436674	13.6
交通运输、仓储和邮政业	Transportation,Storage and Post	2636418	2391014	1776945	1599588	16.4
批发和零售业	Wholesale and Retail Trades	2693224	2560203	2186898	2053283	11.1
住宿和餐饮业	Hotels and Catering Services	1289933	1239817	1182868	1128233	12.2
金融业	Financial Industry	3375610	3100708	361190	319373	19.5
房地产业	Real Estate	929656	894960	764177	717758	5.6
其他营利性服务业	Other For-profit Services	2902806	2568101	2037770	1777126	18.4
非营利性服务业	Nonprofit Services	4099515	3772702	934689	841313	10.2
按区县地域分	**By District,County,City**					
南明区	Nanming	6540105	6060487	3540125	3254350	14.1
云岩区	Yunyan	6899366	6500200	3920453	3570710	13.6
花溪区	Huaxi	5369053	4949685	2268636	1949600	19.8
乌当区	Wudang	1606858	1450783	917888	810281	15.2
白云区	Baiyun	1951008	1782335	1138627	1001725	16.2
观山湖区	Guanshanhu	1670137	1532286	938855	844239	13.0
开阳县	Kaiyang	2081423	1871652	1136574	989477	16.1
息烽县	Xifeng	1646230	1490911	895422	798143	15.5
修文县	Xiuwen	1655741	1400368	1102601	966924	16.4
清镇市	Qingzhen	2801090	2533349	1526093	1372352	14.0

主要统计指标解释

不变价格 指以同类产品某年的平均价格作为固定价格，用于计算各年的产品价值。按不变价格计算的产品价值消除了价格变动因素，不同时期对比可以反映生产的发展速度。新中国成立后，随着工农业产品价格水平的变化，国家统计局先后五次制定了全国统一的工业产品不变价格和农业产品不变价格。从1952年到1957年使用1952年工（农）业产品不变价格，从1957年到1970年使用1957年不变价格，从1971年到1980年使用1970年不变价格，从1981年到1990年使用1980年不变价格，从1991年到2000年使用1990年不变价格，从2001到2005年使用2000年不变价格，从2006到2010年使用2010年不变价格，从2011年开始使用2010年不变价格。

可比价格 指计算各种总量指标所采用的扣除了价格变动因素的价格，可进行不同时期总量指标的对比。按可比价格计算总量指标有两种方法：一种是直接用产品产量乘某一年的不变价格计算；另一种是用价格指数进行缩减。

企业（单位）登记注册类型 是以在工商行政管理机关登记注册的各类企业为划分对象，以工商行政管理部门对企业登记注册的类型为依据，将企业登记注册类型分为内资企业、港澳台商投资企业和外商投资企业三大类。内资企业包括国有企业、集体企业、股份合作企业、联营企业、有限责任公司、股份有限公司、私营公司和其他企业；港澳台商投资企业和外商投资企业分别包括合资经营企业、合作经营企业、独资经营企业和股份有限公司。对不在工商行政管理部门进行登记注册的行政机关、事业单位和社会团体，主要按其经费来源和管理方式进行划分。

国有企业 指企业全部资产归国家所有，并按《中华人民共和国企业法人登记管理条例》规定登记注册的非公司制的经济组织。不包括有限责任公司中的国有独资公司。

集体企业 指企业资产归集体所有，并按《中华人民共和国企业法人登记管理条例》规定登记注册的经济组织。

股份合作企业 指以合作制为基础，由企业职工共同出资入股，吸收一定比例的社会资产投资组建，实行自主经营，自负盈亏，共同劳动，民主管理，按劳分配与按股分红相结合的一种集体经济组织。

联营企业 指两个及两个以上相同或不同所有制性质的企业法人或事业单位法人，按自愿、平等、互利的原则，共同投资组成的经济组织。联营企业包括国有联营企业、集体联营企业、国有与集体联营企业和其他联营企业。

有限责任公司 指根据《中华人民共和国公司登记管理条例》规定登记注册，由两个以上、五十个以下的股东共同出资，每个股东以其所认缴的出资额对公司承担有限责任，公司以其全部资产对其债务承担责任的经济组织。有限责任公司包括国有独资公司以及其他有限责任公司。

股份有限公司 指根据《中华人民共和国公司登记管理条例》规定登记注册，其全部注册资本由等额股份构成并通过发行股票筹集资本，股东以其认购的股份对公司承担有限责任，公司以其全部资产对其债务承担责任的经济组织。

私营企业 指由自然人投资设立或由自然人控股，以雇佣劳动为基础的营利性经济组织。包括按照《公司法》、《合伙企业法》、《私营企业暂行条例》规定登记注册的私营有限责任公司、私营股份有限公司、私营合伙企业和私营独资企业。

其他内资企业 指上述企业之外的其他内资经济组织。

与港澳台商合资经营企业 指港澳台地区投资者与内地企业依照《中华人民共和国中外合资经营企业法》及有关法律的规定，按合同规定的比例投资设立、分享利润和分担风险的企业。

与港澳台商合作经营企业 指港澳台地区投资者与内地企业依照《中华人民共和国中外合作经营企业法》及有关法律的规定，依照合作合同的约定进行投资或提供条件设立、分配利润和分担风险的企业。

港澳台商独资经营企业 指依照《中华人民共和国外资企业法》及有关法律的规定，在内地由港澳台地区投资者全额投资设立的企业。

港澳台商投资股份有限公司 指根据国家有关规定，经外经贸部依法批准设立，其中港、澳、台商的股本占公司注册资本的比例达 25%以上的股份有限公司。凡其中港、澳、台商的股本占公司注册资本的比例小于 25%的，属于内资企业中的股份有限公司。

中外合资经营企业 指外国企业或外国人与中国内地企业依照《中华人民共和国中外合资经营企业法》及有关法律的规定，按合同规定的比例投资设立、分享利润和分担风险的企业。

中外合作经营企业 指外国企业或外国人与中国内地企业依照《中华人民共和国中外合作经营企业法》及有关法律的规定，依照合作合同的约定进行投资或提供条件设立、分配利润和分担风险的企业。

外资企业 指依照《中华人民共和国外资企业法》及有关法律的规定，在中国内地由外国投资者全额投资设立的企业。

外商投资股份有限公司 指根据国家有关规定，经外贸部依法批准设立，其中外资的股本占公司注册资本的比例达 25%以上的股份有限公司。凡其中外资股本占公司注册资本的比例小于 25%的，属于内资企业中的股份有限公司。

行政机关、事业单位和社会团体 参照企业登记注册类型，主要按其经费来源和管理方式划分。
具体规定如下：

(1)行政机关：包括国家机关和政党机关，原则上均列为“国有”。但有特殊规定的，如供销社等，则列为“集体”。

(2)事业单位：包括经国家机构编制部门和有关业务主管部门批准成立的各类事业单位，不包括实行企业化管理的事业单位。事业单位的划分办法如下：

①由国家财政预算拨款或列入财政预算外资金管理以及经费主要来源于国有主管部门或国有上级单位的事业单位，列为“国有”。

②经费主要来源于集体单位的事业单位，列为“集体”。

③公民个人（或个人合伙）开办的事业单位，列为“私营”。

④上述以外的其他事业单位，如果其经费来源不明确，按管理方式进行归类。

(3)社会团体：包括经民政部门批准成立以及未纳入社会团体管理条例范围的工会、妇联等各类社会团体。社会团体的划分办法如下：

①未纳入民政部社会团体管理条例范围的工会、妇联、共青团、青联、工商联、科协、侨联等社会团体，国家拨款设立的基金会或基金管理组织以及经费主要来源于国有业务主管部门或国有上级单位的社会团体，列为“国有”。

②经费主要来源于集体单位的社会团体，列为“集体”。

③公民个人（或个人合伙）开办的社会团体，划为“私营”。

④上述以外的其他社会团体，如果其经费来源不明确，改按管理方式进行归类。

生产总值（GDP） 指一个国家（或地区）所有常住单位在一定时期内生产活动的最终成果。生产总值有三种表现形态，即价值形态、收入形态和产品形态。从价值形态看，它是所有常住单位在一定时期内生产的全部货物和服务价值超过同期中间投入的全部非固定资产货物和服务价值的差额，即所有常住单位的增加值之和；从收入形态看，它是所有常住单位在一定时期内创造并分配给常住单位和非常住单位的初次收入分配之和；从产品形态看，它是所有常住单位在一定时期内最终使用的货物和服务价值与货物和服务净出口价值之和。在实际核算中，生产总值有三种计算方法，即生产法、收入法和支出法。三种方法分别从不同的方面反映生产总值及其构成。

三大产业 是根据社会生产活动历史发展的顺序对产业结构的划分，产品直接取自自然界的部门称为第一产业，对初级产品进行再加工的部门称为第二产业，为生产和消费提供各种服务的部门称为第三产业。它是世界上较为通用的产业结构分类，但各国的划分不尽一致。
我国的三次产业划分是：

第一产业：农业（包括种植业、林业、牧业、渔业）和农林牧渔服务业。

第二产业：工业（包括采掘业，制造业，电力、煤气及水的生产和供应业）和建筑业。

第三产业：除第一、第二产业以外的其他各业。由于第三产业包括的行业多、范围广，根据我国的实际情况，第三产业可分为两大部分：一是流通部门，二是服务部门。

最终消费 指常住单位在一定时期内对于货物和服务的全部最终消费支出，也就是常住单位为满足物质、文化和精神生活的需要，从本国经济领土和国外购买的货物和服务的支出；不包括非常住单位在本国经济领土内的消费支出。最终消费分为居民消费和政府消费。

居民消费 指常住住户对货物和服务的全部最终消费支出。居民消费按市场价格计算，即按居民支付的购买者价格计算。购买者价格是购买者取得货物所支付的价格，包括购买者支付的运输和商业费用。居民消费除了直接以货币形式购买货物和服务的消费之外，还包括以其他方式获得的货物和服务的消费支出，即所谓的虚拟消费支出。居民虚拟消费支出包括以下几种类型：单位以实物报酬及实物转移的形式提供给劳动者的货物和服务；住户生产并由本住户消费了的货物和服务，其中的服务仅指住户的自有住房服务；金融机构提供的金融媒介服务；保险公司提供的保险服务。

政府消费 指政府部门为全社会提供公共服务的消费支出和免费或以较低价格向住户提供的货物和服务的净支出。前者等于政府服务的产出价值减去政府单位所获得的经营收入的价值，政府服务的产出价值等于它的经常性业务支出加上固定资产折旧；后者等于政府部门免费或以较低价格向住户提供的货物和服务的市场价值减去向住户收取的价值。

公路里程 指在一定时期内实际达到《公路工程[WTBZ 技术标准 JTJ01-88》规定的等级公路，并经公路主管部门正式验收交付使用的公路里程数。包括大中城市的郊区公路以及通过小城镇街道部分的公路里程和桥梁、渡口的长度，不包括大中城市的街道、厂矿、林区生产用道和农业生产用道的里程。两条或多条公路共同经由同一路段，只计算一次，不得重复计算里程长度。

非公有制经济

按国家统计局《关于统计上划分经济成分的规定》：公有经济包括国有经济和集体经济，非公有经济包括私有经济、港澳台经济和外商经济。

非公有制经济是从经济管理角度进行划分的一种经济形式，其基本特征主要表现在：从产权关系上看，具有产权主体多元化、产权明晰和利益分配明确等特征。非公有制经济多数为自筹资金、自由组合的经济实体，无论是个人投资、合伙投资或外商投资以及集体筹资创办的企业，其产权关系和利益关系都比较明确。

就本书而言，非公有制经济是对指除国有企业及国有控股企业以外的其他多种所有制经济的统称，包括个体工商户、私营企业、集体企业、港澳台投资企业和外商投资企业。

Explanatory Notes on Main Statistical Indicators

Constant Prices refer to the average price of a given product in a certain year which is used for evaluating the output value of similar products over time as a fixed-price. As the output value at constant prices removes the influence of price changes, the comparison among constant prices of different periods reflects the development speed of production over time. Since the foundation of the People's Republic of China in 1949, with the changes of industrial and agricultural products, National Bureau of Statistics of China has set nationally unified constant prices five times: the 1952 constant prices for the period from 1952 to 1957; the 1957 constant prices for the period from 1957 to 1970; the 1970 constant prices for the period from 1971 to 1980; the 1980 constant prices for the period from 1981 to 1990; the 1990 constant prices for the period from 1991 to 2000; the 2000 constant prices for the period from 2001 to 2005; the 2010 constant prices for the period from 2006 to 2010; and the 2010 constant prices has been adopted since 2011.

Comparable Prices refer to prices that have removed the influence of price changes in calculating aggregate indicators and they can be used to facilitate comparison of aggregate indicators of different periods. There are two methods for calculating aggregate indicators at comparable prices: first, to multiply output of products by their constant prices of a certain year; and second, to deflate price indices.

Registration Types of Enterprises (Units) refer to three kinds of classifications of enterprises, namely domestic-funded enterprises, enterprises with investment from Hong Kong, Macao and Taiwan as well as foreign-invested enterprises, in the light of the registration type of an enterprise at industry and business administrative departments. Domestic-funded enterprises include state-owned enterprises, collective-owned enterprises, cooperative enterprises, joint ownership enterprises, limited liability corporations, share-holding corporations Ltd., private enterprises and other enterprises. Enterprises with investment from Hong Kong, Macao and Taiwan and foreign-invested enterprises both consist of joint-venture enterprises, cooperative enterprises, enterprises with sole fund and share-holding corporations Ltd. For administrative organizations, public institutions and social organizations which are not requested to register at industrial and commercial administrative departments, they are classified mainly by their sources of funding and manners of management.

State-owned Enterprises refer to unincorporated economic units where the entire assets are owned by the State and which have been registered in accordance with *Regulations of the People's Republic of China for Controlling the Registration of Enterprises as Legal Persons.* State sole funded corporations classified into limited liability companies are not included.

Collective-owned Enterprises refer to economic units where the assets are owned collectively and which have been registered in accordance with *Regulations of the People's Republic of China for Controlling the Registration of Enterprises as Legal Persons.*

Joint-equity Cooperative Enterprises refer to collective economic units whose capitals come mainly from employees as their shares, with certain proportion of social capital and who is organized on the basis of independent operation, responsibility for their own profits and losses, shared labor, democratic management and a distribution system that integrates remuneration according to work with sharing profits according to contributions.

Joint Ownership Enterprises refer to economic units established by two or more corporate enterprises or institutional persons of the same or different ownerships, through joint investment on the basis of voluntary participation, equality, and mutual benefits, including State joint ownership enterprises, collective joint ownership enterprises, joint State-collective enterprises and other joint ownership enterprises.

Limited Liability Companies refer to economic units established with investment from 2 to 50 investors and registered in accordance with *Regulations of the People's Republic of China on the Administration of Company Registration*. Besides, each investor bears limited liabilities in accordance with the amount of money he funded and the corporation bears the liability to pay off its debts with its total assets. Included in this category are State sole funded corporations and other limited liability companies.

Companies Limited by Shares refer to economic units registered in accordance with *Regulations of the People's Republic of China on the Administration of Company Registration*, with total registered capital raised through issuing equal shares. Besides, each investor bears limited liabilities in accordance with his shares of investment in the corporation he funded and the corporation bears the liability to pay off its debts with its total assets.

Private Enterprises refer to profit-making economic units invested and established or controlled by natural persons hiring labors. Included in this category are private limited liability companies, private companies limited by shares, private partnership enterprises and private exclusively funded enterprises registered in accordance with the *Company Law*, *Partnership Enterprise Law* and *Interim Regulations on Private Enterprises*.

Other Domestic-funded Enterprises refer to domestic-funded economic units other than those mentioned above.

Joint-venture Enterprises with Funds from Hong Kong, Macao and Taiwan refer to enterprises established by investors from Hong Kong, Macao and Taiwan with enterprises in mainland China in accordance with *Law of the People's Republic of China on Chinese-foreign Equity Joint-ventures* and other relevant laws, where the proportions of investment and the sharing of profits and risks are stipulated under cooperative contracts.

Cooperative Enterprises with Funds from Hong Kong, Macao and Taiwan refer to enterprises established by investors from Hong Kong, Macao and Taiwan with enterprises in mainland China in accordance with *Law of the People's Republic of China on Chinese-foreign Equity Joint-ventures* and other relevant laws, where the proportions of investment or provision of facilities and the sharing of profits and risks are stipulated under cooperative contracts.

Enterprises with Sole Fund from Hong Kong, Macao and Taiwan refer to enterprises established in mainland China with exclusive investment from investors from Hong Kong, Macao and Taiwan in accordance with *Law of the People's Republic of China on Foreign-capital Enterprises* and other relevant laws.

Companies Limited by Shares with Funds from Hong Kong, Macao and Taiwan refer to companies limited by shares established in accordance with relevant regulations and with the approval from Ministry of Foreign Trade, where the share of investment from Hong Kong, Macao or Taiwan businessmen exceeds 25% of the total registered capital. In case the share of investment from Hong Kong, Macao or Taiwan is less than 25% of the total registered capital, the enterprise is to be classified as domestic-funded companies limited by shares.

Sino-foreign Equity Joint Enterprises refer to enterprises jointly established by foreign enterprises or foreigners with enterprises in mainland China in accordance with *Law of the People's Republic of China on Chinese-foreign Equity Joint-ventures* and other relevant laws, where the sharing of investment, profits and risks is stipulated under contract.

Sino-foreign Collective Operation Enterprises refer to enterprises jointly established by foreign enterprises or foreigners with enterprises in mainland China in accordance with *Law of the People's Republic of China on Chinese-foreign Equity Joint-ventures* and other relevant laws, where the proportions of investment or provision of facilities and the sharing of profits and risks are stipulated under cooperative contracts.

Foreign-funded Enterprises refer to enterprises established in mainland China with exclusive investment from foreign investors in accordance with *Law of the People's Republic of China on Foreign-capital Enterprises* and other relevant laws.

Companies Limited by Shares with Foreign Funds refer to companies limited by shares established in accordance with relevant regulations and with the approval from Ministry of Foreign Trade, where the share of investment from foreign investors exceeds 25% of the total registered capital. In case the share of investment from foreign investors is less than 25% of the total registered capital, the enterprise is to be classified as domestic-funded companies limited by shares.

Administrative Organizations, Public Institutions and Social Organizations are classified into following categories by source of funds and means of management taking reference of the registration types of enterprises:

(1) Administrative organizations: include state and party agencies, classified in principle as "state-owned". But there are exceptions, such as supply and marketing cooperatives which are classified as "collective".

(2) Public Institutions: include institutions of various types established with the approval from departments managing state executive establishments and relative competent departments for services but exclude public institutions adopting the management modes of enterprises. Public Institutions are further classified as follows:

(a) Public institutions whose expenditures come from state budget funds or are in the managing list of extra-budgetary funds and mainly from State-owned competent departments or superior units. Such institutions are classified as "State-owned".

(b) Public institutions whose expenditures mainly come from collective units. Such institutions are classified as "collective".

(c) Public institutions established by individuals or a group of citizens. Such institutions are classified as private.

(d) Public institutions other than those mentioned above whose expenditures are undefined. Such institutions are classified by the manner of management.

(3) Social organizations: include such organizations as labor unions and women's federations established with the approval from civil affairs departments and not covered by social organization management regulations. Social organizations as further classified as follows:

(a) Social organizations that are not covered by social organization management regulations of civil affairs departments such as trade unions, women's federations, communist youth leagues, youth associations, industrial and commerce associations, scientists associations, overseas Chinese associations, foundations and fund management organizations established with funds from the State and social organizations whose funds mainly come from State-owned competent departments or superior units. Such organizations are classified as State-owned.

(b) Social organizations whose expenditures mainly come from collective units. Such organizations are classified as collective-owned.

(c) Social organizations established by individual or a group of citizens. Such organizations are classified as private.

(d) Social organizations other than those mentioned above whose expenditures are undefined. Such organizations are classified by manner of management.

Gross Domestic Product (GDP) refers to the final products of all resident units in a country (or a region) during a certain period of time. Gross domestic product is expressed in three different forms, i. e. value, income, and products respectively. The form of value refers to the difference between the total value of all products as well as services produced by all resident units during a certain period of time and total value of intimidate input of materials and services of non-fixed assets or the summation of the added-value of all resident units; the form of income includes all the income created by all resident units and distributed primarily to all resident and non-resident units; the form of products refers to the total sum of the value of all final goods and services for final use by all resident units and the value of net exports of goods and services during a given period of time. In actual adjust accounts, gross domestic product is calculate with three approaches, i.e. production approach, income approach and expenditure approach, which reflect gross domestic product and its composition from different aspects.

Three Industries refer to three kinds of industry structures classified according to the historical sequences of social productive activities. Primary industry refers to extraction of natural resources; secondary industry involves processing of primary products; and tertiary industry provides services of various kinds for production and consumption. The above classification is universal although it varies to some extent form country to country.

Three industries in China comprises:

Primary industry: agriculture (include farming, forestry, animal husbandry and fishery) and services of farming, forestry, animal husbandry and fishery.

Secondary industry: industry (including mining and quarrying, manufacturing as well as production and supply of electricity, water and gas) and building industry.

Tertiary industry: all other industries not included in primary or secondary industries.

Due to the fact that tertiary industry involves a large variety of industries in China, it is divided into two sectors: circulation sector and service sector.

Final Consumption refers to the total expenditure of resident units on final consumption of goods and services in a certain period, namely the expenditure of the resident units for purchases of goods and services within domestic economic territory and from abroad to meet the requirements of material, cultural and spiritual life. It excludes the expenditure of non-resident units on consumption within domestic economic territory. The final consumption is classified into household consumption and government consumption.

Households Consumption refers to the total expenditure of resident households on the final consumption of goods and services. The household consumption is calculated at market prices, namely the purchaser's prices which the households pay; the purchasers' prices of goods are the prices the households pay when they obtain the goods, including delivery fees and commercial expenses paid by the households. In addition to the purchases of goods and services by the households directly with money, households purchase goods and services in other means, namely virtual expenditure. And virtual expenditure includes the following types: a) goods and services provided to the households by the units in the form of payment in kind and transfer in kind; b) goods and services produced and consumed by the households themselves, in which the services refer only to owners' self-owned dwelling services; c) services of financial intermediary provided by the financial institutions; d) insurance services provided by the insurance companies.

Government Consumption refers to the expenditure on the consumption of public services provided by government to the whole society and net expenditure on goods and services provided by government to the households at free charge or lower prices. The former equals to the value gained by using the output value of government services to minus the value of operating income obtained by the government departments and the output value of government services equals to the total sum of its regular operating expenditure and depreciation of fixed assets. The latter equals to the value gained by using the market value of the goods and services provided by the government for free or at low prices to the households to minus the value received by the government from the households.

Highway Mileage refers to the length of highways which are built in conformity with the standards stipulated in *Highway Engineering Standards [WTBZ technical Standards JTJ01-88]*, have been formally checked and accepted by competent departments of highways and put into use. The length of highways includes that of the suburb highways in large and medium-sized cities, highways passing through streets in small cities and towns, and also the length of bridges and ferries. It does not include the length of streets in big and medium-sized cities and highways built for production in factories, mines, forest areas and agricultural areas. If two or more highways pass through the same section of a highway, the length of the section is only calculated once and no duplication is allowed.

Non-public Sectors of Economy

In accordance with *Stipulations on Economic Sectors Used in Statistics* issued by National Bureau of Statistics of China, there are mainly two sectors: public economy, including state-owned economy and collective economy, as well as non-public economy, including private economy, economies manipulated by Hong Kong, Macao and Taiwan and foreign economy.

Non-public economy is a form of economy classified from the perspective of economic management. Its essential features reveal in property relations, namely, non-public economy has diverse property rights entities, clear property rights and clear-cut benefit distributions, etc. Because most entities of non-public economy raise funds by themselves and combine freely, whether individually invested, jointly invested, foreign-invested or collectively invested enterprises, they have clear-cut property relations and benefit relationships.

When it comes to this book, non-public economy refers to other economies with different types of ownerships apart from state-owned enterprises and state holding enterprises, including individual businesses, private enterprises, collective enterprises, enterprises with investments from Hong Kong, Macao and Taiwan as well as foreign-invested enterprises.

人口与计划生育

Population and Family Planning

年末常住人口（万人）

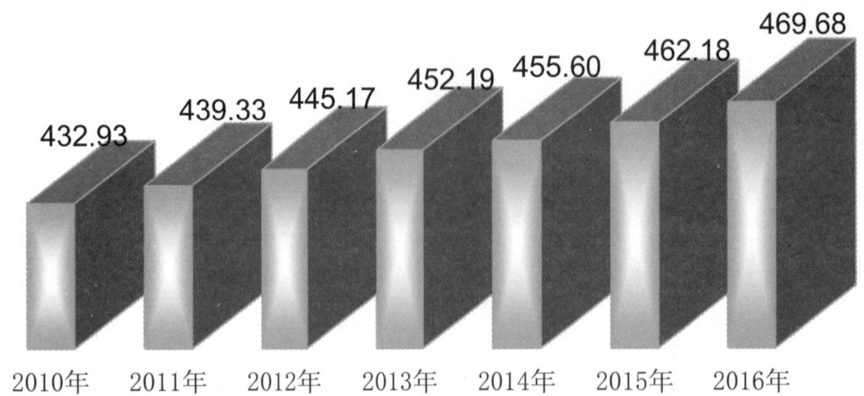

人口密度（人/平方公里）

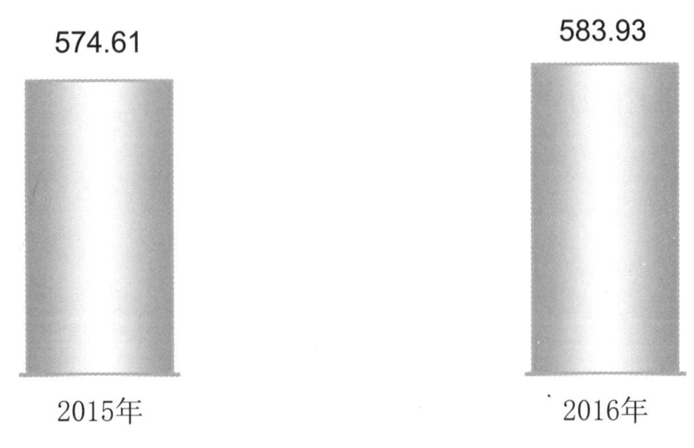

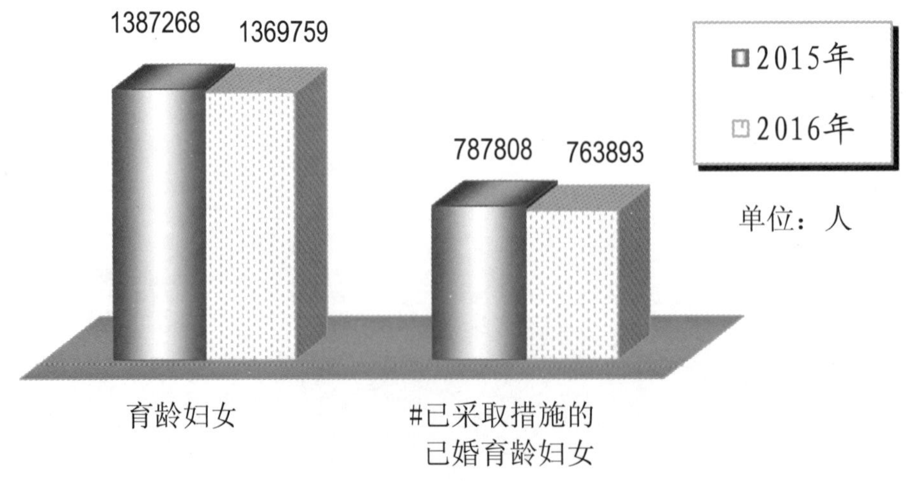

3-1 常住人口主要指标变动情况
Main Indicators on Permanent Resident Population

指标	Item	2016 人数（万人）Population (10 000 persons)	2016 构成(%) Proportion (%)	2015 人数（万人）Population (10 000 persons)	2015 构成(%) Proportion (%)	2016年比2015年增长(%) Growth Rate in 2016 over 2015(%)
年平均人口	Annual Average Population	465.93		458.89		1.5
年末总人口	Total Population (at year-end)	469.68		462.18		1.6
按城镇、乡村分	**Grouped by Residence**					
城镇	Urban Population	348.31	74.16	338.55	73.25	2.9
乡村	Rural Population	121.37	25.84	123.63	26.75	-1.8
按性别分	**Grouped by Gender**					
男	Male	240.57	51.22	237.35	51.35	1.4
女	Female	229.11	48.78	224.83	48.65	1.9
性别比(以女性为100)	Sex Ratio(Female=100)	105		105.57		
人口出生率(‰)	Birth Rate(‰)	11.05		10.21		0.84个千分点
人口死亡率(‰)	Death Rate(‰)	5.20		4.96		0.24个千分点
自然增长率(‰)	Natural Growth Rate(‰)	5.85		5.25		0.60个千分点

3-2 常住人口增长情况(2016年)
Increase Indicators on Permanent Resident Population(2016)

区（市、县）名称	District（city,County）	年末总人口（万人）Total Population at Year-end (10 000 persons)	年平均人口（万人）Annual Average Population (10 000 persons)	人口密度（人/平方公里）Population Density (person/sq.km)
贵阳市	**Guiyang**	**469.68**	**465.93**	**583.93**
南明区	Nanming	89.64	88.80	4283.21
云岩区	Yunyan	99.54	99.49	10860.46
花溪区	Huaxi	65.21	64.69	676.35
乌当区	Wudang	24.33	24.12	356.11
白云区	Baiyun	28.39	28.14	1053.34
观山湖区	Guanshanhu	26.78	25.96	870.50
开阳县	Kaiyang	37.39	37.13	184.80
息烽县	Xifeng	23.16	22.83	223.44
修文县	Xiuwen	27.04	26.85	252.36
清镇市	Qingzhen	48.20	47.92	347.62

注：土地面积来源于国土资源局。
a) Data of land area come from Bureau of Natural Resources.

3-3 公安户籍人口变动情况
Household Registered Population

指 标	Item	2016 人 数 (万 人) Population (10 000 persons)	2016 构 成 (%) Proportion (%)	2015 人 数 (万 人) Population (10 000 persons)	2015 构 成 (%) Proportion (%)	2016年比2015年增长(%) Growth Rate in 2016 over 2015(%)
年末总人口	**Total Population (at year-end)**	**401.35**	**100.0**	**391.79**	**100.0**	**2.4**
农 业	Agricultural	259.98	64.8	249.44	63.7	4.2
非农业	Non-agricultural	141.37	35.2	142.35	36.3	-0.7
按性别分	**Grouped by Gender**					
男	Male	202.94	50.6	198.75	50.7	2.1
女	Female	198.41	49.4	193.03	49.3	2.8
性别比(以女性为100)	Sex Ratio(Female=100)	1.02		1.03		
人口出生率(‰)	Birth Rate(‰)	16.74		24.48		-7.7个千分点
人口死亡率(‰)	Death Rate(‰)	5.27		5.21		0.1个千分点
自然增长率(‰)	Natural Growth Rate(‰)	11.47		19.27		-7.8个千分点

3-4 各区(市、县)户籍人口(2016年)
Registered Population of Districts (City, County)(2016)

区（市、县）名 称	District (city,County)	年末总人口 (万 人) Total Population at Year-end (10 000 persons)	非农业人口 Non-agricultural Population	农业人口 Agricultural Population	年平均人口 (万 人) Annual Average Population (10 000 persons)	人口密度 (人/平方公里) Population Density (person/sq.km)
全市合计	**Total**	**401.35**	**259.98**	**141.37**	**396.57**	**493.04**
南 明 区	Nanming	60.71	58.06	2.65	59.29	2832.84
云 岩 区	Yunyan	64.57	64.57	0.00	63.73	6953.82
花 溪 区	Huaxi	50.49	33.47	17.02	50.38	522.51
乌 当 区	Wudang	21.04	11.71	9.33	20.89	305.75
白 云 区	Baiyun	21.60	19.16	2.44	20.86	773.85
观山湖区	Guanshanhu	26.45	20.39	6.06	25.36	824.46
开 阳 县	Kaiyang	45.16	17.67	27.49	45.09	222.85
息 烽 县	Xifeng	26.91	8.62	18.29	26.90	259.52
修 文 县	Xiuwen	32.16	10.15	22.01	32.01	298.76
清 镇 市	Qingzhen	52.25	16.16	36.09	52.06	375.43

注：本表资料为公安户籍数。
a) Data in this table are registered permanent residence of the police station.

3–5 市辖镇人口状况(2016年)
Statistics on Population in Towns under the Municipal Government(2016)

地区	Item	总户数(户) Total Households (household)	总人口(人) Total Population(person)			平均每户人数 Average Family Size	性别比(女=100) Sex Ratio (Female =100)	非农业人口(人) Non-agricultural Population(person)		农业人口(人) Agricultural Population(person)	
			合计 Total	男 Male	女 Female			人数 Population	占总人口(%) Proportion (%)	人数 Population	占总人口(%) Proportion (%)
合计	**Total**	**519857**	**1769284**	**893714**	**875570**	**3.40**	**1.02**	**1059972**	**59.9**	**709312**	**40.1**
云岩黔灵镇	**Qianling**	**16610**	**50945**	**24231**	**26714**	**3.07**	**0.91**	**50945**	**100.0**	**0**	**0.0**
花溪区	**Huaxi District**	**141845**	**504871**	**253720**	**251151**	**3.56**	**1.01**	**334715**	**66.3**	**170156**	**33.7**
青岩镇	Qingyan	7679	33787	16754	17033	4.40	0.98	13576	40.2	20211	59.8
石板镇	Shiban	5035	25033	12602	12431	4.97	1.01	12558	50.2	12475	49.8
乌当区	**Wudang District**	**69559**	**210436**	**106137**	**104299**	**3.03**	**1.02**	**117145**	**55.7**	**93291**	**44.3**
东风镇	Dongfeng	9143	28518	13932	14586	3.12	0.96	9565	33.5	18953	66.5
水田镇	Shuitian	5354	17721	8762	8959	3.31	0.98	7173	40.5	10548	59.5
羊昌镇	Yangchang	5314	15815	8009	7806	2.98	1.03	3787	23.9	12028	76.1
白云区	**Baiyun District**	**63241**	**216027**	**107812**	**108215**	**3.42**	**1.00**	**191607**	**88.7**	**24420**	**11.3**
沙文镇	Shawen	6857	28915	14092	14823	4.22	0.95	23346	80.7	5569	19.3
麦架镇	Maijia										
艳山红镇	Yanshanhong	11396	33480	16077	17403	2.94	0.92	33480	100.0	**0**	**0.0**
观山湖区	**Guanshan huDistrict**	**80984**	**264484**	**132624**	**131860**	**3.27**	**1.01**	**203927**	**77.1**	**60557**	**22.9**
金华镇	Jinhua	12904	46040	23192	22848	3.57	1.02	28579	62.1	17461	37.9
朱昌镇	Zhuchang	6945	29378	14355	15023	4.23	0.96	8581	29.2	20797	70.8
清镇市	**Qingzhen**	**147618**	**522521**	**269190**	**253331**	**3.54**	**1.06**	**161633**	**30.9**	**360888**	**69.1**
红枫湖镇	Hongfenghu										
站街镇	Zhanjie	13032	42226	21131	21095	3.24	1.00	21944	52.0	20282	48.0
卫城镇	Weicheng	12067	42470	21914	20556	3.52	1.07	14339	33.8	28131	66.2
新店镇	Xindian	8891	35785	18736	17049	4.02	1.10	1688	4.7	34097	95.3

注：本表数据来源于市公安局。

a) Data in this table come from Guiyang Bureau of Public Security.

3-6 县辖镇人口状况(2016年)
Statistics on Population in County-governed Towns(2016)

地 区	Item	总户数(户) Total Households (household)	总人口(人) Total Population(person)			平均每户人数 Average Family Size	性别比(女=100) Sex Ratio (Female =100)	非农业人口(人) Non-agricultural Population(person)		农业人口(人) Agricultural Population(person)	
			合 计 Total	男 Male	女 Female			人 数 Population	占总人口(%) Proportion (%)	人 数 Population	占总人口(%) Proportion (%)
合 计	**Total**	**369068**	**1042316**	**543827**	**498489**	**2.82**	**109.10**	**364405**	**35.0**	**677911**	**65.0**
开阳县	**Kaiyang**	**150984**	**451594**	**235125**	**216469**	**2.99**	**108.62**	**176677**	**39.1**	**251169**	**55.6**
城关镇	Chengguan	15747	47123	23050	24073	2.99	95.75	29973	63.6	17150	36.4
双流镇	Shuangliu	13655	37264	19053	18211	2.73	104.62	28808	77.3	8456	22.7
金中镇	Jinzhong	4157	11581	5547	6034	2.79	91.93	8161	70.5	3420	29.5
冯三镇	Fengsan	12769	39688	20988	18700	3.11	112.24	9833	24.8	29855	75.2
楠木渡镇	Nanmudu	14010	44124	23318	20806	3.15	112.07	21816	49.4	22308	50.6
龙岗镇	Longgang	14112	41127	21403	19724	2.91	108.51	17992	43.7	23135	56.3
息烽县	**Xifeng**	**117387**	**269109**	**141686**	**127423**	**2.29**	**111.19**	**86214**	**32.0**	**182895**	**68.0**
永靖镇	Yongjing	20404	53221	27109	26112	2.61	103.82	31836	59.8	21385	40.2
小寨坝镇	Xiaozhaiba	38734	35713	18230	17483	0.92	104.27	11140	31.2	24573	68.8
温泉镇	Wenquan	7139	22057	11705	10352	3.09	113.07	5333	24.2	16724	75.8
九庄镇	Jiuzhuang	10222	32632	17476	15156	3.19	115.31	10877	33.3	21755	66.7
修文县	**Xiuwen**	**100697**	**321613**	**167016**	**154597**	**3.19**	**108.03**	**101514**	**31.6**	**220099**	**68.4**
龙场镇	Longchang	15676	52531	26203	26328	3.35	99.53	30403	57.9	22128	42.1
扎佐镇	Zhazuo	8945	30183	15004	15179	3.37	98.85	4412	14.6	25771	85.4
久长镇	Jiuchang	11094	35629	18069	17560	3.21	102.90	8365	23.5	27264	76.5
六广镇	Liuguang	9297	30073	16023	14050	3.23	114.04	3631	12.1	26442	87.9

注：本表数据来源于市公安局。
a) Data in this table come from Guiyang Bureau of Public Security.

3-7 出生及新婚情况(2016年)
Statistics on Birth and Marriage(2016)

单位：人 (person)

区（市、县）名称	District (city,County)	年初以来累计出生人数 Births Since the Beginning of the Year									
		合计 Total					一孩 1st Birth				
		小计 Subtotal	计划内 Planned		计划外 Unplanned		小计 Subtotal	计划内 Planned		计划外 Unplanned	
			男 Male	女 Female	男 Male	女 Female		男 Male	女 Female	男 Male	女 Female
合计	**Total**	**46586**	**23378**	**21798**	**693**	**717**	**23472**	**11656**	**11308**	**219**	**289**
南明区	Nanming	6328	3269	3058	1		3857	1975	1881	1	0
云岩区	Yunyan	6455	3327	3127		1	4143	2119	2024	0	0
花溪区	Huaxi	5862	2940	2747	93	82	3013	1475	1470	31	37
乌当区	Wudang	3246	1634	1502	67	43	1531	751	757	14	9
白云区	Baiyun	2923	1472	1377	41	33	1296	622	653	10	11
观山湖区	Guanshanhu	4941	2505	2316	54	66	2619	1301	1270	15	33
开阳县	Kaiyang	4613	2240	2082	146	145	1952	970	880	46	56
息烽县	Xifeng	2872	1419	1319	50	84	1254	614	586	18	36
修文县	Xiuwen	3786	1837	1743	106	100	1573	723	759	43	48
清镇市	Qingzhen	5560	2735	2527	135	163	2234	1106	1028	41	59

注：本表数据来源于市卫生计生委(下表同)。

a) Data in this table come from Guiyang Municipal Commission of Health and Family Planning(the same below).

3-7 续表 (continued)

单位：人 (person)

区（市、县）名称	District (city,County)	年初以来累计出生人数 Births Since the Beginning of the Year										年初以来死亡人数 Deaths Since the Beginning of the Year
		二孩 2nd Birth					多孩 3rd Birth and Above					
		小计 Subtotal	计划内 Planned		计划外 Unplanned		小计 Subtotal	计划内 Planned		计划外 Unplanned		
			男 Male	女 Female	男 Male	女 Female		男 Male	女 Female	男 Male	女 Female	
合计	**Total**	**21796**	**11245**	**10047**	**253**	**251**	**1318**	**477**	**443**	**221**	**177**	**19380**
南明区	Nanming	2389	1254	1135	0	0	82	40	42	0	0	2685
云岩区	Yunyan	2263	1180	1082	0	1	49	28	21	0	0	2393
花溪区	Huaxi	2747	1418	1243	46	40	102	47	34	16	5	2731
乌当区	Wudang	1610	841	722	25	22	105	42	23	28	12	1100
白云区	Baiyun	1528	817	694	9	8	99	33	30	22	14	1079
观山湖区	Guanshanhu	2246	1170	1015	33	28	76	34	31	6	5	933
开阳县	Kaiyang	2422	1208	1127	44	43	239	62	75	56	46	2362
息烽县	Xifeng	1481	743	680	22	36	137	62	53	10	12	1482
修文县	Xiuwen	2034	1065	913	27	29	179	49	71	36	23	1803
清镇市	Qingzhen	3076	1549	1436	47	44	250	80	63	47	60	2812

3-8 节育及领独生子女证情况(2016年)
Statistics on Contraception and Only-child Certificate Obtained(2016)

单位：人 (person)

地 区	Region	育龄妇女 Number of Child-bearing Women	已婚育龄妇女 Number of Married Child-bearing Woman					采取措施的已婚育龄妇女人数 Number of Female Contraception Users		领独生子女证人数 Number of One-child Certificate Obtained
			小计 Subtotal	无孩 No Child	一孩 1st Birth	二孩 2nd Birth	多孩 3rd Birth and Above		#男扎 Male Contraception	
合 计	**Total**	**1369759**	**882574**	**46488**	**452743**	**305028**	**78315**	**763893**	**24879**	**130633**
南明区	Nanming	243024	151809	8538	92405	40469	10397	133993	4785	33671
云岩区	Yunyan	250709	142565	8035	92692	34979	6859	124839	3537	24034
花溪区	Huaxi	197197	126955	6734	63861	46429	9931	106906	3477	17888
乌当区	Wudang	78055	50613	3271	26789	17535	3018	43526	903	8808
白云区	Baiyun	96949	63029	3062	29831	23354	6782	53266	2254	11013
观山湖区	Guanshanhu	147452	94310	6136	49393	31464	7317	81365	2245	5423
开阳县	Kaiyang	97998	66388	2893	26713	28679	8103	59465	4387	8439
息烽县	Xifeng	57642	42890	1916	17802	18551	4621	37121	1298	5919
修文县	Xiuwen	70669	53339	2017	19977	24443	6902	45701	847	5275
清镇市	Qingzhen	130064	90676	3886	33280	39125	14385	77711	1146	10163

主要统计指标解释

人口数 指一定时点、一定地区范围内的有生命的个人的总和。年度统计的年末人口数指每年 12 月 31 日 24 时的人口数。

市镇总人口和乡村总人口其定义有两种口径：

第一种口径（按行政建制）

市人口：市管辖区域内的全部人口（含市辖镇，不含市辖区县）；

镇人口：县辖镇的全部人口（不含市辖镇）；

县人口：县辖乡人口。

第二种口径（按常住人口划分）

市人口：设区的市的区人口和不设区的市所辖的街道人口；

镇人口：不设区的市所辖镇的居民委员会人口和县辖镇的居民委员会人口；

县人口：除上述两种人口以外的全部人口。

出生率（又称粗出生率） 指在一定时期内(通常为一年)平均每千人所出生的人数的比率，一般用千分率表示。计算公式为：

出生率＝年出生人数/年平均人数×1000‰

式中：出生人数指活产婴儿，即胎儿脱离母体时(不管怀孕月数)，有过呼吸或其他生命现象。

年平均人数指年初、年底人口数的平均数，也可用年中人口数代替。

死亡率（又称粗死亡率） 指在一定时期内(通常为一年)一定地区的死亡人数与同期平均人数(或期中人数)之比，一般用千分率表示。计算公式为：

死亡率＝年死亡人数/年平均人数×1000‰

人口自然增长率 指在一定时期内(通常为一年)人口自然增加数(出生人数减死亡人数)与该时期内平均人数(或期中人数)之比，一般用千分率表示。计算公式为：

人口自然增长率＝（本年出生人数－本年死亡人数）/年平均人数×1000‰

＝ 人口出生率－人口死亡率。

Explanatory Notes on Main Statistical Indicators

Total Population refers to the total number of people alive at a certain point of time within a given area. The annual statistics on total population at year-end is taken at 24, the 31st of December.

Urban Population and Rural Population the definition is determined according to two standards as follows:

The first standard — Administrative System

Urban Population includes total population of cities and population of towns under the jurisdiction of cities, excluding districts and counties under the jurisdiction of cities;

Population of County-administrated Towns includes total population of towns under the jurisdiction of counties, excluding population of towns under the jurisdiction of cities;

Population of Counties includes total population of townships under the jurisdiction of counties.

The second standard — Permanent Resident Population

Urban Population includes population living in districts under the jurisdiction of cities with sub-districts and population living in communities under the jurisdiction of cities without sub-districts;

Population of County-administrated Towns includes total number of residents living in towns under the jurisdiction of cities without sub-districts and total number of residents living in towns under the jurisdiction of counties;

Population of Counties includes total population except those mentioned above.

Permanent Resident Population refers to those people who live or stay at home more than 6 months in the whole year, and their economy and life become an organic with their own households. Labors working outside although live outside more than 6 months, yet with income mainly brought to home, as well as economy and household united, so they are also considered as permanent resident population; state employees and retirees living at home with economy and household united are also considered as permanent resident population. But serviceman, students in technical secondary schools (except day students) and labors working outside not staying at home (except visiting relatives or receiving medical treatment) with stable careers and places to live are not included into permanent resident population. Permanent Resident Population includes: 1.Those who live in their own households (as well as those living in their own households with less than half a year outside), with registered permanent residence belonging to their own village, town and committee. 2. Those who live in their own households more than half a year, with registered permanent residence belonging to other villages, towns and committees. 3. Those who has left the former registered place more than half a year and live in their own households less than half a year with registered permanent residence belonging to other villages, towns and committees. 4. Those who live in their own households, with registered permanent residence undetermined.

Birth Rate (or Rough Birth Rate) refers to the ratio of the number of births to the average population (or mid-period population) during a certain period of time (usually a year), expressed in ‰. Birth rate in the chapter refers to annual birth rate. The following formula is used:

Birth Rate= (Number of Births)/(Annual Average Population) ×1000‰

Number of births in the formula refers to live births, i.e. when a baby has breathed or showed any vital phenomena regardless of the length of pregnancy.

Annual average population is the average of the number of population at the beginning of the year and that at the end of the year. Sometimes it is substituted by the mid-year population.

Death Rate (or Rough Death Rate) refers to the ratio of the number of deaths to the average population (or mid-period population) during a certain period of time (usually a year), expressed in ‰. The following formula is used:

Death Rate= (Number of Deaths)/(Annual Average Population) ×1000‰

Natural Growth Rate of Population refers to the ratio of natural increase in population (number of births minus number of deaths) in a certain period of time (usually a year) to the average population (or mid-period population) of the same period, expressed in ‰. The following formula is applied:

Natural Growth Rate of Population = (Number of Births－Number of Deaths)/(Annual Average Population) ×1000‰ = Birth Rate－Death Rate

从业人员及职工工资

Employment and Wages

在岗职工年末人数（万人）

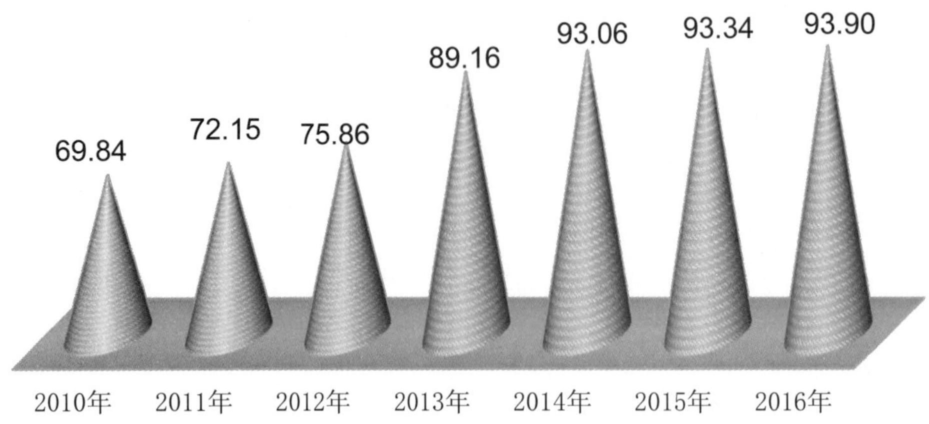

在岗职工人数（按经济类型分）（万人）

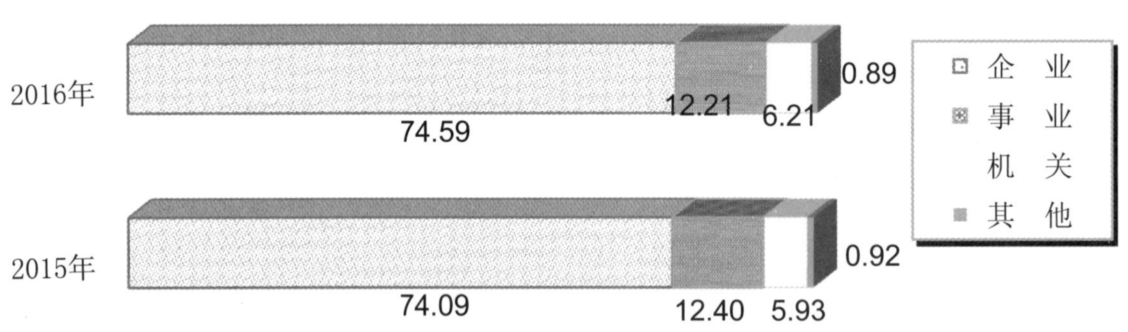

在岗职工平均工资（元）

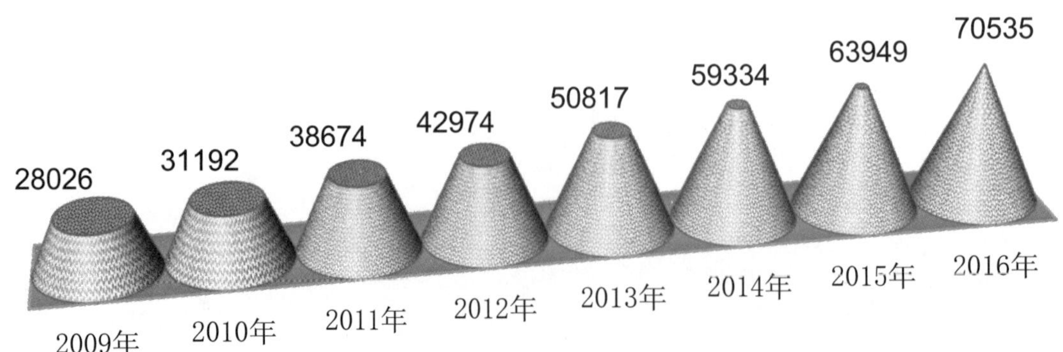

4-1 按国民经济行业分组的从业人员人数(2016年)
Number of Employed Persons by Sector(2016)

单位：人 (person)

指　　标	Item	从业人员年末人数 Number of Employed Persons at Year-end			
		合　计 Total	国　有单　位 State-owned Units	城镇集体单位 Urban Collective -owned Units	其他经济 Units of Other Types of Ownership
总　计	**Total**	**1057448**	**351122**	**11175**	**695151**
按执行会计标准类别分组	**By Enterprises,Institutions and Agencies**				
企　业	Enterprises	846369	146834	10786	688749
事　业	Institutions	134414	134414		
机　关	Agencies	67267	67267		
民间非营利组织	Non-profit Civil Organizations	1676		198	1478
其　他	Other Organizations	7722	2607	191	4924
按国民经济行业分组	**By Sector**				
农、林、牧、渔业	Agriculture,Forestry, Animal Husbandry and Fishery	1446	678		768
采矿业	Mining	7602	460	101	7041
制造业	Manufacturing	150437	17612	1547	131278
电力、热力、燃气及水生产和供应业	Production and Supply of Electricity, Heating Power, Gas and Water	61660	50563	46	11051
建筑业	Construction	318184	12747	3025	302412
批发和零售业	Wholesale and Retail Trades	53120	3174	1287	48659
交通运输、仓储和邮政业	Transport,Storage and Post	78111	38112	558	39441
住宿和餐饮业	Hotels and Catering Services	13418	1761	211	11446
信息传输、软件和信息技术服务业	Services of Information Transmission,Software and Information Technology	19055	503	15	18537
金融业	Financial Industry	26020	5307	1221	19492
房地产业	Real Estate	47846	1231	717	45898
租赁和商务服务业	Leasing and Business Services	24235	4048	1440	18747
科学研究、技术服务业	Scientific Research and Technical Service	29577	18111	35	11431
水利、环境和公共设施管理业	Management of Water Conservancy, Environment and Public Facilities	10550	3860	163	6527
居民服务、修理和其他服务业	Services to Household,Repair and Others	7714	2438	187	5089
教　育	Education	75406	69338	288	5780
卫生和社会工作	Health and Social Service	39668	33444	223	6001
文化、体育和娱乐业	Culture,Sports and Entertainment	9678	5097		4581
公共管理、社会保障和社会组织	Public Management,Social Security and Social Organization	83721	82638	111	972

4-2 按国民经济行业分组的从业人员工资总额(2016年) Total Wage Bill of Employed Persons by Sector(2016)

单位：万元 (10 000 yuan)

指标	Item	从业人员工资总额 Total Wage Bill of Employed Persons 合计 Total	国有单位 State-owned Units	城镇集体单位 Urban Collective -owned Units	其他经济 Units of Other Types of Ownership
总计	**Total**	**7047969**	**2707080**	**51675**	**4289214**
按执行会计标准类别分组	**By Enterprises, Institutions and Agencies**				
企业	Enterprises	5519527	1212383	49946	4257199
事业	Institutions	971311	971311		
机关	Agencies	507895	507895		
民间非营利组织	Non-profit Civil Organizations	10434		996	9438
其他	Other Organizations	38802	15491	733	22578
按国民经济行业分组	**By Sector**				
农、林、牧、渔业	Agriculture,Forestry, Animal Husbandry and Fishery	6907	4246		2661
采矿业	Mining	33632	2237	478	30917
制造业	Manufacturing	966226	123550	5331	837345
电力、热力、燃气及水生产和供应业	Production and Supply of Electricity, Heating Power, Gas and Water	550650	446020	194	104437
建筑业	Construction	1717554	55688	11721	1650146
批发和零售业	Wholesale and Retail Trades	289544	45564	5167	238813
交通运输、仓储和邮政业	Transport,Storage and Post	615576	325849	3637	286090
住宿和餐饮业	Hotels and Catering Services	60448	7951	1043	51454
信息传输、软件和信息技术服务业	Information Transmission, Software and Information Technology in services	156219	4480	61	151678
金融业	Financial Industry	438282	63694	11810	362779
房地产业	Real Estate	260358	9481	2894	247983
租赁和商务服务业	Leasing and Business Services	146122	27161	5515	113445
科学研究、技术服务业	Scientific Research and Technical Services	246431	166478	126	79827
水利、环境和公共设施管理业	Management of Water Conservancy, Environment and Public Facilities	42993	22107	318	20568
居民服务、修理和其他服务业	Services to Household,Repair and Others	28677	9660	519	18498
教育	Education	526455	496325	1299	28832
卫生和社会工作	Health and Social Service	292140	261249	893	29998
文化、体育和娱乐业	Culture,Sports and Entertainment	70872	44833		26040
公共管理、社会保障和社会组织	Public Management,Social Security and Social Organization	598882	590506	671	7705

4-3 按国民经济行业分组的从业人员平均工资(2016年)
Average Wage of Employed Persons by Sector(2016)

单位：元 (yuan)

指标	Item	从业人员平均工资 Average wage of Employed Persons			
		合计 Total	国有单位 State-owned Unit	城镇集体单位 Urban Collective -owned Units	其他经济类型 Units of Other Types of Ownership
总计	**Total**	**68453**	**77024**	**46841**	**64295**
按执行会计标准类别分组	**By Enterprises, Institutions and Agencies**				
企业	Enterprises	67275	81312	46911	64436
事业	Institutions	72771	72771		
机关	Agencies	76558	76558		
民间非营利组织	Non-profit Civil Organizations	62591		51351	64072
其他	Other Organizations	50503	60939	38393	45611
按国民经济行业分组	**By Sector**				
农、林、牧、渔业	Agriculture,Forestry, Animal Husbandry and Fishery	47831	62529		34786
采矿业	Mining	43975	47190	43844	43761
制造业	Manufacturing	63736	70415	35633	63169
电力、热力、燃气及水生产和供应业	Production and Supply of Electricity, Heating Power, Gas and Water	84284	84974	42152	81604
建筑业	Construction	58647	40530	39370	59756
批发和零售业	Wholesale and Retail Trades	55260	144556	40177	49795
交通运输、仓储和邮政业	Transportation,Storage and Post	80731	86593	64950	75168
住宿和餐饮业	Hotels and Catering Services	44889	44495	49417	44867
信息传输、软件和信息技术服务业	Information Transmission,Software and Information Technology in services	81889	89786	40533	81710
金融业	Financial Industry	176421	123366	102247	195832
房地产业	Real Estate	54570	80828	41700	54093
租赁和商务服务业	Leasing and Business Services	59484	67633	36793	59551
科学研究、技术服务业	Scientific Research and Technical Services	83130	91336	36114	70134
水利、环境和公共设施管理业	Management of Water Conservancy, Environment and Public Facilities	48476	57691	19366	42209
居民服务、修理和其他服务业	Services to Household,Repair and Others	37190	38812	30198	36629
教育	Education	70301	71974	46709	51038
卫生和社会工作	Health and Social Service	74289	78977	39884	49814
文化、体育和娱乐业	Culture,Sports and Entertainment	74776	87941		59452
公共管理、社会保障和社会组织	Public Management,Social Security and S	72597	72518	60414	80768

4-4 按国民经济行业分组的在岗职工人数(2016年)
Number of On-Post Staff by Sector(2016)

单位：人 (person)

指标	Item	在岗职工年末人数 Number of On-Post Staff at Year-end 合计 Total	国有单位 State-owned Units	城镇集体单位 Urban Collective -owned Units	其他经济 Units of Other Types of Ownership
总计	**Total**	**938953**	**321920**	**10560**	**606473**
按执行会计标准类别分组	**By Enterprises,Institutions and Agencies**				
企业	Enterprises	745888	135624	10171	600093
事业	Institutions	122117	122117		
机关	Agencies	62083	62083		
民间非营利组织	Non-profit Civil Organizations	1663		198	1465
其他	Other Organizations	7202	2096	191	4915
按国民经济行业分组	**By Sector**				
农、林、牧、渔业	Agriculture,Forestry, Animal Husbandry and Fishery	1332	579		753
采矿业	Mining	7369	310	101	6958
制造业	Manufacturing	147146	17217	1519	128410
电力、热力、燃气及水生产和供应业	Production and Supply of Electricity, Heating Power, Gas and Water	55808	44867	46	10895
建筑业	Construction	237923	12162	2971	222790
批发和零售业	Wholesale and Retail Trades	52300	3098	1262	47940
交通运输、仓储和邮政业	Transportation,Storage and Post	74997	36645	514	37838
住宿和餐饮业	Hotels and Catering Services	12793	1677	211	10905
信息传输、软件和信息技术服务业	Information Transmission,Software and Information Technology in services	18315	502	15	17798
金融业	Financial Industry	25394	5214	829	19351
房地产业	Real Estate	46622	1194	714	44714
租赁和商务服务业	Leasing and Business Services	22834	2913	1411	18510
科学研究、技术服务业	Scientific Research and Technical Service	27918	16661	35	11222
水利、环境和公共设施管理业	Management of Water Conservancy, Environment and Public Facilities	9670	3000	163	6507
居民服务、修理和其他服务业	Services to Household,Repair and Others	6960	1820	161	4979
教育	Education	68815	62838	285	5692
卫生和社会工作	Health and Social Service	36971	30943	212	5816
文化、体育和娱乐业	Culture,Sports and Entertainment	9130	4684		4446
公共管理、社会保障和社会组织	Public Management,Social Security and Social Organization	76656	75596	111	949

4-5 按国民经济行业分组的在岗职工工资总额(2016年)
Total Wage Bill of On-Post Staff by Sector(2016)

单位：万元 (10 000 yuan)

指 标	Item	在岗职工工资总额 Total Wage Bill of On-Post Staff			
		合 计 Total	国有单位 State-owned Units	城镇集体单位 Urban Collective -owned Units	其他经济 Units of Other Types of Ownership
总 计	**Total**	**6511239**	**2607139**	**49765**	**3854335**
按执行会计标准类别分组	**By Enterprises, Institutions and Agencies**				
企 业	Enterprises	5043357	1172951	48035	3822371
事 业	Institutions	926734	926734		
机 关	Agencies	493453	493453		
民间非营利组织	Non-profit Civil Organizations	10408		996	9411
其 他	Other Organizations	37287	14002	733	22552
按国民经济行业分组	**By Sector**				
农、林、牧、渔业	Agriculture,Forestry, Animal Husbandry and Fishery	6657	4043		2614
采矿业	Mining	33235	2073	478	30684
制造业	Manufacturing	952166	122196	5279	824690
电力、热力、燃气及水生产和供应业	Production and Supply of Electricity, Heating Power, Gas and Water	538625	434518	194	103913
建筑业	Construction	1316310	51783	11497	1253030
批发和零售业	Wholesale and Retail Trades	285454	45351	5095	235009
交通运输、仓储和邮政业	Transportation,Storage and Post	600904	316437	3154	281313
住宿和餐饮业	Hotels and Catering Services	58352	7692	1043	49618
信息传输、软件和信息技术服务业	Services Information Transmission, Software and Information Technology	152825	4479	61	148285
金融业	Financial Industry	435168	63220	10866	361083
房地产业	Real Estate	254893	9335	2889	242669
租赁和商务服务业	Leasing and Business Services	142570	24433	5454	112683
科学研究、技术服务业	Scientific Research and Technical Services	235407	156081	126	79200
水利、环境和公共设施管理业	Management of Water Conservancy, Environment and Public Facilities	40294	19557	318	20419
居民服务、修理和其他服务业	Services to Household,Repair and Others	26559	7909	489	18161
教 育	Education	505927	476117	1290	28521
卫生和社会工作	Health and Social Service	279945	249882	861	29202
文化、体育和娱乐业	Culture,Sports and Entertainment	67156	41558		25598
公共管理、社会保障和社会组织	Public Management,Social Security and Social Organization	578791	570476	671	7645

4-6 按国民经济行业分组的在岗职工平均工资(2016年)
Average Wage of On-Post Staff by Sector(2016)

单位：元 (yuan)

指　　标	Item	在岗职工平均工资 Average wage of On-Post Staff			
		合　计 Total	国有单位 State-owned Unit	城镇集体单位 Urban Collective -owned Units	其他经济类型 Units of Other Types of Ownership
总　计	**Total**	**70535**	**81414**	**47823**	**65054**
按执行会计标准类别分组	**By Enterprises, Institutions and Agencies**				
企　业	Enterprises	68929	86522	47935	65219
事　业	Institutions	76387	76387		
机　关	Agencies	80489	80489		
民间非营利组织	Non-profit Civil Organizations	62924		51351	64462
其　他	Other Organizations	52048	68736	38393	45689
按国民经济行业分组	**By Sector**				
农、林、牧、渔业	Agriculture,Forestry, Animal Husbandry and Fishery	50055	69714		34852
采矿业	Mining	44809	64775	43844	43910
制造业	Manufacturing	64360	71435	36012	63746
电力、热力、燃气及水生产和供应业	Production and Supply of Electricity, Heating Power, Gas and Water	93790	97101	42152	82249
建筑业	Construction	58050	39833	39523	59429
批发和零售业	Wholesale and Retail Trades	55324	146625	40401	49745
交通运输、仓储和邮政业	Transportation,Storage and Post	82041	87636	61128	76819
住宿和餐饮业	Hotels and Catering Services	45509	45219	49417	45479
信息传输、软件和信息技术服务业	Information Transmission,Software and Information Technology in services	83315	89942	40533	83166
金融业	Financial Industry	179577	124204	142405	196454
房地产业	Real Estate	54962	82174	41809	54472
租赁和商务服务业	Leasing and Business Services	61553	84572	37332	59899
科学研究、技术服务业	Scientific Research and Technical Services	84445	93613	36114	70910
水利、环境和公共设施管理业	Management of Water Conservancy, Environment and Public Facilities	50067	64481	19366	42093
居民服务、修理和其他服务业	Services to Household,Repair and Others	38110	42089	30398	36845
教　育	Education	74021	76163	46916	51287
卫生和社会工作	Health and Social Service	76413	81631	40618	50236
文化、体育和娱乐业	Culture,Sports and Entertainment	74784	88705		59599
公共管理、社会保障和社会组织	Public Management,Social Security and S	76550	76504	60414	82113

4-7 按国民经济行业分组的其他从业人员人数及报酬(2016年)
Number and Wage of Other Employed Persons by Sector(2016)

指　　标	Item	其他从业人员(人) Number of Other Employed Persons (Person)	其他从业人员工资总额(万元) Total Wage ofOther Employed Persons (10 000 yuan)
总　计	**Total**	**118495**	**536730**
按执行会计标准类别分组	**By Enterprises,Institutions and Agencies**		
企　业	Enterprises	100481	476170
事　业	Institutions	12297	44577
机　关	Agencies	5184	14443
民间非营利组织	Non-profit Civil Organizations	13	26
其　他	Other Organizations	520	1515
按国民经济行业分组	**By Sector**		
农、林、牧、渔业	Agriculture,Forestry,Animal Husbandry and Fishery	114	250
采矿业	Mining	233	397
制造业	Manufacturing	3291	14060
电力、热力、燃气及水生产和供应业	Production and Supply of Electricity, Heating Power, Gas and Water	5852	12026
建筑业	Construction	80261	401244
批发和零售业	Wholesale and Retail Trades	820	4089
交通运输、仓储和邮政业	Transportation,Storage and Post	3114	14672
住宿和餐饮业	Hotels and Catering Services	625	2096
信息传输、软件和信息技术服务业	Information Transmission,Software and Information Technology in services	740	3394
金融业	Financial Industry	626	3114
房地产业	Real Estate	1224	5465
租赁和商务服务业	Leasing and Business Services	1401	3553
科学研究、技术服务业	Scientific Research and Technical Services	1659	11024
水利、环境和公共设施管理业	Management of Water Conservancy, Environment and Public Facilities	880	2699
居民服务、修理和其他服务业	Services to Household,Repair and Others	754	2118
教　育	Education	6591	20528
卫生和社会工作	Health and Social Service	2697	12194
文化、体育和娱乐业	Culture,Sports and Entertainment	548	3716
公共管理、社会保障和社会组织	Public Management,Social Security and Social Organization	7065	20091

4-8 私营企业基本情况(2016年)
Number of Engaged Persons in Private Enterprises(2016)

指　　标	Total	户数(户) Number of Household (unit)	城镇 Urban Area	乡村 Rural Area	雇工人数(人) Number of Engaged Persons (persons)	城镇 Urban Area	乡村 Rural Area
总　计	**Total**	**136609**	**51365**	**85244**	**558673**	**202084**	**356589**
按国民经济行业分组	**By Sector**						
农、林、牧、渔业	Agriculture,Forestry, Animal Husbandry and Fishery	4650	213	4437	10226	1177	9049
采矿业	Mining	264	44	220	617	49	568
制造业	Manufacturing	4689	2130	2559	23838	3348	20490
电力、热力、燃气及水的生产和供应业	Production and Supply of Electricity, Gas and Water	92	25	67	270	63	207
建筑业	Construction	8971	2246	6725	43485	12474	31011
交通运输、仓储和邮政业	Transportation,Storage and Post	2176	561	1615	8199	3111	5088
信息传输、软件和信息技术服务业	Information Transmission, Information Technology Services and Software Industry	7593	1223	6370	17859	4648	13211
批发和零售业	Wholesale and Retail Trades	60151	28901	31250	251346	132902	118444
住宿和餐饮业	Hotels and Catering Services	8121	3473	4648	35507	17619	17888
金融业	Financial Industry	655	252	403	2650	996	1654
房地产业	Real Estate	3169	942	2227	21436	5152	16284
租赁和商务服务业	Leasing and Business Services	22257	6955	15302	74753	1070	73683
科学研究、技术服务业	Scientific Research and Technical Services	5325	824	4501	27645	4670	22975
水利、环境和公共设施管理业	Management of Water Conservancy, Environment and Public Facilities	640	186	454	3577	977	2600
居民服务、修理和其他服务业	Services to Household and Others	6281	2941	3340	32617	11629	20988
教　育	Education	264	33	231	776	179	597
卫生和社会工作	Health and Social Welfare	190	60	130	549	315	234
文化、体育和娱乐业	Culture,Sports and Entertainment	982	275	707	2680	1240	1440
其他行业	Others	139	81	58	643	465	178

注：本表资料来源于市工商局(下表同)。
a) Data in this table come from Guiyang Bureau of Commerce and Industry(the same below).

4-9 个体工商业基本情况(2016年)
Number of Engaged Persons in Self-employed Individuals(2016)

指　标	Item	户　数(户) Number of Household (unit)	城　镇 Urban Area	乡　村 Rural Area	从业人员(人) Number of Engaged Persons (person)	城　镇 Urban Area	乡　村 Rural Area
总　计	**Total**	**251170**	**80738**	**170432**	**501989**	**174683**	**327306**
按国民经济行业分组	**By Sector**						
农、林、牧、渔业	Agriculture,Forestry, Animal Husbandry and Fishery	4475	94	4381	12859	454	12405
采矿业	Mining	284	16	268	1243	104	1139
制造业	Manufacturing	6602	1041	5561	17833	3140	14693
电力、热力、燃气及水的生产和供应业	Production and Supply of Electricity, Gas and Water	14		14	25		25
建筑业	Construction	417	105	312	1194	250	944
交通运输、仓储和邮政业	Transportation,Storage and Post	7377	2198	5179	14117	4855	9262
信息传输、软件和信息技术服务业	Information Transmission, Information Technology Services and Software Industry	917	232	685	1503	430	1073
批发和零售业	Wholesale and Retail Trades	165848	65526	100322	277640	112750	164890
住宿和餐饮业	Hotels and Catering Services	34586	3097	31489	100186	33035	67151
金融业	Financial Industry	9		9	13		13
房地产业	Real Estate	106	18	88	340	32	308
租赁和商务服务业	Leasing and Business Services	3583	1117	2466	7617	1271	6346
科学研究、技术服务业	Scientific Research and Technical Services	152	13	139	327	28	299
水利、环境和公共设施管理业	Management of Water Conservancy, Environment and Public Facilities	5	2	3	18	8	10
居民服务、修理和其他服务业	Services to Household,Repair and Others	23934	6553	17381	57696	15642	42054
教　育	Education	61	13	48	146	41	105
卫生和社会工作	Health and Social Welfare	956	433	523	2722	1132	1590
文化、体育和娱乐业	Culture,Sports and Entertainment	1004	280	724	4710	1511	3199
其他行业	Others	840		840	1800		1800

主要统计指标解释

从业人员　指在16周岁及以上，从事一定社会劳动并取得劳动报酬或经营收入的人员。这一指标反映了一定时期内全部劳动力资源的实际利用情况，是研究我国基本国情国力的重要指标。

单位从业人员　指在各级国家机关、政党机关、社会团体及企业、事业单位中工作，取得工资或其他形式的劳动报酬的全部人员。包括在岗职工、再就业的离退休人员、民办教师以及在各单位中工作的外方人员和港澳台方人员、兼职人员、借用的外单位人员和第二职业者。不包括离开本单位仍保留劳动关系的职工。各单位的就业人员反映了各单位实际参加生产或工作的全部劳动力。

国有单位　指资产归国家所有的经济组织。包括按《中华人民共和国企业法人登记管理条例》规定登记注册的非公司制的经济组织，以及中央、地方各级国家机关、事业单位和社会团体。

集体单位　指生产资料归集体所有，并按《中华人民共和国企业法人登记管理条例》规定登记注册的经济组织。

其他单位　包括股份合作单位、联营单位、有限责任公司、股份有限公司、港澳台商投资单位以及外商投资单位等其他登记注册类型单位。

在岗职工　指在本单位工作并由单位支付工资的人员，以及有工作岗位，但由于学习、病伤产假等原因暂未工作，仍由单位支付工资的人员。

工资总额　指各单位在一定时期内直接支付给本单位全部就业人员的劳动报酬总额。工资总额的计算原则应以直接支付给就业人员的全部劳动报酬为根据。各单位支付给就业人员的劳动报酬以及其他根据有关规定支付的工资，不论是计入成本的还是不计入成本的，不论是按国家规定列入计征奖金税项目的，还是未列入计征奖金税项目的，不论是以货币形式支付的还是以实物形式支付的，均包括在工资总额内。

平均工资　指企业、事业、机关单位的就业人员在一定时期内平均每人所得的货币工资额。它表明一定时期职工工资收入的高低程度，是反映就业人员工资水平的主要指标。计算公式为:

平均工资=报告期实际支付的全部就业人员工资总额/报告期全部就业人员平均人数

Explanatory Notes on Main Statistical Indicators

Employed Persons refer to persons aged 16 and over who are engaged in gainful employment and thus receive remuneration payment or earn business income. This indicator reflects the actual utilization of total labour force during a certain period of time and is often used for the research on China's economic situation and national power.

Persons Employed in Various Units refer to all the persons working in government agencies of various levels, party organizations, social organizations, enterprises and institutions, and receiving wages or other forms of payment. They include fully-employed staff and workers, re-employed retirees, teachers in schools run by the local people, foreigners and Chinese compatriots from Hong Kong, Macao, and Taiwan working in various units, part-time employees, employees of other units working temporarily at current posts, and employees holding the second job, but exclude staff and workers who have left their working units while keeping their labour contract (employment relation) unchanged. This indicator reflects the total number of laborers actually engaged in production or other operations in various units.

State-owned Units refer to economic units whose assets are owned by the state, including non-corporation units registered according to *Regulations of the People's Republic of China for Controlling the Registration of Enterprises as Legal Persons*, state organs, institutions and social organizations at the central-level and local levels.

Collective-owned Units refer to economic units registered according to *Regulations of the People's Republic of China for Controlling Registration of Enterprises as Legal Persons* where the means of production are collectively owned.

Units of Other Types of Ownership refer to units registered with other types of ownership, including cooperative units, joint ownership units, limited liability corporations, share holding corporations, units funded by entrepreneurs from Hong Kong, Macao, and Taiwan, and foreign- funded units.

On-Post Staff refer to persons who work in working units and working units would pay wages for them. Persons who have their work posts but are temporarily absent from work for reasons of study or on sick, injury or maternal leave and still receive wages from their working units are also included.

Total Wages Bill refers to the total remuneration payment to staff and workers in various units during a certain period of time. The calculation of total wages is based on the total remuneration payment to the staff and workers. Therefore, total wage bill, whether or not included in cost and national bonus tax,whether or not paid in money or in kind, shall be included in the calculation of total wage.

Average Wage refers to the average per capita wage in money terms during a certain period of time for employed persons. It shows the general level of wage income of staff and worker during a certain period of time, one major indicator to reflect the wage level. It is calculated as follows:

$$\text{Average Wage} = \frac{\text{Total Wage Bill of Staff and Workers at Reference Time}}{\text{Average Number of Staff and Workers at Reference Time}}$$

固定资产投资

Investment in Fixed Assets

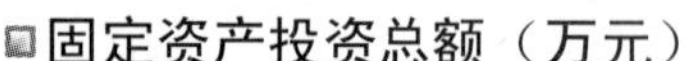
固定资产投资总额（万元）

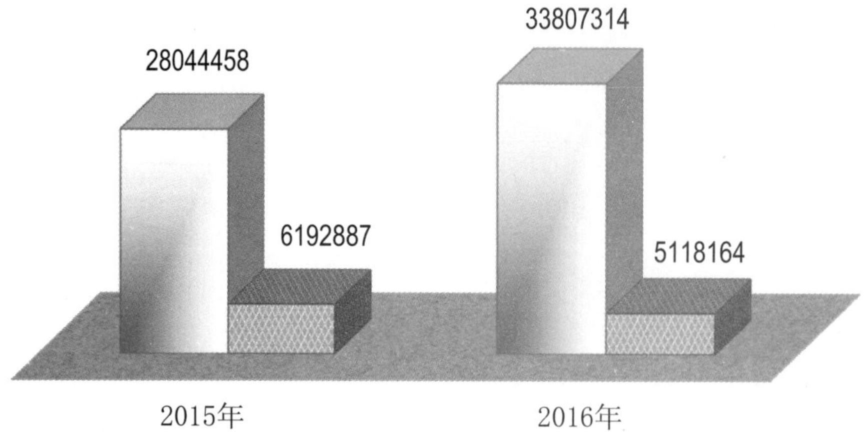
#住　宅（万元）
28044458
6192887
33807314
5118164
2015年
2016年

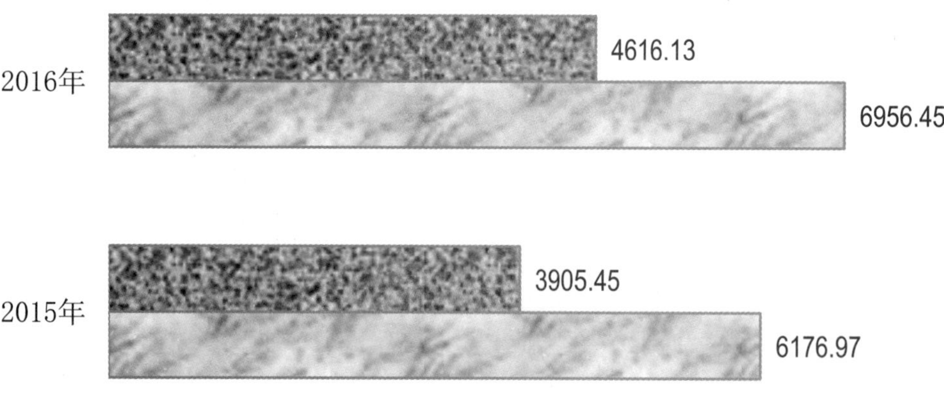
#商品住宅（万平方米）
商品房屋建筑施工面积（万平方米）
2016年
4616.13
6956.45
2015年
3905.45
6176.97

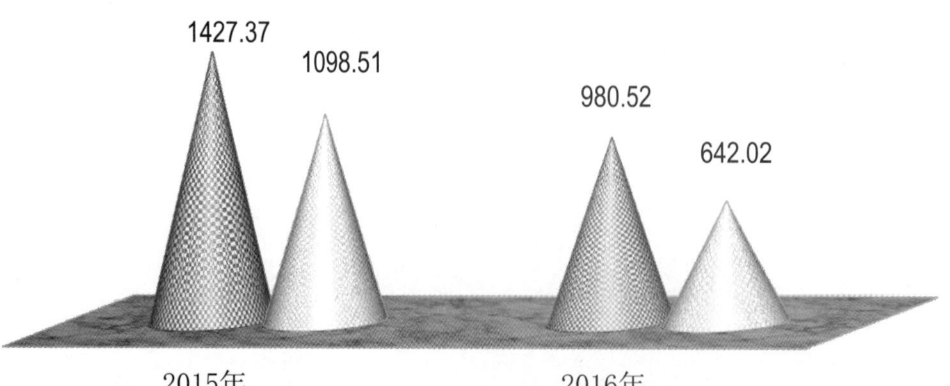
商品房屋建筑竣工面积（万平方米）
#商品住宅（万平方米）
1427.37
1098.51
980.52
642.02
2015年
2016年

5-1 固定资产投资 Investment in Fixed Assets

指　　标	Item	2016 投资额(万元) Amount of Investment (10 000 yuan)	2016 构成(%) Proportion (%)	2015 投资额(万元) Amount of Investment (10 000 yuan)	2015 构成(%) Proportion (%)	2016年比2015年增长(%) Growth Rate in 2016 over 2015 (%)
投资总额	**Total Investment**	**33807314**	**100.0**	**28044458**	**100.0**	**20.5**
#住　宅	Residential Buildings	5118164	15.1	6192887	22.1	-17.4
按隶属关系分	**By Jurisdiction of Management**					
中　央	Central Investment	977695	2.9	1720607	6.1	-43.2
地　方	Local Investment	32829619	97.1	26323851	93.9	24.7
按登记注册类型分	**By Status of Registration**					
内　资	Domestic Funded Enterprises	32953182	97.5	27522470	98.1	19.7
#国　有	State-owned Enterprises	6426019	19.0	8507721	30.3	-24.5
集　体	Collective-owned Enterprises	91076	0.3	6002	0.0	1417.4
股份合作	Joint-equity Cooperative Enterprises			6550	0.0	
集体联营企业	Collective Joint Ownership Enterprises					
国有与集体联营	Joint State-collective Enterprises					
其他联营	Other Joint Ownership Enterprises			9650	0.0	
国有独资公司	State Sole Funded Corporations	5623562	16.6	2002923	7.1	180.8
其他有限责任公司	Other Limited Liabilities Companies	14264556	42.2	11940311	42.6	19.5
股份有限公司	Companies Limited by Shares	381169	1.1	975215	3.5	-60.9
私营个体	Individual Owned Enterprises	6145070	18.2	3821743	13.6	60.8
其　他	Others	48353	0.1	256963	0.9	-81.2
港澳台投资	Enterprises with Funds from Hong Kong, Macao and Taiwan	705557	2.1	432186	1.5	63.3
#合资经营	Joint-venture Enterprises	152335	0.5	28373	0.1	436.9
合作经营	Cooperative Business Operation	42805	0.1	29851	0.1	43.4
独　资	Solely Funded Enterprises	510417	1.5	373962	1.3	36.5
股份有限	Companies Limited by Shares					
外商投资	Enterprises with Foreign Investment	121952	0.4	85194	0.3	43.1
#合资经营	Joint-venture Enterprises	4950	0.0			
合作经营	Cooperative Business Operation	19320	0.1	16620	0.1	16.2
独　资	Solely Funded Enterprises	97682	0.3	68574	0.2	42.4
股份有限	Companies Limited by Shares					
按产业分	**Grouped by Three Strata of Industry**					
第一产业	Primary Industry	1491150	4.4	953512	3.4	56.4
第二产业	Secondary Industry	6663146	19.7	5894145	21.0	13.0
第三产业	Tertiary Industry	25653018	75.9	21196801	75.6	21.0
按管理类别分	**By Management**					
建设项目	Construction Project	24534152	72.6	17994457	64.2	36.3
房地产开发	Real Estate Development	9273162	27.4	10050001	35.8	-7.7
按城乡分	**Grouped by Urban and Rural Areas**					
城　镇	Urban Area	32735485	96.8	27365577	97.6	19.6
农　村	Rural Area	1071829	3.2	678881	2.4	57.9
按构成分	**Grouped by Structure**					
建筑工程	Construction	25629422	75.8	21974144	78.4	16.6
安装工程	Installation	822991	2.4	577144	2.1	42.6
设备工器具购置	Purchase of Equipment and Instruments	1154075	3.4	826114	2.9	39.7
其他费用	Others	6200826	18.3	4667056	16.6	32.9
本年新增固定资产(万元)	**Newly Increased Fixed Assets (10 000 yuan)**	**19788942**		**21485308**		**-7.9**
固定资产交付使用率(%)	Rate of Projects of Fixed Assets Completed and Put into Use(%)	49.28		76.61		
房屋建设面积(平方米)	**Floor Space of Buildings(sq.m)**					
施工面积	Floor Space under Construction	90958418	100.0	90272771	100.0	0.8
#住　宅	Residential Buildings	42716736	47.0	49479848	54.8	-13.7
竣工面积	Floor Space Completed	23247021	100.0	22781028	100.0	2.0
#住　宅	Residential Buildings	8250923	35.5	11192635	49.1	-26.3

5-2 固定资产投资(按国有和非国有经济分)
Investment in Fixed Assets
(Grouped by State-owned Economy and Non-state-owned Economy)

指标	Item	2016		2015		2016年比2015年增长(%) Growth Rate in2016 over 2015(%)	
		国有经济 State-owned Economy	非国有经济 Non-State-owned Economy	国有经济 State-owned Economy	非国有经济 Non-State-owned Economy	国有经济 State-owned Economy	非国有经济 Non-State-owned Economy
投资额(万元)	**Total Investment(10 000 yuan)**	**15204893**	**18602421**	**11285509**	**16758949**	**34.7**	**11.0**
按产业分	Grouped by Three Strata of Industry						
第一产业	Primary Industry	429886	1061264	354704	598808	21.2	77.2
第二产业	Secondary Industry	1896311	4766835	1842194	4051951	2.9	17.6
第三产业	Tertiary Industry	12878696	12774322	9088611	12108190	41.7	5.5
按构成分	Grouped by Structure						
建筑工程	Construction	10940057	14689365	8482933	13491211	29.0	8.9
安装工程	Installation	236991	586000	71979	505165	229.3	16.0
设备、工器具购置	Purchase of Equipment and Instruments	489176	664899	348993	477121	40.2	39.4
其他费用	Others	3538669	2662157	2381604	2285452	48.6	16.5
本年资金来源小计(万元)	**Source of Funds for Investment (10 000 yuan)**	**12313219**	**17125457**	**10197936**	**15427358**	**20.7**	**11.0**
国家预算内资金	State Budget	903470	6054	386218	15225	133.9	-60.2
国内贷款	Domestic Loans	4891958	2003827	3668949	1549598	33.3	29.3
债　券	Bond	248882	6176	320010		-22.2	
利用外资	Foreign Investment	4800	2736	5500		-12.7	
自筹投资	Self-raised Funds	5656284	9141422	4959599	7272543	14.0	25.7
其他投资	Others	607825	5965242	857660	6589992	-29.1	-9.5
新增固定资产(万元)	**Newly Increased Fixed Assets (10 000 yuan)**	**8394532**	**11394410**	**8510591**	**12974717**	**-1.4**	**-12.2**
房屋建筑面积(平方米)	**Floor Space of Buildings (sq.m)**						
施工面积	Floor Space under Construction	16789168	74169250	14232606	76040165	18.0	-2.5
#住　宅	Residential Buildings	5502331	37214405	4707190	44772658	16.9	-16.9
竣工面积	Floor Space Completed	3678418	19568603	4686256	18094772	-21.5	8.1
#住　宅	Residential Buildings	1596329	6654594	954468	10238167	67.2	-35.0

注:本表按控股情况划分。

a) Figures in this table were grouped by share-holding conditions.

5-3 固定资产投资资金来源情况
Sources of Funds for Investment in Fixed Assets

指　　标	Item	2016		2015		2016年比2015年增长(%) Growth Rate in 2016 over 2015 (%)
		投资额(万　元) Amount of Investment (10 000 yuan)	构　成(%) Proportion (%)	投资额(万　元) Amount of Investment (10 000 yuan)	构　成(%) Proportion (%)	
全年资金来源合计	**Total Source of Funds This Year**	**35180194**	**100.0**	**29906539**	**100.0**	**17.6**
上年末结余资金	**Surplus Fund from the Year-end of Preceding Year**	**5741518**	**16.3**	**4281245**	**14.3**	**34.1**
本年资金来源小计	**Subtotal of Source of Funds This Year**	**29438676**	**83.7**	**25625294**	**85.7**	**14.9**
国家预算内资金	State Budget	909524	2.6	401443	1.3	126.6
国内贷款	Domestic Loans	6895785	19.6	5218547	17.4	32.1
债　券	Bond	255058	0.7	320010	1.1	-20.3
利用外资	Foreign Investment Utilization	7536	0.02	5500	0.02	37.0
#外商直接投资	Direct Foreign Investment	2626	0.01			
自筹资金	Self-raised Funds	14797706	42.1	12232142	40.9	21.0
#企事业单位自筹	Funds Raised by Enterprises and Instititions	4243117	12.1	3897217	13.0	8.9
其他资金来源	Others	6573067	18.7	7447652	24.9	-11.7
本年各项应付款合计	**Total Payment**	**6762889**	**100.0**	**6988793**	**100.0**	**-3.2**
#工程款	Projects Funds	4589415	67.9	3438821	49.2	33.5

5-4 按国民经济行业分组的固定资产投资
Investment in Fixed Assets by Sector

指 标	Item	2016		2015		2016年比2015年增长(%) Growth Rate in 2016 over 2015 (%)
		投资额(万 元) Amount of Investment (10 000 yuan)	构 成(%) Proportion (%)	投资额(万 元) Amount of Investment (10 000 yuan)	构 成(%) Proportion (%)	
总 计	**Total**	**33807314**	**100.0**	**28044458**	**100.0**	**20.5**
农、林、牧、渔业	**Agriculture,Forestry,Animal Husbandry and Fishery**	**1491150**	**4.4**	**953512**	**3.4**	**56.4**
农 业	Agriculture	996925	2.9	596728	2.1	67.1
林 业	Forestry	118463	0.4	122690	0.4	-3.4
畜牧业	**Animal Husbandry**	**280293**	**0.8**	**148419**	**0.5**	**88.9**
渔 业	Fishery	43736	0.1	16189	0.1	170.2
农、林、牧、渔服务业	Service of Agriculture,Forestry, Animal Husbandry and Fishery	51733	0.2	69486	0.2	-25.5
采矿业	**Mining**	**617415**	**1.8**	**768658**	**2.7**	**-19.7**
煤炭开采和洗选业	Coal Mining and Dressing	116018	0.3	226671	0.8	-48.8
石油和天然气开采业	Petroleum and Natural Gas Mining					
黑色金属矿采选业	Ferrous Metal Ores Mining and Dressing	10884	0.03			
有色金属矿采选业	Non-ferrous Metal Ores Mining and Dressing	41602	0.1	54257	0.2	-23.3
非金属矿采选业	Non-metal Minerals Mining and Dressing	434415	1.3	461729	1.6	-5.9
开采辅助活动	Mining Support Activities	4960	0.01	26001	0.1	-80.9
其他开采业	Others	9536	0.03			
制造业	**Manufacturing**	**5170212**	**15.3**	**4691499**	**16.7**	**10.2**
农副食品加工业	Processing of Food from Agricutural Products	199941	0.6	123221	0.4	62.3
食品制造业	Manufacture of Foods	157528	0.5	120481	0.4	30.7
酒、饮料和精制茶制造业	Manufacture of Liquor,Beverages and Refined Tea	218977	0.6	180036	0.6	21.6
烟草制品业	Manufacture of Tobacco	4800	0.01			
纺织业	Manufacture of Textile	18543	0.1			
纺织服装和服饰业	Manufacture of Textile, Wearing Apparel and Accessories	19189	0.1	49588	0.2	-61.3
皮革、毛皮、羽毛(绒)及其制品业	Manufacture of Leather,Furs,Feather and Related Products	4770	0.01			
木材加工及木、竹、藤、棕、草制品业	Processing of Timer,Manufacture of Wood,Bamboo,Rattan,Palm,and Straw Products	93204	0.3	50565	0.2	84.3
家具制造业	Manufacture of Furniture	56803	0.2	87514	0.3	-35.1
造纸及纸制品业	Manufacture of Paper and Paper Products	28698	0.1	10588	0.04	171.0
印刷业和记录媒介的复制	Printing and Reproduction of Recording Media	48119	0.1	40145	0.1	19.9
文教体育用品制造业	Manufacture of Articles for Culture, Education and Sport Activities	67337	0.2	39263	0.1	71.5
石油加工、炼焦及核燃料加工业	Processing of Petroleum,Coking and Processing of Nuclear Fuel	18888	0.1	16993	0.1	11.2
化学原料及化学制品制造业	Manufacture of Raw Chemical Materials and Chemical Products	535072	1.6	664669	2.4	-19.5

5-4 续表1 (continued)

指 标	Item	2016 投资额(万 元) Amount of Investment (10 000 yuan)	2016 构 成(%) Proportion (%)	2015 投资额(万 元) Amount of Investment (10 000 yuan)	2015 构 成(%) Proportion (%)	2016年比2015年增长(%) Growth Ratein 2016 over 2015 (%)
医药制造业	Manufacture of Medicines	300703	0.9	192459	0.7	56.2
化学纤维制造业	Manufacture of Chemical Fibres			8800		-100.0
橡胶和塑料制品业	Manufacture of Plastics and Rubber	125260	0.4	196998	0.9	-36.4
非金属矿物制品业	Manufacture of Non-metallic Mineral Products	854793	2.5	764102	3.6	11.9
黑色金属冶炼和压延加工业	Smelting and Pressing of Ferrous Metals	162179	0.5	71680	0.2	126.3
有色金属冶炼和压延加工业	Smelting and Pressing of Non-ferrous Metals	211273	0.6	370863	0.6	-43.0
金属制品业	Manufacture of Metal Products	402547	1.2	360366	1.1	11.7
通用设备制造业	Manufacture of General Purpose Machinery	305553	0.9	223425	0.7	36.8
专用设备制造业	Manufacture of Special Purpose Machinery	320184	0.9	212195	0.6	50.9
汽车制造业	Manufacture of Automobiles	150101	0.4	179361	0.5	-16.3
铁路、船舶、航空航天等制造业	Manufacture of Railway,Watercraft, Aviation,Aerospace and Others	81418	0.2	116696	0.5	-30.2
电气机械及器材制造业	Manufacture of Electrical Machinery and Equipment	294392	0.9	283461	0.8	3.9
计算机、通信和其他电子设备制造业	Manufacture of Computers, Communication and Other Electronic Equipment	339655	1.0	239766	0.5	41.7
仪器仪表制造业	Manufacture of Measuring Instruments and Machinery	76075	0.2	7300	0.1	942.1
其他制造业	Other Manufacturing	33400	0.1	9334	0.1	257.8
废弃资源综合利用业	Utilization of Waste Resources	16953	0.1	31312	0.1	-45.9
金属制品、机械和设备修理业	Repair Service of Metal Products, Machinery and Equipment	23857	0.1	40318	0.003	-40.8
电力、热力、燃气及水的生产和供应业	**Production and Supply of Electricity,Heat,Gas and Water**	**827664**	**2.4**	**366912**	**1.9**	**125.6**
电力、热力的生产和供应业	Production and Supply of Electricity and Heat	200745	0.6	135280	0.7	48.4
燃气生产和供应业	Production and Supply of Gas	30552	0.1	49766	0.2	-38.6
水的生产和供应业	Production and Supply of Water	596367	1.8	181866	1.0	227.9
建筑业	**Construction**	**47855**	**0.1**	**67076**	**0.2**	**-28.7**
房屋建筑业	Construction of Buildings	7247	0.02	10311	0.1	-29.7
土木工程建筑业	Civil Engineering	16533	0.05	19090	0.02	-13.4
建筑安装业	Building Installation	14646	0.04	8208	0.05	78.4
建筑装饰和其他建筑业	Building Decoration and Others	9429	0.03	29467	0.02	-68.0
批发和零售业	**Wholesale and Retail Trades**	**1090771**	**3.2**	**554619**	**2.5**	**96.7**
批发业	Wholesale Trade	565409	1.7	218466	1.7	158.8
零售业	Retail Trade	525362	1.6	336153	0.8	56.3

5-4 续表2 (continued)

指 标	Item	2016 投资额(万 元) Amount of Investment (10 000 yuan)	2016 构 成(%) Proportion (%)	2015 投资额(万 元) Amount of Investment (10 000 yuan)	2015 构 成(%) Proportion (%)	2016年比2015年增长(%) Growth Ratein 2016 over 2015 (%)
交通运输、仓储和邮政业	**Transportation,Storage and Post**	**2277493**	**6.7**	**2189275**	**7.8**	**4.0**
铁路运输业	Railway Transport	241636	0.7	515479	1.8	-53.1
道路运输业	Road Transport	1259848	3.7	1211068	4.3	4.0
水上运输业	Water Transport					
航空运输业	Air Transport	337220	1.0	26720	0.1	1162.1
管道运输业	Pipeline Transport					
装卸搬运和运输代理业	Loading,Unloading and Forwarding Agency	104191	0.3	138868	0.5	-25.0
仓储业	Storage	334598	1.0	297140	1.1	12.6
邮政业	Post					
住宿和餐饮业	**Hotels and Catering Services**	**316092**	**0.9**	**150135**	**0.5**	**110.5**
住宿业	Hotels	267162	0.8	105815	0.4	152.5
餐饮业	Catering Services	48930	0.1	44320	0.2	10.4
信息传输、软件和信息技术服务业	**Information Transmission,Software and Information Technology**	**534578**	**1.6**	**190885**	**0.7**	**180.1**
电信、广播电视和卫星传输服务业	Telecommunication,Radio,Television and Satellite Transmission Service	12982	0.0	19489	0.1	-33.4
互联网和相关服务业	Internet and Related Services	120779	0.4	37620	0.1	221.0
软件和信息技术服务业	Software and Information Technology	400817	1.2	133776	0.5	199.6
金融业	**Financial Intermediation**	**21847**	**0.1**	**9982**	**0.04**	**118.9**
货币金融业	Monetary and Financial Industry	6258	0.02	9982	0.04	-37.3
资本市场业	Capital Markets	12699	0.04			
保险业	Insurance					
其他金融业	Others	2890	0.01			
房地产业	**Real Estate Industry**	**10702775**	**31.7**	**11585515**	**41.3**	**-7.6**
房地产业	Real Estate	10702775	31.7	11585515	41.3	-7.6
租赁和商务服务业	**Leasing and Business Services**	**319365**	**0.9**	**128881**	**0.5**	**147.8**
租赁业	Leasing	28895	0.1			
商务服务业	Business Services	290470	0.9	128881	0.5	125.4
科学研究和技术服务业	**Scientific Research and Technical Services**	**274031**	**0.8**	**150406**	**0.5**	**82.2**
研究与试验发展	Research and Experimental Development	8197	0.02	31494	0.1	-74.0
专业技术服务业	Professional Technical Services	132763	0.4	42268	0.2	214.1
科技交流和推广服务业	Services of Science and Technique Exchange and Popularization	133071	0.4	76644	0.3	73.6

5-4 续表3 (continued)

指标	Item	2016 投资额(万元) Amount of Investment (10 000 yuan)	2016 构成(%) Proportion (%)	2015 投资额(万元) Amount of Investment (10 000 yuan)	2015 构成(%) Proportion (%)	2016年比2015年增长(%) Growth Rate in2016 over2015 (%)
水利、环境和公共设施管理业	**Management of Water Conservancy, Environment and Public Facilities**	**8387329**	**24.8**	**4891001**	**17.4**	**71.5**
水利管理业	Management of Water Conservancy	303593	0.9	194348	0.7	56.2
生态保护和环境治理业	Ecological Protection and Environmental Treatment	73388	0.2	21662	0.1	238.8
公共设施管理业	Public Facilities Management	8010348	23.7	4674991	16.7	71.3
居民服务和其他服务业	**Household Services and Other Services**	**104418**	**0.3**	**87100**	**0.3**	**19.9**
居民服务业	Household Services	70867	0.2	68565	0.2	3.4
机动车、电子产品和日用产品修理业	Motor Vehicle,Electronic and Household Products Repair	28681	0.1	8960	0.0	220.1
其他服务业	Others	4870	0.0	9575	0.0	-49.1
教　育	**Education**	**771243**	**2.3**	**835986**	**3.0**	**-7.7**
教　育	Education	771243	2.3	835986	3.0	-7.7
卫生和社会工作	**Health and Social Service**	227665	0.7	112291	0.4	102.7
卫　生	Health	179199	0.5	106746	0.4	67.9
社会工作	Social Service	48466	0.1	5545	0.0	774.0
文化、体育和娱乐业	**Culture,Sports and Entertainment**	**368248**	**1.1**	**236853**	**0.8**	**55.5**
新闻和出版业	Journalism and Publishing Industry					
广播、电视、电影和影视录音制作业	Radio, Television,Motion Picture and Vodeotape Programme Production Services			18880	0.1	
文化艺术业	Culture and Art	221809	0.7	113209	0.4	95.9
体　育	Sports	75476	0.2	52217	0.2	44.5
娱乐业	Entertainment	70963	0.2	52547	0.2	35.0
公共管理和社会组织	**Public Management and Social Organizations**	**257163**	**0.8**	**73872**	**0.3**	**248.1**
中国共产党机关	Organs of the Communist Party of China					
国家机构	Government Agencies	219035	0.6	73697	0.3	197.2
人民政协和民主党派	PPCC and Democratic Parties					
社会保障	Social Security	19846	0.1			
群众团体、社会团体和其他成员组织	Mass Organizations, Social Organizations and Other Membership Organizations					
基层群众自治组织	Grassroots Self-Governing Organizations	18282	0.1	175	0.0	10346.9

5-5 建设项目投资 Investment in Construction Projects

指标	Item	2016 投资额(万元) Amount of Investment (10 000 yuan)	2016 构成(%) Proportion (%)	2015 投资额(万元) Amount of Investment (10 000 yuan)	2015 构成(%) Proportion (%)	2016年比2015年增长(%) Growth Rate in 2016 over 2015 (%)
投资总额	**Total Investment**	**24534152**	**100.0**	**17994457**	**100.0**	**36.3**
按隶属关系分	**By Jurisdiction of Management**					
中 央	Central Investment	265294	0.9	914143	3.7	-71.0
省	Provincial Investment	2267594	7.5	2046891	8.3	10.8
市	Municipal Investment	4507901	15.0	1696990	6.9	165.6
县	Prefectural Investment	7738924	25.7	5086518	20.6	52.1
其 他	Others	9754439	32.4	8249915	33.4	18.2
按登记注册类型分	**By Status of Registration**					
内 资	Domestic Funded Enterprises	24379737	81.0	17904726	72.4	36.2
#国 有	State-owned Enterprises	6411907	21.3	8486133	34.3	-24.4
集 体	Collective-owned Enterprises	91076	0.3	6002	0.0	1417.4
股份合作	Joint-equity Cooperative Enterprises			6550	0.0	
国有联营	State Joint Ownership Enterprises					
集体联营	Collective Joint Ownership Enterprises					
国有独资公司	State Sole Funded Enterprises	5234995	17.4	1686162	6.8	210.5
其他有限责任公司	Other Limited Liabilities Companies	7368106	24.5	3570010	14.4	106.4
股份有限公司	Companies Limited by Shares	320060	1.1	945019	3.8	-66.1
私营个体	Private Enterprises	4931863	16.4	2942845	11.9	67.6
其 他	Others	48353	0.2	256963	1.0	-81.2
港澳台商投资	Enterprises with Funds from Hong Kong, Macao and Taiwan	25160	0.1	16549	0.1	52.0
#合资经营	Joint-venture Enterprises	21787	0.1	10564	0.0	106.2
独 资	Solely Funded Enterprises	3373	0.0	5985	0.0	-43.6
外商投资	Foreign Funded Enterprises	102632	0.3	68574	0.3	49.7
#合资经营	Joint-venture Enterprises	4950	0.0			
独 资	Solely Funded Enterprises	97682	0.3	68574	0.3	42.4
按产业分	**Grouped by Strata of Industry**					
第一产业	Primary Industry	1491150	5.0	953512	3.9	56.4
第二产业	Secondary Industry	6663146	22.1	5894145	23.8	13.0
第三产业	Tertiary Industry	16379856	54.4	11146800	45.1	46.9
按构成分	**Grouped by Structure**					
建筑工程	Construction	18367148	61.0	13900682	56.2	32.1
安装工程	Installation	608453	2.0	357485	1.4	70.2
设备工器具购置	Purchase of Equipment and Instruments	1111427	3.7	802705	3.2	38.5
其他费用	Others	4447124	14.8	2933585	11.9	51.6
按建设性质分	**By Type of Construction**					
#新 建	New Construction	21350026	70.9	14908145	60.3	43.2
扩 建	Expansion	1628605	5.4	1540644	6.2	5.7
改建和技术改造	Reconstruction and Technical Transformation	1242491	4.1	1410860	5.7	-11.9
新增固定资产	Newly Increased Fixed Assets	16881884	56.1	14554201	58.9	16.0

5-6 按国民经济行业分组的建设项目投资
Investment in Construction Projects by Sector

指标	Item	2016 投资额(万元) Amount of Investment (10 000 yuan)	2016 构成(%) Proportion (%)	2015 投资额(万元) Amount of Investment (10 000 yuan)	2015 构成(%) Proportion (%)	2016年比2015年增长(%) Growth Rate in 2016 over 2015 (%)
总计	**Total**	**24534152**	**100.0**	**17994457**	**100.0**	**36.3**
农、林、牧、渔业	**Agriculture,Forestry,Animal Husbandry and Fishery**	**1491150**	**6.1**	**953512**	**53.0**	**56.4**
农业	Agriculture	996925	4.1	596728	33.2	67.1
林业	Forestry	118463	0.5	122690	6.8	-3.4
畜牧业	Animal Husbandry	280293	1.1	148419	8.2	88.9
渔业	Fishery	43736	0.2	16189	0.9	170.2
农、林、牧、渔服务业	Service of Agriculture,Forestry, Animal Husbandry and Fishery	51733	0.2	69486	3.9	-25.5
采矿业	**Mining**	**617415**	**2.5**	**768658**	**42.7**	**-19.7**
煤炭开采和洗选业	Coal Mining and Dressing	116018	0.5	226671	12.6	-48.8
石油和天然气开采业	Petroleum and Natural Gas Mining					
黑色金属矿采选业	Ferrous Metals Ores Mining and Dressing	10884	0.0			
有色金属矿采选业	Non-ferrous Metals Ores Mining and Dressing	41602	0.2	54257	3.0	-23.3
非金属矿采选业	Non-metal Minerals Mining and Dressing	434415	1.8	461729	25.7	-5.9
开采辅助活动	Mining Support Activities	4960	0.0	26001	1.4	-80.9
其他开采业	Others	9536	0.0			
制造业	**Manufacturing**	**5170212**	**21.1**	**4691499**	**260.7**	**10.2**
农副食品加工业	Processing of Foods from Agricultural Products	199941	0.8	123221	6.8	62.3
食品制造业	Manufacture of Foods	157528	0.6	120481	6.7	30.7
酒、饮料和精制茶制造业	Manufacture of Liquor, Beverages and Refined Tea	218977	0.9	180036	10.0	21.6
烟草制品业	Manufacture of Tobacco	4800	0.0			
纺织业	Manufacture of Textile	18543	0.1			
纺织服装和服饰业	Manufacture of Textile Wearing Apparel and Accessories	19189	0.1	49588	2.8	-61.3
皮革、毛皮、羽毛(绒)及其制品业	Manufacture of Leather,Furs, Feather and Related Products	4770	0.0			
木材加工及木、竹、藤、棕、草制品业	Processing of Timer,Manufactur of Wood,Bamboo,Rattan,Palm, and Straw Products	93204	0.4	50565	2.8	84.3
家具制造业	Manufacture of Furniture	56803	0.2	87514	4.9	-35.1
造纸及纸制品业	Manufacture of Paper and Paper Products	28698	0.1	10588	0.6	171.0
印刷业和记录媒介的复制	Printing and Reproduction of Recording Media	48119	0.2	40145	2.2	19.9
文教体育用品制造业	Manufacture of Articles for Culture, Education and Sports Activities	67337	0.3	39263	2.2	71.5
石油加工、炼焦及核燃料加工业	Petroleum Processing,Coking and Nuclear Fuel Processing	18888	0.1	16993	0.9	11.2

5-6 续表1 (continued)

指　　标	Item	2016 投资额(万元) Amount of Investment (10 000 yuan)	2016 构成(%) Proportion (%)	2015 投资额(万元) Amount of Investment (10 000 yuan)	2015 构成(%) Proportion (%)	2016年比2015年增长(%) Growth Rate in 2016 over 2015 (%)
化学原料及化学制品制造业	Manufacture of Raw Chemical Materials and Chemical Products	535072	2.2	664669	36.9	-19.5
医药制造业	Manufacture of Medicines	300703	1.2	192459	10.7	56.2
化学纤维制造业	Manufacture of Chemical Fibers			8800	0.5	
橡胶和塑料制品业	Manufacture of Plastics and Rubber	125260	0.5	196998	10.9	-36.4
非金属矿制品业	Manufacture of Non-metallic Mineral Products	854793	3.5	764102	42.5	11.9
黑色金属冶炼和压延加工业	Smelting and Pressing of Ferrous Metals	162179	0.7	71680	4.0	126.3
有色金属冶炼和压延加工业	Smelting and Pressing of Non-ferrous Metals	211273	0.9	370863	20.6	-43.0
金属制品业	Manufacture of Metal Products	402547	1.6	360366	20.0	11.7
通用设备制造业	Manufacture of General Purpose Machinery	305553	1.2	223425	12.4	36.8
专用设备制造业	Manufacture of Special Purpose Machinery	320184	1.3	212195	11.8	50.9
汽车制造业	Manufacture of Automobiles	150101	0.6	179361	10.0	-16.3
铁路、船舶、航空航天等制造业	Manufacture of Railway,Watercraft, Aviation,Aerospace and Others	81418	0.3	116696	6.5	-30.2
电气机械及器材制造业	Manufacture of Electrical Machinery and Equipment	294392	1.2	283461	15.8	3.9
计算机、通信和其他电子设备制造业	Manufacture of Computers, Communication and Other Electronic Equipment	339655	1.4	239766	13.3	41.7
仪器仪表制造业	Manufacture of Measuring Instruments and Machinery	76075	0.3	7300	0.4	942.1
其他制造业	Other Manufacturing	33400	0.1	9334	0.5	257.8
废弃资源综合利用业	Utilization of Waste Resources	16953	0.1	31312	1.7	-45.9
金属制品、机械和设备修理业	Repair Service of Metal Products, Machinery and Equipment	23857	0.1	40318	2.2	-40.8
电力、热力、燃气及水的生产和供应业	**Production and Supply of Electricity,Heat,Gas and Water**	**827664**	**3.4**	**366912**	**20.4**	**125.6**
电力、热力的生产和供应业	Production and Supply of Electricity and Heat	200745	0.8	135280	7.5	48.4
燃气生产和供应业	Production and Supply of Gas	30552	0.1	49766	2.8	-38.6
水的生产和供应业	Production and Supply of Water	596367	2.4	181866	10.1	227.9
建筑业	**Construction**	**47855**	**0.2**	**67076**	**3.7**	**-28.7**
房屋建筑业	Construction of Buildings	7247	0.0	10311	0.6	-29.7
土木工程建筑业	Civil Engineering	16533	0.1	19090	1.1	-13.4
建筑安装业	Building Installation	14646	0.1	8208	0.5	78.4
建筑装饰和其他建筑业	Building Decoration and Others	9429	0.0	29467	1.6	-68.0
批发和零售业	**Wholesale and Retail Trade**	**1090771**	**4.4**	**554619**	**30.8**	**96.7**
批发业	Wholesale Trade	565409	2.3	218466	12.1	158.8
零售业	Retail Trade	525362	2.1	336153	18.7	56.3

5-6 续表2 (continued)

指 标	Item	2016 投资额（万 元）Amount of Investment (10 000yuan)	2016 构 成 (%) Proportion (%)	2015 投资额（万 元）Amount of Investment (10 000yuan)	2015 构 成 (%) Proportion (%)	2016年比2015年增长 (%) Growth Rate in 2016 over 2015 (%)
交通运输、仓储和邮政业	**Transportation,Storage and Post**	**2277493**	**9.3**	**2189275**	**121.7**	**4.0**
铁路运输业	Railway Transport	241636	1.0	515479	28.6	-53.1
道路运输业	Road Transport	1259848	5.1	1211068	67.3	4.0
水上运输业	Water Transport					
航空运输业	Air Transport	337220	1.4	26720	1.5	1162.1
管道运输业	Pipeline Transport					
装卸搬运和运输代理业	Loading,Unloading and Forwarding Agency	104191	0.4	138868	7.7	-25.0
仓储业	Storage	334598	1.4	297140	16.5	12.6
邮政业	Posts					
住宿和餐饮业	**Hotels and Catering Services**	**316092**	**1.3**	**150135**	**8.3**	**110.5**
住宿业	Hotels	267162	1.1	105815	5.9	152.5
餐饮业	Catering Services	48930	0.2	44320	2.5	10.4
信息传输、软件和信息技术服务业	**Information Transmission, Softwareand Information Technology**	**534578**	**2.2**	**190885**	**10.6**	**180.1**
电信、广播电视和卫星传输服务业	Telecommunication,Radio,Television and Satellite Transmission Service	12982	0.1	19489	1.1	-33.4
互联网和相关服务业	Internet and Related Service	120779	0.5	37620	2.1	221.0
软件和信息技术服务业	Software and Information Technology	400817	1.6	133776	7.4	199.6
金融业	**Financial Intermediation**	**21847**	**0.1**	**9982**	**0.6**	**118.9**
货币金融业	Monetary and Financial Industry	6258	0.026	9982	0.6	-37.3
资本市场业	Capital Markets	12699	0.1			
保险业	Insurance					
其他金融业	Others	2890	0.012			
房地产业	**Real Estate Industry**	**1429613**	**5.8**	**1535514**	**85.3**	**-6.9**
房地产业	Real Estate	1429613	5.8	1535514	85.3	-6.9
租赁和商务服务业	**Leasing and Business Services**	**319365**	**1.3**	**128881**	**7.2**	**147.8**
租赁业	Leasing	28895	0.1			
商务服务业	Business Services	290470	1.2	128881	7.2	125.4
科学研究和技术服务业	**Scientific Research and Technical Services**	**274031**	**1.1**	**150406**	**8.4**	**82.2**
研究与试验发展	Research and Development	8197	0.033	31494	1.8	-74.0
专业技术服务业	Professional Technical Services	132763	0.5	42268	2.3	214.1
科技交流和推广服务业	Services of Science and Technique Exchange and Popularization	133071	0.5	76644	4.3	73.6

5–6 续表3 (continued)

指标	Item	2016 投资额(万元) Amount of Investment (10 000 yuan)	2016 构成(%) Proportion (%)	2015 投资额(万元) Amount of Investment (10 000 yuan)	2015 构成(%) Proportion (%)	2016年比2015年增长(%) Growth Rate in 2016 over 2015 (%)
水利、环境和公共设施管理业	**Management of Water Conservancy, Environment and Public Facilities**	**8387329**	**34.2**	**4891001**	**271.8**	**71.5**
水利管理业	Management of Water Conservancy	303593	1.2	194348	10.8	56.2
生态保护和环境治理业	Ecological Protection and Environmental Treatment	73388	0.3	21662	1.2	238.8
公共设施管理业	Public Facilities Management	8010348	32.6	4674991	259.8	71.3
居民服务和其他服务业	**Household Services and Other Services**	**104418**	**0.4**	**87100**	**4.8**	**19.9**
居民服务业	Household Services	70867	0.3	68565	3.8	3.4
机动车、电子产品和日用产品修理业	Motor Vehicle,Electronic and Household Products Repair	28681	0.1	8960	0.5	220.1
其他服务业	Others	4870	0.020	9575	0.5	-49.1
教　育	**Education**	**771243**	**3.1**	**835986**	**46.5**	**-7.7**
教　育	Education	771243	3.1	835986	46.5	-7.7
卫生和社会工作	**Health and Social Service**	**227665**	**0.9**	**112291**	**6.2**	**102.7**
卫　生	Health	179199	0.7	106746	5.9	67.9
社会工作	Social Service	48466	0.2	5545	0.3	774.0
文化、体育和娱乐业	**Culture,Sports and Entertainment**	**368248**	**1.5**	**236853**	**13.2**	**55.5**
新闻和出版业	Press and Publishing industry					
广播、电视、电影和影视录音制作业	Radio, Television,Motion Picture and Vodeotape Programme Production Services			18880	1.0	
文化艺术业	Culture and Art	221809	0.9	113209	6.3	95.9
体　育	Sport	75476	0.3	52217	2.9	44.5
娱乐业	Entertainment	70963	0.3	52547	2.9	35.0
公共管理和社会组织	**Public Management and Social Organizations**	**257163**	**1.0**	**73872**	**4.1**	**248.1**
中国共产党机关	Organs of the Communist Party of China					
国家机构	Government Agencies	219035	0.9	73697	4.1	197.2
人民政协和民主党派	PPCC and Democratic Parties					
社会保障	Social Security	19846	0.1			
群众团体、社会团体和其他成员组织	MassOrganizations,SocialOrgnizationsand Other Membership Organizations					
基层群众自治组织	Grassroots Self-Govering Organizations	18282	0.1	175	0.0	10346.9

5-7 建设项目施工、投产项目个数和房屋建筑面积
Number of Construction Projects under Construction, Put into Use and Floor Space of Buildings

指标		Item		2016	2015	2016年比2015年增长(%) Growth Rate in2016 over 2015(%)
项目个数		**Number of Projects**				
施工项目个数	**(个)**	Number of Projects under Construction	(unit)	3100	1289	140.5
#本年新开工	(个)	Number of Projects Started in Current Year	(unit)	2503	904	176.9
投产项目个数	**(个)**	Number of Projects Put into Use	(unit)	2603	990	162.9
房屋建筑面积		**Floor Space of Buildings**				
施工面积	**(平方米)**	Floor Space under Construction	(sq.m)	29188711	20708297	41.0
#住　宅	**(平方米)**	Residential Buildings	(sq.m)	3662282	3318519	10.4
竣工面积	**(平方米)**	Floor Space Completed	(sq.m)	13441838	8507341	58.0
#住　宅	**(平方米)**	Residential Buildings	(sq.m)	1830686	207492	782.3

5-8 建设项目新增主要生产能力(或工程效益)(2016年)
Newly Increased Production Capacity (or Project Benefit) of Construction Project(2016)

生产能力(或效益)名称		Item		新增能力效益 The Newly Increased Production Capacity Efficiency
原煤开采	(万吨/年)	Coal Mining	(10 000 tons/year)	120
铁矿开采	(万吨/年)	Iron Ore Mining	(10 000 tons/year)	237
锌冶炼	(吨/年)	Zinc Smelting	(ton/year)	3600
氧化铝	(吨/年)	Aluminum Oxide	(ton/year)	80000
输电线路长度	(11万伏及以上)(公 里)	Length of Transmission Line	(110000v and above) (kilometer)	508.3
水　泥	(万吨/年)	Cement	(10 000 tons/year)	80
氮　肥	(吨/年)	Nitrogenous Fertilizer	(ton/year)	30000
磷　肥	(吨/年)	Phosphatic Fertilizer	(ton/year)	23200
塑料树脂及共聚物	(吨/年)	Plastic Resin and Copolymer	(ton/year)	3100
合成橡胶	吨/年	Synthetic Rubber	(ton/year)	3500
轮胎外胎	(万条/年)	Tyre Cover	(1000 units/year)	
客车制造	(辆/年)	Bus Manufacturing	(unit/year)	1000
其他汽车制造	(辆/年)	OtherAutomobile Manufacturing	(unit/year)	2000
电视机	(万部/年)	Television	(1000 units/year)	150
啤　酒	万吨/年	Beer	(10 000 tons/year)	6
白　酒	(万吨/年)	Distilled Spirit	(10 000 tons/year)	1
新建铁路投产里程	公里	Newly-built Railway Lines under Operation	(kilometre)	1.2
新建公路	(公 里)	Newly-built Highway	(kilometre)	1.8
二级公路	(公 里)	Secondary Highway	(kilometre)	1.8
改建公路	公 里	Rebuild Highway	(kilometre)	34.2
新建独立公路隧道	(延长米)	Newly-built Highway Tunnel	(linear meter)	2500
新建独立公路隧道	(座)	Newly-built Highway Tunnel	(unit)	1
新(扩)建港口码头	(万 吨)	New (Expansion) Wharf	(10 000 tons)	25
新(扩)建港口码头	(标准集装箱)	New (Expansion) Wharf	(TEU)	
新(扩)建港口码头	(个)	New (Expansion) Wharf	(unit)	3
新(扩)建公路客、货运站	(个)	New (Expansion) Passenger and Freight Station	(unit)	1
新(扩)建公路客、货运站	(平方米)	New (Expansion) Passenger and Freight Station	(square meter)	9990
城市自来水供水能力	万吨/日	Urban Water Supply Capacity	(10 000 tons/day)	6
城市污水处理能力	(万吨/日)	Disposal Capacity of City Sewage	(10 000 tons/day)	4.1

5-9 房地产开发投资主要指标
Main Indicators of Enterprises for Real Estate Development

指 标	Item	2016	2015	2016年比2015年的增长(%) Growth Rate of 2016over 2015(%)
企业个数(个)	**Number of Enterprises(unit)**	**759**	**780**	**-2.7**
土地开发及购置(平方米)	**Land Developing and Purchase (sq.m)**			
待开发土地面积	Land Space Pending Development	2827825	3315823	-14.7
本年土地购置面积	Land Space Purchased This Year	332911	2021655	-83.5
本年完成投资额(万元)	**Investment Completed This Year(10 000 yuan)**	**9273162**	**10050001**	**-7.7**
#配套工程投资	Supporting Projects			
按工程用途分:	**Engineering Application**			
住 宅	Residental Buildings	4933266	5864517	-15.9
#90平方米以下	Below 90 Square Meters	1553963	2344396	-33.7
140平方米以上	Above 140 Square Meters	915408	1128542	-18.9
办公楼	Office Buildings	1229097	1341394	-8.4
商业营业用房	Houses for Business Use	2118981	1741880	21.6
其 他	Others	991818	1102210	-10.0
按构成分:	**Grouped by Structure of Investment**			
建筑工程	Construction	7262274	8073462	-10.0
安装工程	Installation	214538	219659	-2.3
设备工器具购置	Purchase of Equipment and Instruments	42648	23409	82.2
其 他	Others	1753702	1733471	1.2
资金来源小计(万元)	**Sources of Funds(10 000 yuan)**	**8890299**	**9642730**	**-7.8**
#国内贷款	Domestic Loans	1231910	1319137	-6.6
利用外资	Foreign Investment			
自筹资金	Self-raised Funds	2043932	1995927	2.4
其他资金	Others	5614457	6327666	-11.3
本年新增固定资产(万元)	**Newly Increased Fixed Assets This Year (10 000 yuan)**	**2907058**	**6931107**	**-58.1**
房屋建筑面积(平方米)	**Floor Space of Buildings(square meters)**			
施工面积	Floor Space under Construction	61769707	69564474	-11.2
住 宅	Residental Buildings	39054454	46161329	-15.4
#90平方米以下	Below 90 Square Meters	13080648	16409765	-20.3
140平方米以上	Above 140 Square Meters	6052246	6009974	0.7
办公楼	Office Buildings	5247092	5467603	-4.0
商业营业用房	Houses for Business Use	7517398	8323998	-9.7
其 他	Others	9950763	9611544	3.5
本年新开工面积	Floor Space Started This Year	8962445	11727854	-23.6
住 宅	Residental Buildings	5566478	6297819	-11.6

5-9 续表 (continued)

指 标	Item	2016	2015	2016年比2015年的增长(%) Growth Rate of 2016 over 2015(%)
#90平方米以下	Below 90 Square Meters	1114383	1426296	-21.9
140平方米以上	Above 140 Square Meters	687591	658982	4.3
办公楼	Office Buildings	396946	1283399	-69.1
商业营业用房	Houses for Business Use	1479906	2169985	-31.8
其 他	Others	1519115	1976651	-23.1
商品房屋竣工面积(平方米)	**Floor Space of Commercialized Buildings Completed(square meters)**	**9805183**	**14273687**	**-31.3**
住 宅	Residental Buildings	6420237	10985143	-41.6
#90平方米以下	Below 90 Square Meters	1051207	4594756	-77.1
140平方米以上	Above 140 Square Meters	1658330	729562	127.3
办公楼	Office Buildings	964042	561085	71.8
商业营业用房	Houses for Business Use	812031	2031460	-60.0
其 他	Others	1608873.0	695999	131.2
商品房销售面积(平方米)	**Floor Space of Commercialized Buildings Sold(square meters)**	**9885733**	**9681735**	**2.1**
住 宅	Residental Buildings	8327753	7982504	4.3
#90平方米以下	Below 90 Square Meters	2240405	2776530	-19.3
140平方米以上	Above 140 Square Meters	1041730	1064505	-2.1
办公楼	Office Buildings	589939	492417	19.8
商业营业用房	Houses for Business Use	777594	992209	-21.6
其 他	Others	190447	214605	-11.3
商品房销售额(万元)	**Total Sale of Commercialized Buildings(10 thousand yuan)**	**5874680**	**5813719**	**1.0**
住 宅	Residental Buildings	4479776	3949396	13.4
#90平方米以下	Below 90 Square Meters	1038533	1258486	-17.5
140平方米以上	Above 140 Square Meters	694669	625491	11.1
办公楼	Office Buildings	482468	383043	26.0
商业营业用房	Houses for Business Use	848387	1395113	-39.2
其 他	Others	64049	86167	-25.7
商品房待售面积(平方米)	**Floor Space of Commercialized Buildings Sold(square meters)**	**2705892**	**3999970**	**-32.4**
住 宅	Residental Buildings	1416746	2006684	-29.4
#90平方米以下	Below 90 Square Meters	404862	640762	-36.8
140平方米以上	Above 140 Square Meters	339161	412376	-17.8
办公楼	Office Buildings	475218	561758	-15.4
商业营业用房	Houses for Business Use	550749	940269	-41.4
其 他	Others	263179	491259	-46.4

5-10 按各种分组的房地产开发企业指标完成情况(2016年)

单位：万元、平方米

指标	Item	企业数(个) Number of Enterprises (unit)	计划总投资 Total Investment Planned	自开始建设累计完成投资 Accumulative Investment Actually Completed Since Starting of Construction up to the End of This Year
总计	**Total**	**759**	**68031998**	**52467487**
按登记注册类型分组	**By Status of Registration**			
内资企业	Domestic Funded Enterprises	724	64421672	49640912
国有企业	State-owned Enterprises	12	624057	114236
集体企业	Collective-owned Enterprises	1		
股份合作企业	Joint-equity Cooperative Enterprises			
国有联营企业	State Joint Ownership Enterprises			
集体联营企业	Collective Joint Ownership Enterprises			
国有与集体联营企业	Joint State-collective Enterprises			
其他联营企业	Other Joint Ownership Enterprises			
国有独资公司	State Sole Funded Corporations	23	1870389	1535045
其他有限责任公司	Other Limited Liability Companies	510	52163402	43704624
股份有限公司	Companies Limited by Shares	6	397800	305471
私营独资企业	Private-Solely Funded Enterprises			
私营合伙企业	Private Partnership Enterprises			
私营有限责任公司	Private Limited Liability Companies	159	8678306	3567748
私营股份有限公司	Private Companies Limited by Shares	13	687718	413788
其他企业	Other Enterprises			
港澳台商投资企业	Enterprises with Funds from Hong Kong,Macao and Taiwan	28	3385631	2606377
与港澳台商合资经营企业	Joint-venture Enterprises with Hong Kong,Macao and Taiwan Business	17	347700	211501
与港澳台商合资合作经营企业	Cooperative Enterprises with Hong Kong,Macao and Taiwan Business	1	81700	100356
港澳台商独资经营企业	Hong Kong,Macao and Taiwan Sole Proprietorship Enterprises	10	2956231	2294520
港澳台商投资股份有限公司	Hong Kong,Macao and Taiwan Business Investment Co. Ltd			
其他港澳台投资	Others			
外商投资企业	Enterprises with Foreign Investment	7	224695	220198
中外合资经营企业	Chinese-foreign Equity Joint Ventures	3	17240	17640
中外合作经营企业	Chinese-foreign Cooperative Enterprises	2	207455	202558
外资企业	Foreign-Funded Enterprises	2		
外商投资股份有限公司	Foreign-invested Limited Liability Companies			
其他外商投资	Others			
按控股情况分	**By Share Holding**			
国有控股	State-holding Enterprises	100	12240210	9599486
集体控股	Collective-Holding Enterprises	9	2074500	1379938
私人控股	Private Enterprises	545	46062499	34973678
港澳台商控股	Hong Kong, Macao and Taiwan Holding Enterprises	25	3465631	2714086
外商控股	Foreign Holding Enterprises	5	207455	202558
其　他	Others	75	3981703	3597741
按资质等级分	**By Grade**			
一　级	First Grade	3	258000	372082
二　级	Second Grade	72	27691623	27053001
三　级	Third Grade	150	7508012	6377361
四　级	Fourth Grade	165	4180536	3505660
暂　定	Provisional	310	25210461	13260512
其　他	Others	59	3183366	1898871
按隶属关系分	**By Administrative Relationship**			
中　央	Central	16	4505994	3783938
省(自治区、直辖市)	Provinces(Autonomous Region, Municipality)	30	1127783	1168026
地区(州、盟、省辖市)	Region(Prefecture, League, Provincial Cities)	41	3020221	2489275
县(区、市、旗)	County(District, City, Banner)	32	3654284	2223299
街　道	Street	1	2500	1500
镇	Town			
乡	Countryside	1		
居委会	Neighborhood Committee	1		
村委会	Village Committee			
其　他	Others	637	55721216	42801449

Actually Completed Investment of Enterprises in Real Estate by Groups(2016)

(10 000 yuan;sq.m)

本 年 完成投资 Investment Completed This Year	按构成分:By Composition of Funds						
	#配套工程投资 Supporting Projects Investment	#建筑工程 Construction	安装工程 Installation	设备工器具购置 Purchase of Equipment and Instruments	其他费用 Other Expenses	#旧建筑物购置费 Old Buildings Purchase Expenses	土地购置费 Land Purchase Expenses
9273162		**7262274**	**214538**	**42648**	**1753702**	**419456**	**483560**
8573445		6739331	196636	41976	1595502	319572	449962
14112		13983	98		31		
388567		344022	9824	2458	32263		
6896450		5393517	164245	30428	1308260	297419	293451
61109		56364	1014		3731		2393
1070489		799076	15753	5423	250237	22153	154118
142718		132369	5702	3667	980		
680397		512133	9392	672	158200	99884	33598
130548		92778			37770	2906	33598
42805		26180	5200		11425	5012	
507044		393175	4192	672	109005	91966	
19320		10810					
19320		10810					
1889477		1423356	14514	2863	448744	188526	57551
558909		331662	62228	13411	151608	57067	41348
5512087		4492375	105609	23675	890428	49024	306404
690875		514517	10455	1143	164760	99888	33598
19320		10810	8510				
602494		489554	13222	1556	98162	24951	44659
21828		21828					
3613288		2975247	23885	2515	611641	148175	31452
749142		624820	24249	3615	96458	26309	14519
244447		204198	8117	2950	29182		2492
3932390		2975294	77479	14773	864844	187905	388061
712067		460887	80808	18795	151577	57067	47036
712401		439274	3400		269727	149342	21650
292333		282462	165		9706	64	1898
356578		344645			11933		11230
566000		490858	13591	2468	59083	4	24084
7345850		5705035	197382	40180	1403253	270046	424698

5-10 续表1

单位：万元、平方米

指标	Item	按工程用途分：住宅 By Engineering Application: Residential Buildings	#90平方米以下住房 Residential Buildings below 90 Square Meters	140平方米以上住房 Residential Buildings above 140 Square Meters	别墅、高档公寓 Villas, High-grade Apartments
总计	**Total**	**4933266**	**1553963**	**915408**	**136319**
按登记注册类型分组	**By Status of Registration**				
内资企业	Domestic Funded Enterprises	4589649	1491591	815553	133907
国有企业	State-owned Enterprises	11474	1688	2909	
集体企业	Collective-owned Enterprises				
股份合作企业	Joint-equity Cooperative Enterprises				
国有联营企业	State Joint Ownership Enterprises				
集体联营企业	Collective Joint Ownership Enterprises				
国有与集体联营企业	Joint State-collective Enterprises				
其他联营企业	Other Joint Ownership Enterprises				
国有独资公司	State Sole Funded Corporations	203881	108582	5938	
其他有限责任公司	Other Limited Liability Companies	3590970	1234121	653335	49912
股份有限公司	Companies Limited by Shares	31478	2915	782	
私营独资企业	Private-Solely Funded Enterprises				
私营合伙企业	Private Partnership Enterprises				
私营有限责任公司	Private Limited Liability Corporations	654454	102229	152462	83995
私营股份有限公司	Private Companies Limited by Shares	97392	42056	127	
其他企业	Other Enterprises				
港澳台商投资企业	Enterprises with Funds from Hong Kong, Macao and Taiwan	324797	52112	98355	2412
与港澳台商合资经营企业	Joint-venture Enterprises	92830	4408	50387	197
与港澳台商合资合作经营企业	Joint-venture Enterprises with Hong Kong,Macao and Taiwan Business	12320	12320		
港澳台商独资经营企业	Cooperative Enterprises with Hong Kong,Macao and Taiwan Business	219647	35384	47968	2215
港澳台商投资股份有限公司	Hong Kong,Macao and Taiwan Sole Proprietorship Enterprises				
其他港澳台投资	Hong Kong,Macao and Taiwan Business				
外商投资企业	Enterprises with Foreign Investment	18820	10260	1500	
中外合资经营企业	Chinese-foreign Equity Joint Ventures				
中外合作经营企业	Chinese-foreign Cooperative Enterprises	18820	10260	1500	
外资企业	Foreign-Funded Enterprises				
外商投资股份有限公司	Companies Limited by Shares				
其他外商投资	Others				
按控股情况分	**By Share Holding**				
国有控股	State-holding Enterprises	1149419	303717	255821	31607
集体控股	Collective-Holding Enterprises	64017	15567	19509	
私人控股	Private Enterprises	2977966	1034427	487256	98800
港澳台商控股	Hong Kong, Macao and Taiwan Holding Enterprises	324797	52112	98355	2412
外商控股	Foreign Holding Enterprises	18820	10260	1500	
其　他	Others	398247	137880	52967	3500
按资质等级分	**By Grade**				
一　级	First Grade	15913	1873	704	
二　级	Second Grade	1904564	639760	359311	13076
三　级	Third Grade	632368	223773	38248	4444
四　级	Fourth Grade	86786	52856	8461	197
暂　定	Provisional	2176551	610270	486067	118602
其　他	Others	117084	25431	22617	
按隶属关系分	**By Administrative Relationship**				
中　央	Central	538302	81644	216690	28786
省(自治区、直辖市)	Provinces(Autonomous Region, Municipality)	147519	52827	1896	
地区(州、盟、省辖市)	Region(Prefecture, League, Provincial Cities)	182583	28342	23919	5830
县(区、市、旗)	County(District, City, Banner)	367343	142588	1939	
街　道	Street				
镇	Town				
乡	Countryside				
居委会	Neighborhood Committee				
村委会	Village Committee				
其　他	Others	3697519	1248562	670964	101703

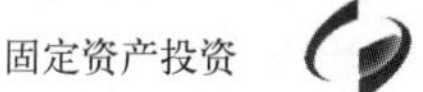

(continued)

(10 000 yuan;sq.m)

办公楼 Office Buildings	商业营业用房 Houses for Business Use	其他 Others	新增固定资产 Newly Increased Fixed Assets	待开发土地面积 Land Space Pending Development	本年购置土地面积 Total Area of Land Purchased This Year	本年土地成交价款 Land Transaction Price This Year
1229097	**2118981**	**991818**	**2907058**	**2827825**	**332911**	**76226**
1202446	1878852	902498	2735681	1722363	332911	76226
	816	1822	313			
48777	60691	75218	8073	7600		
1090803	1596929	617748	2639215	1633133	229591	57774
	14255	15376			7855	2393
53943	182841	179251	80080	81630	95465	16059
8923	23320	13083	8000			
26651	239629	89320	171377	1105462		
	272	37446	49227			
13550	10723	6212				
13101	228634	45662	122150	1105462		
	500					
	500					
100364	350351	289343	311936	1006283		
322736	168997	3159	3	28715		
699291	1275693	559137	2282226	650105	313538	71336
28915	241122	96041	171377	1105462		
	500					
77791	82318	44138	141516	37260	19373	4890
141	523	5251				
412932	1047382	248410	2172944	1110002	118326	29554
6841	75886	34047	171339	706147	24557	1289
73378	34628	49655	255907	11423		
391789	735896	628154	306868	752822	190028	45383
344016	224666	26301		247431		
8915	57166	108018	115200	522749		
36514	62375	45925	87775	35000		
39391	80427	54177	89427	7600		
11075	86491	101091	18704	19373	70991	20174
1133202	1832522	682607	2595952	2243103	261920	56052

5-10 续表2

单位：万元、平方米

指　　标	Item	本年资金来源合计 Total Fund This Year	国内贷款 Domestic Loans	利用外资 Foreign Investment Utilization	自筹资金 Self-raising Funds	其他资金 Other Funds
总　　计	**Total**	**8890299**	**1231910**		**2043932**	**5614457**
按登记注册类型分组	**By Status of Registration**					
内资企业	Domestic Funded Enterprises	8478674	1181993		1953190	5343491
国有企业	State-owned Enterprises	16931	159		130	16642
集体企业	Collective-owned Enterprises					
股份合作企业	Joint-equity Cooperative Enterprises					
国有联营企业	State Joint Ownership Enterprises					
集体联营企业	Collective Joint Ownership Enterprises					
国有与集体联营企业	Joint State-collective Enterprises					
其他联营企业	Other Joint Ownership Enterprises					
国有独资公司	State Sole Funded Corporations	617883	26908		404962	186013
其他有限责任公司	Other Limited Liability Companies	6691920	1106857		1172782	4412281
股份有限公司	Companies Limited by Shares	31509	3500		7753	20256
私营独资企业	Private-Solely Funded Enterprises					
私营合伙企业	Private Partnership Enterprises					
私营有限责任公司	Private Limited Liability Companies	1066654	44569		360636	661449
私营股份有限公司	Private Companies Limited by Shares	53777			6927	46850
其他企业	Other Enterprises					
港澳台商投资企业	Enterprises with Funds from Hong Kong, Macao and Taiwan	391042	49917		90742	250383
与港澳台商合资经营企业	Joint-venture Enterprises with Hong Kong,Macao and Taiwan Business	144323	49917		87742	6664
与港澳台商合资合作经营企业	Cooperative Enterprises with Hong Kong,Macao and Taiwan Business	40829			3000	37829
港澳台商独资经营企业	Hong Kong,Macao and Taiwan Sole	205890				205890
港澳台商投资股份有限公司	Hong Kong,Macao and Taiwan Business Investment Co. Ltd					
其他港澳台投资	Others					
外商投资企业	Enterprises with Foreign Investment	20583				20583
中外合资经营企业	Chinese-foreign Equity Joint Ventures					
中外合作经营企业	Chinese-foreign Cooperative Enterprises	20583				20583
外资企业	Foreign-Funded Enterprises					
外商投资股份有限公司	Foreign-invested Limited Liability Companies					
其他外商投资	Others					
按控股情况分	**By Share Holding**					
国有控股	State-holding Enterprises	2557732	481467		765387	1310878
集体控股	Collective-Holding Enterprises	334249			8215	326034
私人控股	Private Enterprises	4928385	698526		1008813	3221046
港澳台商控股	Hong Kong, Macao and Taiwan Holding Enterprises	401746	49917		90742	261087
外商控股	Foreign Holding Enterprises	20583				20583
其　他	Others	647604	2000		170775	474829
按资质等级分	**By Grade**					
一　级	First Grade	32878				32878
二　级	Second Grade	3319721	732500		176631	2410590
三　级	Third Grade	1018857	105501		148435	764921
四　级	Fourth Grade	227071	10659		24597	191815
暂　定	Provisional	3854757	363228		1636738	1854791
其　他	Others	437015	20022		57531	359462
按隶属关系分	**By Administrative Relationship**					
中　央	Central	938161	267900		132379	537882
省(自治区、直辖市)	Provinces(Autonomous Region, Municipality)	214477	4000		125273	85204
地区(州、盟、省辖市)	Region(Prefecture, League, Provincial Cities)	537690	135320		44058	358312
县(区、市、旗)	County(District, City, Banner)	887771	97681		490634	299456
街　道	Street	180	180			
镇	Town					
乡	Countryside					
居委会	Neighborhood Committee					
村委会	Village Committee					
其　他	Others	6312020	726829		1251588	4333603

(continued)

(10 000 yuan;sq.m)

本年各项应付款 Total Account Payable This Year	#工程款 Project Funds	房屋施工面积 Total Floor Space of Buildings under Construction	住宅 Residential Buildings	#90平方米及以下住房 Residential Buildings below 90 Square Meters	144平方米以上住房 Residential Buildings above 144 Square Meters	办公楼 Office Buildings	商业营业用房 Houses for Business Use	其他 Others
2437718	**1499436**	**61769707**	**39054454**	**13080648**	**6052246**	**5247092**	**7517398**	**9950763**
2277778	1470094	59299202	37359251	12727084	5847389	5171190	7184583	9584178
		355781	278953	60264	88538		20759	56069
177566	156530	3721898	2108049	965633	62948	363537	432087	818225
1663855	1014482	46539062	29508885	10231592	4849555	4342154	5402682	7285341
51595	39440	667556	406012	186042	6718		108817	152727
339495	214375	7075397	4583712	1116040	838285	349278	1059933	1082474
45267	45267	939508	473640	167513	1345	116221	160305	189342
159940	29342	1738841	964909	202205	154649	75902	331445	366585
15422	14824	317285	234753	70266	68689		7555	74977
8250	8250	74777	10320	10320		49937	8228	6292
136268	6268	1346779	719836	121619	85960	25965	315662	285316
		731664	730294	151359	50208		1370	
		731664	730294	151359	50208		1370	
546776	345870	13433341	8864327	3025703	897990	601648	1315516	2651850
114676	54462	805740	219932	121445	48487	436300	74895	74613
1433245	967904	40147715	24938829	8175188	4284634	3614538	5289248	6305100
161592	29622	1917601	964909	202205	154649	191488	365240	395964
		731664	730294	151359	50208		1370	
181429	101578	4733646	3336163	1404748	616278	403118	471129	523236
		455814	233449	20800	3291	7200	26696	188469
778416	456060	23569892	14470258	4987433	2488877	2073327	2642813	4383494
166046	104989	9091838	7082934	1725778	1319942	169867	965208	873829
67431	39024	3293643	1909592	650155	447012	519254	355932	508865
1207592	770600	22625147	14017819	5390868	1676084	1863249	3151325	3592754
218233	128763	2733373	1340402	305614	117040	614195	375424	403352
214558	78235	4705651	3309740	667258	420099	30000	455476	910435
78460	57264	1574288	960221	292947	36828	150973	162400	300694
128882	128882	2550794	1600809	295151	218317	173185	309357	467443
146876	107843	5679534	3434888	1738274	132606	201327	765683	1277636
1868942	1127212	47259440	29748796	10087018	5244396	4691607	5824482	6994555

5-10 续表3

单位：万元、平方米

指标	Item	#新开工面积 Floor Space Started This Year	住宅 Residential Buildings	#90平方米及以下住房 Residential Buildings below 90 Square Meters	144平方米以上住房 Residential Buildings above 144 Square Meters	办公楼 Office Buildings
总计	**Total**	**8962445**	**5566478**	**1114383**	**687591**	**396946**
按登记注册类型分组	**By Status of Registration**					
内资企业	Domestic Funded Enterprises	8777456	5428114	1101596	622646	396946
国有企业	State-owned Enterprises	1011	1011		1011	
集体企业	Collective-owned Enterprises					
股份合作企业	Joint-equity Cooperative Enterprises					
国有联营企业	State Joint Ownership Enterprises					
集体联营企业	Collective Joint Ownership Enterprises					
国有与集体联营企业	Joint State-collective Enterprises					
其他联营企业	Other Joint Ownership Enterprises					
国有独资公司	State Sole Funded Corporations	1583502	954489	530059		105300
其他有限责任公司	Other Limited Liability Companies	4707269	2965491	222527	417588	97111
股份有限公司	Companies Limited by Shares	23733	21710	1440	5312	
私营独资企业	Private-Solely Funded Enterprises					
私营合伙企业	Private Partnership Enterprises					
私营有限责任公司	Private Limited Liability Companies	2461941	1485413	347570	198735	194535
私营股份有限公司	Private Companies Limited by Shares					
其他企业	Other Enterprises					
港澳台商投资企业	Enterprises with Funds from Hong Kong, Macao and Taiwan	184989	138364	12787	64945	
与港澳台商合资经营企业	Joint-venture Enterprises with Hong Kong,Macao and Taiwan Business	170169	128044	2467	64945	
与港澳台商合资合作经营企业	Cooperative Enterprises with Hong Kong,Macao and Taiwan Business	14820	10320	10320		
港澳台商独资经营企业	Hong Kong,Macao and Taiwan Sole					
港澳台商投资股份有限公司	Hong Kong,Macao and Taiwan Business Investment Co. Ltd					
其他港澳台投资	Others					
外商投资企业	Enterprises with Foreign Investment					
中外合资经营企业	Chinese-foreign Equity Joint Ventures					
中外合作经营企业	Chinese-foreign Cooperative Enterprises					
外资企业	Foreign-Funded Enterprises					
外商投资股份有限公司	Foreign-invested Limited Liability Companies					
其他外商投资	Others					
按控股情况分	**By Share Holding**					
国有控股	State-holding Enterprises	3219722	2075568	555837	37011	139970
集体控股	Collective-Holding Enterprises	88890	66132	52905	13227	
私人控股	Private Enterprises	5262101	3174698	492854	572408	236078
港澳台商控股	Hong Kong, Macao and Taiwan Holding Enterprises	184989	138364	12787	64945	
外商控股	Foreign Holding Enterprises					
其他	Others	206743	111716			20898
按资质等级分	**By Grade**					
一级	First Grade					
二级	Second Grade	2578149	1589249	57085	151233	220355
三级	Third Grade	338227	281466	51371		
四级	Fourth Grade	55244	1011		1011	41515
暂定	Provisional	5618784	3523148	972261	498867	135076
其他	Others	372041	171604	33666	36480	
按隶属关系分	**By Administrative Relationship**					
中央	Central	1132012	844857			
省(自治区、直辖市)	Provinces(Autonomous Region, Municipality)	298730	146000			97730
地区(州、盟、省辖市)	Region(Prefecture, League, Provincial Cities)	162757	143211	25778		9300
县(区、市、旗)	County(District, City, Banner)	2180480	1339570	589938	29674	21543
街道	Street					
镇	Town					
乡	Countryside					
居委会	Neighborhood Committee					
村委会	Village Committee					
其他	Others	5188466	3092840	498667	657917	268373

(continued)

(10 000 yuan;sq.m)

商业营业用房 Houses for Business Use	其他 Others	竣工面积 Floor Space of Buildings Completed	住宅 Residential Buildings	#90平方米及以下住房 Residential Buildings below 90 Square Meters	144平方米以上住房 Residential Buildings above 144 Square Meters	办公楼 Office Buildings	商业营业用房 Houses for Business Use	其他 Others
1479906	**1519115**	**9805183**	**6420237**	**1051207**	**1658330**	**964042**	**812031**	**1608873**
1476726	1475670	9282958	5936223	990539	1638483	940033	808777	1597925
		1011	1011		1011			
165092	358621							
926164	718503	9135669	5796780	973128	1612948	940033	803887	1594969
	2023							
385470	396523	146278	138432	17411	24524		4890	2956
3180	43445	522225	484014	60668	19847	24009	3254	10948
	42125	69816	55614	43440			3254	10948
3180	1320							
		452409	428400	17228	19847	24009		
321526	682658	1542721	1271852	213710	269017		137291	133578
5095	17663							
1105103	746222	7262295	4418845	776829	1346546	812518	614142	1416790
3180	43445	522225	484014	60668	19847	24009	3254	10948
45002	29127	477942	245526		22920	127515	57344	47557
308631	459914	7714071	5142672	711903	1358159	496369	642768	1432262
24484	32277	818112	682907	210449	161255		66811	68394
12718		645389	217420	17654	20101	340158	35680	52131
1007987	952573	627611	377238	111201	118815	127515	66772	56086
126086	74351							
24157	262998	815991	768595	122212	184947		25739	21657
47947	7053	359773	268660	69196			11934	79179
9488	758	325751	255766	22302	83059		33671	36314
291445	527922	103925	83306	20572	1011		8145	12474
1106869	720384	8199743	5043910	816925	1389313	964042	732542	1459249

5-10 续表4

单位：万元、平方米

指标	Item	商品房销售面积 Floor Space of Commercialized Buildings Sold	住宅 Residential Buildings	#90平方米及以下住房 Residential Buildings below 90 Square Meters	144平方米以上住房 Residential Buildings above 144 Square Meters
总计	**Total**	**9885733**	**8327753**	**2240405**	**1041730**
按登记注册类型分组	**By Status of Registration**				
内资企业	Domestic Funded Enterprises	9428633	7943616	2180506	948123
国有企业	State-owned Enterprises	37706	37706	6623	2057
集体企业	Collective-owned Enterprises				
股份合作企业	Joint-equity Cooperative Enterprises				
国有联营企业	State Joint Ownership Enterprises				
集体联营企业	Collective Joint Ownership Enterprises				
国有与集体联营企业	Joint State-collective Enterprises				
其他联营企业	Other Joint Ownership Enterprises				
国有独资公司	State Sole Funded Corporations	272029	236471	127359	44816
其他有限责任公司	Other Limited Liability Companies	7269834	6165859	1660011	725287
股份有限公司	Companies Limited by Shares	63657	60456	5067	9506
私营独资企业	Private-Solely Funded Enterprises				
私营合伙企业	Private Partnership Enterprises				
私营有限责任公司	Private Limited Liability Companies	1601474	1307917	301564	165724
私营股份有限公司	Private Companies Limited by Shares	183933	135207	79882	733
其他企业	Other Enterprises				
港澳台商投资企业	Enterprises with Funds from Hong Kong,Macao and Taiwan	406284	371709	54388	93607
与港澳台商合资经营企业	Joint-venture Enterprises with Hong Kong,Macao and Taiwan Business	44370	44370	1519	17599
与港澳台商合资合作经营企业	Cooperative Enterprises with Hong Kong,Macao and Taiwan Business	32006	9609	7399	2210
港澳台商独资经营企业	Hong Kong,Macao and Taiwan Sole	329908	317730	45470	73798
港澳台商投资股份有限公司	Hong Kong,Macao and Taiwan Business Investment Co. Ltd				
其他港澳台投资	Others				
外商投资企业	Enterprises with Foreign Investment	50816	12428	5511	
中外合资经营企业	Chinese-foreign Equity Joint Ventures	1604	1604		
中外合作经营企业	Chinese-foreign Cooperative Enterprises	49212	10824	5511	
外资企业	Foreign-Funded Enterprises				
外商投资股份有限公司	Foreign-invested Limited Liability Companies				
其他外商投资	Others				
按控股情况分	**By Share Holding**				
国有控股	State-holding Enterprises	2386094	2209193	405702	235486
集体控股	Collective-Holding Enterprises	376292	223562		52374
私人控股	Private Enterprises	5872724	4835902	1588102	593422
港澳台商控股	Hong Kong, Macao and Taiwan Holding Enterprises	419187	371709	54388	93607
外商控股	Foreign Holding Enterprises	49212	10824	5511	
其　他	Others	782224	676563	186702	66841
按资质等级分	**By Grade**				
一　级	First Grade	39867	38339		
二　级	Second Grade	3264387	2865468	946047	395007
三　级	Third Grade	1533216	1382874	320757	175501
四　级	Fourth Grade	362108	211483	32446	40301
暂　定	Provisional	4125305	3541964	922042	378037
其　他	Others	560850	287625	19113	52884
按隶属关系分	**By Administrative Relationship**				
中　央	Central	896276	846605	109381	111036
省(自治区、直辖市)	Provinces(Autonomous Region, Municipality)	228061	225317	82339	5301
地区(州、盟、省辖市)	Region(Prefecture, League, Provincial Cities)	615653	588979	20226	46391
县(区、市、旗)	County(District, City, Banner)	793955	739961	228745	61808
街　道	Street				
镇	Town				
乡	Countryside				
居委会	Neighborhood Committee				
村委会	Village Committee				
其　他	Others	7351788	5926891	1799714	817194

(continued)

(10 000 yuan;sq.m)

办公楼 Office Buildings	商业营业用房 Houses for Business Use	其他 Others	商品房销售额(万元) Total Sale of Commercialized Buildings Sold (10 000 yuan)	住宅 Residential Buildings	#90平方米及以下住房 Residential Buildings below 90 Square Meters	144平方米以上住房 Residential Buildings above 144 Square Meters	办公楼 Office Buildings	商业营业用房 Houses for Business Use	其他 Others
589939	**777594**	**190447**	**5874680**	**4479776**	**1038533**	**694669**	**482468**	**848387**	**64049**
572976	752758	159283	5572777	4215432	1006634	632294	474572	823745	59028
			16012	16012	2778	820			
12070	22631	857	148849	112886	57950	17696	10538	25011	414
526248	464738	112989	4481874	3389559	797107	503184	436530	614666	41119
	3201		23690	20803	2006	4673		2887	
33948	239944	19665	811838	611477	115717	105702	27217	164625	8519
710	22244	25772	90514	64695	31076	219	287	16556	8976
16963	17612		283319	258366	29520	62375	7896	17057	
			27331	27331	1707	7289			
16963	5434		16176	3884	2954	930	7896	4396	
	12178		239812	227151	24859	54156		12661	
	7224	31164	18584	5978	2379			7585	5021
			1283	1283					
	7224	31164	17301	4695	2379			7585	5021
54626	99239	23036	1548514	1362519	213307	186436	49869	127387	8739
112152	20011	20567	237246	82958		22255	101322	45310	7656
379964	565152	91706	3246742	2340746	678947	371764	305591	565673	34732
29579	17859	40	293308	258366	29520	62375	16092	18820	30
	7224	31164	17301	4695	2379			7585	5021
13618	68109	23934	531569	430492	114380	51839	9594	83612	7871
		1528	25633	24130					1503
185072	192469	21378	1952566	1525966	432998	250574	138216	281153	7231
12701	80552	57089	884287	757842	141385	137472	11761	99989	14695
85915	33993	30717	236680	100698	15832	16655	95341	31501	9140
182029	342144	59168	2404080	1953907	436757	267522	125290	301059	23824
124222	128436	20567	371434	117233	11561	22446	111860	134685	7656
	32562	17109	687039	623233	67744	102904		57171	6635
	1975	769	114900	106455	41541	2285		8073	372
16625	10049		356632	323786	9410	44889	19025	13821	
5326	48628	40	412280	350969	106382	26371	4067	57214	30
567988	684380	172529	4303829	3075333	813456	518220	459376	712108	57012

5-10 续表5

单位：万元、平方米

指标	Item	待售面积（平方米）For sale Floor Space (sq.m)	住宅 Residential Buildings
总计	**Total**	**2705892**	**1416746**
按登记注册类型分组	**By Status of Registration**		
内资企业	Domestic Funded Enterprises	2650069	1377189
国有企业	State-owned Enterprises	9190	2017
集体企业	Collective-owned Enterprises		
股份合作企业	Joint-equity Cooperative Enterprises		
国有联营企业	State Joint Ownership Enterprises		
集体联营企业	Collective Joint Ownership Enterprises		
国有与集体联营企业	Joint State-collective Enterprises		
其他联营企业	Other Joint Ownership Enterprises		
国有独资公司	State Sole Funded Corporations	23020	18249
其他有限责任公司	Other Limited Liability Companies	2245252	1184540
股份有限公司	Companies Limited by Shares	21656	15093
私营独资企业	Private-Solely Funded Enterprises		
私营合伙企业	Private Partnership Enterprises		
私营有限责任公司	Private Limited Liability Companies	333346	144241
私营股份有限公司	Private Companies Limited by Shares	17605	13049
其他企业	Other Enterprises		
港澳台商投资企业	Enterprises with Funds from Hong Kong,Macao and Taiwan	49122	38521
与港澳台商合资经营企业	Joint-venture Enterprises with Hong Kong,Macao and Taiwan Business	3784	
与港澳台商合资合作经营企业	Cooperative Enterprises with Hong Kong,Macao and Taiwan Business		
港澳台商独资经营企业	Hong Kong,Macao and Taiwan Sole Proprietorship Enterprises	45338	38521
港澳台商投资股份有限公司	Hong Kong,Macao and Taiwan Business Investment Co. Ltd		
其他港澳台投资	Others		
外商投资企业	Enterprises with Foreign Investment	6701	1036
中外合资经营企业	Chinese-foreign Equity Joint Ventures	3930	1036
中外合作经营企业	Chinese-foreign Cooperative Enterprises	2771	
外资企业	Foreign-Funded Enterprises		
外商投资股份有限公司	Foreign-invested Limited Liability Companies		
其他外商投资	Others		
按控股情况分	**By Share Holding**		
国有控股	State-holding Enterprises	556830	429514
集体控股	Collective-Holding Enterprises		
私人控股	Private Enterprises	1919567	897151
港澳台商控股	Hong Kong, Macao and Taiwan Holding Enterprises	67612	38521
外商控股	Foreign Holding Enterprises	2771	
其他	Others	159112	51560
按资质等级分	**By Grade**		
一级	First Grade	27624	870
二级	Second Grade	1318388	921128
三级	Third Grade	508782	285044
四级	Fourth Grade	156175	35246
暂定	Provisional	670189	149724
其他	Others	24734	24734
按隶属关系分	**By Administrative Relationship**		
中央	Central	192117	127900
省(自治区、直辖市)	Provinces(Autonomous Region, Municipality)	297129	269218
地区(州、盟、省辖市)	Region(Prefecture, League, Provincial Cities)	10646	10646
县(区、市、旗)	County(District, City, Banner)	8033	860
街道	Street		
镇	Town		
乡	Countryside		
居委会	Neighborhood Committee		
村委会	Village Committee		
其他	Others	2197967	1008122

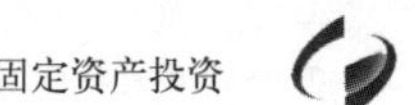

(continued)

(10 000 yuan;sq.m)

#90平方米及以下住房 Residential Buildings below 90 Square Meters	144平方米以上住房 Residential Buildings above 144 Square Meters	办公楼 Office Buildings	商业营业用房 Houses for Business Use	其他 Others
404862	**339161**	**475218**	**550749**	**263179**
397732	308284	475218	545493	252169
	578		7173	
1	4360		1678	3093
370010	223980	474783	426947	158982
145	492		6563	
22718	77682	435	100904	87766
4858	1192		2228	2328
7130	30565		3676	6925
				3784
7130	30565		3676	3141
	312		1580	4085
	312		1011	1883
			569	2202
92020	71001	27581	56878	42857
286714	226575	440193	417695	164528
7130	30565	7444	14722	6925
			569	2202
18998	11020		60885	46667
	870		4733	22021
275506	149319	178731	194301	24228
68993	129226	16208	117759	89771
9464	8632	13923	65573	41433
50899	26380	266356	168383	85726
	24734			
37573	3353		64217	
54447	64162		9252	18659
	1798			
	288		7173	
312842	269560	475218	470107	244520

5-11 按各种分组的房地产开发企业财务状况情况(2016年)

单位：万元

指标	Item	企业数(个) Number of Enterprises (unit)	年初存货 Stock (at Year-begin)	流动资产 Circulating Funds	应收账款 Account Receivable
总计	**Total**	**759**	**185909649**	**368075885**	**13641840**
按登记注册类型分组	**By Status of Registration**				
内资企业	Domestic Funded Enterprises	724	174398989	338498757	13345195
国有企业	State-owned Enterprises	12	641662	1626283	75094
集体企业	Collective-owned Enterprises	1	6996	7166	28
股份合作企业	Joint-equity Cooperative Enterprises				
国有联营企业	State Joint Ownership Enterprises				
集体联营企业	Collective Joint Ownership Enterprises				
国有与集体联营企业	Joint State-collective Enterprises				
其他联营企业	Other Joint Ownership Enterprises				
国有独资公司	State Sole Funded Corporations	23	11587527	25025954	2226986
其他有限责任公司	Other Limited Liability Companies	510	136345028	249628764	9389151
股份有限公司	Companies Limited by Shares	6	1926636	15751911	64256
私营独资企业	Private-solely Funded Enterprises				
私营合伙企业	Private Partnership Enterprises				
私营有限责任公司	Private Limited Liability Companies	159	22232257	42642442	1327221
私营股份有限公司	Private Companies Limited by Shares	13	1658883	3816237	262459
其他企业	Other Enterprises				
港澳台商投资企业	Enterprises with Funds from Hong Kong, Macao and Taiwan	28	9741908	26941067	286461
与港澳台商合资经营企业	Joint-venture Enterprises with Hong Kong ,Macao and Taiwan Business	17	1948103	9760334	207133
与港澳台商合资合作经营企业	Cooperative Enterprises with Hong Kong, Macao and Taiwan Business	1	240834	522563	1755
港澳台商独资经营企业	Hong Kong,Macao and Taiwan Sole Proprietorship Enterprises	10	7552971	16658170	77573
港澳台商投资股份有限公司	Hong Kong,Macao and Taiwan Business Investment Co. Ltd				
其他港澳台投资	Others				
外商投资企业	Enterprises with Foreign Investment	7	1768752	2636061	10184
中外合资经营企业	Chinese-foreign Equity Joint Ventures	3	834433	450976	10058
中外合作经营企业	Chinese-foreign Cooperative Enterprises	2	934319	2135941	126
外资企业	Foreign-Funded Enterprises	2		49144	
外商投资股份有限公司	Foreign-invested Limited Liability Companies				
其他外商投资	Others				
按控股情况分	**By Share Holding**				
国有控股	State-holding Enterprises	100	56578699	96147236	4098137
集体控股	Collective-Holding Enterprises	9	4876379	9353038	1646041
私人控股	Private Enterprises	545	91183513	203217412	7201718
港澳台商控股	Hong Kong,Macao and Taiwan Holding Enterprises	25	14550453	26602357	176003
外商控股	Foreign Holding Enterprises	5	934319	2185085	126
其　他	Others	75	17786286	30570757	519815
按隶属关系分	**By Administrative Relationship**				
中　央	Central	16	19921770	30020115	85023
省(自治区、直辖市)	Provinces(Autonomous Region, Municipality)	30	4522331	7170909	530209
地区(州、盟、省辖市)	Region(Prefecture, League, Provincial Cities)	41	19971001	27992956	2538019
县(区、市、旗)	County(District, City, Banner)	32	5920986	17447160	1009504
街　道	Street	1	22941	32722	
镇	Town				
乡	Countryside	1	6996	7166	28
居委会	Neighborhood Committee	1	86390	108399	
村委会	Village Commitee				
其　他	Others	637	135457234	285296458	9479057
按资质等级分	**By Grade**				
一　级	First Grade	3	2509875	16359262	73695
二　级	Second Grade	72	69975129	110822595	3288630
三　级	Third Grade	150	37818827	64835505	1496214
四　级	Fourth Grade	165	13283299	24867107	1309993
暂　定	Provisional	310	52644374	128624378	4766639
其　他	Others	59	9678145	22567038	2706669

Financial Indicators of Enterprises in Real Estate by Groups(2016)

(10 000 yuan)

#存 货 Stock	固 定 资 产 Fixed Assets	固定资产原 价 Original Fixed Assets	累计折旧 Total Depreciation	#本年折旧 Depreciation This Year	在建工程 Under Construction	资 产 Assets	流动负债 liquid Liabilities	#应付账款 Account Payable
198251238	**14652358**	**12318851**	**2245492**	**304822**	**19624945**	**536226108**	**313749362**	**35232178**
184005770	12502760	11095855	2009619	282486	19624945	502733559	292129902	32590624
832713	52364	73036	21257	1683	161150	1722979	1521465	119599
6996	1585	3663	2078	99		9337	7807	4990
10250476	5910568	3427875	44538	8472	13942805	65631832	25560478	2707984
143983897	6080953	6703642	1490320	214321	3303184	347060672	218312854	26002826
1696982	7337	37741	30982	2352		39016766	9217326	435474
25222940	440552	836415	413510	54548	2216176	44828051	34802266	2581666
2011766	9401	13483	6934	1011	1630	4463922	2707706	738085
12766101	2145655	1211540	228150	21240		30827281	19142534	2609075
6161422	945964	1152020	209106	19805		12006560	9380222	920830
142993		16	16			522781	360589	1488
6461686	1199691	59504	19028	1435		18297940	9401723	1686757
1479367	3943	11456	7723	1096		2665268	2476926	32479
402103	2959	6774	3815	845		460363	140780	
1077264	646	3048	2612	120		2136598	2292757	32479
	338	1634	1296	131		68307	43389	
57856081	6832754	4380826	236705	43171	14153596	146750432	92190398	10247972
6508251	20631	44665	24273	2291		9403948	6716021	3623797
101569550	5321540	6187759	1579151	214232	4809947	314422105	167662091	16656017
12670442	2147229	1206234	223376	21512	3322	30401011	18475570	2446819
1077264	984	4682	3908	251		2204905	2336146	32479
18569650	329220	494685	178079	23365	658080	33043707	26369136	2225094
21607277	167334	192541	34702	8991	24275	34974612	31081139	3168604
4529839	179687	188277	52908	6692		7770030	6804592	1122156
15130282	644966	764693	127030	27652	10861125	63966820	27194894	3726417
12531148	105311	34481	15915	3770	700569	18596877	15678221	1798178
23409		5	5			32722	38186	6492
6996	1585	3663	2078	99		9337	7807	4990
86390		445	445	22		108399	88399	
144335897	13553475	11134746	2012409	257596	8038976	410767311	232856124	25405341
2529184	23884	70675	46791	5223		39809462	9804631	540343
55174082	3606480	2953190	627241	79728	11154561	210008859	99247863	11264374
36507135	2149508	2200250	543468	76100	1184460	71294572	57171375	4660287
14784338	608836	1101492	512150	52328	746554	44557524	21248485	2337401
76925700	7484862	5116823	408296	69115	5582363	146729324	107639967	11576787
12330799	778788	876421	107546	22328	957007	23826367	18637041	4852986

5-11 续表1

单位：万元

指 标	Item	非流动负债 Non-liquid Liabilities	负 债 Liabilities	所有者权益 Owners Equity	#实收资本 Total Capital Held
总 计	**Total**	**105182257**	**418931619**	**117294489**	**51757070**
按登记注册类型分组	**By Status of Registration**				
内资企业	Domestic Funded Enterprises	95996258	388126160	114607399	48259174
国有企业	State-owned Enterprises	67775	1589240	133739	567332
集体企业	Collective-owned Enterprises		7807	1530	2579
股份合作企业	Joint-equity Cooperative Enterprises				
国有联营企业	State Joint Ownership Enterprises				
集体联营企业	Collective Joint Ownership Enterprises				
国有与集体联营企业	Joint State-collective Enterprises				
其他联营企业	Other Joint Ownership Enterprises				
国有独资公司	State Sole Funded Corporations	22385442	47945920	17685912	2875902
其他有限责任公司	Other Limited Liability Companies	51157350	269470204	77590468	35136386
股份有限公司	Companies Limited by Shares	17153007	26370333	12646433	4807567
私营独资企业	Private-Solely Funded Enterprises				
私营合伙企业	Private Partnership Enterprises				
私营有限责任公司	Private Limited Liability Companies	4579187	39381453	5446598	4146614
私营股份有限公司	Private Companies Limited by Shares	653497	3361203	1102719	722794
其他企业	Other Enterprises				
港澳台商投资企业	Enterprises with Funds from Hong Kong,Macao and Taiwan	9169199	28311733	2515548	3259895
与港澳台商合资经营企业	Joint-venture Enterprises with Hong Kong,Macao and Taiwan Business	2303400	11683622	322938	891018
与港澳台商合资合作经营企业	Cooperative Enterprises with Hong Kong,Macao and Taiwan Business	85000	445589	77192	80000
港澳台商独资经营企业	Hong Kong,Macao and Taiwan Sole	6780799	16182522	2115418	2288877
港澳台商投资股份有限公司	Hong Kong,Macao and Taiwan Business Investment Co. Ltd				
其他港澳台投资	Others				
外商投资企业	Enterprises with Foreign Investment	16800	2493726	171542	238001
中外合资经营企业	Chinese-foreign Equity Joint Ventures		140780	319583	171424
中外合作经营企业	Chinese-foreign Cooperative Enterprises	16800	2309557	-172959	32000
外资企业	Foreign-Funded Enterprises		43389	24918	34577
外商投资股份有限公司	Foreign-invested Limited Liability Companies				
其他外商投资	Others				
按控股情况分	**By Share Holding**				
国有控股	State-holding Enterprises	29799531	121989929	24760503	9603147
集体控股	Collective-Holding Enterprises	451444	7167465	2236483	784193
私人控股	Private Enterprises	63659131	231321222	83100883	34542679
港澳台商控股	Hong Kong,Macao and Taiwan Holding Enterprises	9226186	27701756	2699255	3178790
外商控股	Foreign Holding Enterprises	16800	2352946	-148041	79527
其 他	Others	2029165	28398301	4645406	3568734
按隶属关系分	**By Administrative Relationship**				
中 央	Central	2786290	33867429	1107183	1179052
省(自治区、直辖市)	Provinces(Autonomous Region, Municipality)	383768	7188360	581670	749519
地区(州、盟、省辖市)	Region(Prefecture, League, Provincial Cities)	21537769	48732663	15234157	5013524
县(区、市、旗)	County(District, City, Banner)	2045841	17724062	872815	924689
街 道	Street		38186	-5464	300
镇	Town				
乡	Countryside		7807	1530	2579
居委会	Neighborhood Committee		88399	20000	20000
村委会	Village Commitee				
其 他	Others	78428589	311284713	99482598	43867407
按资质等级分	**By Grade**				
一 级	First Grade	17206707	27011338	12798124	4753565
二 级	Second Grade	49784433	149032296	60976563	10218541
三 级	Third Grade	6622679	63794054	7500518	6595796
四 级	Fourth Grade	9593997	30842482	13715042	12381209
暂 定	Provisional	20124781	127764748	18964576	16048310
其 他	Others	1849660	20486701	3339666	1759649

(continued)

(10 000 yuan)

营业收入 Total Revenue	主营业务收入 Revenue from Principle Business	土地转让收入 Land Transferred	商品房屋销售收入 Commercialized Buildings Sold	房屋出租收入 Houses Leased	其他收入 Others	营业成本 Business Cost	主营业务成本 Cost of Principle Business
56396401	**55824904**	**25577**	**53306376**	**849484**	**1643467**	**42902830**	**42640500**
55203873	54652725	25577	52611879	496688	1518581	41787922	41594840
45478	44595	3350	13106	11057	17082	27282	26845
966	966			966		1	1
2217075	1857199		1714376	17942	124881	1958945	1955918
47863303	47716153	22227	46575761	370060	748105	36063438	35888047
936450	936450		346863	31239	558348	391653	388027
3987123	3943884		3809081	65424	69379	3238938	3228337
153478	153478		152692		786	107665	107665
1157470	1137705		694249	318582	124874	1114630	1045382
800990	783225		340579	318295	124351	838439	769209
240281	240281		240281			204238	204238
116199	114199		113389	287	523	71953	71935
35058	34474		248	34214	12	278	278
34462	34462		248	34214		267	267
584							
12	12				12	11	11
11672996	11304588	3350	10599739	121703	579796	10099110	10046735
5927096	5927096		5921433	5663		3475394	3475394
32320820	32150984	22227	30879442	331139	918176	24133171	24003298
1154605	1132782		691827	316122	124833	1113138	1043890
596	12				12	11	11
5320288	5309442		5213935	74857	20650	4082006	4071172
3466054	3461016		3412006	37873	11137	2664615	2629974
1018528	1017295		946563	26188	44544	890255	889932
5014826	4654546		4500698	61763	92085	4603558	4595962
2030571	2024238	3350	1659927	1965	358996	1691729	1691729
966	966			966		1	1
44865456	44666843	22227	42787182	720729	1136705	33052672	32832902
1031293	1029994		462504	19327	548163	467139	463163
23438887	23052418		22587229	158498	306691	17554814	17512328
9627201	9582672	22227	9250488	169018	140939	8037375	7990532
3108047	3094221	3350	2932209	104868	53794	2548305	2534523
12612987	12490611		11596166	356473	537972	10353539	10198296
6577986	6574988		6477780	41300	55908	3941658	3941658

5-11 续表2

单位：万元

指　　标	Item	营业税金及附加 Taxes and Other Charges on Business	主营业务税金及附加 Taxes and Other Charges on Principle Business	其他业务利润 Other Profits
总　　计	**Total**	**3589640**	**3559585**	**79725**
按登记注册类型分组	**By Status of Registration**			
内资企业	Domestic Funded Enterprises	3533529	3503510	74926
国有企业	State-owned Enterprises	3376	3315	2652
集体企业	Collective-owned Enterprises	124	124	
股份合作企业	Joint-equity Cooperative Enterprises			
国有联营企业	State Joint Ownership Enterprises			
集体联营企业	Collective Joint Ownership Enterprises			
国有与集体联营企业	Joint State-collective Enterprises			
其他联营企业	Other Joint Ownership Enterprises			
国有独资公司	State Sole Funded Corporations	46843	46843	1500
其他有限责任公司	Other Limited Liability Companies	3235642	3206873	50797
股份有限公司	Companies Limited by Shares	-18761	-18761	
私营独资企业	Private-Solely Funded Enterprises			
私营合伙企业	Private Partnership Enterprises			
私营有限责任公司	Private Limited Liability Companies	253661	252472	19977
私营股份有限公司	Private Companies Limited by Shares	12644	12644	
其他企业	Other Enterprises			
港澳台商投资企业	Enterprises with Funds from Hong Kong,Macao and Taiwan	56110	56074	4904
与港澳台商合资经营企业	Joint-venture Enterprises with Hong Kong, Macao and Taiwan Business	31375	31357	2817
与港澳台商合资合作经营企业	Cooperative Enterprises with Hong Kong, Macao and Taiwan Business	17029	17029	
港澳台商独资经营企业	Hong Kong,Macao and Taiwan Sole Proprietorship Enterprises	7706	7688	2087
港澳台商投资股份有限公司	Hong Kong,Macao and Taiwan Business Investment Co. Ltd			
其他港澳台投资	Others			
外商投资企业	Enterprises with Foreign Investment	1	1	-105
中外合资经营企业	Chinese-foreign Equity Joint Ventures			
中外合作经营企业	Chinese-foreign Cooperative Enterprises			584
外资企业	Foreign-Funded Enterprises	1	1	-689
外商投资股份有限公司	Foreign-invested Limited Liability Companies			
其他外商投资	Others			
按控股情况分	**By Share Holding**			
国有控股	State-holding Enterprises	556465	549512	9239
集体控股	Collective-Holding Enterprises	602766	602766	
私人控股	Private Enterprises	2004267	1982855	64236
港澳台商控股	Hong Kong,Macao and Taiwan Holding Enterprises	51534	51498	4904
外商控股	Foreign Holding Enterprises	1	1	-105
其　他	Others	374607	372953	1451
按隶属关系分	**By Administrative Relationship**			
中　央	Central	217563	212103	
省(自治区、直辖市)	Provinces(Autonomous Region, Municipality)	26982	26982	983
地区(州、盟、省辖市)	Region(Prefecture, League, Provincial Cities)	234125	232692	1366
县(区、市、旗)	County(District, City, Banner)	96320	96310	6620
街　道	Street			
镇	Town			
乡	Countryside	124	124	
居委会	Neighborhood Committee			
村委会	Village Commitee			
其　他	Others	3014526	2991374	70756
按资质等级分	**By Grade**			
一　级	First Grade	-11215	-11243	11255
二　级	Second Grade	1427109	1426388	13772
三　级	Third Grade	553551	549496	31987
四　级	Fourth Grade	155074	153215	11518
暂　定	Provisional	818923	796752	7212
其　他	Others	646198	644977	3981

(continued)

(10 000 yuan)

销售费用 Sales Expenses	管理费用 Management Expenses	#税金 Taxes	财务费用 Financial Expenses	利息收入 Interest Income	利息支出 Interest Expenses	资产减值损失 Loss from Assets Devaluation	公允价值变动收益 The Profit and Losses on the Changes in Fair Value
1912807	**2724713**	**77644**	**1998121**	**122109**	**1623434**	**269607**	**31412**
1761595	2413986	72058	1743326	118879	1392022	269606	31412
1686	36339	528	-284	310	-14	832	
	829	124	1	1			
17494	115904	4751	53987	14026	38353	31531	31335
1437603	1622599	53261	691048	95554	398962	243378	77
12219	250878	42	873195	5499	878620	-6135	
275173	351943	10632	123447	3462	75472		
17420	35494	2720	1932	27	629		
150147	301738	5082	250805	3230	231069	1	
65182	192157	5064	242957	3133	231066		
8925	336		22				
76040	109245	18	7826	97	3	1	
1065	8989	504	3990		343		
63	4397		3617				
1002	3793	504	30				
	799		343		343		
442185	446282	13617	131120	85470	177475	148768	31646
91068	18265	195	16221	61	-4	79265	
1017580	1793838	41819	1578041	24831	1197706	41121	-234
151213	295685	5061	119291	3114	96347	1	
1002	4592	504	373		343		
209759	166051	16448	153075	8633	151567	452	
161124	59051	1264	24297	10377	27336	655	
7093	100763	3908	17359	1613	18543	4244	
160321	188172	4461	64385	63331	115256	37264	31335
83048	56589	1740	-5528	8227	1423	832	
	829	124	1	1			
1501221	2319309	66147	1897607	38560	1460876	226612	77
22333	255170	235	867124	5643	872612	-6174	
630115	955297	11182	118807	21758	95737	46451	31646
326224	465696	28649	396088	17421	348202	109563	-257
85693	242593	6462	254400	46882	41500	36494	
727943	713486	29000	268304	24778	184819	2802	23
120499	92471	2116	93398	5627	80564	80471	

5-11 续表3

单位：万元

指　标	Item	投资收益 Investment Profits
总　计	**Total**	**2854641**
按登记注册类型分组	**By Status of Registration**	
内资企业	Domestic Funded Enterprises	2854641
国有企业	State-owned Enterprises	
集体企业	Collective-owned Enterprises	
股份合作企业	Joint-equity Cooperative Enterprises	
国有联营企业	State Joint Ownership Enterprises	
集体联营企业	Collective Joint Ownership Enterprises	
国有与集体联营企业	Joint State-collective Enterprises	
其他联营企业	Other Joint Ownership Enterprises	
国有独资公司	State Sole Funded Corporations	23233
其他有限责任公司	Other Limited Liability Companies	200946
股份有限公司	Companies Limited by Shares	2607100
私营独资企业	Private-Solely Funded Enterprises	
私营合伙企业	Private Partnership Enterprises	
私营有限责任公司	Private Limited Liability Companies	8711
私营股份有限公司	Private Companies Limited by Shares	14651
其他企业	Other Enterprises	
港澳台商投资企业	Enterprises with Funds from Hong Kong,Macao and Taiwan	
与港澳台商合资经营企业	Joint-venture Enterprises with Hong Kong,Macao and Taiwan Business	
与港澳台商合资合作经营企业	Cooperative Enterprises with Hong Kong,Macao and Taiwan Business	
港澳台商独资经营企业	Hong Kong,Macao and Taiwan Sole Proprietorship Enterprises	
港澳台商投资股份有限公司	Hong Kong,Macao and Taiwan Business Investment Co. Ltd	
其他港澳台投资	Others	
外商投资企业	Enterprises with Foreign Investment	
中外合资经营企业	Chinese-foreign Equity Joint Ventures	
中外合作经营企业	Chinese-foreign Cooperative Enterprises	
外资企业	Foreign-Funded Enterprises	
外商投资股份有限公司	Foreign-invested Limited Liability Companies	
其他外商投资	Others	
按控股情况分	**By Share Holding**	
国有控股	State-holding Enterprises	161058
集体控股	Collective-Holding Enterprises	659
私人控股	Private Enterprises	2693359
港澳台商控股	Hong Kong,Macao and Taiwan Holding Enterprises	
外商控股	Foreign Holding Enterprises	
其　他	Others	-435
按隶属关系分	**By Administrative Relationship**	
中　央	Central	96396
省(自治区、直辖市)	Provinces(Autonomous Region, Municipality)	528
地区(州、盟、省辖市)	Region(Prefecture, League, Provincial Cities)	63947
县(区、市、旗)	County(District, City, Banner)	
街　道	Street	
镇	Town	
乡	Countryside	
居委会	Neighborhood Committee	
村委会	Village Commitee	
其　他	Others	2693770
按资质等级分	**By Grade**	
一　级	First Grade	2599662
二　级	Second Grade	67568
三　级	Third Grade	41164
四　级	Fourth Grade	-4580
暂　定	Provisional	40429
其　他	Others	110398

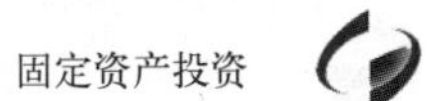

(continued)

(10 000 yuan)

营业利润 Operating Profits	营业外收入 Non-operating Income	补贴收入 Allowance Income	营业外支出 Non-operating Expenditure	利润总额 Total Profits	应交所得税 Income Tax Payable	本年应付工资（贷方累计发生额） Total Wages and Salaries Payable This Year(Accumulated Amount of Credit)
5965959	**308403**	**34998**	**371374**	**5898237**	**908939**	**1868464**
6663351	272331	31478	360286	6570645	839018	1802782
-20886	22273		6890	-5503	908	19486
12				12	4	242
49902	52160	3656	10804	91258	27711	93577
4827720	173001	25562	310896	4685074	708139	1315208
2040507	4289	2000	2218	2042578	25835	94695
-226878	20443	260	29083	-235518	72701	267167
-7026	165		395	-7256	3720	12407
-717438	35863	3520	8845	-690420	65107	59334
-570597	12837	3520	7288	-565048	137	33347
9731				9731		3754
-156572	23026		1557	-135103	64970	22233
20046	209		2243	18012	4814	6348
26118	208		243	26083	6642	2169
-4241			2000	-6241		3533
-1831	1			-1830	-1828	646
82915	138225	14125	46021	175119	219373	432331
1644118	5720		7739	1642758	247419	34451
4486018	115864	15803	287115	4309357	169296	1213948
-576257	37414	5070	8648	-547491	65107	59122
-6072	1		2000	-8071	-1828	4179
335237	11179		19851	326565	209572	124433
470459	3476	50	13155	460780	125037	129061
-26657	21373		6420	-11704	11106	50752
-174757	76909	10249	21575	-119423	93432	168982
110199	6613	186	1884	114928	43646	52500
12				12	4	242
						312
5586703	200032	24513	328340	5453644	635714	1466615
2047838	5050	2000	3207	2049681	4863	83194
2805579	135052	21110	231616	2709015	60897	733831
-169993	82063	50	54229	-142159	225222	297443
-212339	27823	20	9490	-199456	19922	137767
-228502	52020	11590	63106	-238889	295475	531982
1723376	6395	228	9726	1720045	302560	84247

5-12 基础设施建设投资额
Investment in Infrastructure Construction

单位：万元 (10 000 yuan)

指 标	Item	2016	2015	2016年比2015年的增长率(%) Growth Rate of 2016 over 2015 (%)
合 计	**Total**	**12027064**	**10976915**	**9.6**
电力、燃气及水的生产和供应业	Production and Supply of Electricity, Gas and Water	827664	366912	125.6
#电力、热力的生产和供应业	Production and Supply of Electricity and Heat	200745	135280	48.4
燃气生产和供应业	Production and Supply of Gas	30552	49766	-38.6
水的生产和供应业	Production and Supply of Water	596367	181866	227.9
交通运输、仓储和邮政业	Transport,Storage and Post	2277493	2189275	4.0
#道路运输业	Road Transport	1259848	1211068	4.0
仓储业	Storage	334598	297140	12.6
邮政业	Post			
电信和其他信息传输服务业	Telecommunications and Other Information	534578	190885	180.1
水利、环境和公共设施管理业	Management of Water Conservancy, Environment and Public Facilities	8387329	4891001	71.5
#水利管理业	Management of Water Conservancy	303593	194348	56.2
环境管理业	Environmental Management	73388	21662	238.8
公共设施管理业	Management of Public Facilities	8010348	4674991	71.3

5-13 各区（市、县）固定资产投资
Investment in Fixed Assets by District (City, County)

单位：万元 (10 000 yuan)

区(市、县)名 称	District(City, County)	2016	2015	2016年比2015年增长(%) Growth Rate in 2016 over 2015(%)
南 明 区	Nanming	4482443	3859508	16.1
云 岩 区	Yunyan	3712920	3169635	17.1
花 溪 区	Huaxi	4372743	3606664	21.1
乌 当 区	Wudang	1874384	1491889	25.6
白 云 区	Baiyun	4133483	3429179	20.5
观山湖区	Guanshanhu	3112741	3309039	23.1
开 阳 县	Kaiyang	2722297	2527864	23.5
息 烽 县	Xifeng	2382027	2203620	20.5
修 文 县	Xiuwen	2946802	1976145	21.2
清 镇 市	Qingzhen	4011840	2430606	21.2

主要统计指标解释

固定资产投资 指各种登记注册类型的企业、事业、行政单位及个体户进行的计划总投资 500 万元及以上的固定资产项目投资和房地产开发项目投资。

房地产开发投资 指房地产开发公司、商品房建设公司及其他房地产开发法人单位和附属于其他法人单位实际从事房地产开发或经营的活动单位统一开发的包括统代建、拆迁还建的住宅、厂房、仓库、饭店、宾馆、度假村、写字楼、办公楼等房屋建筑物和配套的服务设施，土地开发工程（如道路、给水、排水、供电、供热、通讯、平整场地等基础设施工程）的投资；不包括单纯的土地交易活动。

施工项目 指报告期内曾进行建筑或安装工程施工活动的建设项目，包括报告期内新开工项目、报告期以前开工跨入报告期继续施工的项目以及报告期施过工并在报告期内全部建成投产或停缓建的项目。

新增生产能力 指通过固定资产投资活动而增加的设计能力或工程效益，它是用实物形态表示的固定资产投资的成果。新增生产能力的计算，是以能独立发挥生产能力或工程效益的单项工程(或项目)为对象。当单项工程(或项目)建成，经有关部门鉴定合格，正式移交投入生产，即可计算新增生产能力。

住　宅 指专供居住的房屋，包括别墅、公寓、职工家属宿舍和集体宿舍（包括职工单身宿舍和学生宿舍）等。但不包括住宅楼中作为人防用、不住人的地下室等。

房屋建筑面积 指从房屋外墙线算起的各层平面面积的总和，包括可供使用的有效面积和房屋结构(如柱、墙)占用的面积。多层建筑按各层（包括地下室）面积总和计算。

住宅建筑面积 指施工和竣工房屋建筑面积中供居住用的施工和竣工房屋建筑面积。

施工面积 指报告期内施工的全部房屋建筑面积。包括本期新开工的面积、上期跨入本期继续施工的房屋面积、上期停缓建在本期恢复施工的房屋面积、本期竣工的房屋面积及本期施工后又停缓建的房屋面积。

竣工面积 指在报告期内房屋建筑按照设计要求已全部完工，达到住人和使用条件，经验收鉴定合格，正式移交使用单位的建筑面积。

商品房销售面积 指报告期内出售商品房屋的合同总面积（即双方签署的正式买卖合同中所确定的建筑面积）。由现房销售建筑面积和期房销售建筑面积两部分组成。

商品房销售额 指报告期内出售商品房屋的合同总价款（即双方签署的正式买卖合同中所确定的合同总价）。该指标与商品房销售面积同口径，由现房销售额和期房销售额两部分组成。

房屋建筑面积竣工率 指一定时期内房屋竣工面积占同期房屋施工面积的比率。

新增固定资产 指通过投资活动所形成的新的固定资产价值，包括已经建成投入生产或交付使用的工程价值和达到固定资产标准的设备、工具、器具的价值及有关应摊入的费用。它是以价值形式表示的固定资产投资成果的综合性指标，可以综合反映不同时期、不同部门、不同地区的固定资产投资成果。

建设项目投产率 指一定时期内全部建成投入生产项目个数与同期正式施工项目个数的比率。它是从项目建设速度的角度反映投资效果的指标。

固定资产交付使用率 指一定时期新增固定资产与同期完成投资额的比率。它是反映各个时期固定资产动用速度，衡量建设过程中投资效果的一个综合性指标。

Explanatory Notes on Main Statistical Indicators

Investments in Fixed Assets refer to investments in construction projects and real estate development projects involving a total planned (or required) investment of 5000,000 yuan and over by enterprises of various ownerships, public institutions and administrative units as well as self-employed individuals.

Investments in Real Estate Development refer to investments in housing construction such as residential buildings, factory buildings, warehouses, hotels, guesthouses, holiday villages, office buildings uniformly conducted by the real estate development companies, commercial buildings construction companies and other real estate development legal entities and units, affiliated to other legal entities, engaging in the development or management of real estate, investments in the complementary service facilities and investments in land development projects such as infrastructure projects in terms of roads, water supply, water drainage, power supply, heating, telecommunications, land leveling and other projects of infrastructure. But it excludes pure land trading activities.

Projects under Construction refer to those engineering construction activities having been conducted or preceded during the reference period, including newly started projects in the reference period, projects started before but were still under construction in the reference period, projects completed and put into operation as well as those suspend or postponed during the reference period.

The Newly Increased Production Capacity refers to the increase of designed capacity and project efficiency gained through investments in fixed assets, and the accomplishments of investments in fixed assets are manifested in substantial form. The calculation of newly increased production capacity is based on individual project which operates independently and efficiently. When an individual project is completed, through related departments check, and officially put into production, it can be counted as newly increased production capacity.

Residential Housing refers to houses especially for living, including villa, apartment, staff dormitory, group dormitory (including single dormitory for staff and student’s dormitory); it excludes basement for civil air defence and not for living in the residential housing.

Floor Space of Buildings refers to total floor space in each story of buildings calculated from the outside line of building walls, including both usable space and the space occupied by constructions like pillars or walls. And the floor space of multi-story buildings covers the total floor space of each story (including the basement).

Floor Space of Residential Buildings refers to the floor space of the residential buildings under construction and completed among the total space of buildings under construction and completed.

Floor Space under Construction refers to the floor space of all the buildings in the reference period, including floor space of newly started buildings during the reference period, floor space of construction started in the pervious period but were still under construction in the reference period, floor space of construction suspended or postponed in the previous period and resumed in the reference period, floor space of construction completed in the reference period as well as floor space of construction conducted and then suspended or postponed in the reference period.

Floor Space Completed refers to the floor space of all buildings completed in the reference period. And it is the floor space of buildings being checked, proved qualified of accommodating people and coming up to the designed standards and have been officially put into use.

Area of Commercial Housing Sales refers to gross area of commercial housing sales according to the contract in the reference period (that is floor space of building officially signed according to agreement of purchase and sale). It constitutes floor space of completed housing and floor space of future housing.

Commercial Housing Sales refers to total contract price of commercial housing sales in the reference period (that is total contract price officially signed by both sides according to agreement of purchase and sale). This indicator is calculated by the same standard to the area of commercial housing sales. It constitutes sales of completed housing and sales of future housing.

Completion Rate of Floor Space of Buildings refers to the ratio of the floor space of buildings completed in a certain period of time to the floor space of buildings under construction in the same period.

Newly Increased Fixed Assets refers to the newly increased value of fixed assets gained through investment activities, including the value of projects completed and put into production or service and the value as well as relevant expenses of equipments, tools, and vessels reaching the standards of fixed assets. It is a comprehensive indicator which uses form of value to reflect achievements of investments in fixed assets in different periods, different sectors, and different regions.

Rate of Construction Projects Put into Production refers to the ratio of the number of construction projects completed and put into production in a certain period of time to the number of projects under construction in the same period. It reflects the investment efficiency from the perspective of the speed of projects construction.

Rate of Projects of Fixed Assets Put into Service refers to the ratio of the newly increased fixed assets to the total investments in the same period. It is a comprehensive indicator reflecting the speed of the employment of fixed assets in each period and it is used to evaluate the investment efficiency during the process of construction.

能源消费

Energy Consumption

规模以上工业企业能源消费总量（吨标准煤）（等价值）

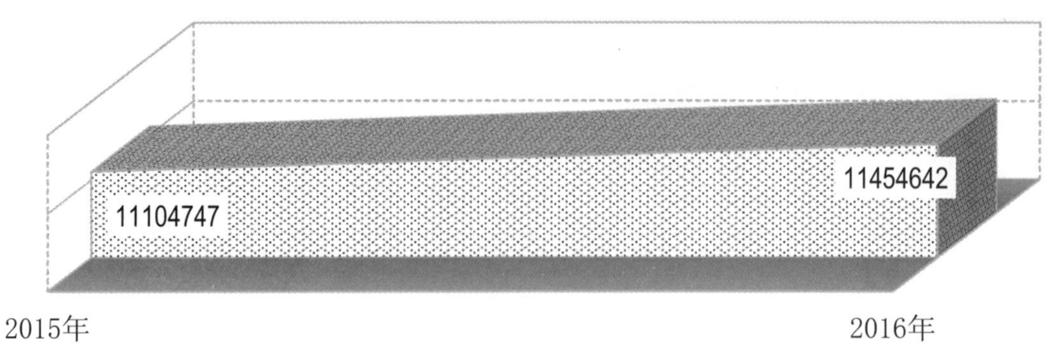

规模以上工业企业万元产值能源消费量（吨标准煤/万元）（等当量）

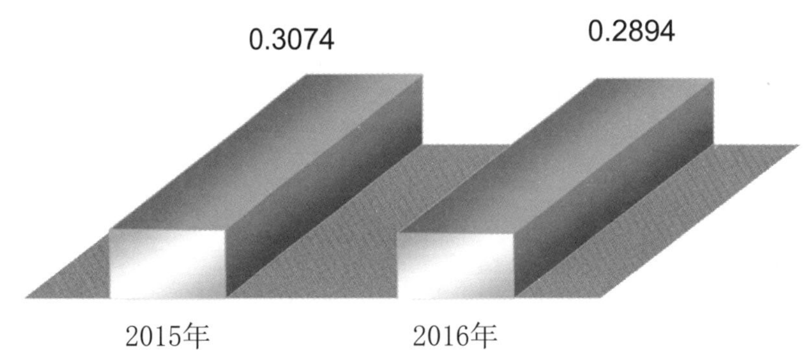

规模以上工业企业电力消费量（万千瓦时）

6-1 全社会单位GDP能耗
Energy Consumption per Gop of Guiyang

单位：吨标准煤/万元　　(ton of SCE per 10 000 yuan)

区(市、县)名称	District(City, County)	2015	2014	2015年比2014年增长(%) Growth Rate of 2015 over 2014(%)
贵阳市	**Guiyang**	**0.9351**	**1.0390**	**-10.0**
南明区	Nanming	0.5397	0.4936	-8.5
云岩区	Yunyan	0.4466	0.4167	-6.7
花溪区	Huaxi	0.7400	0.6132	-17.1
乌当区	Wudang	0.7995	0.7804	-2.4
白云区	Baiyun	1.7631	1.4658	-16.9
观山湖区	Guanshanhu	1.3238	1.2924	-2.4
开阳县	Kaiyang	2.8492	2.6755	-6.1
息烽县	Xifeng	1.4168	1.3660	-3.6
修文县	Xiuwen	1.4044	1.3246	-5.7
清镇市	Qingzhen	2.1055	1.8171	-13.7

注：2014年数据系根据第三次经济普查数据调整后的数据。

a)The data of 2014 are from the data of the third economic census.

6-2 能源生产、消费总量及构成
Total Energy Production,Consumption Composition

单位：吨标准煤　　(ton of SCE)

指标	Item	2015	2014
绝对数	**Absolute Figure**		
一次能源生产总量	Total Production of Primary Energy	3182556	4432715
原煤	Coal	778683	2114804
水电	Hydro-power	2403873	2317911
能源终端消费总量	Final Consumption of Energy	21077389	20822066
#煤炭	Coal	5449019	5367896
焦炭	Coke	315921	264596
石油	Oil	6563297	7328113
气类	Gases	64186	186291
电力	Electricity	7591974	7340747
构成(%)	**Composition(%)**		
一次能源生产总量	Total Production of Primary Energy	100.0	100.0
原煤	Coal	24.5	47.7
水电	Hydro-power	75.5	52.3
能源终端消费总量	Final Consumption of Energy	100.0	100.0
#煤炭	Coal	25.9	25.5
焦炭	Coke	1.5	1.3
石油	Oil	31.1	35.2
气类	Gases	0.3	0.9
电力	Electricity	36.0	35.3

注 1）煤炭包含原煤、洗精煤、其他洗煤和煤制品；
2）石油包含汽油、煤油、柴油、燃料油、液化石油气和其他石油制品；
3）气类包含焦炉煤气、其他煤气和液化天然气；
4）电力、热力按等价热值折算。
5）2014年数据系根据第三次经济普查数据调整后的数据

a) Coal here include raw coal, cleaned coal, other washed coal and coal products.
b) Oil include petrol, kerosene, gas oil, liquefied petroleum gas, fuel oil and other oil products.
c) Gases include coke oven gas, other coal gas and liquefied natural gas.
d) Electric power and heat were calculated on the basis of equal caloric value.
e)The data of 2014 are from the data of the third economic census

6-3 综合能源平衡表 Overall Energy Balance Sheet

单位：吨标准煤 (ton of SCE)

指 标	Item	2015	2014
可供消费的能源总量	**Total Energy Available for Consumption**	**21077390**	**20822068**
一次能源生产量	Primary Energy Output	3182556	4432715
市外调入	Inflow from Other Cities	18072452	17376402
调出市外(减)	Outflow from Guiyang(-)	-191510	-888368
年初年末库存差额	Stock Changes in the Year	-503625	-536618
能源消费总量	**Total Energy Consumption**	**21077390**	**20822068**
在总量中	Consumption by Sector		
农、林、牧、渔业	Agriculture,Forestry,Animal Husbandry and Fishery	252886	210680
工 业	Industry	10747700	11432799
建筑业	Construction	269287	174100
交通运输、仓储和邮政业	Transport,Storage and Post	1602161	1461939
批发、零售业和住宿、餐饮业	Wholesale and Retail Trades,Hotels and Catering Services	1505318	1388233
其 他	Other Sectors	3739257	3242999
生活消费	Household Consumption	2960779	2911317
在总量中	Consumption by Usage		
终端消费	End-use Consumption	21077389	20822066
#工 业	Industry	10747700	11432799
加工转换损失量	Energy Losses During the Process of Energy Consumption	323143	1229816
#炼 焦	Coking	-25557	-176060
损失量	Energy Losses	323144	1229817
平衡差额	**Balance**		

注：1）电力、热力按等价热值折算；
2）2014年数据系根据第三次经济普查数据调整后的数据。
a) Electric power and heat were calculated on the basis of equal caloric value.
b)The data of 2014 are from the data of the third economic census.

6-4 煤炭平衡表 Coal Balance Sheet

单位：吨 (ton)

指 标	Item	2015	2014
可供量	**Total Energy Available for Consumption**	**10166546**	**11002719**
生产量	Output	1050479	2328948
调出市外(减)	Outflow from Guiyang(-)		
年初年末库存差额	Stock Changes in the Year	-729835	-130780
消费量	**Total Energy Consumption**	**10166546**	**11002719**
在消费量中	Consumption by Sector		
农、林、牧、渔业	Agriculture,Forestry,Animal Husbandry and Fishery	44130	17118
工 业	Industry	6780026	5909785
建筑业	Construction	43390	40798
交通运输、仓储和邮政业	Transport,Storage and Post	268	108
批发、零售业和住宿、餐饮业	Wholesale and Retail Trades,Hotels and Catering Services	2039	1912
其 他	Other Sectors	234	133
生活消费	Household Consumption	943776	926091
在消费量中	Consumption by Sector		
终端消费	End-use Consumption	7813864	6895945
#工 业	Industry	6780026	5909785
用于加工转换	Coal Consumption During the Process	2206082	2615893
#发 电	Power Generation	2096559	1838977
炼 焦	Coking	109384	771410
损失量	Losses in Coal Washing and Dressing	146600	1490881
平衡差额	**Balance**		

注：2014年数据系根据第三次经济普查数据调整后的数据。
a)The data of 2014 are from the data of the third economic census.

6-5 电力平衡表
Electricity Balance Sheet

单位：万千瓦时 (10 000 kwh)

指　　标	Item	2015	2014
可供量	**Total Energy Available for Consumption**	**2470470**	**2389329**
生产量	Output	1238728	1162541
火　电	Thermal Power	475185	429649
水　电	Hydropower	759450	732453
调出市外(减)	Outflow from Guiyang(-)		
消费量	**Total Energy Consumption**	**2470470**	**2389329**
在消费量中	Consumption by Sector		
农、林、牧、渔业	Agriculture,Forestry,Animal Husbandry and Fishery	8368	6942
工　业	Industry	1570679	1597600
建筑业	Construction	39853	25600
交通运输、仓储和邮政业	Transport,Storage and Post	48474	47845
批发、零售业和住宿、餐饮业	Wholesale and Retail Trades,Hotels and Catering Services	53086	48008
其　他	Other Sectors	128960	69331
生活消费	Household Consumption	549096	524329
在消费量中	Consumption by Usage		
终端消费	End-use Consumption	2398515	2319655
#工　业	Industry	1570679	1597600
输配电损失量	Losses in Transmission	71955	69674

注;2014年数据根据第三次经济普查数据调整。

a)The data of 2014 are from the data of the third economic census.

6-6 能源生产消费弹性系数
Elasticity Ratio of Energy Production

指　　标	Item	2015	2014
生产总值比上年增长(%)	Growth Rate of Gross Domestic Product(GDP)over Preceding Year(%)	12.50	13.90
能源生产比上年增长(%)	Growth Rate of Energy Production over Preceding Year(%)	-28.20	-21.68
能源消费总量比上年增长(%)	Growth Rate of Energy Consumption over Preceding Year(%)	1.23	8.07
电力生产比上年增长(%)	Growth Rate of Electricity Production over Preceding Year(%)	6.50	23.70
电力消费比上年增长(%)	Growth Rate of Electricity Consumption over Preceding Year(%)	3.40	-0.50
能源消费弹性系数	Elasticity Ratio of Energy Consumption	0.10	0.58
电力生产弹性系数	Elasticity Ratio of Electricity Production	0.52	1.71
电力消费弹性系数	Elasticity Ratio of Electricity Consumption	0.27	-0.04

注：生产总值增长速度按可比价格计算。

a) The growth rate of GDP were calculated at comparable prices.

6-7 分行业能源消费总量
Basic Statistics on Energy Consumption by Sector

单位：吨标准煤 (ton of SCE)

行　　业	Sectors	2015	2014
消费合计	**Total Consumption**	**21077390**	**20822068**
农、林、牧、渔业	**Agriculture,Forestry,Animal Husbandry and Fishery**	**252886**	**210680**
工　业	**Industry**	**10747700**	**11432799**
采矿业	Mining	**68628**	**622600**
#煤炭开采和洗选业	Mining and Washing of Coal	49409	44300
非金属矿采选业	Non - metal Mining Industry	17623	15700
制造业	**Manufacturing**	**8820100**	**9268100**
农副食品加工业	Processing of Foods from Agricultural Products	32017	36900
食品制造业	Manufacture of Foods	35850	33600
酒、饮料和精制茶制造业	Manufacture of Alcohol,Beverages and Tea	83960	89100
烟草制品业	Manufacture of Tobacco	33800	43200
纺织业	Manufacture of Textile	224	1100
纺织服装、服饰业	Manufacture of Textile Wearing Apparel and Finery	11	
木材加工及木、竹、藤、棕、草制品业	Processing of Timber Manufacture of Wood,Bamboo,Rattan, Palm and Straw Products	384	2400
家具制造业	Manufacture of Furniture	2806	3700
造纸和纸制品业	Manufacture of Paper and Paper Products	7056	15400
印刷业和记录媒介复制	Printing,Reproduction of Recording Media	9516	10200
文教、工美、体育和娱乐用品制造业	Manufacture of Articles for Culture,Education, Industrial Arts and Sport Activities	1608	
化学原料及化学制品制造业	Manufacture of Raw Chemical Materials and Chemical Products	3707966	3883700
医药制造业	Manufacture of Medicines	61820	60100
橡胶和塑料制品业	Manufacture of Rubber and Plastics	201608	244600
非金属矿物制品业	Manufacture of Non-metallic Mineral Products	1460895	1515100
黑色金属冶炼和压延加工业	Smelting and Pressing of Ferrous Metals	538701	792300
有色金属冶炼和压延加工业	Smelting and Pressing of Non-ferrous Metals	2369430	2292800
金属制品业	Manufacture of Metal Products	41088	41200
通用设备制造业	Manufacture of General Purpose Machinery	10400	11200
专用设备制造业	Manufacture of Special Purpose Machinery	6965	6800
汽车制造业	Manufacture of Automobile Industry	118166	104200
铁路、船舶、航空、航天和其他运输设备制造业	Manufacture of Railway,Watercraft,Aviation, Aerospace and Other Transport Equipment	23156	17500
电气机械和器材制造业	Manufacture of Electrical Machinery and Equipment	22857	25500
计算机、通信和其他电子设备制造业	Manufacture of Computers,Communication and Other Electronic Equipment	21818	3600
仪器仪表制造业	Manufacture of Measuring Instruments and Machinery	6690	5400
其他制造业	Other Manufacturing	948	4700
电力、燃气及水的生产和供应业	**Electric Power,Gas and Water Production and Supply**	**1285935**	**737600**
电力、热力的生产和供应业	Production and Supply of Electric Power and Heat Power	1180070	484500
燃气生产和供应业	Production and Supply of Gas	42058	193600
水的生产和供应业	Production and Supply of Water	63806	59500
建筑业	**Construction**	**269287**	**174100**
交通运输、仓储和邮政业	**Transport,Storage and Post**	**1602161**	**1461939**
批发、零售业和住宿、餐饮业	**Wholesale and Retail Trades,Hotels and Catering Services**	**1505318**	**1388233**
其他行业	**Others**	**1948998**	**2206306**
城乡居民生活	**Household Consumption**	**2960779**	**2911317**

注：2014年数据系根据第三次经济普查数据调整后的数据。

a)The data of 2014year are from the data of the third economic census.

6-8 生活能源消费量
Average Annual Energy Consumption for Households

能源品种		Type of Energy		2015		2014	
				全 市 Whole City	#市 区 Urban Area	全 市 Whole City	#市 区 Urban Area
生活能源消费量	**(吨标准煤)**	**Household Consu**	**(tons of SCE)**	**2960779**	**2229912**	**2911317**	**2081379**
煤 炭	(吨)	Coal	(ton)	943776	375918	926091	390221
型 煤	(吨)	Moulded Coal	(ton)	9419	9419	8792	8792
天然气	(万立方米)	Natural Gas	(10 000 cu.m)	24833	19619	8274	8274
汽 油	(吨)	Gasoline	(ton)	77038	64282	161409	95565
柴 油	(吨)	Diesel Oil	(ton)	32233	20410	142603	78665
液化石油气	(吨)	Liquefied Petroleu	(ton)	52505	40716	38117	31071
电 力	(万千瓦时)	Electricity	(10 000 kwh)	549095	474094	524329	439702

注：2014年数据系根据第三次经济普查数据调整后的数据。

a)The data of 2014 are from the data of the third economic census.

6-9 规模以上工业企业用水
Water Consumption in Industrial Enterprise above Designated Size

单位：万立方米　　(10 000 cu.m)

指　　标	Item	2016	2015	2016年比2015年增长(%) Growth Rate in 2016 over 2015(%)
合　　计	**Total**	**41943**	**40609**	**3.3**
#地表水	Surface Water Resources	37079	33622	10.3
地下水	Groundwater	2113	2074	1.9
自来水	Tap Water	2738	4848	-43.5
其他水	Others	12	66	-81.8
工业重复用水量	Duplicated Measurement of Industrial Water	131393	142835	-8.0
工业用水量	Industrial Water	173336	183444	-5.5

注：规模以上工业企业为年主营业收入2000万元及以上的工业企业。

a) Industrial enterprises above designated size refers to enterprises with its main business income above 20 million yuan(similarly hereinafter).

6-10 规模以上工业企业能源消费情况
Energy Consumption in Industrial Enterprises above Designated Size

指　　标		Item		能源消费合计 Total Energy Consumption			#工业生产消费 Industrial Production Consumption		
				2016	2015	2016年比2015年增长(%) Growth Rate in 2016 over 2015 (%)	2016	2015	2016年比2015年增长(%) Growth Rate in 2016 over 2015 (%)
原　煤	(吨)	Coal	(ton)	6778952	6428488	5.5	6764263	6415142	5.4
#无烟煤	(吨)	Anthracite	(ton)	2973657	2577829	15.4	2973616	2577814	15.4
炼焦烟煤	(吨)	Byerlyte	(ton)		1			1	
一般烟煤	(吨)	Bituminous Coal	(ton)	3805295	3826807	-0.6	3790647	3813476	-0.6
洗精煤	(吨)	Cleaned Coal	(ton)		346210			345886	
其它洗煤	(吨)	Other Washed Coal	(ton)	209862	2271		209862	2271	
煤制品	(吨)	Coal Product	(ton)	21265	3057	595.6	21265	3001	608.6
焦　炭	(吨)	Coke	(ton)	171592	301115	-43.0	171592	301070	-43.0
其它焦化产品	(吨)	Other Coking Products	(ton)		5168			5168	
焦炉煤气	(万立方米)	Coke-oven Gas	(10 000 cu.m)	8	3278	-99.8	8	3278	-99.8
发生炉煤气	(万立方米)	Producer Gas	(10 000 cu.m)		60			60	
液化天然气	(吨)	Liquefied Natural Gas	(ton)	9850	7836	25.7	9830	7552	30.2
汽　油	(吨)	Gasoline	(ton)	12748	14510	-12.1	9576	12018	-20.3
煤　油	(吨)	Kerosene	(ton)	1440	804	79.0	1389	799	73.8
柴　油	(吨)	Diesel Oil	(ton)	45971	51810	-11.3	39127	48285	-19.0
燃料油	(吨)	Fuel Oil	(ton)	3271	1060	208.6	3271	1060	208.6
液化石油气	(吨)	Liquefied Petroleum Gas	(ton)	1321	1734	-23.8	1271	1704	-25.4
其它石油制品	(吨)	Other Petroleum Gas	(ton)	14	14	0.5	14	14	0.5
热　力	(百万千焦)	Heat	(million kilo-joule)	159911	394950	-59.5	159911	394950	-59.5
电　力	(万千瓦时)	Electricity	(10 000 kwh)	1603184	1582011	1.3	1590427	1572408	1.1
余热余压	(百万千焦)	Afterpressure and Afterheat	(million kilo-joule)	11410559	7104320	60.6	11410559	7104320	60.6
其它燃料	(吨标准煤)	Other Fuels	(ton of SCE)	2819	2633	7.1	367	2543	
能源合计(等当量)	(吨标准煤)	Energy Total (equal equivalent)	(ton of SCE)	8351198	8042607	3.8	8307228	8012576	3.7
能源合计(等价值)	(吨标准煤)	Energy Total (equivalent value)	(ton of SCE)	11454642	11104747	3.2	11385976	11056129	3.0

注：能源合计中等当量是指电力折标系数为1.229，能源合计等价值是指电力折标系数为3.1648

a) In energy total, equal equivalent refers to 1.229 of the coefficient for the conversion of electric power into the standard coal equivalent; equivalent value means 3.1648 of the coefficient for the conversion of electric power into the standard coal equivalent.

6-11 规模以上工业企业能源购进、消费情况(2016年)
Purchases and Consumption of Energy in Industrial Enterprises above Designated Size(2016)

指标		Item		购进量 Purchases 实物量 Amount	购进量 Purchases 购自省外 outside guizhou province	消费量 Consumption 合计 Total	消费量 Consumption 工业生产消费 Industrial Production Consumption	#用于原材料 Raw Materials	非工业生产消费 Non-industrial productive Consumption
原　煤	(吨)	Coal	(ton)	6482436	368390	6778952	6764263	1995485	14690
#无烟煤	(吨)	Anthracite	(ton)	2927582	2862	2973657	2973616	1603808	41
一般烟煤	(吨)	Bituminous Coal	(ton)	3554854	365528	3805295	3790647	391677	14648
洗精煤	(吨)	Cleaned Coal	(ton)						
其它洗煤	(吨)	Other Washed Coal	(ton)	210171		209862	209862	6260	
煤制品	(吨)	Coal Product	(ton)	22174		21265	21265	11495	
焦　炭	(吨)	Coke	(ton)	172430	1565	171592	171592	119523	
其它焦化产品	(吨)	Other Coking Products	(ton)						
焦炉煤气	(吨)	Coke-oven Gas	(ton)	8		8	8		
发生炉煤气	(万立方米)	Producer Gas	(10 000 cu.m)						
天然气(气态)	(万立方米)	Natural Gas(gaseous)	(10 000 cu.m)	12366		12611	12518	201	93
液化天然气(液态)	(吨)	Liquefied Natural Gas(liquid)	(ton)	9880	3881	9850	9830		20
汽　油	(万立方米)	Gasoline	(10 000 cu.m)	12303	425	12748	9576	130	3172
煤　油	(万立方米)	Kerosene	(10 000 cu.m)	1301	1	1440	1389	0.2	51
柴　油	(万立方米)	Diesel Oil	(10 000 cu.m)	45776	919	45971	39127	3746	6844
燃料油	(吨)	Fuel Oil	(ton)	3280		3271	3271	460	
液化石油气	(吨)	Liquefied PetroleumGas	(ton)	1321		1321	1271		50
炼厂干气	(吨)	Refinery Dry Gas	(ton)						
溶剂油	(吨)	Prime City Naphtha	(ton)	97		96	96		
石油焦	(吨)	Petroleum Coke	(ton)	258055		261369	261369		
石油沥青	(吨)	Petroleum Pitch	(ton)						
其它石油制品	(吨)	Other Petroleum Gas	(ton)	14		14	14		
热　力	(百万千焦)	Heat	nillion kilo-joul	159911		159911	159911		
电　力	(万千瓦时)	Electricity	(10 000 kwh)	1738780		1603184	1590427		12757
煤矸石用于燃料	(吨)	Coal Gangue Used as Fuel	(ton)	21120		15000	15000		
城市垃圾用于燃料	(吨)	Municipal Refuse Used as Fuel	(ton)						
生物质废料用于燃料	(吨)	Biomass Refuse Used as Fuel	(ton)	19727	1591	22915	22383		532
余热余压	(百万千焦)	Afterpressure and Afterheat	nillion kilo-joul	452233		11410559	11410559		
其它燃料	(吨标准煤)	Other Fuel	(ton of SCE)	2817	141	2819	367		2452
能源合计(等当量)	(吨标准煤)	Energy Total (equal equivalent)	(ton of SCE)			8351198	8307228		43970
能源合计(等价值)	(吨标准煤)	Energy Total (equivalent value)	(ton of SCE)			11454642	11385976		68665.95171

注：能源合计等当量是指电力折标系数为1.229，等价值是指电力折标系数为3.1648。

a) In energy total, equal equivalent refers to 1.229 of the coefficient for the conversion of electric power into the standard coal equivalent; equivalent value means 3.1646 of the coefficient for the conversion of electric power into the standard coal equivalent.

6-12 规模以上工业企业分行业产值能耗(2016年)

指　　标	Item	综合能源消费量(吨标准煤) Comprehensive Energy Consumption (ton of SCE)
总　　计	**Total**	**7363498**
采矿业	**Mining**	**20931**
煤炭开采和洗选业	Mining and Washing of Coal	14432
非金属矿采选业	Mining and Processing of Non-mental Ores	4709
制造业	**Manufacturing**	**6432341**
农副食品加工业	Processing of Food from Agricultural Products	36483
食品制造业	Manufacture of Foods	24644
酒、饮料和精制茶制造业	Manufacture of Alcohol,Beverages and Tea	42319
烟草制品业	Manufacture of Tobacco	15915
纺织业	Manufacture of Textile	77
纺织服装、服饰业	Manufacture of Textile Wearing Apparel and Finery	3
木材加工及木、竹、藤、棕、草制品业	Processing of Timber,Manufacture of Wood,Bamboo, Rattan,Palm,and Straw Products	1
家具制造业	Manufacture of Furniture	1333
造纸和纸制品业	Manufacture of Paper and Paper Products	5260
印刷业和记录媒介复制	Printing, Reproduction of Recording Media	4716
文教、工美、体育和娱乐用品制造业	Manufacture of Articles for Culture,Education,Industrial Arts and Sport Activities	3904
化学原料及化学制品制造业	Manufacture of Raw Chemical Materials and Chemical Products	2721469
医药制造业	Manufacture of Medicines	49198
橡胶和塑料制品业	Manufacture of Rubber and Plastics	145273
非金属矿物制品业	Manufacture of Non-metallic Mineral Products	1122182
黑色金属冶炼和压延加工业	Smelting and Pressing of Ferrous Metals	261447
有色金属冶炼和压延加工业	Smelting and Pressing of Non-ferrous Metals	1829896
金属制品业	Manufacture of Metal Products	20189
通用设备制造业	Manufacture of General Purpose Machinery	9179
专用设备制造业	Manufacture of Special Purpose Machinery	4989
汽车制造业	Manufacture of Automobile Industry	91423
铁路、船舶、航空、航天和其他运输设备制造业	Manufacture of Railway,Watercraft,Aviation, Aerospace and Other Transport Equipment	8368
电气机械和器材制造业	Manufacture of Electrical Machinery and Equipment	16299
计算机、通信和其他电子设备制造业	Manufacture of Computers,Communication and Other Electronic Equipment	3074
仪器仪表制造业	Manufacture of Measuring Instruments and Machinery	1263
其他制造业	Other Manufacturing	673
电力、燃气及水的生产和供应业	**Electric Power,Gas and Water Production and Supply**	**910226**
电力、热力的生产和供应业	Production and Supply of Electric Power and Heat Power	877394
燃气生产和供应业	Production and Supply of Gas	4251
水的生产和供应业	Production and Supply of Water	28580

注：等当量是指电力折标系数为1.229，等价值是指电力折标系数为3.1648。

Major Energy Consumption of Output Value in Industrial Enterprises above Designated Size by Sector(2016)

按等当量计算 Based on the Equal Equivalent		按等价值计算 Based on the Equivalent Value		
产值单耗 (吨标准煤/万元) Unit Consumption (ton of SCE/10 000yuan)	万元增加值综合能耗 (吨标准煤/万元) Comprehensive Energy Consumption per 10 000yuan of added Value (ton of SCE/10 000yuan)	综合能源消费量 (吨标准煤) Comprehensive Energy Consumption (ton of SCE)	万元总产值综合能耗 (吨标准煤/万元) Comprehensive Energy Consumption per 10 000yuan Gross Product (ton of SCE/10 000yuan)	万元增加值综合能耗 (吨标准煤/万元) Comprehensive Energy Consumption per 10 000yuan of Added Value (ton of SCE/10 000yuan)
0.26	**0.94**	**9556894**	**0.33**	**1.22**
0.02	**0.06**	**51537**	**0.05**	**0.15**
0.19	0.54	37929	0.51	1.41
0.01	0.02	11258	0.01	0.04
0.25	**0.92**	**9056127**	**0.36**	**1.30**
0.04	0.34	49199	0.06	0.46
0.03	0.09	33225	0.04	0.13
0.04	0.06	80464	0.07	0.12
0.01	0.01	28190	0.02	0.02
0.03	0.13	110	0.04	0.19
0.00	0.00	7	0.00	0.00
		2		
0.02	0.08	3433	0.05	0.21
0.02	0.07	8927	0.03	0.11
0.02	0.04	11047	0.04	0.09
0.11	0.54	9869	0.29	1.37
0.66	3.36	3629049	0.87	4.49
0.02	0.06	78328	0.03	0.10
0.10	0.63	230686	0.15	1.00
0.47	2.27	1432436	0.60	2.90
0.60	4.45	412432	0.94	7.01
1.13	4.58	2761139	1.70	6.91
0.04	0.18	43358	0.08	0.38
0.01	0.07	17328	0.02	0.14
0.01	0.06	12410	0.01	0.14
0.11	0.39	122072	0.14	0.52
0.01	0.04	19458	0.02	0.09
0.02	0.12	41455	0.04	0.32
0.00	0.02	7911	0.01	0.04
0.01	0.04	3448	0.04	0.12
0.00	0.05	1082	0.01	0.08
0.40	**1.70**	**449231**	**0.20**	**0.84**
0.45	2.09	365636	0.19	0.87
0.03	0.21	10268	0.07	0.50
0.16	0.30	73326	0.42	0.77

a) In energy total,equal equivalent refers to 1.229 of the coefficient for the conversion of electric power into the standard coal equivalent; equivalent value means3.1646 of the coefficient for the conversion of electric power into the standard coal equivalent.

6-13 规模以上工业企业分行业万元产值能源消费量(2016年)

指　　标	Item	工业生产能源消费量(吨标准煤) Energy Consumption of Industrial Production (ton of SCE)
总　　计	**Total**	**0.2894**
采矿业	**Mining**	**0.0210**
煤炭开采和洗选业	Mining and Washing of Coal	0.1933
非金属矿采选业	Mining and Processing of Non-mental Ores	0.0057
制造业	**Manufacturing**	**0.2709**
农副食品加工业	Processing of Food from Agricultural products	0.0423
食品制造业	Manufacture of Foods	0.0287
饮料制造业	Manufacture of Beverages	0.0356
烟草制品业	Manufacture of Tobacco	0.0088
纺织业	Manufacture of Textile	0.0284
纺织服装、鞋、帽制造业	Manufacture of Textile Wearing Apparel,Footware and Caps	0.0003
木材加工及木、竹、藤、棕、草制品业	Processing of Timber,Manufacture of Wood,Bamboo,Rattan, Palm,and Straw Products	
家具制造业	Manufacture of Furniture	0.0207
造纸及纸制品业	Manufacture of Paper and Paper Products	0.0154
印刷业和记录媒介的复制	Printing,Reproduction of Recording Media	0.0155
文教体育用品制造业	Manufacture of Articles For Culture,Education and Sports Activities	0.1148
化学原料及化学制品制造业	Manufacture of Raw Chemical Materials and Chemical Products	0.6930
医药制造业	Manufacture of Medicines	0.0179
橡胶和塑料制品业	Manufacture of Rubber and Plastics	0.0989
非金属矿物制品业	Manufacture of Non-metallic Mineral Products	0.5251
黑色金属冶炼及压延加工业	Smelting and Pressing of Ferrous Metals	0.5962
有色金属冶炼及压延加工业	Smelting and Pressing of Non-ferrous Metals	1.2237
金属制品业	Manufacture of Metal Products	0.0358
通用设备制造业	Manufacture of General Purpose Machinery	0.0124
专用设备制造业	Manufacture of Special Purpose Machinery	0.0141
汽车制造业	Manufacture of Automobile Industry	0.1076
铁路、船舶、航空、航天和其他运输设备制造业	Manufacture of Railway,Watercraft,Aviation,Aerospace and Other Transp	0.0095
电气机械和器材制造业	Manufacture of Electrical Machinery and Equipment	0.0170
计算机、通信和其他电子设备制造业	Manufacture of Communication Equipment,Computers and Other Electror	0.0026
仪器仪表制造业	Manufacture of Measuring Instruments and Machinery	0.0134
其他制造业	Other Manufacturing	0.1370
电力、燃气及水的生产和供应业	**Electric Power,Gas and Water Production and Supply**	**0.6168**
电力、热力的生产和供应业	Production and Supply of Electric Power and Heat Power	0.7008
燃气生产和供应业	Production and Supply of Gas	0.0300
水的生产和供应业	Production and Supply of Water	0.1635

注：工业生产能源消费量按等当量计算。

Energy Consumption of Per 10 000 yuan Output Value in Industrial Enterprises above Designated Size by Sector(2016)

万元工业总产值消费量 Energy Consumption per10 000yuan of Industrial Gross Product				
电 量 (千瓦时) Electricity (kwh)	煤 炭 (吨) Coal (ton)	焦 炭 (吨) Coke (ton)	汽 柴 煤 油 (吨) Gasoline,Diesel Oil and Kerosene (ton)	用水量 (立方米) Water (cu.m)
558.4383	**0.2442**	**0.0060**	**0.0021**	**14.6099**
158.7384	**0.0021**		**0.0019**	**0.6276**
1625.4829	0.0219		0.0017	6.0315
40.8392			0.0012	0.1952
564.4808	**0.2000**	**0.0067**	**0.0020**	**2.9699**
76.2424	0.0073	0.0020	0.0010	2.0017
51.5588	0.0148	0.0097	0.0008	2.0611
165.7682	0.0011		0.0002	3.6631
35.1401			0.0003	0.6860
62.3180			0.0149	0.2211
2.0604				0.0495
168.2502			0.0001	1.2303
55.5087	0.0025		0.0014	0.3414
107.3049			0.0014	0.9027
906.0105			0.0043	0.0323
1201.2762	0.6275		0.0031	9.7972
54.8633	0.0045		0.0004	1.1034
297.4540	0.0934		0.0009	2.2658
769.6732	0.4930	0.0001	0.0098	3.1730
1778.7071	0.0215	0.3664	0.0003	1.5206
3135.9698	0.6724		0.0011	4.2879
212.4463			0.0030	0.7274
56.8591		0.0008	0.0035	0.8085
108.6660		0.0001	0.0018	0.9957
186.3892			0.0012	0.5096
65.0153		0.0001	0.0004	0.9935
135.4145			0.0005	0.2016
21.3582			0.0001	0.4151
119.6715			0.0016	1.7013
15.1423	0.1833		0.0001	0.1655
667.0366	**0.8513**		**0.0030**	**152.5908**
640.5358	0.9907		0.0033	4.9654
219.5255			0.0022	0.3835
1322.6659			0.0011	1908.4582

a) Energy consumption of industrial production is calculated on equal equivalent.

6-14 规模以上工业企业分行业万元增加值能源消费量(2016年)

指　　标	Item	工业生产能源消费量(吨标准煤) Energy Consumption of Industrial Production (ton of SCE)
总　　计	**Total**	**1.0562**
采矿业	**Mining**	**0.0601**
煤炭开采和洗选业	Mining and Washing of Coal	0.5365
非金属矿采选业	Mining and Processing of Non-mental Ores	0.0162
制造业	**Manufacturing**	**0.9880**
农副食品加工业	Processing of Food from Agricultural Products	0.3413
食品制造业	Manufacture of Foods	0.0933
饮料制造业	Manufacture of Beverages	0.0640
烟草制品业	Manufacture of Tobacco	0.0105
纺织业	Manufacture of Textile	0.1338
纺织服装、鞋、帽制造业	Manufacture of Textile Wearing Apparel,Footware and Caps	0.0010
木材加工及木、竹、藤、棕、草制品业	Manufacture of Timber,Manufacture of Wood,Bamboo,Rattan, Palm,and Straw Products	
家具制造业	Manufacture of Furniture	0.0803
造纸及纸制品业	Manufacture of Paper and Paper Products	0.0659
印刷业和记录媒介的复制	Printing,Reproduction of Recording Media	0.0381
文教体育用品制造业	Manufacture of Articles For Culture,Education and Sports Activities	0.5425
化学原料及化学制品制造业	Manufacture of Raw Chemical Materials and Chemical Products	3.5573
医药制造业	Manufacture of Medicines	0.0619
橡胶和塑料制品业	Manufacture of Rubber and Plastics	0.6438
非金属矿物制品业	Manufacture of Non-metallic Mineral Products	2.5405
黑色金属冶炼及压延加工业	Smelting and Pressing of Ferrous Metals	4.4463
有色金属冶炼及压延加工业	Smelting and Pressing of Non-ferrous Metals	4.9653
金属制品业	Manufacture of Metal Products	0.1778
通用设备制造业	Manufacture of General Purpose Machinery	0.0717
专用设备制造业	Manufacture of Special Purpose Machinery	0.0561
汽车制造业	Manufacture of Automobile Industry	0.3908
铁路、船舶、航空、航天和其他运输设备制造业	Manufacture of Railway,Watercraft,AviationAerospace and Other Transp	0.0384
电气机械和器材制造业	Manufacture of Electrical Machinery and Equipment	0.1247
计算机、通信和其他电子设备制造业	Manufacture of Communication Equipment, Computers and Other Electronic Equipment	0.0159
仪器仪表制造业	Manufacture of Measuring Instruments and Machinery for Cultural Activity and Office Work	0.0450
其他制造业	Other Manufacturing	1.3620
电力、燃气及水的生产和供应业	**Electric Power,Gas and Water Production and Supply**	**2.5965**
电力、热力的生产和供应业	Production and Supply of Electric Power and Heat Power	3.2335
燃气生产和供应业	Production and Supply of Gas	0.2072
水的生产和供应业	Production and Supply of Water	0.3012

注：工业生产能源消费量按等当量计算。

Energy Consumption of Per 10 000 yuan Added Value in Industrial Enterprises above Designated Size by Sector(2016)

万元工业增加值消费量 Energy Consumption per10 000 yuan of Industrial Added Value				
电 量 (千瓦时) Electricity (kwh)	煤 炭 (吨) Coal (ton)	焦 炭 (吨) Coke (ton)	汽柴煤油 (吨) Gasoline,Diesel Oil and Kerosene (ton)	用水量 (立方米) Water (cu.m)
2038.2460	**0.8912**	**0.0218**	**0.0076**	**53.3248**
453.8565	**0.0061**		**0.0055**	**1.7944**
4512.7184	0.0607		0.0047	16.7447
116.3257			0.0033	0.5561
2058.4060	**0.7294**	**0.0246**	**0.0074**	**10.8299**
614.5968	0.0585	0.0164	0.0081	16.1357
167.8350	0.0482	0.0316	0.0025	6.7092
297.8033	0.0019		0.0003	6.5809
41.7366			0.0004	0.8148
293.6784			0.0704	1.0420
8.2220				0.1976
653.3584			0.0005	4.7775
237.1095	0.0105		0.0060	1.4584
264.2977			0.0035	2.2233
4281.5956			0.0203	0.1528
6165.9668	3.2210		0.0160	50.2873
189.4398	0.0157		0.0012	3.8098
1935.6205	0.6080		0.0061	14.7445
3723.5005	2.3849	0.0002	0.0475	15.3503
13264.6241	0.1606	2.7327	0.0022	11.3401
12725.1148	2.7283		0.0045	17.3996
1053.7717			0.0148	3.6080
328.7654		0.0047	0.0202	4.6749
430.8059		0.0005	0.0070	3.9475
676.8101			0.0043	1.8505
262.7349		0.0002	0.0016	4.0147
993.9349			0.0034	1.4800
128.8248			0.0005	2.5037
402.1772			0.0055	5.7174
150.5571	1.8228		0.0007	1.6456
2807.7809	**3.5834**		**0.0128**	**642.3059**
2955.3730	4.5708		0.0152	22.9101
1515.0100			0.0151	2.6467
2435.8027			0.0021	3514.5893

a) Energy Consumption of Industrial Production is calculated on equal equivalent.

6-15 规模以上工业企业分品种分行业工业生产能源消费(2016年)

指　　标	Item	工业综合能源消费量(吨标准煤) Energe Consumption for Production Purpose (ton of SCE)	煤　炭(吨) Coal (ton)	
				原　煤 Coal
总　计	**Total**	**7363498**	**7010079**	**6778952**
采矿业	**Mining**	**20931**	**2117**	**1633**
煤炭开采和洗选业	Mining and Washing of Coal	14432	1633	1633
非金属矿采选业	Ming and Processing of Non-mental of Ores	4709		
制造业	**Manufacturing**	**6432341**	**5093359**	**4862716**
农副食品加工业	Processing of Foods from Agricutural products	36483	6253	6253
食品制造业	Manufacture of Foods	24644	12728	5669
饮料制造业	Manufacture of Beverages	42319	1248	1248
烟草制品业	Manufacture of Tobacco	15915		
纺织业	Manufacture of Textile	77		
纺织服装、鞋、帽制造业	Manufacture of Textile Wearing Apparel ,Footware and Caps	3		
木材加工及木、竹、藤、棕、草制品业	Manufacture of Timber,Manufacture of Wood,Bamboo,Rattan, Palm,and Straw Products	1		
家具制造业	Manufacture of Furniture	1333		
造纸及纸制品业	Manufacture of Paper and Paper Products	5260	840	840
印刷业和记录媒介的复制	Printing, Reproductionn of Recording Media	4716		
文教体育用品制造业	Manufacture of Articles for Culture,Education and Sport Activities	3904		
化学原料及化学制品制造业	Manufacture of Raw Chemical Materials and Chemical Products	2721469	2606129	2572051
医药制造业	Manufacture of Medicines	49198	12447	9103
橡胶和塑料制品业	Manufacture of Rubber and Plastics	145273	140694	140694
非金属矿物制品业	Manufacture of Non-metallic MineralProducts	1122182	1178516	1166965
黑色金属冶炼及压延加工业	Smelting and Pressing of Ferrous Metals	261447	9443	9443
有色金属冶炼及压延加工业	Smelting and Pressing of Non-ferrous Metals	1829896	1090409	918856
金属制品业	Manufacture of Metal Products	20189		
通用设备制造业	Manufacture of General Purpose Machinery	9179		
专用设备制造业	Manufacture of Special Purpose Machinery	4989		
汽车制造业	Manufacture of Automobile Industry	91423		
铁路、船舶、航空、航天和其他运输设备制造业	Manufacture of Railway,Watercraft,Aviation,Aerospace and Other Trans	8368		
电气机械和器材制造业	Manufacture of Electrical Machinery and Equipment	16299		
计算机、通信和其他电子设备制	Manufacture of Communication Equipment,Computers and Other Electronic Equipment	3074		
仪器仪表制造业	Manufacture of Measuring Instruments and Machineryfor Cultural Acti	1263		
其他制造业	Other Manufacturing	673	25587	22529
电力、燃气及水的生产和供应业	**Electric Power, Gas and Water Production and Supply**	**910226**	**1914603**	**1914603**
电力、热力的生产和供应业	Production and Supply of Electric Power and Heat Power	877394	1914603	1914603
燃气生产和供应业	Production and Supply of Gas	4251		
水的生产和供应业	Production and Supply of Water	28580		

注：工业生产能源合计按等当量计算。

Energe Consumption of Industrial Enterprises above Designated Size by Sector and Type(2016)

#无烟煤 Anthracite	一般烟煤 Bituminous Coal	洗精煤 Clened Coal	其他洗煤 Other Washed Coal	煤制品 Coal Products	焦炭 (吨) Coke (ton)	其他焦化产品 (吨) Other Coking Products (ton)	焦炉煤气 (万立方米) Coke Oven Gas (10 000 cu.m)	发生炉煤气 (万立方米) Producer Gas (10 000 cu.m)	液化天然气 (吨) Liquefied Natural Gas (ton)	汽油 (吨) Gasoline (ton)	煤油 (吨) Kerosene (ton)
2973657	**3805295**		**209862**	**21265**	**171592**		**8**		**9850**	**12748**	**1440**
	1633		**484**							**371**	
	1633									44	
										40	
2973657	**1889059**		**209378**	**21265**	**171592**		**8**		**9850**	**9364**	**1440**
158	6095				1751					468	
225	5444			7059	8345					325	
1248									5107	165	
										288	
										31	
									1	7	
	840									50	
							8		12	236	1
										100	
1968867	603185		34078						4150	701	
2151	6952		634	2711			0.3		91	584	3
	140694									1182	1
529604	637361		56	11495	122					855	739
9428	16				160682				76	21	
461920	456937		171552						262	85	
									7	1541	11
					597					1067	599
					44					313	0.3
										490	2
					50				145	104	82
										235	0.2
										79	
										138	
	22529		3058								
	1914603									**3013**	
	1914603									2588	
										265	
										159	

a) Energe consumption for production purpose was calculated at its equal equivalence.

6–15 续表 1

指 标	Item	柴油(吨) Diesel Oil (ton)	燃料油(吨) Fuel Oil (ton)	液化石油气(吨) Liquefied Petroleum Gas(ton)	其他石油制品(吨) Other Oil Products (ton)	热力(百万千焦) Heat (million kilo-joule)
总 计	**Total**	**45971**	**3271**	**1321**	**14**	**159911**
采矿业	**Mining**	1544				
煤炭开采和洗选业	Mining and Washing of Coal	82				
非金属矿采选业	Ming and Processing of Non-mental of Ores	920				
制造业	**Manufacturing**	**40585**	**3271**	**1321**	**14**	**159911**
农副食品加工业	Processing of Foods from Agricultural Products	399		42		
食品制造业	Manufacture of Foods	325		11		
饮料制造业	Manufacture of Beverages	65		15		
烟草制品业	Manufacture of Tobacco	286				
纺织业	Manufacture of Textile	9				
纺织服装、鞋、帽制造业	Manufacture of Textile Wearing Apparel,Footware and Caps					
木材加工及木、竹、藤、棕、草制品业	Manufacture of Timber,Manufacture of Wood,Bamboo, Rattan,Palm,and Straw Products					
家具制造业	Manufacture of Furniture	1				
造纸及纸制品业	Manufacture of Paper and Paper Products	430				3543
印刷业和记录媒介的复制	Printing,Reproduction of Recording Media	197				
文教体育用品制造业	Manufacture of Articles for Culture,Education and Sport Activities	46				
化学原料及化学制品制造业	Manufacture of Raw Chemical Materials and Chemical Products	12229	460	807		
医药制造业	Manufacture of Medicines	391				112463
橡胶和塑料制品业	Manufacture of Rubber	232				
非金属矿物制品业	Manufacture of Non-metallic Mineral Products	21862				43905
黑色金属冶炼及压延加工业	Smelting and Pressing of Ferrous Metals	110				
有色金属冶炼及压延加工业	Smelting and Pressing of Non-ferrous Metals	1716	2811	294		
金属制品业	Manufacture of Metal Products	131				
通用设备制造业	Manufacture of General Purpose Machinery	916			1	
专用设备制造业	Manufacture of Special Purpose Machinery	307				
汽车制造业	Manufacture of Automobile Industry	517			13	
铁路、船舶、航空、航天和其他运输设备制造业	Manufacture of Railway,Watercraft,Aviation, Aerospace and Other Transport Equipment	156		153		
电气机械和器材制造业	Manufacture of Electrical Machinery and Equipment	212				
计算机、通信和其他电子设备制造业	Manufacture of Communication Equipment, Computers and Other Electronic Equipment	22				
仪器仪表制造业	Manufacture of Measuring Instruments and Machinery for Cultural Activity and Office Work	18				
其他制造业	Other Manufacturing	10				
电力、燃气及水的生产和供应业	**Electric Power,Gas and Water Production and Supply**	**3842**				
电力、热力的生产和供应业	Production and Supply of Electric Power and Heat Power	3759				
燃气生产和供应业	Production and Supply of Gas	45				
水的生产和供应业	Production and Supply of Water	38				

(continued)

电　力 (万千瓦时) Electricity Comsumption (10 000cu.m)	余热余压 (百万千焦) Afterpressure and Afterheat (Million kilo-joule)	工业取水量 (万立方米) Industrial Water (10 000cu.m)					重复用水 (万立方米) Water Duplicated (10 000 cu.m)	用水总量 (万立方米) Water Used (10 000 cu.m)	废水排放量 (万立方米) Waste Water (10 000 cu.m)
			#地表水 Surface Water	地下水 Groundwater	自来水 Tap Water	其他水 Others			
1603184	**11410559**	**41943**	**37079**	**2113**	**2738**	**12**	**131393**	**9137**	**44353**
15810		63		42	20		34	63	**29**
12138		45		41	4		34	45	
3383		16		1	14			16	29
1437357	**11410559**	**7562**	**5221**	**264**	**2065**	**12**	**89695**	**7361**	**5181**
6569		172	3	2	168		3	172	15
4433		177			177		11	177	2
19705		435	58	10	367		361	336	
6341		124		5	124	-5	1554	124	
17									
2									
1									
1084		8			8			8	
1894		12	3		9		4	12	
3270		28	1		26			28	
3082									
498897	4733451	4069	3781	135	151	1	76827	4069	
15048		303	1	19	283		332	303	8
44788	84384	341	243		98		5428	310	
183998	3052050	759	406	47	292	14	2313	688	11
77997		67	45	15	7		947	67	
508571	3540673	695	644		51		1671	695	6
11969		41			41		35	41	
4210		60	2	30	28			60	
3834		35	19		16		11	35	2
15833		43		1	42			43	3
5729		88			88		99	88	
12995		19			19		2	19	0
2499		49			49		23	49	6
1129		16	5		11		1	16	5127
211		2			2	1		2	
150017		**34318**	**31858**	**1807**	**653**	**0.05**	**41664**	**1714**	**39143**
123794		960	909		50		41326	960	
3108		5			5			5	
23115		33353	30948	1807	597		337	749	39143

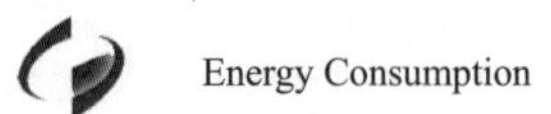

6–16 工业企业分行业能源消费情况(2016年)

指　　标	Item	企业生产量 Output of Enterprises 工业总产值(万元) Gross Industrial Output Value (10 000 yuan)
总　　计	**Total**	**28708352**
采矿业	**Mining**	**996000**
非金属矿采选业	Ming and Processing of Non-mental of Ores	828307
制造业	**Manufacturing**	**25463343**
农副食品加工业	Processing of Foods from Agricultural Products	861580
食品制造业	Manufacture of Foods	859746
酒、饮料和精致茶制造业	Manufacture of Alcohol,Beverages and Tea	1188705
烟草制品业	Manufacture of Tobacco	1804538
化学原料及化学制品制造	Manufacture of Raw Chemical Materials and Chemical Products	4153062
橡胶和塑料制品业	Manufacture of Rubber and Plastics	1505707
非金属矿物制品业	Manufacture of Non-metallic Mineral Products	2390593
黑色金属冶炼及压延加工业	Smelting and Pressing of Ferrous Metals	438501
有色金属冶炼及压延加工业	Smelting and Pressing of Non-ferrous Metals	1621734
通用设备制造业	Manufacture of General Purpose Machinery	740367
汽车制造业	Manufacture of Automobile Industry	849444
铁路、船舶、航空、航天和其他运输设备制造业	Manufacture of Railway,Watercraft,Aviation,Aerospace and Other Transport Equipment	881160
电力、燃气及水的生产和供应业	**Electric Power, Gas and Water Production and Supply**	**2249010**
电力、热力的生产和供应	Production and Supply of Electric Power and Heat Power	1932658
燃气生产和供应业	Production and Supply of Gas	141589
水的生产和供应业	Production and Supply of Water	174763

注：1.2000万元口径指年主营业务收入2000万元及以上的工业法人单位或有能源加工转换的企业；
　　2.等当量是指电力折标系数为1.229，等价值是指电力折标系数为4.04。

Energy Consumption of Industrial Enterprises above Designated Size by sector (2016)

按等价值计算 Equivalent Value		按等当量计算 Equal Equivalent			
综合能源消费量（吨标准煤） Comprehensive Energy Consumption (ton of SCE)	产值单耗（吨标准煤/万元） Unit consumption (ton of SCE/10 000yuan)	综合能源消费量（吨标准煤） Comprehensive Energy Consumption (ton of SCE)	工业生产能源消费量（吨标准煤） Industrial Energy Consumption (ton of SCE)	电量（万千瓦时） Electricity Consumption (10 000 kwh)	万元总产值综合能耗（吨标准煤/万元） Comprehensive Energy Consumption of per 10 000 output Value (ton of SCE/10 000 yuan)
9556894	**0.33**	**7363498**	**8307228**	**1603184**	**0.26**
51537	**0.05**	**20931**	**20931**	**15810**	**0.02**
11258	0.01	4709	4709	3383	0.01
9056127	**0.36**	**6432341**	**6899023**	**1437357**	**0.25**
49199	0.06	36483	36483	6569	0.04
33225	0.04	24644	24644	4433	0.03
80464	0.07	42319	42319	19705	0.04
28190	0.02	15915	15915	6341	0.01
3629049	0.87	2721469	2878234	498897	0.66
230686	0.15	145273	148968	44788	0.10
1432436	0.60	1122182	1255416	183998	0.47
412432	0.94	261447	261447	77997	0.60
2761139	1.70	1829896	1984439	508571	1.13
17328	0.02	9179	9179	4210	0.01
122072	0.14	91423	91423	15833	0.11
19458	0.02	8368	8368	5729	0.01
449231	**0.20**	**910226**	**1387273**	**150017**	**0.40**
365636	0.19	877394	1354442	123794	0.45
10268	0.07	4251	4251	3108	0.03
73326	0.42	28580	28580	23115	0.16

a) The enterprises in the table only refers to those with their income of major business over 20 million yuan each year.

b) Equal equivalent refers to 1.229 of the coefficient for the conversion of electric power into the standard coal equivalent; equivalent value means 4.04 of the coefficient for the conversion of electric power into the standard coal equivalent.

主要统计指标解释

能源生产总量 指一定时期内全市一次能源生产量的总和。一次能源生产量包括原煤，原油，天然气，水电、核能及其他动力能(如风能、地热能等)发电量，不包括低热值燃料生产量、生物质能、太阳能等的利用和由一次能源加工转换而成的二次能源产量。

能源消费总量 指一定时期内全市产业类（包括第一、二、三次产业和城乡）和物质生产部门、非物质生产部门和生活消费的各种能源的总和。能源消费总量包括原煤和原油及其制品、天然气、电力，不包括低热值燃料、生物质能和太阳能等的利用。能源消费总量分为终端能源消费量、能源加工转换损失量和损失量三部分。

(1)终端能源消费量：指一定时期内全市生产和生活消费的各种能源在扣除了用于加工转换二次能源消费量和损失量以后的数量。

(2)能源加工转换损失量：指一定时期内全市投入加工转换的各种能源数量之和与产出各种能源产品之和的差额，是观察能源在加工转换过程中损失量变化的指标。

(3)能源损失量：指一定时期内能源在输送、分配、储存过程中发生的损失和由客观原因造成的各种损失量，不包括各种气体能源放空、放散量。

能源生产弹性系数 是研究能源生产增长速度与国民经济增长速度之间关系的指标。计算公式为：

能源生产弹性系数＝能源生产总量年平均增长速度/国民经济年平均增长速度

电力生产弹性系数 是研究电力生产增长速度与国民经济增长速度之间关系的指标。一般来说，电力的发展应当快于国民经济的发展，也就是说电力应超前发展。计算公式为：

电力生产弹性系数＝电力生产量年平均增长速度/国民经济年平均增长速度

能源消费弹性系数 是反映能源消费增长速度与国民经济增长速度之间比例关系的指标。计算公式为：

能源消费弹性系数＝能源消费量年平均增长速度/国民经济年平均增长速度

电力消费弹性系数 反映电力消费增长速度与国民经济增长速度之间比例关系的指标。计算公式为：

电力消费弹性系数＝电力消费量年平均增长速度/国民经济年平均增长速度

能源加工转换效率 指一定时期内能源经过加工、转换后，产出的各种能源产品的数量与同期内投入加工转换的各种能源数量的比率。它是观察能源加工转换装置和生产工艺先进与落后、管理水平高低等的重要指标。计算公式为：

能源加工转换效率＝能源加工、转换产出量/能源加工、转换投入量×100%

工业生产能源消费 指工业企业为进行工业生产活动所消费的能源。主要包括：（1）用于本企业产品生产、工业性作业的能源。包括用原料、材料、燃料、动力；作为能源加工转换企业，还包括用作加工转换的能源（这部分能源不能理解为用作原材料）。（2）产品生产过程中作为辅助材料使用的能源。（3）生产工艺过程使用的能源。（4）新技术研究、新产品试制、科学试验使用的能源。（5）为了工业生产活动而在进行的各种修理过程中使用的能源。（6）生产区内的劳动保护用能等。

能源加工、转换消费 指为了特定的用途，将一种能源（一般为一次能源），经过一定的工艺，加工或转换成另一种能源（二次能源）。能源的加工与转换，既有联系，又有区别。

能源加工 是能源物理形态的变化，比如用蒸馏的方式将原油炼制成汽油、煤油、柴油等石油制品；用筛选、水洗的方式将原煤洗选成洗煤；以焦化的方式将煤炭高温干馏成焦碳；以气化的方式将煤炭气化成煤气，等等。这些方法在加工前后能源均未发生质的变化。

能源转换 是能源形态以及物质化学形态的变化，比如经过一定的工艺过程，将煤炭、重油等转换成电力和热力，将热能转换为机械能，将机械能转换为电能，将电能转换为热能等；又比如，经过裂化，将重质石油转换成轻质石油（转换前、后的物质具有不同的化学结构和化学性质）。

综合能源消费量 指报告期内工业企业在工业生产活动中实际消费的各种能源的总和。计算综合能源消费量时，需要先将使用的各种能源折算成标准燃料后再进行计算。根据生产活动的性质，综合能源消费

量在不同的企业有不同的计算方法。(1)非能源加工转换转换企业综合能源消费量，就是企业工业生产消费的各种一次能源和二次能源的总和，即：综合能源消费量=工业生产消费的能源合计。(2)能源加工转换企业综合能源消费量，是企业工业生产消费的各种一次能源和二次能源扣除加工转换产出的二次能源后的实际能源消费量。计算公式：综合能源消费量=工业生产消费量的能源合计-能源加工转换产出合计。

取水总量 指工业企业从各种水源提取的，并用于工业生产活动的水量总和，包括地表水、地下水、自来水、由管道供应的未经过达标处理的水、经城市污水处理厂处理后回用的中水、海水，以及企业从市场购得的其他水或水的产品（如纯净水、矿泉水、蒸汽、热水、地热水等）。取水总量包括主要工业生产用水、辅助生产（包括机修、运输、空压站等）用水和附属生产（包括厂内绿化、职工食堂，非营业的浴室及保健站、厕所等）用水；不包括非工业生产单位的用水，如厂内居民家庭用水和企业附属幼儿园、学校、对外营业的浴室、游泳池等的用水量。

重复用水量 指在工业企业内部，对生产和生活排放的废水直接或经过处理后回收再利用的水量，不包括企业从城市污水处理厂购买的中水。企业废水在报告期每重复利用一次，计算一次重复用水量。

重复用水量的计算原则：(1)开放原则。即水的循环在开放系统进行。循环一次计算一次。封闭式循环系统的循环水不计算重复用水量。(2)“源头”计算原则。对循环水来说，使用后的水，又回流到系统的取水源头，流经源头一次，计算一次。循环系统中的中间环节用水不得计算重复用水量。(3)异地原则。对于非循环系统，根据不同工艺对不同水质的要求，在一个地方（工艺）使用过的水，在另一个地方（工艺）中进行使用，使用一次，计算一次。在同一个地方（容器）多次使用的水，不得计算重复用水量。(4)经过进化处理后的水重复再用，在任何情况下都按照重复用水计算。

Explanatory Notes on Main Statistical Indicators

Total Energy Production refers to the total production of primary energy by all energy producing enterprises in the city in a given period of time. The production of primary energy includes that of coal, crude oil, natural gas, hydro-power and electricity generated by nuclear energy and other means such as wind power and geothermal power. However, it does not include the production of fuels of low calorific value, bio-energy, solar energy and secondary energy converted from primary energy.

Total Energy Consumption refers to the total consumption of energy of industries(including the first, the second and tertiary industries) by the production sectors, non-production sectors and the households in the whole city in a given peri1od of time. Total energy consumption includes that of coal, crude oil and their products, natural gas and electricity. However, it does not include the consumption of fuel of low calorific value, bio-energy and solar energy. Total energy consumption can be divided into three parts: end-use energy consumption, loss during the process of energy conversion, and energy loss.

(l)End-use Energy Consumption refers to the total energy consumption by the production sectors and the households in the whole city in a given period of time minus the consumption during the conversation of primary energy into secondary energy and the loss in the process of energy conversation.

(2)Loss During the Process of Energy Conversation refers to the total input of various kinds of energy for conversation, minus the total output of various kinds of energy in the whole city in a given period of time. It is an indicator to show the loss that occurs during the process of energy conversation.

(3)Energy Loss refers to the total of the loss of energy during the course of energy transport, distribution and storage and the loss caused by any objective reason in a given period of time. The loss of various kinds of gas due to gas discharges and stocking is not included.

Elasticity Ratio of Energy Production is an indicator to show the relationship between the growth rate of production and the growth rate of the national economy. The formula is:

$$\text{Elasticity Ratio of Energy Production} = \frac{\text{Average Annual Growth Rate of Energy Production}}{\text{Average Annual Growth Rate of National Economy}}$$

Elasticity Ratio of Electricity Production is an indicator to show the relationship between the growth rate of electricity production and the growth rate of the national economy. Generally speaking, the growth rate of electricity production should be higher than that of the national economy. Its formular is:

$$\text{Elasticity Ratio of Electricity Production} = \frac{\text{Average Annual Growth Rate of Electricity Production}}{\text{Average Annual Growth Rate of National Economy}}$$

Elasticity Ratio of Energy Consumption is an indicator to show the relationship between the growth rate of energy consumption and the growth rate of the national economy. The formula is:

$$\text{Elasticity Ratio of Energy Consumption} = \frac{\text{Average Annual Growth Rate of Energy Consumption}}{\text{Average Annual Growth Rate of National Economy}}$$

Elasticity Ratio of Electricity Consumption is an indicator to show the relationship between the growth rate of electricity consumption and the growth rate of the national economy. The formula is:

$$\text{Elasticity Ratio of Electricity Consumption} = \frac{\text{Average Annual Growth Rate of Electricity Consumption}}{\text{Average Annual Growth Rate of National Economy}}$$

Efficiency of Energy Processing and Conversion refers to the ratio of the total output of energy products of various kinds after processing and conversion to the total input of energy of various kinds for processing and conversion in the same reference period. It is an important indicator to show the current conditions of energy processing and conversion equipment, production technique and management. The formula is:

$$\text{Efficiency of Energy Processing \& Conversion} = \frac{\text{Output of Energy After Processing \& Conversion}}{\text{Input of Energy for Processing \& Conversion}} \times 100\%$$

Consumption of Industrial Production refers to the energy cost for industrial production, including:

1. Energy cost for products and industrial operation, including raw material, material, fuel and motive power; as an energy process and conversion enterprise, it also includes the energy uses for processing and conversion(the energy here cannot be treated as raw material;
2. Energy used as accessory materials in production;
3. Technical energy consumed in production technological process;
4. Energy consumed in new-tech research, new product trial, scientific research;
5. Energy consumed for various maintenance for industrial production;
6. Energy consumed for labor protection in production area.

Energy Processing and Conversion Consumption refers to the process of processing and converting of primary energy into secondary energy for designed purpose. There are both connections and differences between processing and converting.

Energy Precessing refers to the changes of physical form changes. For example, refining crude oil into oil products like gasoline, kerosene and diesel oil by distillation; screening and washing cole into washed coal; coking coal into coke by high-temperature retorting. Gasifying coal into coal gas; Energies don't have qualitative changes during those processes.

Energy Converting refers to the changes of energy forms and chemical forms, for example, during a craft art process, conversing coal and heavy oil into electricity and heat, converting heat into mechanical energy, converting mechanical energy into electricity, converting electricity into heat; another example, converting heavy crude oil into light crude oil by cracking(the energies before and after converting have different chemical construction and chemical property).

Comprehensive Energy Consumption refers to total consumption of energies during industries and enterprises production activities in report period. When calculating comprehensive energy consumption, energies should be converted into standard fuels. Comprehensive energy consumption in different enterprises gets different calculation method due to their different production ways. (1) The comprehensive energy consumption of non-energy processing and converting enterprises refers to the summation of primary energy and secondary energy consumed by industries and enterprises, that is, comprehensive energy consumption = the summation of energies during industrial production. (2)The comprehensive energy consumption of energy processing and converting enterprises refers to the real comprehensive energy consumption (which means primary energy and secondary energy deducting secondary energy produced by processing and converting) consumed by industries and enterprises, The formula is: comprehensive energy consumption = the summation of energies during industrial production - total energy processing and converting production.

Total Water withdrawal refers to total water amount that the industries and enterprises withdraw from all kinds water resources, and take them into production activities, includes surface water, underground water, tap water, water supplied by pipelines without standard treatment, reclaimed water and seawater after being treated by the sewage treatment works, water and water products purchased by enterprises from market(like pure water, mineral water, steam water, hot water, geothermal water). Total water withdrawal includes water mainly used in industrial production, water used insubsidiary production(includes machine maintenance, transportation, air-compress station) and water used in auxiliary production(includes greening, staff dining hall, non-business bath room, health station and wash rooms), excludes water consumed by non-industrial production units, such as water consumed by households, kindergartens, schools bathrooms in operation, swimming pools of industries or enterprises.

Reused Water refers to the daily waste water reused directly or reused after treatment in industries and enterprises, excluding reclaimed water bought from sewage treatment works. Each time the industrial waste water during report period reused counts for one water reusing. Principles for calculating water reusing: (1) Open principle, according to which water recycled in an open system, and counted only once after one circulation; water recycled in closed system are not calculated as reused water; (2) calculating the “source”, used water flow back to the head once, counted once. Water used in intermediate links are not calculated in reused water; (3) changing places, in non-recycle system, according to different water quality requirement, water used in one place(one water processing step) reuses in another places (another processing step) once, counted once; water used in only one place many time are not calculated in reused water; (4) water reused after purification treatment are calculated into reused water at any time.

工 业

Industry

2017
贵阳统计年鉴
GUIYANG STATISTICAL YEARBOOK

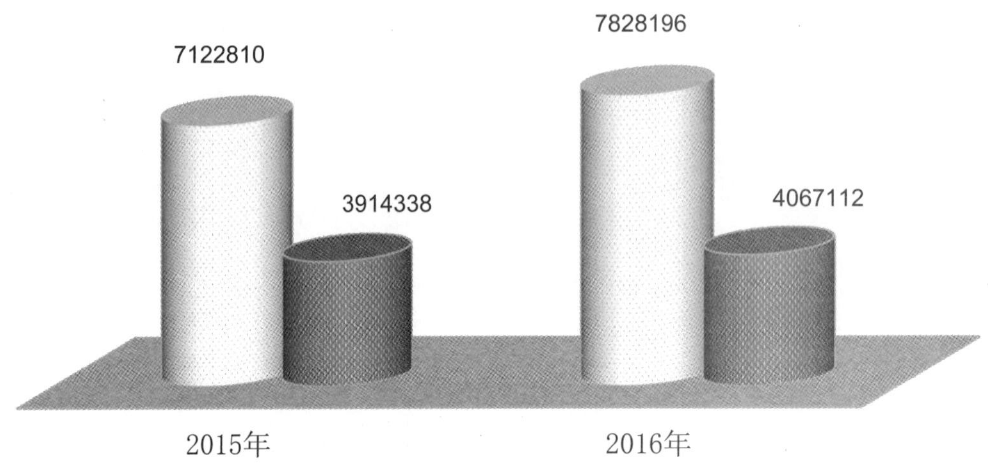

□规模以上工业企业增加值（2000万元口径）
#国有控股企业
单位：万元
7122810
3914338
7828196
4067112
2015年
2016年

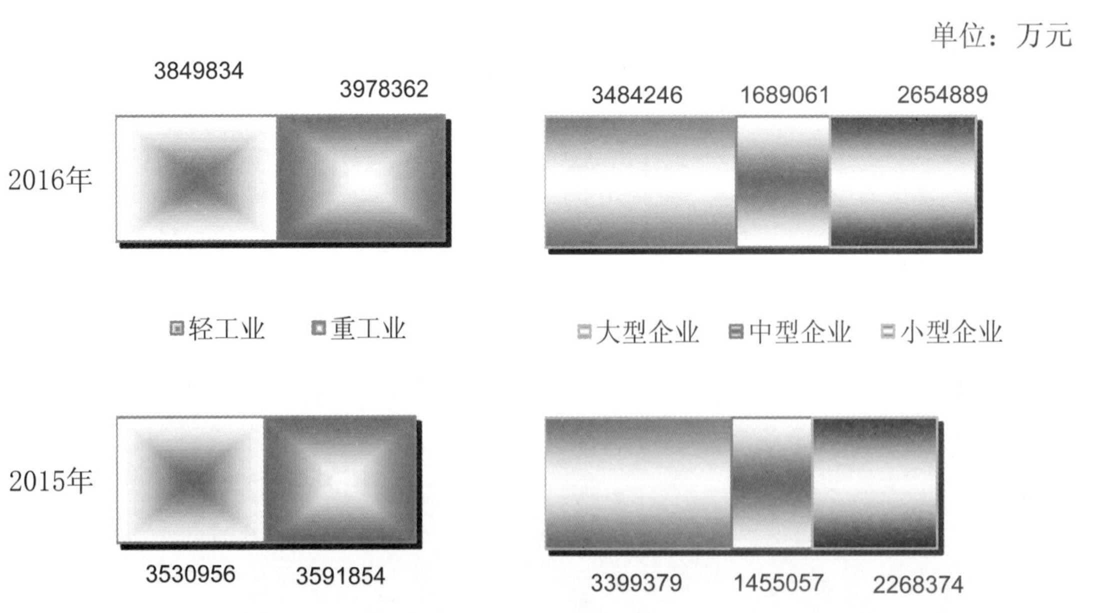

规模以上工业企业增加值(2000万元口径)
单位：万元
3849834
3978362
3484246
1689061
2654889
2016年
轻工业
重工业
大型企业
中型企业
小型企业
2015年
3530956
3591854
3399379
1455057
2268374

7-1 规模以上工业企业数(历年)
Number of Industrial Enterprises above Designated Size(over Years)

单位：个 (unit)

指 标	Item	2005	2006	2007	2008	2009	2010	2011	2012	2013	2014	2015	2016
规模以上工业	**Number of Industrial Enterprises above Designated Size**	**689**	**601**	**507**	**520**	**550**	**603**	**703**	**401**	**469**	**511**	**580**	**691**
#亏损企业	Unprofitable Enterprises	322	240	162	157	158	168	180	89	94	95	127	123
#国有控股企业	State Holding Enterprises	314	196	148	147	138	150	143	126	133	129	128	130
#农村工业	Rural Industries	16	16	15	13	11	11	16	10	8	5	4	3
#非公有制工业	Non-public Industries	304	310	291	317	360	400	501	253	324	367	439	548
#高技术	High-tech Industries			92	90	91	94	99	73	76	81	89	105
#文化产业	Cultural Industries											21	31
按支柱、特色行业分	**By Pillar and Characteristic Industries**												
能源、优势原材料为主的支柱产业	Pillar Industries of Energy and Raw Materials	106	96	91	89	98	119	118	79	89	95	98	98
电	Electricity	16	14	12	13	14	14	9	8	7	7	8	7
煤	Coal	3	3	3	3		7	13	8	12	14	12	11
煤化工	Coal Chemical Industry	12	12	15	18	22	15	7	12	18	16	16	15
磷及磷化工	Phosphorus and Its Chemical Industry	53	47	47	41	44	34	31	20	22	26	28	31
铁合金	Iron Alloy	10	9	8	9	9	10	9	7	7	7	7	5
烟酒为主的传统支柱产业	Traditional Pillar Industries of Tobacco and Liquor	12	6	4	4	5	5	5	6	7	8	10	12
酒	Liquor	9	4	2	2	3	3	3	3	4	5	7	9
烟	Tobacco	3	2	2	2	2	2	2	3	3	3	3	3
贵阳市重点产业(行业)	Six Special Pillar Industries							251	240	268	290	368	434
磷煤化工	Phosphorus and Coal Chemical Industry							34	32	28	28	33	34
铝及铝化工	Aluminum and Its Chemical Industry	12	11	10	10	9	39	47	31	35	39	39	40
特色食品	Characteristic Food	63	47	45	43	49	55	66	44	53	63	72	88
烟草制品	Tobacco Products	3	2	2	2	2	2	2	3	3	3	3	3
医药制造业	Modern Medicine							49	35	36	39	41	56
装备制造业	Equipment Manufacturing Industry	157	137	113	126	140	147	183	95	113	118	134	168
#汽车制造业	Automobile Industry											13	20
#电子信息设备制造业	Manufacture of Electronic Information Equipment											29	34
电力生产及供应业	Production and Supply of Electric Power											14	13
橡胶及塑料制品业	Manufacture of Chemical Fibers and Plastics											32	33
按登记注册类型分	**By Status of Registration**												
内资企业	Domestic-funded Enterprises	635	544	460	470	499	555	657	367	436	472	541	655
国有企业	State-owned Enterprises	218	130	83	76	66	68	69	50	45	43	39	31
集体企业	Collective-owned Enterprises	57	44	27	22	20	22	24	4	4	4	5	5
股份合作企业	Joint-equity Cooperative Enterprises	16	15	11	12	9	8	6	2	1	1	1	
联营企业	Joint Ownership Enterprises	4	3	1	3	2	3	3	2	1	1	1	1
有限责任公司	Limited Liability Companies	202	215	196	227	255	288	290	202	267	293	297	328
股份有限公司	Companies Limited by Shares	27	28	25	22	26	31	29	27	31	30	34	40
私营企业	Private Enterprises	111	109	117	108	121	135	236	80	86	99	163	250
其他企业	Others									1	1	1	
港、澳、台商投资企业	Enterprises with Funds from Hong Kong, Macao and Taiwan	25	24	20	23	23	21	21	14	11	15	18	19
外商投资企业	Enterprises with Foreign Investment	29	33	27	27	28	27	25	20	22	24	21	17
按经济组织类型分	**By Types of EconomicOrganization**												
独资企业	Solely Funded Enterprises	232	211	148	140	132	143	153	79	70	74	68	63
合作、合伙企业	Cooperative and Partnership Enterprises	26	26	20	24	24	28	31	14	12	12	13	10
股份有限公司	Companies Limited by Shares	36	36	34	35	45	46	47	38	37	37	42	50
有限责任公司	Limited Liability Companies	304	328	305	321	349	386	471	270	350	388	457	568
按轻重工业分	**By Light & Heavy Industries**												
轻工业	Light Industry	257	217	179	178	180	195	217	122	138	156	183	235
重工业	Heavy Industry	432	384	328	342	370	408	486	279	331	355	397	456

注：规模以上工业企业2011年之前是年主营业务收入500万元及以上的工业企业。2012年(含2012年)以后是年主营业务收入2000万元及以上的工业企业。

a) Before 2011, industrial enterprises above designated size refer to enterprises with an annual main business income of 5 million yuan or above;20 million yuan or above since 2012, including 2012。

7–2 工业增加值(历年)

单位：万元

指标	Item	2005	2006
规模以上工业	**Number of Industrial Enterprises above Designated Size**	**1918003**	**2289128**
#亏损企业	Unprofitable Enterprises	222902	214735
#国有控股企业	State Holding Enterprises	1326146	1454809
#农村工业	Rural Industries	6437	10541
#非公有制工业	Non-public Industries	555687	725287
#高技术	High-tech Industries	314301	409478
#文化产业	Cultural Industries		
按支柱、特色行业分	**By Pillar and Characteristic Industries**		
能源、优势原材料为主的支柱产业	Pillar Industry of Energy and Raw Materials	728614	871569
电	Electricity	196025	222422
煤	Coal	14003	17606
煤化工	Coal Chemical Industry	41173	45321
铝及铝加工	Aluminum and Its Processing Industry	240352	325287
磷及磷化工	Phosphorus and Its Chemical Industry	215562	229144
铁合金	Iron Alloy	21499	31789
烟酒为主的传统支柱产业	Traditional Pillar Industries on Tobacco and Liquor	460597	456805
酒	Liquor	6962	5294
烟	Tobacco	453635	451511
贵阳市重点产业(行业)	Six Special Pillar Industries		
磷煤化工	Phosphorus and Coal Chemical Industry		
铝及铝化工	Aluminum and Its Chemical Industry	240352	325287
特色食品	Characteristic Food	155982	86985
烟草制品	Tobacco Products	453635	451511
医药制造业	Modern Medicine		
装备制造业	Equipment Manufacturing Industry	199233	261235
#汽车制造业	Automobile Industry		
#电子信息设备制造业	Manufacture of Electronic Information Equipment		
电力生产及供应业	Production and Supply of Electric Power		
橡胶及塑料制品业	Manufacture of Chemical Fibers and Plastics		
按登记注册类型分	**By Status of Registration**		
内资企业	Domestic-funded Enterprises	1860490	2171421
国有企业	State-owned Enterprises	749279	792237
集体企业	Collective-owned Enterprises	22384	12434
股份合作企业	Joint-equity Cooperative Enterprises	12215	19515
联营企业	Joint Ownership Enterprises	2209	2453
有限责任公司	Limited Liability Companies	512123	618392
股份有限公司	Companies Limited by Shares	407245	562714
私营企业	Private Enterprises	155034	163676
其他企业	Others		
港、澳、台商投资企业	Enterprises with Funds from Hong Kong,Macao and Taiwan	17159	24086
外商投资企业	Enterprises with Foreign Investment	40353	93622
按经济组织类型分	**By Types of Economic Organization**		
独资企业	Solely Funded Enterprises	804163	853077
合作、合伙企业	Cooperative and Partnership Enterprises	17544	24964
股份有限公司	Companies Limited by Shares	420701	573053
有限责任公司	Limited Liability Companies	675595	838035
按轻重工业分	**By Light & Heavy Industries**		
轻工业	Light Industry	830877	928046
重工业	Heavy Industry	1087126	1361083
规模以下工业	**Industrial Enterprises below Designated Size**	**165299**	**170319**

注：规模以上工业企业2011年之前是年主营业务收入500万元及以上的工业企业，2012年(含2012年)以后是年主营业务收入2000万元及以上的工业企业。

Added Value of All Industrial Enterprises(over Years)

(10 000 yuan)

2007	2008	2009	2010	2011	2012	2013	2014	2015	2016年	2016年比 2015年增长(%) Growth Rate in 2016 over 2015(%)
2427007	**2791288**	**2905012**	**3298719**	**3782150**	**4556811**	**5523510**	**6334582**	**7122810**	**7828196**	**9.9**
168777	380834	414873	313433	350110	394694	459863	553003	475873	397730	-16.7
1647349	1952701	187795	2174735	2462192	3128151	3507339	3721355	3914338	4067112	4.5
11035	11818	12442	11741	14775	61092	37974	10043	8928	8538	-3.1
702443	766411	947348	1069078	1230080	1355954	1961089	2542714	3163006	3682683	15.6
424423	441116	594094	694393	531753	659543	874825	943772	1220895	1421679	15.9
								155974	196689	24.5
920167	1005861	772476	879803	844257	1101870	1073979	1173378	1277477	1524482	22.9
278081	284778	330761	324345	64149	86080	57636	77164	134313	118175	-1.8
19562	33949	9668	14015	72195	54112	64840	66170	16314	30142	84.5
70977	38268	18202	49976	38799	57947	78218	52306	26204	43673	70.1
270765	312464	105055	224948	177354	331422	289788	395118	336654	398655	17.2
251386	329144	302638	241391	466478	608102	635216	605540	760513	960938	30.8
49773	40357	14405	25128	29267	14520	13121	43251	19793	3041	-83.2
507908	633216	663344	771657	1059995	1468970	1809109	1881300	1997097	1963794	-3.7
5191	6849	15095	21706	66575	50446	98909	149809	247767	378975	47.4
502716	626366	648249	749952	993420	1418524	1710200	1731491	1749330	1584820	-10.9
				2709523	3598755	4308613	4726725	6013384	6568905	9.0
				496353	666049	639776	569792	770498	962487	29.5
270765	312464	102788	224948	175963	331422	289788	395118	336654	398655	17.2
94649	98398	5534	105419	232401	259005	415744	578521	723276	902285	20.9
502716	626366	648249	749952	989729	1418524	1710200	1731491	1749330	1584820	-10.9
				283468	367059	448999	611821	731369	871552	19.4
336129	352244	351572	529150	531609	556696	804107	839982	1116073	1227846	8.4
								292454	287831	-1.3
								258432	254873	-3.5
								397823	427897	12.0
								244380	243299	1.6
2297856	3653811	2717572	3075388	3534447	4284253	5204883	5931843	6694367	7114389	6.1
994540	1094681	1145047	1248808	1737357	1875881	2067111	2260512	2491321	2146984	-14.8
14605	9795	8216	8661	13635	5046	5028	30605	17849	18093	1.4
29221	41072	13453	3954	4171	733	782	1105	1910		
3164	2936	2990	3464	1884	2647	3193	714	616	686	18.1
593460	743184	858485	897642	775270	1188539	1813512	2259356	2411496	2853921	18.9
479405	533120	455037	682732	491832	666950	729168	679476	857204	926725	8.5
183461	229023	234343	230127	510299	544456	581075	692920	910347	1167979	28.2
						5014	7155	3623		
28637	37918	72604	97500	82838	72410	57280	115458	149461	372374	159.8
100514	99560	114836	125831	164865	200148	261347	287280	278982	341432	20.2
1080208	1153537	1233792	1358302	1900628	2031686	2193711	2454339	2674672	2383667	-11.9
40105	53335	43616	37545	73047	46953	43375	59308	45165	56774	26.1
495634	587568	530956	736563	550967	724393	758400	776070	895908	978340	9.5
811061	996849	1096650	1166309	1257509	1753778	2528025	3044863	3507066	4409415	26.4
985155	1145664	1335222	1479524	1743922	2235093	2849704	3274172	3530956	3849834	7.3
1441852	1645624	1569790	1819195	2038228	2321717	2673806	3060409	3591854	3978362	12.5
201530	**215893**	**161782**	**161951**	**204914**	**790478**	**559690**	**445418**	**18685**		

a) Before 2011, industrial enterprises above designated size refer to enterprises with an annual main business income of 5 million yuan or above; 20 million yuan or above since 2012, including 2012.

7–3 工业总产值(历年)

单位：万元

指　　标	Item	2005	2006
规模以上工业	**Industrial Enterprises above Designated Size**	**5740645**	**6696494**
#亏损企业	Unprofitable Enterprises	1153977	870555
#国有控股企业	State Holding Enterprises	3829864	3914935
#农村工业	Rural Industries	22610	34081
#非公有制工业	Non-public Industries	1773150	2335688
#高技术	High-tech Industries	961764	1067348
#文化产业	Cultural Industries		
按支柱、特色行业分	**By Pillar and Characteristic Industries**		
能源、优势原材料为主的支柱产业	Pillar Industry of Energy and Raw Materials	2337372	2903337
电	Electricity	756995	891639
煤	Coal	40119	43948
煤化工	Coal Chemical Industry	210341	236688
铝及铝加工	Aluminum and Its Processing Industry	563700	827352
磷及磷化工	Phosphorus and Its Chemical Industry	655699	761104
铁合金	Iron Alloy	110519	142607
烟酒为主的传统支柱产业	Traditional Pillar Industries of Tobacco and Liquor	683334	669759
酒	Liquor	16881	16833
烟	Tobacco	666453	652926
贵阳市重点产业(行业)	Six Special Pillar Industries		
磷煤化工	Phosphorus and Coal Chemical Industry		
铝及铝化工	Aluminum and Its Chemical Industry	563700	827352
特色食品	Characteristic Food	219449	345442
烟草制品	Tobacco Products	556169	652926
医药制造业	Modern Medicine		
装备制造业	Equipment Manufacturing Industry	904875	980371
#汽车制造业	Automobile Industry		
#电子信息设备制造业	Manufacture of Electronic Information Equipment		
电力生产及供应业	Production and Supply of Electric Power		
橡胶及塑料制品业	Manufacture of Chemical Fibers and Plastics		
按登记注册类型分	**By Status of Registration**		
内资企业	Domestic-funded Enterprises	5447421	6296029
国有企业	State-owned Enterprises	1811987	1963818
集体企业	Collective-owned Enterprises	82350	54531
股份合作企业	Joint-equity Cooperative Enterprises	49794	69313
联营企业	Joint Ownership Enterprises	10322	11104
有限责任公司	Limited Liability Corporations	1786737	2108072
股份有限公司	Companies Limited by Shares	1247146	1554714
私营企业	Private Enterprises	459085	534477
其他企业	Others		
港、澳、台商投资企业	Enterprises with Funds from Hong Kong,Macao and Taiwan	69974	89526
外商投资企业	Foreign-funded Enterprises	31822	310946

注：规模以上工业企业2011年之前是年主营业务收入500万元及以上的工业企业，2012年(含2012年)以后是年主营业务收入2000万元及以上的工业企业。

Gross Output Value of Industry (over Years)

(10 000 yuan)

2007	2008	2009	2010	2011	2012	2013	2014	2015	2016	2016年比 2015年增长(%) Growth Rate in 2016 over 2015(%)
7559236	**8667178**	**8967496**	**10583479**	**14662863**	**15934771**	**20143140**	**22291542**	**25785917**	**28168691**	**11.6**
687550	1559019	2032355	1669678	1921426	2355165	3004198	2661869	2968023	2019253	-30.0
4961370	5653418	5568527	6826601	8834873	10009794	10316211	11378451	12417480	12957694	7.8
35931	45407	52194	48073	84831	261059	245626	100290	64153	77144	24.3
2292378	2736088	3120416	3531377	5357776	5634541	9600513	10650166	13163287	14816588	13.8
1141901	1206143	1556973	1793079	2187669	2520645	3302252	3654209	4756622	5154733	9.5
								711642	722295	1.8
3281153	3597264	3298784	3921382	3911648	4762994	5453451	5395644	5650897	6378564	18.3
1017783	1073877	1156867	1263433	165588	208216	219551	274025	312061	266123	-3.1
49221	72696	25482	40784	160184	163760	226628	142905	64801	79905	25.3
314912	380952	306719	414142	271862	444800	578329	448407	264956	403412	60.9
942789	720727	597303	890227	1065903	1470364	1458606	1521836	1551080	1816062	18.6
801405	1167236	1067486	1167313	2031816	2408888	2947668	2898953	3411820	3877967	20.2
207225	263185	170993	145483	225134	223808	249296	252422	110980	15001	-85.0
717318	891078	935353	1142136	1440898	1814580	2255215	2294682	2487286	2515367	0.7
11753	18879	34515	48447	81999	99030	185876	280899	480391	676834	38.2
705566	872199	900838	1093689	1358899	1715550	2069339	2013783	2006895	1838533	-8.3
				9174781	10768487	13867711	14770715	20649993	22282520	10.1
				2276526	2853688	3262240	3144044	3612234	4169566	22.1
942789	720727	597303	890227	1060399	1470364	1458606	1521836	1551080	1816062	18.6
445589	465573	526757	377342	906757	968649	1639134	2011278	2480633	2975018	19.3
705566	842659	669325	181714	1358899	1715550	2069339	2013783	2006895	1838533	-8.3
				1055808	1235723	1864713	1983184	2454909	2573111	6.8
1167720	1328275	1544539	1694571	2516392	2524514	3573678	4096590	5333501	5759623	7.9
								1111156	940265	-14.0
								1823448	2048616	11.1
								1793048	1881247	9.7
								1663962	1412562	-11.3
7110368	8186898	8359273	9885539	13656614	14959517	18854597	20859327	24272614	25421856	6.7
2482745	2528181	2558660	2969558	4896761	3783654	3320968	4554531	5511641	4569606	-16.0
58318	46824	37318	41830	86648	24961	43823	43380	52977	54269	4.4
93366	150674	47812	17110	23318	8865	10899	9955	10129		
11074	14115	10578	12907	13277	13896	9077	5503	5199	5331	10.6
2097522	2787153	3210810	3633194	3805210	5659592	9067389	10260056	11084421	12354147	13.7
1748923	1825254	1762969	2322075	2753123	3261488	3725824	3281248	3766692	3531601	-3.9
618420	834688	731127	888864	2078278	2207062	2635784	2671466	3804491	4906902	31.2
						40833	33189	37063		
114085	169408	243830	245754	355905	286279	265572	437522	543161	1668544	230.3
334783	310871	364393	452186	650344	688975	1022971	994693	970142	1078291	11.0

a) Before 2011, industrial enterprises above designated size refer to enterprises with an annual main business income of 5 million yuan or above; 20 million yuan or above since 2012, including 2012.

7-3 续表

单位：万元

指　　标	Item	2005	2006
按经济组织类型分	**By Types of Economic Organization**		
独资企业	Solely Funded Enterprises	2022061	2193923
合作、合伙企业	Cooperative and Partnership Enterprises	69996	94147
股份有限公司	Companies Limited by Shares	1292412	1593106
有限责任公司	Limited Liability Companies	2356176	2815319
按轻重工业分	**By Light & Heavy Industries**		
轻工业	Light Industry	1783270	1910089
重工业	Heavy Industry	3957375	4786406
按企业规模分	**By Size of Enterprises**		
大型企业	Large Enterprises	2118966	2504986
中型企业	Medium-sized Enterprises	2318695	2581602
小型企业	Small Enterprises	1302984	1609907
微型企业	Micro-sized Enterprises		
按企业主营收入分	**By Revenue from Principal Business**		
年收入在40亿元以上	Annual Income Above 4 billion yuan	1178740	1403667
年收入在20—40亿元	Annual Income Between 2 billion and 4 billion yuan	534916	1340591
年收入在10—20亿元	Annual Income Between 1 billion and 2 billion yuan	632682	201071
年收入在5—10亿元	Annual Income Between 0.5 billion and 1 billion yuan	688961	677854
年收入在1—5亿元	Annual Income Between 0.1 billion and 0.5 billion yuan	1467164	1757088
年收入在3000万元—1亿元	Annual Income Between 30 million and 0.1 billion yuan	730683	815409
年收入在1000万元—3000万元	Annual Income Between 10 million and 30 million yuan	372052	382010
年收入在1000万元以下	Annual Income Below 10 million yuan	135447	1188204
规模以下工业	**Industrial Enterprises below Designated Size**	**576203**	**575743**

注：规模以上工业企业2011年之前是年主营业务收入500万元及以上的工业企业，2012年(含2012年)以后是年主营业务收入2000万元及以上的工业企业。

(continued)

(10 000 yuan)

2007	2008	2009	2010	2011	2012	2013	2014	2015	2016	2016年比2015年增长(%) Growth Rate in 2016 over 2015(%)
2777009	2747801	2829324	3342572	5556659	4315046	3944212	5241772	6232613	5413905	-12.1
132555	197642	130660	133041	252589	211041	209825	148190	169782	134290	-19.5
1812440	1981678	2001265	2529236	3020222	3481949	3826684	3522752	3969269	3717805	-4.1
2837233	3740056	4006246	4578630	5833393	7926736	12162420	13378828	15414252	18902691	25.6
2086884	2502421	2866480	3337003	4475231	4912009	6912842	7394216	8427204	9338991	11.2
5472352	6164757	6101016	7246475	10187631	11022762	13230298	14897326	17358713	18829700	11.8
3190261	3605188	3582084	4710415	8070810	9222967	8652773	9486069	9099151	9821444	10.3
2678440	3015956	3040865	3289106	2542979	3041156	5138065	4926736	5944375	6612032	13.4
1690535	2046034	2344547	2584048	3883085	3646969	6246017	7755273	10240087	11475988	14.6
				165989	23680	106285	123465	502304	259226	-47.2
2865128	3183871	3186051	3896877	5846834	6748095	6173849	6514000	7542866	6926126	-4.1
227638		320375	510587	1004866	831304	1540033	2506717	2711469	4168138	54.6
345867	1107995	635424	104284	452196	1071078	2242527	2405113	3147086	3732570	21.1
1078927	652331	814423	818594	1733665	2106679	3207798	3648281	4222348	4311440	4.3
1818661	2565093	2640471	2845644	3639277	3926958	5550477	5851163	6572925	6966399	7.4
803373	755910	919646	1026203	1364142	1066931	1248806	1229124	1339631	1701709	27.9
340402	326469	385510	338327	498123	163056	169817	135435	244357	285712	17.5
79240	75509	65595	98963	123760	20670	9834	1711	5236	76597	1370.5
689455	**709819**	**589260**	**587174**	**619116**	**2948613**	**2042912**	**1567270**	**67651**		

a) Before 2011, industrial enterprises above designated size refer to enterprises with an annual main business income of 5 million yuan or above; 20 million yuan or above since 2012, including 2012.

7-4 产业园区情况
Basic Statistics on Industrial Parks

单位：个、万元 (10 000 yuan)

指 标	Item	2016	2015	2016年比2015年增长(%) Growth Rate in 2016 over 2015(%)
规模以上增加值	**Added Value of Enterprises above Designated Size**			
贵阳市产业园区	Industrial Parks	6697700	5958158	12.0
南明临空经济区产业园	Nanming Airport Economic Zone	213091	206580	-0.5
云岩产业园	Yunyan Industrial Park	122610	96171	26.1
花溪产业园	Huaxi Industrial Park	201293	127659	57.1
小河—孟关装备制造业生态工业园	Xiaohe—Mengguan Equipment Manufacturing Industry Eco-Industrial Park	2175169	2230629	-4.0
乌当医药食品新型产业园	Wudang Food and Drug New Industrial Park	488686	503105	-3.5
白云铝及铝加工工业基地	Baiyun Aluminum and Aluminum Processing Industrial Base	737565	656393	10.4
麦架—沙文高新技术产业园	Maijia-Shawen High-tech Industrial Park	279825	289437	-4.6
贵阳综合保税区	Guiyang Integrated Free Trade Zone	2408	3794	-37.5
观山湖电子商务和现代制造业产业园	Guanshanhu Electronic Commerce and Modern Manufacturing Industrial Park	44442	23751	86.3
开阳磷煤化工生态工业示范基地	Kaiyang Phosphorus and Coal Chemical Ecological Industries Demonstration Base	647476	496570	34.0
息烽磷煤化工生态工业基地	Xifeng Phosphorus and Coal Chemical Ecological Industries Base	683752	547247	28.4
修文产业园	Xiuwen Industrial Park	687634	437668	56.2
清镇经开区	Qingzhen Economic Development Zone	413749	339152	23.9
规模以上总产值	**Total Output Value of Enterprises above Designated Size**			
贵阳市产业园区	Industrial Parks	23559188	20585298	16.4
南明临空经济区产业园	Nanming Airport Economic Zone	723318	711246	0.1
云岩产业园	Yunyan Industrial Park	350612	357701	-1.6
花溪产业园	Huaxi Industrial Park	987244	607105	64.4
小河—孟关装备制造业生态工业园	Xiaohe-Mengguan Equipment Manufacturing Industry Eco-Industrial Park	5201575	5046230	3.3
乌当医药食品新型产业园	Wudang Food and Drug New Industrial Park	1665016	1750279	-3.7
白云铝及铝加工工业基地	Baiyun Aluminum and Aluminum Processing Industrial Base	3185610	2734029	16.1
麦架—沙文高新技术产业园	Maijia-Shawen High-tech Industrial Park	1121784	1127171	-0.1
贵阳综合保税区	Guiyang Integrated Free Trade Zone	40805	20474	99.8
观山湖电子商务和现代制造业产业园	Guanshanhu Electronic Commerce and Modern Manufacturing Industrial Park	238181	222249	8.7
开阳磷煤化工生态工业示范基地	Kaiyang Phosphorus and Coal Chemical Ecological Industries Demonstration Base	2738756	2210530	29.9
息烽磷煤化工生态工业基地	Xifeng Phosphorus and Coal Chemical Ecological Industries Base	2741477	2435087	18.3
修文产业园	Xiuwen Industrial Park	2871713	1978491	47.9
清镇经开区	Qingzhen Economic Development Zone	1693096	1384707	25.1

7-5 规模以上工业分行业总产值
Gross Output Value of Industrial Enterprises above Designated Sizeby Sector

单位：万元 (10 000 yuan)

指 标	Item	2016	2015	2016年比2015年增长(%) Growth Rate in 2016 over 2015 (%)
总 计	**Total**	**28168691**	**25785917**	**11.6**
按工业行业分	**By Sector**			
采矿业	**Mining**	**616017**	**513353**	**23.0**
煤炭开采和洗选业	Mining and Washing of Coal	74880	59500	28.0
有色金属矿采选业	Non-ferrous Metals Mining and Dressing	87935	87890	4.7
非金属矿采选业	Mining and Processing of Non-mental Ores	453203	365963	26.5
制造业	**Manufacturing**	**25415849**	**23187730**	**11.8**
农副食品加工业	Farm and Sideline Products Processing	921036	767302	22.2
食品制造业	Food Manufacturing	822851	796967	1.8
酒、饮料和精制茶制造业	Manufacture of Liquor,Beverages and Refined Tea	1231131	916365	32.0
烟草制品业	Manufacture of Tobacco	1838533	2006895	-8.3
纺织业	Manufacture of Textile	2765	4850	-43.0
纺织服装、服饰业	Manufacture of Textiles and Garments	9544	11275	-14.9
皮革、毛皮、羽毛及其制品和制鞋业	Manufacture of Leather,Fur,Feather and Related Products and Footwear	133598	121579	10.3
木材加工及木、竹、藤、棕、草制品业	Wood Processing and Manufacture of Wood,Bamboo,Rattan, Palm,and Straw Products	2742	281	892.3
家具制造业	Manufacture of Furniture	65665	40904	60.7
造纸和纸制品业	Manufacture of Paper and Paper Products	341973	200314	70.4
印刷业和记录媒介复制业	Printing and Reproduction of Recording Media	328817	271944	21.7
文教、工美、体育和娱乐用品制造业	Manufacture of Articles for Culture,Education,Industrial Arts, Sports and Recreation	31288	16334	95.5
石油加工、炼焦和核燃料加工	Petroleum Processing,Coking and Nuclear Fuel Processing	1103917	818700	50.2
化学原料和化学制品制造业	Manufacture of Raw Chemical Materials and Chemical Products	4071376	3564886	21.1
医药制造业	Manufacture of Medicines	2573111	2454909	6.8
橡胶和塑料制品业	Manufacture of Rubber and Plastics	1412562	1663962	-11.3
非金属矿物制品业	Manufacture of Non-metallic Mineral Products	2264261	1891092	21.8
黑色金属冶炼和压延加工业	Smelting and Calendering of Ferrous Metals	520491	613722	-13.9
有色金属冶炼和压延加工业	Smelting and Calendering of Non-ferrous Metals	1601454	1363467	16.6
金属制品业	Manufacture of Metal Products	469835	463467	0.5
通用设备制造业	Manufacture of General Purpose Machinery	567554	444163	29.4
专用设备制造业	Manufacture of Special Purpose Machinery	470713	423378	11.1
汽车制造业	Manufacture of Automobiles	940265	1111156	-14.0

7-5 续表 (continued)

单位：万元 (10 000 yuan)

指 标	Item	2016	2015	2016年比2015年增长(%) Growth Rate in 2016 over 2015(%)
铁路、船舶、航空航天和其他运输设备制造业	Manufacture of Railway,Watercraft,Aviation,Aerospace and Other Transport Equipment	1003249	1006520	0.0
电气机械和器材制造业	Manufacture of Electrical Machinery and Equipment	1179738	818204	40.2
计算机、通信和其他电子设备制造业	Manufacture of Computers, Communication Equipment and Other Electronic Equipment	1263518	1183266	7.1
仪器、仪表制造业	Manufacture of Measuring Instruments	97140	78047	24.7
其他制造业	Others	137154	133781	2.6
废弃资源综合利用业	Comprehensive Utilization of Waste Resources	9567		
电力、燃气及水的生产和供应业	**Production and Supply of Electric Power,Gas and Water**	**2136824**	**2084834**	**6.9**
电力、热力的生产和供应业	Production and Supply of Electric Power and Heating Power	1881570	1793048	9.7
燃气生产和供应业	Production and Supply of Gas	138090	155780	-5.8
水的生产和供应业	Production and Supply of Water	117164	136007	-16.1
按支柱、特色行业分	**By Pillar and Characteristic Industries**			
能源、优势原材料为主的支柱产业	Pillar Industries of Energy and Raw Materials	6378564	5650897	18.3
电	Electricity	266123	312061	-3.1
煤	Coal	79905	64801	25.3
煤化工	Coal Chemical Industry	403412	264956	60.9
铝及铝加工	Aluminum and Its Processing Industry	1816062	1551080	18.6
磷及磷化工	Phosphorus and Its Chemical Industry	3877967	3411820	20.2
铁合金	Iron Alloy	15001	110980	-85.0
烟酒为主的传统支柱产业	Traditional Pillar Industries of Tobacco and Liquor	2515367	2487286	0.7
酒	Liquor	676834	480391	38.2
烟	Tobacco	1838533	2006895	-8.3
贵阳市重点产业(行业)	Six Special Pillar Industries	22282520	20649993	10.1
磷煤化工	Phosphorus and Coal Chemical Industry	4169566	3612234	22.1
铝及铝化工	Aluminum and Its Chemical Industry	1816062	1551080	18.6
特色食品	Characteristic Food	2975018	2480633	19.3
烟草制品	Tobacco Products	1838533	2006895	-8.3
医药制造业	Modern Medicine	2573111	2454909	6.8
装备制造业	Equipment Manufacturing Industry	5759623	5333501	7.9
#汽车制造业	Automobile Industry	940265	1111156	-14.0
#电子信息设备制造业	Manufacture of Electronic Information Equipment	2048616	1823448	11.1
电力生产及供应业	Production and Supply of Electric Power	1881247	1793048	9.7
橡胶及塑料制品业	Manufacture of Chemical Fibers and Plastics	1412562	1663962	-11.3

注：1) 工业总产值按当年价格计算； 2) 增长速度按价格指数紧缩后的可比价格计算。

a) Gross output value of industrial enterprises is calculated at the current price.

b) The growth rate is calculated at the comparable price after the decrease of price index.

7-6 规模以上工业主要经济指标变动情况
The Variation of Main Economic Indicators in Industrial Enterprises above Designated Size

单位：万元 (10 000 yuan)

指 标	Item	总 计 Total		#国有及国有控股 State-owned and	
		2016	2016年比2015年增长(%) Growth Rate in 2016 over 2015(%)	2016	2016年比2015年增长(%) Growth Rate in 2016 over 2015(%)
企业单位数(个)	Number of Enterprises(unit)	691	19.1	130	1.6
#亏损企业数(个)	Number of Unprofitable Enterprises(unit)	123	-3.1	30	-23.1
工业总产值(当年价格)	Gross Industrial Output Value(current price)	28168691	11.6	12957694	7.8
工业销售产值(当年价格)	Industrial Sales Value(current price)	26425738	11.3	12368384	8.7
#出口交货值	Delivery Value of Export	572687	-19.9	457738	-27.0
工业增加值(收入法)	Industrial Added Value(income approach)	7828196	9.9	4067112	4.5
资产合计	Total Assets	31813897	6.8	21002603	4.5
流动资产合计	Total Current Assets	15663788	6.8	9561247	5.8
#应收账款净额	Net Receivables	3370902	9.5	1869221	6.2
存 货	Inventory	3619167	3.5	2582126	3.6
#产成品	Finished Goods	1162355	-27.7	641426	-39.9
固定资产小计	Total Fixed Assets	10017324	2.2	7516975	-0.2
固定资产原价	Original Value of Fixed Assets	13979858	11.6	10834608	12.0
累计折旧	Accumulated Depreciation	4735443	11.1	3771011	9.9
年末固定资产净值余额	Net Value of Fixed Assets at the Year-end	9244415	11.8	7063597	13.1
负债合计	Total Liabilities	21073740	5.8	14668254	2.9
流动负债合计	Total Current Liabilities	14532241	7.5	9467326	5.8
#应付帐款	Accounts Payable	3033189	24.1	2013860	26.0
非流动负债合计	Total Non-current Liabilities	4668914	0.7	3776539	-8.9
所有者权益合计	Total Owners' Equity	10902820	10.9	6496527	11.7
#实收资本	Paid-up Capital	5054550	3.7	3258596	1.9
国家资本	State Capital	2216067	67.5	2141208	65.7
集体资本	Collective Capital	108344	91.4	2214	-90.2
法人资本	Corporate Capital	1820419	-29.3	969397	-43.5
个人资本	Personal Capital	534173	-1.8	76717	-22.7
港澳台资本	Capital from Hong Kong,Macao and Taiwan	34308	-39.8	480	-78.4
外商资本	Foreign Capital	337687	5.6	65527	
主营业务收入	Revenue from Principal Business	27673992	9.2	14310843	6.1
主营业务成本	Cost of Principal Business	21162018	10.5	10769704	8.5
主营业务税金及附加	Tax and Extra Charges of Principal Business	1108561	-6.0	998936	-8.4
其他业务利润	Others	60140	25.6	55495	33.3
销售费用	Selling Expenses	1216083	3.9	363360	11.0
管理费用	Management Expenses	1203083	3.5	695394	-4.0
#税 金	Taxes	43766	-6.3	23478	-16.6
财务费用	Financial Expenses	442038	0.4	335544	3.9
#利息支出	Interest Expenses	425532	5.9	334929	10.2
营业利润	Operating Profits	2551508	10.8	1162725	0.7
投资收益	Investment Income	34325	-13.8	21249	-25.1
政府补助	Government Subsidies	88183	-26.3	63530	-35.3
利润总额	Total Profits	2677245	0.6	1252712	-15.0
所得税费用	Income Tax Expense	268505	13.8	127729	32.2
亏损企业亏损总额	Total Losses	203109	7.2	160570	0.3
利税总额	Total Taxes and Profits	4710345	-0.6	2738993	-11.2
本年应交增值税	Value Added Tax Payable	924539	2.7	487345	-5.9
本年进项税额	Input VAT				
本年销项税额	Output VAT				
工业中间投入合计	Total Intermediate Industrial Input	19980436	9.8	8794375	6.9
全部从业人员年平均人数(人)	Annual Average Employed Persons (person)	195082	1.6	114480	-0.3

7-6 续表

单位：万元

指　　标	Item	#高技术工业 High-tech Industries 2016	2016年比2015年增长(%) Growth Rate in 2016 over 2015(%)
企业单位数(个)	Number of Enterprises(unit)	105	18.0
#亏损企业数(个)	Number of Unprofitable Enterprises(unit)	13	18.2
工业总产值(当年价格)	Gross Industrial Output Value (current price)	5154733	9.5
工业销售产值(当年价格)	Industrial Sales Value (current price)	4520358	7.9
#出口交货值	Delivery Value of Export	130873	42.6
工业增加值(收入法)	Industrial Added Value(income approach)	1421679	15.9
资产合计	Total Assets	5880581	10.4
流动资产合计	Total Current Assets	3405030	6.0
#应收账款净额	Net Receivables	912186	9.9
存　货	Inventory	688402	3.6
#产成品	Finished Goods	276607	-10.9
固定资产小计	Total Fixed Assets	1246914	-14.8
固定资产原价	Original Value of Fixed Assets	1860673	22.9
累计折旧	Accumulated Depreciation	705357	17.9
年末固定资产净值余额	Net Value of Fixed Assets at the Year-end	1155317	26.1
负债合计	Total Liabilities	3046254	6.9
流动负债合计	Total Current Liabilities	2586088	12.2
#应付帐款	Accounts Payable	524463	21.6
非流动负债合计	Total Non-current Liabilities	350380	-29.2
所有者权益合计	Total Owners' Equity	2832706	16.4
#实收资本	Paid-up Capital	1115206	8.4
国家资本	State Capital	496993	50.2
集体资本	Collective Capital	63850	554.7
法人资本	Corporate Capital	454850	-20.8
个人资本	Personal Capital	90051	16.4
港澳台资本	Capital from Hong Kong,Macao and Taiwan	2840	-22.8
外商资本	Foreign Capital	6623	-79.7
主营业务收入	Revenue from Principal Business	4215943	8.3
主营业务成本	Cost of Principal Business	2600255	6.1
主营业务税金及附加	Tax and Extra Charges of Principal Business	28465	30.4
其他业务利润	Others	7651	-21.2
销售费用	Selling Expenses	691557	-1.9
管理费用	Management Expenses	376280	12.8
#税　金	Taxes	5625	-26.1
财务费用	Financial Expenses	63251	-3.8
#利息支出	Interest Expenses	55747	-8.0
营业利润	Operating Profits	457662	45.9
投资收益	Investment Income	4075	-56.2
补贴收入	Income from Subsidies	30696	11.6
利润总额	Total Profits	489221	38.4
所得税费用	Income Tax Expense	64911	18.2
亏损企业亏损总额	Total Losses	16030	137.9
利税总额	Total Taxes and Profits	711214	33.9
本年应交增值税	Value Added Tax Payable	193529	24.0
本年进项税额	Input VAT		
本年销项税额	Output VAT		
工业中间投入合计	Total Intermediate Industrial Input	3493994	7.4
全部从业人员年平均人数(人)	Annual Average Employed Persons (person)	54445	13.5

(continued)

(10 000 yuan)

#非公有制工业 Non-public Industries		#大中型工业 Large and Medium-sized Industrial Enterprises		#装备制造业 Equipment Manufacturing Industry	
2016	2016年比2015年增长(%) Growth Rate in 2016 over 2015(%)	2016	2016年比2015年增长(%) Growth Rate in 2016 over 2015(%)	2016	2016年比2015年增长(%) Growth Rate in 2016 over 2015(%)
548	24.8	124	7.8	168	25.4
93	9.4	20	5.3	37	5.7
14816588	13.8	16433477	11.5	5759623	7.9
13695751	12.5	15634367	14.3	5355131	7.7
76163	-13.2	485442	-26.8	170679	34.0
3682683	15.6	5173307	6.2	1227846	8.4
10641084	11.5	24113633	6.2	7220637	13.0
6016237	8.5	11379321	5.8	4648399	12.3
1466092	13.7	2159338	7.7	1284561	10.5
1024876	3.6	2939700	5.9	913049	9.1
513918	-3.3	816593	-32.0	388767	5.1
2453617	9.8	7569733	-1.0	1503441	-8.1
3075299	9.7	10703617	13.8	2260089	22.1
940327	15.1	3526636	15.4	863866	13.5
2134972	7.5	7176981	13.0	1396223	28.1
6329944	13.3	16429737	3.7	4715669	12.9
4996964	10.9	11269297	8.6	4111628	15.0
1009214	22.0	2199435	27.0	1002389	33.1
888697	83.5	3860534	-1.9	377609	-29.1
4311627	9.2	7681694	12.3	2535476	16.7
1761587	6.4	3179632	7.1	1381026	11.2
74759	158.9	1608313	39.9	794175	59.9
90465	197.8	153	-97.2	63795	474.5
834315	-1.3	1207757	-11.0	354319	-39.3
455560	2.9	168332	-29.5	108012	20.1
33828	-38.2	8791		3561	-19.1
272159	7.0	186287	-10.8	57164	1.2
13041711	11.6	17652104	11.2	4865008	5.9
10129863	11.5	12776803	13.1	3972826	4.6
107869	23.6	1024895	-8.2	19849	40.4
4537	-26.6	52432	25.9	11528	-24.0
838211	1.2	771333	2.8	170249	4.9
501440	16.3	775409	0.3	401342	10.0
19908	8.1	30501	-10.7	5839	-24.0
106112	-9.0	359949	4.0	67895	8.7
89569	-7.7	362446	9.3	61448	11.7
1352846	19.1	1982020	20.0	204901	3.5
13075	14.6	29043	-12.1	4476	-63.0
23640	12.0	72580	-28.9	28243	-1.7
1386998	18.3	2096166	6.1	236352	0.2
138618	0.7	202402	10.8	35523	45.1
42539	54.7	103606	-19.9	36359	42.7
1924609	17.7	3773118	0.9	349299	4.6
429742	14.3	652057	0.6	93098	10.9
10876282	10.8	11158711	13.0	4376193	9.8
78098	4.3	144726	3.5	67035	13.1

7-7 规模以上工业综合经济效益指标(2016年)

单位：万元

指　　标	Item	总资产贡献率(%) Contribution Ratio of Total Assets(%)	资产负债率(%) Ratio of Debts to Assets(%)
总　计	**Total**	**16.68**	**66.24**
#亏损企业	Unprofitable Enterprises	-0.44	82.62
#国有控股企业	State Holding Enterprises	14.96	69.84
#农村工业	Rural Industries	2.24	57.87
#非公有制工业	Non-public Industries	19.96	59.49
#高技术	High-tech	13.69	51.80
#文化产业	Cultural Industries	14.82	34.40
按登记注册类型分	**By Status of Registration**		
内资企业	Domestic-funded Enterprises	16.65	67.12
国有企业	State-owned Enterprises	40.10	58.91
集体企业	Collective-owned Enterprises	15.91	44.96
股份合作企业	Joint-equity Cooperative Enterprises		
联营企业	Joint Ownership Enterprises	40.43	50.02
有限责任公司	Limited Liability Companies	9.11	74.17
股份有限公司	Companies Limited by Shares	8.55	55.25
私营企业	Private Enterprises	31.52	61.57
其他企业	Others		
港、澳、台商投资企业	Enterprises with Funds from Hong Kong,Macao and Taiwan	8.74	53.43
外商投资企业	Enterprises with Foreign Investment	26.12	51.75
按经济组织类型分	**By Types of Economic Organization**		
独资企业	Solely Funded Enterprises	37.76	57.90
合作、合伙企业	Cooporative and Partnership Enterprises	48.47	49.69
股份有限公司	Companies Limited by Shares	8.85	55.23
有限责任公司	Limited Liability Companies	11.64	71.83
按轻重工业分	**By Light & Heavy Industries**		
轻工业	Light Industry	36.81	43.24
重工业	Heavy Industry	10.69	73.48
按企业规模分	**By Size of Enterprises**		
大型企业	Large Enterprises	19.03	66.39
中型企业	Medium-sized Enterprises	14.82	72.06
小型企业	Small Enterprises	14.36	60.80
微型企业	Micro-sized Enterprises	2.74	47.61
按企业主营业务收入分	**By Revenue from Principal Business**		
年收入在40亿元以上	Annual Income Above 4 billion yuan	30.37	77.08
年收入在20—40亿元	Annual Income Between 2 billion and 4 billion yuan	18.20	61.44
年收入在10—20亿元	Annual Income Between 1 billion and 2 billion yuan	13.87	66.64
年收入在5—10亿元	Annual Income Between 0.5 billion and 1 billion yuan	13.45	54.87
年收入在1—5亿元	Annual Income Between 0.1 billion and 0.5 billion yuan	8.79	65.22
年收入在3000万元—1亿元	Annual Income Between 30 million and 0.1 billion yuan	4.54	60.57
年收入在1000万元—3000万元	Annual Income Between 10 million and 30 million yuan	3.72	68.56
年收入在1000万元以下	Annual Income Below 10 million yuan	-24.61	131.21

Overall Indicators on Economic Benefits of Industrial Enterprises above Designated Size(2016)

(10 000 yuan)

流动资产周转率(次/年) Turnover Rate of Current Assets(times/year)	成本费用利润率(%) Ratio of Profits to Total Industrial Costs(%)	全员劳动生产率 (元/人·年) Labor Productivity (yuan/ person /year)	产品销售率(%) Sales Rate of Industrial Products (%)	资本保值增值率(%) Capital Maintenance and Appreciation Rate(%)	工业综合经济效益指数(%) Composite Index of Industrial Economic Benefits(%)
1.82	**11.14**	**401277**	**93.81**	**110.92**	**372.06**
0.75	-10.77	133229	94.98	113.72	79.88
1.54	10.30	355268	95.45	111.74	334.19
2.59	1.12	191855	56.90	56.28	177.45
2.26	11.98	471546	92.44	109.22	429.65
1.27	13.11	261122	87.69	116.35	285.28
2.26	6.13	367162	93.95	119.68	336.40
1.76	11.37	387060	93.93	110.67	363.35
1.44	46.68	793416	97.97	101.32	784.96
1.53	8.84	360423	90.19	125.81	337.59
12.73	3.91	30765	97.98	102.28	273.53
1.77	5.94	304613	94.27	104.48	276.00
1.21	6.96	233367	88.81	132.14	237.25
3.68	13.13	516348	93.05	127.84	498.91
4.81	3.38	754558	96.32	118.58	574.70
1.64	20.09	538452	87.08	109.11	505.52
1.44	39.51	726506	95.66	103.38	712.93
3.45	10.44	356620	90.37	44.28	410.34
1.25	6.92	237403	89.14	130.57	240.35
2.11	7.51	369081	94.23	108.45	330.29
1.84	17.50	714971	91.53	108.84	625.24
1.82	8.93	281682	94.95	112.31	278.13
1.56	14.21	360554	95.49	121.24	362.26
1.67	14.39	351229	94.61	93.71	345.05
2.57	6.28	529134	91.84	115.60	436.23
0.67	3.10	452496	96.99	49.45	329.38
2.60	16.21	1093107	98.38	92.49	838.63
1.90	14.17	316977	93.55	158.59	343.79
1.50	10.95	353705	92.16	127.08	335.88
1.62	12.13	342720	94.39	102.70	333.06
1.73	5.10	297307	90.93	100.54	269.13
1.08	3.26	226294	90.92	128.09	209.86
0.67	3.10	143896	85.93	68.58	142.74
0.10	-157.05	103531	98.16	4748.13	62.10

7-7 续表1

单位：万元

指　　标	Item	总资产贡献率(%) Contribution Ratio of Total Assets(%)	资产负债率(%) Ratio of Liabilities to Assets(%)
按支柱、特色行业分	**By Pillar and Characteristic Industries**		
能源、优势原材料为主的支柱产业	Pillar Industries of Energy and Raw Materials	10.03	85.21
电	Electricity	8.94	94.11
煤	Coal	1.89	82.22
煤化工	Coal Chemical Industry	2.42	107.22
铝及铝加工	Aluminum and Its Processing Industry	10.14	72.07
磷及磷化工	Phosphorus and Its Chemical Industry	12.18	83.13
铁合金	Iron Alloy	1.17	79.46
烟酒为主的传统支柱产业	Traditional Pillar Industries of Tobacco and Liquor	71.33	32.60
酒	Liquor	99.53	60.69
烟	Tobacco	68.00	29.49
贵阳市重点产业(行业)	Six Special Pillar Industries	19.70	67.94
磷煤化工	Phosphorus and Coal Chemical Industry	10.98	88.42
铝及铝化工	Aluminum and Its Chemical Industry	10.14	72.07
特色食品	Characteristic Food	43.27	62.29
烟草制品	Tobacco Products	68.00	29.49
医药制造业	Modern Medicine	24.87	36.86
装备制造业	Equipment Manufacturing Industry	6.04	65.31
#汽车制造业	Automobile Industry	12.08	53.59
#电子信息设备制造业	Manufacture of Electronic Information Equipment	5.59	68.03
电力生产及供应业	Production and Supply of Electric Power	43.58	94.82
橡胶及塑料制品业	Manufacture of Chemical Fibers and Plastics	5.98	62.39
按工业行业分	**By Sector**		
采矿业	**Mining**	**16.42**	**71.83**
煤炭开采和洗选业	Mining and Washing of Coal	1.83	82.66
有色金属矿采选业	Non-ferrous Metals Mining and Dressing	11.55	48.32
非金属矿采选业	Ming and Processing of Non-mental Ores	69.83	43.06

(continued)

(10 000 yuan)

流动资产周转率(次/年) Turnover Rate of Current Assets(times/year)	成本费用利润率(%) Ratio of Profits to Total Industrial Costs(%)	全员劳动生产率(元/人·年) Labor Productivity (yuan/ person /year)	产品销售率(%) Sales Rate of Industrial Products (%)	资本保值增值率(%) Capital Maintenance and Appreciation Rate(%)	工业综合经济效益指数(%) Composite Index of Industrial Economic Benefits(%)
2.55	5.52	371499	97.43	96.56	320.43
1.84	17.11	726782	98.03	67.34	563.97
0.33	-7.06	43958	96.82	39.22	30.47
0.79	-10.72	53163	94.57	-47.85	8.36
2.40	7.38	356994	94.48	112.04	322.98
3.04	5.77	484319	99.02	127.79	403.60
0.88	0.11	162643	111.10	-45.73	124.93
1.50	33.53	3410549	97.29	100.85	2380.23
4.36	57.16	2730364	89.61	91.74	2135.70
1.25	22.19	3626590	100.12	101.47	2460.14
1.85	13.30	428967	93.32	111.05	402.33
2.95	4.88	456306	98.57	114.98	376.77
2.40	7.38	356994	94.48	112.04	322.98
3.38	20.77	637567	93.19	98.32	616.10
1.25	22.19	3626590	100.12	101.47	2460.14
1.49	21.58	438076	80.75	117.22	446.66
1.11	5.12	183165	92.98	116.67	191.11
1.66	7.21	260740	94.82	107.28	263.29
0.98	5.03	161159	91.78	121.07	174.92
8.18	114.43	922789	98.13	84.16	1179.29
1.15	4.11	208322	85.04	102.56	200.77
1.34	**11.97**	**265686**	**94.02**	**59.96**	**279.33**
0.33	-7.56	41622	98.19	37.92	26.87
5.39	3.28	1214777	82.85	113.65	861.80
3.68	20.47	923476	95.50	110.70	843.49

7-7 续表2

单位：万元

指　　标	Item	总资产贡献率(%) Contribution Ratio of Total Assets(%)
制造业	**Manufacturing**	**15.21**
农副食品加工业	Farm and Sideline Products Processing	24.94
食品制造业	Food Manufacturing	25.43
酒、饮料和精制茶制造业	Manufacture of Liquor,Beverages and Refined Tea	73.61
烟草制品业	Manufacture of Tobacco	68.00
纺织业	Manufacture of Textile	7.71
纺织服装、服饰业	Manufacture of Textiles and Garments	9.77
皮革、毛皮、羽毛及其制品和制鞋业	Manufacture of Leather,Fur,Feather and Related Products and Footwear	13.51
木材加工及木、竹、藤、棕、草制品业	Wood Processing and Manufacture of Wood,Bamboo,Rattan, Palm,and Straw Products	14.21
家具制造业	Manufacture of Furniture	17.18
造纸和纸制品业	Manufacture of Paper and Paper Products	62.83
印刷业和记录媒介复制业	Printing and Reproduction of Recording Media	16.45
文教、工美、体育和娱乐用品制造业	Manufacture of Articles for Culture,Education,Industrial Arts, Sports and Recreation	13.23
石油加工、炼焦和核燃料加工业	Petroleum Processing,Coking and Nuclear Fuel Processing	4.66
化学原料和化学制品制造业	Manufacture of Raw Chemical Materials and Chemical Products	7.78
医药制造业	Manufacture of Medicines	24.87
橡胶和塑料制品业	Manufacture of Rubber and Plastics	5.98
非金属矿物制品业	Manufacture of Non-metallic Mineral Products	14.01
黑色金属冶炼和压延加工业	Smelting and Calendering of Ferrous Metals	1.85
有色金属冶炼和压延加工业	Smelting and Calendering of Non-ferrous Metals	9.80
金属制品业	Manufacture of Metal Products	3.75
通用设备制造业	Manufacture of General Purpose Machinery	3.77
专用设备制造业	Manufacture of Special Purpose Machinery	5.13
汽车制造业	Manufacture of Automobiles	12.08
铁路、船舶、航空航天和其他运输设备制造业	Manufacture of Railway,Watercraft,Aviation,Aerospace and OtheTransp	3.73
电气机械和器材制造业	Manufacture of Electrical Machinery and Equipment	7.26
计算机、通信和其他电子设备制造业	Manufacture of Computers,Communication Equipment and OtheElectro	7.59
仪器、仪表制造业	Manufacture of Measuring Instruments	5.81
其他制造业	Others	1.61
废弃资源综合利用业	Comprehensive Utilization of Waste Resources	88.82
电力、燃气及水的生产和供应业	**Production and Supply of Electric Power,Gas and Water**	**26.89**
电力、热力的生产和供应业	Production and Supply of Electric Power and Heating Power	43.69
燃气生产和供应业	Production and Supply of Gas	4.10
水的生产和供应业	Production and Supply of Water	2.40

(continued)

(10 000 yuan)

资产负债率(%) Ratio of Liabilities to Assets(%)	流动资产周转率(次/年) Turnover Rate of Current Assets(times/year)	成本费用利润率(%) Ratio of Profits to Total Industrial Costs(%)	全员劳动生产率(元/人·年) Labor Productivity (yuan/ person /year)	产品销售率(%) Sales Rate of Industrial Products(%)	资本保值增值率(%) Capital Maintenance and Appreciation Rate(%)	工业综合经济效益指数(%) Composite Index of Industrial EconomicBenefits(%)
64.27	**1.79**	**7.76**	**397819**	**93.51**	**111.78**	**354.80**
48.81	5.32	3.53	224828	92.63	108.92	287.73
71.27	1.83	20.59	394686	94.78	81.26	414.75
58.35	4.45	39.54	1558641	92.54	110.46	1314.59
29.49	1.25	22.19	3626590	100.12	101.47	2460.14
13.47	1.70	6.38	97187	74.62	101.16	149.82
22.27	8.07	1.93	99759	98.15	113.32	206.06
31.21	3.38	3.52	150082	104.38	108.69	203.49
4.96	0.89	19.57	203826	76.89	-29.78	251.19
59.30	2.01	9.36	282382	106.53	142.91	303.90
57.62	9.72	7.90	473216	97.82	121.79	571.47
28.59	1.83	10.90	561687	94.33	128.76	472.34
40.98	1.83	9.06	570463	98.15	212.11	476.31
91.35	16.83	0.12	7331286	98.14	118.20	4650.10
83.49	2.50	3.50	361423	99.15	127.48	306.85
36.86	1.49	21.58	438076	80.75	117.22	446.66
62.39	1.15	4.11	208322	85.04	102.56	200.77
70.94	2.83	5.92	347933	93.83	121.41	324.92
56.82	0.74	2.22	141165	95.36	102.34	143.27
71.58	2.61	7.07	385033	95.25	93.36	337.99
62.35	1.32	-0.07	160478	93.86	93.38	153.53
62.15	1.50	1.92	159903	89.78	154.81	170.11
64.26	1.15	4.32	271373	92.13	124.91	241.54
53.59	1.66	7.21	260740	94.82	107.28	263.29
67.36	0.75	4.03	133386	97.48	110.38	148.14
86.68	0.88	7.31	389894	88.76	122.44	318.49
42.35	1.51	5.15	129794	93.33	119.06	167.71
63.26	0.71	4.45	159834	90.17	134.65	172.67
65.54	0.80	2.14	91122	97.35	106.12	111.92
65.50	7.73	14.41	457866	82.94		595.76
78.82	**2.86**	**87.05**	**619920**	**97.38**	**133.92**	**820.05**
93.62	7.67	115.53	911366	98.13	105.47	1174.91
59.54	1.09	4.32	219090	98.10	344.82	238.72
58.63	0.33	13.16	273026	84.34	104.68	260.28

7-7 续表3

单位：万元

指 标	Item	总资产周转率(倍) Total Assets Turnover (time)	流动比率(倍) Current Ratio (time)	总资产利润率(%) Ratio of Profits to Total Assets(%)
总 计	**Total**	**86.99**	**107.79**	**8.42**
#亏损企业	Unprofitable Enterprises	33.06	84.26	-3.90
#国有控股企业	State Holding Enterprises	68.14	100.99	5.96
#农村工业	Rural Industries	229.28	148.18	2.55
#非公有制工业	Non-public Industries	122.56	120.40	13.03
#高技术	High-tech	71.69	131.67	8.32
#文化产业		140.24	206.52	8.16
按登记注册类型分	**By Status of Registration**			
内资企业	Domestic-funded Enterprises	84.21	107.14	8.27
国有企业	State-owned Enterprises	72.10	152.03	17.66
集体企业	Collective-owned Enterprises	138.60	266.98	11.23
股份合作企业	Joint-equity Cooperative Enterprises			
联营企业	Joint Ownership Enterprises	382.17	64.09	14.77
有限责任公司	Limited Liability Companies	80.88	88.31	4.54
股份有限公司	Companies Limited by Shares	58.54	136.35	3.85
私营企业	Private Enterprises	203.94	135.63	23.42
其他企业	Others			
港、澳、台商投资企业	Enterprises with Funds from Hong Kong,Macao and Taiwan	158.32	87.84	5.16
外商投资企业	Enterprises with Foreign Investment	99.72	147.94	16.55
按经济组织类型分	**By Types of Economic Organization**			
独资企业	Solely Funded Enterprises	73.83	153.53	16.81
合作、合伙企业	Cooperative and Partnership Enterprises	256.01	84.85	21.57
股份有限公司	Companies Limited by Shares	60.82	136.15	3.97
有限责任公司	Limited Liability Companies	97.53	92.65	6.79
按轻重工业分	**By Light & Heavy Industries**			
轻工业	Light Industry	107.92	185.73	14.25
重工业	Heavy Industry	80.40	90.77	6.58
按企业规模分	**By Size of Enterprises**			
大型企业	Large Enterprises	69.05	102.99	7.96
中型企业	Medium-sized Enterprises	82.55	96.97	10.34
小型企业	Small Enterprises	132.74	130.12	7.77
微型企业	Micro-sized Enterprises	63.81	187.49	1.90
按企业主营业务收入分	**By Revenue from Principal Business**			
年收入在40亿元以上	Annual Income Above 4 billion yuan	115.20	88.40	14.42
年收入在20—40亿元	Annual Income Between 2 billion and 4 billion yuan	82.83	109.98	10.39
年收入在10—20亿元	Annual Income Between 1 billion and 2 billion yuan	82.41	103.88	8.15
年收入在 5—10亿元	Annual Income Between 0.5 billion and 1 billion yuan	76.30	145.30	8.20
年收入在 1—5亿元	Annual Income Between 0.1 billion and 0.5 billion yuan	85.15	101.38	4.10
年收入在3000万元—1亿元	Annual Income Between 30 million and 0.1 billion yuan	53.57	124.40	1.70
年收入在1000万元—3000万元	Annual Income Between 10 million and 30 million yuan	44.80	150.10	1.37
年收入在1000万元以下	Annual Income Below 10 million yuan	3.46	157.24	-17.50

(10 000 yuan)

资金利税率(%) Profit-tax Rate of Capital(%)	主营收入利税率(%) Profit-tax of Sales Revenue(%)	百元固定资产实现工业增加值(元) Industrial Added Value per 100 yuan of Fixed Assets(yuan)	百元固定资产实现利税额(元) Profits and Taxes per 100 yuan of Fixed Assets(yuan)	每百元资产实现的主营业务收入(元) Prime Operating Revenue of per 100 yuan Assets(yuan)	产成品存货周转天数(天) Turnover Days of Finished Goods Inventory(day)	应收账款平均回收期(天) Average Payback Period of Receivables(day)
40.26	**17.02**	**84.68**	**50.95**	**86.99**	**19.77**	**43.85**
-8.08	-7.75	25.26	-8.48	33.06	30.33	89.55
43.87	19.14	57.58	38.78	68.14	21.44	47.02
5.26	1.28	509.61	31.76	229.28	32.02	34.58
35.68	14.76	172.49	90.15	122.56	18.26	40.47
25.48	16.87	123.06	61.56	71.69	38.3	77.89
26.58	9.35	348.68	90.92	140.24	31.44	35.18
40.76	17.58	80.95	50.31	84.21	21.06	44.53
98.76	54.51	225.78	235.45	72.1	24.7	37.95
18.90	11.40	1366.76	421.81	138.6	17	80.99
-31.47	10.66	77.03	59.98	382.17	14.82	12.24
20.41	8.56	46.06	18.96	80.88	19.84	41.55
20.87	11.83	73.91	28.01	58.54	33.98	88.96
58.39	15.09	302.42	168.58	203.94	15.14	29.32
26.01	4.49	123.50	23.49	158.32	4.2	12.02
37.44	23.22	221.27	140.98	99.72	16.81	79.21
84.37	49.32	225.47	224.61	73.83	22.21	47.66
321.82	29.10	270.56	193.84	256.01	11.24	21.29
21.64	11.91	76.85	29.38	60.82	32.83	86.29
26.88	9.81	63.97	27.87	97.53	17.66	36.26
61.05	31.34	277.90	185.91	107.92	25.88	34.12
28.53	10.97	50.62	27.16	80.4	17.93	47.96
51.77	24.10	72.98	58.21	69.05	24.39	42.2
34.55	16.24	70.29	41.37	82.55	20.54	47.5
27.63	9.42	133.82	47.75	132.74	14.84	43.23
10.17	5.52	45.11	8.08	63.81	15.19	58.91
117.31	26.26	93.54	85.19	115.2	11.72	19.07
30.92	16.43	94.55	56.75	82.83	27.42	40.65
22.41	13.73	84.18	47.55	82.41	18.43	60.81
38.36	15.74	74.95	37.37	76.3	21.24	49.55
22.57	9.05	74.62	25.92	85.15	21.22	54.67
7.11	6.57	97.82	18.17	53.57	35.87	95.76
5.04	7.11	80.79	16.66	44.8	56.49	129.7
-32.34	-500.30	25.74	-56.35	3.46	83.66	1697.55

7–7 续表4

单位：万元

指　　标	Item	总资产周转率(倍) Total Assets Turnover (time)	流动比率(倍) Current Ratio(time)
按支柱、特色行业分	**By Pillar and Characteristic Industries**		
能源、优势原材料为主的支柱产业	Pillar Industries of Energy and Raw Materials	89.59	61.16
电	Electricity	24.29	25.93
煤	Coal	15.67	72.35
煤化工	Coal Chemical Industry	28.45	42.26
铝及铝加工	Aluminum and Its Processing Industry	81.31	104.27
磷及磷化工	Phosphorus and Its Chemical Industry	119.26	61.45
铁合金	Iron Alloy	167.57	86.04
烟酒为主的传统支柱产业	Traditional Pillar Industries of Tobacco and Liquor	105.31	248.36
酒	Liquor	247.86	159.79
烟	Tobacco	89.50	262.31
贵阳市重点产业(行业)	Six Special Pillar Industries	89.46	105.90
磷煤化工	Phosphorus and Coal Chemical Industry	110.89	56.47
铝及铝化工	Aluminum and Its Chemical Industry	81.31	104.27
特色食品	Characteristic Food	183.29	127.11
烟草制品	Tobacco Products	89.50	262.31
医药制造业	Modern Medicine	87.47	203.56
装备制造业	Manufacture of Equipments	67.38	113.05
#汽车制造业	Automobile Industry	109.23	140.05
#电子信息设备制造业	Manufacture of Electronic Information Equipment	72.41	126.02
电力生产及供应业	Production and Supply of Electric Power	73.50	39.17
橡胶及塑料制品业	Manufacture of Chemical Fibers and Plastics	64.12	119.47
贵阳市产业园区	Industrial Parks of Guiyang City		
南明临空经济区产业园	Nanming Airport Economic Zone	118.24	148.32
云岩产业园	Yunyan Industrial Park	50.72	172.62
花溪产业园	Huaxi Industrial Park	122.68	121.54
小河—孟关装备制造业生态工业园	Xiaohe-Mengguan Equipment Manufacturing IndustryEco-Industrial	83.89	148.14
乌当医药食品新型产业园	Wudang Food and Drug New Industrial Park	98.05	183.90
白云铝及铝加工工业基地	Baiyun Aluminum and Aluminum Processing Industrial Base	161.98	150.45
麦架—沙文高新技术产业园	Maijia-Shawen High-tech Industrial Park	37.16	80.48
贵阳综合保税区	Guiyang Integrated Free Trade Zone	193.61	1354.82
观山湖电子商务和现代制造业产业园	Guanshanhu Electronic Commerce and Modern Manufacturing Industrial Park	64.13	57.27
开阳磷煤化工生态工业示范基地	Kaiyang Phosphorus and Coal Chemical Ecological Industries Demonstration Base	100.89	67.52
息烽磷煤化工生态工业基地	Xifeng Phosphorus and Coal Chemical Ecological Industries Base	122.44	67.06
修文产业园	Xiuwen Industrial Park	76.75	121.51
清镇经开区	Qingzhen Economic Development Zone	48.80	75.66

(unit, 10 000 yuan)

总资产利润率(%) Ratio of Profits to Total Assets(%)	资金利税率(%) Profit-tax Rate of Capital(%)	主营收入利税率(%) Profit-tax of Sales Revenue(%)	百元固定资产实现工业增加值(元) Industrial Added Value per 100 yuan of Fixed Assets(yuan)	百元固定资产实现利税额(元) Profits and Taxes per 100 yuan of Fixed Assets(yuan)	每百元资产实现的主营业务收入(元) Prime Operating Revenue of per 100 yuan Assets(yuan)	产成品存货周转天数(天) Turnover Days of Finished Goods Inventory(day)	应收账款平均回收期(天) Average Payback Period of Receivables(day)
4.68	55.37	8.15	31.00	14.39	89.59	14.58	21.49
3.46	-12.87	25.25	13.13	6.93	24.29		33.52
-1.26	2.59	3.93	25.40	3.45	15.67	40.21	83.03
-3.42	-21.45	-8.29	7.87	-5.45	28.45	14.51	36.76
5.71	49.16	10.49	47.36	20.00	81.31	17.67	16.37
6.46	39.75	7.87	36.67	19.35	119.26	14.2	21.32
0.18	7.86	1.75	262.49	25.12	167.57	31.02	67.78
15.86	112.16	64.53	541.23	423.75	105.31	20.92	23.63
87.82	173.83	39.72	615.89	361.44	247.86	16.4	9.48
7.88	105.81	72.15	525.99	436.48	89.5	23.52	27.98
10.04	48.74	19.75	87.03	57.43	89.46	22.97	42.71
5.11	36.87	6.93	31.49	15.13	110.89	13.81	21.31
5.71	49.16	10.49	47.36	20.00	81.31	17.67	16.37
31.42	72.57	21.34	275.83	163.14	183.29	16.72	18.31
7.88	105.81	72.15	525.99	436.48	89.5	23.52	27.98
15.55	40.28	26.32	317.23	199.77	87.47	53.51	60.29
3.27	8.98	7.18	87.94	25.02	67.38	35.23	95.05
7.40	19.39	10.05	209.68	64.24	109.23	33.29	113.41
3.45	6.42	6.67	92.19	40.51	72.41	25.56	82.89
38.82	-202.97	58.19	45.00	97.25	73.5	0.06	10.41
2.62	12.56	7.53	56.18	16.08	64.12	39.06	77.21
25.76	45.90	28.35	467.06	348.63	118.24	36.52	29.55
5.77	40.41	27.27	226.63	163.50	50.72	39.28	34.77
10.12	28.54	11.10	121.74	50.42	122.68	24.78	45.69
5.61	43.17	33.07	311.24	215.47	83.89	33.07	65.41
5.15	16.22	9.25	225.97	55.37	98.05	40.14	66.58
12.15	58.39	11.64	149.66	71.08	161.98	10.69	42.44
1.34	5.94	5.62	44.08	8.25	37.16	31.17	113.63
0.20	0.21	0.10	266.89	4.54	193.61	0.55	39.98
-0.24	22.93	6.17	39.41	13.63	64.13	12.39	62.36
3.64	34.19	7.24	31.63	13.95	100.89	14.96	22.32
11.82	55.16	11.15	49.00	31.38	122.44	14.8	23.71
8.60	29.35	16.27	91.11	49.95	76.75	20.07	45.9
1.34	17.16	6.68	28.41	7.05	48.8	21.24	43.76

7–7 续表5

单位：万元

指　　标	Item	总资产周转率(倍) Total Assets Turnover(time)	流动比率(倍) Current Ratio (time)
按工业行业分	**By Sector**		
采矿业	**Mining**	**64.88**	**90.47**
煤炭开采和洗选业	Mining and Washing of Coal	15.52	71.22
有色金属矿采选业	Non-ferrous Metals Mining and Dressing	124.73	76.68
非金属矿采选业	Mining and Processing of Non-mental Ores	207.76	178.79
制造业	**Manufacturing**	**93.17**	**111.72**
农副食品加工业	Farm and Sideline Products Processing	322.99	166.60
食品制造业	Food Manufacturing	106.04	111.77
酒、饮料和精制茶制造业	Manufacture of Liquor,Beverages and Refined Tea	205.47	132.13
烟草制品业	Manufacture of Tobacco	89.50	262.31
纺织业	Manufacture of Textile	119.20	521.45
纺织服装、服饰业	Manufacture of Textiles and Garments	260.78	674.61
皮革、毛皮、羽毛及其制品和制鞋业	Manufacture of Leather,Fur,Feather and Related Products and Footwear	258.92	434.69
木材加工及木、竹、藤、棕、草制品业	Wood Processing and Manufacture of Wood, Bamboo,Rattan,Palm and Straw Products	53.57	2011.28
家具制造业	Manufacture of Furniture	90.16	103.33
造纸和纸制品业	Manufacture of Paper and Paper Products	511.53	177.36
印刷业和记录媒介复制业	Printing and Reproduction of Recording Media	92.30	223.23
文教、工美、体育和娱乐用品制造业	Manufacture of Articles for Culture,Education, Industrial Arts, Sports and Rcreation	156.70	199.05
石油加工、炼焦和核燃料加工业	Petroleum Processing,Coking and Nuclear Fuel Processing	1293.96	109.37
化学原料和化学制品制造业	Manufacture of Raw Chemical Materials and Chemical Products	95.04	67.26
医药制造业	Manufacture of Medicines	87.47	203.56
橡胶和塑料制品业	Manufacture of Rubber and Plastics	64.12	119.47
非金属矿物制品业	Manufacture of Non-metallic Mineral Products	128.90	80.26
黑色金属冶炼和压延加工业	Smelting and Calendering of Ferrous Metals	40.62	128.19
有色金属冶炼和压延加工业	Smelting and Calendering of Non-ferrous Metals	85.06	108.43
金属制品业	Manufacture of Metal Products	82.98	106.61
通用设备制造业	Manufacture of General Purpose Machinery	69.47	153.19
专用设备制造业	Manufacture of Special Purpose Machinery	74.96	137.05
汽车制造业	Manufacture of Automobiles	109.23	140.05
铁路、船舶、航空航天和其他运输设备制造业	Manufacture of Railway,Watercraft,Aviation,Aerospace and Other Transport Equipment	37.38	84.67
电气机械和器材制造业	Manufacture of Electrical Machinery and Equipment	66.63	100.13
计算机、通信和其他电子设备制造业	Manufacture of Computers,Communication Equipment and Other Electronic Equipment	100.91	194.19
仪器、仪表制造业	Manufacture of Measuring Instruments	41.59	120.80
其他制造业	Others	54.23	132.32
废弃资源综合利用业	Comprehensive Utilization of Waste Resources	209.32	103.41
电力、燃气及水的生产和供应业	**Production and Supply of Electric Power,Gas and Water**	**48.62**	**62.91**
电力、热力的生产和供应业	Production and Supply of Electric Power and Heating Power	72.28	44.42
燃气生产和供应业	Production and Supply of Gas	29.79	53.20
水的生产和供应业	Production and Supply of Water	8.95	100.73

(10 000 yuan)

总资产利润率 (%) Ratio of Profits to Total Assets(%)	资金利税率 (%) Profit-tax Rate of Capital(%)	主营收入利税率 (%) Profit-tax of Sales Revenue(%)	百元固定资产实现工业增加值 (元) Industrial Added Value per 100 yuan of Fixed Assets(yuan)	百元固定资产实现利税额 (元) Profits and Taxes per 100 yuan of Fixed Assets(yuan)	每百元资产实现的主营业务收入 (元) Prime Operating Revenue of per 100 yuan Assets(yuan)	产成品存货周转天数 (天) Turnover Days of Finished Goods Inventory(day)	应收账款平均回收期 (天) Average Payback Period of Receivables (day)
6.69	**47.29**	**23.28**	**159.60**	**90.95**	**64.88**	**21.16**	**33.56**
-1.35	2.32	3.49	25.10	3.11	15.52	39.47	81.78
3.89	44.86	8.28	378.38	64.41	124.73	4.2	17.38
33.12	101.83	30.27	621.49	440.47	207.76	19.35	24.47
6.46	**31.61**	**14.32**	**91.60**	**46.80**	**93.17**	**20.6**	**45.82**
11.14	37.08	6.74	180.47	89.21	322.99	13.27	20.07
18.07	40.36	21.78	211.34	134.85	106.04	27.02	14.73
57.31	140.21	32.47	353.11	209.23	205.47	13.27	19.13
7.88	105.81	72.15	525.99	436.48	89.5	23.52	27.98
7.15	11.75	6.57	198.08	53.83	119.2	27.7	75.69
4.85	27.72	3.58	81.84	15.63	260.78	4.56	6.56
8.80	17.82	5.04	170.29	105.01	258.92	17.92	3.77
8.61	11.35	21.07	4703.69	3416.92	53.57	68.22	
7.80	25.50	15.76	86.53	46.13	90.16	49.98	47.99
37.27	115.28	10.59	414.44	217.17	511.53	6.33	14.01
9.30	35.88	14.49	317.33	77.33	92.3	17.58	46.96
12.23	16.38	8.22	758.07	221.32	156.7	7.56	42.23
1.60	3.82	0.29	34507.39	533.70	1293.96	0.19	0.82
3.19	20.13	5.03	27.99	10.59	95.04	13.79	27.75
15.55	40.28	26.32	317.23	199.77	87.47	53.51	60.29
2.62	12.56	7.53	56.18	16.08	64.12	39.06	77.21
7.16	35.65	9.27	73.55	30.55	128.9	10.34	62
0.90	3.55	4.12	28.45	9.72	40.62	13.79	40.97
5.74	50.89	9.75	41.01	18.28	85.06	14.68	14.67
-0.05	6.98	3.41	56.30	8.09	82.98	18.25	95.8
1.31	4.80	4.12	143.35	28.99	69.47	42.01	66.13
3.05	6.53	5.32	123.47	22.91	74.96	43.7	107.75
7.40	19.39	10.05	209.68	64.24	109.23	33.29	113.41
1.46	6.63	5.47	45.06	7.34	37.38	36.19	124.3
4.47	6.80	8.73	150.11	70.56	66.63	32.14	66.43
4.91	12.90	7.20	85.12	35.12	100.91	23.01	70.86
1.82	6.72	10.12	129.44	38.02	41.59	48.03	277.99
1.16	2.59	2.54	34.00	7.51	54.23	1.29	80.49
26.04	83.32	21.22	202.41	195.84	209.32	46.43	55.87
22.61	**-6347.12**	**51.53**	**37.74**	**69.92**	**48.62**	**0.56**	**20.43**
38.63	-217.75	58.84	44.70	97.72	72.28	0.06	13.28
1.25	11.99	6.98	24.46	8.59	29.79	2.82	59.67
1.04	4.47	15.06	20.31	5.12	8.95	0.59	64.84

7–8 规模以上工业企业主要经济指标(2016年)

单位：万元

指标	Item	企业数(个) Number of Enterprises(unit)	#亏损企业 Unprofitable Enterprises
总计	**Total**	**691**	**123**
#亏损企业	Unprofitable Enterprises	123	123
#国有控股企业	State Holding Enterprises	130	30
#农村工业	Rural Industries	3	1
#非公有制工业	Non-public Industries	548	93
#高技术	High-tech	105	13
#文化产业	Cultural Industries	31	3
按登记注册类型分	By Status of Registration		
内资企业	**Domestic-funded Enterprises**	**655**	**114**
国有企业	State-owned Enterprises	31	5
中央企业	Central Enterprises	22	4
地方企业	Local Enterprises	9	1
集体企业	Collective-owned Enterprises	5	
股份合作企业	Joint-equity Cooperative Enterprises		
联营企业	Joint Ownership Enterprises	1	
集体联营企业	Collective Joint Ownership Enterprises	1	
有限责任公司	Limited Liability Companies	328	68
国有独资公司	Sole State-funded Corporations	27	8
其他有限责任公司	Others	301	60
股份有限公司	Companies Limited by Shares	40	4
私营企业	Private Enterprises	250	37
私营独资企业	Private Sole Funded Companies	12	
私营合作企业	Private Cooperative Enterprises	9	
私营有限责任公司	Private Limited Liability Companies	219	36
私营股份有限公司	Private Companies Limited by Shares	10	1
其他企业	Others		
港、澳、台商投资企业	**Enterprises with Funds from Hong Kong,Macao and Taiwan**	**19**	**4**
合资经营企业(港或澳、台资)	Joint-venture Enterprises	15	4
港澳台商独资经营企业	Solely Funded Enterprises	4	
港澳台商投资股份有限公司	Limited Companies with Investment from Hongkong,Macao and Taiwan		
外商投资企业	Foreign-funded Enterprises	**17**	**5**
中外合资经营企业	Sino-foreign Equity Joint Ventures	6	1
外资企业	Foreign–funded Enterprises	11	4
按经济组织类型分	**By Types of Economic Organization**		
独资企业	Solely Funded Enterprises	63	9
合作、合伙企业	Cooperative and Partnership Enterprises	10	
股份有限公司	Companies Limited by Shares	50	5
有限责任公司	Limited Liability Corporations	568	109
按轻重工业分	**By Light & Heavy Industries**		
轻工业	Light Industry	235	22
重工业	Heavy Industry	456	101
按企业规模分	**By Size of Enterprises**		
大型企业	Large Enterprises	38	3
中型企业	Medium-sized Enterprises	86	17
小型企业	Small Enterprises	500	87
微型企业	Micro-sized Enterprises	67	16

Main Economic Indicators of Industrial Enterprises above Designated Size(2016)

(10 000 yuan)

全部从业人员年平均人数(人) Annual Average Employed Persons (person)	工业总产值(当年价格) Gross Industrial Output Value (current price)	工业增加值(当年价格) Industrial Added Value (current price)	工业销售产值(当年价格) Industrial Sales Value (current price)	#出口交货值 Delivery Value of Export	资产总计 Total Assets	流动资产合计 Total Current Assets	负债合计 Total Liabilities	流动负债合计 Total Current Liabilities
194257	**28168691**	**7828196**	**26425738**	**572687**	**31813897**	**15663788**	**21073740**	**14532241**
29093	2019253	397730	1917983	37678	5208218	2179312	4303029	2586545
113459	12957694	4067112	12368384	457738	21002603	9561247	14668254	9467326
467	77144	8538	43893		18179	12461	10521	8410
78141	14816588	3682683	13695751	76163	10641084	6016237	6329944	4996964
54976	5154733	1421679	4520358	130873	5880581	3405030	3046254	2586088
5362	722295	196689	678597		391001	262969	134516	127334
183092	**25421856**	**7114389**	**23879707**	**513467**	**29878462**	**14646470**	**20055439**	**13670814**
27134	4569606	2146984	4476747	64665	5696894	2908711	3355901	1913206
24033	4055306	1972518	3996643	64475	4813589	2388101	3153078	1842054
3101	514300	174467	480104	190	883305	520610	202824	71152
599	54269	18093	48944		35338	31979	15889	11978
212	5331	686	5224		1311	420	656	656
212	5331	686	5224		1311	420	656	656
92987	12354147	2853921	11646322	252277	16958018	7907989	12578476	8954895
26589	1632419	437416	1601742	92749	5319399	2255058	4278165	3077853
66398	10721728	2416505	10044581	159528	11638620	5652931	8300311	5877043
39414	3531601	926725	3136415	180890	5071555	2505527	2802039	1837591
22746	4906902	1167979	4566054	15634	2115346	1291845	1302477	952488
662	90642	22566	69662		40842	25763	25618	17241
1360	128959	56088	116136		53284	21360	26471	25013
19159	4501098	1037711	4202563	15634	1927591	1192472	1199705	869125
1565	186205	51614	177694		93630	52250	50684	41110
5026	**1668544**	**372374**	**1607099**	**47075**	**995804**	**375715**	**532025**	**427750**
4458	1555163	353960	1494306	34247	969030	351943	517774	413499
568	113381	18415	112793	12828	26774	23772	14251	14251
6139	**1078291**	**341432**	**938932**	**12145**	**939631**	**641603**	**486276**	**433677**
2357	492284	163823	468108	8885	218324	141109	122312	116653
3782	586007	177609	470824	3261	721307	500494	363964	317024
32745	5413905	2383667	5178970	80754	6521155	3490718	3775624	2273700
1572	134290	56774	121359		54595	21780	27127	25669
40979	3717805	978340	3314109	180890	5165184	2557777	2852723	1878700
118961	18902691	4409415	17811300	311043	20072963	9593512	14418266	10354172
53240	9338991	3849834	8547827	20991	7613647	4836804	3292204	2604273
141017	18829700	3978362	17877911	551696	24200250	10826984	17781536	11927967
95212	9821444	3484246	9378931	422012	16696063	7722761	11084702	7498653
48155	6612032	1689061	6255436	63430	7417570	3656561	5345035	3770644
50073	11475988	2598101	10539939	87245	7411439	4157847	4506480	3195410
817	259226	56788	251432		288825	126619	137523	67534

7-8 续表1

单位：万元

指 标	Item	企业数(个) Number of Enterprises (unit)
按企业主营业务收入分	**By Revenue from Principal Business**	
年收入在40亿元以上	Annual Income Above 4 billion yuan	7
年收入在20—40亿元	Annual Income Between 2 billion and 4 billion yuan	14
年收入在10—20亿元	Annual Income Between 1 billion and 2 billion yuan	26
年收入在5—10亿元	Annual Income Between 0.5 billion and 1 billion yuan	58
年收入在1—5亿元	Annual Income Between 0.1 billion and 0.5 billion yuan	242
年收入在3000万元—1亿元	Annual Income Between 30 million and 0.1 billion yuan	212
年收入在1000万元—3000万元	Annual Income Between 10 million and 30 million yuan	95
年收入在1000万元以下	Annual Income Below 10 million yuan	37
按支柱、特色行业分	**By Pillar and Characteristic Industries**	
能源、优势原材料为主的支柱产业	Pillar Industry of Energy and Raw Materials	98
电	Electricity	7
煤	Coal	11
煤化工	Coal Chemical Industry	15
铝及铝加工	Aluminum and Its Processing Industry	40
磷及磷化工	Phosphorus and Its Chemical Industry	31
铁合金	Iron Alloy	5
烟酒为主的传统支柱产业	Traditional Pillar Industries of Tobacco and Liquor	12
酒	Liquor	9
烟	Tobacco	3
贵阳市重点产业(行业)	Six Special Pillar Industries	434
磷煤化工	Phosphorus and Coal Chemical Industry	34
铝及铝化工	Aluminum and Its Chemical Industry	40
特色食品	Characteristic Food	88
烟草制品	Tobacco Products	3
医药制造业	Modern Medicine	56
装备制造业	Equipment Manufacturing Industry	168
#汽车制造业	Automobile Industry	20
#电子信息设备制造业	Manufacture of Electronic Information Equipment	34
电力生产及供应业	Production and Supply of Electric Power	13
橡胶及塑料制品业	Manufacture of Chemical Fibers and Plastics	33
贵阳市产业园区	**Industrial Parks of Guiyang City**	
南明临空经济区产业园	Nanming Airport Economic Zone	18
云岩产业园	Yunyan Industrial Park	4
花溪产业园	Huaxi Industrial Park	37
小河—孟关装备制造业生态工业园	Xiaohe-Mengguan Equipment Manufacturing Industry Eco-Industrial Park	67
乌当医药食品新型产业园	Wudang Food and Drug New Industrial Park	54
白云铝及铝加工工业基地	Baiyun Aluminum and Aluminum Processing Industrial Base	59
麦架—沙文高新技术产业园	Maijia-Shawen High-tech Industrial Park	47
贵阳综合保税区	Guiyang Integrated Free Trade Zone	3
观山湖电子商务和现代制造业产业园	Guanshanhu Electronic Commerce and Modern Manufacturing Industrial Park	7
开阳磷煤化工生态工业示范基地	Kaiyang Phosphorus and Coal Chemical Ecological Industries Demonstration Base	55
息烽磷煤化工生态工业基地	Xifeng Phosphorus and Coal Chemical Ecological Industries Base	42
修文产业园	Xiuwen Industrial Park	77
清镇经开区	Qingzhen Economic Development Zone	90

(continued)

(10 000 yuan)

#亏损企业 Unprofitable Enterprises	全部从业人员年平均人数(人) Annual Average Employed Persons (person)	工业总产值(当年价格) Gross Industrial Output Value (current price)	工业增加值(当年价格) Industrial Added Value (current price)	工业销售产值(当年价格) Industrial Sales Value (current price)	#出口交货值 Delivery Value of Export	资产总计 Total Assets	流动资产合计 Total Current Assets	负债合计 Total Liabilities	流动负债合计 Total Current Liabilities
	23571	6926126	2634060	6814220	178777	7930687	3243224	6113020	3668843
	32934	4168138	1052838	3899436	171374	4645315	2559370	2853925	2327156
2	22559	3732570	800859	3440037	82771	3998719	2299893	2664934	2214052
3	36882	4311440	1272518	4069367	20949	5284171	2585912	2899285	1779746
44	51646	6966399	1531428	6334864	85515	6906557	3331585	4504718	3286125
33	20211	1701709	444917	1547111	32938	2349472	1195905	1423118	961348
28	5273	285712	74495	245518	1	482672	334464	330919	222830
13	1181	76597	17083	75185	363	216305	113436	283821	72141
24	40237	6378564	1524482	6214658	215109	9689098	3200908	8256358	5233900
1	1612	266123	118175	260874		1017028	100390	957096	387112
5	6618	79905	30142	77361		665087	234121	546810	323593
7	7739	403412	43673	381501		1282407	338247	1374969	800460
10	11151	1816062	398655	1715837	352	1974351	666830	1422830	639504
5	19560	3877967	960938	3839781	214757	5405389	2088742	4493578	3399038
1	175	15001	3041	16665		9923	6700	7884	7786
3	5708	2515367	1963794	2447228	1586	2262541	1725114	737679	694589
3	1403	676834	378975	606537		225882	151003	137093	94502
	4305	1838533	1584820	1840691	1586	2036659	1574111	600586	600088
80	152601	22282520	6568905	20793857	546407	24528578	12272382	16664916	11588908
7	20583	4169566	962487	4110107	214757	6017779	2188154	5321054	3875222
10	11151	1816062	398655	1715837	352	1974351	666830	1422830	639504
10	13886	2975018	902285	2772308	6387	1364494	829264	849950	652418
	4305	1838533	1584820	1840691	1586	2036659	1574111	600586	600088
5	19742	2573111	871552	2077693		2384209	1444954	878728	709835
37	68010	5759623	1227846	5355131	170679	7220637	4648399	4715669	4111628
1	11212	940265	287831	891528	11740	803074	560407	430335	400159
6	16156	2048616	254873	1880170	55325	2319967	1890570	1578234	1500166
1	4623	1881247	427897	1846134		2162269	163736	2050227	418044
10	11267	1412562	243299	1201211	152646	1442994	783687	900243	655964
2	4236	723318	213091	653923	6295	474469	362228	257222	244222
2	2875	350612	122610	305081		639535	268533	206272	155559
2	4515	987244	201293	871343		612036	317101	288678	260896
8	43097	5201575	2175169	4944995	51444	5428675	4116214	3046909	2778665
6	17152	1665016	488686	1491476	17696	1319676	843181	618722	458502
13	17195	3185610	737565	2970638	29999	1858068	970826	1093560	645275
17	14735	1121784	279825	1044141	62722	2507265	1112334	1662900	1382180
1	232	40805	2408	39933	34247	20626	19340	7281	1428
3	5679	238181	44442	230897		388147	139422	370831	243433
7	14897	2738756	647476	2675927	85775	3909827	1413781	3087760	2093821
3	11714	2741477	683752	2658009	129073	3208339	1229561	2533295	1833558
13	18136	2871713	687634	2538022	105478	3018232	1680539	1790817	1383047
23	15141	1693096	413749	1596144	352	3148659	1083159	2872649	1431565

7-8 续表2

单位：万元

指 标	Item	企业数(个) Number of Enterprises (unit)
按工业行业分	**By Sector**	
采矿业	**Mining**	**29**
煤炭开采和洗选业	Mining and Washing of Coal	10
有色金属矿采选业	Non-ferrous Metals Mining and Dressing	5
非金属矿采选业	Mining and Processing of Non-mental Ores	14
制造业	**Manufacturing**	**634**
农副食品加工业	Farm and Sideline Products Processing	40
食品制造业	Food Manufacturing	23
酒、饮料和精制茶制造业	Manufacture of Liquor,Beverages and Refined Tea	25
烟草制品业	Manufacture of Tobacco	3
纺织业	Manufacture of Textile	1
纺织服装、服饰业	Manufacture of Textiles and Garments	1
皮革、毛皮、羽毛及其制品和制鞋业	Manufacture of Leather,Fur,Feather and Related Products and Footwear	1
木材加工及木、竹、藤、棕、草制品业	Wood Processing and Manufacture of Wood,Bamboo,Rattan,Palm, and Straw Products	1
家具制造业	Manufacture of Furniture	8
造纸和纸制品业	Manufacture of Paper and Paper Products	13
印刷业和记录媒介复制业	Printing and Reproduction of Recording Media	22
文教、工美、体育和娱乐用品制造业	Manufacture of Articles for Culture,Education,Industrial Arts, Sports and Recreation	6
石油加工、炼焦和核燃料加工业	Petroleum Processing,Coking and Nuclear Fuel Processing	2
化学原料和化学制品制造业	Manufacture of Raw Chemical Materials and Chemical Products	47
医药制造业	Manufacture of Medicines	56
橡胶和塑料制品业	Manufacture of Rubber and Plastics	33
非金属矿物制品业	Manufacture of Non-metallic Mineral Products	131
黑色金属冶炼和压延加工业	Smelting and Calendering of Ferrous Metals	17
有色金属冶炼和压延加工业	Smelting and Calendering of Non-ferrous Metals	18
金属制品业	Manufacture of Metal Products	29
通用设备制造业	Manufacture of General Purpose Machinery	32
专用设备制造业	Manufacture of Special Purpose Machinery	24
汽车制造业	Manufacture of Automobile	20
铁路、船舶、航空航天和其他运输设备制造业	Manufacture of Railway,Watercraft,Aviation,Aerospace and Other Transport Equipment	17
电气机械和器材制造业	Manufacture of Electrical Machinery and Equipment	32
计算机、通信和其他电子设备制造业	Manufacture of Computers, Communication Equipment and Other Electronic Equipment	18
仪器、仪表制造业	Manufacture of Measuring Instruments	10
其他制造业	Others	3
废弃资源综合利用业	Comprehensive Utilization of Waste Resources	1
电力、燃气及水的生产和供应业	**Production and Supply of Electric Power,Gas and Water**	**28**
电力、热力的生产和供应业	Production and Supply of Electric Power and Heating Power	14
燃气生产和供应业	Production and Supply of Gas	7
水的生产和供应业	Production and Supply of Water	7

(continued)

(10 000 yuan)

#亏损企业 Unprofitable Enterprises	全部从业人员年平均人数(人) Annual Average Employed Persons (person)	工业总产值(当年价格) Gross Industrial Output Value (current price)	工业增加值(当年价格) Industrial Added Value (current price)	工业销售产值(当年价格) Industrial Sales Value (current price)	#出口交货值 Delivery Value of Export	资产总计 Total Assets	流动资产合计 Total Current Assets	负债合计 Total Liabilities	流动负债合计 Total Current Liabilities
7	**8751**	**616017**	**238506**	**579179**		**900096**	**366657**	**646496**	**405291**
5	6541	74880	28219	73522		647041	225512	534865	316663
1	269	87935	30855	72858		50869	13001	24578	16955
1	1941	453203	179431	432799		202187	128144	87052	71673
114	**177059**	**25415849**	**7070321**	**23765818**	**572497**	**27072751**	**14671430**	**17399822**	**13132411**
1	4755	921036	111222	853162	91	252688	172406	123329	103485
3	5302	822851	218262	779878	6295	603018	375665	429755	336113
6	3829	1231131	572801	1139268		508788	281193	296865	212821
	4305	1838533	1584820	1840691	1586	2036659	1574111	600586	600088
	63	2765	612	2063		2124	1492	286	286
	177	9544	1756	9368		3592	1350	800	200
	1292	133598	20711	139454		97826	79016	30533	18178
	30	2742	611	2108		3935	3922	195	195
	726	65665	20473	69952		76803	45042	45541	43589
1	1219	341973	66298	334522		64116	36773	36942	20734
1	2630	328817	148004	310173		269606	163509	77072	73246
1	124	31288	7017	30710		15899	12665	6515	6363
1	281	1103917	206009	1083340		86048	83746	78603	76570
12	23721	4071376	881619	4036792	218539	6970095	2639067	5819080	3923917
5	19742	2573111	871552	2077693		2384209	1444954	878728	709835
10	11267	1412562	243299	1201211	152646	1442994	783687	900243	655964
26	12786	2264261	443789	2124478	1740	1543382	738565	1094875	920225
2	4422	520491	60786	496322		1241157	688176	705251	536824
4	8531	1601454	328356	1525461	522	1764829	572580	1263187	528057
8	6235	469835	99785	440984	22301	506716	302262	315929	283514
12	5793	567554	93160	509566	8295	658676	334743	409382	218516
6	4186	470713	110205	433671	2727	513298	363494	329824	265230
1	11212	940265	287831	891528	11740	803074	560407	430335	400159
1	21943	1003249	289287	978000	77492	2304670	1142864	1552314	1349853
6	4676	1179738	176232	1047148	12828	1423650	1214588	1234021	1213045
4	14101	1263518	178973	1179226	48897	1016566	714450	430521	367913
3	1678	97140	27444	87589	6799	191517	132941	121145	110048
	1988	137154	17669	133526		283023	205710	185482	155459
	45	9567	1740	7935		3791	2053	2483	1985
2	**8447**	**2136824**	**519369**	**2080742**	**190**	**3841050**	**625702**	**3027422**	**994539**
1	4688	1881570	427977	1846450		2199863	189786	2059464	427281
	1732	138090	37114	135471		626776	151624	373196	285029
1	2027	117164	54278	98821	190	1014411	284292	594762	282229

7-8 续表3

单位：万元

指标	Item	#应付账款 Accounts Payable	非流动负债 Non-current Liabilities
总计	**Total**	**3033189**	**4668914**
#亏损企业	Unprofitable Enterprises	531830	1250116
#国有控股企业	State Holding Enterprises	2013860	3776539
#农村工业	Rural Industries	5525	2111
#非公有制工业	Non-public Industries	1009214	888697
#高技术	High-tech	524463	350380
#文化产业		46929	2268
按登记注册类型分	**By Status of Registration**		
内资企业	**Domestic-funded Enterprises**	**2757380**	**4532867**
国有企业	State-owned Enterprises	531383	251487
中央企业	Central Enterprises	513456	239120
地方企业	Local Enterprises	17927	12367
集体企业	Cllective-owned Enterprises	4610	
股份合作企业	Joint-equity Cooperative Enterprises		
联营企业	Joint Owership Enterprises	457	
集体联营企业	State Joint Ownership Enterprises	457	
有限责任公司	Limited Liability Companies	1561836	3444929
国有独资公司	State Sole Funded Corporations	475374	1200232
其他有限责任公司	Others	1086462	2244697
股份有限公司	Companies Limited by Shares	462603	722181
私营企业	Private Enterprises	196490	114270
私营独资企业	Private Sole Funded Corporations	8010	1616
私营合作企业	Private Cooperative Enterprises	1963	350
私营有限责任公司	Private Limited Liability Companies	177438	103855
私营股份有限公司	Private Companies Limited by Share	9080	8450
其他企业	Others		
港、澳、台商投资企业	**Enterprises with Funds from Hon**	**109212**	**102242**
合资经营企业(港或澳、台资)	Joint-venture Enterprises	99766	102242
港澳台商独资经营企业	Solely Funded Enterprises	9446	
港澳台商投资股份有限公司	Limited Companies with Investment from Hongkong,Macao and Taiwan		
外商投资企业	**Foreign-funded Enterprises**	**166598**	**33805**
中外合资经营企业	Sino-foreign Equity Joint Ventures	37330	5143
外资企业	Foreign–funded Enterprises	129268	28662
按经济组织类型分	**By Types of Economic Organization**		
独资企业	Solely Funded Enterprises	682716	281765
合作、合伙企业	Corperative and Partnership Enterpri	2420	350
股份有限公司	Cooperative Limited by Shares	471683	730631
有限责任公司	Limited Liability Companies	1876370	3656169
按轻重工业分	**By Light & Heavy Industries**		
轻工业	Light Industry	628373	513653
重工业	Heavy Industry	2404817	4155261
按企业规模分	**By Size of Enterprises**		
大型企业	Large Enterprises	1524434	2522831
中型企业	Medium-sized Enterprises	675001	1337703
小型企业	Small Enterprises	821648	755533
微型企业	Micro-sized Enterprises	12106	52847

(continued)

(10 000 yuan)

所有者权益合计 Total Owners' Equity	主营业务收入 Revenue from Principal Business	主营业务成本 Cost of Principal Business	营业税金及附加 Business Taxes and Surcharges	利润总额 Total Profits	亏损企业亏损总额 Total Losses	利税总额 Total Profits and Taxes
10902820	**27673992**	**21162018**	**1108561**	**2677245**	**203109**	**4710345**
1067007	1721921	1555093	18997	-203109	203109	-133506
6496527	14310843	10769704	998936	1252712	160570	2738993
7659	41681	36842	16	463	1	532
4311627	13041711	10129863	107869	1386998	42539	1924609
2832706	4215943	2600255	28465	489221	16030	711214
240738	548327	462113	5306	31920	1295	51286
9985687	**25160476**	**19069338**	**1095585**	**2470320**	**199026**	**4421975**
2340792	4107701	1786125	943858	1006304	14235	2238945
1660311	3668558	1453143	940115	957131	13431	2153171
680481	439144	332982	3743	49173	804	85774
19448	48979	43225	159	3968		5584
655	5010	4374	38	194		534
655	5010	4374	38	194		534
4391322	13715785	11587869	89632	769180	122685	1174703
1039233	2946883	2644818	20538	44695	51362	116927
3352089	10768902	8943052	69094	724485	71323	1057776
2419953	2969008	2189828	15913	195284	51412	351160
813517	4313992	3457916	45986	495390	10693	651049
15156	65839	58188	752	3972		5710
26813	134758	90498	14888	11582		40142
729435	3940682	3201932	28914	469849	10688	582284
42114	172713	107298	1432	9988	5	22913
463778	**1576517**	**1451759**	**3438**	**51389**	**2877**	**70834**
451256	1463560	1351400	3356	41704	2877	59448
12522	112957	100359	82	9684		11387
453355	**936999**	**640921**	**9538**	**155537**	**1206**	**217537**
96013	457597	326083	2032	83027	269	104643
357342	479402	314838	7506	72511	937	112894
2745260	4814878	2302735	952357	1096439	15172	2374519
27468	139768	94873	14925	11776		40677
2462066	3141721	2297126	17345	205272	51417	374073
5668026	19577624	16467284	123934	1363759	136520	1921077
4303067	8216569	4906261	987126	1085144	8023	2575447
6599754	19457423	16255757	121435	1592102	195087	2134899
5609361	11529153	8183414	992300	1329079	10892	2778993
2072333	6122951	4593388	32595	767087	92713	994126
3043879	9837578	8223034	82298	575591	96217	927052
177247	184310	162181	1368	5489	3287	10175

7-8 续表4

单位：万元

指　　标	Item	#应付账款 Accounts Payable
按企业主营业务收入分	**By Revenue from Principal Business**	
年收入在40亿元以上	Annual Income Above 4 billion yuan	792731
年收入在20—40亿元	Annual Income Between 2 billion and 4 billion yuan	411097
年收入在10—20亿元	Annual Income Between 1 billion and 2 billion yuan	380278
年收入在 5—10亿元	Annual Income Between 0.5 billion and 1 billion yuan	365610
年收入在 1—5亿元	Annual Income Between 0.1 billion and 0.5 billion yuan	733046
年收入在3000万元—1亿元	Annual Income Between 30 million and 0.1 billion yuan	309346
年收入在1000万元—3000万元	Annual Income Between 10 million and 30 million yuan	38442
年收入在1000万元以下	Annual Income Below 10 million yuan	2639
按支柱、特色行业分	**By Pillar and Characteristic Industries**	
能源、优势原材料为主的支柱产业	Pillar Industries of Energy and Raw Materials	852300
电	Electricity	70988
煤	Coal	53651
煤化工	Coal Chemical Industry	104058
铝及铝加工	Aluminium and Its Processing Industry	74291
磷及磷化工	Phosphorus and Its Chemical Industry	599449
铁合金	Iron Alloy	3514
烟酒为主的传统支柱产业	Traditional Pillar Industries of Tobacco and Liquor	250336
酒	Liquor	18554
烟	Tobacco	231781
贵阳市重点产业(行业)	Six Special Pillar Industries	2392448
磷煤化工	Phosphorus and Coal Chemical Industry	649514
铝及铝化工	Aluminum and Its Chemical Industry	74291
特色食品	Characteristic Food	137427
烟草制品	Tobacco Products	231781
医药制造业	Modern Medicine	78701
装备制造业	Equipment Manufacturing Industry	1002389
#汽车制造业	Automobile Industry	189023
#电子信息设备制造业	Manufacture of Electronic Information Equipment	273587
电力生产及供应业	Production and Supply of Electric Power	77178
橡胶及塑料制品业	Manufacture of Chemical Fibers and Plastics	145321
贵阳市产业园区	Industrial Parks of Guiyang City	
南明临空经济区产业园	Nanming Airport Economic Zone	37108
云岩产业园	Yunyan Industrial Park	24864
花溪产业园	Huaxi Industrial Park	74050
小河—孟关装备制造业生态工业园	Xiaohe-Mengguan Equipment Manufacturing Industry Eco-Industrial Park	816008
乌当医药食品新型产业园	Wudang Food and Drug New Industrial Park	122859
白云铝及铝加工工业基地	Baiyun Aluminum and Aluminum Processing Industrial Base	242155
麦架—沙文高新技术产业园	Maijia-Shawen High-tech Industrial Park	263598
贵阳综合保税区	Guiyang Integrated Free Trade Zone	1428
观山湖电子商务和现代制造业产业园	Guanshanhu Electronic Commerce and Modern Manufacturing Industrial Park	52402
开阳磷煤化工生态工业示范基地	Kaiyang Phosphorus and Coal Chemical Ecological Industries Demonstration Base	375528
息烽磷煤化工生态工业基地	Xifeng Phosphorus and Coal Chemical Ecological Industries Base	352234
修文产业园	Xiuwen Industrial Park	210496
清镇经开区	Qingzhen Economic Development Zone	198188

(continued)

(10 000 yuan)

非流动负债 Non-current Liabilities	所有者权益合计 Total Owners' Equity	主营业务收入 Revenue from Principal Business	主营业务成本 Cost of Principal Business	营业税金及附加 Business Taxes and Surcharges	利润总额 Total Profits	亏损企业亏损总额 Total Losses	利税总额 Total Profits and Taxes
1332232	1817666	9136043	6686204	966896	1143483		2398892
495500	1791390	3847656	2863126	20353	482507		631999
358009	1333785	3295452	2527843	14521	325995	9363	452318
1076198	2382885	4031679	3026996	40478	433464	39718	634487
932232	2401835	5880911	4827520	52108	283166	68544	532034
385844	910959	1258550	1044166	10994	39838	27544	82641
80915	180382	216229	176365	2890	6637	9390	15364
7985	83919	7474	9797	321	-37845	48550	-37390
2921219	1432739	8680127	7654448	73427	453013	96678	707778
569985	59932	246994	167314	5406	35142	28931	62370
222128	118278	104235	85824	4289	-8389	11471	4094
573420	-92562	364839	290294	4406	-43804	58836	-30259
766563	551520	1605264	1412073	5546	112684	6974	168348
1011153	911810	6446403	5768884	58043	348974	1932	507029
98	2039	16627	15883	26	18	4	291
8958	1524862	2382718	878827	948702	358915	1058	1537523
8459	88788	559873	321034	13114	198374	1058	222407
498	1436073	1822845	557793	935587	160542		1315116
3484587	7891109	21942120	16119232	1070859	2463001	133032	4334422
1362445	696725	6673193	5946682	57673	307799	49298	462520
766563	551520	1605264	1412073	5546	112684	6974	168348
127000	511915	2501041	1886039	21017	428720	4073	533656
498	1436073	1822845	557793	935587	160542		1315116
92208	1505480	2085563	945271	19533	370852	2299	548850
377609	2535476	4865008	3972826	19849	236352	36359	349299
11474	375738	877200	738484	2789	59411	1164	88182
64480	742313	1679934	1400612	6825	79949	11221	112002
570235	112042	1589260	683572	9447	839390	28931	924824
188604	542320	925201	800438	2663	37782	5097	69633
12422	217247	560990	382391	3985	122215	884	159058
50713	433264	324402	77876	8336	36919	1249	88456
10412	326356	750850	620289	5809	61949	447	83370
144506	2379565	4553913	2833051	944569	304548	7902	1505837
90486	700828	1293979	877695	6634	67910	7913	119751
400244	764501	3009756	2621810	16406	225765	4603	350286
254895	858890	931661	650958	5163	33527	23049	52365
	13345	39933	39674		41	39	41
127397	17317	248926	220727	3130	-929	10463	15364
962281	822066	3944619	3506067	46559	142233	12508	285663
577950	675043	3928282	3346334	21932	379169	1294	437824
315261	1227414	2316548	1791117	14387	259677	8788	376982
1215919	425617	1536518	1235114	12067	42321	115595	102704

7-8 续表5

单位：万元

指标	Item	#应付账款 Accounts Payable
按工业行业分	**By Sector**	
采矿业	**Mining**	**77824**
煤炭开采和洗选业	Mining and Washing of Coal	52138
有色金属矿采选业	Non-ferrous Metals Mining and Dressing	618
非金属矿采选业	Mining and Processing of Non-mental Ores	25067
制造业	**Manufacturing**	**2777125**
农副食品加工业	Farm and Sideline Products Processing	32358
食品制造业	Food Manufacturing	48005
酒、饮料和精制茶制造业	Manufacture of Liquor,Beverages and Refined Tea	57064
烟草制品业	Manufacture of Tobacco	231781
纺织业	Manufacture of Textile	36
纺织服装、服饰业	Manufacture of Textiles and Garments	17
皮革、毛皮、羽毛及其制品和制鞋业	Manufacture of Leather,Fur,Feather and Related Products and Footwear	5201
木材加工及木、竹、藤、棕、草制品业	Wood Processing and Manufacture of Wood,Bamboo,Rattan,Palm, and Straw Products	
家具制造业	Manufacture of Furniture	7443
造纸和纸制品业	Manufacture of Paper and Paper Products	4419
印刷业和记录媒介复制业	Printing and Reproduction of Recording Media	29979
文教、工美、体育和娱乐用品制造业	Manufacture of Articles for Culture,Education,Industrial Arts, Sports and Recreation	741
石油加工、炼焦和核燃料加工业	Petroleum Processing,Coking and Nuclear Fuel Processing	6776
化学原料和化学制品制造业	Manufacture of Raw Chemical Materials and Chemical Products	673225
医药制造业	Manufacture of Medicines	78701
橡胶和塑料制品业	Manufacture of Rubber and Plastics	145321
非金属矿物制品业	Manufacture of Non-metallic Mineral Products	223871
黑色金属冶炼和压延加工业	Smelting and Calendering of Ferrous Metals	55719
有色金属冶炼和压延加工业	Smelting and Calendering of Non-ferrous Metals	74815
金属制品业	Manufacture of Metal Products	88795
通用设备制造业	Manufacture of General Purpose Machinery	51994
专用设备制造业	Manufacture of Special Purpose Machinery	86863
汽车制造业	Manufacture of Automobile	189023
铁路、船舶、航空航天和其他运输设备制造业	Manufacture of Railway,Watercraft,Aviation, Aerospace and Other Transport Equipment	280110
电气机械和器材制造业	Manufacture of Electrical Machinery and Equipment	163162
计算机、通信和其他电子设备制造业	Manufacture of Computers,Communication Equipment and Other Electronic Equipment	133090
仪器、仪表制造业	Manufacture of Measuring Instruments	31778
其他制造业	Others	76841
废弃资源综合利用业	Comprehensive Utilization of Waste Resources	
电力、燃气及水的生产和供应业	**Production and Supply of Electric Power,Gas and Water**	**178241**
电力、热力的生产和供应业	Production and Supply of Electric Power and Heating Power	77496
燃气生产和供应业	Production and Supply of Gas	27123
水的生产和供应业	Production and Supply of Water	73622

(continued)

(10 000 yuan)

非流动负债 Non-current Liability	所有者权益合计 Total Owners' Equity	主营业务收入 Revenue from Principal Business	主营业务成本 Cost of Principal Business	营业税金及附加 Business Taxes and Surcharges	利润总额 Total Profits	亏损企业亏损总额 Total Losses	利税总额 Total Profits and Taxes
224714	**253600**	**583948**	**428475**	**30684**	**60199**	**12464**	**135921**
217114	112175	100434	83183	4267	-8735	11471	3502
6659	26290	63446	59176	1932	1979	649	5253
942	115134	420068	286116	24485	66955	344	127167
3473266	**9835592**	**25222514**	**19845785**	**1066204**	**1748754**	**161487**	**3612144**
13343	129232	816168	747035	1878	28139	420	54982
87120	170761	639464	472682	3693	108983	55	139269
26538	211922	1045410	666322	15446	291598	3599	339404
498	1436073	1822845	557793	935587	160542		1315116
	1838	2532	1899		152		166
600	2792	9368	8687	17	174		335
12355	67293	253287	237305	380	8612		12771
	3740	2108	1389	37	339		444
950	31262	69246	52450	869	5994		10915
285	26617	327973	285914	1620	23896	21	34741
1575	177345	248848	202106	2829	25069	1246	36068
	9384	24914	20902	71	1945	28	2049
	7445	1113424	1101724	1806	1380	161	3186
1631478	1301453	6624512	5943885	37753	222060	91120	333485
92208	1505480	2085563	945271	19533	370852	2299	548850
188604	542320	925201	800438	2663	37782	5097	69633
103951	449035	1989486	1696935	16514	110449	10831	184329
164295	535905	504159	473549	1229	11157	109	20764
730688	501642	1501075	1338985	2453	101273	4817	146342
20841	190786	420476	373231	4042	-276	14982	14341
61541	278423	457570	399684	1594	8621	4887	18838
25976	183474	384768	285306	1929	15660	6733	20451
11474	375738	877200	738484	2789	59411	1164	88182
202443	750156	861378	654562	2354	33674	1939	47143
11652	189629	948625	803981	3369	63596	786	82840
49106	586630	1025853	828273	4686	49897	10602	73849
5223	70368	79649	63165	834	3493	590	8062
30024	97541	153481	137901	131	3296		3905
498	1308	7935	5930	98	987		1683
970934	**813628**	**1867530**	**887758**	**11674**	**868292**	**29159**	**962281**
570235	140399	1590029	685060	9699	849884	28931	935570
88166	253581	186706	150218	1409	7849		13036
312533	419648	90795	52481	566	10559	228	13674

7–9 规模以上国有及国有控股工业企业主要经济指标(2016年)

单位：万元

指标	Item	企业数(个) Number of Enterprises (unit)	#亏损企业 Unprofitable Enterprises	工业总产值(当年价格) Gross Industrial Output Value (current price)
总计	**Total**	**130**	**30**	**12957694**
#亏损企业	Unprofitable Enterprises	30	30	820076
#高技术	High-tech	27	4	2251785
#文化产业		4	1	384732
按轻重工业分	**By Light & Heavy Industries**			
轻工业	Light Industry	24	1	2907088
重工业	Heavy Industry	106	29	10050606
按企业规模分	**By Size of Enterprises**			
大型企业	Large Enterprises	30	3	8412255
中型企业	Medium-sized Enterprises	41	11	2235377
小型企业	Small Enterprises	52	15	2283934
微型企业	Micro-sized Enterprises	7	1	26128
按企业主营业务收入分	**By Revenue from Principal Business**			
年收入在40亿元以上	Annual Income Above 4 billion yuan	6		6170201
年收入在20—40亿元	Annual Income Between 2 billion and 4 billion yuan	7		2157666
年收入在10—20亿元	Annual Income Between 1 billion and 2 billion yuan	9	1	1468903
年收入在5—10亿元	Annual Income Between 0.5 billion and 1 billion yuan	21	3	1522998
年收入在1—5亿元	Annual Income Between 0.1 billion and 0.5 billion yuan	44	10	1356235
年收入在3000万元—1亿元	Annual Income Between 30 million and 0.1 billion yuan	27	9	259340
年收入在1000万元—3000万元	Annual Income Between 10 million and 30 million yuan	8	6	19204
年收入在1000万元以下	Annual Income Below 10 million yuan	8	1	3148
贵阳市产业园区	**Industrial Parks of Guiyang City**			
南明临空经济区产业园	Nanming Airport Economic Zone			
云岩产业园	Yunyan Industrial Park	1	1	20497
花溪产业园	Huaxi Industrial Park	1		30176
小河—孟关装备制造业生态工业园	Xiaohe-Mengguan Equipment Manufacturing Industry Eco-Industrial Park	28	3	3797346
乌当医药食品新型产业园	Wudang Food and Drug New Industrial Park	14	3	569338
白云铝及铝加工工业基地	Baiyun Aluminum and Aluminum Processing Industrial Base	10	4	1013089
麦架—沙文高新技术产业园	Maijia-Shawen High-tech Industrial Park	14	5	563367
贵阳综合保税区	Guiyang Integrated Free Trade Zone			
观山湖电子商务和现代制造业产业园	Guanshanhu Electronic Commerce and Modern Manufacturing Industrial Park	1	1	44321
开阳磷煤化工生态工业示范基地	Kaiyang Phosphorus and Coal Chemical Ecological Industries Demonstration Base	5	1	1135118
息烽磷煤化工生态工业基地	Xifeng Phosphorus and Coal Chemical Ecological Industries Base	6	1	983168
修文产业园	Xiuwen Industrial Park	6	1	840585
清镇经开区	Qingzhen Economic Development Zone	15	5	743210

Main Economic Indicators of State-owned or State-holding Industrial Enterprises above Designated Size(2016)

(10 000 yuan)

工业增加值 (当年价格) Industrial Added Value (current price)	工业销售产值 (当年价格) Industrial Sales Value (current price)	资产总计 Total Assets	流动资产合计 Total Current Assets	负债合计 Total Liabilities	流动负债合计 Total Current Liabilities	主营业务收入 Revenue from Principal Business	利润总额 Total Profits	亏损企业亏损总额 Total Losses	利税总额 Total Profits and Taxes	全部从业人员年平均人数(人) Annual Average Employed Persons (person)
4067112	**12368384**	**21002603**	**9561247**	**14668254**	**9467326**	**14310843**	**1252712**	**160570**	**2738993**	**114480**
121101	757790	3470082	1404433	3154053	1818631	730377	-160570	160570	-126914	20433
459667	2082366	3076268	1750471	1884143	1618160	1860792	88297	6427	122637	31362
50197	360132	151439	121274	71799	71106	291533	3214	1246	11743	3229
1775473	2804412	3507026	2325495	1461654	1122730	2844180	196881	1246	1373836	14738
2291639	9563972	17495577	7235752	13206600	8344596	11466663	1055831	159324	1365157	99742
2992401	8054027	14744814	6764552	10155574	6704611	10132898	1100337	10892	2441097	81444
485753	2144632	3687034	1606378	2817857	1777955	2048813	83518	86652	165707	25498
580053	2143647	2473702	1157586	1618175	959368	2102452	68953	61116	132161	7473
8905	26078	97053	32731	76647	25391	26680	-96	1909	28	65
2454130	6079691	7845701	3206242	6028034	3631862	8358761	990372		2245438	23497
470652	1996235	3253776	1680162	2045212	1607928	1952286	122066		170215	27177
233735	1361203	1290736	609396	905432	654038	1141823	27162	8989	72574	8419
517546	1487798	3815427	1800162	2065300	1257645	1482448	123303	39718	197176	24583
310856	1189679	3699929	1714685	2744652	1943445	1178272	35448	47994	90108	24593
72053	231070	931343	442477	618147	318941	177460	-12381	19743	-4367	4402
7647	19351	92249	51118	65954	44231	18066	-3103	3478	-2359	1049
494	3356	73443	57006	195522	9237	1727	-30155	40649	-29792	760
1639	16337	37746	35153	29011	27096	19978	-1164	1164	-1116	457
4695	20345	21570	15998	11097	11097	20345	1117		2706	85
1923016	3666639	3810131	2744790	1758541	1536208	3423495	230298	7384	1415164	34820
142621	500424	746416	469942	335619	256805	492877	36958	3956	52562	7904
259970	937062	1146824	530761	678125	312243	937108	55066	3050	106287	12121
142659	554226	1580947	695409	1150694	981525	486779	11966	9513	17193	9662
17580	43501	299983	76340	298898	179845	73945	-8847	8847	32	5064
244116	1126547	2937794	940725	2513457	1678890	2358785	7058	8989	41589	7129
232546	991687	2516451	937696	2147725	1618222	2217475	35071	573	70461	7945
146678	679561	1902522	1046171	1179314	914747	572910	14201	106	49308	7643
204277	734538	2179873	671802	2157186	1013884	705348	3947	111696	36979	8205

7-9 续表1

单位：万元

指标	Item	企业数(个) Number of Enterprises (unit)	#亏损企业 Unprofitable Enterprises	工业总产值(当年价格) Gross Industrial Output Value (current price)
按支柱、特色行业分	**By Pillar and Characteristic Industries**			
能源、优势原材料为主的支柱产业	Pillar Industry of Energy and Raw Materials	20	6	3222583
电	Electricity	7	1	266123
煤	Coal	1	1	44321
煤化工	Coal Chemical Industry	4	3	304013
铝及铝加工	Aluminum and Its Processing Industry	4	1	933918
磷及磷化工	Phosphorus and Its Chemical Industry	5	1	1718529
铁合金	Iron Alloy			
烟酒为主的传统支柱产业	Traditional Pillar Industries of Tobacco and Liquor	3		1838533
酒	Liquor			
烟	Tobacco	3		1838533
贵阳市重点产业(行业)	Six Special Pillar Industries	93	22	10695984
磷煤化工	Phosphorus and Coal Chemical Industry	8	3	1978222
铝及铝化工	Aluminum and Its Chemical Industry	4	1	933918
特色食品	Characteristic Food	5		116148
烟草制品	Tobacco Products	3		1838533
医药制造业	Modern Medicine	2		184224
装备制造业	Equipment Manufacturing Industry	55	17	3031677
#汽车制造业	Automobile Industry	6	1	400707
#电子信息设备制造业	Manufacture of Electronic Information Equipment	12	3	1164554
电力生产及供应业	Production and Supply of Electric Power	13	1	1881247
橡胶及塑料制品业	Manufacture of Chemical Fibers and Plastics	3		732015
按登记注册类型分	**By Status of Registration**			
内资企业	Domestic-funded Enterprises	**127**	**30**	**11802260**
国有企业	State-owned Enterprises	31	5	4569606
中央企业	Central Enterprises	22	4	4055306
省地县属	Local Enterprises	9	1	514300
有限责任公司	Limited Liability Companies	82	23	4994879
国有独资公司	State Sole Funded Corporations	27	8	1632419
其他有限责任公司	Others	55	15	3362460
股份有限公司	Companies Limited by Shares	14	2	2237775

(continued)

(10 000 yuan)

工业增加值(当年价格) Industrial Added Value (current price)	工业销售产值(当年价格) Industrial Sales Value (current price)	资产总计 Total Assets	流动资产合计 Total Current Assets	负债合计 Total Liabilities	流动负债合计 Total Current Liabilitiess	主营业务收入 Revenue from Principal Business	利润总额 Total Profits	亏损企业亏损总额 Total Losses	利税总额 Total Profits and Taxes	全部从业人员年平均人数(人) Annual Average Employed Persons(person)
793092	3152673	7868445	2472408	6949910	4396135	5628660	115963	86157	249816	28272
118175	260874	1017028	100390	957096	387112	246994	35142	28931	62370	1626
17580	43501	299983	76340	298898	179845	73945	-8847	8847	32	5064
17248	288468	907826	174766	1118192	651251	275376	-56213	56213	-46427	6335
238483	867313	1202962	427346	812454	310454	866053	91803	441	126855	6927
419187	1736018	4740628	1769906	4062167	3047319	4240238	45231	573	107018	13384
1584820	1840691	2036659	1574111	600586	600088	1822845	160542		1315116	4370
1584820	1840691	2036659	1574111	600586	600088	1822845	160542		1315116	4370
3546624	10157929	16865968	7491864	12072556	7851635	11897378	1208530	104586	2637957	93410
418855	1980985	5348472	1868332	4881461	3518725	4441668	-2135	47938	60559	14655
238483	867313	1202962	427346	812454	310454	866053	91803	441	126855	6927
17194	107124	201549	83958	166549	106745	89111	2163		3085	1583
1584820	1840691	2036659	1574111	600586	600088	1822845	160542		1315116	4370
40934	121169	33373	26139	8903	7204	137266	5790		8850	286
706477	2831384	4774436	2758833	2807514	2327269	2531670	104893	27276	173106	53479
142027	368120	453643	332157	175733	171854	375238	23343	1164	40904	9005
171453	1084884	909223	697654	375283	327588	975454	51585	4070	75758	13147
427897	1846134	2162269	163736	2050227	418044	1589260	839390	28931	924824	4637
111965	563129	1106247	589409	744862	563106	419506	6083		25560	7473
3841011	**11247283**	**20630974**	**9421609**	**14451915**	**9279711**	**13164242**	**1244325**	**160570**	**2727254**	**113120**
2146984	4476747	5696894	2908711	3355901	1913206	4107701	1006304	14235	2238945	27060
1972518	3996643	4813589	2388101	3153078	1842054	3668558	957131	13431	2153171	23914
174467	480104	883305	520610	202824	71152	439144	49173	804	85774	3146
1112625	4843199	11844089	4845347	9326751	6331406	7204408	160089	103746	327648	55225
437416	1601742	5319399	2255058	4278165	3077853	2946883	44695	51362	116927	27109
675209	3241457	6524691	2590289	5048586	3253554	4257524	115394	52384	210722	28116
581401	1927337	3089990	1667551	1769262	1035098	1852133	77933	42588	160660	30835

7-9 续表2

单位：万元

指　　标	Item	企业数（个）Number of Enterprises (unit)	#亏损企业 Unprofitable Enterprises	工业总产值（当年价格）Gross Industrial Output Value (current price)
港、澳、台商投资企业	**Enterprises with Foreign Investment**	**3**		**1155434**
合资经营企业(港或澳、台资)	Sino-foreign Equity Joint Ventures	3		1155434
按工业行业分	**By Sector**			
采矿业	**Mining**	**2**	**1**	**123180**
煤炭开采和洗选业	Mining and Washing of Coal	1	1	44321
非金属矿采选业	Mining and Processing of Non-mental Ores	1		78860
制造业	**Manufacturing**	**107**	**28**	**10868452**
农副食品加工业	Farm and Sideline Products Processing	3		24159
食品制造业	Food Manufacturing	2		91989
烟草制品业	Manufacture of Tobacco	3		1838533
皮革、毛皮、羽毛及其制品和制鞋业	Manufacture of Leather,Fur,Feather and Related Products and Footwear	1		133598
木材加工和木、竹、藤、棕、草制品业	Wood Processing and Manufacture of Wood,Bamboo,Rattan, Palm,and Straw Products			
家具制造业	Manufacture of Furniture	1		30173
造纸和纸制品业	Paper Making and Paper Products Industries	1		6337
印刷业和记录媒介复制业	Printing and Reproduction of Recording Media	3	1	21774
石油加工、炼焦和核燃料加工业	Petroleum Processing,Coking and Nuclear Fuel Processing	1		1090158
化学原料和化学制品制造业	Manufacture of Raw Chemical Materials and Chemical Products	10	4	2070205
医药制造业	Manufacture of Medicines	2		184224
橡胶和塑料制品业	Manufacture of Rubber and Plastics	3		732015
非金属矿物制品业	Manufacture of Non-metallic Mineral Products	12	4	388285
黑色金属冶炼和压延加工业	Smelting and Calendering of Ferrous Metals	1	1	33371
有色金属冶炼和压延加工业	Smelting and Calendering of Non-ferrous Metals	4		929383
金属制品业	Manufacture of Metal Products	9	4	266336
通用设备制造业	Manufacture of General Purpose Machinery	8	4	204766
专用设备制造业	Manufacture of Special Purpose Machinery	7	4	116145
汽车制造业	Manufacture of Automobiles	6	1	400707
铁路、船舶、航空航天和其他运输设备制造业	Manufacture of Railway,Watercraft,Aviation,Aerospace and Other Transport Equipment	13	1	977320
电气机械和器材制造业	Manufacture of Electrical Machinery and Equipment	2	1	13697
计算机、通信和其他电子设备制造业	Manufacture of Computers, Communication Equipment and Other Electronic Equipment	10	2	1133191
仪器、仪表制造业	Manufacture of Measuring Instrument	3	1	49957
其他制造业	Others	2		132129
电力、燃气及水的生产和供应业	**Production and Supply of Electric Power,Gas and Water**	**21**	**1**	**1966062**
电力、热力的生产和供应业	Production and Supply of Electric Power and Heating Power	14	1	1881570
燃气生产和供应业	Production and Supply of Gas	2		3279
水的生产和供应业	Production and Supply of Water	5		81213

(continued)

(10 000 yuan)

工业增加值(当年价格) Industrial Added Value (current price)	工业销售产值(当年价格) Industrial Sales Value (current price)	资产总计 Total Assets	流动资产合计 Total Current Assets	负债合计 Total Liabilities	流动负债合计 Total Current Liabilities	主营业务收入 Revenue from Principal Business	利润总额 Total Profits	亏损企业亏损总额 Total Losses	利税总额 Total Profits and Taxes	全部从业人员年平均人数(人) Annual Average Employed Persons (person)
226102	**1121101**	**371629**	**139638**	**216339**	**187615**	**1146601**	**8386**		**11739**	**1360**
226102	1121101	371629	139638	216339	187615	1146601	8386		11739	1360
40612	**119890**	**335878**	**103126**	**313461**	**186645**	**142943**	**4722**	**8847**	**17082**	**5510**
17580	43501	299983	76340	298898	179845	73945	-8847	8847	32	5064
23031	76389	35895	26786	14563	6800	68998	13569		17050	446
3565028	**10335291**	**17790765**	**9051390**	**11914987**	**8711923**	**12515477**	**388510**	**122792**	**1774464**	**102751**
3334	24112	9641	9169	8279	7217	24111	162		164	137
13860	83012	191909	74789	158269	99528	65000	2001		2922	1446
1584820	1840691	2036659	1574111	600586	600088	1822845	160542		1315116	4370
20711	139454	97826	79016	30533	18178	253287	8612		12771	1380
11912	37019	51785	25938	30281	30281	36662	3924		6713	470
1328	5602	3705	2762	1198	1198	5173	94		404	86
8836	21572	47672	33962	22206	22206	21650	-859	1246	-160	721
203441	1070000	81957	81957	77351	75318	1100086	1541		3147	261
472962	2075353	6242673	2317205	5428979	3639298	4562893	-25110	88301	43363	18849
40934	121169	33373	26139	8903	7204	137266	5790		8850	286
111965	563129	1106247	589409	744862	563106	419506	6083		25560	7473
99443	372649	585797	238626	451858	419879	370270	24704	5646	44316	3216
13926	33492	995019	577325	573549	438782	49961	-106	106	3044	1968
237050	866818	1148078	389811	723575	244487	865921	92319		126642	5875
61178	251340	400377	245866	268874	251879	238386	-937	9874	9282	4863
29825	171127	551486	266319	347373	169977	140284	4130	3831	8546	3611
29439	96531	238088	135415	145440	109336	50967	-4548	6415	-2705	1402
142027	368120	453643	332157	175733	171854	375238	23343	1164	40904	9005
281933	953655	2280740	1127179	1540782	1338456	837113	31835	1939	44910	21416
2484	12247	38368	17144	18447	18447	7448	-70	200	445	335
164015	1057312	839839	640200	327912	281281	947362	51886	3669	74181	12747
13859	41202	90908	69792	56461	55396	34370	223	400	2738	972
15746	129686	264976	197101	173538	148529	149680	2950		3312	1862
461473	**1913202**	**2875961**	**406731**	**2439806**	**568758**	**1652423**	**859480**	**28931**	**947447**	**6219**
427977	1846450	2199863	189786	2059464	427281	1590029	849884	28931	935570	4696
864	3218	10384	1749	2076	2076	3769	5		37	51
32631	63534	665714	215196	378266	139401	58625	9591		11840	1472

7-10 规模以上外商投资和港澳台商投资工业企业主要经济指标(2016年)

单位：万元

指　　标	Item	企业数(个) Number of Enterprises (unit)	#亏损企业 Unprofitable Enterprises	工业总产值(当年价格) Gross Industrial Output Value (current price)
总　　计	**Tatal**	**36**	**9**	**2746835**
#亏损企业	Unprofitable Enterprises	9	9	181820
#国有控股企业	State Holding Enterprises	3		1155434
#农村工业	Rural Enterprises	1		50448
#非公有制工业	Non-public Industries	33	9	1591401
#高技术	High-tech Industries	9	1	414884
#文化产业	Cultural Industries	2		95733
按登记注册类型分	**By Status of Registration**			
港、澳、台商投资企业	Enterprises with Funds from Hong Kong,Macao and Taiwan	19	4	1668544
合资经营企业(港或澳、台资)	Joint-venture Enterprises (Funds from Hong Kong,Macao and Taiwan)	15	4	1555163
港澳台商独资经营企业	Hong Kong and Macao Taiwan Sole Proprietorship Enterprise	4		113381
港澳台商投资股份有限公司	Enterprises with Sole Funds from Hong Kong,Macao and Taiwan			
外商投资企业	Foreign-funded Enterprises	17	5	1078291
中外合资经营企业	Sino-foreign Equity Joint Ventures	6	1	492284
外资企业	Overseas-funded Enterprises	11	4	586007
按轻重工业分	**By Light &Light Industries**			
轻工业	Light Industry	22	4	1131083
重工业	Heavy Industry	14	5	1615752
按企业规模分	**By Size of Enterprises**			
大型企业	Large Enterprises	3		273532
中型企业	Medium-sized Enterprises	6	1	602847
小型企业	Small Enterprises	26	8	1839865
微型企业	Micro-sized Enterprises	1		30590
贵阳市重点产业(行业)	Six Special Pillar Industries	27	7	1408157
磷煤化工	Phosphorus and Coal Chemical Industry			
铝及铝化工	Aluminum and Its Chemical Industry	1		19712
特色食品	Characteristic Food	9	3	568287
烟草制品	Tobacco Products			
医药制造业	Modern Medicine	7	1	369276
装备制造业	Equipment Manufacturing Industry	6		257665
#汽车制造业	Automobile Industry	1		17331
#电子信息产业制造业	Manufacture of Electronic Information Equipment	2		157364
电力生产及供应业	Production and Supply of Electric Power			
橡胶及塑料制品业	Manufacture of Chemical Fibers and Plastics	4	3	193217
按主营业务收入分	**By Annual Revenue of Major Business**			
年收入40亿元以上		1		1090158
年收入在20—40亿元	Between 2 and 4 Billion Yuan	1		321148
年收入在10—20亿元	Between 1 and 2 Billion Yuan	3		390989
年收入在5—10亿元	Between 0.5 and 1 Billion Yuan	3		223455
年收入在1—5亿元	Between 0.1 and 0.5 Billion Yuan	22	7	683478
年收入在3000万元—1亿元	Between 30 and 100 Million Yuan	4	1	32304
年收入在1000万元—3000万元	Between 10 and 30 Million Yuan	2	1	5303

Main Economic Indicators of Industrial Enterprises with Hong Kong, Macao, Taiwan and Foreign Funds(2016)

(10 000 yuan)

工业增加值(当年价格) Industrial Added Value (current price)	工业销售产值(当年价格) Industrial Sales Value (current price)	资产总计 Total Assets	流动资产合计 Total Current Assets	负债合计 Total Liabilities	流动负债合计 Total Current Liabilities	主营业务收入 Revenue from Principal Business	利润总额 Total Profits	亏损企业亏损总额 Total Losses	利税总额 Total Profits and Taxes	全部从业人员年平均人数(人) Annual Average Employed Persons (person)
713807	**2546031**	**1935435**	**1017318**	**1018301**	**861427**	**2513516**	**206926**	**4083**	**288371**	**11276**
49896	179072	453162	107109	288498	196369	162063	-4083	4083	3163	1282
226102	1121101	371629	139638	216339	187615	1146601	8386		11739	1360
4462	30715	5938	3141	3054	3054	28503	228		264	203
487705	1424931	1563806	877680	801962	673811	1366915	198539	4083	276631	9916
166222	298531	456175	336995	206572	187599	320719	70599	732	106460	3821
41931	87488	67782	33618	14042	14042	35012	10655		13385	483
372374	1607099	995804	375715	532025	427750	1576517	51389	2877	70834	4935
353960	1494306	969030	351943	517774	413499	1463560	41704	2877	59448	4339
18415	112793	26774	23772	14251	14251	112957	9684		11387	596
341432	938932	939631	641603	486276	433677	936999	155537	1206	217537	6341
163823	468108	218324	141109	122312	116653	457597	83027	269	104643	2347
177609	470824	721307	500494	363964	317024	479402	72511	937	112894	3994
408280	962138	986825	481245	448183	383442	906168	177951	2952	245914	7349
305526	1583893	948610	536072	570118	477985	1607348	28975	1131	42457	3927
129983	206048	623422	315119	297294	263605	229416	62635		81201	4798
222361	568479	609874	246911	347847	257279	565727	104482	228	141969	2822
356986	1741480	631855	433810	369853	338786	1688349	37796	3856	60626	3642
4478	30025	70283	21478	3308	1757	30025	2013		4575	14
415914	1252668	1071802	747158	559230	506298	1248251	185183	3552	256169	8683
6214	17818	25442	17524	6964	6964	15296	3027		3940	230
172659	536965	179070	58750	93136	74059	513348	88106	2220	115199	1601
162000	254990	431883	318587	199518	180546	277178	69905	732	105688	3536
32076	254564	330504	286095	217231	202349	254096	7859		9601	2170
5482	17010	10102	9214	6998	6985	17010	2358		2417	126
7580	150687	185867	163335	131829	122029	150687	2554		3796	304
42965	188331	104903	66202	42381	42381	188333	16287	600	21742	1126
203441	1070000	81957	81957	77351	75318	1100086	1541		3147	261
132597	315210	61506	11495	26464	26464	315210	81130		102281	568
134173	322170	477308	364680	241460	229732	350692	74188		96302	3567
37541	203427	214065	191689	134677	114408	202431	2865		11934	1594
194681	599410	1052549	335805	514306	392196	516839	47255	3048	73435	4718
9652	30857	39680	28031	20831	20241	23459	644	303	1587	472
1720	4957	8370	3661	3212	3067	4800	-698	732	-316	96

7-10 续表

单位：万元

指　　标	Item	企业数（个） Number of Enterprises (unit)	#亏损企业 Unprofitable Enterprises	工业总产值（当年价格） Gross Industrial Output Value (current price)
贵阳市产业园区	**Industrial Parks of Guiyang City**			
南明临空经济区产业园	Nanming Airport Economic Zone	1		72327
云岩产业园	Yunyan Industrial Park	1	1	43553
花溪产业园	Huaxi Industrial Park	2		71598
小河—孟关装备制造业生态工业园	Xiaohe-Mengguan Equipment Manufacturing Industry Eco-Industrial Park	4		163020
乌当医药食品新型产业园	Wudang Food and Drug New Industrial Park	1		15502
白云铝及铝加工工业基地	Baiyun Aluminum and Aluminum Processing Industrial Base	7	3	545253
麦架—沙文高新技术产业园	Maijia-Shawen High-tech Industrial Park	2	1	41642
贵阳综合保税区	Guiyang Integrated Free Trade Zone	1		35430
观山湖电子商务和现代制造业产业园	Guanshanhu Electronic Commerce and Modern Manufacturing Industrial Park			
开阳磷煤化工生态工业示范基地	Kaiyang Phosphorus and Coal Chemical Ecological Industries Demonstration Base	3		119346
息烽磷煤化工生态工业基地	Xifeng Phosphorus and Coal Chemical Ecological Industries Base	1		19767
修文产业园	Xiuwen Industrial Park	3	1	194422
清镇经开区	Qingzhen Economic Development Zone	4	1	223305
制造业	**Manufacturing**	**34**	**8**	**2656432**
农副食品加工业	Farm and Sideline Products Processing	3		139259
食品制造业	Food Processing	1		11481
酒、饮料和精制茶制造业	Manufacture of Liquor,Beverages and Refined Tea	5	3	417547
造纸和纸制品业	Manufacture of Paper and Paper Products	1		6337
印刷业和记录媒介的复制业	Printing and Reproduction of Recording Media	2		95733
石油加工、炼焦和核燃料加工业	Petroleum Processing,Coking and Nuclear Fuel Processing	1		1090158
化学原料和化学制品制造业	Manufacture of Raw Chemical Materials and Chemical Products	1		30590
医药制造业	Manufacture of Medicines	7	1	369276
橡胶和塑料制品业	Manufacture of Rubber and Plastics	4	3	193217
非金属矿物制品业	Manufacture of Non-metallic Mineral Products	3	1	45169
专用设备制造业	Manufacture of Special Purpose Machinery	1		61431
汽车制造业	Manufacture of Automobiles	1		17331
铁路、船舶、航空航天和其他运输设备制造业	Manufacture of Railway,Watercraft,Aviation,Aerospace and Other Transport Equipment	1		10178
电气机械和器材制造业	Manufacture of Electrical Machinery and Equipment	2		133295
计算机、通信和其他电子设备制造业	Manufacture of Computers, Communication Equipment and Other Electronic Equipment	1		35430
电力、燃气及水的生产和供应业	**Electric Power of Gas and Water Production and Supply**	**2**	**1**	**90403**
水的生产和供应业	Production and Supply of Water	2	1	90403

(continued)

(10 000 yuan)

工业增加值(当年价格) Industrial Added Value (current price)	工业销售产值(当年价格) Industrial Sales Value (current price)	资产总计 Total Assets	流动资产合计 Total Current Assets	负债合计 Total Liabilities	流动负债合计 Total Current Liabilities	主营业务收入 Revenue from Principal Business	利润总额 Total Profits	亏损企业亏损总额 Total Losses	利税总额 Total Profits and Taxes	全部从业人员年平均人数(人) Annual Average Employed Persons (person)
23463	45153	65204	32493	22753	22753	38811	10195		16817	164
8444	41726	26920	14825	11652	11652	27188	-85	85	4379	242
9157	49481	15946	8186	4375	4375	49262	1447		2047	413
53420	159919	175893	133049	85975	80893	110308	10426		12000	1927
5029	10672	4131	3861	2244	2244	10672	135		597	117
163598	530725	290083	191659	197340	169262	530963	90847	723	114819	999
22066	39766	345643	70690	220497	146830	36317	415	228	1217	541
1398	34657	11057	10227	1121	1121	34657	52		52	139
13231	115607	99398	41584	13673	12122	113086	5566		10106	336
1748	19261	8150	2656	4955	4784	19261	328		329	120
112712	134672	284420	189590	124205	120539	163555	57220	1799	77849	3022
59354	195170	192076	151471	88517	72583	187711	17618	732	29533	1326
673233	**2469651**	**1317058**	**899890**	**665947**	**609432**	**2444740**	**200402**	**3856**	**279685**	**9848**
8750	117741	17761	8379	11411	11240	115529	1083		2184	415
4055	11269	11218	9215	4202	3613	3965	210		241	149
159854	407956	150092	41156	77523	59206	393854	86813	2220	112773	1037
1328	5602	3705	2762	1198	1198	5173	94		404	86
41931	87488	67782	33618	14042	14042	35012	10655		13385	483
203441	1070000	81957	81957	77351	75318	1100086	1541		3147	261
4478	30025	70283	21478	3308	1757	30025	2013		4575	14
162000	254990	431883	318587	199518	180546	277178	69905	732	105688	3556
42965	188331	104903	66202	42381	42381	188333	16287	600	21742	1126
12354	41685	46972	30442	17782	17782	41490	3943	303	5945	551
11854	65155	112891	97800	71294	66225	64158	1085		1402	1214
5482	17010	10102	9214	6998	6985	17010	2358		2417	126
2824	8885	13235	8181	5933	5933	8885	643		720	126
10518	128858	183219	160672	131886	122086	129386	3721		5011	565
1398	34657	11057	10227	1121	1121	34657	52		52	139
40574	**76380**	**618377**	**117428**	**352354**	**251995**	**68776**	**6523**	**228**	**8686**	**1428**
40574	76380	618377	117428	352354	251995	68776	6523	228	8686	1428

7-11 规模以上大中型工业企业主要经济指标(2016年)

单位：万元

指标	Item	企业数(个) Number of Enterprises (unit)	#亏损企业 Unprofitable Enterprises	工业总产值(当年价格) Gross Industrial Output Value (current price)	工业增加值(当年价格) Industrial Added Value (current price)
总计	**Total**	**124**	**20**	**16433477**	**5173307**
#亏损企业	Unprofitable Enterprises	20	20	842329	135841
#国有控股企业	State Holding Enterprises	71	14	10647632	3478154
#农村工业	Rural Industry				
#非公有制工业	Non-public Industries	51	6	5588687	1662036
#高技术	High-tech	37	2	3523989	1004556
#文化产业		3		408042	65604
按登记注册类型分	**By Status of Registration**				
内资企业	**Domestic-funded Enterprises**	**115**	**19**	**15557098**	**4820964**
国有企业	State-owned Enterprises	22	3	4323907	2020956
中央企业	Central Enterprises	17	2	3909720	1952490
地方企业	Local Enterprises	5	1	414187	68466
集体企业	Collective-owned Enterprises	67	13	6902028	1639474
有限责任公司	Limited Liability Companies	16	5	1460951	358125
国有独资公司	State Sole Funded Corporations	51	8	5441077	1281349
其他有限责任公司	Others				
股份有限公司	Companies Limited by Shares	18	1	2929789	799763
私营企业	Private Enterprises	8	2	1401373	360771
私营有限责任公司	Private Limited Liability Companies	7	2	1335775	336289
私营股份有限公司	Private Companies Limited by Shares	1		65597	24482
其他企业	Others				
港、澳、台商投资企业	**Enterprises with Funds from Hong Kong, Macao and Taiwan**	**5**	**1**	**247659**	**87948**
合资经营企业(港或澳、台资)	Joint-venture Enterprises	4	1	236299	83613
港澳台商独资经营企业	Solely Funded Enterprises	1		11360	4335
外商投资企业	**Enterprises with Foreign Funds Investment**	**4**		**628721**	**264395**
中外合资经营企业	Sino-foreign Equity Joint Ventures	2		382580	144452
外资企业	Foreign-funded Enterprises	2		246141	119943
按经济组织类型分	**By Types of Economic Organization**				
独资企业	Sole Proprietorships	25	3	4581408	2145235
合作、合伙企业	Cooperative and Partnership Enterprises				
股份有限公司	Companies Limited by Shares	19	1	2995387	824245
有限责任公司	Limited Liability Companies	80	16	8856682	2203828
按轻重工业分	**By Light & Heay Industries**				
轻工业	Light Industry	36		5422254	2734104
重工业	Heavy Industry	88	20	11011223	2439203
按企业规模分	**By Size of Enterprises**				
大型企业	Large Enterprises	38	3	9821444	3484246
中型企业	Medium-sized Enterprises	86	17	6612032	1689061

Main Economic Indicators of Large and Middle-sized Industrial Enterprises above Designated Size(2016)

(10 000 yuan)

工 业 销售产值 (当年价格) Industrial Sales Value (current price)	资 产 总 计 Total Assets	流动资产 合 计 Total Current Assets	负 债 合 计 Total Liabilities	流动负债 合 计 Total Current Liabilities	主营业务 收 入 Revenue from Principal Business	利 润 总 额 Total Profits	亏损企业 亏损总额 Total Losses	利 税 总 额 Total Profits and Taxes	全部从业人员 年平均人数(人) Annual Average Employed Persons (person)
15634367	**24113633**	**11379321**	**16429737**	**11269297**	**17652104**	**2096166**	**103606**	**3773118**	**144726**
830771	3682881	1385001	3047507	1835583	799679	-103606	103606	-69360	20348
10198659	18431849	8370930	12973432	8482566	12181711	1183855	97545	2606804	106942
5251544	5645807	3003665	3433740	2764272	5286229	888297	6061	1140488	36969
3196118	4639314	2649888	2461895	2140008	2973643	353732	1628	519879	46694
382309	209434	158093	72267	71148	315491	14875		26060	3476
14859840	**22880336**	**10817291**	**15784597**	**10748413**	**16856961**	**1929049**	**103378**	**3549948**	**137106**
4240752	4993667	2451892	3253539	1824691	3855798	984213	5244	2200177	25413
3858797	4714806	2327367	3087382	1781209	3532624	964052	4440	2157329	22811
381956	278860	124524	166157	43482	323175	20161	804	42849	2602
6675180	12673797	5717395	9682852	6829846	9161677	475638	91669	702556	69533
1437589	4669781	2056457	3783394	2786775	2808201	-11087	50343	41643	25882
5237591	8004016	3660939	5899459	4043071	6353475	486725	41327	660914	43651
2588643	4668904	2275113	2430420	1736013	2542211	217872	1939	357535	36470
1355265	543969	372891	417786	357863	1297275	251326	4525	289679	5690
1291976	486399	343601	388496	332389	1233987	245667	4525	273968	4695
63288	57570	29290	29290	25475	63288	5659		15711	995
228259	**736834**	**199029**	**399190**	**297131**	**221352**	**28850**	**228**	**38935**	**2979**
215431	728425	191465	398013	295954	207995	27630	228	37668	2579
12828	8409	7564	1177	1177	13357	1220		1266	400
546268	**496462**	**363001**	**245950**	**223753**	**573791**	**138268**		**184235**	**4641**
380365	174397	109295	97758	92689	379369	82215		103683	1782
165903	322065	253707	148192	131064	194423	56053		80552	2859
4419483	5324141	2713162	3402908	1956932	4063578	1041485	5244	2281996	28672
2651932	4726474	2304403	2459710	1761488	2605500	223531	1939	373246	37465
8562952	14063018	6361757	10567119	7550877	10983027	831149	96422	1117876	78589
5099362	4881998	3185845	2200858	1931499	4979721	786488		2148749	36610
10535005	19231635	8193476	14228879	9337798	12672384	1309678	103606	1624369	108116
9378931	16696063	7722761	11084702	7498653	11529153	1329079	10892	2778993	96636
6255436	7417570	3656561	5345035	3770644	6122951	767087	92713	994126	48090

7-11 续表1

单位：万元

指　　标	Item	企业数(个) Number of Enterprises (unit)	#亏损企业 Unprofitable Enterprises	工业总产值(当年价格) Gross Industrial Output Value (current price)
按主营业务收入分	**By Annual Revenue of Major Business**			
年收入在40亿元以上	Annual Income Above 4 billion yuan	6		5835969
年收入在20—40亿元	Annual Income Between 2 billion and 4 billion yuan	12		3653851
年收入在10—20亿元	Annual Income Between 1 billion and 2 billion yuan	22	2	3152968
年收入在5—10亿元	Annual Income Between 0.5 billion and 1 billion yuan	30	3	2355305
年收入在1—5亿元	Annual Income Between 0.1 billion and 0.5 billion yuan	41	10	1344999
年收入在3000万元—1亿元	Annual Income Between 30 million and 100 million yuan	9	4	88661
年收入在1000万元—3000万元	Annual Income Between 10 million and 30 million yuan	1	1	1724
年收入在1000万元以下		3		
按支柱、特色行业分组	**By Pillar and Characteristic Industries**			
能源、优势原材料为主的新兴支柱产业	Emerging Pillar Industries of Energy and Raw Materials	23	8	4637055
电	Electricity	3	1	113013
煤	Coal	2	2	52329
煤及煤化工	Coal and Its Chemical Industry	4	4	312022
铝及铝加工	Aluminum and Its Chemical Industry	7	2	1137312
磷及磷化工	Phosphorus and Its Chemical Industry	9	1	3074708
铁合金	Iron Alloy			
烟酒为主的传统支柱产业	Traditional Pillar Industries of Tabacco and Liquor	4		2165698
酒	Liquor	2		402027
烟	Tobacco	2		1763671
贵阳市重点产业(行业)	Six Special Pillar Industries	101	15	15004357
磷煤化工	Phosphorus and Coal Chemical Industries	11	3	3334400
铝及铝化工	Aluminum and Its Chemical Industry	7	2	1137312
特色食品	Characteristic Food	10		1389013
烟草制品	Tobacco Products	2		1763671
医药制造业	Modern Medicine	14		1352124
装备制造业	Equipment Manufacturing Industry	46	8	3696366
#汽车制造业	Automobile Industry	5	1	664483
#电子信息设备制造业	Manufacture of Electronic Information Equipment	11	2	1320920
电力生产及供应业	Production and Supply of Electric Power	7	1	1621900
橡胶及塑料制品业	Manufacture of Chemical Fibers and Plastics	5	1	852774
贵阳市产业园区	**Industrial Parks of Guiyang City**			
南明临空经济区产业园	Nanming Airport Economic Zone	2		479956
云岩产业园	Yunyan Industrial Park	2	1	258345
花溪产业园	Huaxi Industrial Park	2		216914
小河—孟关装备制造业生态工业园	Xiaohe-Mengguan Equipment Manufacturing Industry Eco-Industrial Park	27	2	4295532
乌当医药食品新型产业园	Wudang Food and Drug New Industrial Park	14	1	759588
白云铝及铝加工工业基地	Baiyun Aluminum and Aluminum Processing Industrial Base	12	3	1587063
麦架—沙文高新技术产业园	Maijia-Shawen High-tech Industrial Park	11	3	798370
贵阳综合保税区				
观山湖电子商务和现代制造业产业园	Guanshanhu Electronic Commerce and Modern Manufacturing Industrial Park	1	1	44321
开阳磷煤化工生态工业示范基地	Kaiyang Phosphorus and Coal Chemical Ecological Industries Demonstration Base	8	2	1618361
息烽磷煤化工生态工业基地	Xifeng Phosphorus and Coal Chemical Ecological Industries Base	6	1	1829968
修文产业园	Xiuwen Industrial Park	10	2	1386196
清镇经开区	Qingzhen Economic Development Zone	12	3	969739

(continued)

(10 000 yuan)

工业增加值(当年价格) Industrial Added Value (current price)	工业销售产值(当年价格) Industrial Sales Value (current price)	资产总计 Total Assets	流动资产合计 Total Current Assets	负债合计 Total Liabilities	流动负债合计 Total Current Liabilities	主营业务收入 Revenue from Principal Business	利润总额 Total Profits	亏损企业亏损总额 Total Losses	利税总额 Total Profits and Taxes	全部从业人员年平均人数(人) Annual Average Employed Persons (person)
2430619	5744220	7848730	3161267	6035669	3593525	8035957	1141942		2395745	23836
1027245	3435781	4318418	2235410	2538825	2012056	3384000	467529		616248	32995
670161	2935430	3549188	1981494	2438420	2073400	2798100	260627	9363	378297	21761
673750	2256485	4254517	1964690	2630980	1557102	2191655	190431	39718	286122	32699
342824	1180502	3741066	1856776	2542766	1849737	1175529	39830	48658	97337	29131
27200	79341	393248	175469	237474	183477	64113	-3699	5375	-267	3897
1508	2609	8466	4216	5603		2750	-493	493	-365	407
1054098	4558326	8316227	2708944	7231398	4605847	7178135	282634	90963	417287	33359
25202	110595	486456	79543	469726	139342	108716	-24417	28931	-18798	1132
19721	51361	494684	125185	422403	260850	81805	-9399	9399	-280	5389
19389	296328	1102528	223610	1241697	732256	283236	-56764	56764	-46738	6660
273474	1083869	1678288	508766	1260524	536349	1062094	92955	4894	130753	8800
736032	3067534	5048955	1897025	4259451	3197901	5724090	270860	373	352071	16767
1675401	2137033	1643041	1294474	686412	648655	2082795	286997		1442224	4968
187670	369820	156991	102823	99874	62615	353007	150965		164397	850
1487732	1767213	1486050	1191651	586538	586040	1729788	136032		1277828	4118
4811895	14244070	19423001	9350783	13754180	9381635	16030863	2004599	93801	3625309	122046
735700	3312501	5656799	1995451	5078745	3669307	5925521	223495	47739	305612	18038
273474	1083869	1678288	508766	1260524	536349	1062094	92955	4894	130753	8800
517528	1322627	834018	502917	533174	414566	1170917	345498		411086	8003
1487732	1767213	1486050	1191651	586538	586040	1729788	136032		1277828	4118
539269	1137472	1568718	941894	561188	476687	1143942	235507		363701	14993
844297	3474099	5478063	3455582	3476611	3018649	3240405	200001	11854	286756	56616
199326	627042	719186	496797	394281	365532	633548	50734	1164	76975	9765
188031	1224337	1463642	1237208	920088	874738	1118768	63003	1628	88472	13434
319334	1591582	1590353	126197	1549922	157590	1347257	779643	28931	841229	3696
144498	679963	1205527	655076	781849	596243	536194	22587	383	46169	8677
158873	471081	303278	259620	179744	175646	379471	106552		133065	3400
97420	255681	561914	216795	187083	137505	245682	28237	1164	68334	2459
57609	180584	169453	107890	40848	39264	180584	37451		46261	828
1988372	4147318	4665796	3532886	2515357	2271391	3934756	260747	876	1446836	38533
206208	679340	929921	597371	405338	319190	654796	53748	1228	93145	13796
481448	1497837	1297989	555655	752678	369239	1494680	193722	2833	282736	13588
213076	757380	1996534	834515	1391515	1168263	685674	32606	3822	45867	11658
17580	43501	299983	76340	298898	179845	73945	-8847	8847	32	5064
348272	1616839	2996315	1048737	2485964	1844773	2964725	60192	9363	111568	10187
426622	1806014	2743274	1011251	2294314	1677855	3074838	204836	552	238577	8823
401383	1172242	2385835	1358681	1447498	1122941	1080428	187050	4559	255132	12171
250905	931315	2268941	699486	2078498	1087197	909056	39004	67748	75998	9529

7-11 续表2

单位：万元

指　　标	Item	企业数(个) Number of Enterprises (unit)	#亏损企业 Unprofitable Enterprises	工业总产值(当年价格) Gross Industrial Output Value (current price)
按工业行业大类分	**By Sector**			
采矿业	**Mining**	**3**	**2**	**131189**
煤炭开采和洗选业	Mining and Washing of Coal	2	2	52329
非金属矿采选业	Mining and Processing of Non-mental Ores	1		78860
制造业	**Manufacturing**	**111**	**16**	**14522053**
农副食品加工业	Farm and Sideline Products Processing	2		122216
食品制造业	Food Manufacturing	4		534795
酒、饮料和精制茶制造业	Manufacture of Liquor,Beverages and Refined Tea	4		732001
烟草制品业	Manufacture of Tobacco	2		1763671
皮革、毛皮、羽毛及其制品和制鞋业	Manufacture of Leather,Fur,Feather and Related Products and Footwear	1		133598
家具制造业	Manufacture of Furniture	1		30173
印刷业和记录媒介的复制业	Printing and Reproduction of Recording Media	2		45084
化学原料和化学制品制造业	Manufacture of Raw Chemical Materials and Chemical Products	12	3	3290692
医药制造业	Manufacture of Medicines	14		1352124
橡胶和塑料制品业	Manufacture of Rubber and Plastics	5	1	852774
非金属矿物制品业	Manufacture of Non-metallic Mineral Products	4	2	220177
黑色金属冶炼和压延加工业	Smelting and Calendering of Ferrous Metals	5	1	440275
有色金属冶炼和压延加工业	Smelting and Calendering of Non-ferrous Metals	6	1	1122385
金属制品业	Manufacture of Metal Products	5	2	120595
通用设备制造业	Manufacture of General Purpose Machinery	4	1	200730
专用设备制造业	Manufacture of Special Purpose Machinery	4	1	177221
汽车制造业	Manufacture of Automobile	5	1	664483
铁路、船舶、航空航天和其他运输设备制造业	Manufacture of Railway,Watercraft,Aviation,Aerospace and Other Transport Equipments	13	1	977320
电气机械和器材制造业	Manufacture of Electrical Machinery and Equipments	5		452227
计算机、通信和其他电子设备制造业	Manufacture of Computers, Communication Equipment and Other Electronic Equipment	8	1	1094694
仪器、仪表制造业	Manufacture of Measuring Instruments	3	1	62688
其他制造业	Others	2		132129
电力、燃气及水的生产和供应业	**Production and Supply of Electric Power,Gas and Water**	**10**	**2**	**1780235**
电力、热力的生产和供应业	Production and Supply of Electric Power and Heating Power	7	1	1621900
燃气生产和供应业	Production and Supply of Gas	1		67932
水的生产和供应业	Production and Supply of Water	2	1	90403

(continued)

(10 000 yuan)

工业增加值(当年价格) Industrial Added Value (current price)	工业销售产值(当年价格) Industrial Sales Value (current price)	资产总计 Total Assets	流动资产合计 Total Current Assets	负债合计 Total Liabilities	流动负债合计 Total Current Liabilities	主营业务收入 Revenue from Principal Business	利润总额 Total Profits	亏损企业亏损总额 Total Losses	利税总额 Total Profits and Taxes	全部从业人员年平均人数(人) Annual Average Employed Persons(person)
42753	**127750**	**530579**	**151970**	**436966**	**267650**	**150803**	**4170**	**9399**	**16770**	**5835**
19721	51361	494684	125185	422403	260850	81805	-9399	9399	-280	5389
23031	76389	35895	26786	14563	6800	68998	13569		17050	446
4744241	**13771979**	**20822242**	**10856769**	**13758590**	**10335217**	**15969523**	**1300707**	**65048**	**2897225**	**132431**
31922	113778	78071	52526	15393	14453	93651	11348		16802	2071
161532	516614	509235	321026	382117	303919	401844	101093		126553	4011
324074	692235	246711	129366	135664	96194	675422	233057		267731	1921
1487732	1767213	1486050	1191651	586538	586040	1729788	136032		1277828	4118
20711	139454	97826	79016	30533	18178	253287	8612		12771	1380
11912	37019	51785	25938	30281	30281	36662	3924		6713	470
24243	43750	105667	70781	22674	22248	45609	10802		14156	968
741078	3288759	6491414	2391669	5436712	3784358	5926796	209763	47739	291812	20787
539269	1137472	1568718	941894	561188	476687	1143942	235507		363701	14993
144498	679963	1205527	655076	781849	596243	536194	22587	383	46169	8677
67027	213750	341759	165201	223510	196598	203264	20096	513	31647	2600
52442	416629	1190786	656999	669721	515914	433093	10417	106	19331	3600
269365	1072896	1622298	470126	1170782	469520	1051481	93396	4453	130432	7731
39832	113198	300539	181640	197949	181145	140282	1565	3106	6704	4175
30442	166517	409169	196213	222068	67331	135193	7168	804	10303	3530
36792	178117	222635	186990	139614	131848	172393	13275	3212	15113	2417
199326	627042	719186	496797	394281	365532	633548	50734	1164	76975	9765
281933	953655	2280740	1127179	1540782	1338456	837113	31835	1939	44910	21416
87453	404567	712866	633164	673428	667063	403538	42195		54999	2359
159766	1025968	799863	607981	301220	259077	919876	52445	1228	74465	12306
17149	53697	116423	78438	68747	65605	46868	1906	400	4798	1274
15746	129686	264976	197101	173538	148529	149680	2950		3312	1862
386313	**1734638**	**2760811**	**370582**	**2234181**	**666430**	**1531778**	**791288**	**29159**	**859124**	**6460**
319334	1591582	1590353	126197	1549922	157590	1347257	779643	28931	841229	3696
26405	66676	552081	126957	331905	256846	115745	5122		9209	1336
40574	76380	618377	117428	352354	251995	68776	6523	228	8686	1428

7-12 规模以上工业企业主要产品产销情况(2016年)
Statistics on Output and Sales of Major Products of Industrial Enterprises above Designated Size(2016)

产品名称		Item		生产量 Output	销售量 Sales Volume	企业自用及其他 For Their Own or Other Use	产销率(%) Sales-output Ratio (%)
精制食用植物油	(吨)	Refined Edible Vegetable Oil	(ton)	129532	113480	7863	93.7
乳制品	(吨)	Dairy Products	(ton)	102878	103542		100.6
白　酒(折65度.商品量)	(千 升)	White Liquor (65 degree/commodity amount)	(kiloliter)	9889	10542	987	116.6
软饮料	(吨)	Soft Drink	(ton)	3197835	3202583	1092	100.2
卷　烟	(万 支)	Cigarettes	(10 000 pieces)	11606288	11776041	9500	101.5
服　装	(万 件)	Costume	(10 000 pieces)	132	132		100.0
机制纸及纸板	(吨)	Machine-made Paper and Paperboard	(ton)	4650	4539	50	98.7
硫　酸(折100%)	(吨)	Sulfuric Acid(100%)	(ton)	5363120		5330883	99.4
烧　碱(折100%)	吨	Caustic soda	(ton)	3682	4571	243	130.8
合成氨(无水氨)	(吨)	Synthetic Ammonia (anhydrous ammonia)	(ton)	736330	735864	444	100.0
农用氮、磷、钾化学肥料总计(折纯)	(吨)	Chemical Fertilizers (covert to pure)	(ton)	4200404	4148607	123502	101.7
氮　肥(折含N100%)	(吨)	Nitrogen Fertilizers (include 100% N)	(ton)	1240959	1216275	78164	104.3
磷　肥(折五氧化二磷100%)	(吨)	Phosphate Fertilizers (include 100% phosphorus pentoxide)	(ton)	2914572	2855534	45337	99.5
涂　料	(吨)	Coating material	(ton)	3682	3728	92	103.7
初级形态的塑料	(吨)	Primary Plastics	(ton)	38594	38590		100.0
橡胶轮胎外胎	(吨)	Rubber Cover Tyre	(tire)	4924458	5130969		104.2
塑料制品	(吨)	Plastic Products	(ton)	385606	451262	2	117.0
水　泥	(吨)	Cement	(ton)	11605241	11000006		94.8

7-12 续表 (continued)

产品名称		Item		生产量 Output	销售量 Sales Volume	企业自用及其他 For Their Own or Other Use	产销率(%) Sales-output Ratio (%)
生 铁	(吨)	Pig Iron	(ton)	282368	247061	6450	89.8
粗 钢	(吨)	Crude Steel	(ton)	799873		794122	99.3
钢 材	(吨)	Rolled Steel	(ton)	826826	848173		102.6
氧化铝	(吨)	Aluminum Oxide	(ton)	1608625	1762379		109.6
原 铝(电解铝)	(吨)	Virgin Aluminum (Electrolytic Aluminum)	(ton)	298170	298925	108	100.3
金属切削机床	(台)	Metal-cutting Machine Tool	(set)	280	250		89.3
电子计算机整机	(台)	Complete Electronic Computer	(set)	56744	52053	3	91.7
彩色电视机	(台)	Color Television Sets	(set)	1193560	1192366		99.9
集成电路	(万 块)	Integrated Circuits	(10 000 units)	651	628		96.5

7-13 规模以上高技术产业(制造业)主要经济指标(2016年)

单位：万元

指 标	Item	企业数(个) Number of Enterprises (unit)	#亏损企业 Unprofitable Enterprises
总 计	**Tatol**	**105**	**13**
#亏损企业	Unprofitable Enterprises	13	13
#国有控股企业	State Holding Enterprises	27	4
#农村工业	Rural Industries		
#非公有制工业	Non-public Industries	75	9
#文化产业	Cultural Industries	1	
按登记注册类型分	**By Status of Registration**		
内资企业	**Domestic-funded Enterprises**	**96**	**12**
#国有企业	State-owned Enterprises	11	2
有限责任公司	Limited Liability Companies	52	7
股份有限公司	Companies Limited by Shares	11	
私营企业	Private Enterprises	22	3
港、澳、台商投资企业	**Enterprises with Funds from Hong Kong,Macao and Taiwan**	**5**	**1**
外商投资企业	**Enterprises with Foreign Investment**	**4**	
按轻重工业分	**By Light & Heavy Industries**		
轻工业	Light Industry	64	6
重工业	Heavy Industry	41	7
按企业规模分	**By Size of Enterprises**		
大型企业	Large Enterprises	12	
中型企业	Medium-sized Enterprises	25	2
小型企业	Small Enterprises	66	11
微型企业	Micro-sized Enterprises	2	
按企业主营业务收入分	**By Annual Revenue of Major Business**		
年收入在20—40亿元	Annual Income Between 2 billion and 4 billion yuan	4	
年收入在10—20亿元	Annual Income Between 1 billion and 2 billion yuan	9	
年收入在 5—10亿元	Annual Income Between 0.5 billion and 1 billion yuan	13	
年收入在 1—5亿元	Annual Income Between 0.1 billion and 0.5 billion yuan	37	2
年收入在3000万元—1亿元	Annual Income Between 30 million and 100 million yuan	31	5
年收入在1000万元—3000万元	Annual Income Between 10 million and 30 million yuan	10	5
年收入在1000万元以下	Annual Income Below 10 million yuan	1	1
按支柱、特色行业分组	**By Pillar and Characteristic Industries**		
贵阳市重点产业(行业)	Pillar Industries in Guiyang	105	13
磷煤化工	Phosphorus and Coal Chemical Industries	1	
铝及铝化工	Aluminum and Its Chemical Industry		
特色食品	Characteristic Food		
烟草制品	Tobacco Products		
医药制造业	Modern Medicine	56	5
装备制造业	Equipment Manufacturing Industry	49	8
#汽车制造业	Automobile Industry		
#电子信息设备制造业	Manufacture of Electronic Information Equipment	25	5
电力生产及供应业	Production and Supply of Electric Power		
橡胶及塑料制品业	Manufacture of Chemical Fibers and Plastics		
贵阳市产业园区	Industrial Parks of Guiyang City		
南明临空经济区产业园	Nanming Airport Economic Zone	4	
云岩产业园	Yunyan Industrial Park	2	
花溪产业园	Huaxi Industrial Park	2	
小河—孟关装备制造业生态工业园	Xiaohe-Mengguan Equipment Manufacturing Industry Eco-Industrial Park	15	
乌当医药食品新型产业园	Wudang Food and Drug New Industrial Park	22	3
白云铝及铝加工工业基地	Baiyun Aluminum and Aluminum Processing Industrial Base	7	1
麦架—沙文高新技术产业园	Maijia-Shawen High-tech Industrial Park	19	4
贵阳综合保税区	Guiyang Integrated Free Trade Zone	1	
观山湖电子商务和现代制造业产业园	Guanshanhu Electronic Commerce and Modern Manufacturing Industrial Park		
开阳磷煤化工生态工业示范基地	Kaiyang Phosphorus and Coal Chemical Ecological Industries Demonstration Base	1	
息烽磷煤化工生态工业基地	Xifeng Phosphorus and Coal Chemical Ecological Industries Base	2	
修文产业园	Xiuwen Industrial Park	16	2
清镇经开区	Qingzhen Economic Development Zone	6	2

Main Economic Indicators of High-tech Industrial Enterprises above Designated Size(2016)

(10 000 yuan)

全部从业人员年平均人数(人) Annual Average Employed Persons (person)	工业总产值(当年价格) Gross Industrial Output Value (current price)	工业增加值(当年价格) Industrial Added Value (current price)	工业销售产值(当年价格) Industrial Sales Value (current price)	#出口交货值 Delivery Value of Export	资产总计 Total Assets	流动资产合计 Total Current Assets	负债合计 Total Liabilities	流动负债合计 Total Current Liabilities
54445	**5154733**	**1421679**	**4520358**	**130873**	**5880581**	**3405030**	**3046254**	**2586088**
1796	91703	22127	81610	7914	217155	107169	152827	118496
31362	2251785	459667	2082366	76913	3076268	1750471	1884143	1618160
22327	2810485	942324	2356096	52741	2729746	1616832	1128176	937565
2508	362959	41361	338560		103767	87313	49593	48900
50624	**4739849**	**1255457**	**4221827**	**87742**	**5424406**	**3068035**	**2839683**	**2398489**
12679	693265	165815	677453	51867	1669668	784754	1177237	997213
25706	2539525	657537	2237264	6717	2077139	1344924	1038808	930430
9483	984536	285846	876621	19911	1225274	677822	438149	367799
2756	522523	146259	430488	9247	452324	260535	185489	103047
672	**86238**	**19991**	**78591**	**34247**	**55671**	**42614**	**29693**	**27849**
3149	**328646**	**146230**	**219940**	**8885**	**400504**	**294381**	**176878**	**159750**
23859	3249203	1009134	2707541		2649058	1623698	1049618	873271
30586	1905530	412545	1812817	130873	3231523	1781332	1996637	1712817
30477	2098686	549277	1968432	66715	3085504	1596141	1724952	1467974
16217	1425303	455279	1227686	5464	1553811	1053748	736942	672035
7719	1620198	412486	1313812	58694	1236170	751817	582972	444732
32	10546	4637	10428		5096	3325	1387	1348
14573	1149434	278135	1114437	51618	2078885	936427	1213897	1003739
12177	1407951	410305	1212795		959782	664683	419206	332522
10712	1004034	346314	872172	14761	1266650	817571	538937	484535
12054	1264793	303851	1034704	39677	1036601	701386	533356	470641
4213	302686	75206	262036	24454	416324	235788	254542	216792
576	24456	7733	22860		23804	16552	21323	20850
140	1379	134	1354	363	98535	32624	64994	57009
54445	5154733	1421679	4520358	130873	5880581	3405030	3046254	2586088
895	143204	49936	125255		74814	26752	74371	73795
19895	2573111	871552	2077693		2384209	1444954	878728	709835
34550	2581623	550126	2442665	130873	3496372	1960076	2167526	1876253
14773	1338154	198568	1249347	55325	1178164	828444	533298	465446
626	140042	38784	86880		108563	56111	41294	40414
2185	286562	112526	247019		574870	218555	165608	116811
513	130242	58685	107258		169215	110179	41274	35197
16482	1305281	242354	1221913	24339	1278130	892330	603615	523958
12221	937564	237670	820904	5619	768457	546431	350422	308396
2306	97718	24370	88116	6765	156961	105067	117294	111358
10815	842032	213036	787485	59904	1710456	750276	1199974	1027055
139	35430	1398	34657	34247	11057	10227	1121	1121
895	143204	49936	125255		74814	26752	74371	73795
483	259145	80050	229675		225306	120669	75500	10500
4934	634969	222456	495009		460989	316797	209508	188915
1428	195766	53341	149272		155818	125716	88862	73518

7-13 续表1

单位：万元

指　　标	Item	企业数（个）Number of Enterprises (unit)	#亏损企业 Unprofitable Enterprises
按国民经济行业分类	**By National Economic Sectors**		
医药制造业	Manufacture of Medicines	56	5
化学药品制造	Manufacture of Chemical Medicines	5	
化学药品制剂制造	Manufacture of Chemicals Used in Medicine Production	5	
中药饮片加工	Herbal Pieces Processing	3	
中成药生产	Herbal Pieces Processing	41	5
兽用药品制造	Manufacture of Chinese Patent Medicine	1	
生物药品制造	Manufacture of Veterinary Drug	2	
卫生材料及医药用品制造	Manufacture of Biological Medicines	4	
航空、航天器及设备制造	Manufacture of Hygienic Materials and Medical Supplies	14	
飞机制造	Manufacture of Aircrafts,Space Vehicles and Related Equipment	12	
航空、航天相关设备制造	Manufacture of Airplanes	2	
电子及通信设备制造业	Manufacture of Aerospace Equipment	18	5
电子工业专用设备制造	Manufacture of Electronics and Communication Equipment	1	1
锂离子电池制造	Electronic Industrial Specialized Equipment Manufacturing	3	1
通信设备制造	Manufacture of Lithium Ion Batteries	1	1
通信系统设备制造	Manufacture of Communication Equipment	1	1
通信终端设备制造	Manufacture of Communication System Device		
视听设备制造	Manufacture of Communication Terminal Equipment	1	
电视机制造	Manufacture of Audio and Visual Equipment	1	
电子器材制造	Manufacture of Television Sets	7	1
真空器件制造	Manufacture of Electronic Equipment	1	
半导体分立器件制造	Manufacture of Vacuum Devices	2	
集成电路制造	Manufacture of Discrete Semiconductor Devices	3	
光电子器材及其他电子器件制造	Manufacture of Integrated Circuits	1	1
电子元件制造	Photoelectronic Equipment and Other Electronic Devices Manufacturir	5	1
电子元件及组件制造	Manufacture of Electronic Components	5	1
计算机及办公设备制造	Manufacture of Electronic Components and Building Bricks	4	1
计算机整机制造	Manufacture of Computers and Office Equipment	3	1
计算机外围设备制造	Manufacture of Whole Sets of Computers	1	
医疗仪器设备及仪器仪表制造业	Computer Peripherals Manufacturing	13	2
医疗仪器设备及器械制造	Manufacture of Medical Devices and Measuring Instruments	4	
机械治疗及病房护理设备制造	Manufacture of Medical Equipment and Instrument	1	
假肢、人工器官及植(介)入器械制造	Manufacture of Mechanical Treatment and Ward Care Equipment	1	
其他医疗设备及器械制造	Manufacture of Artificial Limb,Organs and Implantable Device	2	
仪器仪表制造	Others	9	2
工业自动控制系统装置制造	Manufacture of Measuring Instruments	3	
电工仪器仪表制造	Manufacture of Devices Used in Industrial AutomaticControl Systems	1	
环境监测专用仪器仪表制造	Manufacture of Electrical Instruments and Meters	1	
电子测量仪器制造	Manufacture of Special Instrument for Environmental Monitoring	1	
其他专用仪器制造	Manufacture of Dedicated Measuring Instruments	1	1
光学仪器制造	Manufacture of Optical Instruments	2	1

(continued)

(10 000 yuan)

全部从业人员年平均人数(人) Annual Average Employed Persons (person)	工业总产值(当年价格) Gross Industrial Output Value (current price)	工业增加值(当年价格) Industrial Added Value (current price)	工业销售产值(当年价格) Industrial Sales Value (current price)	#出口交货值 Delivery Value of Export	资产总计 Total Asset	流动资产合计 Total Current Assets	负债合计 Total Liabilities	流动负债合计 Total Current Liabilities
19895	2573111	871552	2077693		2384209	1444954	878728	709835
1424	199245	69571	160978		88266	49655	48000	47803
1424	199245	69571	160978		88266	49655	48000	47803
281	67024	3311	23160		29492	13339	12873	10491
17182	2104230	735592	1738508		2068096	1264396	773142	608652
57	3307	902	3009		12091	2315	3364	3364
399	111493	55341	88851		144419	90213	22327	20702
552	87812	6837	63187		41845	25037	19023	18823
17468	895480	245150	876374	75178	2100517	1007675	1465919	1274322
15702	781901	213639	758856	75178	1869425	829272	1355683	1172574
1766	113579	31511	117517		231092	178403	110236	101748
14755	1425908	245588	1322867	11832	1138358	767813	556137	472839
131	13133	2422	8956		32651	19515	34499	9435
1116	219091	70811	199723		115178	54389	98833	98257
165	7077	1187	7160	4733	5689	4200	4108	4108
165	7077	1187	7160	4733	5689	4200	4108	4108
2508	362959	41361	338560		103767	87313	49593	48900
2508	362959	41361	338560		103767	87313	49593	48900
4234	401185	37071	376152	2099	296731	159362	167196	145453
734	30994	3020	27200	445	63335	32063	44849	40199
1071	85599	8341	76000	1291	72503	40492	22896	18276
2289	283213	25575	271599		62358	54184	34458	29970
140	1379	134	1354	363	98535	32624	64994	57009
6601	422463	92736	392316	5000	584342	443036	201908	166686
6601	422463	92736	392316	5000	584342	443036	201908	166686
281	69834	6619	65037	37065	26038	20540	7716	2766
221	61532	5359	56889	37065	19669	14972	4214	2766
60	8302	1260	8148		6369	5568	3502	
2046	190401	52769	178387	6799	231460	164047	137755	126327
340	94043	25409	91566		45905	37043	22464	16279
45	4011	1077	3198		3012	2216	1693	
98	26345	7072	25858		6877	6340	817	817
197	63688	17260	62510		36016	28487	19954	15462
1706	96358	27360	86821	6799	185556	127005	115292	110048
174	19991	6571	19703		59963	43942	39885	37783
32	3996	1311	3922		2013	2000	1508	1508
338	20812	6064	20427		54106	36488	36413	34281
76	6555	986	6429	6429	4722	1952	1726	1726
364	23282	4664	19640		40794	29613	23244	22234
722	21722	7765	16700	370	23958	13011	12515	12515

7-13 续表2

单位：万元

指标	Item	非流动负债 Non-current Liability	所有者权益合计 Total Owners' Equity
总计	**Tatol**	**350380**	**2832706**
#亏损企业	Unprofitable Enterprises	16537	64912
#国有控股企业	State Holding Enterprises	236733	1189925
#农村工业	Rural Industries		
#非公有制工业	Non-public Industries	110075	1602150
#文化产业		693	54174
按登记注册类型分	**By Status of Registration**		
内资企业	**Domestic-funded Enterprises**	**331408**	**2583102**
#国有企业	State-owned Enterprises	170024	492231
有限责任公司	Limited Liability Companies	78877	1036916
股份有限公司	Companies Limited by Shares	70350	787125
私营企业	Private Enterprises	12157	266830
港、澳、台商投资企业	**Enterprises with Funds from Hong Kong, Macao and Taiwan**	**1844**	**25978**
外商投资企业	**Enterprises with Foreign Investment**	**17128**	**223626**
按轻重工业分	**By Light & Heavy Industries**		
轻工业	Light Industry	97878	1599440
重工业	Heavy Industry	252502	1233266
按企业规模分	By Size of Enterprises		
大型企业	Large Enterprises	256977	1358551
中型企业	Medium-sized enterprises	54908	816668
小型企业	Small Enterprises	38455	653778
微型企业	Micro-sized Enterprises	40	3709
按企业主营业务收入分	**By Annual Revenue of Major Business**		
年收入在20—40亿元	Annual Income Between 2 billion and 4 billion yuan	210158	864988
年收入在10—20亿元	Annual Income Between 1 billion and 2 billion yuan	11434	540576
年收入在 5—10亿元	Annual Income Between 0.5 billion and 1 billion yuan	54402	725713
年收入在 1—5亿元	Annual Income Between 0.1 billion and 0.5 billion yuan	51187	503246
年收入在3000万元—1亿元	Annual Income Between 30 million and 100 million yuan	14742	161576
年收入在1000万元—3000万元	Annual Income Between 10 million and 30 million yuan	472	2482
年收入在1000万元以下	Annual Income Below 10 million yuan	7985	34126
按支柱、特色行业分组	**By Pillar and Characteristic Industries**		
贵阳市重点产业(行业)	Six Special Pillar Industries	350380	2832706
磷煤化工	Phosphorus and Coal Chemical Industries	576	443
铝及铝化工	Aluminum and Its Chemical Industry		
特色食品	Characteristic Food		
烟草制品	Tobacco Products		
医药制造业	Modern Medicine	92208	1505480
装备制造业	Equipment Manufacturing Industry	258172	1327226
#汽车制造业	Automobile Industry		
#电子信息设备制造业	Manufacture of Electronic Information Equipment	54330	645447
电力生产及供应业	Production and Supply of Electric Power		
橡胶及塑料制品业	Manufacture of Chemical Fibers and Plastics		
贵阳市产业园区	**Industrial Parks of Guiyang City**		
南明临空经济区产业园	Nanming Airport Economic Zone	880	67269
云岩产业园	Yunyan Industrial Park	48798	409261
花溪产业园	Huaxi Industrial Park	5986	127941
小河—孟关装备制造业生态工业园	Xiaohe-Mengguan Equipment Manufacturing IndustryEco-Industrial Park	76155	672315
乌当医药食品新型产业园	Wudang Food and Drug New Industrial Park	30314	418035
白云铝及铝加工工业基地	Baiyun Aluminum and Aluminum Processing Industrial Base	5936	39662
麦架—沙文高新技术产业园	Maijia-Shawen High-tech Industrial Park	155125	511067
贵阳综合保税区	Guiyang Integrated Free Trade Zone		9937
观山湖电子商务和现代制造业产业园	Guanshanhu Electronic Commerce and Modern Manufacturing Industrial Park		
开阳磷煤化工生态工业示范基地	Kaiyang Phosphorus and Coal Chemical Ecological Industries Demonstration Base	576	443

(continued)

(10 000 yuan)

主营业务收入 Revenue from Principal Business	主营业务成本 Cost of Principal Business	营业税金及附加 Business Taxes and Surcharges	利润总额 Total Profits	亏损企业亏损总额 Total Losses	利税总额 Total Profits and Taxes
4215943	**2600255**	**28465**	**489221**	**16030**	**711214**
75993	69843	317	-16030	16030	-13183
1860792	1414693	6524	88297	6427	122637
2313573	1168447	21469	393136	9603	575863
269882	235687	2173	4073		11904
3895224	**2443687**	**24223**	**418621**	**15297**	**604754**
614656	448896	1792	26819	3669	37312
1928029	1271587	11893	208769	10808	295335
906499	460028	6815	115196		176635
446040	263175	3724	67838	820	95473
78601	**56246**	**423**	**3709**	**732**	**8370**
242118	**100323**	**3819**	**66890**		**98090**
2616728	1368066	23462	407834	2520	602397
1599215	1232190	5003	81387	13510	108818
1789722	1179274	12248	156969		245595
1183921	650316	9513	196763	1628	274285
1234612	763466	6685	135474	14401	191182
7687	7200	20	14		153
1046184	663278	7624	70566		124653
1126462	656671	6892	190959		243882
865887	495103	5214	146151		194226
956949	618794	7306	80827	621	137505
196813	145365	1248	9142	6376	18145
22746	17906	182	-1779	2388	-551
902	3138		-6646	6646	-6646
4215943	2600255	28465	489221	16030	711214
125255	85462	455	31119		37823
2085563	945271	19533	370852	2299	548850
2130380	1654984	8932	118368	13731	162365
1095558	883816	5438	53055	11002	80695
80597	25442	1011	14972		24286
277235	40748	5038	38168		85194
107258	47670	1500	37504		44290
1069633	844594	4523	73786		96972
769095	455103	4516	44221	3820	86958
89482	62726	375	2509	400	5102
671059	445439	3520	31301	9510	44424
34657	34476		52		52
125255	85462	455	31119		37823

7-13 续表3

单位：万元

指　　标	Item	非流动负债 Non-current Liability
息烽磷煤化工生态工业基地	Xifeng Phosphorus and Coal Chemical Ecological Industries Base	
修文产业园	Xiuwen Industrial Park	8907
清镇经开区	Qingzhen Economic Development Zone	15345
按国民经济行业分类：	**By National Economic Sectors**	
医药制造业	Manufacture of Medicines	92208
化学药品制造	Manufacture of Chemical Medicines	197
化学药品制剂制造	Manufacture of Chemicals Used in Medicine Production	197
中药饮片加工	Herbal Pieces Processing	948
中成药生产	Manufacture of Chinese Patent Medicine	89239
兽用药品制造	Manufacture of Veterinary Drug	
生物药品制造	Manufacture of Biological Medicines	1624
卫生材料及医药用品制造	Manufacture of Hygienic Materials and Medical Supplies	200
航空、航天器及设备制造	Manufacture of Aircrafts, Space Vehicles and Related Equipment	191596
飞机制造	Manufacture of Airplanes	183108
航空、航天相关设备制造	Manufacture of Aerospace Equipment	8488
电子及通信设备制造业	Manufacture of Electronics and Communication Equipment	55504
电子工业专用设备制造	Electronic Industrial Specialized Equipment Manufacturing	7270
锂离子电池制造	Manufacture of Lithium Ion Batteries	576
通信设备制造	Manufacture of Communication Equipment	
通信系统设备制造	Manufacture of Communication System Device	
通信终端设备制造	Manufacture of Communication Terminal Equipment	
视听设备制造	Manufacture of Audio and Visual Equipment	693
电视机制造	Manufacture of Television Sets	693
电子器材制造	Manufacture of Electronic Equipment	21743
真空器件制造	Manufacture of Vacuum Devices	4650
半导体分立器件制造	Manufacture of Discrete Semiconductor Devices	4619
集成电路制造	Manufacture of Integrated Circuits	4489
光电子器材及其他电子器件制造	Photoelectronic Equipment and Other Electronic Devices Manufacturing	7985
电子元件制造	Manufacture of Electronic Components	25222
电子元件及组件制造	Manufacture of Electronic Components and Building Bricks	25222
计算机及办公设备制造	Manufacture of Computers and Office Equipment	1448
计算机整机制造	Manufacture of Whole Sets of Computers	1448
计算机外围设备制造	Computer Peripherals Manufacturing	
医疗仪器设备及仪器仪表制造业	Manufacture of Medical Devices and Measuring Instruments	9625
医疗仪器设备及器械制造	Manufacture of Medical Equipment and Instrument	4401
机械治疗及病房护理设备制造	Manufacture of Mechanical Treatment and Ward Care Equipment	
假肢、人工器官及植(介)入器械制造	Manufacture of Artificial Limb,Organs and Implantable Device	
其他医疗设备及器械制造	Others	4401
仪器仪表制造	Manufacture of Measuring Instruments	5223
工业自动控制系统装置制造	Manufacture of Devices Used in Industrial Automatic Control Systems	2082
电工仪器仪表制造	Manufacture of Electrical Instruments and Meters	
环境监测专用仪器仪表制造	Manufacture of Special Instrument for Environmental Monitoring	2132
电子测量仪器制造	Manufacture of Dedicated Measuring Instruments for Environmental Monitoring	
其他专用仪器制造	Manufacture of Dedicated Measuring Instruments	1010
光学仪器制造	Manufacture of Optical Instruments	

(continued)

(10 000 yuan)

所有者权益合计 Total Owners' Equity	主营业务收入 Revenue from Principal Business	主营业务成本 Cost of Principal Business	营业税金及附加 Business Taxes and Surcharges	利润总额 Total Profits	亏损企业亏损总额 Total Losses	利税总额 Total Profits and Taxes
149806	224168	128241	252	65895		69201
251481	509915	293165	4453	86578	1501	126006
66956	143649	100675	1370	13984	736	26410
1505480	2085563	945271	19533	370852	2299	548850
40265	159280	73403	790	20090		27656
40265	159280	73403	790	20090		27656
16620	39162	35584	87	661		1022
1294954	1740124	754340	17971	308923	2299	471500
8726	3009	2608	0	404		404
122093	86110	36163	521	37327		43119
22823	57879	43174	163	3447		5149
632398	760270	573636	1654	34388		40997
511542	642734	489080	1507	22952		28544
120856	117536	84556	148	11436		12454
582806	1140789	902769	5165	77121	12893	108158
-1848	4092	3541	1	-2357	2357	-2225
16345	168979	125623	528	30995	221	38002
1581	7690	7668	15	-2441	2441	-2277
1581	7690	7668	15	-2441	2441	-2277
54174	269882	235687	2173	4073		11904
54174	269882	235687	2173	4073		11904
130119	235308	205317	836	-1072	6646	5221
18486	27172	20909	252	63		2300
49607	45543	28297	182	1465		3544
27900	161691	152973	403	4046		6022
34126	902	3138		-6646	6646	-6646
382434	454839	324933	1613	47923	1228	57533
382434	454839	324933	1613	47923	1228	57533
18322	58135	54668	50	1415	287	1468
15455	50721	49766	50	-164	287	-110
2867	7415	4902		1578		1578
93701	171186	123910	2063	5445	551	11741
23441	92304	61484	1229	1914		3641
1319	3937	2499	104	95		485
6060	25858	21662	65	684		826
16062	62510	37323	1060	1135		2330
70260	78881	62426	834	3531	551	8100
20078	18764	13924	149	1500		2852
500	3922	3393	8	78		125
17693	20427	16342	473	1782		2833
2996	6429	6028	13	199		232
17549	20163	15856	109	-400	400	804
11443	9177	6883	82	374	151	1254

7-14 规模以上工业增加值及构成
Components and Added Value of Industrial Enterprises above Designated Size

单位：万元 (10 000 yuan)

指　标	Item	2016	2015	2016年比2015年增长(%) Growth Rate in2016 over 2015 (%)	工业增加值率(%) Industrial Added Value Rate(%)
总　计	**Total**	**7828196**	**7122810**	**9.9**	**27.8**
#高技术	High-tech	1421679	1220895	15.9	27.6
按企业规模分	**By Size of Enterprises**				
大型企业	Large Enterprises	3484246	3399379	2.1	35.5
中型企业	Medium-sized Enterprises	1689061	1455057	15.8	25.6
小型企业	Small Enterprises	2598101	2145809	21.8	22.6
微型企业	Micro-sized Enterprises	56788	122564	-53.3	21.9
按企业主营业务收入分	**By Revenue from Principal Business**				
年收入在40亿元以上	Annual Income Above 4 billion yuan	2634060	2707997	-2.0	38.0
年收入在20—40亿元	Annual Income Between 2 billion and 4 billion yuan	1052838	696602	49.0	25.3
年收入在10—20亿元	Annual Income Between 1 billion and 2 billion yuan	800859	751713	6.9	21.5
年收入在5—10亿元	Annual Income Between 0.5 billion and 1 billion yuan	1272518	1123078	13.2	29.5
年收入在1—5亿元	Annual Income Between 0.1 billion and 0.5 billion yuan	1531428	1441359	6.3	22.0
年收入在3000万元—1亿元	Annual Income Between 30 million and 0.1 billion yuan	444917	318540	38.0	26.2
年收入在1000万元—3000万元	Annual Income Between 10 million and 30 million yuan	74495	82404	-10.8	26.1
年收入在1000万元以下	Annual Income Below 10 million yuan	17083	1117	1411.3	22.3
按支柱、特色行业分	**By Pillar and Characteristic Industries**				
能源、优势原材料为主的支柱产业	Pillar Industry of Energy and Raw Materials	1524482	1277477	22.9	23.9
电	Electricity	118175	134313	-1.8	44.4
煤	Coal	30142	16314	84.5	37.7
煤化工	Coal Chemical Industry	43673	26204	70.1	10.8
铝及铝加工	Aluminum and Its Processing Industry	398655	336654	17.2	22.0
磷及磷化工	Phosphorus and Its Chemical Industry	960938	760513	30.8	24.8
铁合金	Iron Alloy	3041	19793	-83.2	20.3
烟酒为主的传统支柱产业	Traditional Pillar Industries of Tobacco and Liquor	1963794	1997097	-3.7	78.1
酒	Liquor	378975	247767	47.4	56.0
烟	Tobacco	1584820	1749330	-10.9	86.2
贵阳市重点产业(行业)	Six Special Pillar Industries	6568905	6013384	9.0	29.5
磷煤化工	Phosphorus and Coal Chemical Industry	962487	770498	29.5	23.1
铝及铝化工	Aluminum and Its Chemical Industry	398655	336654	17.2	22.0
特色食品	Characteristic Food	902285	723276	20.9	30.3
烟草制品	Tobacco Products	1584820	1749330	-10.9	86.2

7-14 续表1 (continued)

单位：万元 (10 000 yuan)

指 标	Item	2016	2015	2016年比2015年增长(%) Growth Rate in 2016 over 2015 (%)	工 业 增加值率(%) Industrial Added Value Rate (%)
医药制造业	Modern Medicine	871552	731369	19.4	33.9
装备制造业	Equipment Manufacturing Industry	1227846	1116073	8.4	21.3
#汽车制造业	Automobile Industry	287831	292454	-1.3	30.6
#电子信息设备制造业	Manufacture of Electronic Information Equipment	254873	258432	-3.5	12.4
电力生产及供应业	Production and Supply of Electric Power	427897	397823	12.0	22.8
橡胶及塑料制品业	Manufacture of Chemical Fibers and Plastics	243299	244380	1.6	17.2
按工业行业分	**By Sector**				
采矿业	**Mining**	**238506**	**182277**	**31.7**	**38.7**
煤炭开采和洗选业	Mining and Washing of Coal	28219	14400	95.8	37.7
有色金属矿采选业	Non-ferrous Metals Mining and Dressing	30855	29607	7.1	35.1
非金属矿采选业	Mining and Processing of Non-mental Ores	179431	138270	30.3	39.6
制造业	**Manufacturing**	**7070321**	**6455412**	**9.2**	**27.8**
农副食品加工业	Farm and Sideline Products Processing	111222	102230	8.3	12.1
食品制造业	Food Manufacturing	218262	223050	-5.7	26.5
酒、饮料和精制茶制造业	Manufacture of Liquor,Beverages and Refined Tea	572801	397995	39.0	46.5
烟草制品业	Manufacture of Tobacco	1584820	1749330	-10.9	86.2
纺织业	Manufacture of Textile	612	991	-39.3	22.2
纺织服装、服饰业	Manufacture of Textiles and Garments	1756	2465	-29.6	18.4
皮革、毛皮、羽毛及其制品和制鞋业	Manufacture of Leather,Fur,Feather and Related Products and Footware	20711	29668	-31.2	15.5
木材加工及木、竹、藤、棕、草制品业	Wood Processing and Manufacture of Wood, Bamboo,Rattan,Palm,and Straw Products	611	70	773.4	22.3
家具制造业	Manufacture of Furniture	20473	12586	60.0	31.2
造纸和纸制品业	Manufacture of Paper and Paper Products	66298	36508	78.1	19.4

7-14 续表2 (continued)

指 标	Item	2016	2015	2016年比2015年增长(%) Growth Rate in 2016 over 2015 (%)	工 业 增加值率(%) Industrial Added Value Rate (%)
印刷业和记录媒介复制业	Printing and Reproduction of Recording Media	148004	118640	23.4	45.0
文教、工美、体育和娱乐用品制造业	Manufacture of Articles for Culture,Education, Industrial Arts,Sports and Recreation	7017	3336	112.3	22.4
石油加工、炼焦和核燃料加	Petroleum Processing,Coking and Nuclear Fuel Processing	206009	150961	49.4	18.7
化学原料和化学制品制造业	Manufacture of Raw Chemical Materials and Chemical Products	881619	734432	25.1	21.7
医药制造业	Manufacture of Medicines	871552	731369	19.4	33.9
橡胶和塑料制品业	Manufacture of Rubber and Plastics	243299	244380	1.6	17.2
非金属矿物制品业	Manufacture of Non-metallic Mineral Products	443789	347548	27.8	19.6
黑色金属冶炼和压延加工业	Smelting and Calendering of Ferrous Metals	60786	90405	-32.0	11.7
有色金属冶炼和压延加工业	Smelting and Calendering of Non-ferrous Metals	328356	320738	0.3	20.5
金属制品业	Manufacture of Metal Products	99785	91460	5.9	21.2
通用设备制造业	Manufacture of General Purpose Machinery	93160	73749	24.5	16.4
专用设备制造业	Manufacture of Special Purpose Machinery	110205	101029	7.1	23.4
汽车制造业	Manufacture of Automobiles	287831	292454	-1.3	30.6
铁路、船舶、航空航天和其他运输设备制造业	Manufacture of Railway,Watercraft,Aviation, Aerospace and Other Transport Equipment	289287	277864	2.6	28.8
电气机械和器材制造业	Manufacture of Electrical Machinery and Equipment	176232	81036	109.2	14.9
计算机、通信和其他电子设备制造业	Manufacture of Computers,Communication Equipment and Other Electronic Equipment	178973	202720	-12.8	14.2
仪器、仪表制造业	Manufacture of Measuring Instruments	27444	24022	12.5	28.3
其他制造业	Others	17669	14375	20.9	12.9
废弃资源综合利用业	Comprehensive Utilization of Waste Resources	1740			18.2
电力、燃气及水的生产和供应业	**Production and Supply of Electric Power, Gas and Water**	**519369**	**485120**	**10.6**	**24.3**
电力、热力的生产和供应业	Production and Supply of Electric Power and Heating Power	427977	397823	12.0	22.8
燃气生产和供应业	Production and Supply of Gas	37114	34528	12.3	26.9
水的生产和供应业	Production and Supply of Water	54278	52769	-1.3	46.3

注:1) 工业增加值按当年价格计算；2) 增长速度按价格指数紧缩后的可比价格计算。

a) Industrial Added Value are calculated at current prices.b) Growth rates are calculated at comparable prices after the tightening of price indexes.

主要统计指标解释

工 业 指从事自然资源的开采，对采掘品和农产品进行加工和再加工的物质生产部门。具体包括：(1)对自然资源的开采，如采矿、晒盐等(但不包括禽兽捕猎和水产捕捞)；(2)对农副产品的加工、再加工，如粮油加工、食品加工、缫丝、纺织、制革等；(3)对采掘品的加工、再加工，如炼铁、炼钢、化工生产、石油加工、机器制造、木材加工等，以及电力、自来水、煤气的生产和供应等；(4)对工业品的修理、翻新，如机器设备的修理、交通运输工具(包括小卧车)的修理等。

工业统计调查单位为独立核算法人工业企业。

独立核算法人工业企业 指从事工业生产经营活动的单位。独立核算法人工业企业应同时具备以下条件：①依法成立，有自己的名称、组织机构和场所，能够承担民事责任；②独立拥有和使用资产，承担负债，有权与其他单位签订合同；③独立核算盈亏，并能够编制资产负债表。

国有及国有控股企业 指国有企业加上国有控股企业。国有企业(即原全民所有制工业或国营工业)指企业全部资产归国家所有，并按《中华人民共和国企业法人登记管理条例》规定登记注册的非公司制的经济组织。包括国有企业、国有独资公司和国有联营企业。1957 年以前的公私合营和私营工业，后均改造为国营工业，1992 年改为国有工业，这部分工业的资料不单独分列时，均包括在国有企业内。国有控股企业是对混合所有制经济的企业进行的“国有控股”分类。它是指这些企业的全部资产中国有资产(股份)相对其他所有者中的任何一个所有者占资(股)最多的企业。该分组反映了国有经济控股情况。

轻工业 指主要提供生活消费品和制作手工工具的工业。按其所使用的原料不同，可分为两大类：(1)以农产品为原料的轻工业，是指直接或间接以农产品为基本原料的轻工业。主要包括食品制造、饮料制造、烟草加工、纺织、缝纫、皮革和毛皮制作、造纸以及印刷等工业；(2)以非农产品为原料的轻工业，是指以工业品为原料的轻工业。主要包括文教体育用品、化学药品制造、合成纤维制造、日用玻璃制品、日用金属制品、手工工具制造、医疗器械制造、文化和办公用机械制造等工业。

重工业 指为国民经济各部门提供物质技术基础的主要生产资料的工业。按其生产性质和产品用途，可以分为下列三类：(1)采掘(伐)工业，是指对自然资源的开采，包括石油开采、煤炭开采、金属矿开采、非金属矿开采等工业；(2)原材料工业，指向国民经济各部门提供基本材料、动力和燃料的工业。包括金属冶炼及加工、炼焦及焦炭、化学、化工原料、水泥、人造板以及电力、石油和煤炭加工等工业；(3)加工工业，是指对工业原材料进行再加工制造的工业。包括装备国民经济各部门的机械设备制造工业、金属结构、水泥制品等工业，以及为农业提供的生产资料如化肥、农药等工业。

工业总产值

(1)定义：工业总产值是以货币形式表现的，工业企业在一定时期内生产的工业最终产品或提供工业性劳务活动的总价值量。它反映一定时间内工业生产的总规模和总水平。

(2)计算原则：

工业生产的原则 即凡是企业在报告期生产的经检验合格的产品，不管是否在报告期销售，均包括在内。

最终产品的原则 即凡是计入工业总产值的产品，必须是本企业生产的经检验合格的，不需要再进行任何加工的最终产品。如果企业有中间产品(半成品)对外销售，则对外销售的中间产品应视为企业的最终产品。

工厂法原则 即工业总产值是以工业企业作为基本计算(核算)单位，即按企业的最终产品计算工业总产值。按这种方法计算的工业总产值，不允许同一产品价值在企业内部重复计算，不能把企业内部各个车间(分厂)生产的成果相加，但允许企业间的重复计算。

(3)内容及计算方法：包括三项内容：即本期生产成品价值、对外加工费收入、在制品半成品期末期初差额价值三部分。

本期生产成品价值 指企业本期生产，并在报告期内不再进行加工，经检验、包装入库的全部工业成品(半产品)价值合计，包括企业生产的自制设备及提供给本企业在建工程、其他非工业部门和福利部门等单位使用的成品价值。本期生产成品价值为按自备原材料生产的产品的数量乘以本期不含增值税(销项税额)

的产品实际销售平均单价计算；会计核算中按成本价格转帐的自制设备和自产自用的成品，按成本价格计算生产成品价值。生产成品价值中不包括用定货者来料加工的成品(半产品)价值。

对外加工费收入 指企业在报告期内完成的对外承接的工业品加工(包括用定货者来料加工产品)的加工费收入和对外工业修理作业所取得的加工费收入。对外加工费收入按不含增值税(销项税额)的价格计算，可根据会计“产品销售收入”科目的有关资料取得。

对于本企业对内非工业部门提供的加工修理、设备安装的劳务收入，如果企业会计核算基础较好，能取得这部分资料，而且这部分价值所占比重较大，应包括在对外加工费收入中。

自制半成品在制品期末期初差额价值 指企业报告期在制品期末减期初的差额价值，本指标一般可以从会计核算资料中取得。如果会计产品成本核算中不计算半成品、在制品的成本，则总产值中也不包括这部分价值，反之则包括。

(4)工业总产值计算的几种具体规定：

①凡自备原材料（包括自备零部件）生产，不论其加工繁简程度如何，一律按全价，即包括自备原材料的价值，计算工业总产值。

②凡来料加工，加工企业只收取加工费，则加工企业一律按财务上结算的加工费计算工业总产值，即不包括定货者来料的价值。一般分两种情况：a、工业企业之间的来料加工，加工企业（即承包单位）按财务上结算的加工费计算工业总产值；委托加工的企业（即发包单位）按全价计算工业总产值。b、工业企业与非工业企业之间的来料加工，当工业企业作为加工企业时一律按加工费计算工业总产值。

工业增加值 指工业企业在报告期内以货币表现的工业生产活动的最终成果。

工业增加值有两种计算方法：一是生产法，即工业总产出减去工业中间投入加上应交增值税；二是收入法，即从收入的角度出发，根据生产要素在生产过程中应得到的收入份额计算，具体构成项目有固定资产折旧、劳动者报酬、生产税净额、营业盈余，这种方法也称要素分配法。本年鉴中的工业增加值是以生产法计算的。

生产法工业增加值的计算方法为：

工业增加值=工业总产出-工业中间投入+应交增值税

(1)工业总产出 指工业企业在一定时期内工业生产活动的总成果。工业总产出包括：成品生产价值，对外加工费收入，自制半成品、在产品期末期初差额价值。1995年后用新规定计算的工业总产值代替。

(2)工业中间投入 指工业企业在工业生产活动中消耗的外购物质产品和对外支付的服务费用。服务费用包括支付给物质生产部门(工业、农业、批发零售贸易业、建筑业、运输邮电业)的服务费用和支付给非物质生产部门(如保险、金融、文化教育、科学研究、医疗卫生、行政管理等)的服务费用。工业中间投入的确定须遵循以下原则：必须从外部购入的，并已计入工业总产出的产品和服务价值；必须是本期投入生产，并一次性消耗掉(包括本期摊销的低值易耗品等)的产品和服务价值。

工业中间投入包括直接材料费用、制造费用中的工业中间投入、管理费用中的工业中间投入、销售费用中的工业中间投入和利息支出五部分。

现行调查方案工业增加值及增加值率均采用收入法计算。

收入法工业增加值=本年折旧+劳动者报酬+生产税净额+营业盈余

（1）固定资产折旧 是一定时期内工业企业为弥补固定资产损耗，按照核定的固定资产折旧率提取的折旧额，反映固定资产在当期生产中转移价值。

（2）劳动者报酬 是指工业企业的劳动者因从事生产活动所获得的全部报酬，包括劳动者获得的各种形式的工资、奖金和津贴，既包括货币形式的，也包括实物形式的，还包括劳动者所享受的公费医疗和医药卫生费、上下班交通补贴、单位交付的社会保险费、住房公积金等。

（3）生产税净额是指工业企业的生产税减生产补贴后的余额。

（4）营业盈余是指工业企业创造的增加值扣除劳动者报酬、生产税净额和固定资产折旧后的余额。

资产总计 指企业拥有或控制的能以货币计量的经济资源，包括各种财产、债权和其他权利。资产按流动性分为流动资产、长期投资、固定资产、无形资产、递延资产和其他资产。该指标根据企业会计“资产负债表”中“资产总计”项目的期末数增列。

负债合计 指企业过去的交易或者事项形成的，预期会导致经济利益流出企业的现时义务。

所有者权益合计 指企业资产扣除负债后，由所有者享有的剩余权益。包括实收资本、资本公积、盈余公积、未分配利润等。

主营业务收入 指企业确认的销售商品、提供劳务等主营业务的收入。

主营业务成本 指企业经营主要业务所发生的成本总额。

主营业务税金及附加 指企业经营主要业务应负担的营业税、消费税、城市维护建设税、教育费附加等。

利润总额 指企业生产经营活动的最终成果，是企业在一定时期内实现的盈亏相抵后的利润总额(亏损以“-”号表示)，它等于营业利润加上补贴收入加上投资收益加上营业外净收入再加上以前年度损益调整。

本年应交增值税 指企业在报告期内应交纳的增值税额。它等于本年销项税额加上出口退税加上进项税额转出数减去本年进项税额。小规模纳税企业直接按全年计税销售额乘以征收率计算取得。

年末从业人员平均人数 从业人员是指在企业工作并取得劳动报酬的全部人员数。包括在岗职工、再就业的离退休人员、民办教师及在企业工作的外方人员和港澳台方人员、兼职人员、借用的外单位人员和第二职业者。不包括离开本单位但仍保留劳动关系的职工。

总资产贡献率 反映企业全部资产的获利能力，是企业经营业绩和管理水平的集中体现，是评价和考核企业盈利能力的核心指标。

计算公式为：

总资产贡献率（%）=（利润总额+税金总额+利息支出）/平均资金总额×100%

公式中：税金总额为产品销售税金及附加与应交增值税之和；平均资产总额为期初期末资产之和的算术平均值。

资产负债率 该指标既反映企业经营风险的大小，也反映企业利用债权人提供的资金从事经营活动的能力。

计算公式为：

资产负债率（%）=负债总额/资产总额×100%

资产与负债均为报告期期末数。

流动资产周转次数 指一定时期内流动资产完成的周转次数，反映投入工业企业流动资金的周转速度。

计算公式为：

流动资产周转次数=产品销售收入/全部流动资产平均余额

公式中：全部流动资产平均余额为期初和期末的流动资产之和的算术平均值。

成本费用利润率 反映企业投入的生产成本及费用的经济效益，同时也反映企业降低成本所取得的经济效益。

计算公式为：

成本费用利润（%）=利润总额/成本费用总额×100%

公式中：成本费用总额为产品销售成本、销售费用、管理费用、财务费用之和。

全员劳动生产率 指根据产品的价值量指标计算的平均每一个从业人员在单位时间内的产品生产量。是考核企业经济活动的重要指标，是企业生产技术水平、经营管理水平、职工技术熟练程度和劳动积极性的综合表现。目前我国的全员劳动生产率是将工业企业的工业增加值除以同一时期全部从业人员的平均人数来计算的。计算公式为：

全员劳动生产率=工业增加值/全部从业人员平均人数

高技术工业 是指国民经济行业中 R&D 投入强度相对较高的制造业行业，包括医药制造、航空、航天器及设备制造，电子及通讯设备制造，计算机及办公设备制造，医疗仪器设备及仪器仪表制造，信息化产品制造等 6 大类。

Explanatory Notes on Main Statistical Indicators

Industry refers to the material production sector which engages in exploitation of natural resources as well as processing and reprocessing of extractive and agricultural products, including (1) exploitation of natural resources such as mining and evaporating brine in the sun to make salt (excluding hunting and fishing); (2) processing and reprocessing of farm and sideline products such as cereals and oils processing, food processing, silk reeling, spinning and weaving, textile processing as well as leather making; (3) processing and reprocessing of mining products such as iron smelting, steelmaking, chemicals manufacturing, petroleum processing, machine building and timber processing as well as production and supply of electricity, water and gas; (4) maintenance and renovation of industrial products such as maintenance of machinery and means of transportation (including small-sized sleeping cars).

In industrial statistics surveys, the units of investigation are industrial enterprises with independent accounting systems.

Industrial Enterprises with Independent Accounting Systems refer to enterprises engaging in industrial production and operating activities and they simultaneously meet the following requirements: (1) being enterprises established by law, owing exclusive names, organizations and sites and being capable of bearing civil liabilities; (2) possessing and utilizing assets independently, assuming liabilities, and having the right to sign contracts with other units; (3) being financially independent and capable of compiling balance sheets.

State-owned and State-holding Enterprises refer to state-owned enterprises plus State-holding enterprises. State-owned enterprises (originally known as State-run enterprises with ownership by the whole society or state-operated industry) refer to non-corporate economic entities registered in accordance with the *Regulation of the People's Republic of China on the Management of Registration of Legal Enterprises* and their total assets are owned by the State. Included in this category are State-owned enterprises, State-funded corporations and State-owned joint ownership enterprises. Joint State-private industries and private industries, which existed before 1957, were transformed into state-run industries since 1957 and into State-owned industries after 1992. Statistics on those enterprises are included in the state-owned industries when they are not filed separately. State-holding enterprises are classified as one branch of enterprises with mixed ownership under the title of state-owned holding and they referring to enterprises where the proportion of state assets (or shares of the state) is larger than any other single share holder of the same enterprises. This sub-classification illustrates the state's control over state-owned economy.

Light Industry refers to the industry that produces consumer goods and hand tools. It consists of two categories, depending on the raw materials used:

(1) Industries using farm products as raw materials. They are branches of light industry which directly or indirectly use farm products as basic raw materials, including the manufacture of food and beverages, tobacco processing, spinning and weaving, sewing, fur and leather manufacturing, paper making, printing, etc.

(2) Industries using non-farm products as raw materials. These are branches of light industry which use manufactured goods as raw materials, including manufacture of cultural, educational and sports articles, chemicals, synthetic fiber, glass products for daily use, metal products for daily use, hand tools, medical apparatus and instruments as well as manufacture of cultural and clerical machinery.

Heavy Industry refers to the industry, producing main capital goods, which provides a material and technological foundation for various sectors of the national economy. And it falls into three categories according to the feature of production and the usage of products:

(1) Extractive industry or logging industry refers to the industry that extracts natural resources such as extraction of petroleum, coal, metal and non-metal ores etc.

(2) Raw materials industry refers to the industry that provides various sectors of the national economy with basic materials, power, and fuels. Included in this category are smelting and calendaring of metals, coking and coke chemistry, chemical industry and chemical raw materials, cement and artificial boards as well as other industries like power industry, petroleum refining and coal processing.

(3) Manufacturing industry refers to the industry that reprocesses industrial raw materials, including mechanical equipments manufacturing industry which equips sectors of the national economy, industries of metal structure and cement products, industries providing means of production for agriculture such as chemical fertilizers and pesticides.

Gross Industrial Output Value

(1) **Definition** Gross Industrial Output Value refers to the total value of industrial products sold or industrial services provided in monetary terms in the given period. It reflects the overall scale and aggregate level of industrial production in the given period.

(2) **Principles of calculation:**

Principle of Calculating Industrial Products refers to all products, if produced by enterprises and verified to meet designated standards during the reference period, whether they are sold or not during the reference period their value shall be added to gross industrial output value.

Principle of Checking Final Products refers to all products that are included in the calculation of gross industrial output value are final products of enterprises which have been verified to meet designated standards and required no further processing. If an enterprise has intermediate (semi-finished) products to sell, these intermediate products shall be considered as the final products of the enterprise.

Principle of Factory Approach refers to industrial enterprise shall be used as the basic accounting unit in calculating the gross industrial output value. By this approach, value of the same product shall not be double counted and the output value of different workshops (branch factories) shall not be added together. However, this approach does not exclude the possibility of double counting among enterprises.

(3) **Content and Calculating Method** Three parts are included: value of current finished products, income from outward processing as well as the change of value in semi-finished and finished products between the end and the beginning of the reference period.

Value of Current Finished Products refers to the total value of all finished (semi-finished) industrial products, including the value of self-made equipments as well as the value of products provided for the same enterprise's projects under construction and for other non-industrial or welfare units. And those products are produced during the reference period that are verified to meet designated standards, without the need for further processing, packed and put into the warehouse of enterprises. Value of current finished products is calculated at the product of average actual selling unit prices of products sold during the reference period, excluding value-added tax (substituted money on value-added tax), and the quantity of products produced with own materials during the reference period. Own-produced equipments and products produced for own usage is valued at cost prices as in the case of enterprise accounting. Value of current finished products does not include the value of finished products (semi-finished products) that are produced using the materials from the clients who make the orders.

Income from Outward Processing refers to income from contracted processing of industrial products (including processing of industrial products using materials from clients) and income from industrial repairing work provided to other units. Income from outward processing can be calculated at statistics titled "sales revenue" from relative accounting information, if not calculated at prices excluding value-added tax (substituted money on value-added tax).

For income from services such as processing, repairing and installation of equipment provided to non-industrial units within the enterprise, if the accounting information of the enterprise is good enough and accessible and the value of such services account for a major proportion in the gross industrial output value, it shall also be included in the income from outward processing.

Change of Value in Finished and Semi-finished Products between the End and the Beginning of the Reference Period refers to the gap of value in finished and semi-finished products between the end and the beginning of the reference period, whose indicators generally can be obtained from accounting records of enterprises. If enterprise accounting excludes the cost of semi-finished products and products being processed, then the value of those products shall not be included in the gross industrial output value, or otherwise.

(4) Stipulations on the Calculating of Gross Industrial Output Value

First, all products produced with own raw materials, including components and parts, are to be calculated at full price, whether the procedure of production is complicated or not. Namely, in the process of calculating gross industrial output value, the value of raw materials used shall be included.

Second, for outward processing, processing enterprises only take processing charges and gross industrial output value of these enterprises shall be calculated at processing charges recorded in settled accounts. Namely, the value of materials provided by clients shall be added to gross industrial output value of these enterprises. Generally speaking, there are two cases: a) outward processing among industrial enterprises. In this case, processing industries (contractor units) shall calculate gross industrial output value at processing charges recorded in settled accounts but enterprises (consignors) entrust the task of manufacturing consignment shall calculate gross industrial output value at full price; b) outward processing between industrial enterprises and non-industrial enterprises. In this case, industrial enterprises serving as processing enterprises shall only calculate gross industrial output value at processing charges.

Industrial Added Value refers to the final results of industrial production of industrial enterprises in monetary terms during the reference period. Specifically, there are two approaches of calculating industrial added value. The first one is production approach. With this approach, the added value shall be the result after gross industrial output value minus intermediate input and then plus value-added tax. The second one is income approach. With this approach, from the perspective of incomes, the added value shall be calculated at the revenue shares of production factors used in the course of production, including depreciation of fixed assets, remunerations of laborers, net production tax, and operating surplus. Thus this approach is also called method of faltor distribution. Industry added value in this Yearbook is calculated with production approach, also called the approach of production factors, as follows:

Industrial added value = gross industrial output - industrial intermediate input + value-added tax

(1) Gross industrial output refers to the total achievements of industrial production during a given period. Gross industrial output includes value of finished products, income from outward processing, and change of value in self-made semi-finished products and products being processed between the end and the beginning of the reference period. Since 1995, it was substituted by the gross industrial output value calculated with new rules.

(2) Industrial intermediate input refers to purchased material products consumed during the industrial production of enterprises and services fees. Fees paid for services include fees paid for the services provided by material production sectors (industry, agriculture, wholesale and retail trades, construction, transport, post and telecommunications) and by non-material production sectors (insurance, banking, culture, education, scientific research, health and medical care, public administration, etc.). The determination of industrial intermediate input shall adhere to the following principles: a) goods and services shall be purchased and their value shall be added to the gross industrial output; b) goods and services purchased shall be put into production during the reference period and wholly consumed once (include low value consumables amortized during the reference period).

Industrial intermediate input includes 5 components, namely direct material cost, industrial intermediate input in manufacturing expenses, industrial intermediate input in administrative expenses industrial intermediate input in marketing expenses and interest expenses.

At present, industrial added value and its growth rate are both calculated with income approach.

Industrial added value = depreciation in current year + laborers' remuneration + net taxes on production+ operating surplus

(1) **Depreciation of Fixed Assets** refers to amount of depreciation which is extracted according to approved fixed assets depreciation rate for the purpose of making up the wear and tear of fixed assets during a given period and it reflects the value added during the process of transferring fixed assets in the reference period.

(2) **Laborers' Remuneration** refers to all the payments laborers gained from production activities, including all kinds of wages, bonuses and allowances, in monetary or substantial form. Still, it includes such expenses as state expenses for medical services, medical care expenses, traffic subsidies, social insurance expenses paid by enterprises and housing accumulation fund.

(3) **Net Taxes on Production** refer to the results gained by using industrial enterprises' production taxes to subtract production subsidies.

(4) **Operating Surplus** refers to the results gained by using industrial enterprises' added value to subtract laborers' remuneration, net taxes on production and depreciation of fixed assets.

Total Assets refer to all economic resources, in monetary terms, owned or controlled by enterprises, including properties, creditors' equity and other economic rights of all forms. According to liquidity of assets, total assets can be classified into current assets, long-term investment, fixed assets, intangible assets and deferred assets and other assets. Data on this indicator can be obtained from the year-end figures of total assets in enterprises' balance sheets.

Total Liability refers to current obligations which are formed in past trades or other activities and expected to bring about losses of economical interests.

Total Owners' Equity refers to the residual equity gained by using enterprise assets to subtract liabilities. It includes paid-in capital, capital reserves, surplus reserves, undistributed profits, etc.

Revenue from Principal Business refers to the income confirmed from the principal businesses such as selling products and providing labor services.

Cost of Principal Business refers to the total cost occurred in the principal business of the enterprise.

Tax and Extra Charges on Principal Business refers to the sale tax, consumption tax, urban maintenance, construction tax and education expenses shouldered by the enterprise from its principal business.

Total Profits refer to the final achievements of production and operating activities of enterprises. It is the profits gained by using total profits to deduct losses (loss is represented by "-") or the total sum of operating profits, subsidize revenue, investment earnings, non-operating revenue and allocations of previous years' profits and losses.

Value-added Tax Payable in the Current Year refers to the amount of the value-added tax which should be paid by the enterprises during the reference period. It is the amount gained by using the sum of value-added tax on sales, export rebates and transferred tax on purchases of the current year to minus the tax on purchases of the current year. Value-added tax payable of small-size enterprises is gained by using the taxable sales of the year to multiply the tax rate.

Average Annual Number of Employed Persons at the Year-end refers to all those who are employed in enterprises and receive remunerations there, including on-post staff, retirees who are re-employed, teachers of local-run schools, staff (work in enterprises) from abroad, Hong Kong, Macao and Taiwan, part-time employees, employees of other units temporarily working in the enterprises as well as persons with second jobs but excluding former employees who left their original enterprises with their employment records still being kept by the enterprises.

Ration of Profits, Taxes and Interests to Average Assets reflects the profit-making capability of all assets of enterprises and is a key indicator manifesting enterprises' operating performance and management level and evaluating the profit-making potential of enterprises. The design formula is as follows:

$$\text{Ratio of Profits, Taxes and Interests to Average Assets(\%)} = \frac{\text{total profits} + \text{total taxes} + \text{interest payment}}{\text{average assets}} \times 100\%$$

In the above formula, total taxes is the sum of tax and extra charges on the sales of products and value-added tax payable; and average assets is the arithmetic mean value between total assets at the beginning of a given period and total assets at the end of the same period.

Ratio of Debts to Assets reflects both the operation risk and the capability of the enterprise in making use of the capital from the creditors. The design formula is as follows:

Ratio of Debts to Assets (%) = (total debts / total assets) × 100%

Both assets and debts are figures at the end of the reference period.

Times of Turnover of Current Assets refers to the number of turnover of current assets in a given period, which reflects the speed of the turnover of current assets of industrial enterprises. The design formula is as follows:

Times of turnover of current assets = sales revenue / average balance of total current assets

In the above formula, average balance of total current assets refers to the arithmetic mean value between the sum of current assets at the beginning and at the end of the reference period.

Ratio of Profits to Total Industrial Costs refers to the ratio of profits realized in a given period to the total costs in the same period, which reflects the economic efficiency achieved by reducing cost. The design formula is as follows:

Ratio of profits to total industrial cost (%) = (total profits / total costs) × 100%

Total costs in the above formula are the sum of cost of products sold, marketing expenses, administrative expense and financial cost.

Overall Labor Productivity refers to the value of products produced by an employed person in unit time and the value is calculated according to indicators of output value. It is an important indicator of economic activities of enterprises and at the same time an integrate manifestation of enterprises' level of production, technology, operation and management as well as staff's technical proficiency and labor enthusiasm. At present, industrial added value and average number of employed persons of industrial enterprises in a given period are used to calculate the overall labor productivity. The design formula is as follows:

Overall labor productivity = industrial added value / average number of employed persons

Hi-tech Industry refers to the manufacturing industry with high R&D devotion intensity in the national economy, including 6 categories: pharmaceutical manufacturing; aviation, spacecraft and equipment manufacturing; electronic and communication equipment manufacturing; computer and office equipment manufacturing; medical instrument and apparatus manufacturing and information product manufacturing.

建筑业

Construction

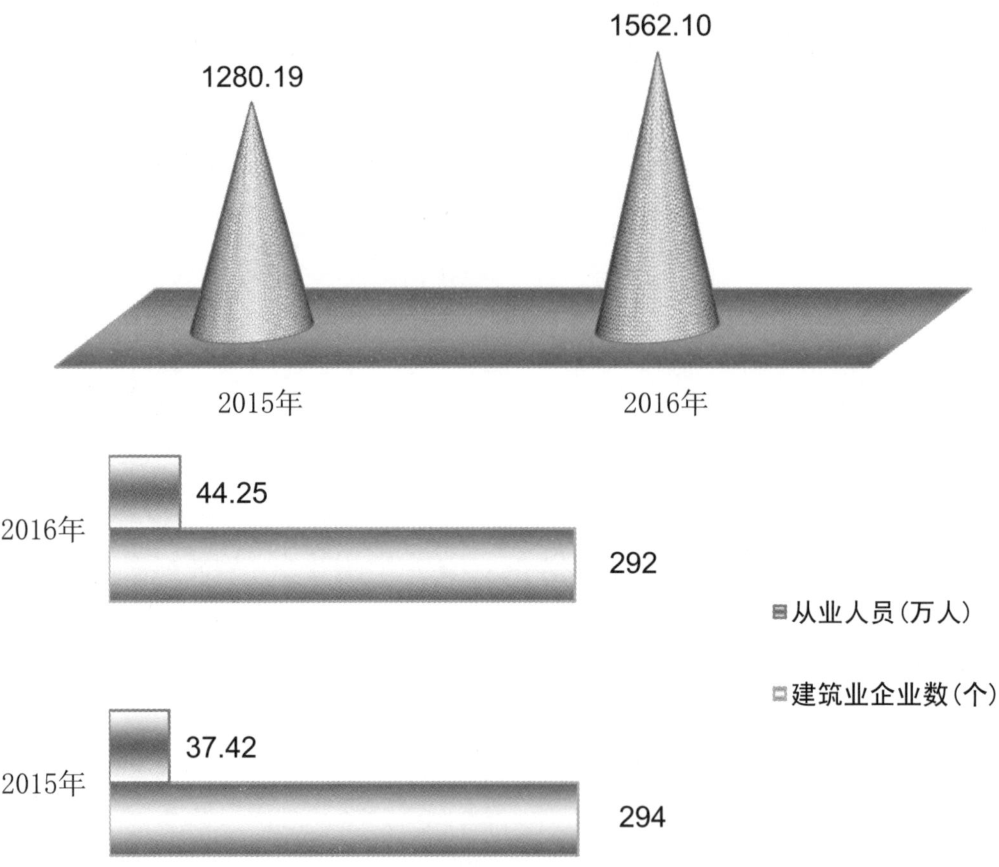

建筑业总产值（亿元）
1280.19
1562.10
2015年
2016年
2016年
44.25
292
从业人员(万人)
建筑业企业数(个)
2015年
37.42
294

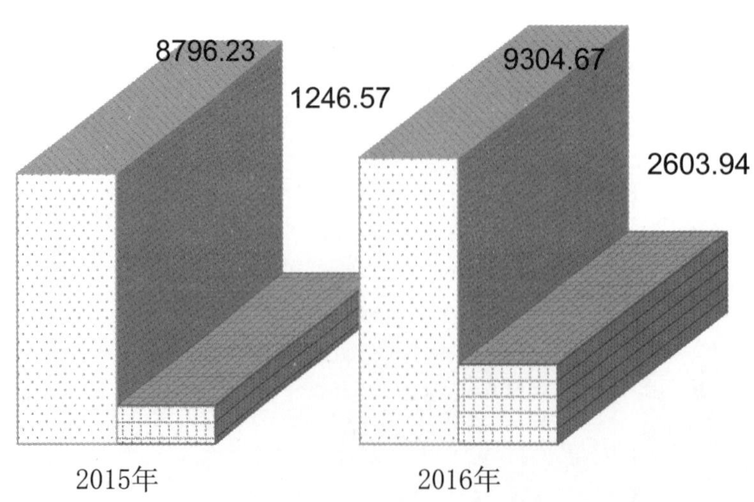

建筑业企业施工面积（万平方米）
建筑业企业竣工面积（万平方米）
8796.23
1246.57
9304.67
2603.94
2015年
2016年

8-1 总承包及专业承包建筑业企业主要经济指标
Main Economic Indicator on Construction Enterprises of General and Professional Contractors

指 标		Item		2016	2015	2016年比2015年增长(%) Growth Rate in 2016 over 2015 (%)
从业人员	(万 人)	Number of Employed Persons	(10 000 persons)	44.25	37.42	18.3
自有固定资产原价	(亿 元)	Fixed Assets(originavalue)	(100 million yuan)	99.68	89.24	11.7
自有固定资产净价	(亿 元)	Fixed Assets (netvalue)	(100 million yuan)	48.53	45.56	6.5
建筑业总产值	(亿 元)	Gross Output Value of Construction	(100 million yuan)	1562.10	1280.19	22.0
施工面积	(万平方米)	Floor Space of Buildings Under Construction	(10 000sq.m)	9304.67	8796.23	5.8
竣工面积	(万平方米)	Floor Space of Buildings Completed	(10 000sq.m)	1579.00	1246.57	26.7
利润总额	(亿 元)	Total Profits	(100 million yuan)	30.2	22.90	31.8
劳动生产率	(元/人)	Overall Labor Productivity	(yuan/person)	353017	342138	3.2
产值利润率	(%)	Ratio of Profit to Gross Output Value	(%)	1.9	1.8	0.1个百分点
产值利税率	(%)	Ratio of Pre-tax Profit to Gross Output Value	(%)	4.5	5.1	-0.6个百分点

8-2 总承包及专业承包建筑企业生产情况(2016年)

单位：个、万元

指　　标	Item	建筑业企业个数 Number of Construction Enterprises	#有工作量的建筑业企业 Enterprises Having Project	#亏损企业 Losing Enterprises
总　　计	**Total**	**292**	**265**	**64**
#国有及国有控股企业	State-owned and State-controlled Construction Enterprises	58	55	11
按登记注册类型分	**By Status of Registration**			
内资企业	Domestic Funded Enterprises	292	265	64
国有企业	State-owned Enterprises	14	11	5
集体企业	Collective-owned Enterprises	14	10	2
股份合作企业	Cooperative Enterprises			
联营企业	Joint Ownership Enterprises	1	1	
有限责任公司	Limited Liability Corporations	171	159	32
股份有限公司	Share-holding Corporations Ltd.	14	14	4
私营企业	Private Enterprises	78	70	21
按国民经济行业分	**By Sector**			
房屋和土木工程建筑业	Building and Civil Engineering	164	150	31
房屋工程建筑	House Building	112	99	24
土木工程建筑	Civil Engineering	52	51	7
建筑安装业	Construction Installation	58	55	12
建筑装饰和其他建筑业	Construction Decoration and Others	70	60	21
建筑装饰业	Construction Decoration	39	33	13
工程准备活动	Project Preparation	16	14	4
提供施工设备服务	Construction Equipment Providing	2		
其他未列明建筑业	Others not listed	13	13	4
按隶属关系分	**By Administrative Division**			
中　央	Central Government	19	19	3
省(自治区、直辖市)	Provinces(Autonomous Regions and Municipalities)	54	48	8
地区(州、盟、省辖市)	Prefecture(Autonomous Prefecture,League,Provincially Administered Municipality)	27	24	6
县(区、市、旗)	Counties(Districts,Cities at County Level,Banner)	15	13	6
街　道	Street Communities	5	5	3
乡	Towns	2	2	1
其　他	Others	170	154	37
按企业资质等级分	**By Qualification Grade**			
施工总承包	Construction of General Contractors	165	149	32
特　级	Special Grade	4	4	
一　级	First Grade	34	33	5
二　级	Second Grade	62	59	12
三级及以下	Third Grade and Below	65	53	15
专业承包	Speciality Contractors	127	116	32
一　级	First Grade	10	10	1
二　级	Second Grade	52	47	12
三级及以下	Third Grade and Below	65	59	19
按营业状态分	**By Operation Status**			
营　业	In Business or Operating	285	264	63
停业(歇业)	Closed			
其　他	In Preparation	6	1	1
按控股情况分	**By Share-holding**			
国有控股	State-owned and State-controlled Enterprises	58	55	11
集体控股	Collective Share-holding Enterprises	32	28	8
私人控股	Private Share-holding Enterprises	177	158	42
港澳台商控股	Hong Kong, Macao and Taiwan Share-holding Enterprises			
其　他	Others	25	24	3

Main Indicators on Construction Enterprises of General and Professional Contractors(2016)

(unit;10 000yuan)

合同情况 Contracts Signed by Construction Enterprises		承包工程完成情况 Completion of Contracted Projects				建筑业总产值 Total Output Value		
#签订的合同额 Value from Signed Contracts	#本年新签合同额 Value from NewContracts Signed in This Year	直接从建设单位承揽工程完成的产值 Completed Output Value of Projects Contractd Directly from Investors	自行完成施工产值 Own-completed Output Value	分包出去工程的产值 Output Value of Out-sourced Projects	从建设单位以外承揽工程完成的产值 Completed Output Value of Projects Contracted from Non-investors		#装饰装修产值 Output Value of Decoration	#在外省完成的产值 Output Value of Construction Fulfilled Outside of Guizhou Province
41126021	**22610685**	**15610706**	**15576747**	**33959**	**44329**	**15621076**	**194136**	**4573333**
31678125	16301300	11965874	11956936	8938	21159	11978095	83357	3981564
41126021	22610685	15610706	15576747	33959	44329	15621076	194136	4573333
2549868	1692460	796987	791139	5849	2604	793743		441058
103948	88639	78302	78232	70	256	78488		
270	200	270	270			270		
32955509	18413848	13117034	13097433	19601	34107	13131540	149692	3860478
4600402	1747084	1174806	1174806			1174806	28325	242168
916025.1	668454.1	443306.8	434867.4	8439.4	7362.1	442229.5	16118.5	29629.9
37977976	20097775	13333293	13331708	1585	28562	13360270	117662	4109388
17781610	10499191	6070984	6069399	1585	26540	6095938	98220	1600762
20196366	9598584	7262309	7262309		2022	7264332	19442	2508626
2528871	2056484	1732726	1726788	5938	13824	1740612	14949	440887
619174	456426	544686	518250	26436	1943	520194	61526	23058
349421	293259	190625	179770	10855	1599	181369	60823	5692
228788	125580	306446	291682	14764	300	291982	703	17366
40964.2	37588.1	47614.9	46798.8	816.1	44.2	46843		
16839390	9380458	5745439	5745439			5745439	37379	3028853
21642279	11372596	8224547	8221547	3000	19557	8241104	79188	1487215
585793	392099	353700	353700		11426	365126	11251	9677
204158	169521	162504	162114	389	300	162414	12220	
9758	8240	7040	7040			7040		
1086	120	1712	1642	70	50	1692		
1843557	1287651	1115764	1085265	30499	12996	1098261	54098	47588
40065574	21730292	14947520	14942366	5154	29555	14971921	115655	4547128
11054619	5922436	4547778	4547778			4547778		2111295
26128649	13945091	9086604	9086604		19557	9106161	55238	2424954
2024639	1143531	838419	836919	1500	7921	844840	51392	10646
857667	719235	474719	471065	3654	2077	473142	9025	234
1060447	880393	663185	634380	28805	14774	649155	78481	26205
275445	254766	162107	156258	5849	2604	158862	41924	14483
621334	492709	346203	338435	7768	11727	350162	21892	9677
163668	132919	154876	139687	15188	443	140131	14665	2045
41126008	22610685	15610706	15576747	33959	44316	15621063	194123	4573333
13					13	13	13	
31678125	16301300	11965874	11956936	8938	21159	11978095	83357	3981564
872635	507524	491500	491430	70	256	491686	3921	83210
2388017	1411636	1022534	997583	24951	21912	1019495	61295	40568
6187244	4390225	2130798	2130798		1002	2131800	45563	467991

8-2 续表1

单位：万元、万平方米

指　　标	Item	建筑工程产值 Output Value of Construction	安装工程产值 Output Valueof Installation	其他产值 Others	竣工产值 Output Value of Buildings Completed
总　　计	**Total**	**13697441**	**1165133**	**758502**	**4070973**
#国有及国有控股企业	State-owned and State-controlled Construction Enterprises	10598192	889315	490588	2048104
按登记注册类型分	**By Status of Registration**				
内资企业	Domestic Funded Enterprises	13697441	1165133	758502	4070973
国有企业	State-owned Enterprises	378181	338059	77503	199460
集体企业	Collective-owned Enterprises	76212	2055	220	51925
股份合作企业	Cooperative Enterprises				
联营企业	Joint Ownership Enterprises	270			700
有限责任公司	Limited Liability Corporations	11730508	759595	641437	3222790
股份有限公司	Share-holding Corporations Ltd.	1142680	9487	22639	306248
私营企业	Private Enterprises	369590	55936	16703	289850
按国民经济行业分	**By Sector**				
房屋和土木工程建筑业	Building and Civil Engineering	12535882	495128	329260	3857003
房屋工程建筑	House Building	5721506	164538	209895	3439500
土木工程建筑	Civil Engineering	6814376	330591	119365	417503
建筑安装业	Construction Installation	787414	652855	300344	158002
建筑装饰和其他建筑业	Construction Decoration and Others	374146	17150	128898	55969
建筑装饰业	Construction Decoration	85812	12462	83095	35240
工程准备活动	Project Preparation	272035	150	19797	8842
提供施工设备服务	Construction Equipment Providing				
其他未列明建筑业	Others not listed	16299	4538	26007	11886
按隶属关系分	**By Administrative Division**				
中　央	Central Government	4983441	647615	114383	860974
省(自治区、直辖市)	Provinces(Autonomous Regions and Municipalities)	7389868	311376	539860	2514718
地区(州、盟、省辖市)	Prefecture(Autonomous Prefecture,League, Provincially Administered Municipality)	332308	19672	13147	23180
县(区、市、旗)	Counties(Districts,Cities at County Level,Banner)	130597	31407	410	93256
街　道	Street Communities	4117	2886	38	6599
乡	Towns	1472		220	467
其　他	Others	855638	152178	90445	571779
按企业资质等级分	**By Qualification Grade**				
施工总承包	Construction of General Contractors	13373555	994857	603509	3851251
特　级	Special Grade	4122059	153442	272277	540684
一　级	First Grade	8029555	773914	302692	2662067
二　级	Second Grade	786850	42335	15655	350003
三级及以下	Third Grade and Below	435091	25165	12885	298497
专业承包	Speciality Contractors	323886	170276	154993	219722
一　级	First Grade	55252	18095	85515	29509
二　级	Second Grade	225687	79055	45420	156317
三级及以下	Third Grade and Below	42947	73125	24058	33897
按营业状态分	**By Operation Status**				
营　业	In Business or Operating	13697441	1165133	758489	4070960
停业(歇业)	Closed				
其　他	Others			13	13
按控股情况分	**By Share-holding**				
国有控股	State-owned and State-controlled Enterprises	10598192	889315	490588	2048104
集体控股	Collective Share-holding Enterprises	476822	14241	622	307237
私人控股	Private Share-holding Enterprises	817273	130642	71580	556758
港澳台商控股	Hong Kong, Macao and Taiwan Share-holding Enterprises				
其　他	Others	1805153	130935	195712	1158873

(continued)

(1000yuan ;10000sq.m)

房屋建筑施工面积 Floor Space under Construction	#本年新开工面积 Newly Started Buildings This Year	#实行投标承包面积 Contracted Area Under Tendering	年末自有施工机械(值)(万元) Machinerand Equipment Owned at Year-end (Net Value) (10 000yuan)	年末自有施工机械(总台数)(台) Total Number of Machineryad EquipmentOwned atYear-end(set)	年末自有施工机械(总功率)(万瓦) Total Powerof Machinerand Equipment Owned at Year-end (10 000kw)	从事建筑业活动的平均人数(人) Average Number of Employed Persons in Construction (person)	房屋建筑竣工面积 Floor Space of Building Completed	#住宅房屋 Residential Building
9305	**2102**	**7052**	**381263**	**4773**	**172182**	**44246**	**1579**	**880**
5130	1078	3536	346754	4298	162008	30509	716	369
9305	2102	7052	381263	4773	172182	44246	1579	880
78	40	70	9861	710	9731	2548	22	5
43	28	6	2665	27	658	295	19	4
1	1	1				13	1	1
7204	1717	6814	340972	3359	142030	35135	1210	660
1580	130	145	20348	600	17043	4473	154	99
397	187	16	7417	76	2720	1783	174	111
8676	1895	6520	354124	4274	157598	39532	1479	836
8477	1857	6363	30463	993	14056	21213	1378	785
198	38	158	323661	3281	143542	18319	101	50
621	200	532	20703	419	12173	3227	93	42
9	7		6437	79	2411	1487	7	2
1	1		1412	25	943	859	1	
8	7		3513	8	116	424	7	2
			1512	47	1353	204		
2672	366	1233	267726	2117	117942	16326	237	149
5948	1433	5734	86175	2239	45230	21681	1040	546
103	7	38	8128	52	2577	1328	8	7
87	75	3	1534	41	2208	419	67	37
			7	2	4	69		
			5			12		
495	222	44	17690	322	4222	4411	227	141
9271	2081	7050	373461	4625	167416	41991	1573	879
991	394	913	263100	1555	110890	11198	235	84
7644	1364	5934	86130	2730	47711	25076	1073	652
390	156	174	17172	234	5704	3772	103	47
246	167	29	7059	106	3111	1945	162	96
33	20	2	7802	148	4767	2255	6	1
2	2	2	1217	81	4116	735		
25	12		1758	27	125	970	1	
6	6		4827	40	526	550	6	1
9305	2102	7052	381263	4772	172169	44245	1579	880
					13	1		
5130	1078	3536	346754	4298	162008	30509	716	369
596	123	506	4006	73	1418	1837	134	77
581	232	49	22354	313	6585	4697	235	146
2998	669	2961	8150	89	2172	7204	494	288

8-2 续表2

单位：万平方米；万元

指　　标	Item	商业及服务用房屋 Business Building	办公用房　屋 Office Building	科研、教育、医疗用房屋 Scientific Research Educational and Medical Buildings	文化、体育、娱乐用房屋 Buildings for Culture, Sports and Entertainment
总　　计	**Total**	**85**	**72**	**264**	**55**
#国有及国有控股企业	State-owned and State-controlled Construction Enterprises	51	10	152	4
按登记注册类型分组	**By Status of Registration**				
内资企业	Domestic Funded Enterprises	85	72	264	55
国有企业	State-owned Enterprises	3		1	
集体企业	Collective-owned Enterprises				
股份合作企业	Cooperative Enterprises				
联营企业	Joint Ownership Enterprises				
有限责任公司	Limited Liability Corporations	29	64	243	52
股份有限公司	Share-holding Corporations Ltd.	44	1	7	3
私营企业	Private Enterprises	9	7	14	
按国民经济行业分组	**By Sector**				
房屋和土木工程建筑业	Building and Civil Engineering	84	69	264	5
房屋工程建筑	House Building	51	68	257	
土木工程建筑	Civil Engineering	32		7	
建筑安装业	Construction Installation				50
建筑装饰和其他建筑业	Construction Decoration and Others	1	4		
建筑装饰业	Construction Decoration				
工程准备活动	Project Preparation	1	3		
提供施工设备服务	Construction Equipment Providing				
其他未列明建筑业	Others not listed				
按隶属关系分组	**By Administrative Division**				
中　央	Central Government	48	3	20	4
省(自治区、直辖市)	Provinces(Autonomous Regions and Municipalities)	26	44	224	51
地区(州、盟、省辖市)	Prefecture(Autonomous Prefecture,League,Provincially Administered Municipality)			1	
县(区、市、旗)	Counties(Districts,Cities at County Level,Banner)		15		
街　道	Street Communities				
乡	Towns				
其　他	Others	10	10	20	
按企业资质等级分组	**By Qualification Grade**				
施工总承包	Construction of General Contractors	84	69	264	55
特　级	Special Grade			100	
一　级	First Grade	74	46	133	54
二　级	Second Grade	8	3	23	
三级及以下	Third Grade and Below	2	19	8	
专业承包	Speciality Contractors	1	4		
一　级	First Grade				
二　级	Second Grade				
三级及以下	Third Grade and Below	1	3		
按营业状态分	**By Operation Status**				
营　业	In Business or Operating	85	72	264	55
停业(歇业)	Closed				
其　他	Others				
按控股情况分	**By Share-holding**				
国有控股	State-owned and State-controlled Enterprises	51	10	152	4
集体控股	Collective Share-holding Enterprises	4	20	9	
私人控股	Private Share-holding Enterprises	9	10	28	
港澳台商控股	Hong Kong, Macao and Taiwan Share-holding Enterprises				
其　他	Others	20	32	75	51

(continued)

(10 000 sq.m;10 000 yuan)

厂房及建筑物 Workshop	仓　库 Storehouse	竣工房屋价　值 Value of Buildings Completed	#住　宅房　屋 Residential Buildings	商业及服务用　房　屋 Business Buildings	办公用房　屋 Office Buildings	科研、教育、医疗用房屋 Scientific Research, Educational and Medical Buildings	文化、体育、娱乐用房屋 Buildings for Culture,Sports and Entertainment	厂房及建筑物 Workshop	仓　库 Storehouse
66	**15**	**2603939**	**1312760**	**116442**	**114558**	**569675**	**41338**	**132748**	**20443**
20		1276867	620207	66626	24817	319273	11425	45487	
66	15	2603939	1312760	116442	114558	569675	41338	132748	20443
13		40172	8840	4210		1420		25702	
		24690	4996	35	175	547		75	104
		700	700						
37	2	2030543	978289	46149	100365	526497	31260	89049	6520
		260764	170826	55368	6400	19570	8600		
16	13	247070	149108	10679	7617	21641	1479	17922	13820
65	15	2501810	1243421	114442	111438	569675	14077	132338	20443
56	14	2359310	1163979	90808	109856	555479	12559	112163	18964
10	1	142499	79442	23634	1582	14196	1519	20174	1480
1		95137	67467				27261	410	
		6992	1872	2000	3120				
		1000	400		600				
		5992	1472	2000	2520				
9		400897	249617	61068	9727	40615	11425	18282	
30	1	1812074	833368	42774	72939	499414	28343	87629	6338
		12086	11286			800			
		69639	31273	35	18922	547			104
		75						75	
28	13	309168	187216	12565	12970	28299	1570	26762	14002
66	15	2596779	1311560	114442	111438	569675	41338	131908	20443
		438532	154291			208344			
38	13	1822197	989266	103842	81331	311909	39728	105911	18678
10	1	125411	57386	8338	5302	39820	1519	6939	1633
18		210639	110616	2262	24805	9602	92	19058	133
		7160	1200	2000	3120			840	
		1000	400		600				
		6160	800	2000	2520			840	
66	15	2603939	1312760	116442	114558	569675	41338	132748	20443
20		1276867	620207	66626	24817	319273	11425	45487	
9		243822	83300	3818	29474	15974		36786	104
25	13	326065	192368	10679	13403	45403	1596	23779	14033
13	1	757184	416884	35318	46864	189024	28317	26696	6307

8-3 总承包及专业承包建筑业企业财务状况(2016年)

单位：万元

指标	Item	年初存货 Stock at Year-beginning	年末资产负债 流动资产合计 Total Current Assets	应收工程款 Accounts Receivable	在建工程 Projects Under Construction
总计	**Total**	**4241808**	**16514545**	**3794157**	**89567**
#国有及国有控股企业	State-owned and State-controlled Construction Enterprises	3873962	13951149	3121724	65403
按登记注册类型分	**By Status of Registration**				
内资企业	Domestic Funded	4241808	16514545	3794157	89567
国有企业	State-owned Enterprises	94446	590174	294484	
集体企业	Collective-owned Enterprises	3262	17312	3230	5
股份合作企业	Cooperative Enterprises				
联营企业	Joint Ownership Enterprises	231	822	115	
有限责任公司	Limited Liability Corporations	3706946	13959923	2901411	78105
股份有限公司	Share-holding Corporations Ltd.	361432	1257081	316292	8207
私营企业	Private Enterprises	75491	689233	278626	3250
按国民经济行业分	**By Sector**				
房屋和土木工程建筑业	Building and Civil Engineering	3860805	14839562	3211542	59738
房屋工程建筑	House Building	690050	4804405	1422586	47948
土木工程建筑业	Civil Engineering	3170756	10035156	1788956	11790
建筑安装业	Construction Installation	357312	1384170	503004	28373
建筑装饰和其他建筑业	Construction Decoration and Others	23690	290814	79611	1457
建筑装饰业	Construction Decoration	16404	114472	19848	324
工程准备活动	Project Preparation	4644	109094	41426	998
提供施工设备服务	Construction Equipment Providing	8	30		
其他未列明建筑业	Others not listed	2635	67219	18338	135
按隶属关系分	**By Administrative Division**				
中　央	Central Government	1306518	5721912	1250295	8929
省(自治区、直辖市)	Provinces(Autonomous Regions and Municipalities)	701906	6545475	1531925	51337
地区(州、盟、省辖市)	Prefecture(Autonomous Prefecture, League,Provincially Administered Municipality)	2070192	2767269	523686	603
县(区、市、旗)	Counties(Districts,Cities at County Level,Banner)	18147	149083	35268	21373
街　道	Street Communities	1770	12152	1270	
乡	Towns	646	1350	858	
其　他	Others	142629	1317305	450854	7326
按企业资质等级分	**By Qualification Grade**				
施工总承包	Construction of General Contractors	4163886	15842705	3645960	65523
特　级	Special Grade	639886	4087987	550069	5452
一　级	First Grade	3400180	10242241	2555830	39707
二　级	Second Grade	82596	1095210	388222	20303
三级以下	Third Grade and Below	41224	417267	151840	61
专业承包	Speciality Contractors	77921	671840	148197	24045
一　级	First Grade	13344	101311	25368	29
二　级	Second Grade	40019	319767	76072	1668
三级以下	Third Grade and Below	24558	250763	46757	22348
按营业状态分	**By Operation Status**				
营　业	In Business or Operating	4240702	16508742	3794143	89567
停业(歇业)	Closed	1106	5788	9	
筹　建	In Preparation				
按控股情况分	**By Share-holding**				
国有控股	State-owned and State-controlled Enterprises	3873962	13951149	3121724	65403
集体控股	Collective Share-holding Enterprises	24104	168191	32430	55
私人控股	Private Share-holding Enterprises	137667	1483769	466743	5865
港澳台商控股	Hong Kong,Macao and Taiwan Share-holding Enterprises				
其　他	Others	206074	911437	173260	18244

Financial State for Constuction Enterprises of General and Professional Contactors(2016)

(10 000yuan)

Asset-liability at Year-end							
资产合计 Total Assets	流动负债合计 Total Working Liabilities	应付账款 Accounts Payable	负债合计 Total Liabilities	所有者权益合计 Total Owner's Equities	#实收资本 Paid-in Capitals	#国家资本 National Capital	集体资本 Collective Capital
20275299	**13301862**	**5263276**	**14881785**	**5393514**	**2070486**	**1393904**	**31836**
17439297	11331219	4630636	12804474	4634823	1530977	1289695	600
20275299	13301862	5263276	14881785	5393514	2070486	1393904	31836
659524	509954	158408	512131	147393	94325	94025	
23413	13444	2758	13809	9604	7946		7221
1222			922	300	78		78
17258902	11014772	4057949	12403077	4855825	1682113	1234379	17666
1587167	1221168	832832	1394551	192616	140044	55500	600
745071	542525	211329	557295	187776	145980	10000	6271
17676358	11648915	4677168	13007149	4669209	1783115	1225352	18449
5275673	4087000	1509230	4237585	1038088	779850	421085	16242
12400686	7561914	3167938	8769565	3631121	1003265	804267	2207
1692632	1148402	425823	1310118	382515	136046	71977	9430
906308	504546	160284	564518	341791	151324	96575	3956
259055	64016	11325	98470	160585	33027	255	1227
570901	405102	140134	417967	152934	107435	94300	1690
30				30	30		
76322	35428	8826	48080	28242	10832	2020	1039
6834774	5252994	2724478	5883569	951204	555728	468234	
8486856	6193187	1851883	6782661	1704195	978829	750017	7397
2847646	412188	164298	689959	2157687	111226	72541	10551
198286	150558	25829	165837	32449	10675	2521	1801
16835	3363	1180	3591	13244	9366		501
2794	1517	274	1517	1278	1263		600
1888109	1288056	495333	1354650	533458	403399	100591	10986
19499486	12765211	5062908	14308973	5190514	1924433	1381544	23943
5783082	4038103	1488760	4729300	1053783	518400	400841	
11888236	7569549	3160052	8346954	3541282	1046478	918545	3501
1213524	876063	287832	913050	300475	219915	41258	10100
614644	281497	126264	319669	294975	139639	20900	10342
775813	536651	200367	572812	203001	146053	12359	7893
105234	73533	22813	74005	31229	26734	11000	
351939	232589	108959	259471	92468	62637	1020	3522
318640	230530	68595	239335	79305	56682	339	4371
20263165	13299918	5263275	14878678	5384487	2061356	1385649	31033
12091	1943		3106	8985	9088	8255	803
17439297	11331219	4630636	12804474	4634823	1530977	1289695	600
197118	120257	13606	137675	59443	40974	13074	11170
1631593	1103238	365947	1173792	457801	357825	10200	18066
1007291	747147	253087	765843	241448	140709	80934	2000

8-3 续表

单位：万元

指标	Item	损益及分配			
		营业收入 Business Revenue	主营业务收入 Revenue from Principal Business	营业成本 Business Cost	主营业务成本 Cost of Principal Business
总计	**Total**	**16741417**	**16653376**	**15735023**	**14566504**
#国有及国有控股企业	State-owned and State-controlled Construction Enterprises	12620849	12572892	11880557	10754164
按登记注册类型分	**By Status of Registration**				
内资企业	Domestic Funded	16741417	16653376	15735023	14566504
国有企业	State-owned Enterprises	752763	741111	727047	718436
集体企业	Collective-owned Enterprises	38837	38817	35521	35521
股份合作企业	Cooperative Enterprises				
联营企业	Joint Ownership Enterprises	115	115	95	95
有限责任公司	Limited Liability Corporations	14044908	13972411	13212129	12062016
股份有限公司	Share-holding Corporations Ltd.	1244505	1242516	1161481	1161428
私营企业	Private Enterprises	660289	658405	598750	589009
按国民经济行业分	**By Sector**				
房屋和土木工程建筑业	Building and Civil Engineering	14302515	14229620	13520848	12363633
房屋工程建筑	House Building	6262583	6230810	5902978	5870714
土木工程建筑业	Civil Engineering	8039933	7998810	7617870	6492919
建筑安装业	Construction Installation	1839379	1834823	1689722	1689092
建筑装饰和其他建筑业	Construction Decoration and Others	599523	588932	524453	513780
建筑装饰业	Construction Decoration	212778	202445	195533	185160
工程准备活动	Project Preparation	301746	301492	252297	251997
提供施工设备服务	Construction Equipment Providing				
其他未列明建筑业	Others not listed	85000	84995	76623	76623
按隶属关系分	**By Administrative Division**				
中央	Central Government	6516815	6495362	6262913	6250549
省(自治区、直辖市)	Provinces(Autonomous Regions and Municipalities)	8323007	8304994	7785645	6682035
地区(州、盟、省辖市)	Prefecture(Autonomous Prefecture,League, Provincially Administered Municipality)	322087	309283	288245	275677
县(区、市、旗)	Counties(Districts,Cities at County Level,Banner)	112026	111914	87840	87830
街道	Street Communities	8660	7630	8391	7269
乡	Towns	1921	1921	1726	1726
其它	Others	1456902	1422272	1300263	1261417
按企业资质等级分	**By Qualification Grade**				
施工总承包	Construction of General Contractors	16050439	15980641	15119582	13968155
特级	Special Grade	5174831	5166856	4952101	4947766
一级	First Grade	9370267	9335219	8794370	7677074
二级	Second Grade	951619	942479	870611	862740
三级以下	Third Grade and Below	553721	536088	502499	480574
专业承包	Speciality Contractors	690979	672735	615441	598349
一级	First Grade	176325	167613	162760	155454
二级	Second Grade	298525	297779	270858	269077
三级以下	Third Grade and Below	216128	207343	181823	173819
按营业状态分	**By Operation Status**				
营业	In Business or Operating	16741345	16653311	15734958	14566440
停业(歇业)	Closed	8			
筹建	In Preparation				
按控股情况分	**By Share-holding**				
国有控股	State-owned and State-controlled Enterprises	12620849	12572892	11880557	10754164
集体控股	Collective Share-holding Enterprises	413657	412837	390887	390526
私人控股	Private Share-holding Enterprises	1445089	1427026	1315057	1291491
港澳台商控股	Hong Kong,Macao and Taiwan Share-holding Enterprises				
其他	Others	2261823	2240621	2148523	2130323

(continued)

(10 000 yuan)

Profits and Losses				应交所得税 Income Tax Payable	应付职工薪酬 (本年贷方 累计发生额) Payroll Payable (Accumulated Amount of Credit This Year)	建筑业企业 在境外完成 的营业收入 Revenue Earned by Construction Enterprises from Abroad	应交增值税 value added taxes payable
		营　业 利　润 Business Profits	利　润 总　额 Total Profits				
营业税金 及 附 加 Taxes and Extra Charges Business	主营业务 税金及附加 Taxes and Extra Charges on Principal Business						
209584	**170806**	**299373**	**301856**	**56675**	**1130222**	**248255**	**124885**
124393	92550	226949	226143	41107	602927	220800	86333
209584	170806	299373	301856	56675	1130222	248255	124885
4104	4014	-27091	-27788	1748	61905		5362
1615	1591	243	359	140	11208		980
3	3				145		
180641	142330	295257	294386	47573	932449	217480	99601
7481	7479	9516	10431	1789	67207	30775	12521
15741	15389	21448	24467	5426	57309		6421
171096	138067	226325	228536	44473	995958	246765	84999
108371	106824.8	99829	99652	24333	566598		42458
62726	31242	126496	128884	20140	429360	246765	42541
30936	25260	52280	53104	10633	96310		25372
7552	7479	20768	20216	1569	37954	1490	14514
4353	4281	4449	4486	607	11187	1490	2086
2083	2083	13646	12924	460	20890		10304
		-1	-1				
1116	1115	2673	2807	502	5877		2124
25298	25039	37566	42070	10325	259967	220800	30636
147569	110382	188865	184777	32851	660163		68301
5524	5470	10965	11007	2647	50983		3980
3994	3994	14029	14026	2138	21158		2576
108	108	-238	-238	8	2456		228
64	41	-21	-41	11	548		
27026	25773	48206	50255	8696	134946	27455	19165
199283	160825	274454	277099	53434	1075301	246765	116495
38710	38562	67828	67741	10601	204892	190025	31551
129624	92865	167090	170100	31572	706956	56740	69652
15810	15197	20305	19885	5081	115439		9613
15139	14200	19231	19374	6180	48014		5679
10301	9981	24919	24757	3242	54921	1490	8390
2554	2522	3898	3409	948	12012		2626
3647	3644	4732	5322	887	23504	1490	3111
4101	3815	16288	16026	1407	19405		2654
209582	170804	299487	301946	56675	1130170	248255	124885
		-89	-65		44		
124393	92550	226949	226143	41107	602927	220800	86333
8637	8607	4820	5241	1724	32783		2428
30424	29915	35069	37545	8560	134276	997	12846
46130	39733	32535	32927	5284	360237	26458	23279

主要统计指标解释

建筑业统计单位 指从事房屋、构筑物建造和设备安装活动的法人企业。建筑业法人企业应同时具备的条件是：①依法成立，有自己的名称、组织机构和场所，能够承担民事责任；②独立拥有和使用资产，承担负债，有权与其他单位签订合同；③独立核算盈亏，能够编制资产负债表。

建筑业总产值 是以货币表现的建筑企业在一定时期内生产的建筑业产品和服务的总和。建筑业总产值包括：

(1)建筑工程产值：指列入建筑工程预算内的各种工程价值。

(2)设备安装工程产值：指设备安装工程价值，不包括被安装设备本身价值。

(3)房屋、构筑物修理产值：指房屋、构筑物修理所完成的价值，但不包括被修理房屋、构筑物本身的价值和生产设备的修理价值。

(4)非标准设备制造产值：指加工制造没有定型的、非标准的生产设备的加工费和原材料价值，以及附属加工厂为本企业承建工程制作的非标准设备的价值。

房屋施工面积 指在报告期内施过工的全部房屋建筑面积，包括本期新开工的房屋面积、上期施工跨入本期继续施工的房屋面积、上期停缓建在本期恢复施工的房屋面积、本期竣工的房屋面积及本期施工后又停缓建的房屋面积。

房屋竣工面积 指在报告期内房屋建筑按照设计要求全部完工，达到了住人和使用条件，经验收鉴定合格，正式移交使用的各栋房屋建筑面积的总和。

工程总承包 指取得施工总承包资质的企业(以下简称施工总承包企业)，可以承接施工总承包工程。施工总承包企业可以对所承接的施工总承包工程内各专业工程全部自行施工，也可以将专业工程或劳务作业依法分包给具有相应资质的专业承包企业或劳务分包企业。

工程专业承包 指取得专业承包资质的企业，可以承接施工总承包企业分包的专业工程和建设单位依法发包的专业工程。专业承包企业可以对所承接的专业工程全部自行施工，也可以将劳务作业依法分包给具有相应资质的劳务分包企业。

Explanatory Notes on Main Statistical Indicators

Statistical Unit in the Construction Industry refers to a corporate enterprise engaging in the construction of buildings and structures and in the Installation of equipment. A corporate construction enterprise should meet the following 3 requirements: a) being set up in line with relevant legal basis, having its full name, Organization and location, and capable of taking civil liabilities; b) independently processing and using its assets and assuming its liabilities, and entitled to sign contracts with other institutions; and c) making independent accounts of its profits and losses, and capable of compiling its own balance sheet.

Gross Output Value of Construction refers to total construction products and services, expressed in money terms, produced or rendered by construction and installation enterprises during a given period of time. It includes:

(1) Output value of construction projects: the value of projects covered by the project budgets;

(2) Output value of installation projects: the value of the installation of equipment, (excluding the value of the equipment to be installed);

(3) Output value of repair of buildings and structures: the value created through the repairs of buildings or structures. It does not include the value of buildings or structures being repaired and the value of the repair of production equipment;

(4) Output value of manufactured non-standard equipment; the value of non-standard production equipment, including raw materials and manufacturing cost, made for the construction project (i.e., chemical plant; kettles or tanks used by refineries; various fillers, triangle tanks, valves used by mines). It also includes the output value of equipment manufactured by subsidiary workshops.

Floor Space Under Construction refers to floor space of buildings under construction during the reference period, including the floor space of building for which construction has newly started; buildings for which construction has started earlier and is continuing during the reference period: and buildings for which construction has been suspended earlier but has restarted during the reference period; buildings completed during the reference period; and buildings under construction but construction has subsequently been during the reference period.

Floor Space Completed refers to total floor space of each building that has been completed in the reference period in accordance with the requirements of the design, up to the standard for being resided in and put into use, or has been checked and accepted by departments concerned as qualified ones which can be handed over for putting into use.

Engineering, procurement and construction (EPC) refers to construction enterprises with general contractors' qualification (general contracted enterprises), which undertake construction projects of general contractors. General contracted enterprises construct of all professions by their own and subcontract professional engineering or labor service to qualified professional contracted enterprises or labor service sublet enterprises by law.

Professional engineering contractor refers to construction enterprises with professional contractors' qualification, which undertake professional projects subcontracted by general contracted enterprises and professional projects let contracted by construction units by law. Professional engineering contractor constructs of all professions by their own or subcontract professional engineering or labor service to qualified professional contracted enterprises or labor service sublet enterprises by law.

农 业

Agriculture

农林牧渔业总产值（万元）

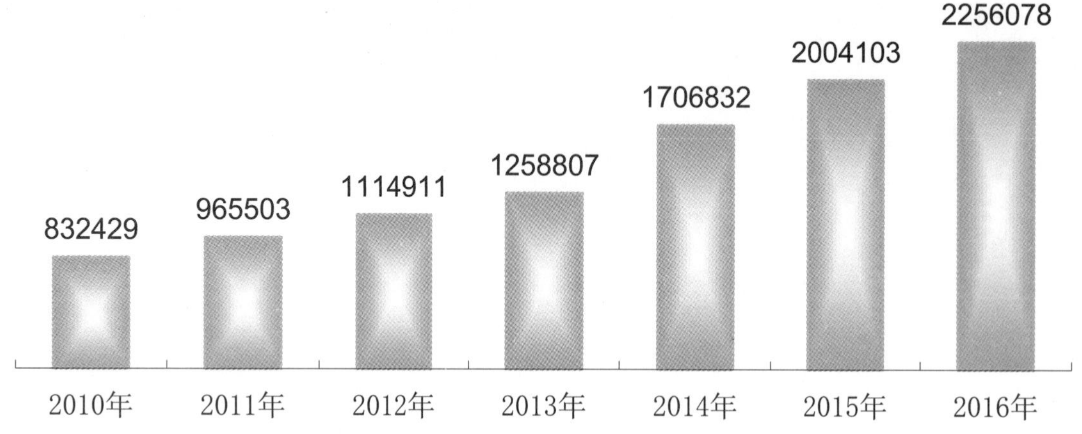

注:2006年、2007年数据按第二次农业普查进行调整。

农林牧渔业总产值构成

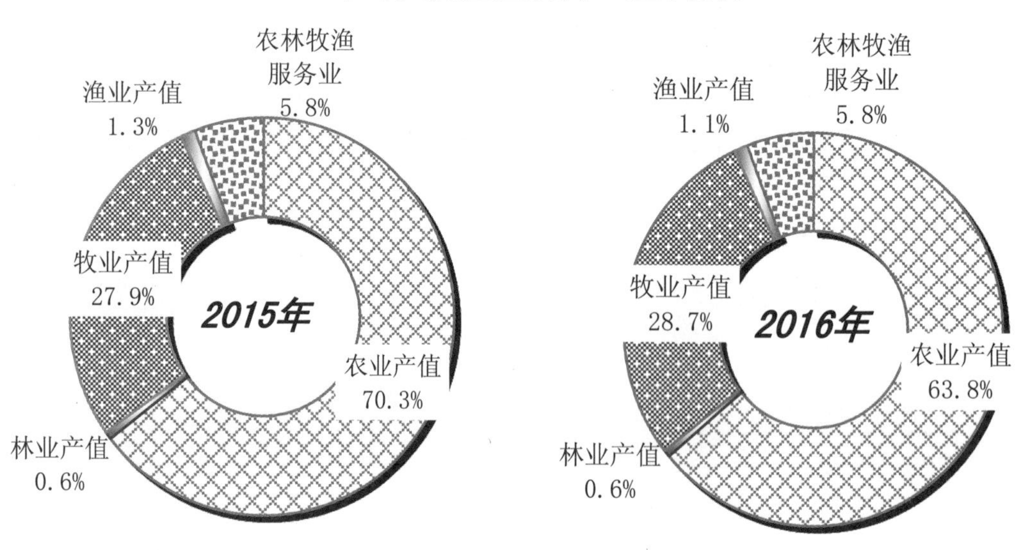

主要农作物产品产量（万吨）

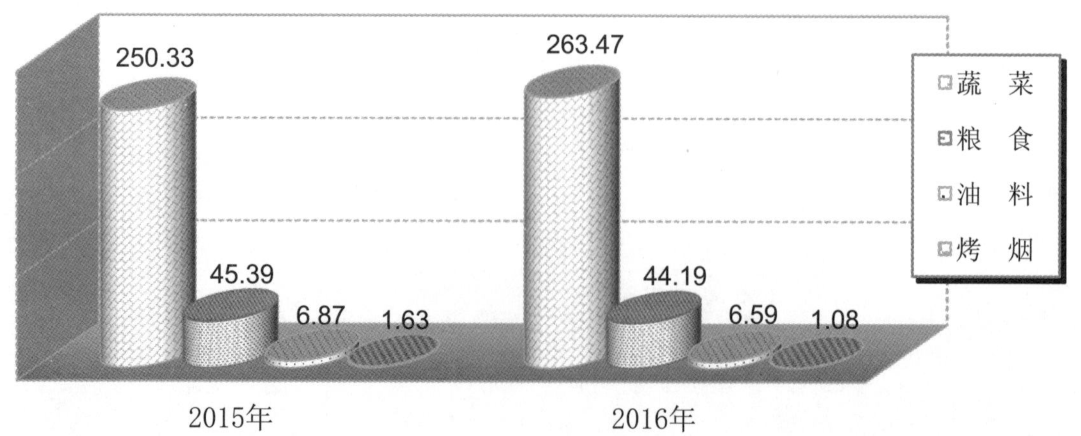

9-1 农村基本情况及农业生产条件
Basic Conditions of Rural Areas and Agricultural Production

指　　标		Item		2016	2015	2016年比2015年增长(%) Growth Rate in 2016 over 2015 (%)
农村基层组织		**Rural Grassroots Units**				
乡镇个数	(个)	Number of Towns and Townships	(unit)	77	77	持平 even
#镇	(个)	Towns	**(unit)**	47	45	4.4
村委会个数	(个)	Number of Villagers Committee	(unit)	947	947	持平 even
农村社会基础设施		**Infrastructure in Rural Areas**				
自来水受益村数	(个)	Villages with Tap Water	(unit)	932	947	-1.6
通电乡镇数	(个)	Townships and Towns with Electricity	(unit)	77	77	持平 even
通电村数	(个)	Villages with Electricity	(unit)	947	947	持平 even
通公路的乡镇数	(个)	Townships and Towns with Highway	(unit)	77	77	持平 even
通汽车的村数	(个)	Villages with Automobile	(unit)	932	947	-1.6
通邮件的乡镇数	(个)	Townships and Towns with Post Communication	(unit)	77	77	持平 even
通邮件的村数	(个)	Villages with Post Communication	(unit)	923	947	-2.5
通电话的乡镇数	(个)	Townships and Towns with Telephone	(unit)	77	77	持平 even
通电话的村数	(个)	Villages with Telephone	(unit)	932	947	-1.6
通有线广播的村数	(个)	Villages with Wire Broadcast	(unit)	750	768	-2.3
建成农村地面卫星接收站个数	(个)	Satellite Ground Receiving Station inRural Area	(unit)	136158	153308	-11.2
有文化站的乡数	(个)	Townships with Cultural Station	(unit)	30	32	-6.3
有文化中心的镇数	(个)	Towns with Cultural Center	(unit)	47	44	6.8
用电户数	(户)	Households with Electricity	(household)	547702	565810	-3.2
饮用安全卫生水户数	(户)	Households with Safe and Healthy Water	(household)	528844	551314	-4.1
使用沼气的户数	(户)	Households with Marsh Gas	(household)	146837	148866	-1.4
#当年新增	(户)	The Increase over Last Year	(household)	3	37	-91.9
农村人口及劳动力资源		**Rural Population and Laborers**				
乡村户数	(万　户)	Rural Households	(10 000households)	56.30	56.58	-0.5
乡村人口数	(万　人)	Rural Population	(10 000 persons)	192.98	193.99	-0.5
乡村从业人员数	(万　人)	Rural Employees	(10 000 persons)	111.10	114.09	-2.6
按性别分		By Gender				
男	(万　人)	Male	(10 000 persons)	58.08	59.95	-3.1
女	(万　人)	Female	(10 000 persons)	53.02	54.14	-2.1
按行业分		By Sector				
农林牧渔业劳动力	(万　人)	Farming,Forestry,Animal Husbandry and Fishery	(10 000 persons)	45.59	47.90	-4.8

9-1 续表 (continued)

指　　标		Item		2016	2015	2016年比2015年增长(%) Growth Rate in 2016 over 2015 (%)
工业劳动力	(万　人)	Industrial Labors	(10 000 persons)	10.88	10.40	4.6
建筑业劳动力	(万　人)	Construction Labors	(10 000 persons)	11.28	11.59	-2.7
交通运输、仓储业及邮电通讯业劳动力	(万　人)	Labors in Transportation,Storage, Post and Telecommunication	(10 000 persons)	4.58	4.37	4.8
批发零售贸易业、住宿、餐饮业劳动力	(万　人)	Labors in Wholesale,Retail and Catering Industry	(10 000 persons)	11.56	11.44	1.0
其他劳动力	(万　人)	Others	(10 000 persons)	25.74	28.40	-9.4
#外出人数	(万　人)	Labors Working out of Guiyang	(10 000 persons)	20.83	22.85	-8.8
#出省人数	(万　人)	Labors Working out of Guizhou	(10 000 persons)	13.82	13.00	6.3
农田水利建设和农业机械化情况		**Construction of Water Conservancy and Agricultural Machinery**				
机耕面积	(公　顷)	Area Plowed by Machinery	(hectare)	140001.67	118145	18.5
机播面积	(公　顷)	Area Sowed by Machinery	(hectare)	4370.33	3744	16.7
机电灌溉面积	(公　顷)	Area Irrigated by Machinery	(hectare)	40227	36675	9.7
机械植保面积	(公　顷)	Plant Area Protected by Machinery	(hectare)	30666	26636	15.1
机械收获面积	(公　顷)	Area Harvested by Machinery	(hectare)	13738	9937	38.3
农用机械总动力	(万千瓦)	Total Agricultural Machinery Power	(10 000 kw)	191.39	186.46	2.6
柴油机	(万千瓦)	Diesel Engine	(10 000 kw)	142.72	140.37	1.7
汽油机	(万千瓦)	Gasoline Engine	(10 000 kw)	14.92	13.10	13.9
电动机	(万千瓦)	Electricmotor	(10 000 kw)	33.76	32.99	2.3
其他机械	(万千瓦)	Others	(10 000 kw)			
农用主要能源及物资消耗		**Rural Energy and Material Consumption**				
农用化肥施用量(折纯法)	(万　吨)	Pure Consumption of Chemical Fertilizers	(10 000 ton)	6.04	6.39	-5.5
氮　肥	(万　吨)	Nitro-genous Fertilizer	(10 000 ton)	2.81	2.95	-4.7
磷　肥	(万　吨)	Phosphate Fertilizer	(10 000 ton)	0.49	0.52	-5.8
钾　肥	(万　吨)	Potash Fertilizer	(10 000 ton)	0.81	0.84	-3.6
复合肥	(万　吨)	Compound Fertilizer	(10 000 ton)	1.92	2.08	-7.7
平均每亩耕地化肥施用量	(公　斤)	Consumption of Chemical Fertilizers per Mou	(kg)	38.36	40.12	-4.4
农村用电量	(万千瓦时)	Rural Electricity Consumption	(10 000 kwh)	64965	56513	15.0
农药使用量	(吨)	Use of Pesticides	(ton)	378	453	-16.6
地膜使用量	(吨)	Consumption of Farm Plastic Film	(ton)	2305	1819	26.7

9-2 主要农业机械年末拥有量
Major Agricultural Machinery at Year-end

指 标		Item		2016	2015	2016年比2015年增长(%) Growth Rate in 2016 over 2015(%)
大中型拖拉机	(台)	Large and Medium-sized Tractors	(set)	3100	2994	3.5
大中型拖拉机配套农具	(部)	Towing Farm Machinery of Large and Medium-sized Tractors	(unit)	1841	1771	4.0
小型拖拉机	(台)	Small Tractors	(set)	3644	3549	2.7
小型拖拉机配套农具	(部)	Towing Farm Machinery of Small Tractors	(unit)	3408	2800	21.7
农用排灌柴油机	(台)	Diesel Engines	(set)	11443	11705	-2.2
农用排灌电动机	(台)	Electromotor Engines	(set)	20831	20077	3.8
耕整机	(台)	Cultivators	(set)	69608	61781	12.7
农用水泵	(台)	Agriculture Pumps	(set)	34035	33292	2.2
机动喷雾(粉)机	(台)	Motorized Spray (Powder) Machines	(set)	2863	2465	16.1
联合收获机	(台)	Combine Harvesters	(set)	43	43	持平even
机动脱粒机	(台)	Power Threshers	(set)	38741	41841	-7.4
谷物烘干机	(台)	Grain Drying Machines	(set)	74	71	4.2
饲草料加工机械	(台/套)	Processing Machinery of Fodder and Hay	(set)	20906	20747	0.8
机动挤奶机	(台)	Mobile Milking Machines	(set)	551	553	-0.4
农用运输车	(辆)	Agricultural Vehicles	(unit)	18660	18669	-0.1

注：本表资料由市农委提供。
a) Data in this table is providied by committee of Agriculture of Guiyang.

9-3 主要农作物播种面积
Total Sown Areas of Major Farm Crops

单位：公顷 (hectare)

指 标	Item	2016	2015	2016年比2015年增长(%) Growth Rate in 2016 over 2015(%)
农作物总播种面积	**Total Sown Area**	**287111**	**291904**	**-1.6**
粮食作物播种面积	**Sown Areas of Grain Crops**	**106921**	**111348**	**-4.0**
#稻 谷	Rice	31814	32840	-3.1
小 麦	Wheat	3772	3907	-3.5
玉 米	Corn	39275	41087	-4.4
大 豆	Soybean	6161	6721	-8.3
薯 类	Tubers	25060	25599	-2.1
经济作物播种面积	**Sown Areas of Cash Crops**	**180190**	**180556**	**-0.2**
#棉 花	Cotton			
油菜籽	Rapeseeds	38069	38737	-1.7
花 生	Peanuts	591	1072	-44.9
麻 类	Fiber Crops	1	1	持平even
烤 烟	Flue-cured Tobacco	5690	8866	-35.8
蔬菜及食用菌	Vegetables and Edible Fungus	122368	119114	2.7
西 瓜	Watermelon	790	797	-0.9
青饲料	Succulence	6436	6177	4.2
绿 肥	Green Manure	1251	1296	-3.5

9-4 主要农作物产品产量及单产
Basic Statistics on Output of Major Farm Products

指　　标	Item	2016		2015		2016年比2015年增长(%) Growth Rate in 2016 over 2015(%)	
		产量(万吨) Output (10 000 tons)	单产(公斤/亩) Output Per Hectare(kg/mou)	产量(万吨) Output (10 000 tons)	单产(公斤/亩) Output Per Hectare(kg/mou)	产　量 Output	单　产 Output Per Mou
粮食作物产量	**Grain Crops**	**44.19**	**276**	**45.39**	**272**	**-2.6**	**1.5**
按夏秋粮分	**By Seasons**						
#夏　粮	Summer Grain	8.51	218	8.89	224	-4.3	-2.7
秋　粮	Autumn Grain	35.68	294	36.50	287	-2.2	2.4
按类别分	**By types**						
稻　谷	Rice	17.81	373	18.25	370	-2.4	0.8
小　麦	Wheat	0.93	164	1.01	172	-7.9	-4.7
玉　米	Corn	16.37	278	16.44	267	-0.4	4.1
大　豆	Soybean	0.80	87	0.75	75	6.7	16.0
薯　类	Tubers	8.13	216	8.67	226	-6.2	-4.4
油料作物	**Oil Crops**	**6.59**	**112**	**6.87**	**114**	**-4.1**	**-1.8**
#油菜籽	Rapeseeds	6.35	111	6.58	113	-3.5	-1.8
花　生	Peanuts	0.13	142	0.21	128	-38.1	10.9
烤　烟	**Flue-cured Tobacco**	**1.08**	**126**	**1.63**	**123**	**-33.7**	**2.4**
蔬菜及食用菌	**Vegetables and Mushrooms**	**263.47**	**1435**	**250.33**	**1401**	**5.2**	**2.4**

9-5 茶叶、水果、水产品面积及产量
Basic Statistics on Tea, Fruits and Aquatic Products

指　　标	Item	2016	2015	2016年比2015年增长(%) Growth Rate in 2016 over 2015(%)
面　积(公顷)	**Area(Hectare)**			
茶园面积	Area of Tea Fields	16579	16522	0.3
果园面积	Area of Orchards Fields	45202	44640	1.3
产　量(吨)	**Output(ton)**			
茶　叶	Tea	4122	3739	10.2
园林水果	Garden Fruits	194049	176241	10.1
苹　果	Apples	210	224	-6.3
柑　桔	Citrus	11745	10464	12.2
#桔	Tangerine	8020	8189	-2.1
梨	Pears	55613	54645	1.8
桃	Peach	21862	22786	-4.1
杨　梅	Red Bayberry	7325	6861	6.8
猕猴桃	Kiwi	46658	35866	30.1
葡　萄	Grape	21539	18678	15.3
柿　子	Persimmons	422	401	5.2
水产品产量	**Output of Aquatic Products**	**9560**	**10227**	**-6.5**

9-6 造林及林产品产量
Areas of Forestation and Output of Forest Products

指 标		Item		2016	2015	2016年比2015年增长(%) Growth Rate in 2016 over 2015(%)
当年造林面积	**(公顷)**	**Annual Areas of For**	(hectare)	**10466**	**11531**	**-9.2**
#竹林面积	(公顷)	Areas of Bamboo Gro	(hectare)	33	33	持平 even
林产品产量		**Output of Forest Products**				
生 漆	(吨)	Lacquer	(ton)	11	11	持平 even
油桐籽	(吨)	Tung-oil Seeds	(ton)	22	22	持平 even
油茶籽	(吨)	Tea-oil Seeds	(ton)	73	84	-13.1
乌桕籽	(吨)	Tallow Seed	(ton)	2	2	持平 even
五倍籽	(吨)	Nutgall	(ton)	10	11	-9.1
棕 片	(吨)	Palm Flake	(ton)	29	36	-19.4
松 脂	(吨)	Pine Resin	(ton)	17	18	-5.6
竹笋片	(吨)	Bamboo Shoot	(ton)	12	11	9.1
核 桃	(吨)	Walnuts	(ton)	688	657	4.7
板 栗	(吨)	Chestnut	(ton)	253	257	-1.6
花 椒	(吨)	Zanthoxylum	(ton)	34	63	-46.0
银 杏(白 果)	(吨)	Ginkgo	(ton)	9	11	-18.2

9-7 畜牧业生产
Number of Livestock and Livestock Products

指 标		Item		2016	2015	2016年比2015年增长(%) Growth Rate in 2016 over 2015(%)
猪牛羊家禽出栏头数		**Number of Slaughtered Hogs,Cattle and Poultry**				
当年肉猪出栏头数	(万 头)	Annual Slaughtered Fattened Hogs	(10 000 heads)	111.18	130.18	-14.60
当年肉用牛出栏头数	(万 头)	Annual Slaughtered Beef Cattle	(10 000 heads)	6.59	5.99	10.0
当年羊出栏头数	(万 只)	Annual Slaughtered Sheep and Goats	(10 000 heads)	3.09	3.02	2.3
当年家禽出栏头数	(万 只)	Annual Slaughtered Poultry	(10 000 heads)	2416.13	1725.73	40.0
当年肉类总产量	**(万 吨)**	**Annual Output of Meat**	(10 000 tons)	**15.19**	**15.75**	**-3.6**
#猪 肉	(万 吨)	Pork	(10 000 tons)	10.15	11.88	-14.6
牛 肉	(万 吨)	Beef	(10 000 tons)	0.82	0.78	5.1
羊 肉	(万 吨)	Mutton	(10 000 tons)	0.06	0.05	20.0
禽 肉	(万 吨)	Poultry	(10 000 tons)	4.07	2.91	39.9
其他畜产品产量		**Other Livestock Products**				
#牛 奶	(吨)	Milk	(ton)	55787	49560	12.6
蜂 蜜	(吨)	Honey	(ton)	35	38	-7.9
禽 蛋	(吨)	Poultry Eggs	(ton)	28721	25393	13.1
大牲畜年末存栏头数	**(万 头)**	**Large Animal at Year-end**	(10 000 heads)	**21.05**	**24.72**	**-14.8**
#牛	(万 头)	Cattle and Buffaloes	(10 000 heads)	19.42	23.06	-15.8
肉 牛	(万 头)	Beef Cattle	(10 000 heads)	4.51	4.99	-9.6
奶 牛	(万 头)	Cows	(10 000 heads)	1.50	1.41	6.4
役用牛	(万 头)	Draft Cattle	(10 000 heads)	13.41	16.66	-19.5
马	(万 匹)	Horses	(10 000 heads)	1.62	1.65	-1.8
猪年末存栏数	**(万 头)**	**Hogs at Year-end**	(10 000 heads)	**89.24**	**97.77**	**-8.7**
羊年末存栏数	**(万 只)**	**Sheep and Goats at Year-end**	(10 000 heads)	**4.45**	**4.54**	**-2.0**
家禽年末存栏数	**(万 只)**	**Poultry at Year-end**	(10 000 heads)	**1462.18**	**1371.21**	**6.6**

9-8 主要农产品、畜产品最高年产量
Annual Peak Output of Major Agricultural and Livestock Products

产品名称	Item	年　份 Year	产　量 Output
种植业(万吨)	**Farm Crops (10 000 tons)**		
粮　食	Grain Crops	2000	63.45
#稻　谷	Rice	2000	30.37
小　麦	Wheat	1997	5.15
玉　米	Corn	2009	21.4
大　豆	Soybean	2009	1.29
薯　类	Tubers	2009	9.86
油菜籽	Rapeseeds	2015	6.58
烤　烟	Flue-cured Tobacco	1997	3.73
蔬　菜	Vegetables	2016	263.47
茶　叶	Tea	2016	0.41
园林水果	Garden Fruits	2016	19.4
畜牧业(万头、万只、万吨)	**Livestock (10 000 heads,10 000 tons)**		
大牲畜年末存栏数	Large Animal (year-end)	2010	30.7
#牛	Cattle and Buffaloes	2010	27.5
猪年末存栏数	Hogs (year-end)	2015	97.77
肉猪出栏头数	Slaughtered Fattened Hogs	2015	130.18
家禽年末存栏数	Poultry (year-end)	2016	1462.18
家禽出栏数	Slaughtered Fattened Poultry	2016	2416.13
肉类总产量	Total Output of Meat	2015	15.75
牛奶产量	Output of Milk	2016	5.58
禽蛋产量	Output of Poultry Eggs	2016	2.87
水产品(吨)	**Aquatic Products (ton)**	**2015**	**10227**

9-9 农林牧渔总产值、增加值
Gross Output Value and Added Value of Agriculture, Forestry, Animal Husbandry and Fishery

指 标	Item	2016		2015		2016年比2015年增长(%) Growth Rate in 2016 over 2015(%)
		绝对数(万 元) Value (10 000 yuan)	构 成(%) Proportion (%)	绝对数(万 元) Value (10 000 yuan)	构 成(%) Proportion (%)	
农林牧渔业总产值(万元)	**Total**	**2256078**	**100.0**	**2004103**	**100.0**	**6.0**
农业产值	**Output Value of Farming**	**1440107**	**63.8**	**1291882**	**64.5**	**7.4**
谷物及其他作物	Grain and Others	247298	11.0	246070	12.3	-1.1
蔬菜园艺作物	Vegetables and Horticultural Crops	910407	40.4	800715	40.0	9.3
水果、饮料和香料作物	Fruit,Beverage and Aromatic Crops	230321	10.2	193931	9.7	14.4
中药材	Medicinal Materials	52081	2.3	51166	2.6	-7.7
林业产值	**Output Value of Forestry**	**12922**	**0.6**	**12773**	**0.6**	**1.0**
林木的培育和种植	Cultivating and Planting of Forest	3597	0.2	5534	0.3	-35.0
竹木采运	Transporting of Timber & Bamboo	9031	0.4	6862	0.3	31.3
林产品	Collecting of Forest Products	294	0.02	377	0.02	-22.3
牧业产值	**Output Value of Animal Husbandry**	**646853**	**28.7**	**558798**	**27.9**	**2.8**
牲畜饲养	Animal Raising	109303	4.8	82940	4.1	5.3
猪的饲养	Hogs Raising	345780	15.3	332605	16.6	-1.5
家禽饲养	Poultry Raising	187046	8.3	139786	7.0	11.6
其他畜牧业	Others	4724	0.2	3467	0.2	3.0
渔业产值	**Output Value of Fishery**	**25803**	**1.1**	**24579**	**1.2**	**-1.0**
农林牧渔服务业产值	**Output Value of Agriculture, Forestry,Animal Husbandry and Fishery**	**130393**	**5.8**	**116071**	**5.8**	**7.0**
农林牧渔业增加值(当年生产价)	**Added Value of Agriculture, Forestry, Animal Husbandry and Fishery(at current price)**	**1462030**	**100.0**	**1298860**	**100.0**	**5.9**
农 业	Agriculture	977259	66.8	869530	66.9	7.3
林 业	Forestry	8516	0.6	7983	0.6	1.0
牧 业	Animal Husbandry	370078	25.3	323416	24.9	2.7
渔 业	Fishery	15507	1.1	13958	1.1	-1.2
农林牧渔服务业	Service Industry of Agriculture, Forestry,Animal Husbandry and Fishery	90670	6.2	83973	6.5	6.8

注：表中绝对数按当年价格计算，增长速度按可比价格计算。

a) Data in value terms in this table is calculated at current prices, while growth rate is calculated at comparable prices.

主要统计指标解释

农林牧渔业总产值 是以货币表现的农林牧渔业的全部产品总量和对农林牧渔业生产活动进行的各种支持性服务活动的价值。它反映一定时期内农林牧渔业生产总规模和总成果。根据农业生产特点，农林牧渔业总产值的核算采用“产品法”进行计算，即用产品产量乘以价格求出各种产品的产值，然后把它们加总求得各业的产值，最后各业相加求出农林牧渔业总产值。

农林牧渔业增加值 指农、林、牧、渔及农林牧渔服务业生产货物或提供服务活动而增加的价值，为农林牧渔业现价总产值扣除农林牧渔业现价中间投入后的余额。农林牧渔业增加值核算采用“生产法”和“分配法”两种方法计算。

（1）生产法：这是目前各地计算增加值普遍使用的一种方法。即由现价农林牧渔业总产值减去农林牧渔业中间消耗(不包括固定资产折旧及大修理基金)的方法取得。

（2）分配法：分配法也称收入法，是根据各种生产要素在生产过程中应取得收入份额来进行计算的一种方法。农林牧渔业增加值=固定资产折旧+劳动者报酬+生产税净额(生产税-生产补贴)+营业盈余

耕地面积 指种植农作物的土地。包括熟地，新开发、复垦、整理地，休闲地（含轮歇地、轮作地）；以种植农作物（含蔬菜）为主，间有零星果树、桑树或其他树木的土地；平均每年能保证收获一季的已垦滩地和海涂。耕地中包括南方宽度＜1.0 米、北方宽度＜2.0 米固定的沟、渠、路和地坎(埂)；临时种植药材、草皮、花卉、苗木等的耕地，以及其他临时改变用途的耕地。

农业机械总动力 指全部农业机械动力的额定功率之和。农业机械是指用于种植业、畜牧业、渔业、农产品初加工、农用运输和农田基本建设等活动的机械及设备。

化肥使用量（折纯量） 指本年度内实际用于农业生产的化学肥料数量，包括氮肥、磷肥、钾肥和复合肥。使用量要求按折纯量计算数量，即各类化学肥料的实际施用数量按其含氮、含五氧化二磷、含氧化钾的比例折成百分之百计算。折纯量＝实物量×某种化肥有效成份含量的百分比。

有效灌溉面积 指具有一定的水源，地块比较平整，灌溉工程或设备已经配套，在一般年景下当年能够进行正常灌溉的耕地面积。在一般的情况下，有效灌溉面积应等于灌溉工程或设备已经配套，能够进行正常灌溉的水田和水浇地面积之和。

农作物播种面积 指农业生产经营者应在日历年度内收获农作物在全部土地（耕地或非耕地）上的播种或移植面积。凡是本年内收获的农作物，无论是本年还是上年播种，都算为播种面积，但不包括本年播种，下年收获的农作物面积。移植的农作物面积按移植后的面积计算，不计算移植前的秧田、畦田等面积。多年生作物，即播种后可连续生长多年的缩根性草本植物，如有些麻类、中药等作物的播种面积，按本年新增面积加往年的连续累计面积计算。如果因灾害等原因，应该收获却未能收获，也要按原播种面积计算，新补或改种，并在本年收获的，要按复种作物计算面积。间种、混种的作物面积按比例折算各个作物的面积，如果完全混合、同步生长、收获的作物，按混合面积平均分配。复种、套种的作物，按次数计算面积，每种一次计算一次。再生稻、再生高粱、再生烟等，因其没有经过播种或移植，不算入播种面积。

粮食产量 指农业生产经营者日历年度内生产的全部粮食数量。按收获季节包括夏收粮食、早稻和秋收粮食，按作物品种包括谷物、薯类和豆类。其中谷物包括小麦、玉米、早稻、中稻和一季晚稻、双季晚稻、大麦、高粱、谷子、荞麦等禾本科和蓼科粮食作物；薯类只包括马铃薯、甘薯，木薯统计在其它农作物，芋头等其它薯统计在其它蔬菜；豆类包括大豆、绿豆、红小豆、杂豆等。谷物产量按脱粒后的原粮计算，薯类按鲜薯重量的 5：1 折算，豆类按去豆荚后的干豆计算。

经济作物 指除粮食作物之外，种植在耕地或非耕地上的农作物。包括油料、棉花、麻类、糖料、烟叶、中草药材、蔬菜、瓜果等。

油料产量 指全部油料作物的生产量。包括花生、油菜籽、芝麻、向日葵籽、胡麻籽(亚麻籽)和其他油料。不包括大豆、木本油料和野生油料。花生以带壳干花生计算。

茶叶产量 是指本年度内生产的全部茶叶产量。包括从成片茶园和零星种植的茶树以及荒芜未垦复的茶树上所采摘的全部产量。不论自食的或出售的，都应统计在内。茶叶的产量按经过初步加工的干毛茶的重量计算。根据制造方法的不同和品质上的差异，将茶叶分为绿茶、青茶、红茶其他茶等。

园林水果 指农业生产经营者日历年度内在专业性果园、林地及零星种植果树（藤）上生产的水果。包括苹果、梨、柑橘类、热带及亚热带水果和其它园林水果如桃、葡萄、红枣等，不包括采集的野生水果。按实收的鲜果计算产量。经脱水、晾干等处理的干果，如干枣、葡萄干、柿饼、桔饼等一律折合成鲜果计算。

水果产量 指农业生产经营者日历年度内生产的乔木类和藤本类水果、多年草本水果及果用瓜。包括园林水果和非园林水果（瓜果类），不包括采集的野生水果。按鲜果产量计算。经脱水、晾干等处理的干果，如干枣、葡萄干、柿饼、桔饼等一律折合成鲜果计算。

茶园、果园面积 是指成片种植的茶园、果园面积，包括原有的、垦复的和本年新植定株的面积，以及调查时虽已荒芜，但只要稍加开垦、修整和培育后就能恢复生产的面积，不论树龄大小，也不论当年有无得到收益，都要包括在内。茶园、果园面积中，不包括培育幼苗的苗圃面积。零星种植的桑树、果树株数和茶树的丛数，不必折算面积。

造　林 指在宜林地、无立木林地、疏林地、灌木林地和有林地上通过人工措施形成、恢复或改善森林、林木、灌木林的过程。按造林地类分为荒山荒(沙)地造林和有林地造林。

荒山荒(沙)地造林 指报告期内宜林荒山荒地、宜林沙荒地、无立木林地、疏林地和退耕地等其他宜林地上通过人工措施形成或恢复森林、林木、灌木林的过程。包括三种造林方式:人工造林、飞播造林、无林地和疏林地新封山(沙)育林。

有林地造林 指在灌木林地和有林地上通过人工措施改善森林、林木、灌木林的过程。包括三种造林方式:林冠下造林、飞播营林、有林地和灌木林地新封山(沙)育林。

猪、牛、羊出栏头数 指育肥出售和自食的头数。包括淘汰的和因伤死的耕牛、肉牛、奶牛和羊。猪出栏不包括个别地区习惯吃的“烤小猪”或出口的“乳猪”。

禽、兔出栏数 指统计期内出栏供屠宰的家禽和家兔。不包括出卖的雏禽和幼兔。

猪期末存栏 指本调查期末饲养生猪的总量，包括 15 公斤以下仔猪、待育肥猪(架子猪)和种猪等数量之和。

能繁殖母猪 是指猪龄约在 9 个月(包括 9 个月)以上的、具备繁殖能力的母猪。

肉类总产量 指各种牲畜及家禽、兔等动物肉产量总计。猪、牛、羊、马、驴、骡、骆驼肉产量按去掉头蹄下水后带骨肉的胴体重量计算,兔禽肉产量按屠宰后去毛和内脏后的重量计算。

水产品产量 指渔业(捕捞和养殖)生产活动的最终有效成果，包括全部海水和淡水鱼类、甲壳类(虾、蟹)、贝类、头足类、藻类和其它类渔业产品的最终产量。不包括渔业生产过程中的中间成果，如鱼苗、鱼种、亲鱼、转塘鱼、存塘鱼和自用作饵料的产品等。水产品在上岸前已经腐烂变质，不能供人食用或加工成其他制品的，不统计在水产品产量中。

Explanatory Notes on Main Statistical Indicators

Gross Output Value of Agriculture, Forestry, Animal Husbandry and Fishery refers to the total value of products of agriculture, forestry, animal husbandry and fishery, and total value of services in support of agriculture, forestry, animal husbandry and fishery activities. It reflects the total scale and outputs of agricultural production during a given period. Gross output value of agriculture is obtained by multiplying the output of each product or by-product by its price, resulting in the output value of each single item,thus addition leads to gross output value of agriculture.

Added Value of Agriculture, Forestry, Animal Husbandry and Fishery refers to the total value of products of agriculture, forestry, animal husbandry and fishery and also the added value from tertiary production of goods and tertiary activities. It is obtained from the current gross output value of agriculture, forestry, animal husbandry and fishery divided by its balance after the current rate for intermediate inputs. Two ways of calculating the added value are method of production and method of distribution.

(1) Method of production: now one of the common and widespread ways to calculate the added value. It is obtained from the current gross output value of agriculture, forestry, animal husbandry and fishery minus intermediate consumption of those industries (excluding depreciation of fixed assets and fund for major overhaul).

(2) Method of distribution: also called method of income. It is a way to calculate due income share based on various production factors in the process of production. Added Value of Agriculture, Forestry, Animal Husbandry and Fishery=depreciation of fixed assets + laborers' remuneration + net taxes on production (taxes on production-production subsidy) + operating surplus.

Cultivated Area (Area under Cultivation) refers to farmland for growing crops, including cultivated land, newly cultivated land, reclamation land, fallow land (including rotation plot and transferring cultivation of paddy and upland land); it includes mainly land for crop planting (including vegetables) with some land for fruit trees, mulberry trees and other trees, and cultivated seashore land and shoal for a season's harvest. The plantation of mulberry fields, tea plantations, and orchards, nurseries of young plants, forest land, reeds and natural or artificial pasture are not included in this category. The cultivated land includes fixed ditch, trench, path and sill less than 1.0 meter in South and North in terms of its width; and temporary land for planting medicinal materials, turf, flowers, and nursery stock, as well as land used for other temporary usage.

Total Power of Agriculture Machinery refers to total rated mechanical power used in agriculture, forestry, animal husbandry and fishery. Here agricultural machinery refers to those machinery and equipment used in crop framing, animal husbandry, fishery, primary process of agricultural products, farm transport vehicle and farmland capital construction equipment.

Consumption of Chemical Fertilized in Agriculture refers to the quantity of chemical fertilizers actually applied in the agriculture in the current year, including nitrogenous fertilizer, phosphate fertilizer, potash fertilizer, and compound fertilizer. The consumption of chemical fertilizers is calculated at volume of effective components, which means various chemical fertilizer, such as nitrogen, phosphorus pentoxide, potassium oxide, are accounted by being converted into percentage. Volume of effective components = physical quantity of goods* percentage of effective ingredient of some fertilizers.

Effective Irrigated Area refers to arable land that are effectively irrigated, i.e. relatively level land, where there are water sources or complete sets of irrigation facilities to lift and transport adequate water for irrigation purpose under normal conditions. Generally, effective irrigated area means paddy field and irrigated land with normal irrigation where irrigation project and equipment has been complete.

Sown Area of Crops refers to area of land sown or transplanted with crops regardless of cultivated area or non-cultivated area for agricultural production operator within the calendar year. The crops harvested this year, regardless of this-year or last-year sow, are all considered as area of crops, but it excludes the area of crops sown this year for next-year harvest. Area of transplanted crops is counted through the area of transplantation, which excludes rice field and ridge-bordered plots before transplantation. The area of perennial crops, which can grow continuously many years after planting the root herbs, such as some hemp and Chinese traditional medicine is counted based on new area accumulated that of the previous year. In case of disasters, due crops failed to harvest; thus the area of crops should be counted by the previous area of crops; Addition and revert to plant other crops being harvested within this year is counted by multiple crops' area. The area of crossbred and interplant convert to respective area based on proportion while crops of complete crossbred and synchronous growth to harvest are counted through the equal division of mixed area. The area of multiple cropping and interplant are counted based on times—one calculation per time. Ratoon rice, regeneration sorghum and aftergrowth tobacco cannot be counted into the area of crops because of without sow or transplant.

Grain Output refers to the total output of grains produced by all agricultural producers within the calendar year. According to harvest season, grains include summer-harvest grain, early season rice, and autumn-harvest grain; according to crop variety, grains include cereals, beans and tubers—cereals include gramineous crops, such as wheat, corn, early rice, middle-season rice, single-cropping late rice, double-cropping late rice, barley, sorghum, millet and polygonaceae crops; beans only include potatoes and sweet potatoes while cassava are counted into other crops, and other tubers such as taro is counted into other vegetables; beans include soybeans, green beans, red beans and mixed beans etc.. Grain yield is calculated after raw grain thresh, potato's weight have reduced one fifth compared to the fresh potato; beans is calculated based on dried beans without pod.

Economic crops refer to those crops planted in arable lands or bare places except grains, which include oil, cotton, hemp, sugar, tobacco, Chinese medicine, vegetable, and fruits etc..

Yield of Oil Bearing Crops refers to the total yield of oil bearing crops of various kinds, including peanuts, rapeseeds, sesame, sunflower seeds, flax seeds, and other oil bearing crops. Soybeans, oil bearing woody plants, and wild oil bearing crops are not included. Dried peanuts are counted with shells.

Yield of Tea refers to gross yield of tea in this calendar year, including those picked from tea gardens, scattered tea trees and desolate uncultivated trees. Tea for self-sufficient need or sales are all included. The yield of tea is calculated based on dry semi-finished tea through initial processing. According to different manufacturing methods and quality of products, teas are divided into green tea, blue tea, black tea and so on.

Garden fruits refer to the fruit produced by agricultural production operator in the calendar year planted in the specialized orchard, forest and scattered fruit trees, including apples, pears, citrus, tropical and subtropical fruits and other garden fruits such as peach, grape and red dates etc.. Wild fruits collected are excluded. The yield of fruits is counted by actual collected fresh fruits. Nuts through the process of dehydration and airing, such as dry dates, raisin, dried persimmon and flattened orange, are counted as fresh fruits.

Yield of Fruits refer to timber and vine fruits, several-year herb fruits and melons produced by agricultural production operator in the calendar year, including garden fruits and non-garden fruits(melons); Wild fruits collected are excluded. The yield of fruits is counted by fresh fruits. Nuts through the process of dehydration and airing, such as dry dates, raisin, dried persimmon and flattened orange, are counted as fresh fruits.

Tea Plantations, Orchards Areas refer to tableted tea plantations and richards, including those original, reclaimed and newly planted areas. Although they were desolated when under research, those areas can put back on production with proper reclamation, adjustment and nurture. Despite of tree ages and current-year profits, those areas are included. The area of tea plantation and orchard excludes area of nursery bed cultivating seedling.

Afforestation refers to a process of forming, returning or improving forests, trees and shrubs through artificial measures in suitable land for forest, bare land, open forest land, shrubland and forest land. According to category of afforestation, land of afforestation is divided into afforestation on barren and sand land as well as forest land.

Afforestation on Barren and Sand land refers to a process of forming and returning forests, trees and shrubs through artificial measures in waste hills and unreclaimed lands suitable for afforestation, sand lands suitable for afforestation, bare lands, open forest land and rehabilitated land during the reporting period.

Afforestation on Forest Land refers to a process of improving forests, trees and shrubs through artificial measures in shrubs lands and forest lands, which includes three ways of afforestation—afforesting the canopy base，afforestation by aerial seeding，the project of closing hillsides to facilitate afforestation in forest lands and shrub lands.

Output of Pork, Beef, Mutton refers to amount of fattening animals for sales and self-sufficient, including obsolete farm cattle, meat castle, milk sheep and sheep dead from injury. The amount of pork excludes grilled young pig eaten habitually in some special districts or suckling pig for export.

Output of Poultry and Rabbits refer to the poultry and rabbits raised for slaughter in the statistical period, which excludes young birds and immature rabbit.

Amount of Pig in Stock at Year-end refers to total amount of swine raised at end of the reference period, including the total amount of piglet under 15 kg, fattening pig (feeder pig) and boar.

Fertile Boar refers to boar above 9 months (including 9 months) with fertility.

Total Output of Aquatic Products refers to total meat yield of animals including various livestock, poultry and rabbits. The yield of meat includes carcass with bones and meat without animal offals and head and feet of animals such as pig, cattle, sheep, horse, donkey, mule, camel. The yield of rabbit excludes fur and offals after slaughtering.

Output of Aquatic Products refers to the final output actually yielded from fishing production (fishery and breeding), including all output of marine and freshwater fish, crustacea（shrimps, crabs），mollusc，cephalopod, seaweed and other fishery products; but it excludes the intermediate output in the process of fishery, such as fry, fingerling, parent fish, pond-turning fish, pond-despositing fish and products for personal use as bait. Aquatic products putrid before landing cannot be eaten or processed to make other aquatic products,which are not counted in the yield of aquatic products.

国内外贸易及旅游

Domestic Trade, Foreign Trade and Tourism

社会消费品零售总额（亿元）

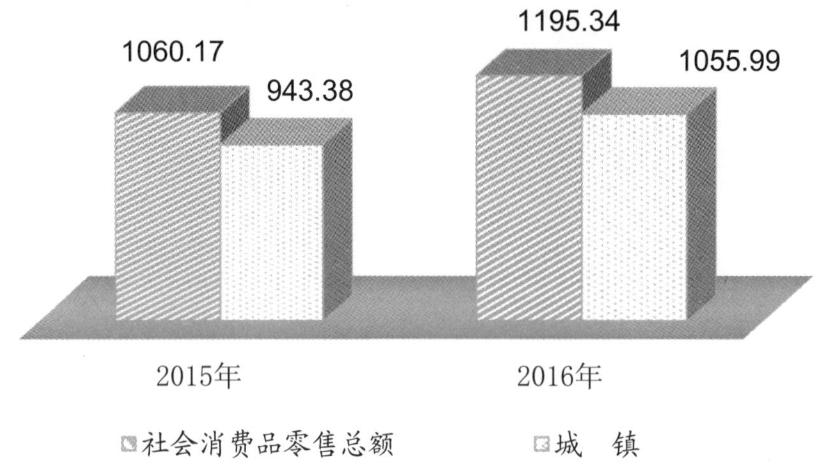

社会消费品零售总额构成（%）

进出口总额（万美元）

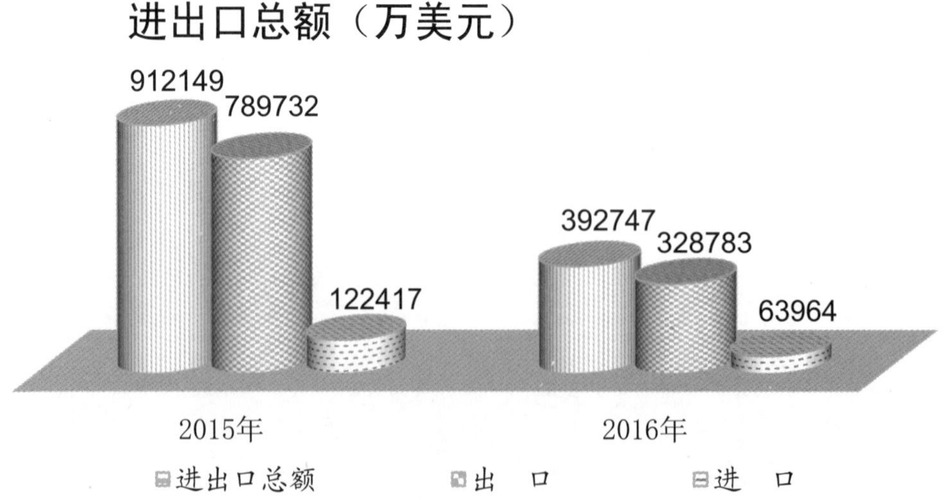

10-1 社会消费品零售总额
Total Retail Sales of Consumer Goods

单位：万元 (10 000 yuan)

指　　标	Item	2016	2015	2016年比2015年增长(%) Growth Rate in2016 over 2015(%)
总　计	**Total**	**11953393**	**10601690**	**12.7**
按销售单位所在地分	**Grouped by Area**			
城　镇	Towns and Cities	10559908	9433780	11.9
#城　区	Urban Areas	10120693	9179429	10.3
乡　村	Rural Areas	1393485	1167910	19.3
按消费形态分	**Grouped by Consumption Patterns**			
餐费收入	Income from Meals	424296	402823	5.3
商品销售额	Sales of Commodities	11529097	10198867	13.0

10-2 住宿和餐饮业经营情况
Statistics on Hotels and Catering Services

单位：万元 (10 000 yuan)

年　份 Year	营业额 Gross Revenue	限额以上企业(单位) Enterprises(units) above Designated Size	限额以下企业及个体户 Enterprises below Designated Size and Individual Operators	商品零售额 Retail Sales	限额以上企业(单位) Enterprises(units) above Designated Size	限额以下企业及个体户 Enterprises below Designated Size and Individual Operators
2010	797286	181508	615778	599559	117181	482378
2011	891366	250012	641354	620390	158480	461910
2012	977828	306834	670994	620920	191518	429402
2013	1048623	321717	726906	586390	191357	395033
2014	1197020	310092	886928	636815	178759	458056
2015	1411891	266666	1145225	745787	150314	595473
2016	1646389	274761	1371628	894944	158063	736881

注：2013年和2014年各项指标数据均为经济普查调整数据。

a) All data of 2013and 2014 are the adjustment data of economic census.

10-3 批发零售贸易业销售总额
Total Sales of Wholesale and Retail Trades

单位：万元 (10 000 yuan)

年　份 Year	销售总额 Total Sales	限额以上企业(单位) Enterprises (units)above Designated Size	限额以下企业及个体户 Enterprises below Designated Size and Individual Operators	批发业销售额 Total Sales of Wholesale Trade	限额以上企业(单位) Enterprises (units)above Designated Size	限额以下企业及个体户 Enterprises below Designated Size and Individual Operators	零售业销售额 Total Sales of Retail Trade	限额以上企业(单位) Enterprises (units)above Designated Size	限额以下企业及个体户 Enterprises below Designated Size and Individual Operators
2010	10289425	7311541	2977884	6214681	4974233	1240448	4074744	2337308	1737436
2011	12679806	8959683	3720123	7505724	5532897	1972827	5174082	3426786	1747296
2012	15204267	12170225	3034042	9111949	8026142	1085807	6092318	4144083	1948235
2013	19417549	15700677	3716872	11988816	10369081	1619735	7428733	5331596	2097137
2014	21429329	18453268	2976061	12864000	12112432	751569	8565329	6340836	2224493
2015	23022404	18439332	4583071	13346441	11910359	1436082	9675962	6528973	3146989
2016	27278050	18198177	9079873	15928146	10942703	4985443	11349904	7255474	4094430

注：2013年和2014年各项指标数据均为经济普查调整数据。

a) All data of 2013 and 2014 are the adjustment data of economic census.

10-4 限额以上批发和零售业企业基本情况(2016年)

指　　标	Item
总　　计	**Total**
批发业	**Wholesale Trade**
按批发行业小类分	**By Sectors**
农、林、牧产品批发	Wholesale of Agricultural,Forestry and Livestock Products
饲料批发	Wholesale of Forage
牲畜批发	Wholesale of Livestocks
食品、饮料及烟草制品批发	Wholesale of Food,Beverages and Tobacco Products
米、面制品及食用油批发	Wholesale of Rice,Flour and Edible Oil
果品、蔬菜批发	Wholesale of Fruits and Vegetables
肉、禽、蛋、奶及水产品批发	Wholesale of Meats,Poultry,Eggs,Milk and Aquatic Products
盐及调味品批发	Wholesale of Salt and Flavouring
酒、饮料及茶叶批发	Wholesale of Liquor,Beverages and Tea
烟草制品批发	Wholesale of Tobacco Products
纺织、服装及家庭用品批发	Wholesale of Texiles,Garments and Household Articles
服装批发	Wholesale of Garments
鞋帽批发	Wholesale of Shoes and Hats
化妆品及卫生用品批发	Wholesale of Cosmetics and Hygienic Products
厨房、卫生间用具及日用杂货批发	Wholesale of Kitchen Utensils,Bathroom Appliances and Daily Groceries
家用电器批发	Wholesale of Household Electrical Appliances
其他家庭用品批发	Wholesale of Other Household Articles
文化、体育用品及器材批发	Wholesale of Culture Articles and Sports Appliances and Equipments
文具用品批发	Wholesale of Stationery
图书批发	Wholesale of Books
其他文化用品批发	Wholesale of Other Culture Articles
医药及医疗器材批发	Wholesale of Medicines and Medical Equipments
西药批发	Wholesale of Western Medicines
中药批发	Wholesale of Traditional Chinese Medicines
矿产品、建材及化工产品批发	Wholesale of Mineral Products,Building Materials and Chemical Products
煤炭及制品批发	Wholesale of Coal and Coal Products
石油及制品批发	Wholesale of Petroleum and Related Products
非金属矿及制品批发	Wholesale of Non-metallic Minerals and Related Products
金属及金属矿批发	Wholesale of Metals and Metalliferous Minerals
建材批发	Wholesale of Building Materials
化肥批发	Wholesale of Chemical Fertilizers
其他化工产品批发	Wholesale of Other Chemical Products
机械设备、五金产品及电子产品批发	Wholesale of Machinery,Hardware and Electronic Products
汽车批发	Wholesale of Automobiles
汽车零配件批发	Wholesale of Automotive Spare and Accessory Parts
摩托车及零配件批发	Wholesale of Motorcycles and Related Spare and Accessory Parts
五金产品批发	Wholesale of Hardware Products
计算机、软件及辅助设备批发	Wholesale of Computers,Softwares and Assistant Appliances
通讯及广播电视设备批发	Wholesale of Communication, Radio and Television Equipments
其他机械设备及电子产品批发	Wholesale of Other Machinery and Electronic Products
其他批发业	Other Wholesales
再生物资回收与批发	Recycling and Wholesale of Renewable Materials
其他未列明批发业	Other Wholesales not Listed Here
按登记注册类型分	**By Status of Registration**
内资企业	Domestic Funded Enterprises
国有企业	State-owned Enterprises
集体企业	Collective-owned Enterprises
股份合作企业	Cooperative Enterprises
有限责任公司	Limited Liability Corporations

Basic Conditions of Enterprises above Designated Size in Wholesale and Retail Trades(2016)

法人企业数(个) Number of Corporations (unit)	年末从业人员(人) Employees at Year-end (person)	年末零售营业面积(平方米) Area of Retail Business at Year-end (sq.m.)
536	**47063**	**1623968**
176	**12578**	**156303**
4	68	526
2	23	270
1	20	
22	2902	11164
2	337	
3	293	
4	358	500
9	382	10264
2	1411	
16	1783	7479
5	737	6624
1	141	150
1	61	
2	194	
7	650	705
7	297	970
3	55	910
1	196	
2	42	60
32	2921	9160
17	1912	5980
13	966	3180
50	2766	111369
6	145	2100
6	1293	105372
2	85	300
19	678	517
5	134	400
4	62	2554
8	369	126
41	1396	9515
9	367	2940
5	286	2000
6	126	2450
2	73	
7	206	800
3	72	
9	266	1325
4	445	6120
1	62	
3	383	6120
173	11790	150073
11	1960	1694
1	4	2000
70	5932	95806

10–4 续表1

指 标	Item
国有独资公司	State Sole Funded Corporations
其他有限责任公司	Other Limited Liability Corporations
股份有限公司	Share-holding Corporations Ltd.
私营企业	Private Enterprises
私营独资企业	Sole Proprietorship
私营有限责任公司	Private Limited Liability Corporations
私营股份有限公司	Private Share-holding Corporations Ltd.
外商投资企业	Enterprises with Foreign Investment
中外合资经营企业	Sino-foreign Equity Joint Ventures
按控股情况分	**By Holdings**
国有控股	State-owned Holding
集体控股	Collective Holding
私人控股	Private Holding
其 他	Others
按经营形式分	**By Management Forms**
独立门店	Independent Stores
连锁总店	Chain Store Headquarters
连锁门店	Chain Stores
其 他	Others
按单位规模分	**By Scale**
大 型	Large
中 型	Middle
小 型	Small
微 型	Minitype
零售业	**Retail Trade**
按零售行业小类分	**By Sector**
综合零售	Integrated Retail
百货零售	Retail of General Merchandise
超级市场零售	Retail of Supermarkets
其他综合零售	Other Integrated Retails
食品、饮料及烟草制品专门零售	Specialist Retail of Food,Beverages and Tobacco Products
粮油零售	Retail of Grain and Oils
肉、禽、蛋、奶及水产品零售	Retail of Meats,Poultry,Eggs,Milk and Aquatic Products
酒、饮料及茶叶零售	Retail of of Liquor,Beverages and Tea
其他食品零售	Retail of Other Food
纺织、服装及日用品专门零售	Specialist Retail of Texiles,Garments and Daily Necessities
纺织品及针织品零售	Retail of Texiles and Knitgoods
服装零售	Retail of Garments
化妆品及卫生用品零售	Retail of Cosmetics and Hygienic Products
钟表、眼镜零售	Retail of Clocks, Watches and Glasses
厨房用具及日用杂品零售	Retail of Kitchen Utensils and Daily Groceries
其他日用品零售	Retail of Other Daily Necessities
文化、体育用品及器材专门零售	Specialist Retail of Culture and Sports Appliances and Equipments
文具用品零售	Retail of Stationery
体育用品及器材零售	Retail of Sports Appliances and Equipments
图书、报刊零售	Retail of Books,Newspapers and Periodicals
工艺美术品及收藏品零售	Retail of Arts and Crafts and Related Collectibles
照相器材零售	Retail of Photographic Apparatus
其他文化用品零售	Retail of Other Culture Articles
医药及医疗器材专门零售	Specialist Retail of Medicines and Medical Devices
药品零售	Retail of Medicines
医疗用品及器材零售	Retail of Medical Supplies and Equipments
汽车、摩托车、燃料及零配件专门零售	Specialist Retail of Automobiles,Motorcycles,Fuels and Spare and Accessory Parts
汽车零售	Retail of Automobiles
汽车零配件零售	Retail of Automotive Spare and Accessory Parts
摩托车及零配件零售	Retail of Motorcycles and Related Spare and Accessory Parts
机动车燃料零售	Retail of Automotive Fuels

(continued)

法人企业数(个) Number of Corporation (unit)	年末从业人员(人) Employees at Year-end (person)	年末零售营业面积(平方米) Area of Retail Business at Year-end (sq.m.)
11	1774	78301
59	4158	17505
7	382	38812
84	3512	11761
81	3444	11761
3	68	
2	210	
2	210	
45	5182	108512
6	278	2000
116	5647	31251
8	893	8310
62	3786	35722
3	48	9200
2	15	17477
109	8729	93904
3	2846	77800
92	8107	25324
74	1609	27227
7	16	25952
360	**34485**	**1467665**
54	10777	666991
26	3340	333817
22	6607	305843
6	830	27331
33	1014	36390
7	285	22280
2	55	3500
20	475	6260
2	13	550
21	2123	31287
1	16	243
12	1162	29397
1	18	140
3	56	558
1	30	160
1	8	100
12	771	35356
1	12	30
1	28	385
6	629	34462
2	31	84
1	52	80
39	5094	78251
26	4742	76641
13	352	1610
143	11214	456568
131	10292	396419
3	59	2508
9	863	57641

10-4 续表2

指　　标	Item
家用电器及电子产品专门零售	Specialist Retail of Household Electrical Appliances and Electronic Products
家用视听设备零售	Retail of Household Audio-Visual Equipments
日用家电设备零售	Retail of Household Electric Appliances
计算机、软件及辅助设备零售	Retail of Computers,Softwares and Assistant Appliances
通信设备零售	Retail of Communication Facilities
其他电子产品零售	Retail of Other Electronic Products
五金、家具及室内装饰材料专门零售	Specialist Retail of Hardware Products,Furniture and Interior Decoration Materials
五金零售	Retail of Hardware Products
家具零售	Retail of Furniture
涂料零售	Retail of Coating
木质装饰材料零售	Retail of Wood-based Materials
陶瓷、石材装饰材料零售	Retail of Ceramic and Stone Decorative Materials
货摊、无店铺及其他零售业	Stalls, Non-shop and Other Retails
互联网零售	Internet Retail
邮购及电视、电话零售	Retail Goods Sold via Mail Order,Television and Telephone
生活用燃料零售	Retail of Residential Fuels
其他未列明零售业	Other Retails Not Listed Here
按登记注册类型分	**By Status of Registration**
内资企业	Domestic Funded Enterprises
国有企业	State-owned Enterprises
集体企业	Collective-owned Enterprises
股份合作企业	Cooperative Enterprises
联营企业	Joint Ownership Enterprises
集体联营企业	Collective Joint Ownership Enterprises
有限责任公司	Limited Liability Corporations
国有独资公司	State Sole Funded Corporations
其他有限责任公司	Other Limited Liability Corporations
股份有限公司	Share-holding Corporations Ltd.
私营企业	Private Enterprises
私营独资企业	Sole Proprietorships
私营有限责任公司	Private Limited Liability Corporations
私营股份有限公司	Private Share-holding Corporations Ltd.
其他企业	Other Enterprises
港、澳、台商投资企业	Enterprises with Funds from Hong Kong,Macao and Taiwan
与港澳台商合资经营企业	Joint-venture Enterprises with Funds from Hong Kong,Macao and Taiwan
港澳台商独资企业	Sole Proprietorships with Funds from Hong Kong,Macao and Taiwan
外商投资企业	Enterprises with Foreign Investment
中外合资经营企业	Chinese-foreign Equity Joint Ventures
外资企业	Enterprises with Foreign Funds
按控股情况分	**By Holding**
国有控股	State-owned Holding
集体控股	Collective-owned Holding
私人控股	Private Holding
港澳台商控股	Hong Kong,Macao and Taiwan Holdings
外商控股	Foreign Holding
其　他	Others
按经营形式分	**By Management Forms**
独立门店	Independent Stores
连锁总店	Chain Store Headquarters
连锁门店	Chain Stores
其　他	Others
按单位规模分	**By Scale**
大　型	Large
中　型	Middle
小　型	Small
微　型	Minitype

(continued)

法人企业数(个) Number of Corporation (unit)	年末从业人员(人) Employees at Year-end (person)	年末零售营业面积(平方米) Area of Retail Business at Year-end (sq.m.)
32	2266	141363
2	39	663
14	1153	136147
8	134	1080
7	609	2773
1	331	700
8	116	14951
4	25	3986
1	26	340
3	65	10625
18	1110	6508
14	382	3660
1	270	
2	408	2648
1	50	200
350	31397	1308935
2	28	1720
2	20	1761
1	185	879
1	16	1500
1	16	1500
171	17959	829047
5	295	15126
166	17664	813921
4	900	80432
169	12289	393596
11	186	4694
157	12095	388302
6	974	72724
5	952	72274
4	2114	86006
1	1086	28545
3	1028	57461
28	3213	163475
5	128	4451
289	22557	896144
5	952	72274
3	1028	57461
30	6607	273860
271	18738	1024800
21	10509	353572
3	864	31281
65	4374	58012
13	11848	481427
162	18948	771251
139	3410	195270
46	279	19717

10–5 限额以上批发和零售业企业商品销售情况(2016年)

单位：万元

指　　标	Item
总　计	**Total**
批发业	**Wholesale Trade**
按批发行业小类分	**By Sector**
农、林、牧产品批发	Wholesale of Agriculture, Forestry and Livestock Products
饲料批发	Wholesale of Forage
牲畜批发	Wholesale of Livestocks
食品、饮料及烟草制品批发	Wholesale of Food,Beverages and Tobacco Products
米、面制品及食用油批发	Wholesale of Rice,Flour Products and Edible Oil
果品、蔬菜批发	Wholesale of Fruits and Vegetables
肉、禽、蛋、奶及水产品批发	Wholesale of Meat,Poultry,Eggs,Milk and Aquatic Products
盐及调味品批发	Wholesale of Salt and Flavouring
酒、饮料及茶叶批发	Wholesale of Liquor,Beverages and Tea
烟草制品批发	Wholesale of Tobacco Products
纺织、服装及家庭用品批发	Wholesale of Texiles,Garments and Household Articles
服装批发	Wholesale of Garments
鞋帽批发	Wholesale of Shoes and Hats
化妆品及卫生用品批发	Wholesale of Cosmetics and Hygienic Products
厨房、卫生间用具及日用杂货批发	Wholesale of Kitchen Utensils,Bathroom Appliances and Daily Groceries
家用电器批发	Wholesale of Household Electrical Appliances
其他家庭用品批发	Wholesale of Other Household Articles
文化、体育用品及器材批发	Wholesale of Culture Articles and Sports Appliances and Equipments
文具用品批发	Wholesale of Stationeries
图书批发	Wholesale of Books
其他文化用品批发	Wholesale of Other Culture Articles
医药及医疗器材批发	Wholesale of Medicines and Medical Equipments
西药批发	Wholesale of Western Medicines
中药批发	Wholesale of Traditional Chinese Medicines
矿产品、建材及化工产品批发	Wholesale of Mineral Products,Building Materials and Chemical Products
煤炭及制品批发	Wholesale of Coal and Coal Products
石油及制品批发	Wholesale of Petroleum and Related Products
非金属矿及制品批发	Wholesale of Non-metallic Minerals and Related Products
金属及金属矿批发	Wholesale of Metals and Metalliferous Minerals
建材批发	Wholesale of Building Materials
化肥批发	Wholesale of Chemical Fertilizers
其他化工产品批发	Wholesale of Other Chemical Products
机械设备、五金产品及电子产品批发	Wholesale of Machinery,Hardware and Electronic Products
汽车批发	Wholesale of Automobiles
汽车零配件批发	Wholesale of Automotive Spare and Accessory Parts
摩托车及零配件批发	Wholesale of Motorcycles and Related Spare and Accessory Parts
五金产品批发	Wholesale of Hardware Products
计算机、软件及辅助设备批发	Wholesale of Computers,Softwares and Assistant Appliances
通讯及广播电视设备批发	Wholesale of Communication,Radio and Television Equipments
其他机械设备及电子产品批发	Wholesale of Other Machinery and Electronic Products
其他批发业	Other Wholesales
再生物资回收与批发	Recycling and Wholesale of Renewable Materials
其他未列明批发业	Other Wholesales Not Listed Here

The Sales of Enterprises above Designated Size in Wholesale and Retail Trades(2016)

(10 000 yuan)

销售合计 Total Sales	批发额 Wholesale Trade	零售额 Retail Trade
18198183	**10845664**	**7352519**
10942709	**10108146**	**834563**
23790	23790	
16381	16381	
4896	4896	
1397269	1381478	15791
47729	47729	
26754	26754	
129872	129389	483
81328	66028	15300
1080542	1080542	
274550	268627	5924
53656	50090	3567
13481	12287	1193
2694	2694	
10390	10253	137
194330	193303	1027
165599	164917	682
10819	10766	53
109418	109418	
8101	7472	629
1362858	1253598	109260
983095	908282	74813
338377	305347	33030
6732091	6059789	672302
219823	218916	907
873083	235930	637154
139806	139806	
3704672	3704672	
311582	311582	
82081	47840	34241
1401043	1401043	
890567	859992	30575
116708	97576	19133
232882	231768	1115
81865	81477	388
33242	33242	
48705	39688	9017
154046	153846	200
223119	222396	724
95986	95956	30
42662	42662	
53324	53294	30

10-5 续表1

单位：万元

指　　标	Item
按登记注册类型分	**By Status of Registration**
内资企业	Domestic-funded Enterprises
国有企业	State-owned Enterprises
集体企业	Collective-owned Enterprises
股份合作企业	Cooperative Enterprises
有限责任公司	Limited Liability Corporations
国有独资公司	State Sole Funded Corporations
其他有限责任公司	Other Limited Liability Corporations
股份有限公司	Share-holding Corporation Ltd.
私营企业	Private Enterprises
私营独资企业	Private Sole Proprietorships
私营有限责任公司	Private Limited Liability Corporations
私营股份有限公司	Private Share-holding Corporation Ltd.
外商投资企业	Enterprises with Foreign Investment
中外合资经营企业	Sino-foreign Equity Joint Ventures
按控股情况分	**By Holding**
国有控股	State-owned Holding
集体控股	Collective-owned Holding
私人控股	Private Holding
其　他	Others
按经营形式分	**By Management Forms**
独立门店	Independent Stores
连锁总店	Chain Store Headquarters
连锁门店	Chain Stores
其　他	Others
按单位规模分	**By Scale**
大　型	Large
中　型	Middle
小　型	Small
微　型	Minitype
零售业	**Retail Trade**
按零售行业小类分	**By Sector**
综合零售	Integrated Retail
百货零售	Retail of General Merchandise
超级市场零售	Retail of Supermarkets
其他综合零售	Other Integrated Retails
食品、饮料及烟草制品专门零售	Specialist Retail of Food,Beverages and Tobacco Products
粮油零售	Retail of Grain and Oils
肉、禽、蛋、奶及水产品零售	Retail of Meat,Poultry,Eggs,Milk and Aquatic Products
酒、饮料及茶叶零售	Retail of of Liquor,Beverages and Tea
其他食品零售	Retail of Other Food
纺织、服装及日用品专门零售	Specialist Retail of Texiles,Garments and Daily Necessities
纺织品及针织品零售	Retail of Texiles and Knitgoods
服装零售	Retail of Garments
化妆品及卫生用品零售	Retail of Cosmetics and Hygienic Products
钟表、眼镜零售	Retail of Clocks,Watches and Glasses
厨房用具及日用杂品零售	Retail of Kitchen Utensils and Daily Groceries
其他日用品零售	Retail of Other Daily Necessities
文化、体育用品及器材专门零售	Specialist Retail of Culture and Sports Appliances and Equipment
文具用品零售	Retail of Stationeries
体育用品及器材零售	Retail of Sports Appliances and Equipments
图书、报刊零售	Retail of Books,Newspapers and Periodicals
工艺美术品及收藏品零售	Retail of Arts and Crafts and Related Collectibles
照相器材零售	Retail of Photographic Apparatus
其他文化用品零售	Retail of Other Culture Articles
医药及医疗器材专门零售	Specialist Retail of Medicines and Medical Devices
药品零售	Retail of Medicines
医疗用品及器材零售	Retail of Medical Supplies and Equipments

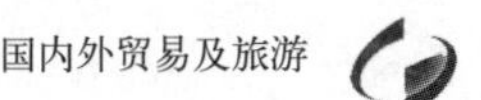

(continued)

(10 000 yuan)

销售合计 Total Sales	批发额 Wholesale Trade	零售额 Retail Trade
10901426	10071271	830156
2082363	2031808	50555
13861	9150	4711
5518198	4794253	723945
1419385	794592	624793
4098814	3999662	99152
1378642	1370832	7810
1908361	1865227	43134
1863479	1820406	43073
44882	44822	61
20835	19547	1288
20835	19547	1288
6197256	5509065	688192
170388	165677	4711
3984047	3846794	137253
570571	569282	1288
1993114	1914444	78670
17628	12917	4711
2206	1516	690
8929762	8179270	750492
1950804	1326489	624315
7931566	7753529	178037
802300	777818	24482
258040	250310	7730
7255474	**737517**	**6517956**
1149847	1283	1148565
607754	1200	606554
470368		470368
71726	83	71643
265163	97565	167599
12270	1811	10459
135314	50951	84363
82709	19887	62822
1356	86	1270
128406	14362	114044
1145	366	779
93369	10585	82784
3702		3702
5012	2707	2306
749		749
807		807
72011	21389	50622
1842	785	1057
2177		2177
56830	12465	44365
3114	864	2251
7286	7275	12
888630	243022	645608
740004	229943	510061
148626	13079	135548

10-5 续表2

单位：万元

指　　标	Item
汽车、摩托车、燃料及零配件专门零售	Specialist Retail of Automobiles,Motorcycles,Fuels and Spare and Accessory Parts
汽车零售	Retail of Automobiles
汽车零配件零售	Retail of Automotive Spare and Accessory Parts
摩托车及零配件零售	Retail of Motorcycles and Related Spare and Accessory Parts
机动车燃料零售	Retail of Automotive Fuels
家用电器及电子产品专门零售	Specialist Retail of Household Electrical Appliances and Electronic Products
家用视听设备零售	Retail of Household Audio-Visual Equipments
日用家电设备零售	Retail of Household Electric Appliances
计算机、软件及辅助设备零售	Retail of Computers,Softwares and Assistant Appliances
通信设备零售	Retail of Communication Facilities
其他电子产品零售	Retail of Other Electronic Products
五金、家具及室内装饰材料专门零售	Specialist Retail of Hardware Products,Furniture and Interior Decoration Materials
五金零售	Retail of Hardware Products
家具零售	Retail of Furniture
涂料零售	Retail of Coating
木质装饰材料零售	Retail of Wood-based Materials
陶瓷、石材装饰材料零售	Retail of Ceramic and Stone Decorative Materials
货摊、无店铺及其他零售业	Stalls, Non-shop and Other Retails
互联网零售	Internet Retail
邮购及电视、电话零售	Retail Goods Sold via Mail Order,Television and Telephone
生活用燃料零售	Retail of Residential Fuels
其他未列明零售业	Other Retails Not Listed Here
按登记注册类型分	**By Status of Registration**
内资企业	Domestic-funded Enterprises
国有企业	State-owned Enterprises
集体企业	Collective-owned Enterprises
股份合作企业	Cooperative Enterprises
联营企业	Joint Ownership Enterprises
集体联营企业	Collective Joint Ownership Enterprises
有限责任公司	Limited Liability Corporations
国有独资公司	State Sole Funded Corporations
其他有限责任公司	Other Limited Liability Corporations
股份有限公司	Share-holding Corporation Ltd.
私营企业	Private Enterprises
私营独资企业	Private Sole Proprietorships
私营有限责任公司	Private Limited Liability Corporations
私营股份有限公司	Private Companies Limited by Shares
其他企业	Other Enterprises
港、澳、台商投资企业	Enterprises with Funds from Hong Kong,Macao and Taiwan
与港澳台商合资经营企业	Joint-venture Enterprises with Funds from Hong Kong,Macao and Taiwan
港澳台商独资企业	Sole Proprietorships with Funds from Hong Kong,Macao and Taiwan
外商投资企业	Enterprises with Foreign Investment
中外合资经营企业	Sino-foreign Equity Joint Ventures
外资企业	Foreign-funded Enterprises
按控股情况分	**By Holding**
国有控股	State-owned Holding
集体控股	Collective Holding
私人控股	Private Holding
港澳台商控股	Hong Kong,Macao and Taiwan Business Holding
外商控股	Foreign Holding
其　他	Others
按经营形式分	**By Management Forms**
独立门店	Independent Stores
连锁总店	Chain Store Headquarters
连锁门店	Chain Stores
其　他	Others
按单位规模分	**By Scale**
大　型	Large
中　型	Middle
小　型	Small
微　型	Minitype

(continued)

(10 000 yuan)

销售合计 Total Sales	批发额 Wholesale Trade	零售额 Retail Trade
3690341	160652	3529689
3104761	127310	2977452
33383	11830	21553
552197	21512	530685
452545	154487	298058
5175		5175
246382	10388	235994
17567	3725	13843
170307	136975	33332
13114	3400	9714
43333	2208	41125
3542		3542
4671		4671
35120	2208	32912
565197	42551	522646
353679	12891	340788
154714		154714
55824	29660	26164
980		980
6849031	706116	6142915
2439		2439
10434	1972	8462
20149		20149
41359		41359
41359		41359
4206547	473161	3733385
16705	9189	7516
4189842	463972	3725870
674058	22712	651346
1894045	208270	1685775
14051	2301	11750
1877808	205969	1671839
229030	31402	197629
227289	29660	197629
177412		177412
80464		80464
96948		96948
1448797	153930	1294867
102138	2676	99462
4316110	505748	3810362
227289	29660	197629
96948		96948
1064192	45503	1018689
4592557	335586	4256970
1075015	23927	1051088
86565	2484	84081
1501337	375520	1125817
1757742	154194	1603548
4262568	367926	3894643
1111529	193399	918130
123634	21999	101635

10–6 限额以上批发和零售业企业主要财务状况(2016年)

单位：万元

指　　标	Item	流动资产合计 Current Assets
总　　计	**Total**	**9090031**
一、批发业	**Wholesale Trade**	**6222769**
按批发行业小类分	**By Sector**	
农、林、牧产品批发	Wholesale of Agriculture,Forestry and Livestock Products	4800
饲料批发	Wholesale of Forage	3718
牲畜批发	Wholesale of Livestocks	424
食品、饮料及烟草制品批发	Wholesale of Food,Beverages and Tobacco Products	541291
米、面制品及食用油批发	Wholesale of Rice,Flour Products and Edible Oil	8535
果品、蔬菜批发	Wholesale of Fruits and Vegetables	
肉、禽、蛋、奶及水产品批发	Wholesale of Meat,Poultry,Eggs,Milk and Aquatic Products	5502
盐及调味品批发	Wholesale of Salt and Flavouring	140628
酒、饮料及茶叶批发	Wholesale of Liquor,Beverages and Tea	22624
烟草制品批发	Wholesale of Tobacco Products	344609
纺织、服装及家庭用品批发	Wholesale of Texiles,Garments and Household Articles	120247
服装批发	Wholesale of Garments	34869
鞋帽批发	Wholesale of Shoes and Hats	2361
化妆品及卫生用品批发	Wholesale of Cosmetics and Hygienic Products	3668
厨房、卫生间用具及日用杂货批发	Wholesale of Kitchen Utensils,Bathroom Appliances and Daily Groceries	5108
家用电器批发	Wholesale of Household Electrical Appliances	74242
其他家庭用品批发	Wholesale of Other Household Articles	
文化、体育用品及器材批发	Wholesale of Culture Articles and Sports Appliances and Equipment	227544
文具用品批发	Wholesale of Stationeries	5427
图书批发	Wholesale of Books	206635
其他文化用品批发	Wholesale of Other Culture Articles	4256
医药及医疗器材批发	Wholesale of Medicines and Medical Equipments	742850
西药批发	Wholesale of Western Medicines	551587
中药批发	Wholesale of Traditional Chinese Medicines	174963
矿产品、建材及化工产品批发	Wholesale of Mineral Products,Building Materials and Chemical Products	4079458
煤炭及制品批发	Wholesale of Coal and Coal Products	130958
石油及制品批发	Wholesale of Petroleum and Related Products	1114351
非金属矿及制品批发	Wholesale of Non-metallic Minerals and Related Products	10770
金属及金属矿批发	Wholesale of Metals and Metalliferous Minerals	1230515
建材批发	Wholesale of Building Materials	945481
化肥批发	Wholesale of Chemical Fertilizers	17419
其他化工产品批发	Wholesale of Other Chemical Products	629965
机械设备、五金产品及电子产品批发	Wholesale of Machinery,Hardware and Electronic Products	477914
汽车批发	Wholesale of Automobiles	71802
汽车零配件批发	Wholesale of Automotive Spare and Accessory Parts	169051
摩托车及零配件批发	Wholesale of Motorcycles and Related Spare and Accessory Parts	36834
五金产品批发	Wholesale of Hardware Products	22238
电气设备批发	Wholesale of Electrical Equipments	
计算机、软件及辅助设备批发	Wholesale of Computers,Softwares and Assistant Appliances	27409
通讯及广播电视设备批发	Wholesale of Communication, Radio and Television Equipments	74897
其他机械设备及电子产品批发	Wholesale of Other Machinery and Electronic Products	75683
其他批发业	Other Wholesales	28665
再生物资回收与批发	Recycling and Wholesale of Renewable Materials	15728
其他未列明批发业	Other Wholesales not Listed Here	12937
按登记注册类型分	**By Status of Registration**	
内资企业	Domestic Funded Enterprises	6203716
国有企业	State-owned Enterprises	610166
集体企业	Collective-owned Enterprises	1878
股份合作企业	Cooperative Enterprises	

Main Financial Indicators of Enterprises above Designated Size in Wholesale and Retail Trades(2016)

(10 000 yuan)

#存 货 Inventory	固定资产合计 Total Fixed Assets	固定资产原价 Original Value of Fixed Assets	本年折旧 Depreciation in This Year	资产总计 Total Assets	负债合计 Total Liabilities	所有者权益 Owners Equities
947590	**501063**	**756266**	**46781**	**11762636**	**9455974**	**2306663**
462971	**190530**	**301751**	**19286**	**7709832**	**6110374**	**1599458**
766	1029	1071	16	7049	5147	1902
443	8	39	8	3725	2431	1294
	780	780		2055	1684	370
97501	56410	101268	8378	676657	309532	367125
3938	64	405	25	8599	6613	1986
1295	200	485	55	5703	4411	1291
1887	19982	32783	1866	230310	170801	59508
7893	2164	4881	2336	25568	26891	-1323
78794	33918	62566	4064	387004	93132	293872
39204	816	2188	335	130033	113489	16544
11824	251	607	77	43359	33720	9638
1408	112	410	85	2557	1559	998
2989		50	2	3682	3638	43
3113	294	521	43	6007	5152	854
19870	160	602	129	74429	69418	5011
12178	4267	8967	373	261465	205571	55894
1305	294	622	50	6470	5289	1181
6593	3895	8253	323	237524	184194	53330
1624	78	92		6245	4892	1353
106603	41749	53831	2781	895510	680063	215448
85438	29137	39645	2145	682770	507619	175151
18201	12370	13742	573	195804	158185	37619
140557	76142	117023	6365	5146833	4311742	835091
2454	2379	3029	253	141238	118386	22852
39448	55675	85317	4430	1224013	1075303	148710
817	58	259	45	13412	7448	5965
41513	5552	12396	722	1528661	1180538	348123
4198	334	605	101	1557173	1331415	225758
7243	1059	1124	59	23647	13885	9762
44884	11085	14293	754	658691	584769	73922
59178	7801	14339	903	543195	452984	90211
11730	5102	6701	434	122646	96180	26466
6372	337	779	83	177082	149793	27289
9346	419	1117	129	38141	31992	6149
1749	967	2501	81	23942	17158	6784
2135	201	494	65	28394	21883	6511
6001	60	94	7	75147	73628	1518
21845	715	2653	103	77844	62350	15494
6985	2317	3063	136	49089	31847	17243
1532	616	1114	55	29211	26747	2464
5453	1702	1950	81	19878	5100	14779
453948	188571	297461	16990	7680551	6077663	1602888
77647	39812	70188	4257	787288	423808	363481
163	263	282		2140	1751	389

10-6 续表1

单位：万元

指　　标	Item	流动资产合计 Current Assets
有限责任公司	Limited Liability Corporations	4258067
国有独资公司	State Sole Funded Corporations	1690720
其他有限责任公司	Other Limited Liability Corporations	2567347
股份有限公司	Share-holding Corporations Ltd.	717257
私营企业	Private Enterprises	616350
私营独资企业	Private-funded Corporations	
私营有限责任公司	Private Limited Liability Corporations	599170
私营股份有限公司	Private Share-holding Corporations Ltd.	17180
外商投资企业	Enterprises with Foreign Investment	4414
中外合资经营企业	Sino-foreign Equity Joint Venture	4414
按控股情况分	**By Holding**	
国有控股	State-owned Holding	4584952
集体控股	Collective-owned Holding	46247
私人控股	Private Holding	1261019
其　他	Others	315912
按经营形式分	**By Management Forms**	
独立门店	Independent Stores	599085
连锁总店	Chain Store Headquarters	17346
连锁门店	Chain Stores	1618
其　他	Others	5604720
按单位规模分	**By Scale**	
大　型	Large	1472726
中　型	Middle	4258865
小　型	Small	403668
微　型	Minitape	87510
零售业	**Retail Trade**	**2867262**
按零售行业小类分	**By Sector**	
综合零售	Integrated Retail	374272
百货零售	Retail of General Merchandise	266451
超级市场零售	Retail of Supermarkets	84619
其他综合零售	Other Integrated Retails	23203
食品、饮料及烟草制品专门零售	Specialist Retail of Food,Beverages and Tobacco Products	87838
粮油零售	Retail of Grain and Oils	9490
肉、禽、蛋、奶及水产品零售	Retail of Meat,Poultry,Eggs,Milk and Aquatic Products	583
酒、饮料及茶叶零售	Retail of of Liquor,Beverages and Tea	71979
其他食品零售	Retail of Other Food	274
纺织、服装及日用品专门零售	Specialist Retail of Texiles,Garments and Daily Necessities	54747
纺织品及针织品零售	Retail of Texiles and Knitgoods	127
服装零售	Retail of Garments	38753
化妆品及卫生用品零售	Retail of Cosmetics and Hygienic Products	803
钟表、眼镜零售	Retail of Clocks,Watches and Glasses	1899
厨房用具及日用杂品零售	Retail of Kitchen Utensils and Daily Groceries	346
其他日用品零售	Retail of Other Daily Necessities	1640
文化、体育用品及器材专门零售	Specialist Retail of Culture and Sports Appliances and Equipment	57960
文具用品零售	Retail of Stationeries	594
体育用品及器材零售	Retail of Sports Appliances and Equipments	1245
图书、报刊零售	Retail of Books,Newspapers and Periodicals	50760
工艺美术品及收藏品零售	Retail of Arts and Crafts and Related Collectibles	
照相器材零售	Retail of Photographic Apparatus	3015
其他文化用品零售	Retail of Other Culture Articles	406
医药及医疗器材专门零售	Specialist Retail of Medicines and Medical Devices	539703
药品零售	Retail of Medicines	368200
医疗用品及器材零售	Retail of Medical Supplies and Equipments	171503
汽车、摩托车、燃料及零配件专门零售	Specialist Retail of Automobiles,Motorcycles,Fuels and Spare and Accesso	1311225
汽车零售	Retail of Automobiles	1276783
汽车零配件零售	Retail of Automotive Spare and Accessory Parts	22267
摩托车及零配件零售	Retail of Motorcycles and Related Spare and Accessory Parts	
机动车燃料零售	Retail of Automotive Fuels	12176

(continued)

(10 000 yuan)

#存 货 Inventory	固定资产合计 Total Fixed Assets	固定资产原价 Original Value of Fixed Assets	本年折旧 Depreciation in This Year	资产总计 Total Assets	负债合计 Total Liabilities	所有者权益 Owners Equities
201691	119609	183758	9499	5365136	4423664	941471
58050	78960	123879	6117	2070576	1637420	433156
143641	40650	59879	3382	3294560	2786244	508315
49041	17822	22907	1130	838782	697131	141650
125407	11065	20326	2104	687206	531308	155897
118004	10874	19953	2074	669419	521570	147849
7402	191	373	30	17786	9738	8048
1893	1887	4228	2274	6343	17323	-10980
1893	1887	4228	2274	6343	17323	-10980
208805	137552	226186	12370	5836132	4619395	1216736
12436	519	758	54	49516	39438	10079
197993	21826	33786	2915	1360517	1104857	255659
36606	30561	40959	3926	440730	331296	109434
102463	31812	46063	4482	732772	577509	155263
1046	274	302	8	17620	11384	6236
1401	7	88	81	1650	1541	109
358062	158437	255298	14715	6957790	5519940	1437851
116419	93095	146268	8087	1621153	1213846	407307
285566	85638	137450	9846	5566622	4470869	1095752
57870	11535	17749	1354	434255	337320	96935
3117	263	284		87803	88339	-536
484619	**310534**	**454514**	**27495**	**4052804**	**3345600**	**707205**
63894	91121	140137	6947	599673	443850	155823
16473	70977	107175	4100	447531	322894	124636
44736	16081	27527	2641	123535	95844	27691
2685	4062	5435	206	28608	25112	3496
16888	11799	15663	641	117930	67431	50499
6601	3417	4833	108	13825	12827	998
158	2384	3012	169	3886	1592	2294
9528	5744	7569	356	94164	49229	44935
0	36	20		310	8	302
30934	14014	19247	1051	73083	57615	15468
2	3	5	1	130	5	124
18701	13529	18360	780	56528	41220	15308
769	19	71	3	873	723	150
1025	40	54	5	1939	1191	748
170	17	79	12	386	200	186
144				1640	1519	121
13855	1421	2643	221	61294	50616	10679
67		22	2	594	114	480
735	23	101	4	1268	1097	171
10078	1388	2484	212	53873	44742	9131
1363	3	23	1	3042	2725	318
371	7	11	2	578	77	501
58312	22488	33232	2843	603564	481523	122041
44275	16458	24134	1410	422116	339439	82677
14038	6029	9099	1434	181448	142084	39364
252044	157691	221174	13800	1698041	1456259	241782
244686	130324	178280	11122	1634410	1425241	209169
2743	765	1230	143	23270	22841	429
4616	26603	41664	2535	40361	8177	32184

10-6 续表2

单位：万元

指　　标	Item	流动资产合计 Current Assets
家用电器及电子产品专门零售	Specialist Retail of Household Electrical Appliances and Electronic Products	113061
家用视听设备零售	Retail of Household Audio-Visual Equipments	1991
日用家电设备零售	Retail of Household Electrical Appliances	80353
计算机、软件及辅助设备零售	Retail of Computers,Softwares and Assistant Appliances	8178
通信设备零售	Retail of Communication Facilities	17838
其他电子产品零售	Retail of Other Electronic Products	4701
五金、家具及室内装饰材料专门零售	Specialist Retail of Hardware Products,Furniture and Interior Decoration Materials	3413
五金零售	Retail of Hardware Products	
家具零售	Retail of Furniture	187
涂料零售	Retail of Coating	
木质装饰材料零售	Retail of Wood-based Materials	1357
陶瓷、石材装饰材料零售	Retail of Ceramic and Stone Decorative Materials	1869
货摊、无店铺及其他零售业	Stalls,Non-shop and Other Retails	325043
互联网零售	Internet Retail	234566
邮购及电视、电话零售	Retail Goods Sold via Mail Order,Television and Telephone	78008
生活用燃料零售	Retail of Residential Fuels	12015
其他未列明零售业	Other Retails Not Listed Here	455
按登记注册类型分	**By Status of Registration**	
内资企业	Domestic-funded Enterprises	2631101
国有企业	State-owned Enterprises	551
集体企业	Collective-owned Enterprises	20238
股份合作企业	Cooperative Enterprises	5052
联营企业	Joint Ownership Enterprises	5832
集体联营企业	Collective Joint Ownership Enterprises	5832
有限责任公司	Limited Liability Corporations	1529507
国有独资公司	State Sole Funded Corporations	25881
其他有限责任公司	Other Limited Liability Corporations	1503627
股份有限公司	Share-holding Corporation Ltd.	111800
私营企业	Private Enterprises	958121
私营独资企业	Private Sole Proprietorships	1701
私营有限责任公司	Private Limited Liability Corporations	956009
私营股份有限公司	Private Companies Limited by Shares	
其他企业	Other Enterprises	
港、澳、台商投资企业	Enterprises with Funds from Hong Kong, Macao and Taiwan	138089
与港澳台商合资经营企业	Joint-venture Enterprises with Funds from Hong Kong,Macao and Taiwan	136228
港澳台商独资企业	Sole Proprietorships with Funds from Hong Kong,Macao and Taiwan	
外商投资企业	Enterprises with Foreign Investment	98073
中外合资经营企业	Joint-venture Enterprises	70000
外资企业	Foreign-funded Enterprises	28073
按控股情况分	**By Holding**	
国有控股	State-owned Holding	442207
集体控股	Collective-owned Holding	80462
私人控股	Private Holding	1830467
港澳台商控股	Hong Kong,Macao and Taiwan Holdings	136228
外商控股	Foreign Holding	28073
其　他	Others	349824
按经营形式分	**By Management Forms**	
独立门店	Independent Stores	1788915
连锁总店	Chain Store Headquarters	206059
连锁门店	Chain Stores	45972
其　他	Others	826316
按单位规模分	**By Scale**	
大　型	Large	400928
中　型	Middle	1842261
小　型	Small	570956
微　型	Minitype	53117

(10 000 yuan)

#存 货 Inventory	固定资产合计 Total Fixed Assets	固定资产原价 Original Value of Fixed Assets	本年折旧 Depreciation in This Year	资产总计 Total Assets	负债合计 Total Liabilities	所有者权益 Owners Equities
17065	4760	6239	415	121795	77264	44531
647	28	176	13	2028	1598	430
8010	2491	3027	191	84466	53716	30750
1474	1279	1403	10	9518	5396	4122
6626	869	1533	199	20900	13184	7716
308	93	100	2	4884	3371	1513
1780	909	1020	21	4789	1913	2876
64	314	315		852	16	835
840	217	297	8	1574	1047	527
877	377	408	12	2363	849	1513
29847	6332	15160	1557	772635	709129	63506
24023	743	650	66	652664	628635	24029
3670	2475	8369	1356	99427	74830	24598
2154	2675	5286	130	19238	5146	14093
	440	856	5	1305	519	786
463435	276540	396445	25243	3711391	3122936	588456
46	215	317	6	790	691	99
766	81	177	6	20416	1391	19025
1174	1263	2113	188	12424	6485	5939
49	3375	3850	40	10487	5372	5115
49	3375	3850	40	10487	5372	5115
273702	147629	212185	13691	2270086	1928967	341118
13019	10387	12450	559	38514	33686	4828
260683	137242	199735	13132	2231572	1895282	336290
6577	17253	31126	2003	129056	93770	35286
181121	106726	146677	9308	1268133	1086260	181873
474	48	154	53	1868	1394	474
180615	106442	146210	9240	1265536	1084661	180875
6537	17900	31859	878	197462	116635	80827
5243	17397	31330	870	195087	116474	78613
14647	16094	26210	1374	143952	106029	37922
6435	657	2990	340	96409	72285	24125
8212	15437	23220	1034	47542	33745	13798
82354	59625	94374	5362	941879	816634	125245
1503	4922	6250	120	87696	62860	24836
304803	189390	257987	16111	2338918	1951879	387039
5243	17397	31330	870	195087	116474	78613
8212	15437	23220	1034	47542	33745	13798
82504	23762	41354	3999	441682	364007	77675
317700	249732	349546	17753	2395464	1943098	452366
71015	36288	61166	4541	293068	216622	76446
8937	4115	6584	737	55571	25784	29787
86967	20398	37220	4464	1308702	1160096	148606
81242	78079	120820	7134	568325	420785	147540
286370	176888	263232	17499	2345095	1934634	410461
108104	46415	60578	2716	1074110	935840	138270
8904	9152	9884	145	65275	54341	10934

10-6 续表3

单位：万元

指　　标	Item	主营业务收入 Revenue from Principal Business
总　　计	**Total**	**15913279**
一、批发业	**Wholesale Trade**	**9549670**
按批发行业小类分	**By Sector**	
农、林、牧产品批发	Wholesale of Agriculture,Forestry and Livestock Products	21876
饲料批发	Wholesale of Forage	14734
牲畜批发	Wholesale of Livestocks	4752
食品、饮料及烟草制品批发	Wholesale of Food,Beverages and Tobacco Products	1226949
米、面制品及食用油批发	Wholesale of Rice,Flour Products and Edible Oil	42228
果品、蔬菜批发	Wholesale of Fruits and Vegetables	
肉、禽、蛋、奶及水产品批发	Wholesale of Meat,Poultry,Eggs,Milk and Aquatic Products	22706
盐及调味品批发	Wholesale of Salt and Flavouring	113980
酒、饮料及茶叶批发	Wholesale of Liquor,Beverages and Tea	72952
烟草制品批发	Wholesale of Tobacco Products	947903
纺织、服装及家庭用品批发	Wholesale of Texiles,Garments and Household Articles	234847
服装批发	Wholesale of Garments	45860
鞋帽批发	Wholesale of Shoes and Hats	11522
化妆品及卫生用品批发	Wholesale of Cosmetics and Hygienic Products	2303
厨房、卫生间用具及日用杂货批发	Wholesale of Kitchen Utensils,Bathroom Appliances and Daily Groceries	8881
家用电器批发	Wholesale of Household Electrical Appliances	166282
其他家庭用品批发	Wholesale of Other Household Articles	
文化、体育用品及器材批发	Wholesale of Culture Articles and Sports Appliances and Equipment	157436
文具用品批发	Wholesale of Stationeries	9247
图书批发	Wholesale of Books	109418
其他文化用品批发	Wholesale of Other Culture Articles	6924
医药及医疗器材批发	Wholesale of Medicines and Medical Equipment	1161279
西药批发	Wholesale of Western Medicines	825608
中药批发	Wholesale of Traditional Chinese Medicines	300296
矿产品、建材及化工产品批发	Wholesale of Mineral Products,Building Materials and Chemical Products	5862742
煤炭及制品批发	Wholesale of Coal and Coal Products	219018
石油及制品批发	Wholesale of Petroleum and Related Products	708569
非金属矿及制品批发	Wholesale of Non-metallic Minerals and Related Products	119694
金属及金属矿批发	Wholesale of Metals and Metalliferous Minerals	3208343
建材批发	Wholesale of Building Materials	289012
化肥批发	Wholesale of Chemical Fertilizers	76488
其他化工产品批发	Wholesale of Other Chemical Products	1241618
机械设备、五金产品及电子产品批发	Wholesale of Machinery,Hardware and Electronic Products	795184
汽车批发	Wholesale of Automobiles	103927
汽车零配件批发	Wholesale of Automotive Spare and Accessory Parts	198584
摩托车及零配件批发	Wholesale of Motorcycles and Related Spare and Accessory Parts	72865
五金产品批发	Wholesale of Hardware Products	28412
电气设备批发	Wholesale of Electric Equipments	
计算机、软件及辅助设备批发	Wholesale of Computers,Softwares and Assistant Appliances	41629
通讯及广播电视设备批发	Wholesale of Communication,Radio and Television Equipment	131663
其他机械设备及电子产品批发	Wholesale of Other Machinery and Electronic Products	218105
其他批发业	Other Wholesales	89356
再生物资回收与批发	Recycling and Wholesale of Renewable Materials	36464
其他未列明批发业	Other Wholesales Not Listed Here	52893
按登记注册类型分	**By Status of Registration**	
内资企业	Domestic-funded Enterprises	9513575
国有企业	State-owned Enterprises	1821580
集体企业	Collective-owned Enterprises	12480
股份合作企业	Cooperative Enterprises	

(continued)

(10 000 yuan)

主营业务成本 Cost of Principal Business	主营业务税金及附加 Tax and Extra Charges on Principal Business	营业利润 Operating Profits	利润总额 Total Profits	应交所得税 Income Tax Payable	本年应交增值税 VAT Payable
14626716	**146269**	**263452**	**314152**	**71818**	**201520**
8885858	**125448**	**125391**	**164711**	**39848**	**83004**
21053	24	210	202	29	90
14390	6	28	29	5	88
4683	1	-62	-62		
914031	109011	106759	111135	27925	47226
36841	34	1017	1016	257	572
19567	64	-110	-58	74	203
92243	596	5596	5481	565	1886
64199	153	-1217	-1161	510	-68
677023	108113	101579	105955	26511	44247
211905	422	2686	2714	654	2331
39235	90	977	1006	37	720
9970	18	150	150	58	147
1706	2	1	1	0	21
7538	25	-214	-212	14	201
153456	288	1773	1769	545	1242
141152	26	5928	5926	12	138
8709	15	-28	-30	4	78
94025		5979	5988		
6643	9	-73	-32	7	60
1026055	1760	70876	72680	4953	9632
723577	1242	62561	64431	3763	5230
269040	497	7743	7657	1041	3142
5741021	13372	-66480	-33664	4280	19075
210321	244	-6131	-5973	287	1010
710823	829	-31067	-31496	572	7013
117649	308	961	961	255	2031
3169635	910	-27300	228	2310	5746
261653	496	-2368	-359	204	1803
75498	1449	-2255	317	13	-685
1195443	9136	1681	2657	639	2156
753080	592	2491	2755	948	3701
98475	158	-1889	-1948	6	578
183555	46	1515	1517	46	409
69472	72	1038	1099	345	535
25389	87	273	189	79	918
38631	78	984	1051	255	749
128052	43	493	200	25	227
209506	107	77	646	191	285
77562	241	2921	2964	1049	812
34223	80	-311	-287	88	49
43338	161	3232	3250	961	764
8857354	125352	127660	166955	39791	82417
1553898	108485	60833	91912	24099	45536
12076	1381	-1139	51	13	180

10-6 续表4

单位：万元

指 标	Item
有限责任公司	Limited Liability Corporations
国有独资公司	State Sole Funded Corporations
其他有限责任公司	Other Limited Liability Corporations
股份有限公司	Share-holding Corporation Ltd.
私营企业	Private Enterprises
私营独资企业	Private Sole Proprietorships
私营有限责任公司	Private Limited Liability Corporations
私营股份有限公司	Private Share-holding Corporation Ltd.
外商投资企业	Enterprises with Foreign Investment
中外合资经营企业	Sino-foreign Equity Joint Ventures
按控股情况分	**By Holdings**
国有控股	State-owned Hollding
集体控股	Collective-owned Holding
私人控股	Private Holding
其 他	Others
按经营形式分	**By Management Forms**
独立门店	Independent Stores
连锁总店	Chain Store Headquarters
连锁门店	Chain Stores
其 他	Others
按单位规模分	**By Scale**
大 型	Large
中 型	Middle
小 型	Small
微 型	Minitype
零售业	**Retail Trade**
按零售行业小类分	**By Sector**
综合零售	Integrated Retail
百货零售	Retail of General Merchandise
超级市场零售	Retail of Supermarkets
其他综合零售	Other Integrated Retails
食品、饮料及烟草制品专门零售	Specialist Retail of Food,Beverages and Tobacco Products
粮油零售	Retail of Grain and Oils
肉、禽、蛋、奶及水产品零售	Retail of Meats, Poultry,Eggs,Milk and Aquatic Products
酒、饮料及茶叶零售	Retail of of Liquor,Beverages and Tea
其他食品零售	Retail of Other Food
纺织、服装及日用品专门零售	Specialist Retail of Texiles,Garments and Daily Necessities
纺织品及针织品零售	Retail of Texiles and Knitgoods
服装零售	Retail of Garments
化妆品及卫生用品零售	Retail of Cosmetics and Hygienic Products
钟表、眼镜零售	Retail of Clocks, Watches and Glasses
厨房用具及日用杂品零售	Retail of Kitchen Utensils and Daily Groceries
其他日用品零售	Retail of Other Daily Necessities
文化、体育用品及器材专门零售	Specialist Retail of Culture and Sports Appliances and Equipments
文具用品零售	Retail of Stationeries
体育用品及器材零售	Retail of Sports Appliances and Equipments
图书、报刊零售	Retail of Books,Newspapers and Periodicals
工艺美术品及收藏品零售	Retail of Arts and Crafts and Related Collectibles
照相器材零售	Retail of Photographic Apparatus
其他文化用品零售	Retail of Other Culture Articles
医药及医疗器材专门零售	Specialist Retail of Medicines and Medical Devices
药品零售	Retail of Medicines
医疗用品及器材零售	Retail of Medical Supplies and Equipments
汽车、摩托车、燃料及零配件专门零售	Specialist Retail of Automobiles,Motorcycles,Fuels and Spare and Accessory Parts
汽车零售	Retail of Automobiles
汽车零配件零售	Retail of Automotive Spare and Accessory Parts
摩托车及零配件零售	Retail of Motorcycles and Related Spare and Accessory Parts
机动车燃料零售	Retail of Automotive Fuels

(continued)

(10 000 yuan)

主营业务收入 Revenue from Principal Business	主营业务成本 Cost of Principal Business	主营业务税金及附加 Tax and Extra Charges on Principal Business	营业利润 Operating Profits	利润总额 Total Profits	应交所得税 Income Tax Payable	本年应交增值税 VAT Payable
4804497	4535427	4842	59594	64151	11040	24337
1219348	1174653	1796	-17647	-15058	5566	10072
3585149	3360774	3047	77241	79209	5475	14266
1227419	1173559	9509	-586	1784	2178	4549
1647599	1582395	1135	8957	9057	2461	7816
1604018	1542134	1128	8355	8427	2354	7995
43582	40261	7	602	630	107	-179
18618	15704	35	-3063	-3063	57	60
18618	15704	35	-3063	-3063	57	60
5464121	5022661	120529	49634	84750	31894	64993
161674	155196	1532	-2000	293	111	-371
3432658	3253866	2359	70284	70293	5351	12210
473741	441335	967	6679	8556	2492	5646
1739476	1660366	1803	11286	11997	3173	7731
16247	14924	1389	-1104	96	22	336
2073	2058		7		5	
7791874	7208511	122256	115203	152618	36649	74938
1631827	1373766	108889	61196	65112	24422	50378
6955568	6587790	14161	61387	93187	13955	28121
724661	689982	921	3849	6338	1451	4089
237615	234320	1477	-1041	74	20	417
6363609	**5740859**	**20821**	**138060**	**149441**	**31970**	**118516**
973643	812617	6244	44853	46484	7400	19658
512598	427953	4709	30458	30743	5794	12883
404548	338148	1370	13242	14398	1583	6196
56497	46516	165	1153	1343	23	579
232084	213653	1203	3157	5133	1080	8995
13859	12755	16	-826	218	14	59
115811	115420	10	-76	28	7	-93
71434	57044	1058	4212	4446	1006	1184
1226	767	99	295	228		5
110653	87473	452	812	791	646	12671
1145	970	4	12	12	1	32
80222	63256	295	1777	1767	639	1268
3164	2900	3	19	19	2	7
4284	3762	28	87	72	1	69
640	452	5	-155	-153		36
807	725	1	9	10	1	8
69861	58638	96	1259	1799	177	1883
1574	1454	2	10	10	1	19
1861	1630	6	30	30	8	49
56883	47228	42	1078	1618	135	607
2662	2481	3	3	4		138
6228	5408	6	134	134	34	1059
759020	663778	2031	24436	24620	5162	14648
631965	559243	1529	17607	17785	3363	12148
127055	104535	502	6829	6836	1798	2500
3298607	3094963	5202	33552	38625	10614	46216
2808513	2633599	4751	20253	24813	6457	42413
29638	29266	23	-987	-497	9	25
460456	432098	428	14285	14309	4149	3778

10-6 续表5

单位：万元

指 标	Item	主营业务收入 Revenue from Principal Business
家用电器及电子产品专门零售	Specialist Retail of Household Electrical Appliances and Electronic Products	393797
家用视听设备零售	Retail of Household Audio-Visual Equipments	4476
日用家电设备零售	Retail of Household Electric Appliances	209482
计算机、软件及辅助设备零售	Retail of Computers,Softwares and Assistant Appliances	15089
通信设备零售	Retail of Communication Facilities	153145
其他电子产品零售	Retail of Other Electronic Products	11605
五金、家具及室内装饰材料专门零售	Specialist Retail of Hardware Products,Furniture and Interior Decoration Materials	37602
五金零售	Retail of Hardware Products	
家具零售	Retail of Furniture	3112
涂料零售	Retail of Coating	
木质装饰材料零售	Retail of Wood-based Materials	3993
陶瓷、石材装饰材料零售	Retail of Ceramic and Stone Decorative Materials	30498
货摊、无店铺及其他零售业	Stalls, Non-shop and Other Retails	488343
互联网零售	Internet Retail	306668
邮购及电视、电话零售	Retail Good Sold via Mail Order,Television and Telephone	132282
生活用燃料零售	Retail of Residential Fuels	48497
其他未列明零售业	Other Retails Not Listed Here	897
按登记注册类型分	**By Status of Registration**	
内资企业	Domestic-funded Enterprises	6013164
国有企业	State-owned Enterprises	2367
集体企业	Collective-owned Enterprises	8918
股份合作企业	Cooperative Enterprises	17258
联营企业	Joint Ownership Enterprises	30886
集体联营企业	Collective Joint Ownership Enterprises	30886
有限责任公司	Limited Liability Corporations	3733303
国有独资公司	State Sole Funded Corporations	15226
其他有限责任公司	Other Limited Liability Corporations	3718078
股份有限公司	Companies Limited by Shares	554713
私营企业	Private Enterprises	1665719
私营独资企业	Private Sole Proprietorships	13277
私营有限责任公司	Private Limited Liability Corporations	1650573
私营股份有限公司	Private Companies Limited by Shares	
其他企业	Other Enterprises	
港、澳、台商投资企业	Enterprises with Funds from Hong Kong, Macao and Taiwan	196661
与港澳台商合资经营企业	Joint-venture Enterprises with Funds from Hong Kong,Macao and Taiwan	195003
港澳台商独资企业	Sole Proprietorships with Funds from Hong Kong,Macao and Taiwan	
外商投资企业	Enterprises with Foreign Investment	153785
中外合资经营企业	Joint-venture Enterprises	68742
外资企业	Foreign-funded Enterprises	85043
按控股情况分	**By Holding**	
国有控股	State-owned Holding	1228571
集体控股	Collective-owned Holding	89843
私人控股	Private Holding	3819642
港澳台商控股	Hong Kong,Macao and Taiwan Holdings	195003
外商控股	Foreign Holding	85043
其 他	Others	945508
按经营形式分	**By Management Forms**	
独立门店	Independent Stores	4076451
连锁总店	Chain Store Headquarters	903380
连锁门店	Chain Stores	76091
其 他	Others	1307688
按单位规模分	**By Scale**	
大 型	Large	1483775
中 型	Middle	3788289
小 型	Small	980538
微 型	Minitype	111007

(continued)

(10 000 yuan)

主营业务成本 Cost of Principal Business	主营业务税金及附加 Tax and Extra Charges on Principal Business	营业利润 Operating Profits	利润总额 Total Profits	应交所得税 Income Tax Payable	本年应交增值税 VAT Payable
346948	2335	4967	4325	872	4167
3790	47	79	78	20	388
178789	1990	1202	1028	131	2552
13610	63	178	171	28	340
141582	177	2157	1615	322	804
9178	59	1352	1433	371	83
31698	1119	3178	3181	77	193
2665	37	290	292	54	26
2912	17	83	83	21	140
26122	1065	2806	2806	3	26
431090	2140	21846	24483	5944	10085
288418	1231	10582	12475	3422	4309
100658	741	4686	5439	1760	5628
41528	159	6569	6560	757	137
486	9	10	10	5	10
5457685	18829	104481	115865	25371	109548
1839	7	11	7	2	40
7621	29	1237	1236	309	252
16034	43	-173	-21		11
24857	36	2644	2726		
24857	36	2644	2726		
3399083	11718	60422	67501	13740	60454
13625	15	-1133	-111	95	314
3385458	11704	61555	67612	13646	60140
515804	793	20608	20696	5167	7489
1492447	6204	19732	23720	6153	41302
11403	135	161	82	6	270
1479577	6062	19379	23446	6083	40972
165852	1461	22743	22597	4690	4342
164538	1409	22607	22597	4690	4342
117322	531	10837	10980	1909	4626
49829	293	5228	5056	873	2857
67493	238	5609	5924	1037	1769
1125699	3213	47735	50963	12777	17568
82331	74	3119	4254	309	335
3470687	13072	41572	46071	9630	66713
164538	1409	22607	22597	4690	4342
67493	238	5609	5924	1037	1769
830111	2815	17418	19633	3527	27789
3721449	14250	68528	74294	14560	62841
788157	2202	27784	28089	5822	24166
58102	222	7815	8844	1980	1841
1173151	4147	33933	38215	9608	29668
1293388	3881	52233	53518	8631	32632
3440048	9835	66053	74133	18460	63653
904066	6117	17902	19216	4263	21192
103358	989	1872	2575	616	1039

10–7 限额以上住宿和餐饮业企业基本情况(2016年)

指　　标	Item	法人企业数(个) Number of Corporations(unit)
总　　计	**Total**	**148**
住宿业	**Lodging Industry**	**76**
按住宿业行业小类分	**By Classification of Lodging Industry**	
旅游饭店	Tourist Hotels	63
一般旅馆	General Hotels	12
其他住宿业	Other Hotels	1
按登记注册类型分	**By Status of Registration**	
内资企业	Domestic Funded Enterprises	73
国有企业	State-owned Enterprises	11
集体企业	Collective-owned Enterprises	
有限责任公司	Limited Liability Corporations	32
国有独资公司	State Sole Funded Corperations	2
其他有限责任公司	Other Limited Liability Corporations	30
私营企业	Private Enterprises	30
私营独资企业	Sole Proprietorships	
私营有限责任公司	Private Limited Liability Corporations	30
港、澳、台商投资企业	Enterprises with Funds from Hong Kong,Macao and Taiwan	2
与港澳台商合资经营企业	Joint-venture Enterprises with Funds from Hong Kong,Macao and Taiwan	
港澳台商独资企业	Sole Proprietorships with Funds from Hong Kong, Macao and Taiwan	2
外商投资企业	Enterprises with Foreign Investment	1
中外合资经营企业	Sino-foreign Equity Joint Venture Enterprises	1
按控股情况分	**By Holding**	
国有控股	State-owned Holding	20
集体控股	Collective-owned Holding	1
私人控股	Private Holding	50
港澳台商控股	Hong Kong,Macao and Taiwan Business Holdings	2
其　他	Others	3
按经营形式分	**By Management Forms**	
独立门店	Independent Stores	69
连锁门店	Chain Stores	1
其　他	Others	6
按星级分	**By Hotel Ratings**	
五　星	Five-star	4
四　星	Four-star	24
三　星	Three-star	10
二　星	Two-star	1
一　星	One-star	
其　他	Others	37
按单位规模分	**By Scale**	
大　型	Large	2
中　型	Middle	26
小　型	Small	48
微　型	Minitype	

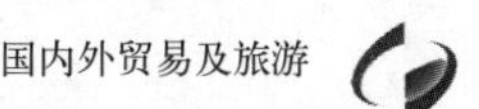

Basic Conditions of Enterprises above Designated Size of Hotels and Catering Services(2016)

年末从业人员(人) Employed Persons at Year-end(person)	客房数(间) Number of Hotel Rooms(room)	床位数(个) Number of Beds(unit)	餐位数(张) Number of Tables(table)
14647	**16808**	**26907**	**62332**
9032	**15962**	**25507**	**32517**
7923	14410	22967	28752
902	1352	2251	2765
207	200	289	1000
8466	15408	24716	30527
1540	1740	3105	5640
4883	5668	8771	16864
874	677	983	2650
4009	4991	7788	14214
2043	8000	12840	8023
2043	8000	12840	8023
334	338	485	1130
334	338	485	1130
232	216	306	860
232	216	306	860
3788	3823	6255	12128
256	218	343	570
4000	10759	17129	16747
334	338	485	1130
654	824	1295	1942
8251	14737	23684	29858
31	108	152	34
750	1117	1671	2625
1245	1248	1833	2919
3915	4748	7507	18008
836	1363	2519	2811
86	74	144	320
2950	8529	13504	8459
903	887	1298	2792
4992	5374	8649	15861
3137	9701	15560	13864

10−7 续表

指　　标	Item	法人企业数(个) Number of Corporations(unit)
餐饮业	**Catering Services**	**72**
按餐饮业行业小类分	**By Classification of Catering Industry**	
正餐服务	Dinner Services	**72**
快餐服务	Fast Food Services	
其他餐饮业	Other Catering Services	
按登记注册类型分	**By Status of Registration**	
内资企业	Domestic Funded Enterprises	72
国有企业	State-owned Enterprises	
股份合作企业	Cooperative Enterprises	
有限责任公司	Limited Liability Corporations	24
国有独资公司	State Sole Funded Corporations	1
其他有限责任公司	Other Limited Liability Corporations	23
股份有限公司	Companies Limited by Shares	
私营企业	Private Enterprises	48
私营独资企业	Private Sole Proprietorships	11
私营合伙企业	Private Partnership Enterprises	1
私营有限责任公司	Private Limited Liability Corporations	35
私营股份有限公司	Private Share-holding Corporations Limited	1
其他企业	Other Enterprises	
外商投资企业	Enterprises with Foreign Investment	
外商投资股份有限公司	Foreign-funded Companies Limited by Shares	
按控股情况分	**By Holding**	
国有控股	State-owned Holding	4
私人控股	Private Holding	63
外商控股	Foreign Holding	
其　他	Others	5
按经营形式分	**By Management Forms**	
独立门店	Independent Stores	51
连锁总店	Chain Store Headquarters	2
连锁门店	Chain Stores	5
其　他	Others	14
按单位规模分	**By Scale**	
大　型	Large	1
中　型	Middle	11
小　型	Small	51
微　型	Minitype	9

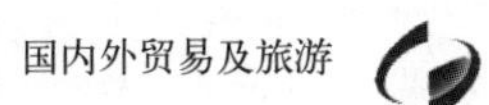

(continued)

年末从业人员(人) Employed Persons(person)	客房数(间) Number of Hotel Rooms(room)	床位数(个) Number of Beds(unit)	餐位数(张) Number of Tables(table)
5615	**846**	**1400**	**29815**
5615	**846**	**1400**	**29815**
5615	846	1400	29815
2609	517	859	12001
93			652
2516	517	859	11349
3006	329	541	17814
266			3240
253			1000
2452	329	541	13374
35			200
866	75	125	2353
4222	771	1275	23198
527			4264
2458	771	1275	18011
911			4484
214			1160
2032	75	125	6160
460			460
2823	284	413	12095
2270	525	902	16284
62	37	85	976

10-8 限额以上住宿和餐饮业企业经营情况(2016年)

单位：万元

指　　标	Item	营业额 Business Revenue
总　　计	**Total**	**274761**
住宿业	**Lodging Industry**	**173530**
按住宿业行业小类分	**By Classification of Lodging Industry**	
旅游饭店	Tourist Hotels	155119
一般旅馆	General Hotels	15976
其他住宿业	Other Hotels	2436
按登记注册类型分	**By Status of Registration**	
内资企业	Domestic Funded Enterprises	166204
国有企业	State-owned Enterprises	23094
集体企业	Collective-owned Enterprises	
有限责任公司	Limited Liability Corporations	106618
国有独资公司	State Sole Funded Corperations	21066
其他有限责任公司	Other Limited Liability Corporations	85552
私营企业	Private Enterprises	36492
私营独资企业	Sole Proprietorships	
私营有限责任公司	Private Limited Liability Corporations	36492
港、澳、台商投资企业	Enterprises with Funds from Hong Kong,Macao and Taiwan	4062
与港澳台商合资经营企业	Joint-venture Enterprises with Funds from Hong Kong,Macao and Taiwan	
港澳台商独资企业	Sole Proprietorships with Funds from Hong Kong, Macao and Taiwan	4062
外商投资企业	Enterprises with Foreign Investment	3264
中外合资经营企业	Sino-foreign Equity Joint Ventures	3264
按控股情况分	**Holdings**	
国有控股	State-owned Holding	71943
集体控股	Collective-owned Holding	5597
私人控股	Private Holding	73730
港澳台商控股	Hong Kong,Macao and Taiwan Business Holdings	4062
其　他	Others	18198
按经营形式分	**By Management Forms**	
独立门店	Independent Stores	144862
连锁门店	Chain Stores	633
其　他	Others	28036

Business of Enterprises above Designated Size of Hotels and Catering Services(2016)

(10 000 yuan)

客房收入 Reveneue from Hotel Rooms	餐费收入 Reveneue from Meals	商品销售额 Merchandise Sales	其他收入 Other Revenue	年末餐饮营业面积(平方米) Operating Area of Retail Trade at Year-end(sq.m.)
99739	**151720**	**6343**	**16959**	**294858**
95659	**62774**	**2719**	**12379**	**149151**
84466	56892	2711	11051	136589
9936	4705	8	1328	9392
1258	1177		1	3170
91887	59695	2718	11904	145221
11401	8964	39	2689	20580
53870	41578	2354	8816	83122
6149	10870	1390	2657	8195
47721	30708	964	6159	74927
26616	9153	325	399	41519
26616	9153	325	399	41519
2164	1721	1	176	2508
2164	1721	1	176	2508
1608	1357		299	1422
1608	1357		299	1422
32895	30620	1771	6658	44106
1426	2360		1812	5300
49100	21316	472	2841	85711
2164	1721	1	176	2508
10074	6757	475	892	11526
80048	51446	2240	11128	128155
599	21		12	100
15013	11307	479	1238	20896

10-8 续表

指　　　标	Item	营业额 Business Revenue
按星级分	**By Hotel Ratings**	
五　星	Five-star	30639
四　星	Four-star	71456
三　星	Three-star	18054
二　星	Two-star	1427
一　星	One-star	
其　他	Others	51954
按单位规模分	**By Scale**	
大　型	Large	30472
中　型	Middle	96358
小　型	Small	46700
微　型	Minitype	
餐饮业	**Catering Services**	**101231**
按餐饮业行业小类分	**By Classification of Catering Industry**	
正餐服务	Dinner Services	101231
快餐服务	Fast Food Services	
其他餐饮业	Other Catering Services	
按登记注册类型分	**By Status of Registration**	
内资企业	Domestic-funded Enterprises	101231
国有企业	State-owned Enterprises	
股份合作企业	Cooperative Enterprises	
有限责任公司	Limited Liability Corporations	56303
国有独资公司	State Sole Funded Corporations	1494
其他有限责任公司	Other Limited Liability Corporations	54809
股份有限公司	Companies Limited by Shares	
私营企业	Private Enterprises	44928
私营独资企业	Private-funded Enterprises	4365
私营合伙企业	Private Partnership Enterprises	4220
私营有限责任公司	Private Limited Liability Corporations	35903
私营股份有限公司	Private Share-holding Corporations Limited	440
其他企业	Other Enterprises	
外商投资企业	Enterprises with Foreign Investment	
外商投资股份有限公司	Foreign-funded Companies Limited by Shares	
按控股情况分	**By Holding**	
国有控股	State-owned Holding	13837
私人控股	Private Holding	72870
外商控股	Foreign Holding	
其　他	Others	14524
按经营形式分	**By Management Forms**	
独立门店	Independent Stores	50571
连锁总店	Chain Store Headquarters	10929
连锁门店	Chain Stores	2620
其　他	Others	37110
按单位规模分	**By Scale**	
大　型	Large	10407
中　型	Middle	46469
小　型	Small	40988
微　型	Minitype	3367

(continued)

客房收入 Reveneue from Hotel Rooms	餐费收入 Reveneue from Meals	商品销售额 Merchandise Sales	其他收入 Other Revenue	年末餐饮营业面积（平方米） Operating Area of Retail Trade at Year-end(sq.m.)
14345	14579	535	1180	22037
37562	25331	1700	6863	61716
10296	5827	4	1927	16588
622	620		184	1100
32834	16416	479	2225	47710
12144	13331	1855	3143	11711
49627	40025	537	6170	62122
33889	9418	328	3065	75318
4080	**88947**	**3624**	**4580**	**145707**
4080	88947	3624	4580	145707
4080	88947	3624	4580	145707
2406	47435	1951	4510	50491
	1494			1500
2406	45942	1951	4510	48991
1674	41512	1673	70	95216
	4051	297	17	15251
	4220			10000
1674	32800	1376	53	68415
	440			1550
545	13069		223	5500
3535	65473	3606	255	125295
	10405	18	4101	14912
3535	43368	3334	334	94730
	10929			20445
	2595	25		3390
545	32054	265	4246	27142
	10407			5000
1615	40178	447	4229	61035
2390	35247	3044	308	74208
75	3115	133	44	5464

10–9 限额以上住宿和餐饮业企业主要财务状况(2016年)

单位：万元

指　　标	Item	流动资产合计 Current Assets
总　　计	**Total**	**253863**
住宿业	**Lodging Industry**	**191983**
按住宿业行业小类分	**By Classification of Lodging Industry**	
旅游饭店	Tourist Hotels	181655
一般旅馆	General Hotels	9835
其他住宿业	Other Hotels	493
按登记注册类型分	**By Status of Registration**	
内资企业	Domestic Funded Enterprises	190273
国有企业	State-owned Enterprises	12010
集体企业	Collective-owned Enterprises	
有限责任公司	Limited Liability Corporations	122239
国有独资公司	State Sole Funded Corperations	15507
其他有限责任公司	Other Limited Liability Corporations	106733
私营企业	Private Enterprises	56025
私营独资企业	Sole Proprietorships	
私营有限责任公司	Private Limited Liability Corporations	56025
港、澳、台商投资企业	Enterprises with Funds from Hong Kong,Macao and Taiwan	850
与港澳台商合资经营企业	Joint-venture Enterprises with Funds from Hong Kong,Macao and Taiwan	
港澳台商独资企业	Sole Proprietorships with Funds from Hong Kong, Macao and Taiwan	850
外商投资企业	Enterprises with Foreign Investment	860
中外合资经营企业	Sino-foreign Equity Joint Ventures	860
按控股情况分	**By Holdings**	
国有控股	State-owned Holding	39828
集体控股	Collective-owned Holding	423
私人控股	Private Holding	139503
港澳台商控股	Hong Kong,Macao and Taiwan Holdings	850
其　他	Others	11379
按经营形式分	**By Management Forms**	
独立门店	Independent Stores	170654
连锁门店	Chain Stores	171
其　他	Others	21158
按星级分	**By Hotel Ratings**	
五　星	Five-star	15692
四　星	Four-star	104415
三　星	Three-star	11388
二　星	Two-star	979
一　星	One-star	
其　他	Others	59508
按单位规模分	**By Scale**	
大　型	Large	23842
中　型	Middle	44887
小　型	Small	123254
微　型	Minitype	

Main Financial Indicators of Enterprises above Designated Size of Hotels and Catering Services(2016)

(10 000 yuan)

#存 货 Inventory	固定资产合计 Total Fixed Assets	固定资产原价 Original Value of Fixed Assets	本年折旧 Depreciation in This Year	资产总计 Total Assets	负债合计 Total Liabilities	所有者权益 Owners Equities
9207	**231351**	**373336**	**16471**	**608955**	**488655**	**120299**
6156	**207413**	**328872**	**12987**	**495043**	**410198**	**84845**
5725	203895	320492	12399	479287	399530	79758
302	3314	7522	532	14944	9422	5522
129	203	858	55	811	1247	-435
6020	192262	296069	11891	475449	399841	75608
1040	17156	37698	1215	32895	22003	10893
3923	165252	241725	9571	342026	317471	24555
1465	3864	20659	790	19801	6798	13003
2458	161388	221067	8781	322225	310673	11552
1057	9853	16647	1105	100527	60367	40160
1057	9853	16647	1105	100527	60367	40160
105	8368	19275	639	9411	8470	942
105	8368	19275	639	9411	8470	942
32	6783	13528	457	10183	1888	8295
32	6783	13528	457	10183	1888	8295
3229	122622	181682	6809	185124	172979	12145
86	38	770	28	2601	778	1824
2183	47851	73602	2994	255457	196031	59426
105	8368	19275	639	9411	8470	942
553	28533	53544	2516	42450	31942	10508
5733	165540	261655	9833	405948	339376	66572
3	30	152	9	218	119	99
398	41843	67065	3145	88877	70703	18174
1138	54016	87095	4825	80359	44940	35420
2645	39225	84227	3523	173017	140550	32467
516	27270	45615	1084	47022	28722	18299
70	358	996	36	1337	446	891
1787	86545	110939	3518	193308	195541	-2232
1017	29207	60930	2888	55567	34445	21123
2966	143590	208331	8147	230147	216097	14051
2173	34615	59610	1952	209328	159657	49671

10–9 续表1

单位：万元

指　　标	Item	流动资产合计 Current Assets
餐饮业	**Catering Services**	**61880**
按餐饮业行业小类分	**By Classification of Catering Industry**	
正餐服务	Dinner Services	61880
快餐服务	Fast Food Services	
其他餐饮业	Other Catering Services	
按登记注册类型分	**By Status of Registration**	
内资企业	Domestic Funded Enterprises	61880
国有企业	State-owned Enterprises	
股份合作企业	Cooperative-owned Enterprises	
有限责任公司	Limited Liability Companies	40357
国有独资公司	State Sole Funded Corporations	7149
其他有限责任公司	Other Limited Liability Companies	33208
股份有限公司	Companies Limited by Shares	
私营企业	Private Enterprises	21523
私营独资企业	Private-funded Enterprises	601
私营合伙企业	Private Partnership Enterprises	1687
私营有限责任公司	Private Limited Liability Corporations	19204
私营股份有限公司	Private Share-holding Corporations Limited	30
其他企业	Other Enterprises	
外商投资企业	Enterprises with Foreign Investment	
外商投资股份有限公司	Foreign-funded Companies Limited by Shares	
按控股情况分	**By Holdings**	
国有控股	State-owned Holding	18660
私人控股	Private Holding	32000
外商控股	Foreign Holding	
其　他	Others	11220
按经营形式分	**By Management Forms**	
独立门店	Independent Stores	23049
连锁总店	Chain Store Headquarters	3789
连锁门店	Chain Stores	493
其　他	Others	34550
按单位规模分	**By Scale**	
大　型	Large	152
中　型	Middle	38948
小　型	Small	22236
微　型	Minitype	544

(continued)

(10 000 yuan)

#存 货 Inventory	固定资产合计 Total Fixed Assets	固定资产原价 Original Value of Fixed Assets	本年折旧 Depreciation in This Year	资产总计 Total Assets	负债合计 Total Liabilities	所有者权益 Owners Equities
3050	**23939**	**44464**	**3484**	**113912**	**78457**	**35455**
3050	23939	44464	3484	113912	78457	35455
3050	23939	44464	3484	113912	78457	35455
996	13998	22424	2355	68425	48604	19821
28	49	63	4	15210	5231	9979
968	13949	22361	2350	53215	43373	9842
2054	9941	22041	1130	45487	29853	15634
106	572	736	75	1816	265	1551
320		991		2775	1963	813
1618	9229	20053	1042	40720	27549	13171
10	140	260	12	176	76	100
369	4851	8984	1512	31728	21409	10319
2439	18303	33760	1688	69469	43874	25595
242	785	1720	284	12714	13174	-459
1189	12716	20412	1317	46942	30493	16449
497	4730	9642	403	12773	6250	6523
418	475	815	17	2469	2558	-89
946	6017	13595	1748	51728	39157	12571
53	808	980	32	1844	954	890
1564	13306	27623	2549	62473	55945	6528
1347	9101	15120	902	48223	21105	27118
86	724	741	2	1373	454	919

10–9 续表2

单位：万元

指　　标	Item	主营业务收入 Revenue from Principal Business
总　　计	**Total**	**262490**
住宿业	**Lodging Industry**	**165995**
按住宿业行业小类分	**By Classification of Lodging Industry**	
旅游饭店	Tourist Hotels	148230
一般旅馆	General Hotels	15429
其他住宿业	Other Hotels	2336
按登记注册类型分	**By Status of Registration**	
内资企业	Domestic Funded Enterprises	158973
国有企业	State-owned Enterprises	22048
集体企业	Collective-owned Enterprises	
有限责任公司	Limited Liability Corporations	102763
国有独资公司	State Sole Funded Corperations	19334
其他有限责任公司	Other Limited Liability Corporations	83430
私营企业	Private Enterprises	34162
私营独资企业	Sole Proprietorships	
私营有限责任公司	Private Limited Liability Corporations	34162
港、澳、台商投资企业	Enterprises with Funds From Hong Kong,Macao and Taiwan	3901
与港澳台商合资经营企业	Joint-venture Enterprises with Funds from Hong Kong,Macao and Taiwan	
港澳台商独资企业	Sole Proprietorships with Funds from Hong Kong,Macao and Taiwan	3901
外商投资企业	Enterprises with Foreign Investment	3121
中外合资经营企业	Sino-foreign Equity Joint Venture Enterprises	3121
按控股情况分	**By Holdings**	
国有控股	State-owned Holding	68895
集体控股	Collective-owned Holding	5597
私人控股	Private Holding	70211
港澳台商控股	Hong Kong,Macao and Taiwan Business Holdings	3901
其　他	Others	17390
按经营形式分	**By Management Forms**	
独立门店	Independent Stores	138793
连锁门店	Chain Stores	603
其　他	Others	26598
按星级分	**By Hotel Ratings**	
五　星	Five-star	29296
四　星	Four-star	68887
三　星	Three-star	16962
二　星	Two-star	1422
一　星	One-star	
其　他	Others	49428
按单位规模分	**By Scale**	
大　型	Large	28341
中　型	Middle	93455
小　型	Small	44199
微　型	Minitype	

(continued)

(10 000 yuan)

主营业务成本 Cost of Principal Business	主营业务税金及附加 Tax and Extra Charges on Principal Business	营业利润 Operating Profits	利润总额 Total Profits	应交所得税 Income Tax Payable
126978	**7095**	**-1124**	**-1150**	**2615**
75453	**4095**	**-11612**	**-11299**	**1871**
66803	3670	-10858	-10638	1815
8223	385	-462	-363	55
427	40	-292	-299	
72889	3834	-10746	-10430	1871
8711	636	442	465	253
53616	2337	-10764	-9835	1556
9039	324	1496	1520	376
44577	2013	-12260	-11355	1181
10563	861	-424	-1060	62
10563	861	-424	-1060	62
2046	77	-641	-644	
2046	77	-641	-644	
518	184	-224	-225	
518	184	-224	-225	
37556	1637	-7502	-7202	780
2746	106	-297	-288	
30358	1892	-6746	-6744	195
2046	77	-641	-644	
2747	382	3573	3579	896
64960	3582	-14468	-14685	975
25	33	56	56	
10468	480	2801	3331	896
9447	561	1461	1318	908
30094	1751	-1946	-2450	567
10441	433	92	771	230
485	62	30	28	7
24986	1289	-11249	-10967	159
9878	493	5004	5034	1259
47042	2095	-11290	-10451	441
18533	1507	-5326	-5883	171

10-9 续表3

单位：万元

指 标	Item	主营业务收入 Revenue from Principal Business
餐饮业	**Catering Services**	**96496**
按餐饮业行业小类分	**By Classification of Catering Industry**	
正餐服务	Dinner Services	96496
快餐服务	Fast Food Services	
其他餐饮业	Other Catering Services	
按登记注册类型分	**By Status of Registration**	
内资企业	Domestic Funded Enterprises	96496
国有企业	State-owned Enterprises	
股份合作企业	Cooperative-owned Enterprises	
有限责任公司	Limited Liability Corporations	53745
国有独资公司	State Sole Funded Corporations	1056
其他有限责任公司	Other Limited Liability Corporations	52688
股份有限公司	Companies Limited by Shares	
私营企业	Private Enterprises	42751
私营独资企业	Private-funded Enterprises	4239
私营合伙企业	Private Partnership Enterprises	4054
私营有限责任公司	Private Limited Liability Corporations	34018
私营股份有限公司	Private Share-holding Corporations Limited	440
其他企业	Other Enterprises	
外商投资企业	Enterprises with Foreign Investment	
外商投资股份有限公司	Foreign-funded Companies Limited by Shares	
按控股情况分	**By Holding**	
国有控股	State-owned Holding	12435
私人控股	Private Holding	69880
外商控股	Foreign Holding	
其 他	Others	14180
按经营形式分	**By Management Forms**	
独立门店	Independent Stores	48259
连锁总店	Chain Store Headquarters	10396
连锁门店	Chain Stores	2566
其 他	Others	35275
按单位规模分	**By Scale**	
大 型	Large	10407
中 型	Middle	44316
小 型	Small	38864
微 型	Minitype	2910

(continued)

(10 000 yuan)

主营业务成本 Cost of Principal Business	主营业务税金及附加 Tax and Extra Charges on Principal Business	营业利润 Operating Profits	利润总额 Total Profits	应交所得税 Income Tax Payable
51525	**3001**	**10487**	**10149**	**744**
51525	3001	10487	10149	744
51525	3001	10487	10149	744
31803	1745	8403	8357	488
626	52	284	284	
31177	1693	8118	8072	488
19722	1256	2085	1793	256
2319	195	305	308	14
1467	60	179	179	50
15671	970	1531	1306	192
265	31	70		
10210	221	4338	4410	56
36256	2511	4672	4268	306
5058	269	1478	1472	383
24160	1442	4574	4159	218
4371	224	414	416	107
1275	64	12	9	3
21720	1271	5487	5565	416
7652	732	-6		32
21013	835	5708	5776	540
20927	1374	4267	3950	99
1932	60	519	423	73

10-10 各区(市、县)社会消费品零售总额
Total Retail Sales of Consumer Goods by District (City, County)

单位：万元 (10 000 yuan)

区(市、县)名称	District (City, County)	2016	2015	2016年比2015年增长(%) Growth Rate in 2016 over 2015(%)
南明区	Nanming	3441956	3366524	12.5
云岩区	Yunyan	3416934	3064515	11.5
花溪区	Huaxi	2357638	2086406	13.0
乌当区	Wudang	387298	340932	13.6
白云区	Baiyun	488109	431573	13.1
观山湖区	Guanshanhu	1160503	1014698	13.4
开阳县	Kaiyang	407459	359629	13.3
息烽县	Xifeng	221110	195327	13.2
修文县	Xiuwen	257422	226803	13.5
清镇市	Qingzhen	456652	404475	12.9

10-11 “黄金周”旅游接待情况(2016年)
Statistics on Tourist Reception in Golden Week(2016)

指标		Item		春节 Spring Festival	国庆节 National Day
旅游住宿设施		**Tourism Accommodation**			
累计接待人天数	(万人/天)	Number of Tourists per Day	(10 000 persons/day)	61.77	222.12
平均停留天数	(天)	Average Length of Stay	(Day)	2.90	1.88
星级宾馆出租率		Room Occupancy Rate			
#饭店宾馆	(%)	Hotel	(%)	65.70	69.15
#旅馆招待所	(%)	Guesthouse	**(%)**	69.50	78.05
旅行社		**Travel Agencies**			
累计接团数	(个)	Cumulative Number of Tours	(unit)	925	895
累计接待人数	(万人次)	Cumulative Number of TouristsArrival	(10 000 person-times)	4.74	2.75
景　区(点)		**Scenic Spots**			
统计的景区(点)	(个)	Numbers of Statistical Scenic Spots	(unit)	43	39
累计接待人数	(万人次)	Cumulative Number of Tourists	(10 000 person-times)	190.20	281.04
一日游游客所占比重	(%)	**Percentage of Day-tripper**	**(%)**	85.20	79.99
门票收入	(万 元)	**Ticket Receipt**	**(10 000yuan)**	3429.00	4480.30
交通客运		Transportation			
累计抵达班车次		Cumulative Number			
#铁　路	(班车、次)	Railway	(time)	849	1760
民　航	(班车、次)	Civil Aviation	(time)	1206	1330
公　路	(班车、次)	Highway	(time)	24210	31795
累计抵达旅客量		**Cumulative Number of Tourists Arrival**			
#铁　路	(万人、次)	Railway	(10 000 person-times)	22.00	144.87
民　航	(万人、次)	Civil Aviation	(10 000 person-times)	12.25	16.23
公　路	(万人、次)	Highway	(10 000 person-times)	57.47	76.49
接待综合情况		**General Information of Tourism**			
接待人数	(万人、次)	Number of Visitors	(10 000 person-times)	278.92	590.65
旅游收入	(万 元)	Tourism Earnings	(10 000yuan)	108920	444334
人均天花费		Per Capita Expenditure per Day			
#过夜旅游者	(元/人天)	Tourists Stay Overnight	(yuan/person-day)	736.80	1236.90
一日游游客	(元/人天)	Day-tripper	(yuan/person-day)	246.13	358.90

10-12 旅 游 Tourism

指 标		Item		2016	2015	2016年比2015年增长(%) Growth Rate in 2016 over 2015(%)
接待海外旅游人数	**(人 次)**	**Number of Foreign T**	**(person-time)**	**183685**	**158469**	**15.9**
外国人	(人 次)	Foreigners	(person-time)	82622	71960	14.8
港澳同胞	(人 次)	Compatriots from Ho	(person-time)	55344	49501	11.8
台湾同胞	(人 次)	Compatriots from Tai	(person-time)	45719	37008	23.5
接待海外旅游人天数	**(人 天)**	**International Touris**	**(person-time)**	**389412**	**340453**	**14.4**
外国人	(人 天)	Foreigner	(person-day)	175159	151466	15.6
港澳同胞	(人 天)	Compatriots from Ho	(person-day)	117329	106417	10.3
台湾同胞	(人 天)	Compatriots from Tai	(person-day)	96924	82570	17.4
旅游外汇收入	**(万美元)**	**Foreign Exchange E**	**(10 000 U.S.D)**	**7902.86**	**6034.70**	**31.0**
国内旅游		**Domestic Tourism**				
接待国内游客	(万人次)	Domestic Tourists	(10 000 person-times)	11073.42	8461.95	30.9
旅游收入	(亿 元)	Tourism Earnings	(100 million yuan)	1384.08	1036.56	33.5
旅游总收入	**(亿 元)**	**Total Tourism Earni**	**(100 million yuan)**	**1389.51**	**1040.53**	**33.5**

10-13 星级饭店 Star-rated Hotels

单位：个 (unit)

指 标	Item	2016	2015	2016年比2015年增长(%) Growth Rate in 2016 over 2015(%)
总 计	**Total**	**56**	**59**	**-5.1**
按星级分	**By Hotel Level**			
一 星	One-star Hotel	3	3	持平even
二 星	Two-star Hotel	13	13	持平even
三 星	Three-star Hotel	15	18	-16.7
四 星	Four-star Hotel	21	21	持平even
五 星	Five-star Hotel	4	4	持平even
按经济类型分	**By Ownership**			
国有经济	State-owned	18	9	100.0
集体经济	Collective-owned			
外商投资经济	Foreign Funded	1	1	持平even
个人投资经济	Private Funded	37	49	-24.5
按规模分	**By Capacity**			
客房总数500间以上	With more than 500 Rooms	1	1	持平even
客房总数300-499间	With 300-499 Rooms	4	4	持平even
客房总数200-299间	With 200-299 Rooms	9	9	持平even
客房总数100-199间	With 100-199 Rooms	23	23	持平even
客房总数99间以下	With Less than 99 Rooms	19	22	-13.6

10–14 招商引资
Capital Attraction and Investment Promotion

指 标	Item	项目个数(个) Number of Projects(unit)		合同引资额 Contracted Capital		实际到位资金 Actually Absorbed Capital		
		2016	2015	2016	2015	2016	2015	2016年比2015年增长(%) Growth Rate in 2016 over 2015(%)
直接利用外资	**Direct Foreign Investment**	**24**	**30**	**11423.32**	**63212.64**	**111988.37**	**92740.44**	**20.8**
#合资经营企业	Joint Venture Enterprises	10	12	3338.75	15187.73	16019.57	2730.10	486.8
合作经营企业	Cooperative Enterprises	2		15.20				
外资企业	Foreign-funded Enterprises	12	18	8069.37	48024.91	74207.91	54160.06	37.0
引进内资(亿元)	**Domestic Capital (100 million yuan)**	**753**	**463**	**2764.40**	**1707.94**	**3180.84**	**2765.69**	**15.0**

注：引进内资统计口径为省外境内。
a) Domestic investment introduced is calculated as from outside the provincial districts.

10–15 各区(市、县)实际直接利用外资
Direct Foreign Investment Actually Utilized by District (City, County)

单位：万美元 (10 000 USD)

区(市、县)名 称	District(City, County)	2016	2015	2016年比2015年增长(%) Growth Rate in 2016 over 2015(%)
总 计	**Total**	**111988**	**92740**	**20.8**
南明区	Nanming	13478	11167	20.7
云岩区	Yunyan	13051	10814	20.7
花溪区	Huaxi	10571	8748	20.8
乌当区	Wudang	10152	8415	20.6
白云区	Baiyun	10213	8457	20.8
观山湖区	Guanshanhu	14580	12072	20.8
开阳县	Kaiyang	4077	3371	21.0
息烽县	Xifeng	3774	3145	20.0
修文县	Xiuwen	3776	3147	20.0
清镇市	Qingzhen	3871	3200	21.0
高新区	High-tech Zone	15353	11369	35.0
经开区	Economic Development Zone	10437	8637	20.8

注：花溪区不含经开区数据。
a) The data of Huaxi district does not include the data of Economic Development Zone.

10−16 进出口总额
Total Value of Imports and Exports

单位：万美元

指 标	Item	2016	2015
进出口总额	**Total Value of Imports and Exports**	**392747**	**912149**
按企业性质分	**By Ownship of Enterprises**		
三资企业	Foreign-funded Enterprises	25265	23404
国有企业	State-owned Enterprises	209181	270991
集体企业	Collective-owned Enterprises	2001	3785
民营企业及其他	Private and Other Enterprises	156298	613969
按贸易方式分	**By Types of Trade**		
一般贸易	General Trade	299573	747941
加工贸易	Processing Trade	74283	111507
其他贸易	Others	18890	52701
出口总额	**Total Value of Exports**	**328783**	**789732**
按企业性质分	**By Ownship of Enterprise**		
三资企业	Three-Funded Enterprises	15101	11907
国有企业	State-owned Enterprises	175134	217527
集体企业	Collective-owned Enterprises	1142	3263
民营企业及其他	Private and Other Enterprises	137406	557034
按贸易方式分	**By Type of Trade**		
一般贸易	General Trade	269874	704541
加工贸易	Processing Trade	50586	64460
其他贸易	Others	8323	20732
进口总额	**Total Value of Imports**	**63964**	**122417**
按企业性质分	**By Ownship of Enterprises**		
三资企业	Three-Funded Enterprises	10165	11497
国有企业	State-owned Enterprises	34048	53464
集体企业	Collective-owned Enterprises	859	521
民营企业及其他	Private and Other Enterprises	18892	56935
按贸易方式分	**By Types of Trade**		
一般贸易	General Trade	29699	43401
加工贸易	Processing Trade	23698	47047
其他贸易	Others	10567	31969

注：数据来源于市商务局，2016年实行新统计口径，增速不可比。
a) A new statisticed caliber has put into practice ,the growthrate is in compaeable with previows in 2016year.

10-17 分国别(地区)进出口总额
Total Value of Imports and Exports by Country(Region)

单位：万美元 (10 000 USD)

指标	Item	2016 合计 Total Value	2016 出口 Exports	2016 进口 Imports	2015 合计 Total Value	2015 出口 Exports	2015 进口 Imports
总计	**Total**	**328783**	**63964**	**392747**	**912149**	**789732**	**122417**
亚洲	Asia	192207	59193	233883	518727	447650	71077
#香港	Hong Kong	34073	3	34077	92577	82481	10096
印度	India	30186	698	30884	37231	37158	73
日本	Japan	9701	2840	12541	15671	10715	4956
韩国	South Korea	17391	611	18002	56126	55538	589
台湾	Taiwan	2027	7618	9645	41947	11327	30620
东盟	ASEAN	67053	18247	85300	186447	171961	14486
非洲	Africa	15201	1582	16784	65739	65332	407
欧洲	Europe	41522	5870	47392	103547	93805	9742
#欧盟	European Union	36248	4900	41148	86802	80958	5845
拉丁美洲	Latin America	16034	790	16825	38749	31710	7040
北美洲	North America	36854	12213	49067	147200	113714	33486
#美国	America	34372	10339	44711	134783	106915	27868
大洋洲	Oceania	26964	1833	28797	38179	37522	656
#澳大利亚	Australia	17850	342	18191	25850	25195	655

10-18 各区(市、县)进出口总额
Total Value of Imports and Exports by District(City, County)

单位：万美元 (10 000 USD)

区(市、县)名称	District (City,County)	2016 合计 Total Value	2016 出口 Exports	2016 进口 Imports	2015 合计 Total Value	2015 出口 Exports	2015 进口 Imports
总计	**Total**	**392747**	**328783**	**63964**	**912149**	**789742**	**122417**
南明区	Nanming	104292	87367	16925	186988	158895	28103
云岩区	Yunyan	104611	87769	16842	197994	182244	15750
花溪区	Huaxi	5		5	390	357	34
乌当区	Wudang	7398	6495	903	19189	18446	743
白云区	Baiyun	3499	2937	562	10942	5575	5367
观山湖区	Guanshanhu	15084	14892	192	45683	45628	55
开阳县	Kaiyang	730	726	4	728	524	203
息烽县	Xifeng	5	5		3228	3228	
修文县	Xiuwen	395	372	23	8178	8107	71
清镇市	Qingzhen	74	74		1518	1518	
高新区	High-tech Zone	12733	10492	2241	93078	84069	9009
经开区	Economic Development Zone	7983	5613	2369	35450	32648	2802

主要统计指标解释

社会消费品零售总额 指企业（单位、个体户）通过交易直接售给个人、社会集团非生产、非经营用的实物商品金额，以及提供餐饮服务所取得的收入金额。个人包括城乡居民和入境人员，社会集团包括机关、社会团体、部队、学校、企事业单位、居委会或村委会等。

批发零售贸易业商品购、销、存总额 指各种登记注册类型的批发、零售贸易业(不包括个体)企业（单位）以本企业（单位）为总体的商品购进、销售、库存总额。

商品购进总额 指从本企业(单位)以外的单位和个人购进(包括从境外直接进口)作为转卖或加工后转卖的商品总额。它反映批发零售贸易业从国内、国外市场上购进商品的总量。商品购进总额包括：(1)从工农业生产者购进的商品；(2)从出版社、报社的出版发行部门购进的图书、杂志和报纸；(3)从各种登记注册类型的批发零售贸易企业(单位)购进的商品；(4)从其他单位购进的商品，如从机关、团体、企业等单位购进的剩余物资，从餐饮业、服务业购进的商品，从海关、市场管理部门购进的缉私和没收的商品，从居民手中收购的废旧商品等；(5)从国(境)外直接进口的商品。不包括企业(单位)为自身经营用和未通过买卖行为而收入的商品以及销售退回、商品升溢等。

商品销售总额 指对本企业(单位)以外的单位和个人出售(包括对境外直接出口)的商品总额。它反映批发零售贸易业在国内市场上销售商品以及出口商品的总量。商品销售总额包括：⑴售给城乡居民和社会集团消费用的商品；⑵售给工业、农业、建筑业、运输邮电业、批发零售贸易业、餐饮业、服务业等作为生产、经营使用的商品；⑶售给批发零售贸易业作为转卖或加工后转卖的商品；⑷对国(境)外直接出口的商品。不包括出售本企业(单位)自用的废旧包装用品；未通过买卖行为付出的商品；经本单位介绍，由买卖双方直接结算，本单位只收取手续费的业务；购货退出的商品以及商品损耗和损失等。

批发零售贸易业库存 指报告期末各种登记注册类型的批发零售贸易企业(单位)已取得所有权的商品。它反映批发零售贸易企业(单位)的商品库存情况和对市场商品供应的保证程度。

零售额 指售给城乡居民用于生活消费和社会集团用于公共消费的商品金额。具体包括：

（1）售给城乡居民的各种生活消费品；

（2）售给入境旅游的外国人、华侨、港澳台同胞的各类商品；

（3）售给行政事业单位、社会团体、军队和武警等机构的商品，以及以零售方式售予各类企业的商品。具体包括：用于非生产和社会交往的办公用品，如通讯设备、计算器具和设备、电讯网络设备、文印设备、音像视听器材和设备、纸张、本册、文具及装订文印材料、家具、日用电器、针纺织品、清洁卫生用品、文体用品、奖品、纪念品、礼品等；供内部人员乘坐的交通工具和燃料；用于办公设施修缮的各类配件、材料、工具等；用于取暖和防暑降温的设备、燃料、材料及食品等；专用于教学的用品和设备；非营利医疗机构的中、西药品、中药材和医疗设备器材；非专用的劳动保护用品；不对外营业的内部食堂用的餐具、炊具、设备、清洁卫生工具和食品、燃料等；军队、武警用于其人员生活的衣着品和个人用品；其他各类非生产性设备和用品。不包括：

（1）售给城乡居民已确知是用于生产、经营的商品；

（2）售给各类农业生产者的生产资料类商品；

（3）售给企业单位生产上专用的劳动保护用品；

批发额 指售给国民经济各行业用于生产经营的商品金额。具体包括：

（1）售予国民经济各行业用于生产经营、勘察设计、科研试验等的商品；加油站售予生产及营运用的运输工具的石油及制品类商品；售予民政部门救灾用的商品。

（2）售予批发零售业、餐饮业和其他服务行业用于转卖的商品。

（3）直接向境外出品的商品和委托外贸部门代理出口的商品。不包括售给外贸部门出口或加工后出口的商品以及在境内市场以外币销售的商品。外贸企业只统计自主出口的商品，不包括代理出口的商品。

住宿和餐饮业经营情况

营业额 指住宿和餐饮业法人企业、产业活动单位在经营活动中因提供服务或销售商品等取得的收入。包括：客房收入、餐费收入、商品销售额（含增值税）和其他收入。

客房收入 指住宿和餐饮业法人企业、产业活动单位在经营活动中因提供住宿服务取得的客房收入。

餐费收入 指住宿和餐饮业法人企业、产业活动单位因为顾客提供就餐服务取得的收入。包括：经烹饪、调制加工后出售的各种食品，如主食、炒菜、凉拌菜等的收入。

商品销售额 指住宿和餐饮业法人企业、产业活动单位出售商品的总金额（含增值税）。

其他收入指营业额中除客房收入、餐费收入、商品销售额（含增值税）以外的其他收入。包括：娱乐、健身和商务服务等。

从业人员 指在该连锁企业工作并取得劳动报酬的年末实有人员数。包括在岗职工、再就业的离退休人员、在该企业工作的外方人员、港、澳、台方人员、兼职人员、借用的外单位人员和第二职业者。不包括离开本单位但仍保留劳动关系的职工。从业人数包括总店和全部门店以及自有配送中心的从业人数。

外贸进出口总额 指实际进出我国国境的货物总金额。包括对外贸易实际进出口货物，来料加工装配进出口货物，国家间、联合国及国际组织无偿援助物资和赠送品，华侨、港澳台同胞和外籍华人捐赠品，租赁期满归承租人所有的租赁货物，来料加工进出口货物，边境地方贸易及边境地区小额贸易进出口货物（边民互市贸易除外），中外合资企业、中外合作经营企业、外商独资经营企业进出口货物和公用物品，到、离岸价格在规定限额以上的进出口货样和广告品（无商业价值、无使用价值和免费提供出口的除外），从保税仓库提取在中国境内销售的进口货物，以及其他进出口货物。进出口总额用以观察一个国家在对外贸易方面的总规模。我国规定出口货物按离岸价格统计，进口货物按到岸价格统计。

利用外资 指我国各级政府、部门和其他经济组织通过对外借款、吸收外商直接投资以及用其他方式筹措的境外现汇、设备、技术等。

外商直接投资 指外国企业和经济组织或个人（包括华侨、港澳台胞以及我国在境外注册的企业）按我国有关政策、法规，用现汇、实物、技术等在我国境内开办外商独资企业、与我国境内的企业或经济组织共同举办中外合资经营企业、合作经营企业或合作开发资源的投资（包括外商投资收益的再投资），以及经政府有关部门批准的项目投资总额内企业从境外借入的资金。

旅游者人数

（1）入境国际旅游者人数 指来中国参观、访问、旅行、探亲、访友、休养、考察、参加会议和从事经济、科技、文化、教育、宗教等活动的外国人、华侨、港澳同胞和台湾同胞的人数。不包括外国在我国的常驻机构，如使领馆、通讯社、企业办事处的工作人员；来我国常住的外国专家、留学生以及在岸逗留不过夜人员。

（2）出境居民人数 指大陆居民因公务活动或私人事务短期出境的人数。公务活动出境居民人数包括在国际交通工具上的中国服务员工，因私出境居民人数不包括在国际交通工具上的中国服务员工。

（3）国内旅游者人数 指我国大陆居民和在我国常住1年以上的外国人、华侨、港澳台同胞离开常住地在境内其他地方的旅游设施内至少停留一夜，最长不超过6个月的人数。

旅游总收入 游客（海外游客和国内游客）在旅游过程中（由游客或游客的代表为游客）支付的一切旅游支出就是国家（省、区、市）的旅游总收入。旅游支出应包括（过夜）旅游者和一日游游客在整个游程中行、游、住、食、购、娱，以及为亲友、家人购买纪念品、礼品等方面的旅游支出，不包括为商业目的购物、购买房、地、车、船等资本性或交易性的投资、馈赠亲友的现金及给公共机构的捐赠。

旅游收入包括国际旅游（外汇）收入和国内旅游收入。

国际旅游（外汇）收入 海外旅游者在中国（大陆）境内旅行、游览过程中用于交通、参观游览、住宿、餐饮、购物、娱乐等全部花费。

国内旅游收入 指国内旅游者在国内旅行、游览过程中用于交通、参观游览、住宿、餐饮、购物、娱乐等全部花费。

Explanatory Notes on Main Statistical Indicators

Total Retail Sales of Consumer Goods refers to the amount obtained by enterprises (unites, self-employed individuals) through direct sales of non-production and non-business physical commodity to individuals and social institutions, and revenue from providing catering services. Individuals include rural and urban households as well as people from abroad; social institutions include government agencies, social organizations, military units, schools, public institutions, neighborhood (village) committees, etc.

Purchase, Sales and Stock of Commodities by Wholesale and Retail Trades refer to the total volume of commodities purchased, total volume of sales and the stock of commodities by wholesale and retail enterprises (establishments) of different types of registration (excluding individuals).

Total Purchases of Commodities refer to the total value of purchases of commodities purchased by enterprises (establishments) from other establishments or individuals (including direct import from abroad) for the purpose of re-selling, either with or without further processing of the commodities purchased. This indicator reflects the total value of commodities purchased by wholesale and retail establishments from domestic and overseas markets. The types of commodities include: (1) products purchased from agricultural and industrial producers; (2) books, magazines and newspapers purchased from distribution departments of the publishers and newspaper offices; (3) commodities purchased from wholesale and retail establishments of different types of registration; (4) commodities purchased from other units, such as surplus materials purchased from government agencies, enterprises or institutions, commodities purchased from catering and service establishments, confiscated goods purchased from customs authorities or market management agencies second-hand goods and wastes purchased from residents; and (5) commodities directly imported from abroad. Commodities excluded those purchased by establishments(units) for their own use in business operation, commodities obtained without buying or selling procedures, returned commodities, etc.

Total Sales of Commodities refer to value of commodities sold by the establishments to other establishments and individuals (including direct export). This indicator is used to show the total value of sales of commodities at domestic markets and in exports. The types of commodities sold include: (1) commodities sold to urban and rural residents and social groups for their consumption; (2) commodities sold to establishments in industry, agriculture, construction, transportation, post and telecommunications, wholesale and retail trades, hotels and catering services, and public utility for their production and operation; (3) commodities sold to wholesale and retail establishments for re-selling, with or without further processing; (4) commodities directly exported to other countries. Commodities excluded selling of waste packaging materials used by the establishments (units) themselves, commodities transferred without buying or selling procedures, commission income from brokerage in transactions for which settlement is directly handled by buyers and sellers, returned commodities, loss in commodities, etc.

Commodity Stock of Wholesale and Retail Enterprises refers to total commodities possessed by wholesale and retail enterprises (units) of various types of registration at the end of the reference period, reflecting the commodity stock level of various wholesale and retail enterprises and the potential for market supply.

Turnover of Retail Sales refers to retail goods sold to urban and rural households for household consumption and to social institutions for public consumption. Specific types of retail goods are as follows:

a) Commodities sold to urban and rural households;

b) Commodities sold to foreigners, overseas Chinese and Chinese compatriots from Hong Kong, Macao and Taiwan visiting China;

c) Commodities sold to government agencies, institutions, social organizations, military and armed police units,

and commodities to enterprises in the form of retail sales. More specifically, they include: office facilities and articles for non-production purposes such as communications equipment, computing equipment and instruments,

TV and network equipment, printing and copying equipment, audio-visual equipment and instruments, paper, notebooks, stationeries, furniture, electric appliances, knitwear, sanitation and cleaning articles, cultural and sport articles, articles for prizes, souvenirs, etc.; transport vehicles and fuels for employees; materials, spare parts and tools for the maintenance of office facilities; equipment, fuels, materials and food for winter heating or summer cooling purposes; articles and equipment for teaching purpose; Chinese and western medicines and medical equipment and facilities purchased by non profit-making medical institutes; non-specialized work safety articles; cooking utensils, tableware, equipment, cleaning articles, food and fuels purchased by in-house cafeterias; clothes and personal articles purchased by military or armed police units for their officials and soldiers; and other equipment and articles for non-production purposes.

Commodities of retail sales exclude:

(1) Commodities sold to residents for production and management;

(2) Commodities like means of production sold to agricultural producers;

(3) Labor protection products sold to enterprises during production.

Turnover of Wholesale Sales refers to the amount of commodities sold to industries of national economy for production and management. Specific types of retail goods are as follows:

(1) Commodities sold to industries for production and management, survey and design and scientific researches, Oil and oil products permitted by gas station to produce and be used to traffic tools and relief goods sold to Ministry of Civil Affairs.

(2) Commodities sold to retailers, catering and other service industries to resale.

(3) Commodities directly exported overseas or exported by Foreign Trade Department, excluding commodities sold to Foreign Trade Department to export, processed commodities for export and commodities sold in foreign currencies at domestic market. Commodities of foreign trade enterprises only count those exported themselves, not including commodities by export broker.

Accommodation and catering

Business Revenue refers to revenue of hotels and catering services received from providing services or selling commodities through business activities, including income from hotels, from catering services, from selling of commodities(including value added tax) and from other services.

Income from Hotel Rooms refers to income of corporate enterprises and establishments by providing lodging services.

Income from Catering Services refers to income of corporate enterprises and establishments by providing catering services, including selling of cooked or prepared foods such as staple food, cooked dishes or cold dishes.

Income from Serving Meals refers to income of corporate enterprises and establishments by serving customers meals. Types of meals include all kinds of food cooked and flavoured such as staple food, stir-fried and cold vegetable dishes in sauce.

Income from Selling of Commodities refers to income of corporate enterprises and establishments by selling commodities that accompany the services they provide (including value added tax). Income from other activities refers to those other than income from hotel rooms, catering services or selling of commodities, such as income from providing recreational, fitness or business services.

Employed Persons refer to all those who are employed in enterprises and receive remunerations there, including currently working employees, retirees who are re-employed, teachers of local-run schools, as well as foreigners, staff from Hong Kong, Macao and Taiwan, part-time employees and persons with second job who are employed by the enterprises, and employees of other units temporarily working in the enterprises, but excluding former employees who left the enterprises with their employment records still being kept by the enterprises.

Total Volume of Imports and Exports refers to the real value of commodities imported and exported across the border of China. They include the actual imports and exports through foreign trade, imported and exported goods under the processing and assembling trades and materials, supplies and gifts as aid given gratis between governments and by the United Nations and other international organizations, and donations by overseas Chinese, compatriots in Hong Kong and Macao and Chinese with foreign citizenship, leasing commodities owned by tenant at the expiration of leasing period, the imported and exported commodities processed with imported materials, commodities trading in border areas (excluding mutual exchange goods), the imported and exported commodities and articles for public use of the Sino-foreign joint ventures, cooperative enterprises and ventures with sole foreign investment. Included in this category are also imports or exports of samples and advertising goods for whose CIF or FOB value are beyond the permitted ceiling (excluding goods of no trading or use value and free commodities for export), imported goods sold in China from bonded warehouses and other imported or exported goods. This indicator can be used to observe the total size of external trade in a country. In accordance with the stipulation of the Chinese government, imports are calculated at CIF, while exports are calculated at FOB.

Utilization of Foreign Capital refers to remittance, equipment and technology financed from abroad, by loans, foreign direct investment and other forms undertaken by the governments at all levels, by various departments, enterprises and other economic units.

Foreign Direct Investment refers to the investments inside China by foreign enterprises and economic organizations or individuals (including overseas Chinese, compatriots from Hong Kong, Macao and Taiwan, and Chinese enterprises registered abroad), following the relevant policies and laws of China, for the establishment of ventures exclusively with foreign own investment, Sino-foreign joint ventures and cooperative enterprises or for co-operative exploration of resources with enterprises or economic organizations in China. It includes the reinvestment of the foreign entrepreneurs with the profits gained from the investment and the funds that enterprises borrow from abroad in the total investment of projects which are approved by the relevant department of the government.

Number of Tourists

（1）International tourists refer to foreigners, overseas Chinese, Chinese compatriots from Hong Kong, Macao and Taiwan coming to China for sight-seeing, visits, tours, family reunions, vacations, study tours, conferences and other activities of a business, scientific and technological, cultural, educational and religious nature. It does not include representatives and employees of resident institutions of foreign countries in China such as embassies, consulates, news agencies and offices of foreign companies and organizations, nor does it include long-term foreign experts or students residing in China, or persons in transition without spending a night in China.

（2）Number of local residents going abroad refers to the number of mainland China residents who go abroad either for official business or for private affairs. The quantity of Chinese workers who serve in the international transportation vehicles are included in those who go for official business, but those for private affairs are not included.

（3）Number of domestic tourists refers to the quantity of people who leave their living places to stay in tourism destinations for at least one night but no more than 6 months, including mainland China residents, foreigners, residents from Hong Kong, Macao and Taiwan who lived in China for more than one year.

Total Tourism Revenue refers to the total expenditure of foreigners, overseas Chinese, Chinese compatriots from Hong Kong, Macao and Taiwan and domestic tourists spending during their stay in mainland China on transportation, sighting, accommodation, food, shopping, entertainment, souvenirs and gifts for their friends and families, excluding the expenses on commercial shopping, houses, lands, cars, ships, cash given to friends and families and donations.

Tourism Revenue includes foreign exchange earnings from international tourism and income from domestic tourism.

Foreign Exchange Earnings from International Tourism refers to the total expenditure of foreigners, overseas Chinese, Chinese compatriots from Hong Kong, Macao and Taiwan during their stay in mainland China on transportation, sightseeing, accommodation, food, shopping and entertainment.

Income from Domestic Tourism refers to expenditure of domestic tourists on transportation, sighting,

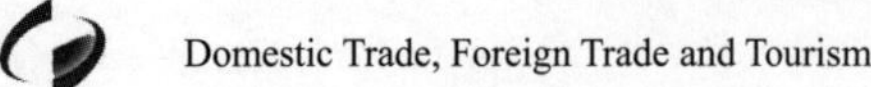

accommodation, food, shopping and entertainment while they travel.

11
Eleven

交通、运输、邮电、城市公用事业

Traffic, Transportation, Postal and Telecommunication Services, Urban Public Utilities

2016年民用车辆拥有量（辆）

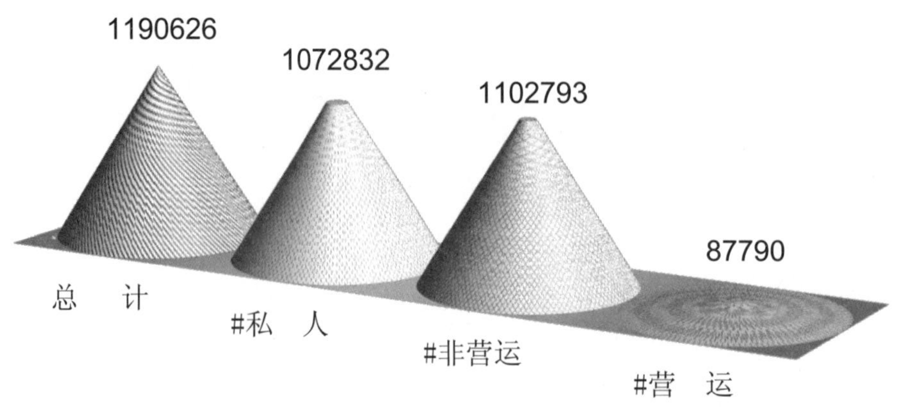

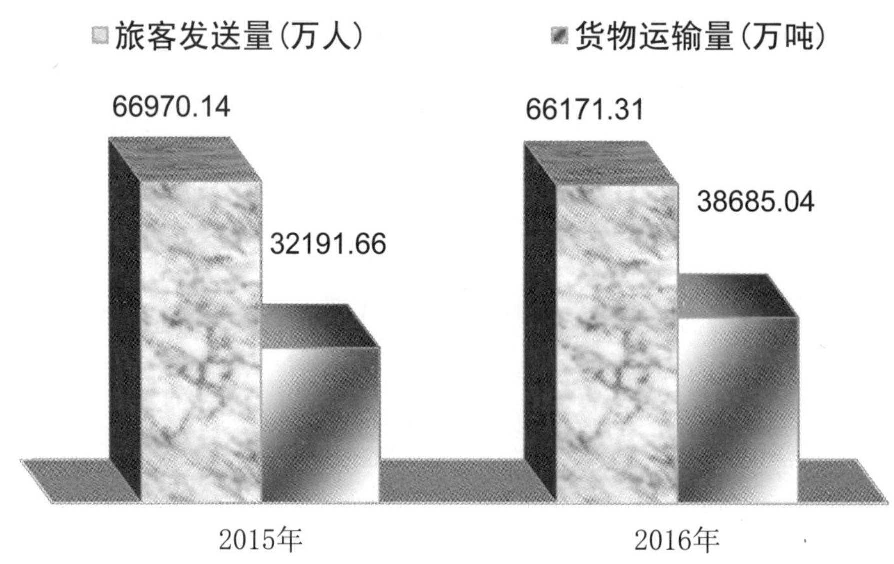

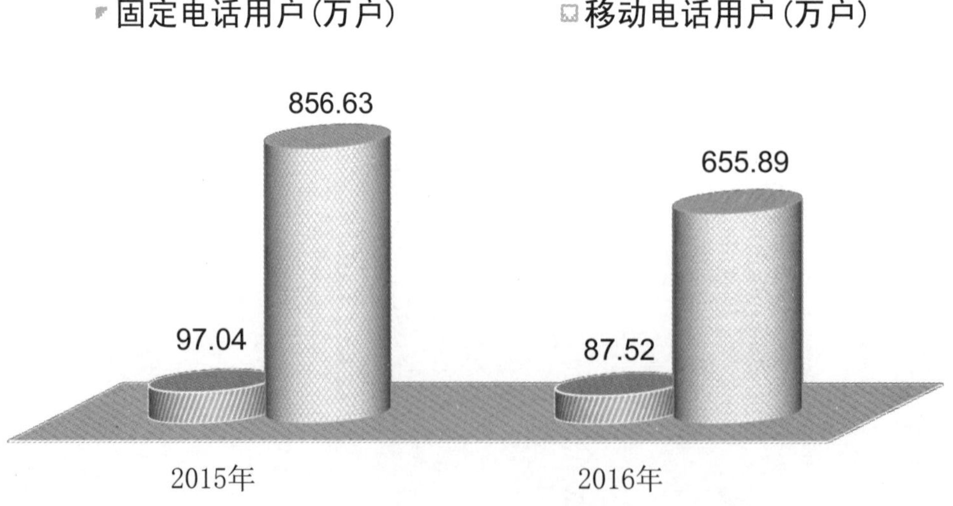

全年供水总量
#生产用量
#生活用量
单位：万立方米
29634
2592
18498
34350
3284
22255
2015年
2016年

2016年城市用气

24903
9854
44000
44000
液化石油气供气总量（万吨）
#家庭用量
液化石油气供气总量（万吨）
#家庭用量

建成区绿化覆盖面积
建成区园林绿地面积
单位：公顷
20000
15000
10000
5000
11533
11115
12182
11744
2015年
2016年

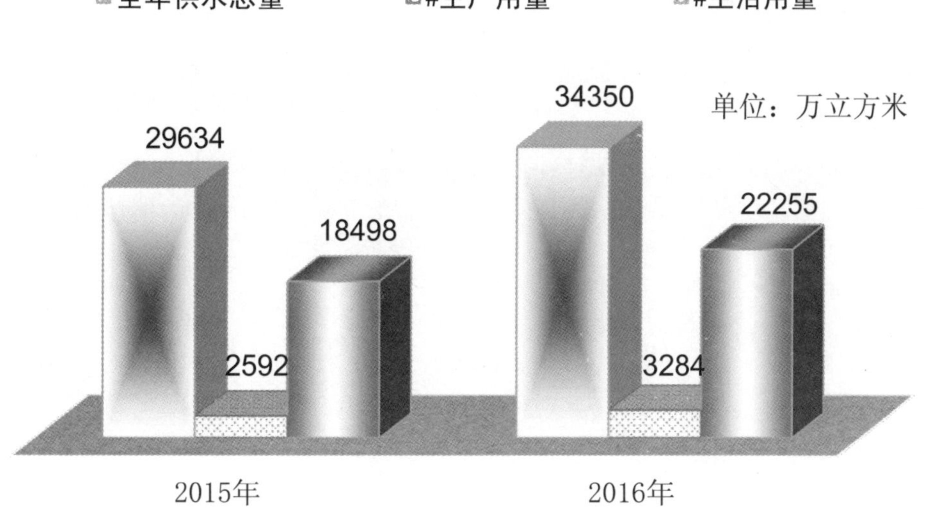

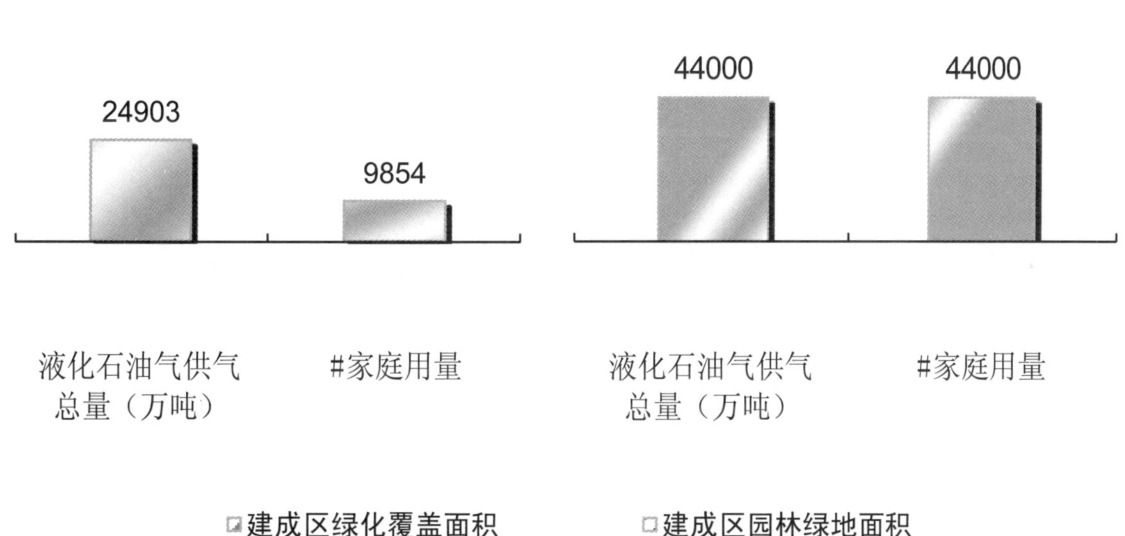

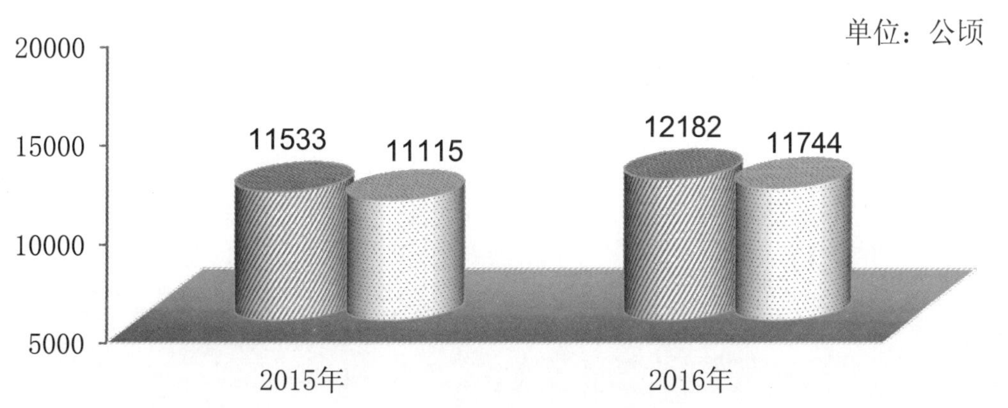

11-1 民用车辆拥有量(2016年)
Possession of Civil Vehicles(2016)

单位：辆 (unit)

指 标	Item	总 计 Total	营 运 Commercial Vehicle	非营运 Non-commercial Vehicle	#进 口 Imported	#个 人 Private	#新注册 Newly Registered	报 废 Eliminated
民用车辆合计	**Total Civil Vehicles**	**1190626**	**87790**	**1102793**	**50133**	**1072832**	**135703**	**5374**
汽 车	**Cars**	**916740**	**86954**	**829743**	**49704**	**800380**	**98817**	**5296**
载客汽车	Passenger Vehicles	771636	22997	748596	49575	686547	85758	4415
大 型	Large	9126	5748	3342	33	189	1948	371
中 型	Medium	3494	1146	2341	130	608	326	268
小 型	Small	745985	16103	729882	48987	673336	83305	3423
微 型	Minicar	13031		13031	425	12414	179	353
载货汽车	Trucks	134670	61845	72825	105	107499	11700	822
重 型	Heavy	22070	19559	2511	40	11939	1261	107
中 型	Medium	11294	10437	857	3	9310	216	59
轻 型	Light	101220	31842	69378	62	86188	10223	647
微 型	Mini	86	7	79		62		9
其它汽车	Others	10434	2112	8322	24	6334	1359	59
三轮汽车	Tricar	1466	21	1445		1459	100	
低速汽车	Low-speed Cars	1987	738	1249		1928	525	
摩托车	**Motorcycle**	**273022**	**16**	**273006**	**429**	**272318**	**36686**	**76**
普 通	Ordinary	268014	16	267998	429	267323	36604	74
轻 便	Lightweight	5008		5008		4995	82	2
挂 车	**Trailer**	**864**	**820**	**44**		**134**	**200**	**2**

注：机动车驾驶员1665516人，其中汽车驾驶员1548953人。
a) The number of vehicle drivers was 1,665,516 and the number of car drivers was 1,548,953 in 2016.

11-2 旅客运量及货物运输量
Passenger and Freight Traffic

指 标	Item	2016	2015	2016年比2015年增长(%) Grwoth Rate in 2016 over 2015(%)
旅客发送量(万人)	**Total Passenger Traffic (10 000 persons)**	**66171**	**66970**	**-1.2**
铁 路	Railways	2204	2019	9.1
公 路	Highways	62385	63580	-1.9
航 空	Aviation	1511	1325	14.0
水 运	Waterways	72.00	46.24	55.7
货物运输量(万吨)	**Total Freight Traffic (10 000 tons)**	**38685**	**32192**	**20.2**
铁 路	Railways	1313	1264	3.9
公 路	Highways	37355	30915	20.8
航 空	Aviation	9.59	8.72	10.0
水 运	Waterways	7.53	4.34	73.5

11-3 邮电线路及通信工具拥有量
Number of Postal Routes and Telecommunication Facilities

指标		Item		2016	2015	2016年比2015年增长(%) Growth Rate in 2016 over 2015(%)
邮路总条数	**(条)**	**Total Postal Routes**	**(line)**	**161**	**142**	**13.4**
邮路总长度(单程)	**(公 里)**	**Length of Postal Rou**	**(km)**	**19694**	**49717**	
汽车邮路	(公 里)	Highway Routes	(km)	19694	13061	**50.8**
铁路邮路	(公 里)	Railway Routes	(km)		2536	
航空邮路	(公 里)	Air Mail Routes	(km)		34120	
农村投递线路总长度	**(公 里)**	**Rural Delivery Rout**	**(km)**	**3413**	**5838**	**-41.5**
电话交换机容量	**(万 门)**	**Capacity of Telepho**	**(10 000 lines)**	**1100**	**1137**	**-3.3**

注：1)2016年贵阳市邮政公司停止铁路运输业务，铁路邮路为0；
2)2016年航空邮件由民航代运，邮航没有直达贵阳的航线，航空邮路为0；

a) The number of railways routes is zero, because Guiyang Post Company closed railways routes business in 2016.

b) Air mails act on civil aviation's behalf, there is not air mail routes arriving in Guiyang directly, so the number of air mail routes is also zero in 2016.

11-4 邮电业务量
Statistics on Postal and Telecommunication Services

指标		Item		2016	2015	2016年比2015年增长(%) Growth Rate in 2016 over 2015(%)
邮电业务收入	**(万 元)**	**Business Revenue of Postal and Telecommunication Services**	**(10 000 yuan)**	**785279**	**680462**	**15.4**
电信业务收入	(万 元)	Business Revenue of Telecommunication Services	(10 000 yuan)	628295	575072	9.3
邮政业务收入	(万 元)	Business Revenue of Postal Services	(10 000 yuan)	156984	105390	49.0
函　件	(万 件)	Numbers of Letters	(10 000 pcs)	978	662	47.7
包　件	(万 件)	Package	(10 000 pcs)	2	10	-80.0
特快专递	(万 件)	Pieces of Express Mail Services	(10 000 pcs)	5929	4041	46.7
汇　票	(万 张)	Postal Order	(10 000 pcs)	33	47	-29.8
订销报纸	(万 份)	Issue of Newspapers	(10 000 copies)	8011	11953	-33.0
订销杂志	(万 份)	Issue of Magazines	(10 000 copies)	386	892	-56.7
邮电业务总量	**(万 元)**	**Business Volume of Postal and Telecommunication Services**	**(10 000 yuan)**	**2002777**	**1322408**	**51.4**
电信业务总量	(万 元)	**Business Volume of Telecommunication Services**	(10 000 yuan)	1861528	1214085	53.3
邮政业务总量	(万 元)	Business Volume of Postal Services	(10 000 yuan)	141249	108323	30.4
年末固定电话用户	**(万 户)**	**Number of Fixed Telephone Subscribers at Year-end**	**(10 000 subscribers)**	**87.52**	**97.04**	**-9.8**
#城市电话用户	(万 户)	Urban Fixed Telephone Subscribers	(10 000 subscribers)	80.83	90.06	-10.2
#住宅电话用户	(万 户)	Household Fixed Telephone Surbscribers	(10 000 subscribers)	49.97	53.88	-7.3
农村电话用户	(万 户)	Rural Fixed Telephone Subscribers	(10 000 subscribers)	6.68	6.98	-4.3
#住宅电话用户	(万 户)	Household Fixed Telephone Subscribers	(10 000 subscribers)	6.20	6.49	-4.5
#公用电话用户	(万 户)	Public Telephone	(10 000 subscribers)	2.87	6.86	-58.1
移动电话用户	**(万 户)**	**Mobile Telephone Subscribers**	**(10 000 subscribers)**	**655.89**	**856.63**	**-23.4**
#3G用户数	**(万 户)**	**3G Subscribers**	**(10 000 subscribers)**	**60.89**	**203.58**	**-70.1**
宽带上网用户	**(万 户)**	**Broadband Internet Subscribers**	**(10 000 subscribers)**	**123.65**	**116.15**	**6.5**
互联网用户数	**(万 户)**	**Internet Subscribers**	**(10 000 subscribers)**	**621.04**	**459.50**	**35.2**

注：1)邮政数据来源于市邮政管理局；
2)邮政储蓄期末余额划分为银行业务，不再单独统计。

a) Postal data came from Municipal Postal Service;

b) The postal savings ending balance has been put under the banking business, no separate statistics any more.

11-5 自来水、公共汽车基本情况
Basic Statistics on Tap Water Supply and Buses

指　　标		Item		2016	2015
水　厂	(个)	Water Plant	(unit)	11	8
综合生产能力	(万吨/日)	Production Capacity of Water Supply	(10 000tons/day)	143.50	115.64
供水管道长度	(公　里)	Length of Water Supply Pipelines	(km)	4167.54	4064.56
全年供水总量	(万立方米)	Total Annual Volume of Water Supply	(10 000cu.m)	34350.09	29633.97
#生产用量	(万立方米)	For Productive Use	(10 000cu.m)	3283.92	2592.00
生活用量	(万立方米)	For Residential Use	(10 000cu.m)	22255.40	18498.33
用水户数	(万　户)	Registered Subscribers	(10 000subscribers)	99.66	78.62
#家庭用户	(万　户)	Household Subscribers	(10 000subscribers)	94.49	72.47
用水人口	(万　人)	Number of Residents with Accessto Tap Water	(10 000 persons)	360	355.06
年末实有公共汽车(电)车营运车辆数	(辆)	Number of Buses (Trolley) under Operation at Year-end	(unit)	2759	2738
公共汽(电)车营运标准车台数	(标　台)	Number of Buses (Trolley) under Operation	(unit)	3498	3536
公共汽(电)车营运线路网长度	(公　里)	Length of Buses (Trolley) under Operation	(km)	778	714
全年公共汽(电)车客运总量	(万人次)	Passengers Transported by Public Vehicles of the Whole Year	(10 000 person-times)	53569	57584
年末实有出租汽车数	(辆)	Number of Taxis at Year-end	(unit)	8034	7849

注：本表数据为市辖区数。
a) All statistics in the table came from Guiyang Municipal Districts.

11-6 市政设施和城市燃气情况
Basic Statistics on Municipal Infrastructure and Supply of Gas in Cities

指　　标		Item		2016	2015
道路长度	(公　里)	Length of Paved Roads	(km)	1306	1307
道路面积	(万平方米)	Area of Paved Roads	(10 000sq.m)	2643	2645
#人行道	(万平方米)	Area of Pavements	(10 000sq.m)	862	862
桥梁数	(座)	Number of City Bridges	(unit)	345	375
排水管道长度	(公　里)	Length of City Sewage Pipes	(km)	3424	3523
路灯盏数	(万　盏)	Number of Street Lights	(10 000units)	22.57	22.57
天然气供气总量	(万立方米)	Volume of Natural Gas Supply	(10 000cu.m)	24903	20500
#家庭用量	(万立方米)	Consumption of Natural Gas for Residential Use	(10 000cu.m)	9854	8658
用天然气户数	(万　户)	Number of Households Using Coal Gas	(10 000households)	89.27	74.32
#家庭用户	(万　户)	Residential Users	(10 000households)	88.78	73.87
用天然气人口	(万　人)	Population with Access to Coal Gas	(10 000persons)	252	210
液化石油气供气总量	(万　吨)	Volume of Liquefied Petroleum Gas Supply	(10 000tons)	4.40	4.20
#家庭用量	(万　吨)	Consumption of LPG for Residential Use	(10 000tons)	4.40	4.20
用液化气户数	(万　户)	Number of Households Using Liquefied Gas	(10 000households)	20.5	20.5
#家庭用户	(万　户)	Residential Users	(10 000households)	20.5	20.5
用液化石油气人口	(万　人)	Population with Access to Liquefied Petroleum	(10 000persons)	72	72

11-7 园林绿化和环境保护
Basic Statistics on Parks, Gardens and Green Areas and Environment Protection

指标		Item		2016	2015
建成区绿化覆盖面积	(公 顷)	Green Coverage of Built-up Districts	(hectare)	12182	11533
建成区园林绿地面积	(公 顷)	Area of Parks and Greenland in Built-up Districts	(hectare)	11744	11115
建成区公园绿地面积	(公 顷)	Area of Public Greenland in Built-up Districts	(hectare)	3601	3065
建成区绿地率	(%)	The Rate of Green Land in Built-up Districts	(%)	39.3	37.2
建成区绿化覆盖率	(%)	Green Coverage Rate in Built-up Districts	(%)	40.7	38.6
人均公园绿地面积	(平方米/人)	Per Capita Public Green Areas	(sq . m/per person)	12.86	10.95
公园数	(个)	Number of Parks	(unit)	249	14
公园面积	(公 顷)	Area of Parks	(hectare)	9133	2598
道路清扫面积	(万平方米)	The Area of Road Swept and Cleaned	(10 000 sq . m)	4556	3012
生活垃圾清运量	(万 吨)	Volume of Consumption Wastes Treated	(10 000 tons)	118.74	111.88
生活垃圾粪便无害化处理量	(万 吨)	Volume of Consumption Wastes and Excrement Harmlessly Treated	(10 000 tons)	115.73	110.72
城市生活垃圾无害化处理率	(%)	Rate of Harmlessly Treating ConsumptionWastes	(%)	97.47	95.09
城市生活垃圾粪便无害化处理率	(%)	Rate of Harmlessly Treating Consumption Wastes and Excrement	(%)	97.47	95.13
公厕数量(水冲式)	(座)	The Number of Public Latrine(Flushing)	(unit)	586	540
环卫机械总数(环卫专用车总数)	(台)	Total Number of Environmental Sanitary Machines(Total Number of Environmental Sanitary Vehicles)	(unit)	1775	1203
废水排放总量	(万 吨)	Total Volume of Waste Water Discharged	(10 000 tons)	33975	28686
工业废水排放总量	(万 吨)	Total Volume of Industrial Waste Water Discharged	(10 000 tons)	3768	2700
工业废气排放总量	(亿标立方米	Total Volume of Waste Gas	(100 million standard sq . m)	6096	2322
二氧化硫排放总量	(万 吨)	Total Volume of SO2 Emission	(10 000 tons)	6.99	10.36
#工业二氧化硫排放量	(万 吨)	Volume of Industrial Sulphur DioxideDischarged	(10 000 tons)	4.04	5.72
烟尘排放总量	(万 吨)	Total Volume of Smoke and Dust Discharged	(10 000 tons)	1.70	2.90
工业固体废物产生量	(万 吨)	Volume of Industrial Solid Wastes Produced	(10 000 tons)	1417.80	1200.98

注：生态委于2014年7月按《国家园林城市遥感调查与测试要求》(建城园函［2010］150号)标准，以覆盖贵阳市建成区(299平方公里)、贵阳市规划区(1230平方公里)和市域范围(8034平方公里)卫星遥感数据为基础数据源开展相应调查，调整指标统计口径和范围，数据不可比。

a) According to the standards of "National Garden City Remote Sensing Survey and Testing Requirements"(Letter No. 2010150, the city park), based on the satellite remote sensing data of Guiyang built-up area(299sq.km.), Guiyang planning area(1230sq.km.) and Guiyang city region (8034sq.km.), Guiyang Ecology Committee stared to investigate in July 2014, and adjusted the investigation caliber and region, so the data is

主要统计指标解释

民用汽车拥有量 指报告期末，在公安交通管理部门按照《机动车注册登记工作规范》，已注册登记领有民用车辆牌照的全部汽车数量。汽车拥有量统计的主要分类：根据汽车结构分为载客汽车、载货汽车、其他汽车；根据汽车所有者不同分为个人(私人)汽车、单位汽车；根据汽车的使用性质分为营运汽车、非营运汽车；根据汽车大小规格不同，载客汽车分为大型、中型、小型和微型，载货汽车分为重型、中型、轻型和微型。

货(客)运量 指在一定时期内，各种运输工具实际运送的货物(旅客)数量。货运按吨计算，客运按人次计算。货物不论运输距离长短、货物类别，均按实际重量统计。旅客不论行程远近或票价多少，均按一人一次客运量统计；半价票、小孩票也按一人统计。

铁路旅客运量 指在一定时期内使用铁路客车运送的旅客人数。铁路旅客运量的计算方法：不论票价多少或行程长短，均按单程计算为一人次；不足购票年龄免购客票的儿童，不记运量；月、季票按往返 25 人计算。因地方铁路管理体制改变，各地可以辖区内的铁路火车站为基本统计单位进行客货发送量统计。

公路客（货）运量 统计范围为在公路运输管理部门注册登记从事公路运输的营业性载客汽车和营业性货运车辆一定时期内实际运送的旅客（货物）数量。

水运客运量 指水运企业及其他单位在一定时期内实际运送的旅客人数。

民用航空客运量 指公共航空运输飞行所载运的旅客人数。成人和儿童各按一人计算，婴儿不计人数。每一特定航班的每一旅客只计算一次。唯一例外的是，乘坐定期航班既经过国内航段又经过国际航段的旅客，同时计算一个国内旅客和一个国际旅客。

民用航空货邮运量 指航空站在一年内从航站发运的行李、邮件、货物的重量总和。包括始发运量和联运量。发运量是根据进出港舱单、载重表等原始记录计算的。

邮电业务总量 指以价值量形式表现的邮电通信企业为社会提供各类邮电通信服务的总数量。邮电业务量按专业分类包括函件、包件、汇票、报刊发行、邮政快件、特快专递、邮政储蓄、集邮、公众电报、用户电报、传真、长途电话、出租电路、市话无线寻呼、移动电话、分组交换数据通信、出租代维等。计算方法为各类产品乘以相应的平均单价(不变价)之和，再加上出租电路和设备、代用户维护电话交换机和线路等的服务收入。其计算公式为：

邮电业务总量＝Σ（各类邮电业务量×不变单价）+出租代维及其他业务收入

邮政、电信业务收入 指邮电、通信企业通过生产经营活动所取得的全部业务收入，包括邮政、长途电信、本地电话等各项主营业务收入和地方国有通信收入。统计范围改为全社会所有从事电信运营的企业（即中国电信、中国移动、中国联通三家基础电信企业），邮政企业和年业务收入 200 万元以上的快递企业。

移动电话用户 指在移动电话营业部门登记，通过移动电话交换机进入移动电话网、占有移动电话号码的电话用户。用户数量以实际办理登记手续进入邮电部门移动电话网的户数进行计算，一部或一台移动电话统计为一户。

固定电话用户 指接入国家公众固定电话网，并按固定电话业务进行经营管理的电话用户。

城市电话用户 指直辖市、省辖市、地级市、县级市的市区、市郊区及县城（包括县人民政府所在地的县城关区或行政建制相当于县人民政府所在地的镇）范围内接入局用交换机的电话用户数，包括分布在农村地区的独立工矿区、林区、驻军等电话用户数。

农村电话用户 指按行政区划属于城市范围内以外的乡镇、村的电话用户数

供水综合生产能力 指城建部门系统自来水公司所属自来水厂及各单位自备水源取水、净化、送水、出厂输水干管等环节的综合生产能力，以四个环节中最薄弱的环节为主确定能力，超负荷运行增加的能力不应计算。

城市供水总量 指报告期供水企业(单位)供出的全部水量，包括有效供水量和漏损水量，不包括开水直接利用量。

居民生活用水量 指城市范围内所有居民家庭的日常生活用水。包括城市居民、农民家庭、公共供水

站用水。

用水人口 指供应生活用水的年末实际人口。包括非农业人口和农业人口。

供气总量（人工、天然气） 指城市煤气企业向城市生产用户、家庭用户和其他用户供应的全部煤气量，包括外购及损失量。

用气人口 指报告期末家庭用户的用气人口。

年末实有公共汽(电)车营运车辆数 指城市公共交通企业可参加营运的全部车辆数。包括技术完好的、在修的、待修的、长期停驶的，以及拟报废尚未经上级主管部门批准报废的运营车辆数。不包括公交企业的油罐车、货车和其他专用车等非运营车，也不包括借入、租入的客运车辆。

全年公共汽(电)车客运总量 指运送乘客的总人数。包括普通票乘客人次，月票乘客人次和包车乘客人次。

年末实有出租汽车数 指经有关部门批准的专门从事出租业务的一切营业车辆。包括轿车、面包车、大客车。

年末实有城市道路面积 指路面经过铺筑的路面宽度在3.5米以上(含3.5米)的道路。包括高级、次高级道路和普通道路，不包括街道内部路面宽度不足3.5米的胡同、里弄。

道路面积只包括路面面积和与道路相通的广场、桥梁、停车场面积。不包括街心花坛、侧石、人行道和路肩的面积。

排水管道长度 排水管道是指汇集和排放污水、废水和雨水的管渠及其附属设施所组成的系统。包括干管、支管以及通往处理厂的管道，无论修建在街道上或其他任何地方，只要是起排水作用的管道，都应作排水管道统计。

绿地面积 指报告期末用作园林和绿化的各种绿地面积。包括公园绿地、生产绿地、防护绿地、附属绿地和其他绿地的面积。

公园绿地面积 指城市中向公众开放的、以游憩为主要功能，有一定的游憩设施和服务设施，同时兼有健全生态、美化景观、防灾减灾等综合作用的绿化用地。包括综合公园、社区公园、专类公园、带状公园和街旁绿地。其中综合公园、专类公园和带状公园面积之和为公园面积。

建成区绿化覆盖面积 指城市建成区内各单位管理的一切用于绿化的乔灌木和多年生草本植物的垂直投影面积。包括园林绿地以外的道路绿化覆盖面积(即道路的隔离带、中心绿岛和林荫道及行道树的覆盖面积)和单株树木的覆盖面积。

工业废水排放总量 指经过企业厂区所有排放口排到企业外部的工业废水量。包括生产废水、外排的直接冷却水、超标排放的矿井地下水和与工业废水混排的厂区生活污水，不包括外排的间接冷却水(清污不分流的间接冷却水应计算在内)。

工业废气排放总量 指报告期内企业厂区内燃料燃烧和生产工艺过程中产生的各种排入大气的含有污染物的气体的总量，以标准状态(273K，101325Pa)计算。测算公式为：

工业废气排放量=燃料燃烧过程中废气排放量+生产工艺过程中废气排放量

工业烟尘排放总量 指企业厂区内燃料燃烧过程中产生的烟气中夹带的颗粒物排放量。

工业固体废物产生量 指报告期内企业在生产过程中产生的固体状、半固体状和高浓度液体状废弃物的总量，包括危险废物、冶炼废渣、粉煤灰、炉渣、煤矸石、尾矿、放射性废物和其他废物等。不包括矿山开采的剥离废石和掘进废石(煤矸石和呈酸性或碱性的废石除外)。酸性或碱性废石指采掘的废石其流经水、雨淋水的pH值小于4或pH值大于10.5者。

生活垃圾清运量 指报告期内收集和运送到垃圾处理厂(场)的生活垃圾数量。生活垃圾指城市日常生活或为城市日常生活提供服务的活动中产生的固体废物以及法律行政规定的视为城市生活垃圾的固体废物。包括：居民生活垃圾、商业垃圾、集市贸易市场垃圾、街道清扫垃圾、公共场所垃圾和机关、学校、厂矿等单位的生活垃圾。

生活垃圾无害化处理率 指报告期生活垃圾无害化处理量与生活垃圾产生量比率。在统计上，由于生活垃圾产生量不易取得，可用清运量代替。计算公式为：

生活垃圾无害化处理率=生活垃圾无害化处理量/生活垃圾产生量×100%

Explanatory Notes on Main Statistical Indicators

Possession of Civil Motor Vehicles refer to the total number of vehicles that are registered and received vehicles license tags according to the *Work Standard for Motor Vehicles Registration* formulated by the Transport Management Office under the department of public security at the end of the reference period. They are divided into categories. According to the structure of motor vehicles, they are divided into passenger vehicles,trucks and others; according to ownership into private vehicles and vehicles for the unit's use; according to kind of usage into working vehicles and non-working vehicles and according to size of vehicles into large passenger vehicles, medium-sized passenger vehicles, small passenger vehicles and mini passsenger vehicles, heavy trucks, light-heavy trucks, light trucks and mini-trucks.

Freight (Passenger) Traffic refers to the weight of freight (number of passenger) transported with various means within a specific period of time. Freight transport is calculated in tons and passenger traffic is calculated in terms of the actual weight of the goods and takes no account of the type of freight and distance of diatance, Passenger traffic is calculated by the principle that one person can be counted only once in one trip and takes no account of the travelling distance and ticket price. The passengers who travel with a half price ticket or a child's ticket is also calculated as one person.

Railway (Passenger) Tranffic refers to the weight of freight (number of passenger) transported with railway within a specific period of time. Passenger traffic is calculated by the principle that: a) one person can be counted only once in one trip and takes no account of the travelling distance and ticket price. b) children eligible for free ticket are not calculated; c) persons with monthly or season tickets shall be regarded as 25 passengers. Besides, due to the change of management system of local railway, every district has the right to calculate the volume of passengers through railway stations within its district as the basic statistic unit.

Highway Passenger (Freight) Traffic refers to the actual quantity of cargos delivered with commercial freight cars and passengers travelling with commercial passenger service vehicles in a given period. Besides, these commercial vehicles shall be registered at Management Department of Highway Transportation.

Water Traffic refers to the actual quantity of passengers travel with means of transport provided by water transportation enterprises and other units in a given period.

Civil Aviation Passenger Traffic refers to the quantity of passengers travels with means of public air transport in a given period. In the process of calculation, both adults and children shall be regarded as statistic units but infants shall not. And every passenger of ever particular flight shall be counted only once. But there is one exception that one passenger taking a scheduled flight which both flies across domestic and international sectors can be counted twice and regarded as a domestic and a international passenger at the same time.

Civil Aviation Delivery of Cargos and Mails refers to the total weight of luggage, mails and cargos delivered from air terminals within one year. It includes the total weight of originating and multimodal transport. And the weight of transport is calculated at such original records as listed in shipping bills and load sheets.

Business Volume of Post and Telecommunications refers to the total amount of postal and telecommunication services, expressed in value terms, provided by the post and telecommunication departments for society. According to professional classification, post and telecommunication services can be classified as letters, package, postal order, issue of newspapers and periodicals, QMX, EMS, postal savings, stamps for collection, public telegraphs, facsimiles, long-distance telephone service, leasing of telephone lines, mobile telephone service, communication of packet switched data, maintenance, etc. The calculation method is to multiply the service products of all types with their average unit price (constant price) to get the total business value and to plus the result with income from other services such as leasing of telephone lines and equipments as well as maintenance of telephone switchboards and lines for customers.

The formula is as follows:

Business volume of post and telecommunications = ∑(transaction of post and telecommunication services × price [constant price]) + income from leasing, maintenance and other services

Post and Telecommunications Revenue refers to total income from all production and operating activities of post and telecommunication enterprises, including main business incomes from post, telecommunication and local call services as well as from local state-owned telecommunication services. Besides, this year the statistical range has changed into all enterprises engaged into telecom operation (namely China Telecom, China Mobile Communication Corporation and China Unicom), postal enterprises and express enterprises with an annual business income above 2 million yuan.

Mobile Telephone Subscribers refer to persons who have registered at postal and telecommunication institutions and are hence connected with the mobile telephone communication network through the mobile telephone switchboards and occupy moble phone numbers. The number of subscribers is calculated at the actual subscribers who have gone through all the register formalities and are connected with the mobile telephone communication network. Besides, one mobile telephone owner is treated as a subscriber.

Fixed-line Phone Subscribers refer to all subscribers who are connected to the national public fixed-line telephone network and enjoy fixed telephone services.

Urban Telephone Subscribers refer to the number of telephone subscribers located at the municipalities directly under the Central Government, cities under the jurisdiction of province, cities at prefecture level, downtowns and suburb of city at county level town and county towns (including country towns where county governments located and towns rank at county level according to the administrative organizational system) and subscribers in rural mineral areas, forest area and military areas.

Rural Telephone Subscribers refer to telephone subscribers located at counties (towns) and villages outside the coverage of urban areas according to administrative jurisdiction.

Production Capacity of Water Supply refers to comprehensive productive capacity of waterworks and various units affiliated to water supplying companies of city constructing departments to fetch water from self-contained water source, to purify water, to deliver water and to build water transmission main pipes. The capacity is determined mainly on the weakest og the above-mentioned four segments, excluding the capacity increased through overload operation.

Total Volume of Urban Water Supply refers to the total volume of water supplied by water-works (units) during the reference period, including both the efective water supply and loss during the water supply, excluding the volume of boiling water directly available.

Consumption of Water for Household Use refers to consumption of water for daily life of all households in cities, including households of urban residents, farmers and public water supply stations.

Population Consuming Water refers to the actual population consuming domestic water calculated at year-end. The population includes both nonagricultural and agricultural population.

Volume of Gas Supply (Artificial and Natural Gas) refers to total volume of gas provided to urban production users, households and other users by gas-producing enterprises, including the volume purchased and lost gas.

Population Consuming Gas refers to number of domestic consumers consuming gas calculated at the end of reference period.

Number of Buses (Trolley) under Opereation at Year-end refers to total number of vehicles urban public transport enterprises put into operation, including those which are technologically intact, under repair, to be repaired, out of use for a long time and number of operating vehicles which are about to be scraped but haven't been scraped without the permission of superior competent departments. But the actual quantity of operating vehicles excludes fuel tank cars and trucks of public transport enterprises, other non-operating special purpose vehicles as well as borrowed and rented passenger service vehicles.

Passenger Traffic of Buses (Trolley) All Year Round refers to total number of passengers, including passengers travel with tickets of standard fares and monthly tickets as well as passengers who charter buses.

Number of Taxies under Opereation at Year-end refers to all business vehicles used in rental business with the permission of related departments, including cars, minibuses and motor buses.

Area of Urban Paved Roads at Year-end refers to the total land area of roads the width of whose pavement are over 3.5 (include 3.5) meters. And the roads used as statistical units include high level, sub-high level and general roads but exclude lanes and alleys the width of whose pavement are below 3.5 meters.

Besides, road area consists of only the land areas of pavements as well as those of squares, bridges and parking lots which are connected with roads, excluding the land areas of flower beds in the city center, curbstones, sidewalks and road shoulders.

Length of Sewage Pipes refers to the drainage system made up of pipes and ditches which are used for aggregating and discharging sewage, waste water and rain water as well as subsidiary facilities, including main pipes, branch pipes and pipes leading to treatment plants. Besides, whether installed in streets or else where, pipes which can drain away water shall be regarded as drainage pipelines.

Green Land Area refers to the total area occupied for green projects at the end of reference period, including park green land, production green land, protection green land, green land attached to institutions and other green areas.

Park Green Area refers to green area opent o the public for amusement and test with the facilities of amusement, rest and services. Its function included perfecting ecology,beautifying landscape and preventing and reducing distaster. Park green areas include comprehensive park, community park, theme park, linear park and roadside green space. Total areas of comprehensive park, topic park and belt-shaped is the area of park.

Green Coverage of Built-up Areas refers to the total vertical projected area of trees and shrubs in urban built-up areas, including green coverage of roads (namely the total cover area of isolation belts, center green lands, boulevards and street trees) apart from that of gardens and cover area of trees. Besides, those plants are used for greening projects and are managed by related units of respective built-up areas.

Total Industrial Waste Water Discharged refers to the volume of waste water discharged by industrial enterprises through all their outlets, including waste water from production process, directly cooled water, groundwater from mining wells which excesses discharge standards and sewage from households mixed with industrial wastewater. However, indirectly discharged cooled water shall not be regarded as the statistic unit while indirectly discharged cooled water which is discharged uniformly whether muddy or not shall be regarded as the statistic unit.

Total Emission of Industrial Waste Gas refers to the total volume of pollution gases which are generated from fuel burning and production process in enterprises and discharged into atmosphere within a given period of time. It is calculated in standard state (273K, 101325Pa) and the design formula is as follows:

Emission of industrial waste gas = volume of industrial waste gas generated from fuel burning + volume of industrial waste gas generated from production process

Total Industrial Fumes Emission refers to volume of particulate matters in exhaust gas generated in the process of fuel burning in factories of enterprises.

Industrial Solid Wastes Produced refers to total volume of solid, semi-solid and highly concentrated liquid wastes produced by industrial enterprises in production process in the report period, including hazardous wastes, smelting wastes, coal ash, slag, coal gangue, tailings, radioactive residues and other wastes, but excluding stones stripped or dug out from mines (exclude gangue and acid or alkaline stones). And acid or alkaline stones refer to those soaked in water or drenched by rain water whose PH value is below 4 or above 10.5.

Consumption Wastes Transported refers to volume of consumption wastes collected and transported to disposal factories or sites during the reference period. Consumption waste are solid wastes produced from urban households or from service activities for urban households and solid wastes regarded by laws and regulations as urban consumption wastes, including those from households, commercial activities, markets, cleaning of streets, public sites, offices, schools, factories and mines and other sources.

Decontamination Rate of Life Refuse refers to Consumption Wastes Treated over that produced, in practical statistics, as it is difficult to estimate, the volume of consumption wasted produced is replaced with that transported. It is calculated as:

Decontamination Rate of Life Refuse = consumption wastes treated / consumption wastes produced × 100%

12

Twelve

财政、税收、金融、证券、保险

Government Finance, Taxation, Banking, Securites, Insurance

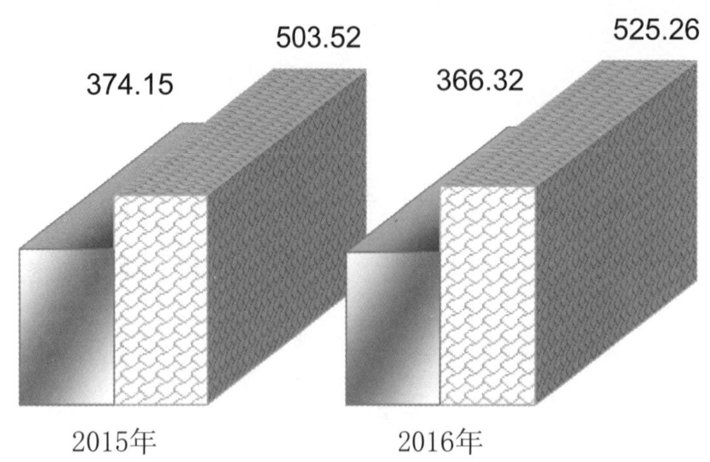
一般公共预算收入(亿元)
一般公共财政支出(亿元)
374.15
503.52
366.32
525.26
2015年
2016年

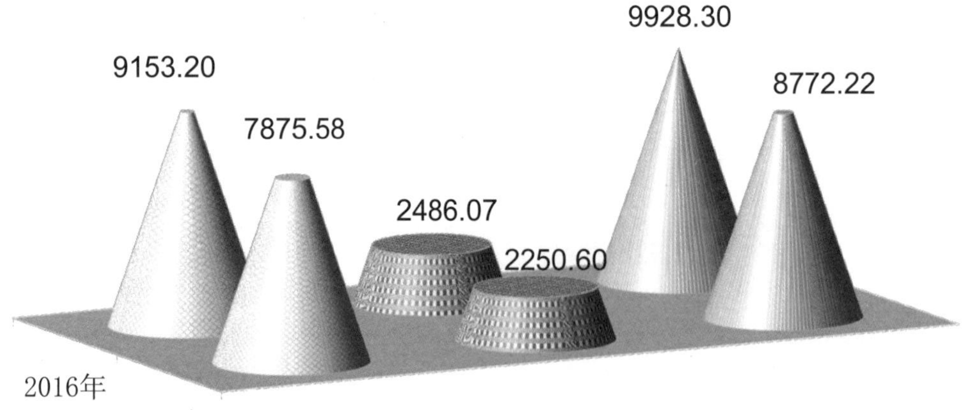
金融机构人民币年末存款余额(亿元)
#住户存款(亿元)
金融机构人民币年末贷款余额(亿元)
9153.20
7875.58
2486.07
2250.60
9928.30
8772.22
2016年
2015年

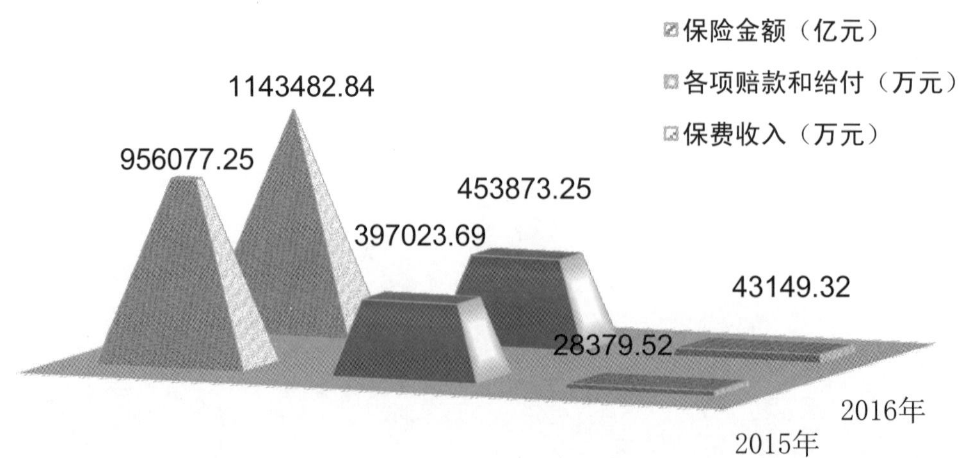
保险金额（亿元）
各项赔款和给付（万元）
保费收入（万元）
956077.25
1143482.84
397023.69
453873.25
43149.32
28379.52
2016年
2015年

12-1 财政收入基本情况
Government Revenues

单位：万元

指 标	Item	2016	2015	2016年比2015年增长(%) Growth Rate in 2016 over 2015(%)
财政总收入	**Total Government Revenue**	**7177007**	**7232965**	**2.3**
#一般公共预算收入	**Public Financial Budget Revenues**	**3663181**	**3741476**	**4.4**
税收收入	**Total Tax Revenue**	**2837769**	**3018866**	
增值税	Value-added Tax	719713	352048	
营业税	Business Tax	455993	1011428	
企业所得税	Corporate Income Tax	283594	304043	
个人所得税	Individual Income Tax	118824	119133	
资源税	Resource Tax	27408	26316	
城市维护建设税	City Maintenance and Construction Tax	231957	231089	
房产税	House Property Tax	156070	134344	
印花税	Stamp Tax	55064	66440	
城镇土地使用税	Urban Land Use Tax	57394	79055	
土地增值税	Land Appreciation Tax	171983	142012	
车船税	Tax on Vehicles and Boat Operation	34717	28850	
耕地占用税	Farm Land Occupation Tax	252123	262205	
契 税	Deed Tax	267879	255001	
烟叶税	Tobacco Tax	5050	6902	
其他税收收入	Other Tax Revenues			
非税收入	**Total Non-tax Revenue**	**825412**	**722610**	
专项收入	Special Project Revenue	219566	268118	
行政事业性收费收入	Charges of Administrative Institutions	109979	118052	
罚没收入	Income from Fines and Confiscation	62814	59242	
国有资本经营收入	Income from State-owned Capital Operation	112600	70294	
国有资源(资产)有偿使用收入	Income from Use of State-owned Resources(Assets)	273342	174431	
其他收入	Other Non-tax Revenues	47111	32473	
政府性基金收入	**Income from Government-managed Funds**	**1251821**	**1220737**	

注：财政总收入、一般公共预算收入增速为剔除营改增因素后，可比口径计算的增速；

a)The growth of total government revenues and public financial budget revenues are obtained by comparable statistics after removing the influence of the policy: "business tax changes into value-added tax".

12-2 财政支出基本情况
Government Expenditures

单位：万元 (10 000 yuan)

指 标	Item	2016	2015	2016年比2015年增长(%) Growth Rate in 2016 over 2015(%)
财政总支出	**Total Government Expenditure**	**6914779**	**6103907**	
一般公共预算支出	**Public Financial Budget Expenditures**	**5252621**	**5035189**	**4.4**
一般公共服务	Expenditure for General Public Services	742574	723700	
公共安全	Expenditure for Public Security	499518	414461	
教 育	Expenditure for Education	992693	986633	
科学技术	Expenditure for Science and Technology	172621	145535	
文化体育与传媒	Expenditure for Culture, Sports and Media	78916	79771	
社会保障和就业	Expenditure for Social Security and Employment	389449	346245	
医疗卫生与计划生育	Expenditure for Medical and Health Care	393314	394605	
节能环保	Expenditure for Energy Conservation and Environmental Protection	126349	166989	
城乡社区事务	Expenditure for Urban and Rural Community Affairs	508370	466461	
农林水事务	Expenditure for Agriculture, Forestry and Water Conservancy	449109	403841	
交通运输	Expenditure for Transportation	67798	84778	
资源勘探电力信息等事务	Expenditure for Affairs of Exploration,Power and Information	326854	267440	
商业服务业等事务	Expenditure for Affairs of Commerce and Services	38867	40985	
金融监管等事务支出	Expenditure for Affairs of Financial Supervision	6747	332	
国土资源气象等事务	Expenditure for Affairs of Territorial Resources and Weather	32251	34545	
住房保障支出	Expenditure for Housing Security	223883	180860	
粮食物资储备管理等事务	Expenditure for Reservation and Management of Grain & Related Materials	6315	15182	
国债还本付息支出	Expenditure for Repaying Principals and Interests of National Debts	59002	18384	
其他支出	Other Expenditures	127348	247684	
政府性基金支出	**Expenditure for Government-managed funds**	**1662158**	**1068718**	

注：1)一般公共预算支出增速为剔除营改增因素后，用可比口径计算的增速。

a) The growth of total government revenues and public financial budget revenues are obtained by comparable statistics after removing the influence of the policy: "business tax changes into value-added tax".

12-3 各级地方财政分类别收入(2016年)
Government Revenues by Level and Item(2016)

单位：万元 (10 000 yuan)

指　标	Item	全市合计 Guiyang	市级 City Level	县级 County Level	乡镇级 Town Level
总　计	**Total**	**3663181**	**1205044**	**2254534**	**203603**
税收收入	**Total Tax Revenues**	**2837769**	**907144**	**1735985**	**194640**
增值税	Value-added Tax	719713	307677	346178	65858
营业税	Business Tax	455993	159891	264203	31899
企业所得税	Corporate Income Tax	283594	129920	137441	16233
个人所得税	Individual Income Tax	118824	46796	66703	5325
资源税	Resource Tax	27408	6734	2714	17960
城市维护建设税	City Maintenance and Construction Tax	231957	126722	96589	8646
房产税	House Property Tax	156070		149744	6326
印花税	Stamp Tax	55064		50308	4756
城镇土地使用税	Urban Land Use Tax	57394	17488	34593	5313
土地增值税	Land Appreciation Tax	171983	25360	140002	6621
车船税	Tax on Vehicles and Boat Operation	34717	31291	2539	887
耕地占用税	Farm Land Occupation Tax	252123	19516	220253	12354
契　税	Deed Tax	267879	35749	223846	8284
烟叶税	Tobacco Tax	5050		872	4178
非税收入	**Total Non-tax Revenue**	**825412**	**297900**	**518549**	**8963**
专项收入	Special Project Revenue	219566	136376	78503	4687
行政事业性收费收入	Charges of Administrative Institutions	109979	59879	49524	576
罚没收入	Income from Fines and Confiscation	62814	36598	25980	236
国有资本经营收入	Income from State-owned Capital Operation	112600		112600	
国有资源(资产)有偿使用收入	Income from Use of State-owned Resources(Assets)	273342	28536	242447	2359
其他收入	Other Non-tax Revenues	47111	36511	9495	1105

12-4 各级地方财政分类别支出(2016年)
Government Expenditures by Level and Category(2016)

单位：万元 (10 000 yuan)

指　标	Item	全市合计 Guiyang	市级 City Level	县级 County level	乡镇级 Town level
总　计	**Total**	**5252621**	**1378633**	**3678526**	**195462**
一般公共服务	Expenditure for General Public Services	742574	113749	549821	79004
国　防	Expenditure for National Defense	10230	5189	4968	73
公共安全	Expenditure for Public Security	499518	192617	302168	4733
教　育	Expenditure for Education	992693	205222	780225	7246
科学技术	Expenditure for Science and Technology	172621	52439	119783	399
文化体育与传媒	Expenditure for Culture,Sports and Media	78916	34178	41828	2910
社会保障和就业	Expenditure for Social Security and Employment	389449	133121	242377	13951
医疗卫生与计划生育	Expenditure for Medical and Health Care	393314	97799	278583	16932
节能环保	Expenditure for Energy Conservation and Environmental Protection	126349	33578	89891	2880
城乡社区事务	Expenditure for Urban and Rural Community Affairs	508370	101715	395680	10975
农林水事务	Expenditure for Agriculture,Forestry and Water Conservancy	449109	130770	269045	49294
交通运输	Expenditure for Transportation	67798	40293	27466	39
资源勘探电力信息等事务	Expenditure for Affairs of Exploration,Power and Information	326854	112684	211411	2759
商业服务业等事务	Expenditure for Affairs of Commerce and Services	38867	15683	22857	327
金融监管等事务支出	Expenditure for Affairs of Financial Supervision	6747		6747	
国土资源气象等事务	Expenditure for Affairs of Territorial Resources and Weather	32251	8833	22916	502
住房保障支出	Expenditure for Housing Security	223883	67567	154170	2146
粮油物资储备管理等事务	Expenditure for Reservation and Management of Grain & Related Materials	6315	2013	4208	94
国债还本付息支出	Expenditure for Repaying Principals and Interests of National Debts	59002	8972	50030	
其他支出	Other Expenditures	127348	22210	103940	1198

12-5 一般公共预算分类别支出
Public Financial Budget Expenditures by Item

单位：万元 (10 000 yuan)

指　标	Item	支出数 Expenditure
教　育	**Expenditure for Education**	**992693**
教育管理事务	Educational Affairs Management	17174
普通教育	Regular Education	759968
#学前教育	Preschool Education	63075
小学教育	Primary Education	327789
初中教育	Junior Secondary Education	202009
高中教育	Senior Secondary Education	100374
高等教育	Higher Education	32594
职业教育	Vocational Education	79419
成人教育	Adult Education	154
广播电视教育	Radio and Television Education	582
特殊教育	Special Education	4965
进修及培训	Further Education for Teachers and Cadres	23906
教育费附加安排的支出	Educational Surtax	98230
其他教育支出	Others	8295
科学技术	**Expenditure for Science and Technology**	**172621**
#科学技术管理事务	Management Issues of Science and Technology	4711
技术研究与开发	Scientific Research and Development	87178
科技条件与服务	Scientific Conditions and Services	39063
社会科学	Social Science	1334
科学技术普及	Popularization of Science and Technology	2907
其他科学技术支出	Others	37428
文化体育与传媒	**Expenditure for Culture, Sports and Media**	**78916**
文　化	Culture	29422
文　物	Historical Relics	4258
体　育	Sports	6193
广播影视	Radio,Film and Television	13962
新闻出版	Press and Publication	3053
其他文化体育与传媒	Others	19034
社会保障和就业	**Expenditure for Social Security and Employment**	**389449**
#人力资源和社会保障管理事务	Management of Human Recources, and Social Security Affairs	31306
民政管理事务	Management of Civil Affairs	72845
财政对社会保险基金的补助	Government Subsidies for Social Insurance Funds	54681
行政事业单位离退休	Pensions for Retirees from Administrative Institutions	19103
企业改革补助	Subsidies for Enterprise Reform	13916
就业补助	Employment Subsidy	24315
抚　恤	Pension	24678
退役安置	Ex-servicemen's Employment	20939
社会福利	Social Welfare	22612
残疾人事业	Undertakings of the Disabled	9636
城市居民最低生活保障	Minimum Living Allowances for Urban Residents	37209
其他城市生活救济	Other Social Assistants for Urban Residents	32
自然灾害生活救助	Allowance for Natural Disasters	2760
农村最低生活保障	Minimum Living Allowances for Rural Residents	18170
其他农村生活救助	Other Life Assistants for Rural Residents	1185
医疗卫生与计划生育	**Expenditure for Medical Care**	**393314**
#医疗卫生管理事务	Management of Medical and Health Care	17156
公立医院	Public Hospitals	51195
基层医疗卫生机构	Grassroots Health Care Institutions	29677
公共卫生	Public Health	63213
医疗保障	Medical Security	177498
节能环保	**Expenditure for Environmental Protection**	**126349**
#环境保护管理事务	Management of Environmental Protection	17575
环境监测与监察	Environmental Monitoring and Supervision	4049
污染防治	Pollution Control	32184
自然生态保护	Conservation of Natural Ecology	8922
天然林保护	Natural Forest Protection	3745
退耕还林	Returning Farmland to Forest	5152
风沙荒漠治理	Management of Sand Desertification	2180
能源节约利用	Energy Conservation	15727
污染减排	Pollution Reduction	17739
农林水事务	**Expenditure for Agriculture, Forestry and Water**	**449109**
#农　业	Agriculture	127022
林　业	Forestry	51153
水　利	Water Conservation	131583
扶　贫	Poverty Alleviation	31598
农业综合开发	Comprehensive Agricultural Development	9806
农村综合改革	Comprehensive Agricultural Reform	45564

12-6 各区(市、县)地方财政收支
Government Revenue and Expenditure by District (City, County)

单位：万元

区(市、县)名称	District (City,County)	一般公共预算收入 Public Financial Budget Revenue		一般公共预算支出 Public Financial Budget Expenditure	
		2016	2015	2016	2015
南明区	Nanming	406211	435660	477513	507945
云岩区	Yunyan	327706	358798	469305	431638
花溪区	Huaxi	375196	338920	605316	567863
#经开区	EconomicDevelopment Zone	170479	161749	161060	157304
乌当区	Wudang	193652	184447	277642	294923
白云区	Baiyun	280488	263690	386074	348530
#高新区	High-tech	134908	123315	139481	144072
#综保区	Comprehensive Bonded	6925	5405	21558	10287
观山湖区	Guangshanhu	428502	446528	498968	473824
开阳县	Kaiyang	135922	116859	304895	296957
息烽县	Xifeng	73357	73660	244350	232929
修文县	Xiuwen	88406	81071	250235	218594
清镇市	Qingzhen	148697	136465	359690	330406

注：2016年因“全国营业税改增值税”的影响，财政统计口径发生改变，与2015年不可比。

a)In 2016, the fiscal statistics has been changed due to the policy change:"business tax changes into value-added tax", so the data are incomparable with the data in 2015.

12-7 金融机构本外币信贷情况
Credit Conditions of Domestic and Foreign Currency in FinancialInstitutions

单位：万元 (10 000 yuan)

指　　标	Item	2016	2015	2016年比年初增长(%) Growth Rate in 2016 over the Beginning of the Year(%)	2016年比2015年增长(%) Growth Rate in 2016 over 2015(%)
各项存款合计	**Total Deposits**	**99788423**	**88579829**	**12.7**	**12.7**
境内存款	Demestic Deposits	99756472	88549939	12.7	12.7
住户存款	Household Deposits	25054136	22629124	10.7	10.7
活期存款	Current Deposit	12445615	10919147	13.9	14.0
定期及其他存款	Fixed Deposit and	12608520	11709977	7.7	7.7
非金融企业存款	Non-financial Corporate Deposits	46915167	39273106	19.9	19.5
活期存款	Current Deposit	31451344	24677502	27.3	27.4
定期及其他存款	Time Deposits and Others	15463823	14595603	7.2	5.9
广义政府存款	General Government Deposits	21352008	21466992	-1.3	-0.5
财政性存款	Fiscal Deposits	4491759	3628479	23.8	23.8
机关团体存款	Deposits of Non-profit Institutions	16860249	17838514	-6.4	-5.5
非银行业金融机构存款	Non-banking Financial Institutions Deposits	6435161	5180717	25.3	24.2
境外存款	Oversees Deposits	31952	29890	6.9	6.9

12-7 续表 (continued)

单位：万元 (10 000 yuan)

指　　标	Item	2016	2015	2016年比年初增长(%) Growth Rate in 2016 over the Beginning of the Year(%)	2016年比2015年增长(%) Growth Rate in 2016 over 2015(%)
各项贷款合计	**Total Loans**	**92564057**	**79445457**	**16.5**	**16.5**
境内贷款	Demestic Loans	91667069	78949533	16.1	16.1
住户贷款	Household Loans	17548428	15280206	14.8	14.8
短期贷款	Short-term Loans	3016770	3033303	-0.5	-0.5
消费贷款	Consumption Loans	1358489	1144946	18.7	18.7
经营贷款	Business Loans.	1658281	1888357	-12.2	-12.2
中长期贷款	Medium & Long-term Loans	14531658	12246903	18.7	18.7
消费贷款	Consumption Loans	11792002	9651518	22.2	22.2
经营贷款	Business Loans.	2739656	2595385	5.6	5.6
非金融企业及机关团体贷款	Non-financial Corporate & Non-government Loans	74116446	63657132	16.4	16.4
短期贷款	Short-term Loans	12358359	11474607	7.7	7.7
中长期贷款	Medium & Long-term Loans	59082193	50503577	17.0	17.0
票据融资	Bill Financing	1710294	1461559	17.0	17.0
各项垫款	Miscellaneous Advances	267400	217389	23.0	23.0
非银行业金融机构贷款	Non-banking Financial Institutions Loans	2195	12195	-82.0	-82.0
境外贷款	Oversees Loans	896989	495924	80.9	80.9

12-8 金融机构人民币信贷情况 The RMB Credit Conditions in Financial Institutions

单位：万元 (10 000 yuan)

指标	Item	2016	2015	2016年比年初增长(%) Growth Ratein 2016 overthe Beginning of the Year(%)	2016年比2015年增长(%) Growth Rate in 2016 over 2015(%)
各项存款合计	**Total Deposits**	**99283045**	**87722178**	**13.2**	**13.2**
境内存款	Demestic Deposits	99256552	87694697	13.2	13.2
住户存款	Household Deposits	24860738	22506008	10.4	10.5
活期存款	Current Deposit	12330700	10846566	13.6	13.7
定期及其他存款	Fixed Deposit and	12530038	11659442	7.5	7.5
非金融企业存款	Non-financial Corporate Deposits	46626198	38558467	21.3	20.9
活期存款	Demand Deposits	31317353	24543020	27.4	27.6
定期及其他存款	Time Deposits and Others	15308844	14015447	10.5	9.2
广义政府存款	General Government Deposits	21336158	21451447	-1.3	-0.5
财政性存款	Fiscal Deposits	4491759	3628479	23.8	23.8
机关团体存款	Deposits of Non-profit Institutions	16844400	17822969	-6.4	-5.5
非银行业金融机构存款	Non-banking Financial Institutions Deposits	6433457	5178774	25.3	24.2
境外存款	Oversees Deposits	26494	27481	-3.6	-3.6

12-8 续表 (continued)

单位：万元 (10 000 yuan)

指标	Item	2016	2015	2016年比年初增长(%) Growth Rate in 2016 over the Beginning of the Year(%)	2016年比2015年增长(%) Growth Rate in 2016 over 2015(%)
各项贷款合计	**Total Loans**	**91532038**	**78755785**	**16.2**	**16.2**
境内贷款	Demestic Loans	91528969	78753056	16.2	16.2
住户贷款	Household Loans	17546823	15278477	14.8	14.8
短期贷款	Short-term Loans	3015270	3031738	-0.5	-0.5
消费贷款	Consumption Loans	1356988	1143381	18.7	18.7
经营贷款	Business Loans.	1658281	1888357	-12.2	-12.2
中长期贷款	Medium & Long-term Loans	14531554	12246740	18.7	18.7
消费贷款	Consumption Loans	11791898	9651355	22.2	22.2
经营贷款	Business Loans.	2739656	2595385	5.6	5.6
非金融企业及机关团体贷款	Non-financial Corporate & Non-government Loans	73979950	63462384	16.6	16.6
短期贷款	Short-term Loans	12231726	11282190	8.4	8.4
中长期贷款	Medium & Long-term Loans	59072330	50501246	17.0	17.0
票据融资	Bill Financing	1710294	1461559	17.0	17.0
各项垫款	Miscellaneous Advances	267400	217389	23.0	23.0
非银行业金融机构贷款	Non-banking Financial Institutions Loans	2195	12195	-82.0	-82.0
境外贷款	Oversees Loans	3069	2729	12.5	12.5

12–9 保险业务情况
Statistics on Insurance Business

(人寿保险公司)

项目Item / 年份Year / 险种Insurances		承保人次(万人) Insurer(10 000 person) 2016	2015	保险金额(万元) Insured Amount (10 000 yuan) 2016	2015	保费收入(万元) Premium(10 000 yuan) 2016	2015
合　计	**Total**	**1586.34**	**1075.47**	**102645097**	**63393229**	**565796**	**450111**
寿险小计	**Subtotal of Life Insurance**	**172.51**	**173.89**	**13103121**	**9970938**	**471204**	**380595**
普通寿险	Ordinary Life Insurance	105.68	105.23	8971129	6655715	224372	164710
分红寿险	Life Insurance with Dividends	45.74	50.07	2750810	1961096	241166	210677
投资连结产品	Investment-linked Products	0.48	0.52	38365	45452	170	195
万能寿险	Universal Life Insurance	20.62	18.07	1342816	1308675	5495	5013
意外伤害险小计	**Subtotal of Personal Accident Insurance**	**775.57**	**524.00**	**45892449**	**37446374**	**25201**	**21421**
健康险小计	**Subtotal of Health Insurance**	**638.26**	**377.57**	**43649527**	**15975916**	**69391**	**48095**

注：本表包括九家人寿保险分公司：中国人民人寿保险股份有限公司贵州省分公司，中国人寿保险股份有限公司贵州省分公司，太平人寿保险有限公司贵州分公司，中国平安人寿保险股份有限公司贵州分公司，平安养老保险股份有限公司贵州分公司，中国太平洋人寿保险股份有限公司贵州分公司，泰康人寿保险股份有限公司贵州分公司，新华人寿保险股份有限公司贵州分公司，生命人寿保险股份有限公司贵州分公司。

a) Data in this table include figures of branches of nine life insurance branch companies: Guizhou Branch of PICC Life Insurance Company Ltd., Guizhou Branch of China Life Insurance Company Ltd., Guizhou Branch of Taiping Life Insurance Company Ltd., Guizhou Branch of Ping An Life Insurance Company of China, Ltd., Guizhou Branch of Ping An Endowment Insurance Company Ltd., Guizhou Branch of Pacific Life Insurance Company Ltd., Guizhou Branch of Taikang Life Insurance Company Ltd., Guizhou Branch of Xinhua Life Insurance Company Ltd.,and Guizhou Branch of Shengming Life Insurance Company Ltd..

12–9 续表1 (continued)

项目Item / 年份Year / 险种Insurances		新单保费(万元) Premium of New Insurance (10 000 yuan) 2016	2015	赔付支出(万元) Payment (10 000 yuan) 2016	2015	#退保金 Insurance Withdrawn 2016	2015
合　计	**Total**	**226153**	**178767**	**152363**	**139425**	**97037**	**112597**
寿险小计	**Subtotal of Life Insurance**	**226153**	**178767**	**128165**	**119247**	**96013**	**111796**
普通寿险	Ordinary Life Insurance	166046	136682	25431	22598	48285	40162
分红寿险	Life Insurance with Dividends	59511	41414	101246	95254	47726	71631
投资连结产品	Investment-linked Products	2	3	229	38	0.040195	0.11
万能寿险	Universal Life Insurance	594	667	1260	1357	2.29	2.60
意外伤害险小计	**Subtotal of Personal Accident Insurance**			**4715**	**4421**		
健康险小计	**Subtotal of Health Insurance**			**19482**	**15757**	**1023**	**801**

12-9 续表2 (continued)

项目 Item / 年份 Year / 险种 Insurances		承保件数(万件) Insured Cases (10 000 cases)		保险金额或责任限额(万元) Insured Amount (10 000 yuan)		签单保费(万元) Writter Premium (10 000 yuan)	
		2016	2015	2016	2015	2016	2015
合　计	**Total**	**1261.99**	**1040.35**	**328848069**	**220401951**	**577687**	**505967**
企业财产保险	Enterprise Property Insurance	0.82	1.06	35309150	30033807	31151	28633
家庭财产保险	Family Property Insurance	11.94	3.61	2365242	1160197	785	606
机动车辆保险	Motor Vehicle Insurance	204.74	171.83	74995662	56183704	446670	374266
工程保险	Engineering Insurance	0.05	0.04	8067741	7160369	16003	15891
责任保险	Liability Insurance	6.85	3.51	51249584	40040640	19394	12551
信用保险	Credit Insurance	0.02		50919	52529	987	197
保证保险	Guarantee Insurance	4.48	2.69	262779	570278	22151	43788
船舶保险	Ship Insurance	0.00		3049		21	
货物运输保险	Cargo Transportation Insurance	8.20	4.52	10401713	9268600	2679	2296
特殊风险保险	Special Risks Insurance	0.01		4692576	1440850	366	200
农业保险	Agriculture Insurance	0.07	0.06	481266	421945	4656	3762
健康险	Health Insurance	31.74	19.26	12049825	9550019	9576	5278
意外伤害保险	Personal Accident Insurance	115.48	66.96	27168	11807	22397	17825
其他险	Other Insurances	877.60	766.81	42822073	28579204	851	674

注：本表包括十六家财产保险分公司：中国人民财产保险股份有限公司贵州省分公司，中国人寿财产保险股份有限公司贵州省分公司，太平财产保险有限公司贵州分公司，中国大地财产保险股份有限公司贵州分公司，中国平安财产保险股份有限公司贵州分公司，中国太平洋财产保险股份有限公司贵州分公司，阳光财产保险股份有限公司贵州省分公司，华泰财产保险股份有限公司贵州省分公司，天安保险股份有限公司贵州省分公司，华安财产保险股份有限公司贵州分公司，安邦财产保险股份有限公司贵州分公司，都邦财产保险股份有限公司贵州分公司，安诚财产保险股份有限公司贵州分公司，鼎和财产保险股份有限公司贵州分公司，锦泰财产保险股份有限公司贵州分公司，众安财险保险贵州(虚拟)。其中"众安财险保险贵州(虚拟)"保费记入贵州省，但目前未设立"众安财险保险贵州"实体机构。

a) Data in this table include figures of 16 Guizhou branch property insurance companies: People's Insurance Company of China, Inc., China LifeInsurance Property and Casualty Insurance Co., Ltd., Taiping General Casualty Insurance Co., Ltd., China Continent Property and CasualtyInsurance Co., Ltd., Ping An Property and Casualty Insurance Company of China, Ltd., China Pacific Property Insurance Co., Ltd., SunshineProperty and Casualty Insurance Co., Ltd., Huatai Property and Casualty Insurance Co., Ltd., Tianan Property Insurance Company Limited ofChina, Sinosafe General Insurance Co., Ltd., Anbang Property and Casualty Insurance Co., Ltd., Du—bang Property and Casualty InsuranceCo., Ltd., Ancheng Property and Casualty Insurance Co., Ltd., Dinghe Property Insurance Co., Ltd., Jintai Property Insurance Co., Ltd.,and Guizhou Zhong An Property Insurance Co., Ltd.(in virtual). Among those, Guizhou Zhong An Property Insurance Co., Ltd. hasn't established entities, thus its premiums are counted into Guizhou province.

12-9 续表3 (continued)

项目 Item / 年份 Year / 险种 Insurances		赔付件数(万件) Number of Claims (10 000 cases)		已决赔款(万元) Settled Compensation (10 000 yuan)		未决赔款(万元) Outstanding Loss (10 000 yuan)	
		2016	2015	2016	2015	2016	2015
合　计	**Total**	**89.23**	**90.52**	**301510**	**257599**	**128710**	**127000**
企业财产保险	Enterprise Property Insurance	0.71	0.75	17826	19091	15984	21417
家庭财产保险	Family Property Insurance	0.13	0.06	243	183	140	146
机动车辆保险	Motor Vehicle Insurance	3.51	4.77	226914	195757	78473	72780
工程保险	Engineering Insurance	0.37	0.26	11038	7851	13066	13492
责任保险	Liability Insurance	1.39	1.07	13414	9480	10092	9544
信用保险	Credit Insurance	0.02		541		8	
保证保险	Guarantee Insurance	1.36	0.81	13259	15072	957	586
船舶保险	Ship Insurance	0.00				653	653
货物运输保险	Cargo Transportation Insurance	0.03	0.02	562	236	264	676
特殊风险保险	Special Risks Insurance	0.00		22.84	0.18	245	186
农业保险	Agriculture Insurance	0.27	0.34	2948	943	878	1392
健康险	Health Insurance	1.32	1.55	3601	3546	1222	1084
意外伤害保险	Personal Accident Insurance	0.95	0.49	10644	5008	6693	5036
其他险	Other Insurances	31.31	35.68	496	432	37	7

注：赔付件数包括已决赔付件数和未决赔付件数。

a) Number of claims includes both those settled and unsettled.

12-10 上市公司情况 Listed Companies

指　标		Item		2016	2015
上市公司数量	**(个)**	**Number of Listed Companies**	**(unit)**	**16**	**13**
#上交所	(个)	Shanghai Stock Exchange	(unit)	7	4
#深交所	(个)	Shenzhen Stock Exchange	(unit)	9	9
上市公司总股本	**(亿股)**	**Total Capital of Listed Companies**	**(100 million shares)**	**157.43**	**107.85**
上市公司总市值	**(亿元)**	**Total Market Capitalization of Listed Companies**	**(100 million yuan)**	**1935.48**	**1665.82**
募集资金	**(亿元)**	**Raised Capital**	**(100 million yuan)**	**72.59**	**3.33**

注：资料范围为总部设在贵阳市辖区内的上市公司；
a)Data in this table are listed companies with headquarters located in Guiyang.

12-11 证券期货交易情况 General Statistics on Securities and Futures Trading

指　标		Item		2016	2015
证券公司	**(家)**	**Securities Company**	**(unit)**	**2**	**1**
客户交易结算资金	(亿元)	Customers' Transaction Settlement Funds	(100 million yuan)	38.09	51.49
指定与托管证券市值	(亿元)	Market Value of Designated and Deposited Securities	(100 million yuan)	455.22	383.30
证券分支机构	**(家)**	**Branch Offices of Securities Company**	**(unit)**	**50**	**43**
资金帐户数	(户)	Number of Share Capital Accounts	(household)	729709	556500
客户交易结算资金	(亿元)	Customers' Transaction Settlement Funds	(100 million yuan)	48.03	73.01
指定与托管证券市值	(亿元)	Market Value of Designated and Deposited Securities	(100 million yuan)	1114.76	923.02
成交金额	(亿元)	Turnover	(100 million yuan)	6744.21	11182.37
期货营业部	**(家)**	**Futures Business Departments**	**(unit)**	**10**	**11**
成交金额	(亿元)	Turnover	(100 million yuan)	3730.03	9635.99

注：资料范围包括贵阳市辖区内从事证券交易的所有证券机构。
a) Data in the table include figures of all securities institutions locaded in Guiyang and engaged in securities trading.

12-12 税收收入分企业类型情况(2016年)
Tax Revenue by Enterprise Entities(2016)

单位：万元 (10 000 yuan)

指标	Item	税收总计 Tax Revenue	国税 National Taxation	地税 Local Taxation
总计	**Total**	**6168234**	**3621988**	**2546246**
内资企业	**Domestic-funded Enterprise**	**5636079**	**3305622**	**2330457**
国有企业	State-owned Enterprises	451598	314250	137348
集体企业	Collective-owned Enterprises	22442	11357	11085
股份合作企业	Joint-equity Cooperative Enterprises	20571	12093	8478
联营企业	Joint Ownership Enterprises	1037	533	504
股份公司	Joint Stock Companies	3178489	2846282	332207
私营企业	Private Enterprises	162850	108018	54832
其他企业	Others	166221	13089	153132
港澳台投资企业	**Enterprises with Funds from Hong Kong,Macao and Taiwan**	**97485**	**58054**	**39431**
外商投资企业	**Foreign-funded Enterprises**	**124527**	**101149**	**23378**
个体经营	**Individual Operators**	**310143**	**157163**	**152980**

12-13 税收收入分产业情况(2016年)
Tax Revenue by Sector(2016)

单位：万元 (10 000 yuan)

指标	Item	税收总计 Tax Revenue	国税 National Taxation	地税 Local Taxation
总计	**Total**	**6168234**	**3621988**	**2546246**
第一产业	**Primary Industry**	**8670**	**798**	**7872**
第二产业	**Secondary Industry**	**2521033**	**1855890**	**665143**
采矿业	Mining Industry	71504	31031	40473
制造业	Manufacturing	1709525	1473411	236114
电力、燃气及水的生产和供应业	Production and Supply of Electric Power, Gas and Water	209719	181843	27876
建筑业	Building Industry	530285	169605	360680
第三产业	**Tertiary Industry**	**3638531**	**1765300**	**1873231**
交通运输、仓储及邮政业	Transport,Storage and Post	101756	55679	46077
批发和零售业	Wholesale and Retail Trades	699338	591230	108108
金融业	Financial Industry	816215	482226	333989
信息传输、计算机服务和软件业	Information Transmission,Computer Services and Software Industry	77873	62557	15316
住宿和餐饮业	Lodging and Catering Industries	28097	10129	17968
文化、体育和娱乐业	Culture,Sports and Entertainment	17519	8770	8749
租赁和商务服务业	Leasing and Business Services	455458	122481	332977
房地产业	Real Estates	904923	227362	677561
其他行业	Others	204866	204866	

12-14 地税收入分企业类型情况(2016年)
Local Taxation Revenue by Business Entities(2016)

单位：万元 (10 000 yuan)

指标	Item	合计 Total	内资企业 Domestic-funded Enterprises 小计 Subtotal	国有企业 State-owned Enterprises	集体企业 Collective-owned Enterprises	股份合作企业 Joint-equity Cooperative Enterprises	联营企业 Joint Ownership Enterprises
税收收入合计	**Total Tax Income**	**2546246**	**2330457**	**137348**	**11085**	**8478**	**504**
#营业税	Business Tax	626909	587792	27929	3426	2654	83
企业所得税	Corporate Income Tax	302153	302086	12144	3929	226	105
个人所得税	Individual Income Tax	368029	307449	38799	1006	4438	173
资源税	Resource Tax	34243	33107	645	221		
城市维护建设税	City Maintenance and Construction Tax	230145	218399	21140	732	345	38
房产和城市房地产税	Property tax	155902	142989	9610	1261	517	21
印花税	Stamp Tax	52990	50214	6838	113	113	4
城镇土地使用税	Urban Land Use Tax	71644	66555	5805	320	95	35
土地增值税	Land Appreciation Tax	169007	158062	717	15		25

12-14 续表 (continued)

单位：万元 (10 000 yuan)

指标	Item	内资企业 Domestic-funded Enterprises 股份公司 Joint Stock Companies	私营企业 Private Enterprises	其他企业 Others	港澳台投资企业 Enterprises with Funds from HongKong, Macao and Taiwan	外商投资企业 Foreign-funded Enterprises	个体经营 Individual Operators
税收收入合计	**Total Tax Income**	**332207**	**54832**	**153132**	**39431**	**23378**	**152980**
#营业税	Business Tax	142614	23535	8161	16118	6430	16569
企业所得税	Corporate Income Tax	14553	7032	6407	36	31	
个人所得税	Individual Income Tax	83388	4919	39807	2873	6538	51169
资源税	Resource Tax	2232	3942	2			1136
城市维护建设税	City Maintenance and Construction Tax	30335	4063	1563	3614	4860	3272
房产和城市房地产税	Property tax	11824	1448	5754	3406	1947	7560
印花税	Stamp Tax	4578	1126	4411	1134	1053	589
城镇土地使用税	Urban Land Use Tax	3286	2762	841	3144	1578	367
土地增值税	Land Appreciation Tax	9804	3100	2654	8882	364	1699

12-15 国税收入分企业类型情况(2016年)
National Taxation Revenue by Business Entities(2016)

单位：万元 (10 000 yuan)

指标	Item	合计 Total	内资企业 Domestic-funded Enterprises				
			小计 Subtotal	国有企业 State-owned Enterprises	集体企业 Collective-owned Enterprises	股份合作企业 Joint-equity Cooperative Enterprises	联营企业 Joint Ownership Enterprises
税收收入合计	**Total**	**3621988**	**3305622**	**314250**	**11357**	**12093**	**533**
#增值税	Value-added Tax	1948023	1796146	184334	11003	1535	512
#一般纳税人	General Taxpayer	1688741	1597957	171399	5961	1371	449
小规模纳税人	Small-scale Taxpayers	259282	198189	12935	5042	164	63
消费税	Consumption Tax	827193	822098	92261	9		
企业所得税	Corporate Income Tax	737198	672271	36903	313	10219	2
外商投资企业和外国企业所得税	Income Tax on Foreign-invested Enterprises and Foreign Enterprises						
个人所得税	Personal Income Tax	5					
车辆购置税	Vehicle Purchase Tax	109569	15107	752	32	339	19

12-15 续表 (continued)

单位：万元 (10 000 yuan)

指标	Item	内资企业 Domestic-funded Enterprises			港澳台投资企业 Enterprises with Funds from HongKong, Macao and Taiwan	外商投资企业 Foreign-funded Enterprises	个体经营 Individual Operators
		股份公司 Joint Stock Companies	私营企业 Private Enterprises	其他企业 Others			
税收收入合计	**Total**	**2846282**	**108018**	**13089**	**58054**	**101149**	**157163**
#增值税	Value-added Tax	1484824	102123	11815	34508	54735	62634
#一般纳税人	General Taxpayer	1330382	82705	5690	33960	54113	2711
小规模纳税人	Small-scale Taxpayers	154442	19418	6125	548	622	59923
消费税	Consumption Tax	729815	13		1739	3176	180
企业所得税	Corporate Income Tax	619791	4461	582	21739	43188	
外商投资企业和外国企业所得税	Income Tax on Foreign-invested Enterprises and Foreign Enterprises						
个人所得税	Personal Income Tax						5
车辆购置税	Vehicle Purchase Tax	11852	1421	692	68	50	94344

主要统计指标解释

财政收入 包括地方财政收入和上划中央增值税、消费税两部分。财政一般预算内收入包括营业税、地方企业所得税 40%部分、个人所得税 40%部分、城镇土地使用税 70%部分、城镇维护建设税、房产税、车船使用税、印花税、屠宰税、烤烟税、耕地占用税、契税、增值税 15%部分和除海洋石油资源税以外的其他资源税 70%部分。

财政支出 国家财政将筹集起来的资金进行分配使用，以满足经济建设和各项事业的需要，主要包括：一般公共服务、公共安全、教育、科学技术、文化体育与传媒、社会保障和就业、医疗卫生、环境保护、城乡社区事务、农林水事务、交通运输、粮食物资储备管理等事务、采掘电力信息等事务和其他支出。

地方财政一般预算收入 包括增值税、营业税、企业所得税、个人所得税、资源税、城市维护建设税、房产税、印花税、城镇土地使用税、土地增值税、车船税、耕地占用税、契税、烟草税、其他各项税收等税收收入和专项收入、行政事业性收费收入、罚没收入、国有资本经营收入、国有资源（资产）有偿使用收入、其他收入等非税收入。

各项税收 包括增值税、消费税、营业税、企业所得税、企业所得税退税、个人所得税、资源税、固定资产投资方向调节税、城市维护建设税、房产税、印花税、城镇土地使用税、土地增值税、车船税、耕地占用税、契税、烟叶税、其他税收收入。

企业所得税 反映税务机关按《中华人民共和国企业所得税暂行条例》征收的企业所得税及依照《中华人民共和国外商投资企业和外国企业所得税法》征收的外商投资企业和外国企业所得税。税务机关对港澳台商投资企业征收的企业所得税也包括在内。

个人所得税 反映按照《中华人民共和国个人所得税法》、《对储蓄存款利息所得征收个人所得税的实施办法》征收的个人所得税。

地方财政一般预算支出 包括一般公共服务、国防、公共安全、教育、科学技术、文化体育与传媒、社会保障就业、医疗卫生、环境保护、城乡社区事务、农林水事务、交通运输等方面的支出。

一般公共服务支出 反映政府提供一般公共服务的支出。

科学技术支出 反映用于科学技术方面的支出。

教育支出 反映政府教育事务支出。有关具体教育事务包括教育行政管理、学前教育、小学教育、初中教育、普通高中教育、普通高等教育、初等职业教育、中专教育、技校教育、职业高中教育、高等职业教育、广播电视教育、留学生教育、特殊教育、干部继续教育、教育机关服务等。

文化体育与传媒支出 反映政府在文化、文物、体育、广播电视、新闻出版等方面的支出。

医疗卫生支出 即地方财政一般预算内支出中的医疗卫生支出项目。指政府医疗卫生方面的支出。具体包括医疗卫生管理事务支出、医疗服务支出、医疗保障支出、疾病预防控制支出、卫生监督支出、妇幼保健支出、农村卫生支出等。

城乡社区事务支出 反映政府城乡社区事务支出。具体包括：城乡社区管理事务支出、城乡社区规划与管理支出、城乡社区公共设施支出、城乡社区住宅支出、城乡社区环境卫生支出、建设市场管理与监督支出等

交通运输支出 反映政府交通运输方面的支出。包括公路运输支出、水路运输支出、铁路运输支出、民用航空运输支出等。

社会保障和就业支出 反映政府在社会保障与就业方面的支出。有关事项包括社会保障与就业管理事务、民政管理事务、财政对社会保险基金的补助、补充全国社会保障基金、行政事业单位离退休、企业改革补助、就业补助、抚恤、退役安置、社会福利、残疾人事业、城市居民最低生活保障、其他城镇社会救济、农村社会救济、自然灾害生活补助、红十字事务等。

信贷资金 指金融机构以信用方式积聚和分配的货币资金。金融机构信贷资金的来源有各项存款、对国际金融机构负债、流通中货币、银行自有资金及当年结益等；信贷资金的运用有各项贷款、黄金占款、外汇占款、财政借款及在国际金融机构中的资产等。

存　款　指企业、机关、团体或居民根据资金必须收回的原则，把货币资金存入银行或其他信用机构保管并取得一定利息的一种信用活动形式。根据存款对象的不同可划分为企业存款、财政存款、机关团体存款、基本建设存款、城镇储蓄存款、农村存款等科目。它是银行信贷资金的主要来源。

年末金融机构人民币各项存款余额　指企业、机关、团体和居民根据可以收回的原则，把货币存入银行或其他信用机构保管并取得一定利息的年末货币总量。

城乡居民储蓄存款余额　指某一时点城乡居民存入银行及农村信用社的储蓄金额，包括城镇居民储蓄存款和农民个人储蓄存款，不包括居民的手存现金和工矿企业、部队、机关、团体等单位存款。

贷　款　指银行或其他信用机构根据资金必须归还的原则，按一定利率，为企业、个人等提供资金的一种信用活动形式。我国银行贷款分为流动资金贷款、固定资产贷款、城乡个体工商户贷款以及农业贷款等科目。

年末金融机构人民币各项贷款余额　指年终时银行或其他信用机构根据必须归还的原则，按一定利率，为企业、个人等提供资金贷款的总额。不包括外币贷款。

保险金额　指保险人承担赔偿或者给付保险金责任的最高限额。

保费收入　指保险合同订后，被保险人必须向保险人付出一定的费用才能取得保险人根据合同内容承担赔偿责任。这种费用叫“保费”。

赔款、给付　指保险人在年内实际支付给被保险人遭到损失时的赔款。无论哪年承保业务和发生的损失，凡在本年内支付赔款、结案均计在本年内。

股票市价总值　指在交易所上市的证券在某一时点按市价与发行数量计算的总金额。计算公式为：

股票市价总值＝Σ(市价×发行数量)。

Explanatory Notes on Main Statistical Indicators

Government Revenue refers to local government revenue and central VAT and consumption tax. General Budgetary Financial Revenue includes business tax, 40% of local enterprise income tax, 40% of personal income tax, 70% of city land use tax, urban maintenance and construction tax, house property tax, vehicle and vessel tax, stamp tax, slaughter tax, tobacco tax, farm land pccupation tax, deed tax, 15% of VAT and 70% other taxes except for offshore petroleum resources tax.

Government Expenditure refers to the distribution and use of the funds which the government finance has raised, so as to meet the needs of economic construction and various causes. It includes: expenditure for general public services, expenditure for public security, expenditure for education, expenditure for science and technology, expenditure for culture, sport and media, expenditure for social safety net and employment effort, expenditure for medical and health care, expenditure for environment protection, expenditure for urban and rural community affairs, expenditure for agriculture forestry and water conservancy, expenditure for transportation, expenditure for grain and material reserves and management, expenditure for affairs of exploration, power and information and others.

General Budgetary Revenue of Local Finance refers to revenue from valued-added tax, business tax, corporate income tax, individual income tax, resource tax, urban maintenance and construction tax, house property tax, stamp tax, urban and rural land use tax, land value increment tax, vehicle and vessel tax, farmland occupancy tax, deed tax, tobacco tax and other taxes. It also includes special revenue, and non-tax revenue of administrative and institutional fees, penalty income, government capital operating income, state-owned resource (asset) compensable use income and other incomes.

Taxes of Various Kinds refer to value-added tax, consumption tax, business tax, corporate income tax, drawback for corporate income tax, individual income tax, resource tax, fixed asset investment regulation tax, urban maintenance and construction tax, house property tax, stamp tax, urban and rural land use tax, land value increment tax, vehicle and vessel tax, farmland occupancy tax, deed tax, tobacco tax and other taxes.

Corporate Income Tax refers to the income levied by tax authorities abiding by *Provisional Regulation of PRC on Corporate Income Tax* and the foreign-funded enterprises income tax and foreign enterprises income tax levied abiding by *Tax Law of PRC on Foreign-funded Enterprises Income and Foreign Enterprises Income*. The income levied by tax authorities from the investment on the Hong Kong, Macao and Taiwan enterprises is included as well.

Individual Income Tax refers to the tax levied abiding by *Individual Income Tax Law of the People's Republic of China* and by *Implementary Measure of Collection to Individual Income to Savings Deposit Interest*.

General Budgetary Expenditure of Local Finance refers to the cost from general public service, national defense, social security, education, science and technology, culture, sports and media, social security and employment effort, medical and health care, environment protection, urban and rural community affairs, agriculture, forestry, water conservancy affairs, communications and transportations and etc.

General Public Service Expenditure refers to the cost provided by government for public service.

Science and Technology Expenditure refers to the cost for science and technology.

Education Expenditure refers to the cost provided by government for education affairs. The education affairs include educational administration and service for pre-school education, primary school education, junior high school education, regular senior high school education, regular higher education, elementary vocational education, technical secondary school education, technical school education, vocational high school education, higher vocational education, radio and television education, oversea-students education, special education, cadre continuing education and other education organizations.

Culture, Sports and Media Expenditure refers to the cost provided by government for culture, cultural relic, sports, radio and television, press and publication news.

Medical and Health Care Expenditure refers to the medical and health programs in the general budget of local finance. It refers to the cost provided by government for medicine and health care, including medical and health management affairs, medical service, medical support, disease control and prevention, health supervision, maternal and children hygiene and rural health.

Urban and Rural Community Affairs Expenditure refers to the cost provided by government, including the cost of urban and rural community management affairs, urban and rural community plan and management, urban and rural community public facilities, urban and rural community residences, establishing of marketing management and supervision.

Communication and Transportation Expenditure refers to the cost provided by government for communication and transportation, including road transportation, waterway transportation, railway transportation, civil aviation transportation and etc.

Social Safety and Employment Effort Expenditure refers to the cost provided by government for social safety and employment effort including the social security and employment management affairs, civil management affairs, subsidies to social security fund from finance, replenish to national social security fund, subsidies for retirement of administrative institutions, subsidies for enterprises reform, subsidies for employment, pension, arrangement after retirement, social welfare, handicapped utilities, minimum subsistence allowances for urban residents, other urban social relief, rural social relief, living subsidies for natural disasters, red cross affairs and etc.

Credit Funds refers to the monetary funds accumulated and disturbed in the means of credit by the financial institutions. The sources of credit funds include various deposits, liabilities to international financial institutions, currency in circulation, bank itself owned funds, current retained profits and other items. The uses of credit funds include loans, securities and investment, position for bullion and silver purchase, position for foreign exchange purchase, advances to treasury, and assets with international financial institutions.

Deposit is a form of credit by which enterprises, institutions, organizations or households can put money into banks and other credit institutions for safekeeping and interest earning under the principle of free withdrawal. According to different depositors, deposits are divided into enterprise deposits, treasury deposits, deposits of government agencies and organizations, capital construction deposits, urban savings deposits, rural deposits and other deposits. Deposits are major sources of the credit funds of banks.

Savings Deposits in RMB in all Items of Financial Institutions refer to the total year-end monetary aggregates of enterprises, institutions, organizations and residents saving money into banks and other credit institutions and gaining some interests according to the recoverable principle.

Savings Deposit Balance of Urban and Rural Residents refers to the money put into banks and rural credit unions at certain time points, include the bank savings deposit of urban residents and the bank savings deposit of rural residents. The cash held by residents and the deposits of organizations such as industrial and mining enterprises, army units, institutions, etc, are not included.

Loan is a form of credit by which banks and other credit institutions provide funds at certain interest rate to enterprises and individuals in the light of the principle of unconditional repayment. Loans from Chinese banks include circulating capital loans, fixed assets loans, loans to urban and rural individuals engaged in industrial and commercial business and agricultural loans.

Loan Balances in RMB in all Items of Financial Institutions refer to the total volume of loans with some interest rate provided by banks and other credit institutions for enterprises and individuals at year-end according to principle of must-be-returned.

Amount Insured refers to the maximum that the insurant will get for the claim of the case insured.

Premium is the fee paid by the insurant to the insurer to obtain the obligation of compensation from the insurance within the agreed terms.

Settled Claim is the compensation paid by the insurer to the insurant in accordance with the insurance contract.

Total Market Capitalization refers to the total value of the issued shares calculated on the share price at a certain time and the number of issued shares. The formula is as follows:

Total Market Capitalization= ∑（Market Price × Issued Volume）

城乡调查

Urban and Rural Survey

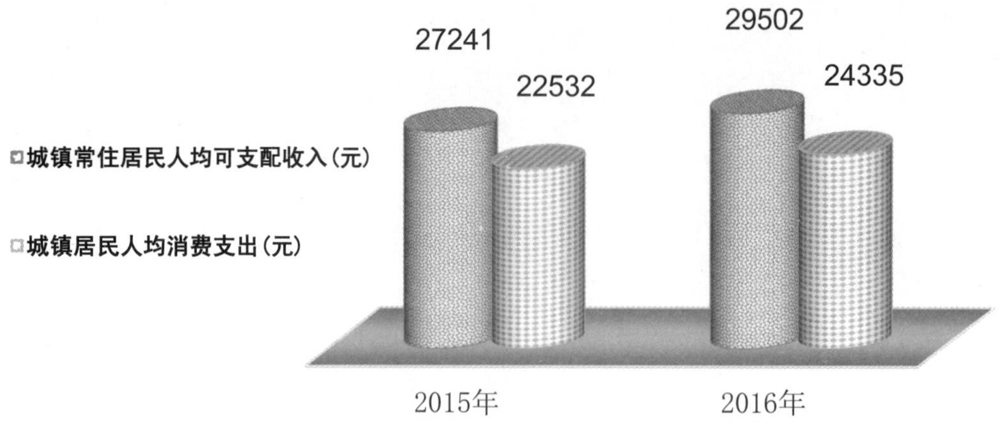

2016年每百户城镇居民主要耐用消费品拥有量

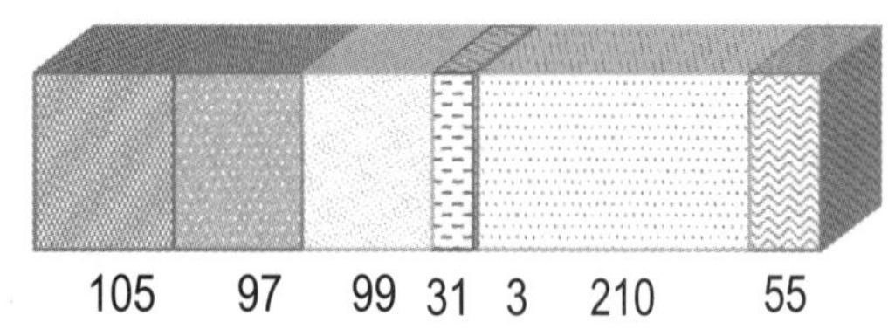

彩色电视机(台)
电冰箱(台)
洗衣机(台)
家用汽车(辆)
中高档乐器(架)
移动电话(部)
计算机(台)

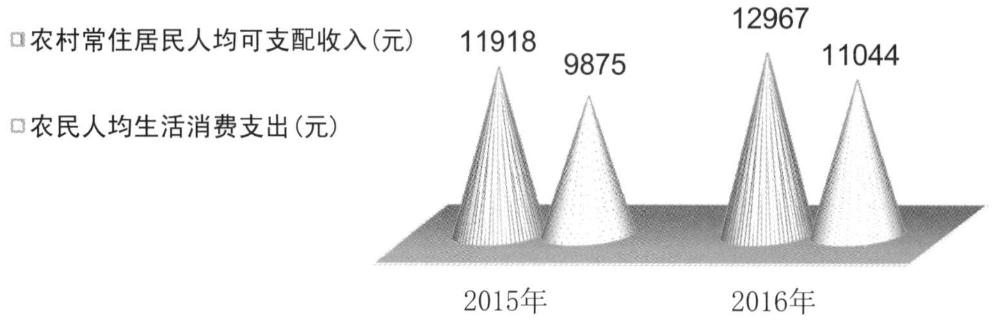

2016年每百户农民主要耐用消费品拥有量

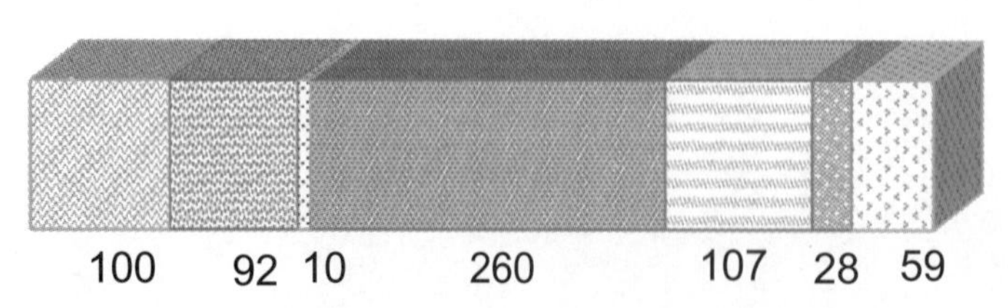

洗衣机(台)
电冰箱(台)
电话机(部)
移动电话(部)
彩色电视机(台)
生活用汽车(辆)
热水器(台)

城市居民消费价格指数（上年同期=100）

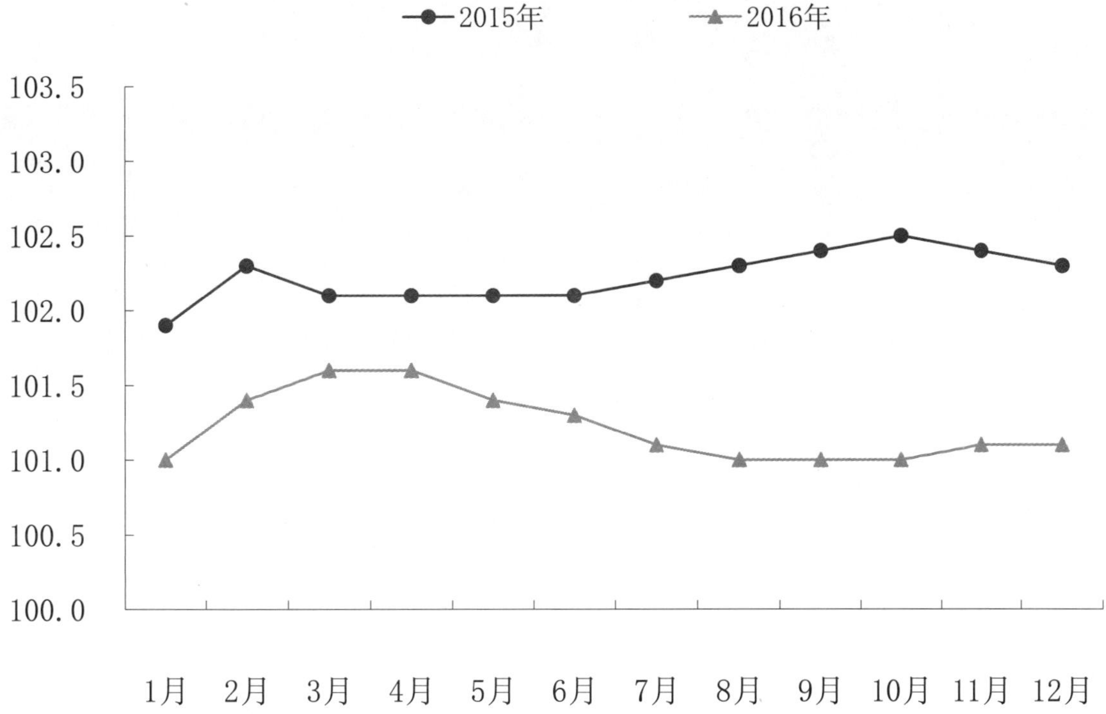

商品零售价格指数（上年同期=100）

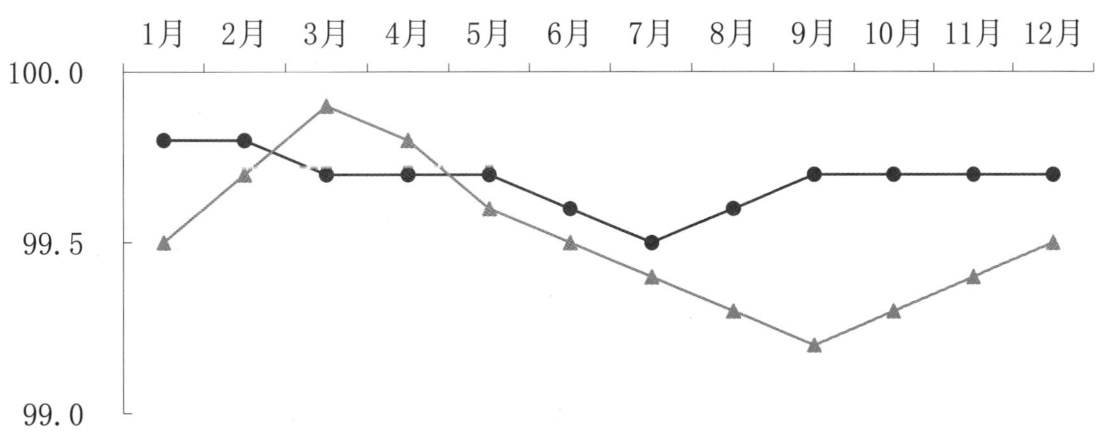

13-1 城市居民消费价格指数
Urban Consumer Price Indices

(以上年同期为100)

指　标	Item	2016	指　标	Item	2016
居民消费价格总指数	**Gereral Consumer Price Index**	**101.1**	在外餐饮	Dining Out	102.0
#服务项目价格指数	**Services Price Index**	101.6	**衣　着**	**Clothing**	**100.2**
消费品价格指数	**Consumer Goods Price Index**	105.4	服　装	Garments	99.7
食品烟酒	**Food, Tobacco&Liquor**	102.9	男士服装	Men's Garments	102.1
食　品	Food	103.7	女士服装	Women's Garments	99.1
粮　食	Grain	100.6	儿童服装	Children's Garments	95.4
薯　类	Tubers	113.3	服装材料	Clothing Material	100.0
豆　类	Beans	100.4	其他衣着及配件	Other Clothing and Accessories	99.8
食用油	Oil	103.4	衣着加工服务费	Fees for Clothing Processing	100.0
菜	Vegetables	105.6	鞋　类	Shoes	101.8
鲜　菜	Fresh Vegetables	106.0	**鞋**	Shoes	101.8
干菜及菜制品	Dried Vegetable and Processed Products	101.5	**鞋类加工服务**	Fees for Shoe Processing	100.0
畜肉类	Livestock Meat	110.7	**居　住**	**Residence**	**99.2**
猪　肉	Pork	118.3	租赁房房租	House Rent	99.3
牛　肉	Beef	100.4	房屋保养维修及管理	Maintenance and Management of the House	101.1
禽肉类	Poultry	104.0	住房装潢材料	Decoration Material	99.6
水产品	Aquatic Products	104.6	**物业管理费**	Property Management Fee	104.8
蛋　类	Eggs	96.1	**住户装潢维修**	**Decoration&Maintenance**	**100.0**
奶　类	Milk	99.0	水电燃料	Water, Electricity& Fuel	99.1
干鲜瓜果类	Dried and Fresh Melons and Fruits	95.7	水	Water,	100.0
糖果糕点类	Sweets and Cakes	100.4	电	Electricity	100.0
调味品	Flavoring	103.1	燃　气	Gas	96.3
其他食品类	Others	99.1	取暖费	Heating Fee	100.0
茶及饮料	Tea&Beverages	99.9	其他燃料	Other Fuels	88.9
烟　酒	Tobacco&Liquor	100.4	自有住房	Private Housing	98.5
烟　草	Tobacco	100.5	**生活用品及服务**	**Articles of Daily Use and Service**	**99.6**
酒　类	Liquor	100.2	家具及室内装饰品	Furniture and Upholstery	100.5

注：2016年居民消费价格按新指标体系。

In 2016, the index system of household consumer price survey was changed, so in 2016, a new index system was put into use .

13-1 续表 (continued)

指　标	Item	2016	指　标	Item	2016
家　具	**Furniture**	**100.6**	文化娱乐	Culture and Recreational Articles	101.1
室内装饰品	Interior Upholstery	100.0	文娱耐用消费品	Durable Consumer Goods for Cultural	95.4
家用器具	Household Facilities	98.2	其他文娱用品	Others	101.1
大型家用器具	Large Household Appliances	98.2	文化娱乐服务	Cultural Service	100.0
小家电	Small Household Appliances	98.3	旅　游	Touring	105.3
家用纺织品	Household Textiles	100.6	**医疗保健**	**Heath Care**	**105.2**
床上用品	Bed Articles	100.9	医药及医疗器具	Medicine and Medical Instrument	100.6
窗帘门窗	Curtains	100.3	中　药	Traditional Chinese Medicine	100.2
其他家用纺织品	**Other Household Textiles**	**99.6**	**西　药**	Western Medicine	100.8
家庭日用杂品	Daily Use Household Articles	99.6	滋补保健品	Nourishing Health Care Products	100.0
洗涤卫生用品	Detergent	99.3	医疗卫生器具	Medical Instrument and Articles	100.0
厨具餐具茶具	Kitchen Utensils and Tableware	99.3	保健器具	Health Care Applicants	102.4
家用手工工具	Household Hand Tools	100.2	医疗服务	Health Care Services	109.0
其他家庭日用杂品	Other Household Articles	100.4	综合医疗类	Synthetic Medical Treatment	114.0
个人护理用品	Personal Care Products	100.6	诊断类	Diagnosis	99.5
化妆品	Cosmetics	100.6	治疗类	Treatment	118.2
其他护理用品类	Others	100.5	康复类	Rehabilitation	100.0
家庭服务	Household Service	100.0	中医医疗服务类	TCM Medical Service	113.8
交通和通信	Transportation and Communication	98.6	其他医疗服务	Others	191.7
交　通	Transportation	99.5	**其他用品和服务**	**Other Articles and Service**	**101.2**
交通工具	Transportation Facilities	**100.0**	其他用品类	Other Articles	103.8
交通工具用燃料	Fuels for Transportation Facilities	95.3	首饰手表	Jewelry and Watch	107.3
交通工具使用和维护	Fees for Vehicles Use and Maintenance	99.3	其他杂项用品	Others	98.5
交通费	Fees for Transportation	104.4	其他服务类	Other Services	99.3
通　信	Communication	97.4	旅游住宿	Hotel Charge	89.7
通讯工具	Communication Facility	87.1	美容美发洗发浴	Cosmetic Fees	100.2
通信服务	Communication Service	100.0	养老服务	Service for the Aged	100.0
邮递服务	Postal Service	100.0	金融保险	Finance and Insurance	101.2
教育文化和娱乐	**Recreation, Education and Culture**	**101.4**	其他服务类	Other Services	100.0
教　育	Education	101.7			
教育用品	Education Articles	98.6			
教育服务	Education Services	101.8			

注：2016年居民消费价格按新指标体系。

a)In 2016, the index system of household consumer price survey was changed, so in 2016, a new index system was put into use .

13-2 商品零售价格指数
Retail Price Index

(以上年同期为100)

指　标	Item	2016	2015	指　标	Item	2016	2015
商品零售价格总指数	**General Retail Price Index**	**99.5**	**99.7**	**家庭设备**	Household Facilities	98.2	100.3
				文娱用耐用消费品	Durable Consumer Goods for Cultural	94.8	
食　品	**Food**	**103.4**	**102.5**	专业音像材料	Professional Acoustic Materials	101.4	
粮　食	Grain	100.6	102.0	**文化办公用品**	**Culture and Official Articles**	**98.9**	**98.9**
薯　类	Tubers	113.3		**日用品**	**Daily Necessities**	**99.2**	**101.4**
豆　类	Beans	100.4		日用百货	General Merchandise	100.8	103.4
食用油	Oil	103.3		厨具餐具茶具	Kitchen Utensils and Tableware	99.2	
菜	Vegetables	105.6	100.1	清洗用品	Detergent	98.3	
鲜　菜	Fresh Vegetables	106.0		其他日用品	Other Household Articles	98.9	99.7
干菜及菜制品	Dried Vegetable and Processed Products	101.5		**体育娱乐用品**	**Sports and Recreational Equipment**	**101.4**	**99.9**
畜肉类	Livestock Meat	110.7		体育户外用品	Sports Outdoor Articles	96.4	
猪　肉	Pork	118.3		**娱乐用品**	Recreational Equipment	102.3	99.8
牛　肉	Beef	100.4		**交　通、通信用品**	**Transportation and Communication Articles**	**95.2**	**98.3**
禽肉类	Poultry	104.0	103.4	交通运输机械	Transportation Machinery	99.7	99.0
水产品	Aquatic Products	105.0	101.6	通信器材	Telecom Equipment	87.3	
蛋　类	Eggs	96.1	97.5	**家　具**	**Furniture**	**100.6**	**101.0**
奶　类	Milk	98.9		**化妆品**	**Cosmetics**	**100.7**	**100.1**
干鲜瓜果类	Dried and Fresh Melons and Fruits	95.7	95.2	**金银饰品**	**Gold and Silver Ornaments**	**108.2**	
糖果糕点类	Sweets and Cakes	100.4		**中西药品及医疗保健用品**	**Medicine and Health Care**	**100.7**	**100.4**
调味品	Flavoring	103.1	102.0	医疗卫生器具	Medical Instrument	100.0	
其他食品类	Others	99.1	101.5	中　药	Traditional Chinese Medicine	100.2	
在外餐饮	Dining Out	102.0		西　药	Western Medicine	101.1	100.4
饮料、烟酒	**Beverages,Tobacco &Liquor**	**100.3**	**102.4**	**保健器具及用品**	Health Care Applicants and Articles	100.5	100.0
茶及饮料	Tea&Beverages	99.9	100.9	书报杂志及电子出版物	Books,Newspapers, Magazines&E-journals	98.6	100.6
烟　草	Tobacco	100.5	102.4	教材及参考书	Text Books and Reference Books	96.7	102.0
酒　类	Liquor	100.2	103.9	书报杂志	Books,Newspapers and Magazines	100.0	100.0
服装、鞋帽	**Garments, Shoes and Headgear**	**100.3**	**100.3**	计算机办公软件	Computer Office Software	100.0	
服　装	Garments	99.7	100.2	**燃　料**	**Fuels**	**94.8**	**91.2**
男士服装	Men's Garments	102.1	101.6	煤炭及制品	Coal and Coal Products	88.5	114.6
女式服装	Women's Garments	99.1	99.3	石油及制品	Oil and Oil Products	95.8	89.0
儿童服装	Children's Garments	95.4	98.8	**建筑材料及五金电料**	**Construction and Electrical Materials&Hardware**	**100.1**	**98.5**
鞋帽袜	Shoes, Socks and Hats	101.6	100.8	建筑装潢材料	Decoration Materials	99.6	97.6
鞋	Shoes	101.8	100.9	五金水暖	Hardware and Water Heating	102.2	101.9
袜子	Socks	100.0	100.0				
帽子	Hats	100.0	96.9				
其他衣着配件	Other Accessories	99.5	100.1				
纺织品	Textiles	100.8	100.0				
服装材料	Clothing Material	100.0					
床上用品	Bed Articles	100.9	100.0				
家用电器及音响材料	Household Appliances &Acoustic Materials	97.2					

注：2016年居民消费价格调查按新体系，部分无2015年的数据。

In 2016, the index system of household consumer price survey was changed, so in 2016, a new index system was put into use .

13-3 城市住户基本情况(2016年)
Statistics on Urban Households(2016)

指标		Item		数量 Quantity
调查户数	**(户)**	**Number of Households Surveyed**	**(household)**	**673**
家庭人口数	**(人/户)**	**Number of Persons per Household**	**(household/person)**	**2.84**
离退休人数	**(人/户)**	**Number of Retirees**	**(household/person)**	0.48
负担系数	**(人/就业者)**	**Dependency Ratio**	**(person/employee)**	**1.89**
耐用消费品		**Durable Consumer Goods**		
家用汽车	(套/百户)	Automobile	(unit/100households)	31.48
摩托车	(套/百户)	Motorcycle	(unit/100households)	4.70
电冰箱(柜)	(台/百户)	Refrigerator(Freezer)	(set/100households)	97.39
洗衣机	(台/百户)	Washing Machine	(set/100households)	99.40
热水器	(台/百户)	Water Heater	(set/100households)	85.01
太阳能热水器	(台/百户)	Solar Water Heater	(set/100households)	9.30
空　调	(台/百户)	Air Conditioner	(set/100households)	17.61
彩色电视机	(台/百户)	Color TV Set	(set/100households)	104.86
摄像机	(架/百户)	Video Camera	(unit/100households)	8.26
照相机	(架/百户)	Camera	(unit/100households)	21.00
计算机	(台/百户)	Computer	(set/100households)	55.30
接入互联网的计算机	(台/百户)	Computer with Access to Internet	(set/100households)	125.74
中高档乐器	(架/百户)	Mid&High-grade instruments	(unit/100households)	3.38
固定电话	(部/百户)	Fixed Telephone	(unit/100households)	45.65
移动电话	(部/百户)	Mobile telephone	(unit/100households)	209.77
其中：接入互联网的移动电话	(部/百户)	Mobil Phones with Access to Internet	(unit/100households)	125.74

13-3 续表 (continued)

指 标		Item	数 量 Quantity
现住房总建筑面积	(平方米/人)	**Total Floor Space of Houses(sq.m/person)**	**36.25**
房屋产权	%	Housing Property Right	
租赁公房	%	Leasing of State-owned Housing	1.19
租赁私房	%	Leasing of Private Housing	10.17
原有私房	%	Private Housing Existed	18.56
房改私房	%	Private Housing through Housing Reforming	21.93
商品房	%	Commercial Housing	37.72
其 它	%	**Others**	10.43
住宅建筑式样	%	Housing Styles	
单栋住宅	%	Single Housing	25.80
四居室	%	Four-bedroom House	4.45
三居室	%	Three-bedroom House	27.98
二居室	%	Two-bedroom House	37.90
一居室	%	One-bedroom House	3.12
筒子楼及连片平房	%	Ordinary House	21.22
其 它	%	Bungalow and Others	21.93
饮水情况	%	Drinking Water	**22.64**
自来水	%	Tap Water	23.35
桶装水	%	Barrelled Water	24.06
井、河水	%	Well and Spring Water	24.78
其 它	%	**Others**	**25.49**
取暖设备	%	**Warm Equipment**	**26.20**
无取暖设备	%	Without Heating Installation	26.91
自行供暖	%	Supply Heating by Oneself	27.62
由市政或小区集中供暖	%	Central Heating	28.33
炊用燃料使用情况	%	**Fuels for Cooking**	**29.04**
管道煤气	%	Piped Coal Gas	29.75
液化石油气	%	Liquefied Petroleum Gas	30.46
煤	%	Coal	31.17
管道天然气	%	Piped Natural Gas	31.88
电	%	Electricity	32.59
其 它	%	Others	33.30

13-4 城市住户收支情况(2016年)
Income and Expenditure of Urban Households(2016)

单位：元/人 (yuan/person)

指　　标	Item	合　计 Total	指　　标	Item	合　计 Total
家庭总收入	**Total Households Income**	**31623.34**	政策性生活补贴	Allowance from the Government	25.63
#可支配收入	Disposable Income	29501.65	报销医疗费	Income from Medical Reimbursement	35.34
工资性收入	**Income from Wages and Salaries**	**17696.42**	家庭外出从业人员寄回带回收入	Income from Family Members Working Outside	9.78
工　资	Income from Laborage and Allowance	17170.76	赡养收入	Income from Offsprings	319.64
实物福利	Material Benefits	42.95	其他经常转移性收入	Other Frequent Transfer Income	37.69
其　他	Others	482.70	从政府和组织得到的实物产品和服务折价	Discounted Products and Services from Government	29.34
经营净收入	**Net Business Income**	**2510.64**	现金政策性惠农补贴	Cash Aids under Benefting-Farmers Policy	0.58
财产净收入	**Net Property Income**	**2719.72**	**非收入所得**	**Other Income**	**1631.45**
财产性收入	**Property Income**	**2800.89**	出售资产所得	Income from Selling Properties	357.56
利息净收入	Interest Income	54.91	**非经常性转移所得**	**Income from Irregular Transfer**	**1207.30**
红利收入	Dividends and Bonus Income	51.26	其他非收入所得	Others	66.59
储蓄性保险净收益	Net Income from Endowment Insurance		**借贷性所得**	**Income from Debit and Credit**	**2728.90**
转让承包土地经营权租金净收入	Net Income from Management Transfer of the Contracted Land	7.73	提取储蓄存款	Drawing Money from Banks	2458.94
出租房屋财产性收入	House Rent	812.49	借入款	Loan Payable	209.68
出租机械专利版权等资产的收入	Income from Machinery and Copyright Rent	56.45	收回借出款	Loans Received	42.88
其他财产净收入	Other Net Income	8.63	住房贷款	Housing Loan	6.01
房屋虚拟租金	Virtual House Rent	1728.25	汽车贷款	Car Loan	7.30
转移净收入	**Net Income from Transfer**	**6574.87**	教育贷款	Enducation Loans	3.11
转移性收入	**Income from Transfer**	**8263.31**	其他借贷所得	Others	0.97
养老金或离退休金	Annuities or Pension	7615.95	**家庭总支出**	**Total Households Expenditure**	**33737.16**
社会救济和补助	Income from Social Relief and Aids	189.35	**消费支出**	**Consumption Expenditure**	**24334.86**

13-4 续表 (continued)

单位：元/人 (yuan/person)

指　　标	Item	合　计 Total	指　　标	Item	合　计 Total
#服务性消费支出	Expenditure on Service Consumption	7197.22	其他生活贷款利息支出	Expenditure on Other Loan Interest	8.08
通过互联网购买商品或服务	Purchasing Goods or Services from the Internet	289.55	其他财产性支出	Others	1.42
食品烟酒	Food,Tobacco and Liquor	7655.52	购置资产及非经常性转移	Expenditure on Assets Acquisition and Irregular Transfer	4405.23
衣　着	Clothing	1763.17	购置资产支出	Expenditure on Assets Acquisition	636.51
居　住	Residence	4771.93	**非经常性转移支出**	**Expenditure on Irregular Transfer**	**3768.72**
生活用品及服务	Household Items and Services	1739.43	**借贷性支出**	**Expenditure on Loan**	**3049.37**
交通通信	Transport and Communication	3048.16	存入储蓄款	Saving Deposits	1819.25
教育文化娱乐	Education,Culture and Recreation	3619.97	借出款	Lending	22.82
医疗保健	Health Care	1270.75	归还借款	Loan Payment	177.77
其他用品和服务	Miscellaneous Goods and Services	465.91	购买有价证券	Purchase of Negotiable Securities	0.35
转移性支出	**Transfer Expenditure**	**1688.44**	其他投资支出	Other Investment Expenditure	3.96
个人所得税	**Individual Income Tax**	**64.45**	归还住房贷款	Payments on Housing Loan	900.05
社会保障支出	Social Security Expenditure	1430.89	归还汽车贷款	Payments on Car Loan	104.83
个人缴纳的养老保险	Endowment Insurance by Individual	1020.10	归还教育贷款	Payments on Educational Loan	0.02
个人缴纳的医疗保险	**Medicare Paid by Individual**	**350.03**	归还其他贷款	Payments on Other Loans	14.82
个人缴纳的失业保险	Unemployment Insurance Paid by Individual	48.86	其他借贷支出	Others	5.51
其他社会保障支出	Others	11.91	部分商业保险支出	Expenditure on Commercial Loan	78.87
外来从业人员寄给 家人的支出	Expenditure on Family MembersWorking Outside	3.22	意外伤害保险	Accidents Insurance	1.34
赡养支出	**Expenditure on Supportingthe Old**	**109.82**	商业医疗保险(含大病保险)	Commercial Health Insurance (Including critical illness insurance)	20.31
其他转移性支出	Expenditure on Transfer	80.06	其他非储蓄性商业保险	Other Non-saving Commercial Insurance	24.38
财产性支出	**Property Expenditure**	**81.17**	其他储蓄性商业保险	Other Commercial Insurance of saving	32.84
住房贷款利息支出	Payments on Housing Loan Interest	71.68			

13-5 城市住户消费支出情况(2016年)
Consumption Expenditure of Urban Households(2016)

指标		Item		数量(-/人) Quantity (-/person)	金额(元/人) Amount (yuan/person)	平均单价(元/千克) Average Unit Price(yuan/kg)
消费支出	(元)	**Consumption Expenditure**	(yuan)		**24334.86**	
#服务性消费支出	(元)	**Services**	(yuan)		**7197.22**	
食品烟酒	(元)	**Food,Tobacco and Liquor**	(yuan)		**7655.52**	
食品		**Food**		**105.73**	**5252.92**	**49.68**
谷物类	(元)	**Grain**	(yuan)	**93.56**	**556.66**	**5.95**
小麦	(千克)	Wheat	(kg)	21.22		
稻谷	(千克)	Rice	(kg)	61.53		
玉米	(千克)	Corn	(kg)	0.82		
其他谷物类	(千克)	Others	(kg)	9.98		
薯类	(千克)	**Tubers**	(kg)	**2.14**	**47.46**	**22.22**
红薯	(元)	Sweet Potatoes	(yuan)	0.38		
马铃薯	(千克)	Potatoes	(kg)	1.58		
其他薯类	(千克)	Others	(kg)	0.18		
豆类	(千克)	**Beans**	(kg)	**10.04**	**88.53**	**8.82**
大豆	(元)	Soybean	(yuan)	0.40		
其他豆类	(千克)	Others	(kg)	9.64		
食用油	(千克)	**Oil**	(kg)	**13.10**	**251.65**	**19.21**
植物油	(千克)	Vegetable Oil	(kg)	11.82		
动物油	(千克)	Animal Oil	(kg)	1.28		
蔬菜及食用菌	(千克)	**Vegetables and Mushrooms**	(kg)	**106.14**	**838.03**	**7.90**
鲜菜	(千克)	Fresh Vegetables	(kg)	100.96		
干菜及菜制品	(千克)	Dried Vegetables and Vegetable Products	(kg)	3.51		
鲜菌	(千克)	Fresh Mushrooms	(kg)	1.36		
干菌及菌制品	(千克)	Dried Mushrooms andMushroom Products	(kg)	0.31		
肉类	(千克)	**Meat**	(kg)	**36.00**	**1326.90**	**36.86**
猪肉	(千克)	Pork	(kg)	29.40		
牛肉	(千克)	Beef	(kg)	2.22		
羊肉	(元)	Mutton	(yuan)	0.38		
其他肉类及制品	(千克)	Others	(kg)	4.00		
禽类	(千克)	**Poultry**	(kg)	**10.84**	**383.74**	**35.39**
鸡、鸭、鹅	(千克)	Chicken,Duck and Goose Meat	(kg)	9.18		
其他禽类及制品	(千克)	Others	(kg)	1.67		

13—5 续表2 (continued)

指　　标		Item		数　量 (−/百户) Quantity (-/100 households)	金　额 (元/人) Amount (yuan/person)	平均单价 (元/−) Average Unit Price (yuan/-)
衣　着	**(元)**	**Clothing**	**(yuan)**		**1763.17**	
衣　类	(件)	Clothes	(yuan)		1297.76	
鞋　类	(元)	Shoes	(yuan)		465.41	
居　住	**(元)**	**Residence**	**(yuan)**		**4771.93**	
租赁房房租	(元)	House Rent	(yuan)		327.85	
住房维修及管理	(元)	Housing Maintenance and Management	(yuan)		425.66	
水电燃料及其他	(元)	Water,Electricity,Fuel and Others	(yuan)		1042.22	
自有住房折算租金	(元)	Imputed Rent for Private Housing	(yuan)		2976.20	
生活用品及服务	**(元)**	**Articles for Daily Use and Services**	**(yuan)**		**1739.43**	
家具及室内装饰品	(元)	Furniture and Upholstery	(yuan)		227.98	
家用器具	(元)	Household Appliance	(yuan)		426.04	
家用纺织品	(元)	Household Textile	(yuan)		165.82	
家庭日用杂品	(元)	Daily Household Articles	(yuan)		497.63	
个人用品	(元)	Individual Articles	(yuan)		293.14	
家庭服务	(元)	Family Services	(yuan)		128.82	
#家政服务	(元)	Household Services	(yuan)		99.06	
交通通信	**(元)**	**Transportation and Communication**	**(yuan)**		**3048.16**	
交　通	(元)	Transportation	(yuan)		1690.35	
交通工具	(元)	Transportation Tools	(yuan)		339.24	
交通费	(元)	Expenditure on Transportation	(yuan)		364.45	
交通工具用燃料	(元)	Fuel of Transportation Tools	(yuan)		551.11	
交通工具使用及维修	(元)	Expenditure on Vehicles Use and Mainten	(yuan)		435.55	
#车辆保险支出	(元)	Expenditure on Car Insurance	(yuan)		88.43	
通　信	(元)	Communication	(yuan)		1357.81	
通信工具	(元)	Communication Tools	(yuan)		341.35	
通信服务	(元)	Communication Services	(yuan)		1016.46	

13-5 续表3 (continued)

指 标		Item		数 量 (-/百户) Quantity (-/100 households)	金 额 (元/人) Amount (yuan/person)	平均单价 (元/-) Average Unit Price (yuan/-)
教育文化娱乐	**(元)**	**Education,Culture and Recreation**	**(yuan)**		**3619.97**	
教 育	**(元)**	**Education**	**(yuan)**		**1382.80**	
学前教育	(元)	Preschool Education	(yuan)		171.31	
小学教育	(元)	Elementary Education	(yuan)		199.37	
初中教育	(元)	Junior Middle School Education	(yuan)		245.11	
高中教育	(元)	**Senior High School Education**	**(yuan)**		264.35	
中专职高教育	(元)	Secondary Vocational Education	(yuan)		16.35	
大专及以上教育	(元)	College Diploma or Above	(yuan)		380.10	
成人教育	(元)	Adult Education	(yuan)		106.22	
文化娱乐	**(元)**	**Culture and Recreation**	**(yuan)**		**2237.17**	
文娱耐用消费品	(元)	Durable Consumer Goods of Culture and Recreation	(yuan)		174.45	
其他文娱用品	(元)	**Other Cultural and Recreational Article**	**(yuan)**		224.64	
文化娱乐服务	(元)	Cultural and Recreational Services	(yuan)		1838.08	
团体旅游	(元)	Group Tour	(yuan)		1463.83	
景点门票	(元)	Attractions Tickets	(yuan)		78.05	
体育健身活动	(元)	Physical Fitness Activity	(yuan)		38.04	
电影话剧演出票	(元)	Film,Drama and Concert Tickets	(yuan)		31.60	
有线电视费	(元)	**Cable Bill**	**(yuan)**		114.72	
其他文化娱乐服务	(元)	Other Cultural and Recreational Services	(yuan)		97.13	
医疗保健	**(元)**	**Medical Care**	**(yuan)**		**1270.75**	
医疗器具及药品	(元)	Medical Apparatus and Medicine	(yuan)		605.79	
医疗服务	(元)	Medical Services	(yuan)		664.97	
门诊总费用	(元)	Total Outpatient Expenditure	(yuan)		329.96	
住院总费用	(元)	**Hospitalization Expenditure**	**(yuan)**		335.01	
其他用品和服务	**(元)**	**Other Articles and Services**	**(yuan)**		**465.91**	
其他用品	(元)	Other Articles	(yuan)		238.52	
首饰及手表	(元)	Jewellery and Watches	(yuan)		103.70	
其他杂项用品	(元)	Others	(yuan)		129.04	
其他服务	(元)	Other Services	(yuan)		227.39	
旅馆住宿费	(元)	Hotel Bills	(yuan)		70.08	
美容美发洗浴	(元)	Beauty, Salons and Bath	(yuan)		87.62	
其他杂项服务	(元)	Others	(yuan)		66.62	

13–6 城市住户按相对收入五等分分组情况(2016年)

指　　标		Item	
家庭人口数	**(人/户)**	**Number of Persons per Household**	**(person/household)**
家庭总收入	**(元/人)**	**Total Households Income**	**(yuan/person)**
#**可支配收入**	(元/人)	Disposable Income	(yuan/person)
工资性收入	**(元/人)**	**Income from Wages and Salaries**	**(yuan/person)**
工　资	(元/人)	Income from Laborage andAllowance	(yuan/person)
其他工资性收入		Other Income from Wages and Salaries	
从单位得到的实物收入和服务		Products and Services from the Company	
其他工资性收入	(元/人)	Other Income from Wages and Salaries	(yuan/person)
从单位得到的实物收入和服务	(元/人)	Products and Services from the Company	(yuan/person)
经营净收入	**(元/人)**	**Net Business Income**	**(yuan/person)**
财产净收入	**(元/人)**	**Income from Properties**	**(yuan/person)**
利息净收入	(元/人)	Interest Income	(yuan/person)
红利收入	(元/人)	Bonus Income	(yuan/person)
储蓄性保险净收益	(元/人)	Net Income from Endowment Insurance	(yuan)
转让承包土地经营权租金净收入	(元/人)	Net Rent Income from Contracted Land Transfer	(yuan)
出租房屋财产性收入	(元/人)	House Rent	(yuan)
出租机械专利版权等资产的收入	(元/人)	Income from Machinery and Copyright Rent	(yuan)
其他财产净收入	(元/人)	Other Net Income	(yuan)
房屋虚拟租金	(元/人)	Virtual House Rent	(yuan/person)
转移净收入	**(元/人)**	**Net Income from Transfer**	**(yuan/person)**
转移性收入	(元/人)	Income from Transfer	(yuan/person)
养老金或离退休金	(元/人)	Annuities or Pension	(yuan/person)
社会救济和补助	(元/人)	Income from Social Relief and Aids	(yuan/person)
政策性生活补贴	(元/人)	Allowance from the Government	(yuan/person)
家庭外出从业人员寄回带回收入	(元/人)	Income from Family Members Working Outside	(yuan/person)
赡养收入	(元/人)	Income from Offsprings	(yuan/person)
其他经常转移收入	(元/人)	Other Frequent Transfer Income	(yuan/person)
报销医疗费	(元/人)	Reimbursement of Medical Expenses	(yuan/person)
从政府得到的实物产品和服务	(元/人)	Products and Services from Government	(yuan/person)
现金政策性惠农补贴	(元/人)	Cash Aids under Benefting-Farmers Policy	(yuan/person)

Relative Income of Urban Households by Five-equel Partition(2016)

合　计 Total	低20% Low Income Households20%	较低20% Lower Middle Income Households20%	中间20% Middle Income Households20%	较高20% Upper Middle Income Households20%	高20% High Income Households20%
2.84	**3.31**	**3.02**	**2.82**	**2.67**	**2.39**
31623.34	**16207.31**	**24631.85**	**31166.36**	**38479.68**	**54863.05**
29501.65	14575.42	22749.73	29229.07	36009.32	51931.44
17696.42	**8851.63**	**14856.45**	**15764.97**	**22201.46**	**30759.30**
17170.76	8619.75	14380.00	15387.88	21492.12	29800.59
482.70	206.54	450.94	328.43	642.81	901.58
42.95	25.34	25.51	48.67	66.53	57.13
2510.64	**2237.50**	**2226.38**	**2069.80**	**2039.98**	**4298.63**
2719.72	**1846.66**	**1710.31**	**2732.78**	**2757.53**	**5196.82**
54.91	-3.57	-34.36	60.04	43.42	260.37
51.26	93.55	18.44	10.48	40.90	95.20
7.73	4.48	3.21		6.64	28.31
812.49	587.76	419.58	489.39	705.74	2132.98
56.45	0.44		19.22	279.55	
8.63	-2.08		25.89	-0.08	24.66
1728.25	1166.09	1303.44	2127.76	1681.36	2655.29
6574.87	**1639.62**	**3956.59**	**8661.51**	**9010.36**	**11676.69**
8263.31	2952.00	5371.58	10340.70	10936.78	13986.47
7615.95	2387.77	4923.21	9967.40	10209.64	12735.89
189.35	276.08	137.77	12.39	419.03	83.88
25.63	31.93	24.33	13.96	10.11	49.61
9.78		32.98			14.80
319.64	168.90	155.07	278.97	179.10	949.28
37.69	61.64	58.09	8.66	15.91	35.74
35.34	15.49	19.61	39.42	40.18	73.29
29.34	9.16	20.29	19.57	61.62	44.00
0.58	1.03	0.24	0.34	1.18	

13-6 续表1

指　　标		Items	
转移性支出	**(元/人)**	**Transfer Expenditure**	**(yuan/person)**
个人所得税	(元/人)	Individual Income Tax	(yuan/person)
社会保障支出	(元/人)	Social Security Expenditure	(yuan/person)
个人缴纳的养老保险	(元/人)	Endowment Insurance by Individual	(yuan/person)
个人缴纳的医疗保险	(元/人)	Medicare Paid by Individual	(yuan/person)
个人缴纳的失业保险	(元/人)	Unemployment Insurance Paid by Individual	(yuan/person)
其他社会保障支出	(元/人)	Others	(yuan/person)
外来从业人员寄给家人的支出	(元/人)	Expenditure on Lottery	(yuan/person)
赡养支出	(元/人)	Expenditure on Supporting the Old	(yuan/person)
其他转移性支出	(元/人)	Expenditure on Transfer	(yuan/person)
经常性捐赠支出	(元/人)	Expenditure on Frequent Donations	(yuan/person)
经常性赔偿支出	(元/人)	Expenditure on Frequent Compensation	(yuan/person)
其他经常转移支出	(元/人)	Others	(yuan/person)
家庭总支出	(元/人)	Total Households Expenditure	(yuan/person)
消费支出	(元/人)	Consumption Expenditure	(yuan/person)
食品烟酒	**(元/人)**	**Food and Liquor**	**(yuan/person)**
食　品	(元/人)	Food	(yuan/person)
谷　物	(元/人)	Grain	(yuan/person)
薯　类	(元/人)	Tubers	(yuan/person)
豆　类	(元/人)	Beans	(yuan/person)
食用油	(元/人)	Oil	(yuan/person)
蔬菜和食用菌	(元/人)	Vegetables and Mushrooms	(yuan/person)
肉　类	(元/人)	Meat	(yuan/person)
禽　类	(元/人)	Poultry	(yuan/person)
水产品	(元/人)	Aquatic Products	(yuan/person)
蛋　类	(元/人)	Eggs	(yuan/person)
奶　类	(元/人)	Milk	(yuan/person)
干鲜瓜果类	(元/人)	Dried and FreshMelons and Fruits	(yuan/person)
糖果糕点类	(元/人)	Sweet and Sugar	(yuan/person)
其他食品	(元/人)	Others	(yuan/person)
烟　酒	(元/人)	Tobacco and Liquor	(yuan/person)
烟　草	**(元/人)**	**Tobacco**	**(yuan/person)**
酒　类	(元/人)	Liquor	(yuan/person)

(continued)

合　计 Total	低20% Low Income Households20%	较低20% Lower Middle Income Households20%	中间20% Middle Income Households20%	较高20% Upper Middle Income Households20%	高20% High Income Households20%
1688.44	**1312.38**	**1414.99**	**1679.18**	**1926.42**	**2309.78**
64.45	19.60	22.89	44.36	104.11	159.58
1430.89	1154.60	1233.90	1357.55	1589.15	1977.44
1020.10	832.51	852.40	989.99	1123.10	1418.44
350.03	292.41	319.44	327.21	381.96	459.99
48.86	27.61	53.74	36.82	59.35	73.67
11.91	2.08	8.33	3.53	24.74	25.35
3.22		3.07		9.44	4.59
109.82	117.35	75.61	180.00	94.59	81.06
80.06	20.83	79.52	97.28	129.13	87.10
4.15	2.11	2.12	6.47	5.00	6.03
75.90	18.72	77.40	90.81	124.13	81.08
33737.16	25713.74	27231.69	34745.59	35361.07	50377.39
24334.86	18477.00	20082.34	25907.05	25244.11	35174.69
7655.52	**6192.13**	**6445.23**	**8370.69**	**8128.19**	**9912.00**
5252.92	4349.77	4512.69	5827.43	5601.72	6419.15
556.66	456.79	459.57	538.40	545.91	855.40
47.46	45.64	40.51	54.74	48.56	49.53
88.53	87.03	80.71	96.74	94.23	85.10
251.65	223.56	231.94	257.62	280.78	276.67
838.03	725.69	767.07	951.69	889.03	898.04
1326.90	1145.47	1202.22	1417.96	1396.99	1557.40
383.74	279.95	323.85	475.50	421.05	457.96
212.17	151.35	178.74	268.71	227.92	257.13
122.61	111.75	104.44	150.65	117.19	135.40
333.45	257.94	263.54	398.30	346.11	440.80
652.86	496.27	504.51	752.32	744.66	846.49
201.42	164.75	157.34	230.90	227.14	247.27
237.42	203.56	198.25	233.90	262.16	311.96
894.41	740.21	713.21	1029.19	801.30	1295.54
613.14	**512.34**	**514.78**	**620.69**	**574.83**	**916.10**
281.28	227.87	198.43	408.50	226.47	379.44

13-6 续表2

指　　标		Items	
饮　料	(元/人)	Beverage	(yuan/person)
饮食服务	(元/人)	Catering Service	(yuan/person)
衣　着	(元/人)	Clothing	(yuan/person)
衣　类	(元/人)	Clothes	(yuan/person)
鞋　类	(元/人)	Shoes	(yuan/person)
居　住	(元/人)	Residence	(yuan/person)
租赁房房租	(元/人)	House Rent	(yuan/person)
住房维修及管理	(元/人)	Housing Maintenance and Management	(yuan/person)
水电燃料及其他	(元/人)	Water,Electricity,Fuel and Others	(yuan/person)
自有住房折算租金	(元/人)	Imputed Rent for Private Housing	(yuan/person)
生活用品及服务	(元/人)	Articles for Daily Use and Services	(yuan/person)
家具及室内装饰品	(元/人)	Furniture and Upholstery	(yuan/person)
家用器具	(元/人)	Household Appliance	(yuan/person)
家用纺织品	(元/人)	Household Textile	(yuan/person)
家庭日用杂品	(元/人)	Daily Household Articles	(yuan/person)
个人用品	(元/人)	Individual Articles	(yuan/person)
家庭服务	(元/人)	Family Services	(yuan/person)
#家政服务	(元/人)	Household Services	(yuan/person)
交通通信	(元/人)	Transportation and Communication	(yuan/person)
交　通	(元/人)	Transportation	(yuan/person)
通　信	(元/人)	Communication	(yuan/person)
教育文化娱乐	(元/人)	Education,Culture and Recreation	(yuan/person)
教　育	(元/人)	Education	(yuan/person)
文化娱乐	(元/人)	Culture and Recreation	(yuan/person)
医疗保健	(元/人)	Medical Care	(yuan/person)
医疗器具及药品	(元/人)	Medical Apparatus and Medicine	(yuan/person)
医疗服务	(元/人)	Medical Services	(yuan/person)
其他用品和服务	(元/人)	Other Articles and Services	(yuan/person)
其他用品	(元/人)	Other Articles	(yuan/person)
其他服务	(元/人)	Other Services	(yuan/person)
消费支出中服务消费支出	(元/人)	Consumption Expenditures on Services	(yuan/person)

(continued)

合　计 Total	低20% Low Income Households20%	较低20% Lower Middle Income Households20%	中间20% Middle Income Households20%	较高20% Upper Middle Income Households20%	高20% High Income Households20%
176.79	140.50	126.07	171.07	213.87	258.62
1331.41	961.65	1093.26	1342.99	1511.29	1938.69
1763.17	1318.50	1561.26	1708.38	1754.96	2713.37
1297.76	924.14	1142.86	1224.62	1274.37	2126.35
465.41	394.36	418.40	483.75	480.59	587.03
4771.93	3658.48	3909.30	4886.77	5224.30	6801.63
327.85	444.26	363.53	192.67	289.03	320.03
425.66	198.68	226.18	82.43	999.97	750.57
1042.22	823.57	926.68	1108.83	1071.31	1386.00
2976.20	2191.97	2392.92	3502.84	2863.99	4345.02
1739.43	1112.59	1225.45	2220.38	1857.79	2593.71
227.98	109.24	84.60	306.58	309.76	398.35
426.04	272.59	320.06	555.35	376.68	683.71
165.82	115.56	107.69	213.77	176.65	244.35
497.63	361.67	413.65	525.08	548.01	707.20
293.14	212.74	237.89	300.53	294.26	466.92
128.82	40.78	61.57	319.07	152.43	93.18
99.06	16.56	43.36	287.56	100.05	67.98
3048.16	1971.82	2163.66	2915.34	3358.99	5500.11
1690.35	1062.00	1062.41	1616.41	1649.08	3515.73
1357.81	909.82	1101.25	1298.93	1709.91	1984.38
3619.97	3109.61	3102.83	3972.30	3360.33	4891.59
1382.80	1783.09	1571.96	1196.75	1172.02	1033.96
2237.17	1326.51	1530.87	2775.55	2188.31	3857.64
1270.75	793.19	1314.75	1468.24	946.46	2005.90
605.79	263.23	591.09	750.36	426.21	1131.29
664.97	529.96	723.66	717.88	520.25	874.61
465.91	320.68	359.85	364.95	613.10	756.39
238.52	175.94	227.12	168.09	260.20	396.27
227.39	144.74	132.73	196.86	352.90	360.12
7197.22	5724.56	5969.29	7406.16	7609.29	10140.63

13-7 农村住户基本情况
Basic Conditions of Rural Households

指　　标		Item		2016	2015
调查户数	**(户)**	**Households Surveyed**	**(household)**	**474**	**471**
调查户常住人口	**(人)**	**Permanent Residents per Surveyed Household**	**(person)**	**1663**	**1645**
平均每户常住人口	(人)	Average Number of Permanent Residents per Household	(person)	3.5	3.50
每户整、半劳动力	**(人)**	**Number of Full/Semi Labor Force Per Household**	**(person)**	**2.54**	**2.52**
整、半劳动力占常住人口比重	(%)	The Proportion of Full Semi Labor Force	(%)	72.30	72.00
平均每百个劳动力中		**In Per 100 Laborers**			
文盲或半文盲	(人)	Illiterate or Semi-Illiterate	(person)	2.47	1.77
小学程度	(人)	Elementary School	(person)	32.31	31.59
初中程度	(人)	Junior High School	(person)	44.82	53.97
高中程度	(人)	Senior High School	(person)	8.69	7.94
中专程度	(人)	Technical Secondary School	(person)		
大专以上	(人)	Junior College	(person)	5.23	4.73
劳动力平均受教育年限	**(年/人)**	**Average Schooling Years of Laborers**	**(year/person)**		
年末住房面积	**(平方米/人)**	**Living Space at Year-end**	**(sq.m/person)**	**50.63**	**49.87**
#新建房屋面积	(平方米/人)	Areas of Houses Newly Built	(sq.m/person)		2.62
年末住房价值	**(元/平方米)**	**Houses Value at Year-end**	**(yuan/sq.m)**	**1684.32**	**1362.60**

13-8 农村住户家庭经营情况
Basic Conditions of Household Business in Rural Households

指　　标		Item		2016	2015
经营耕地面积	**(亩/人)**	**Area of Cultivated Land**	**(mu/person)**	**1.30**	**1.17**
#有效灌溉面积	(亩/人)	Area of Effective Irrigatior	(mu/person)	0.29	0.34
经营林地面积	**(亩/人)**	**Areas of Forests Manage**	**(mu/person)**	**0.27**	**0.54**
经营园地面积	**(亩/人)**	**Areas of Gardens Manag**	**(mu/person)**	**0.08**	**0.05**
经营养殖水面面积	**(亩/人)**	**Areas of Meadow Manag**	**(mu/person)**	**0.07**	**0.01**
年内出售猪头数	**(头/户)**	**Number of Selling Fatten**	**(head/household)**	**0.91**	**1.24**
出售、自宰肥猪肉产量	(公斤/户)	Output of Pork Slaughtere	(kg/household)	117.75	145.94
每头猪肉产量	(公斤/头)	Output of Per Slaughtered	(kg/head)	129.20	114.73
年内出售菜羊只数	**(只/百户)**	**Number of Sold Mutton**	**(head/100 households)**	**10.76**	**5.52**
出售、自宰羊的肉产量	(公斤/户)	Output of Mutton Slaughte	(kg/household)	2.92	2.36
年内出售肉牛数	**(头/百户)**	**Number of Sold Fattened**	**(head/100 households)**	**8.86**	**12.74**

13–9 农村家庭人均总收入
Per Capita Annual Income of Rural Households

单位：元 (yuan)

指　　标	Item	2016	2015	2016年比2015年增长(%) Growth Rate in 2016 over 2015(%)
全年总收入	Total Revenue of the Year	15709	15013	4.6
工资性收入	Income from Wages and Salaries	7617	6831	11.5
经营性收入	Net Business Income	6711	6617	1.4
财产性收入	Property Income	368	494	-25.5
转移性收入	Income from Transfer	1013	1070	-5.4
非收入所得	Other Income	1788	1785	0.2
借贷性所得	Income from Debit and Credit	1637	1539	6.3
家庭经营收入	Income from Household Operation	6711	6617	1.4
第一产业（不含惠农补贴）	Primary Industry(Not Including Income from Benefting-Farmers Policy)	4706	4625	1.7
农业收入	Farming	2303	1981	16.3
林业收入	Forestry	49	55	-11.0
牧业收入	Animal Husbandry	2004	2320	-13.6
渔业收入	Fishery	350	270	29.5
第二产业	Secondary Industry	228	133	71.9
采矿业收入	Mining Industry		12	
制造业收入	Manufacturing Industry	38	49	-22.1
建筑业收入	Construction	190	72	164.7
第三产业	Tertiary Industry	1777	1859	-4.4
批发和零售业	Wholesale and Retail Trade	504	383	31.5
交通运输仓储和邮政业	Transportation,Warehousing and Postal Services	564	924	-38.9
住宿和餐饮业	Accommodation and Catering Industry	201	153	31.5
房地产业	Real Estate			
租赁和商务服务业	Leasing and Business Services	40	78	-49.0
居民服务修理和其他服务业	Resident Maintenance Services and Others	308	300	2.7
其　他	Others	90	18	396.8
农林牧渔服务业	Services of Farming,Forestry,Animal, Husbandry and Fishery	70	4	1693.5
转移性收入	Income from Transfer	1013	1070	-5.4
养老金或离退休金	Annuities or Pension	329	241	36.4
社会救济和补助	Income from Social Relief and Aids	25	30	-17.0
政策性生活补贴	Allowance from the Government	107	40	170.5
家庭外出从业人员寄回带回收入	Income from Family Members Working Outside	139	96	45.2
赡养收入	Income from Offsprings	182	168	8.4
报销医疗费	Income from Medical Reimbursement	36	60	-40.5
从政府和组织得到的实物产品和服务折价	Discounted Products and Services from Government	16	11	44.0
现金政策性惠农补贴	Cash Aids under Benefting-Farmers Policy	106	82	28.9
其他转移性收入	Others	73	343	-78.6
财产性收入	Property Income	368	494	-25.5
利息收入	Interest Income	37	15	139.0
红利收入	Income from Collective Dividend and Bonus	21	29	-26.2
储蓄性保险净收益	Net Income from Endowment Insurance of Savings	0	1	-59.8
转让承包土地经营权租金净收入	Net Income from Management Transfer of the Contracted Land	55	125	-56.5
出租房屋财产性净收入	Net Income from House Rent	239	286	-16.6
出租机械专利版权等资产的净收入	Income from Machinery and Copyright Rent	12	8	64.7
其他财产净收入	Other Net Income	4	30	-87.2

13-10 农村家庭人均可支配收入
Per Capita Disposable Income of Rural Households

单位：元 (yuan)

指 标	Item	2016	2015	2016年比2015年增长(%) Growth Rate in 2016 over 2015(%)
绝对数	**Absolute Value**			
全年可支配收入	**Annual Disposable Income**	**12967.50**	**11917.80**	**8.81**
工资性收入	Income from Wages and Salaries	7616.66	6831.45	11.49
经营性净收入	Net Income from Household Operation	4196.16	3841.81	9.22
第一产业	Primary Industry	2816.98	2515.40	11.99
农业收入	Farming	1564.71	1306.20	19.79
林业收入	Forestry	30.50	38.43	-20.64
牧业收入	Animal Husbandry	1020.06	1118.28	-8.78
渔业收入	Fishery	201.71	52.49	284.29
第二产业	Secondary Industry	167.62	95.55	75.42
采矿业	Industry		10.26	
制造业	Construction	26.50	26.27	0.86
电力热力燃气及水生产和供应业	Electricity,Heat,Gas and Water Production and Supply Industries	-0.32		
建筑业	Construction Industry	141.44	59.02	139.63
第三产业	Tertiary Industry	1211.55	1230.86	-1.57
批发和零售业	Wholesale and Retail Trade	329.54	274.55	20.03
交通运输仓储和邮政业	Transportation,Warehousing and Postal Service	455.52	660.22	-31.00
住宿和餐饮业	Accomodation and Catering Industries	22.80	74.01	-69.19
房地产业	Real Estate Industries		-0.20	
租赁和商务服务业	Leasing and Commerical Services	18.19	25.45	-28.53
居民服务修理和其他服务业	Resident Maintenance Services and Others	242.88	183.67	32.24
其 他	Others	85.62	14.51	489.88
农林牧渔服务业	Services of Farming,Forestry,Animal, Husbandry and Fishery	57.00	-1.35	4336.06
财产净收入	Property Net Income	344.22	458.03	-24.85
转移性净收入	Net Income from Transfer	810.46	786.49	3.05

13-11 农村家庭人均经营费用和生产性固定资产购置
Per Capita Expenditure for Households Business Operations and Purcrase of Productive Fixed Assets of Rural Households

单位：元 (yuan)

指　　标	Item	2016	2015	2016年比2015年增长(%) Growth Rate in 2016 over 2015(%)
生产经营费用支出	**Expenditure on Production and Operation**	**2108.5**	**2334.4**	**-9.7**
第一产业经营费用支出	Primary Industry	1653.7	1854.3	-10.8
农　业	Farming	582.7	524.6	11.1
林　业	Forestry	18.3	16.3	12.5
牧　业	Animal Husbandry	906.3	1125.7	-19.5
渔　业	Fishery	146.4	187.7	-22.0
第二产业经营费用支出	Secondary Industry	26.1	24.1	8.2
采矿业	Mining and Quarrying			
制造业	Manufacturing	7.3	16.5	-55.8
电力热力燃气及水生产和供应业	Electricity,Heating,Gas and Water Production and Supply			
电力热力燃气及水生产和供应业	Electricity,Heating,Gas and Water Production and Supply	0.3		
建筑业	Construction	18.5	7.6	142.0
第三产业经营费用支出	Tertiary Industry	428.7	456.0	-6.0
批发和零售业	Wholesale and Retail Trade	139.8	96.1	45.4
交通运输仓储和邮政业	Transportation,Storage and Post	46.2	167.1	-72.4
住宿和餐饮业	Hotel and Catering Services	162.1	51.6	214.4
房地产业	Real Estates		0.2	
租赁和商务服务业	Leasing and Business Services	20.0	40.1	-50.2
居民服务修理和其他服务业	Resident Maintenance Services and Others	46.4	100.1	-53.7
其　他	Others	1.0		
农林牧渔服务业	Farming,Forestry,Animal Husbandry,Fishery	13.3	0.7	1736.5
购置资产支出	Expenditure on Assets Purchase	842.9	417.2	102.0
建造住房支出	Expenditure on House-building	407.6	293.0	39.1
购买住房支出	Expenditure on House Purchase	361.5	3.4	10543.2
购建第一产业生产性固定资产	Creating Fixed Assets of Primary Industry	59.7	66.8	-10.7
购买或建造农业生产性用房	Purchase of Agricultural Production House	5.0	33.3	-84.8
购买役畜	Purchase of Draught Animal	16.2	12.9	25.7
购买产品畜	Purchase of Commodity Animals	23.9	1.0	2331.4
购买或建造农业设施	Purchase of Agricultural Facilities		3.0	
购建第二产业生产性固定资产支出	Creating Fixed Assets of Secondary Industry			
制造业	Manufacturing			
建筑业	Construction			
购建第三产业生产性固定资产支出	Creating Fixed Assets of Tertiary Industry	14.0	51.4	-72.7
批发和零售业	Wholesale and Retail Trade	1.6	19.6	-92.0
交通运输仓储和邮政业	Transpore,Storage and Post	7.4	28.3	-74.0
居民服务修理和其他服务业	Resident Maintenance Services and Others	4.9	3.5	40.3
其　他	Others		0.0	
购建其他资产支出	Expenditure on Other Purchase		2.5	

13-12 农村居民人均现金收入
Per Capita Annual Cash Income of Farmers

单位：元 (yuan)

指　　标	Item	2016	2015	2016年比2015年增长(%) Growth Rate in 2016 over 2015(%)
现金收入(未扣除生产费用)	**Cash Income(Including Expenditure on Production)**	**14738.06**	**14078.47**	**4.7**
现金工资性收入	Cash Income from Wages and Salaries	7608.86	6829.88	11.4
工　资	Wages and Salaries	7540.58	6691.32	12.7
其他工资性收入	Other Income from Wages and Salaries	68.28	138.56	-50.7
现金经营性收入	Cash Business Income	5799.80	5755.45	0.8
第一产业现金收入	Cash Income from Primary Industry	3793.98	3763.27	0.8
第二产业现金经营收入	Cash Income from Secondary Industry	228.47	132.91	71.9
第三产业现金经营收入	Cash Income from Tertiary Industry	1777.35	1859.27	-4.4
现金财产性收入	Cash Property Income	368.17	494.00	-25.5
利息收入	Interest Income	37.01	15.49	139.0
红利收入	Income from Collective Dividend and Bonus	21.26	28.82	-26.2
储蓄性保险收益	Income from Endowment Insurance of Savings	0.31	0.77	-59.8
转让承包土地经营权租金收入	Income from Management Transfer of the Contracted Land	54.56	125.33	-56.5
出租房屋财产性净收入	House Rent	238.88	286.48	-16.6
出租机械专利版权等资产的净收入	Income from Machinery and Copyright Rent	12.37	7.51	64.7
其他财产性收入	Other Property Income	3.78	29.60	-87.2
现金转移性收入	Cash Income from Transfer	961.23	999.14	-3.8
养老金或离退休金	Annuities or Pension	329.03	241.19	36.4
社会救济和补助	Income from Social Relief and Aids	24.56	29.60	-17.0
政策性生活补贴	Allowance from the Government	107.49	39.74	170.5
家庭外出从业人员寄回带回收入	Income from Family Members Working Outside	138.83	95.62	45.2
赡养收入	Income from Offsprings	181.61	167.56	8.4
其他转移性收入	Other Income from Transfer	73.38	342.94	-78.6
现金政策性惠农补贴	Cash Aids under Benefting-Farmers Policy	106.33	82.48	28.9
非收入所得	**Other Income**	**1788.42**	**1785.34**	**0.2**
出售资产所得	Income from Selling Properties	583.54	496.31	17.6
非经常性转移所得	Income from Irregular Transfer	1788.42	1280.86	39.6
其他非收入所得	Others	583.54	8.17	7039.4
借贷性所得	Income from Debit and Credit	1636.65	1539.14	6.3
提取储蓄存款	Drawing Money from Banks	594.38	839.57	-29.2
借入款	Loan Payable	449.16	563.58	-20.3
收回借出款	Loans Received	111.03	46.71	137.7
收回储蓄性保险本金	Insurance Savings Capital Received			
住房贷款	Housing Loan		2.76	
汽车贷款	Car Loan	6.59	43.71	-84.9
教育贷款	Education Loans		0.48	
其他贷款	Other Loans	466.07	42.33	1001.0
其他借贷所得	Others	9.41		

13-13 农村家庭人均生活消费支出
Per Capita Annual Living Expenditures of Rural Households

单位：元 (yuan)

指　　标	Item	2016	2015	2016年比2015年增长(%) Growth Rate in 2016 over 2015(%)
平均每人生活消费支出	**Per Capita Consumption Expenditure**	**11044**	**9875**	**11.8**
食品烟酒	Food	3105	2851	8.9
衣　着	Clothing	741	687	7.9
居　住	Residence	2990	2451	22.0
生活用品及服务	Household Facilities,Articles and Related Services	703	612	14.9
交通和通讯	Transport and Communications	1607	1547	3.9
教育文化娱乐	Education,Culture,Recreation,and Related Services	1194	1056	13.0
医疗保健	Health Care and Medical Services	543	526	3.2
其他用品和服务	Miscellaneous Goods and Services	161	145	10.8

13-14 农村家庭人均主要消费品消费量
Per Capita Consumption on MajorConsumerGoods of RuralHouseholds

单位：公斤 (kg)

指　　标	Item	2016	2015	2016年比2015年增长(%) Growth Rate in 2016 over 2015(%)
粮食消费量	Grain	138.37	117.00	18.3
油脂类消费量	Oil and Fats	10.72	15.17	-29.4
蔬菜及菜制品消费量	Vegetables and Its Products	70.18	72.36	-3.0
肉　类	Meat	25.65	23.91	7.3
禽　类	Poultry	5.05	4.24	19.2
水产品	Aquatic Products	1.64	1.41	16.1
蛋类及蛋制	Eggs and Processed Products	4.07	4.05	0.6
奶和奶制品	Milk and Processed Products	4.20	3.90	7.6
干鲜瓜果类	Dried and Fresh Melons and Fruits	28.08	26.11	7.5
糖果糕点类	Sweet and Sugar	3.53	3.04	16.1
饮　料	Beverage	0.24	0.23	3.3
烟叶消费量	Tobacco Consumption	41.73	39.78	4.9
酒	Liquor	7.72	7.58	1.8

13-15 农村家庭每百户耐用消费品拥有量
Ownership of Durable Consumer Goods Per 100 Rural Households

指　　标		Item		2016	2015	2016年比2015年增长(%) Growth Rate in 2016 over 2015(%)
洗衣机	(台)	Washing Machine	(set)	99.91	101.77	-1.8
电冰箱	(台)	Refrigerator	(set)	92.10	86.19	6.9
空调机	(台)	Air Conditioner	(set)	0.74	1.52	-51.5
热水器	(台)	Water Heater	(set)	58.83	52.49	12.1
摩托车	(辆)	Motorcycle	(unit)	58.05	56.81	2.2
生活用汽车	(辆)	Automobile	(unit)	28.01	21.95	27.6
电话机	(部)	Telephone	(set)	9.80	14.54	-32.6
移动电话	(部)	Mobile Telephone	(set)	260.28	244.72	6.4
彩色电视机	(台)	Color TV Set	(set)	106.53	108.52	-1.8
摄像机	(台)	Radio Camera	(set)	0.08	0.36	-77.2
照相机	(台)	Camera	(set)	3.63	5.55	-34.6

13-16 农村居民人均出售产品现金收入
Per Capita Annual Cash Income of Selling Products

单位：元 (yuan)

指　　标	Item	2016	2015	2016年比2015年增长(%) Growth Rate in 2016 over 2015(%)
出售农林牧渔业产品	**Selling Products**	**3794**	**3763**	**0.8**
农业产品	Farming Products	1664	1341	24.0
林业产品	Forestry Products	32	47	-30.9
牧业产品	Animal Husbandry Products	1753	2106	-16.8
渔业产品	Fishery Products	345	269	28.3

13-17 农村住户人均主要产品产量及商品率（2016年）
Per Capita Output and Commodity Rate of Major Agricultural Products of Rural Households(2016)

指　　标	Item	产品产量(公斤) Output(kg)	出售量(公斤) Sale(kg)	商品率(%) Commodity Rate(%)
主要产品	Main Products			
谷　物	Grain	352.2	118.8	0.3
#小　麦	Wheat			
稻　谷	Rice	87.0	14.8	0.2
玉　米	Corn	263.9	101.2	0.4
高　粱	Sorghum			
薯　类	Tubers	6.4	1.8	0.3
红薯产量	Output of Sweet Potatoes	2.9	1.3	0.5
马铃薯产量	Output of Potatoes	3.5	0.5	0.1
其他薯类产量	Output of Others		0.0	
豆类产量	Output of Beans	7.8	5.8	0.7
大豆产量	Output of Soybean	7.7	4.5	0.6
其他豆类产量	Output of Other Beans	0.1		
棉花产量	cotton Yield			
油料产量	Oilseed Yield	34.6	11.7	0.3

13-18 农村住户按相对收入五等分分组情况(2016年)

指　　标		Item	
家庭人口数	**(人/户)**	**Number of Persons per Household**	**(person/household)**
家庭总收入	**(元/人)**	**Total Households Income**	**(yuan/person)**
#可支配收入	(元/人)	Disposable Income	(yuan/person)
工资性收入	(元/人)	Income from Wages and Salaries	(yuan/person)
#工资及补贴收入	(元/人)	Income from Laborage and Allowance	(yuan/person)
#实物福利	(元/人)	Material Welfare	(yuan/person)
#其　他	(元/人)	Others	(yuan/person)
经营净收入	(元/人)	Net Business Income	(yuan/person)
#第一产业经营净收入	(元/人)	Net Business Income of Primary Industry	(yuan/person)
#第二产业经营净收入	(元/人)	Net Business Income of Secondary Industry	(yuan/person)
#第三产业经营净收入	(元/人)	Net Business Income of Tertiary Industry	(yuan/person)
财产净收入	(元/人)	Income from Properties	(yuan/person)
#利息净收入	(元/人)	Interest Income	(yuan/person)
#红利收入	(元/人)	Bonus Income	(yuan/person)
#储蓄性保险净收益	(元/人)	Net Income from Endowment Insurance	(yuan/person)
#转让承包土地经营权租金净收入	(元/人)	Net Rent Income from Contracted Land Transfer	(yuan/person)
#出租房屋财产性收入	(元/人)	House Rent	(yuan/person)
#出租机械专利版权等资产的收入	(元/人)	Income from Machinery and Copyright Rent	(yuan/person)
#其他财产净收入	(元/人)	Other Net Income	(yuan/person)
转移净收入	(元)	Income from Transfer	(yuan)
#养老金或离退休金	(元)	Annuities or Pension	(yuan)
社会救济和补助	(元)	Income from Social Relief	(yuan)
#最低生活保障收入	(元)	Basic Living Allowances	(yuan)
赡养收入	(元)	Income of Supporting the Old	(yuan)
现金政策性惠农补贴	(元)	Cash Aids under Benefting-Farmers Policy	(yuan)
家庭总支出	**(元/人)**	**Total Households Expenditure**	**(yuan/person)**
消费支出	(元/人)	Consumption Expenditure	(yuan/person)
食品烟酒	(元/人)	Food	(yuan/person)
衣　着	(元/人)	Clothing	(yuan/person)
居　住	(元/人)	Residence	(yuan/person)
生活用品及服务	(元/人)	Household Articles and Services	(yuan/person)
交通通信	(元/人)	Transportation and Communication	(yuan/person)
教育文化娱乐	(元/人)	Education,Culture and Recreation Services	(yuan/person)
医疗保健	(元/人)	Health Care	(yuan/person)
其他用品和服务	(元/人)	Others	(yuan/person)
社会保障支出	(元/人)	Social Security Expenditure	(yuan/person)
食　品	(元/人)	Food	(yuan/person)
谷　物	(元/人)	Grain	(yuan/person)
薯　类	(元/人)	Tubers	(yuan/person)
豆　类	(元/人)	Beans	(yuan/person)
食用油	(元/人)	Oil	(yuan/person)
蔬菜和食用菌	(元/人)	Vegetables and Mushrooms	(yuan/person)
肉　类	(元/人)	Meat	(yuan/person)
禽　类	(元/人)	Poultry	(yuan/person)
水产品	(元/人)	Aquatic Products	(yuan/person)
蛋　类	(元/人)	Eggs	(yuan/person)
奶　类	(元/人)	Milk	(yuan/person)
干鲜瓜果类	(元/人)	Dried and FreshMelons and Fruits	(yuan/person)
糖果糕点类	(元/人)	Sweet and Sugar	(yuan/person)
其他食品	(元/人)	Others	(yuan/person)

Relative Income of Rural Households by Five-equal Partition(2016)

合 计 Total	低20% Low Income Households20%	较低20% Lower Middle Income Households20%	中间20% Middle Income Households20%	较高20% Upper Middle Income Households20%	高20% High Income Households20%
3.51	**3.93**	**3.76**	**3.67**	**3.50**	**2.69**
15709.06	**8277.49**	**10903.48**	**15898.51**	**18317.59**	**29327.08**
12967.50	4696.57	9463.60	12353.44	16482.52	25794.34
7616.66	3100.17	6078.72	7615.38	10252.14	12665.37
7540.58	3062.96	6027.35	7561.66	10134.83	12522.88
7.80	5.51	1.27	2.84	17.13	14.92
68.28	31.70	50.10	50.88	100.18	127.57
4196.16	989.04	2561.55	3704.69	5218.23	10372.20
2816.98	1159.06	1923.86	2942.12	3650.82	5147.48
167.62	-17.75		-30.59	56.79	1091.33
1211.55	-152.28	637.69	793.16	1510.62	4133.39
344.22	41.97	132.96	263.41	208.88	1364.07
15.05	9.57	-11.52	-17.62	-1.66	128.60
21.26	14.41	14.63	36.54	3.74	42.47
0.31					2.02
54.56	13.62	70.35	79.40	49.26	61.67
238.88	11.52	43.74	127.43	144.19	1119.21
12.37	0.66	8.02	29.11	13.61	10.17
1.78	-7.81	7.73	8.54	-0.25	-0.06
810.46	565.39	690.37	769.96	803.28	1392.70
329.03	322.30	256.45	240.26	346.53	543.24
24.56	32.49	22.61	10.88	40.03	14.72
12.67	15.05	19.25	0.84	14.00	14.49
181.61	118.04	144.77	157.17	176.24	364.85
106.33	119.83	100.92	98.29	119.33	89.15
17868.00	**14252.14**	**13858.33**	**18239.33**	**19570.36**	**25944.60**
11043.91	7793.67	9165.56	10768.55	12415.73	16868.18
3105.27	2331.66	2560.59	3079.64	3507.83	4476.15
741.17	455.18	612.35	720.14	705.89	1403.51
2989.82	2216.56	2497.89	2681.04	3620.24	4374.85
703.15	418.21	621.15	754.82	742.54	1096.49
1607.21	1156.48	1008.53	1638.17	1961.54	2589.42
1194.00	691.61	1139.01	1264.01	1240.72	1817.58
542.77	430.27	572.73	492.78	479.14	810.83
160.52	93.69	153.30	137.95	157.84	299.36
178.76	2331.66	2560.59	3079.64	3507.83	4476.15
2340.70	1846.96	1948.12	2282.22	2620.22	3309.01
440.47	419.20	375.27	436.77	458.84	545.11
40.40	45.21	39.33	34.54	38.94	45.27
52.88	46.47	48.80	51.40	59.07	61.59
175.84	144.94	132.43	168.40	209.70	247.17
250.89	191.35	207.72	241.51	256.85	401.67
676.59	513.59	557.87	652.21	821.10	918.27
100.86	70.86	89.78	84.74	108.79	170.73
35.18	19.14	31.82	31.56	40.18	60.86
56.52	46.80	46.70	62.79	56.67	75.39
94.74	89.75	61.10	88.34	123.43	121.09
229.92	133.42	199.61	236.60	247.07	376.75
64.80	37.23	60.07	69.78	66.78	100.71
121.62	89.00	97.62	123.58	132.82	184.39

13-18 续表

指　　标		Item	
烟　酒	(元/人)	Tobacco and Liquor	(yuan/person)
烟　草	(元/人)	Tobacco	(yuan/person)
酒　类	(元/人)	Liquor	(yuan/person)
饮　料	(元/人)	Beverage	(yuan/person)
饮食服务	(元/人)	Catering Service	(yuan/person)
食堂用餐	(元/人)	Dining in Canteen	(yuan/person)
其他在外饮食	(元/人)	Dining Outside	(yuan/person)
食品加工服务费	(元/人)	Food Processing Service Fee	(yuan/person)
衣　着	(元/人)	Clothing	(yuan/person)
衣　类	(元/人)	Garments	(yuan/person)
鞋　类	(元/人)	Shoes	(yuan/person)
居　住	(元/人)	Residence	(yuan/person)
租赁房房租	(元/人)	House Rent	(yuan/person)
住房维修及管理	(元/人)	Housing Maintenance and Management	(yuan/person)
水电燃料及其他	(元/人)	Water,Electricity,Fuel and Others	(yuan/person)
自有住房折算租金	(元/人)	Imputed Rent for Private Housing	(yuan/person)
生活用品及服务		Articles for Daily Use and Services	
家具及室内装饰品		Furniture and Upholstery	
家用器具		Household Appliance	
家用纺织品		Household Textile	
家庭日用杂品		Daily Household Articles	
个人用品		Individual Articles	
家庭服务		Family Services	
#家政服务		Household Services	
交通和通讯	(元/人)	Transportation and Communications	(yuan/person)
交　通	(元/人)	Transportation	(yuan/person)
通　信	(元/人)	Communication	(yuan/person)
教育文化娱乐	(元/人)	Education,Culture and Recreational Services	(yuan/person)
教　育	(元/人)	Culture and Recreational Articles	(yuan/person)
文化娱乐	(元/人)	Education	(yuan/person)
医疗保健		Medical Care	
医疗器具及药品		Medical Apparatus and Medicine	
医疗服务		Medical Services	
其它商品和服务	(元/人)	Other Goods and Services	(yuan/person)
其它用品	(元/人)	Other Goods	(yuan/person)
其他服务	(元/人)	Other Services	(yuan/person)

(continued)

合　计 Total	低20% Low Income Households20%	较低20% Lower Middle Income Households20%	中间20% Middle Income Households20%	较高20% Upper Middle Income Households20%	高20% High Income Households20%
512.18	368.12	442.33	564.76	574.21	659.39
415.09	296.53	370.01	440.08	478.43	527.47
97.08	71.59	72.33	124.68	95.78	131.92
71.03	45.71	49.87	83.33	83.14	103.86
181.37	70.86	120.26	149.33	230.26	403.89
6.30	4.77	0.95	0.21	16.50	11.07
171.03	61.98	114.89	145.86	208.41	390.12
4.04	4.12	4.42	3.26	5.36	2.70
741.17	455.18	612.35	720.14	705.89	1403.51
511.60	311.63	393.55	487.71	478.73	1038.73
229.57	143.55	218.81	232.42	227.16	364.78
2989.82	2216.56	2497.89	2681.04	3620.24	4374.85
77.28	87.15	49.89	19.88	15.10	265.15
93.76	54.94	116.93	152.59	62.64	74.27
474.70	358.73	439.84	462.41	467.62	713.86
2344.09	1715.74	1891.23	2046.16	3074.88	3321.57
703.15	418.21	621.15	754.82	742.54	1096.49
124.50	29.03	61.62	183.56	99.76	299.76
161.79	91.23	197.51	131.58	196.67	204.67
64.42	55.15	54.96	88.70	44.50	83.81
256.66	196.68	232.21	247.82	279.48	357.95
80.91	40.93	53.36	84.28	110.47	132.76
14.87	5.19	21.51	18.88	11.66	17.53
2.72	0.09	10.84	0.28	0.73	0.68
1607.21	1156.48	1008.53	1638.17	1961.54	2589.42
1024.60	727.50	561.83	1066.58	1318.60	1660.29
582.61	428.98	446.70	571.59	642.94	929.12
1194.00	691.61	1139.01	1264.01	1240.72	1817.58
845.66	513.47	927.35	943.17	882.25	1008.89
348.34	178.13	211.66	320.84	358.47	808.69
542.77	430.27	572.73	492.78	479.14	810.83
197.64	173.40	147.14	204.78	148.63	359.59
345.13	256.87	425.59	288.00	330.50	451.25
160.52	93.69	153.30	137.95	157.84	299.36
108.06	68.50	72.07	100.39	107.98	226.14
52.46	25.19	81.23	37.57	49.86	73.22

13-19 各区(市、县)城镇常住居民人均可支配收入及消费性支出
Per Capita Annual Disposable Income and Per Capita Consumption Expenditure of PermanentUrban Households by District (City, County)

单位：元 (yuan)

区(市、县)名称	District (City, County)	城镇常住居民人均可支配收入 Per Capita Disposable Income of PermanentUrban Residents 2016	2015	2016年比2015年增长(%) Growth Rate in 2016 over 2015 (%)	扣价增速(%) Growth Rate of Discount (%)	城镇居民人均消费性支出 Per Capita Consumption Expenditure of Urban Residents 2016	2015	2016年比2015年增长(%) Growth Rate in 2016 over 2015 (%)	扣价增速(%) Growth Rate of Discount (%)
南明区	Nanming	30207	28061	7.6	6.5	28572	27495	3.9	2.8
云岩区	Yunyan	30265	28117	7.6	6.5	27352	24399	12.1	10.9
花溪区	Huaxi	28874	26532	8.8	7.6	19129	17301	10.6	9.4
乌当区	Wudang	28720	26410	8.7	7.6	25449	22406	13.6	12.3
白云区	Baiyun	28879	26605	8.5	7.4	24747	23044	7.4	6.2
观山湖区	Guanshanhu	28990	26561	9.1	8.0	29671	26436	12.2	11.0
开阳县	Kaiyang	28698	26291	9.2	8.0	15296	13710	11.6	10.4
息烽县	Xifeng	27541	25095	9.7	8.6	16580	15149	9.4	8.3
修文县	Xiuwen	28586	26113	9.5	8.3	23897	22275	7.3	6.1
清镇市	Qingzhen	28600	26231	9.0	7.8	15328	16958	-9.6	-10.6

13-20 各区(市、县)农村常住居民人均可支配收入及生活消费支出
Per Capita Annual Disposal Income and Consumption Expenditure of Permanent Rural Residents by District (City, County)

单位：元 (yuan)

区(市、县)名称	District (City, County)	农村常住居民人均可支配收入 Per Capita Annual Net Income of Permanent Rural Residents 2016	2015	2016年比2015年增长(%) Growth Rate in 2016 over 2015 (%)	扣价增速(%) Growth Rate of Discount (%)	农民人均生活消费支出 Per Capita Consumption Expenditure of Rural Residents 2016	2015	2016年比2015年增长(%) Growth Rate in 2016 over 2015 (%)	扣价增速(%) Growth Rate of Discount (%)
南明区	Nanming	15008	13896	8.0	6.4	19845	16401	21.0	19.2
云岩区	Yunyan	15114	14026	7.8	6.2	17285	15875	8.9	7.3
花溪区	Huaxi	13463	12414	8.5	6.8	13086	11788	11.0	9.4
乌当区	Wudang	14197	13061	8.7	7.1	13794	12972	6.3	4.8
白云区	Baiyun	15092	14006	7.8	6.2	15064	14003	7.6	6.0
观山湖区	Guanshanhu	14352	13242	8.4	6.8	14813	12601	17.5	15.8
开阳县	Kaiyang	12366	11308	9.4	7.7	6848	5613	22.0	20.2
息烽县	Xifeng	11856	10822	9.6	7.9	8355	6847	22.0	20.2
修文县	Xiuwen	11904	10856	9.7	8.0	11587	10352	11.9	10.3
清镇市	Qingzhen	12611	11522	9.5	7.8	9678	9161	5.6	4.1

主要统计指标解释

商品零售价格指数 是反映城乡商品零售价格变动趋势的一种经济指数。零售物价的变动直接反映城乡居民的生活支出和国家的财政收入，反映居民购买力和市场供需平衡，反映消费与积累的比例。

居民消费价格指数 是反映一定时期内城乡居民所购买的生活消费品价格和服务项目价格变动趋势和程度的相对数，是对城市居民消费价格指数和农村居民消费价格指数进行综合汇总计算的结果。

可支配收入 指调查户在调查期内获得的、可用于最终消费支出和储蓄的总和，即调查户可以用来自由支配的收入。可支配收入既包括现金，也包括实物收入。按照收入的来源，可支配收入包含五项，分别为：工资性收入、经营净收入、财产净收入、转移净收入和自有住房折算净租金。计算公式为：

可支配收入 = 工资性收入 + 经营净收入 + 财产净收入 + 转移净收入 + 自有住房折算净租金

其中：经营净收入 = 经营收入 - 经营费用 - 生产性固定资产折旧– 生产税净额（生产税-生产补贴）

财产净收入 = 财产性收入 - 财产性支出

转移净收入 = 转移性收入 - 转移性支出

工资性收入 指就业人员通过各种途径得到的全部劳动报酬和各种福利，包括受雇于单位或个人、从事各种自由职业、兼职和零星劳动得到的全部劳动报酬和福利。

经营净收入 指住户或住户成员从事生产经营活动所获得的净收入，是全部经营收入中扣除经营费用、生产性固定资产折旧和生产税净额（生产税减去生产补贴）之后得到的净收入。计算公式具体为：

经营净收入 = 经营收入 - 经营费用 - 生产性固定资产折旧- 生产税净额（生产税-生产补贴）

财产净收入 指住户或住户成员将其所拥有的金融资产和自然资源交由其他机构单位、住户或个人支配而获得的回报并扣除相关的费用之后得到的净收入。财产净收入包括利息净收入、红利收入、储蓄性保险净收益和转让承包土地经营权租金净收入等。

财产净收入不包括将非金融资产（如住房、生产经营用房、机械设备、专利、专有技术、商标商誉等）交由其他机构单位、住户或个人支配而获得的回报，这应该计入“经营净收入”。财产净收入也不包括转让资产所有权的溢价所得，这应该计入“非收入所得”。

转移性收入 指国家、单位、社会团体对住户的各种经常性转移支付和住户之间的经常性收入转移。包括政府、非行政事业单位、社会团体对居民转移的养老金或退休金、社会救济和补助、政策性生活补贴、救灾款、经常性捐赠和赔偿以及报销医疗费等；住户之间的赡养收入、经常性捐赠和赔偿以及农村地区（村委会）在外（含国外）工作的本住户非常住成员寄回带回的收入等。

转移性收入不包括行政事业单位人员未缴纳任何社会保险费而获得的离退休金和报销医疗费。转移性收入不包括国家为扶持农业进行的相关生产补贴，如粮食直补、购置和更新大型农机具补贴、良种补贴、购买生产资料综合补贴、退耕还林还草补贴、畜牧业补贴等，这应视为第一产业经营活动中的生产补贴，即一种负的生产税。转移性收入不包括住户之间的实物馈赠。

自有住房折算净租金 指现住房产权为自有住房（含自建住房、自购商品房、自购房改住房、自购保障性住房、拆迁安置房、继承或获赠住房）的住户为自身消费提供住房服务的折算价值扣除缴纳的各项税费后得到的净租金。自有住房折算净租金的计算方法为：自有住房年度折算净租金=自有住房年度折算租金-购建房年度分摊成本。购建房年度分摊成本按照购建房价格以及城乡相应的年折旧率计算。

自有住房折算净租金为一种实物收入，不包括在现金可支配收入的计算中。

自有住房折算租金 指现住房为自有住房（含自建住房、自购商品房、自购保障性住房、继承或获赠住房、免费借用房）的住户为自身消费提供住房服务的折算价值。提供的住房服务价值一般等于在市场上租用同样大小、质量和类型的房屋所要支付的租金。考虑到很多地方还不存在规范和成熟的房屋租赁市场，目前自有住房折算租金采用折旧法计算。具体方法是：自有住房折算租金=自有住房市场现价估值×年折旧率（城乡不同）。

自有住房折算租金属于实物消费，不包括在现金消费支出中。

城市住户

家庭人口 指居住在一起，经济上合在一起共同生活的家庭成员。凡计算为家庭人口的成员其全部收支都包括在本家庭中。

家庭总收入 指家庭成员得到的工薪收入、经营净收入、财产性收入、转移性收入之和，不包括出售财物收入和借贷收入。

家庭总支出 指除借贷支出以外的全部家庭支出。包括消费性支出、购房建房支出、转移性支出、财产性支出、社会保障支出。

家庭消费性支出 指家庭用于日常生活的支出，包括食品、衣着、家庭设备用品及服务、医疗保健、交通和通信、教育文化娱乐服务、居住、其它商品和服务等八大类支出。

家庭服务性消费支出 指家庭用于支付社会提供的各种非商品性服务费用。

家庭收入分组方法 将所有调查户依户人均可支配收入由低到高排队，按 10%，10%，20%，20%，20%，10%，10%的比例依次分成：最低收入户、低收入户、中等偏下收入户、中等收入户、中等偏上收入户、高收入户、最高收入户等七组。总体中最低 5%的户为困难户。

恩格尔系数 指食物支出金额在生活消费总支出金额中所占的比例。计算公式为：

恩格尔系数=食品支出金额/生活消费总支出金额×100%

农村住户

农村住户 指农村常住户。农村常住户指长期(一年以上)居住在乡镇(不包括城关镇)行政管理区域内的住户，以及长期居住在城关镇所辖行政村范围内的农村住户。户口不在本地而在本地居住一年及以上的住户也包括在本地农村常住户范围内；有本地户口，但举家外出谋生一年以上的住户，无论是否保留承包耕地都不包括在本地农村住户范围内。

家庭常住人口 指全年经常在家或在家居住 6 个月以上，而且经济和生活与本户连成一体的人口。外出从业人员在外居住时间虽然在 6 个月以上，但收入主要带回家中，经济与本户连为一体，仍视为家庭常住人口；在家居住，生活和本户连成一体的国家职工、退休人员也为家庭常住人口。但是现役军人、中专及以上(走读生除外)的在校学生、以及常年在外(不包括探亲、看病等)且已有稳定的职业与居住场所的外出从业人员，不算家庭常住人口。家庭常住人口主要作为计算农村住户平均每人收入、消费和积累水平及分析家庭人口状况的依据。

整、半劳动力 整劳动力指男子 18 周岁到 50 周岁，女子 18 周岁到 45 周岁；半劳动力指男子 16 周岁到 17 周岁，51 周岁到 60 周岁；女子 16 周岁到 17 周岁，46 周岁到 55 周岁，同时具有劳动能力的人。虽然在劳动年龄之内，但已丧失劳动能力的人，不应算为劳动力；超过劳动年龄，但能经常参加劳动，计入半劳动力数内。常住人口中的职工，若这些职工为劳动力，就包括在本户的整半劳动力中。

农民人均总收入 指调查期内农村住户和住户成员从各种来源渠道得到的收入总和。按收入的性质划分为工资性收入、家庭经营收入、财产性收入和转移性收入。

现金收入 指农村住户和住户成员在调查期内得到以现金形态表现的收入。按来源分成工资性收入、家庭经营现金收入、财产性收入、转移性收入。

农民人均总支出 指农村住户用于生产、生活和再分配的全部支出。家庭经营费用支出、购置生产性固定资产支出、生产性固定资产折旧、税费支出、生活消费支出、财产性支出和转移性支出。

农民人均生活消费支出 指农民家庭用于物质生活和精神生活方面的支出。生活消费支出包括食品、衣着、居住、家庭设备用品及服务、医疗保健、交通和通讯、文教娱乐用品及服务、其他商品及服务等消费支出。

Explanatory Notes on Main Statistical Indicators

Retail Price Index reflect the trend and degree of changes in retail prices of commodities. The change and adjustment in retail prices directly reflects the living expenditure of urban and rural residents and government revenue, purchasing power of residents and the equilibrium of market supply and demand, and the ratio of consumption to accumulation.

Consumer Price Index reflect the trend and degree of changes in prices of consumer goods and services purchased by urban and rural households during a given period. They are obtained by combining Consumer Price Indices of Urban Household and Consumer Price Indices of Rural Household.

Disposable Income refers to the actual income at the disposal of members of the households which can be used for final consumption and savings, including cash and physical income. It is classified, by source of income, into income from wages and salaries, net business income, net income from properties, transfer and discount net lease from self-own house.

Disposable income = income from wages and salaries + net business income + property income + trasfer income + discount net lease from self-own house

Of which, net business income = total operation income - expenditure of operation - depreciation of productive fixed assets - net tax on production (product tax - production subsidy)

net income from properties = total income from properties- expenses on properties

net income from transfer = total income from transfer - expenses on transfers

Income from Wages and Salaries refers to the total remuneration and welfare of employee obtained through various channels, including employed by units or individuals and engaged in various freelance, part-time and sporadic labor job.

Net Businesss Income refers to net income of households or household members acquired through engaging in production and business activities. It equals to total operating income deducts operating expenses, depreciation of fixed assets for production and net taxes on production (taxes on production minus subsidies on production). The formula for calculation is as follows:

Net business income = total operation income - expenditure of operation - depreciation of productive fixed assets - net tax on production (product tax-production subsidy)

Net Income from Properties refers to rewards of households or household members gained by authorizing their financial assets and natural resoures to other institutional units, households or individuals and the net income after deducting related expenses. Property income includes interest income, dividend income, savings insurance and net rental income throuth transferring management rights of contracted land etc.

Net property income do not include the rewards gained through authorizing non-financial assets (such as housing, production and operation of buildings, machinery and equipment, patents, proprietary technology, trademarks, goodwill, etc.) to other institutional units, households or individuals. The non-financial assets should be considerd into "net business income" and rewards through transferring ownership of assets should be considered into the "non-revenue income".

Income from Transfers refers to various current transfer payment provided by countries, institutions and social organizations for households and current transfers between households, including pensions, social relief and assistance, living allowance, disaster relief, regular donations and compensation and reimbursement of medical expenses transferred to residents by government, non-administrative institutions and community groups; alimony income, regular donations and compensation and reimbursement of medical expenses between households in rural areas (village committee) as well as income sent back home by non-permanent family menbers working outside (including abroad).

Transfer income does not include pensions gained by personnel in administrative institutions who did not pay any social insurance and reimbursement of medical expenses. Transfer income does not include the relevant agricultural production subsidies supported by country, such as direct food subsidies, subsidies for updating and purchasing large farm machinery, seed subsidies, general subsidies for purchasing production materials, subsidies for forest and grass and livestocks, which should be regarded as production subsidy for operation of first industry, that is, a negative tax on production. Nor do material gifts between households.

Discounted net Rental of Self-owned Housing refers to net rent, that is discounted value after deducting all kinds of taxes, gained by households with self-owned housing property (including self-built housing, purchased commercial residental buliding, reformed housing and affordable housing, resettlement housing, inherited or received housing) through offering housing services for their own consumption. Calculating method of discounted net rent of self-owned housing is: discounted annual net rent of self-owned housing = discounted annual rent − annual cost − sharing of house purchasig or building. Annual cost-sharing of house purchasig or building is calculated on the price of house purchasig or building in accordance with the corresponding annual depreciation rate of urban and rural areas.

Discounted net rental of self-owned housing is a kind of material income and it is not in the calculation of disposable cash income.

Discounted Rental of Self-owned Housing refers to discounted value gained by households with self-owned housing property(including self-built housing, purchased commercial residental buliding, affordable housing, inherited or received housing, free of charge housing) through offering housing services for their own consumption.The value of housing services is generally equal to the rental of the same size, quality and type of housing to be paid on the market. For normal and matural housing rental market does not exist in many places, currently the discounted rental of self-owned housing is calculated with the depreciation method. The specific method is: discounted rental of self-owned housing = market price valuation ×annual depreciation rate(rural and urban areas are different).

Discounted rental of self-owned housing is kind of material consumption and it is not included in the cash consumption expenditure.

Urban Households

Population of Urban Households refer to members of households living and sharing economically together in the urban areas. All the income and expenditure of all the members of such households are included in the income and expenditure of the household.

Total Income of Urban Households refers to the sum of wage income; net business income; income from properties; and income from transfers of members of the households. Income from selling of properties and income from borrowing are not included.

Total Expenditure of Urban Households refers to all expenditure of households except expenditure on lending. It includes cash expenditure, property, transfer expenditure, social insurance expenditure and expenditure on house purchasing or house building.

Consumption Expenditure of Urban Households refers to total expenditure of households for consumption in daily life, including expenditure on the eight categories of food, clothing, housing, household appliances and services, health care and medical services, transport and communications, education, cultural and recreational services, housing as well as miscellaneous goods and services.

Consumption Expenditure of Urban Households on Services refers to expenditure of households on various kinds of non-commodity services provided by society.

Urban Households by Income Group All households in the sample are grouped, by per capita disposable income of the household, into groups of lowest income, low income, lower middle income, middle income, upper middle income, high income and highest income, each group consisting of 10%, 10%, 20%, 20%, 20%, 10% and 10% of all households respectively. The lowest 5% of households are also referred to as poor households.

Engel's Coefficient refers to the percentage of expenditure on food to the total consumption expenditure, using the following formula:

Engel's coefficient = expenditure on food / total living consumption expenditure × 100%

Rural Households

Rural Households refer to usual resident households in rural areas. Usual resident households in rural areas are households residing on a long term basis (for more than one year) in the areas under the administration of township governments (not including county towns), and in the areas under the administration of villages in county towns. Households residing in the current addresses for over one year with their household registration in other places are still considered as resident households of the locality. For households with their household registration in one place but all members of the households having moved away to make a living in another place for over one year, they will not be included in the rural households of the area where they are registered, irrespective of whether they still keep their contracted land.

Permanent Resident Population refers to persons staying at home regularly or for over 6 months during a year and integrated with the household economically and in terms of living. Members of the household staying away from the household for over 6 months but keeping a close economic relation with the household by sending the majority of income to the household are regarded as usual resident of the household. Government staff and workers or retirees living as close members of the household are also considered as usual resident. However, servicemen, students of secondary technical schools or schools of higher education and persons with stable jobs and residence outside the household (excluding those visiting relatives or seeking medical service) are not included as resident population of the household. Resident population is used in calculating income, consumption, accumulation on per capita basis of rural households and in analyzing composition of rural households.

Full/Semi Labor Force full labor force refers to persons capable of work, aged 18-50 for males and 18-45 for females. Semi labor force refers to persons capable of work, aged 16-17 and 51-60 for males and 16-17 and 46-55 for females. Persons at their working ages but not capable of work are not to be included as labor force. Persons not at working ages but participating regularly in work are included in semi labor force. For staff and workers who are usual residents, are included as full or semi labor force of the household if they are in the labor force.

Total Income of Rural Residents refers to the sum of income earned from various sources by the rural households and their members during the reference period, and is classified as income from wages and salaries, income from household operations, income from properties and income from transfers.

Cash Income refers to income received by rural households and their members in the form of cash during the reference period. It is classified, by source of income, into income from wages and salaries, cash income from household operations, income from properties and income from transfers.

Total Expenditure refers to total expenses of rural households on production, consumption and redistribution, including expenditure on household operations, purchase of productive fixed assets, taxed and fees, consumption expenditure, expenses on properties, and expenses on transfers.

Consumption Expenditure of Rural Households refers to expenditure by rural households on their material and cultural life, including expenditure on food, clothing, housing, household appliances, articles and services, health and medical service, transportation and communications, articles and services on culture, education and recreation, and other goods and services.

14

Fourteen

科技、教育、文化、广播

Science and Technology, Education ,
Culture and Radio

广播电视节目制作时间（小时）

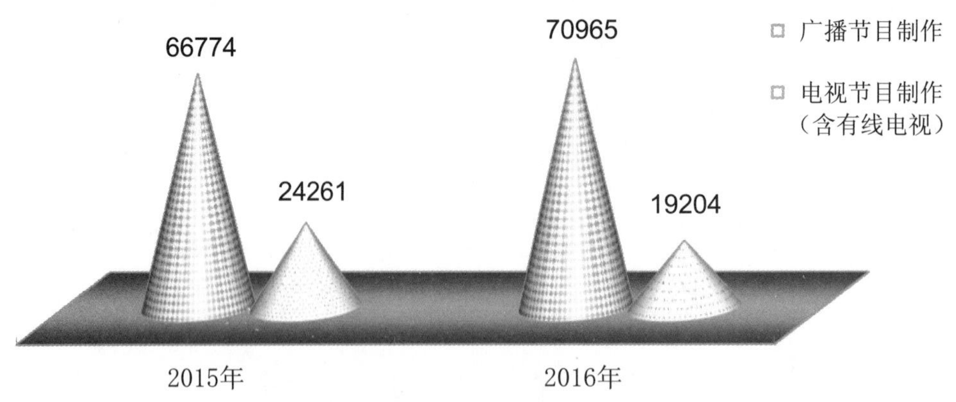

2016年在校生人数（人）

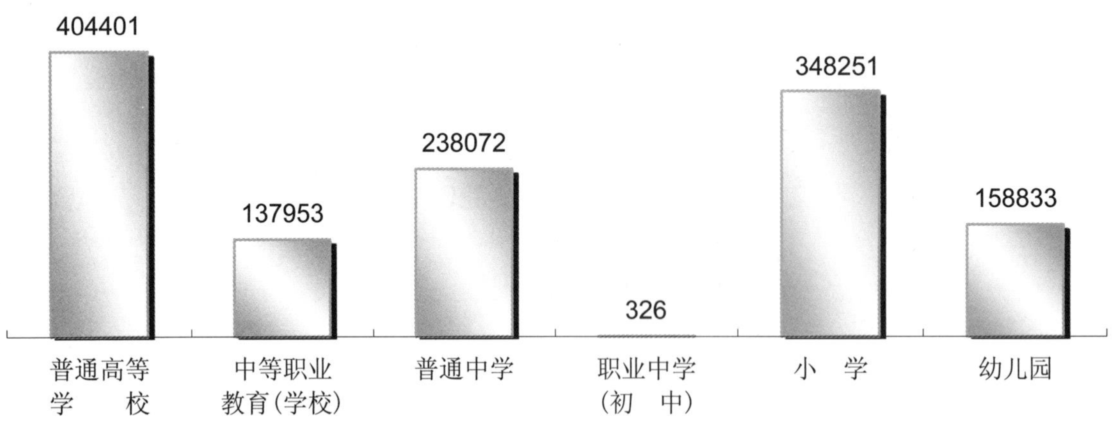

2016年专任教师数（人）

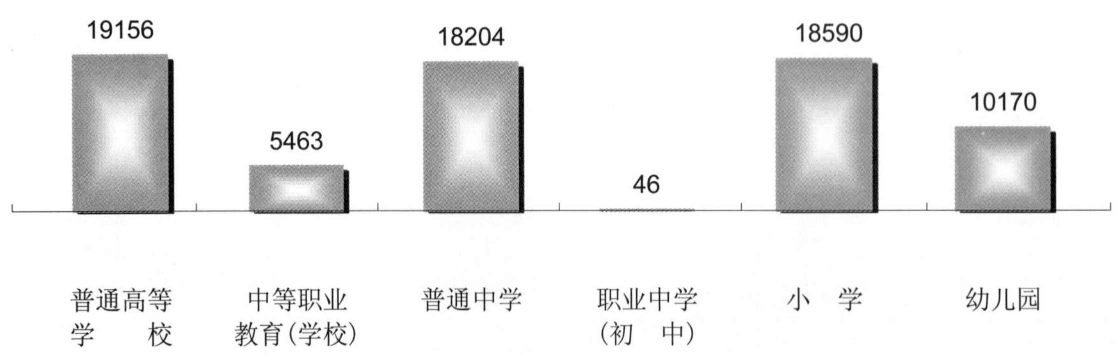

14-1 规模以上工业企业科技机构情况(2016年) Scientific and Technological Institutions of Industrial Enterprises above Designated Size(2016)

指标	Item	机构数(个) Number of R&D Institutions (unit)	机构科技活动人员(人) Persons Engaged in Scientific and Technological Activities(person)	仪器设备原价(万元) Prime Cost of Equipment (10 000 yuan)
总计	**Total**	**103**	**6356**	**174243**
按隶属关系分	**By Subordination**			
中央	Subordinated to Central Level	42	4373	143232
地方	Subordinated to Local Level	61	1983	31011
按登记注册类型分	**By Status of Registration**			
内资企业	Domestic-funded Enterprises	99	6263	170274
外商投资	Foreign-funded Enterprises	4	93	3969
按工业行业大类分	**By Sector**			
农副食品加工业	Farm and Sideline Products Processing	1	8	18
食品制造业	Manufacture of Food	1	7	65
酒、饮料和精制茶制造业	Manufacture of Liquor,Beverages and Refined Tea	3	37	121
烟草制品业	Manufacture of Tobacco	3	159	31036
皮革、毛皮、羽毛及其制品和制鞋业	Manufacture of Leather,Fur,Feather and Related Products and Footware	1	344	599
家具制造业	Manufacture of Furniture	1	48	335
化学原料和化学制品制造业	Manufacture of Raw Chemical Materials and Chemical Products	13	839	9105
医药制造业	Manufacture of Medicines	13	504	10022
橡胶和塑料制品业	Manufacture of Rubber and Plastics Products	3	98	3069
非金属矿物制品业	Manufacture of Non-ferrous Metals	5	49	149
黑色金属冶炼和压延加工业	Smelting and Pressing of Ferrous Metals	2	23	788
有色金属冶炼和压延加工业	Smelting and Pressing of Non-ferrous Metals	3	41	1926
金属制品业	Manufacture of Metal Products	5	125	1206
通用设备制造业	Manufacture of General Purpose Machinery			
专用设备制造业	Manufacture of Special Purpose Machinery	3	49	374
汽车制造业	Manufacture of Automobile	17	631	5485
铁路、船舶、航空、航天和其他运输设备制造业	Manufacture of Railway,Ship,Aerospace and Other Transport Equipment	11	1791	22807
电气机械和器材制造业	Manufacture of Electrical Machinery and Apparatus	5	60	1142
计算机、通信和其他电子设备制造业	Manufacture of Computers,Communication and Other Electronic Equipment	7	727	44579
仪器仪表制造业	Manufacture of Instruments and Meters	3	136	3934
其他制造业	Other Manufacturing	2	435	5291
电力、热力的生产和供应业	Production and Supply of Electricity and Heat	1	245	32192

14-2 规模以上工业企业R&D人员和经费情况(2016年)

指　　标	Item	R&D人员合计(人) Total Number of R&D Personnel (person)
总　计	**Total**	**9978**
按隶属关系分	**By Subordination**	
中　央	Subordinated to Central Level	5566
地　方	**Subordinated to Local Level**	4412
按登记注册类型分	By Status of Registration	
内资企业	Domestic-funded Enterprises	9700
外商投资	Foreign-funded Enterprises	278
按工业行业大类分	**By Sector**	
农副食品加工业	Farm and Sideline Products Processing	31
食品制造业	Manufacture of Food	20
酒、饮料和精制茶制造业	Manufacture of Liquor,Beverages and Refined Tea	7
烟草制品业	Manufacture of Tobacco	624
家具制造业	Manufacture of Leather,Fur,Featherand Related Products a	
印刷和记录媒介复制业	Manufacture of Furniture	46
化学原料和化学制品制造业	Manufacture of Raw Chemical Materialsand Chemical Pro	815
医药制造业	Manufacture of Medicines	1580
橡胶和塑料制品业	Manufacture of Rubber and Plastics Products	944
非金属矿物制品业	Manufacture of Non-ferrous Metals	106
黑色金属冶炼和压延加工业	Smelting and Pressing of Ferrous Metals	18
有色金属冶炼和压延加工业	Smelting and Pressing of Non-ferrous Metals	76
金属制品业	Manufacture of Metal Products	378
通用设备制造业	Manufacture of General Purpose Machinery	233
专用设备制造业	Manufacture of Special Purpose Machinery	97
汽车制造业	Manufacture of Automobile	273
铁路、船舶、航空航天和其他运输设备制造业	Manufacture of Railway,Ship,Aerospaceand Other Transpo	2659
电气机械和器材制造业	Manufacture of Electrical Machinery and Apparatus	67
计算机、通信和其他电子设备制造业	Manufacture of Computers,Communication and Other Elec	1104
仪器仪表制造业	Manufacture of Instruments and Meters	139
其他制造业	Other Manufacturing	560
电力、热力、燃气及水生产和供应业	Production and Supply of Electricity and Heat	201

R&D Personnel and Expenditures of Industrial Enterprises above Designed Size(2016)

R&D人员折合全时当量(人·年) Full-time Equivalent of R&D Personnel (person-year)	R&D经费内部支出(万元) Internal Expenditure on R&D (10 000 yuan)	政府资金 Government Funds	企业资金 Self-raised Funds by Enterprises	其他资金 Other Funds
5796	**229784**	**23030**	**203242**	**3512**
3273	142636	18231	120978	3427
2523	87148	4799	82264	85
5629	223204	22385	197307	3512
167	6580	645	5935	
22	200		200	
8	59		59	
1	43		43	
190	10928		10928	
23	1263	180	1083	
510	29125	645	28457	23
921	26510	2294	24186	30
551	16048	506	15542	
41	985	192	793	
4	7	1	6	
39	1343	129	1214	
188	6119	166	5953	
135	2281	76	2205	
58	1518	347	1171	
151	3175	324	2851	
1738	93362	14786	76494	2082
45	1564	148	1416	
580	26907	1543	25364	
77	2187	676	1480	31
397	5058	864	2848	1346
117	1102	152	950	

14-3 各级各类学校概况(2016年)

单位：人

类　　别	Item	学校数(所) Number of Schools (unit)	毕业生 Graduates
各类学校总计	**Total**	**2339**	**467656**
研究生培养机构	Institutions Providing Postgraduate Programs	6	4177
#高等学校	Institutions of Higher Education	6	4177
普通高等学校	Regular Institutions of Higher Education	32	91643
普通高等教育	Regular Higher Education		69106
成人高等教育	Adult Higher Education		22537
中等职业教育(学校)	Secondary Vocational Education	60	43965
#普通中专	Regular Secondary Specialized Schools	26	33776
职业高中	Vocational Senior Secondary Schools	26	5601
成人中专学校	Adult Specialized Secondary Schools	8	4588
普通中学	Regular Secondary Schools	316	84270
#初　中	Junior Secondary Schools	246	55681
#职业中学(初中)	Vocational Junior Secondary Schools	2	128
#高　中	Senior Secondary Schools	70	28589
小　学	Primary Schools	550	49682
特殊教育学校	Special Education	10	151
工读学校	Schools for Juvenile Delinquents	3	88
技工学校	Technical Schools	12	2750
成人高等学校	Institutions of Higher Education for Adult	2	2794
普通高等教育	Regular Higher Education		
成人高等教育	Adult Higher Education	2	2794
职业技术培训机构	Vocational and Technical Training Institutions	523	135413
成人基础教育	Adult Basic Education		
成人小学	Adult Primary Schools		
幼儿园	Kindergarten	825	52723

注：1)每万人中在校学生数按常住半年及以上口径人口数计算；
2)技工学校为市本级数。

Basic Statistics on Schools(2016)

(person)

招 生 New Enrollment	在校生 Total Enrollment	毕业班学 生 Current-year Graduates	专 任 教 师 Full-time Teachers	每一专任教师负担学生 Number of Students for Per Full-time Teacher	每万人口中在校学生 Number of Students Per 10 000 Population
403917	**1460825**	**353036**	**74473**	**19.6**	**3135.3**
5107	14650	4990			31.4
5107	14650	4990			31.4
125354	404401	118016	19156	21.1	867.9
104966	326034	88349			699.7
20388	78367	29667			168.2
49435	137953	45023	5463	25.3	296.1
40360	109785	35559	3201	34.3	235.6
8401	20721	4422	1084	19.1	44.5
511	7284	5042	1142	6.4	15.6
78100	238072	81727	18204	13.1	511.0
48800	149297	52299	11525	13.0	320.4
67	326	136	46	7.1	0.7
29300	88775	29428	6679	13.3	190.5
68280	348251	51093	18590	18.7	747.4
302	1115	308	208	5.4	2.4
62	62		12	5.2	0.1
4832	12706	2805	647	19.6	27.3
711	5439	4152	334	16.3	11.7
711	5439	4152	334	16.3	11.7
	139343		1689	82.5	299.1
71734	158833	44922	10170	15.6	340.9

a) Total enrollment per ten thousand person is calculated on the basis of resident population for over half year;
b)Technical Schools belong to city-level.

14-4 普通高等教育(学校)基本情况(2016年)

单位：人

类　　别	Item	学校数(所) Number of Schools (unit)
总　计	**Total**	**32**
本科大学	**Universities with Full Undergraduate Courses**	**5**
贵州大学	Guizhou University	1
贵州医科大学	Guizhou Medcial University	1
贵州师范大学	Guizhou Normal University	1
贵州财经大学	Guizhou University of Finance and Economics	1
贵州民族大学	Guizhou Minzu University	1
本科院校	**Institutions with Full Undergraduate Courses**	**5**
贵阳中医学院	Guiyang College of Traditional Chinese Medicine	1
贵阳学院	Guiyang University	1
贵州师范学院	Guizhou Normal College	1
贵州理工学院	Guizhou Institute of Technology	1
贵州商学院	Guizhou Commercial College	1
本科独立学院	**Undergraduate Independent Institutions**	**6**
贵阳中医学院时珍学院	Shizhen Institute of Guiyang College of Traditional Chinese Medicine	1
贵州大学科技学院	The College of Science and Technology of Guizhou University	1
贵州大学明德学院	Mingde College of Guizhou University	1
贵州民族大学人文科技学院	The College of Humanities Sciences of Guizhou Minzu University	1
贵州师范大学求是学院	Qiushi College of Guizhou Normal College	1
贵州医科大学神奇民族医药学院	ShenQi Ethnic Medicine College of Guizhou Medical University	1
专科院校(高等专科学校)	**Non-university Tertiary(Junior College)**	**1**
贵阳幼儿师范高等专科学校	Guiyang Preschool Education College	1
专科院校(高等职业学校)	**Non-university Tertiary(Advanced Vocational School)**	**15**
贵州警官职业学院	Guizhou Police Officer Vocational College	1
贵州交通职业技术学院	Guizhou Polytechnic College of Communications	1
贵州城市职业学院	Guizhou City Vocational College	1
贵州工业职业技术学院	Guizhou Industry Polytechnic College	1
贵州电力职业技术学院	Guizhou Power Vocational and Technical College	1
贵州轻工职业技术学院	Guizhou Light Industry Technical College	1
贵阳护理职业学院	Guiyang Nursing Vocational College	1
贵阳职业技术学院	Guiyang Vocational and Technology College	1
贵州职业技术学院	Guizhou Vocational and Technology Institute	1
贵州工商职业学院	Guizhou Technology and Business Institute	1
贵州建设职业技术学院	Guizhou Polytechnic of Construction	1
贵州农业职业学院	Guizhou Vocational College of Agriculture	1
贵州水利水电职业技术学院	Guizhou School of Water Conservancy and Electric Power	1
贵州电子商务职业技术学院	Guizhou Electronic Commerce Vocational College	1
贵州航空职业技术学院	Guizhou Aerospace Vocational and Technical College	1

Basic Statistics on Regular Higher Education(Schools)(2016)

(Person)

毕业生 Graduates	普通高等教育 Regular Higher Education	成人高等教育 Adult Higher Education	招　生 New Enrollment	普通高等教育 Regular Higher Education	成人高等教育 Adult Higher Education
94437	**69106**	**25331**	**126065**	**104966**	**21099**
38956	**25019**	**13937**	**44171**	**30081**	**14090**
11894	8524	3370	10593	7904	2689
3691	2135	1556	6285	5060	1225
10706	6315	4391	9939	5975	3964
6133	4546	1587	7495	5891	1604
6532	3499	3033	9859	5251	4608
17423	**10890**	**6533**	**19916**	**15963**	**3953**
1432	1362	70	2930	2733	197
7180	3151	4029	5271	3296	1975
5936	3646	2290	4564	3369	1195
			2889	2889	
2875	2731	144	4262	3676	586
10353	**10353**		**13474**	**13474**	
732	732		850	850	
1803	1803		2305	2305	
1588	1588		2674	2674	
1626	1626		3277	3277	
3009	3009		2969	2969	
1595	1595		1399	1399	
462	**462**		**2940**	**2396**	**544**
462	462		2940	2396	544
24449	**22382**	**2067**	**44853**	**43052**	**1801**
1097	1097		1564	1564	
3755	3755		5597	5597	
1754	1754		5617	5617	
2676	2354	322	4032	4003	29
903	599	304	746	650	96
2906	2906		4210	4210	
1613	1613		2801	2801	
3470	3393	77	4407	4058	349
2186	2186		3372	3372	
2725	2725		5249	5249	
			4181	4181	
			346	346	
			593	593	
			503	503	
1364		1364	1635	308	1327

14-4 续表

单位：人

类　　别	Item	在校生 Total Enrollment
总　计	**Total**	**409840**
本科大学	**Universities with Full Undergraduate Courses**	**166814**
贵州大学	Guizhou University	47389
贵州医科大学	Guizhou Medcial University	21347
贵州师范大学	Guizhou Normal University	40697
贵州财经大学	Guizhou University of Finance and Economics	28006
贵州民族大学	Guizhou Minzu University	29375
本科院校	**Institutions with Full Undergraduate Courses**	**70021**
贵阳中医学院	Guiyang College of Traditional Chinese Medicine	10056
贵阳学院	Guiyang University	18813
贵州师范学院	Guizhou Normal College	17534
贵州理工学院	Guizhou Institute of Technology	11625
贵州商学院	Guizhou Commercial College	11993
本科独立学院	**Undergraduate Independent Institutions**	**47075**
贵阳中医学院时珍学院	Shizhen Institute of Guiyang College of Traditional Chinese Medicine	4473
贵州大学科技学院	The College of Science and Technology of Guizhou University	7430
贵州大学明德学院	Mingde College of Guizhou University	8446
贵州民族大学人文科技学院	The College of Humanities Sciences of Guizhou Minzu University	9032
贵州师范大学求是学院	Qiushi College of Guizhou Normal College	11077
贵州医科大学神奇民族医药学院	ShenQi Ethnic Medicine College of Guizhou Medical University	6617
专科院校（高等专科学校）	**Non-university Tertiary(Junior College)**	**8078**
贵阳幼儿师范高等专科学校	Guiyang Preschool Education College	8078
专科院校（高等职业学校）	Non-university Tertiary(Advanced Vocational School)	**112413**
贵州警官职业学院	Guizhou Police Officer Vocational College	5052
贵州交通职业技术学院	Guizhou Polytechnic College of Communications	13605
贵州城市职业学院	Guizhou City Vocational College	13632
贵州工业职业技术学院	Guizhou Industry Polytechnic College	12319
贵州电力职业技术学院	Guizhou Power Vocational and Technology College	2664
贵州轻工职业技术学院	Guizhou Light Industry Technical College	11985
贵阳护理职业学院	Guiyang Nursing Vocational College	6406
贵阳职业技术学院	Guiyang Vocational and Technology College	11681
贵州职业技术学院	Guizhou Vocational and Technology Institute	8662
贵州工商职业学院	Guizhou Technology and Business Institute	14085
贵州建设职业技术学院	Guizhou Polytechnic of Construction	7170
贵州农业职业学院	Guizhou Vocational College of Agriculture	797
贵州水利水电职业技术学院	Guizhou School of Water Conservancy and Electric Power	593
贵州电子商务职业技术学院	Guizhou Electronic Commerce Vocational College	503
贵州航空职业技术学院	Guizhou Aerospace Vocational and Technical College	3259

(continued)

(person)

		毕业班学生 Current Graduates			教职工 Teachers and Staff	
普通高等教育 Regular Higher Education	成人高等教育 Adult Higher Education		普通高等教育 Regular Higher Education	成人高等教育 Adult Higher Education		#专任教师 Full-time Teachers
326034	**83806**	**122168**	**88349**	**33819**	**27360**	**19490**
108558	**58256**	**50106**	**28467**	**21639**	**11155**	**7403**
30868	16521	13445	8252	5193	3920	2364
17071	4276	5494	3985	1509	1519	1067
22331	18366	14943	6011	8932	2512	1784
20662	7344	8879	5629	3250	1720	1115
17626	11749	7345	4590	2755	1484	1073
55475	**14546**	**20578**	**14590**	**5988**	**4349**	**3008**
9561	495	2140	1990	150	1110	711
11200	7613	6922	3716	3206	840	623
12270	5264	5741	3283	2458	1113	658
11516	109	2840	2840		715	506
10928	1065	2935	2761	174	571	510
47075		**11854**	**11854**		**3063**	**2351**
4473		792	792		355	301
7430		1791	1791		511	437
8446		2258	2258		363	292
9032		2157	2157		598	440
11077		3267	3267		671	526
6617		1589	1589		565	355
6933	**1145**	**2629**	**2629**		**332**	**225**
6933	1145	2629	2629		332	225
107993	**4420**	**32849**	**30809**	**2040**	**7880**	**6169**
5052		1772	1772		450	315
13605		4093	4093		738	592
13632		3099	3099		717	646
11912	407	4277	4051	226	723	642
2003	661	1148	683	465	198	112
11985		4087	4087		865	732
6406		1768	1768		352	267
11280	401	4047	3995	52	637	467
8662		2538	2538		522	366
14085		3956	3956		957	749
7170		767	767		508	355
797					288	225
593					267	195
503					265	207
308	2951	1297		1297	393	299

14–5 高等教育研究生及本科分科学生数(2016年)
Number of Undergraduate and Postgraduate Students in Institutions of Higher Education by Field of Study(2016)

单位：人 (person)

指 标	Item	毕业生 Graduates		招 生 New Enrollment		在校生 Total Enrollment		毕业班学生 Current Graduates	
		研究生以上学历 Master's Degree above	本 科 Undergraduate Students	研究生以上学历 Master's Degree above	本 科 Undergraduate Students	研究生以上学历 Master's Degree above	本 科 Undergraduate Students	研究生以上学历 Master's Degree above	本 科 Undergraduate Students
总 计	**Total**	**4177**	**51864**	**5107**	**64368**	**14650**	**236623**	**4990**	**65036**
哲 学	Philosophy	34	42	41	41	125	178	43	47
经济学	Economics	165	2288	209	2913	574	10587	165	2969
法 学	Law	556	3524	606	3367	1812	13329	649	4162
教育学	Education	346	2979	457	4082	1033	13709	458	3705
文 学	Literature	175	7270	205	6712	597	25219	189	8341
历史学	History	41	461	43	394	137	1436	52	384
理 学	Science	404	4783	489	4744	1431	18906	489	5760
工 学	Engineering	786	10476	937	13526	2844	52562	982	14286
农 学	Agriculture	213	1249	307	1240	851	4704	273	1217
医 学	Medicine	763	5983	920	9590	2653	35755	846	8373
管理学	Management	609	8874	687	12712	2113	43007	733	11492
艺术学	Arts	85	3935	206	5047	480	17231	111	4300

14–6 高等教育专科分科学生数(2016年)
Number of Students in Junior College by Field of Study(2016)

单位：人 (Person)

指 标	Item	毕业生 Graduates	招 生 New Enrollment	在校生 Total Enrollment	毕业班学生 Current Graduates
总 计	**Total**	**42573**	**61697**	**173217**	**57132**
农林牧渔	Agriculture,Forestry,Animal Husbandry and Fishery	129	478	1102	124
交通运输	Communication and Transportation	1383	1069	3668	1398
生化与药品	Biochemistry and Drugs	703	702	2069	782
资源开发与测绘	Exploiture of Resources & Surveying and Mapping	5098	9392	25261	7355
材料与能源	Materials and Sources of Energy		395	586	
土 建	Civil Construction	2634	4086	10971	3632
水 利	Water Conservancy	370	250	1148	552
制 造	Manufacturing	27	39	88	17
电子信息	Electronic Information	322	1043	2536	706
环保、气象与安全	Environmental Protection, Meteorology and Security	2957	5469	12872	3335
轻纺食品	Textile and Food	2518	4431	11286	3551
财 经	Finance and Economics	4233	6334	17018	4785
医药卫生	Medicine and Health	8591	12168	34645	11226
旅 游	Tourism	1395	1874	4861	1554
公共事业	Public Service	1907	2474	6220	1893
文化教育	Culture and Education	69	131	358	98
艺术设计传媒	Art Design and Media	7506	7582	26178	11529
公 安	Public Security	1259	1576	5464	2095
法 律	Law	1472	2204	6886	2500

14−7　研究生基本情况(2016年)
Statistics on Postgraduates(2016)

单位：人　　　　　　　　(Person)

类　别	Item	学校数(所) Number of Schools (unit)	毕业生 Graduates	博士 Doctor	硕士 Master	招生 New Enrollment	博士 Doctor	硕士 Master	在校生 Total Enrollment	博士 Doctor	硕士 Master	毕业班学生 Current Graduates	博士 Doctor	硕士 Master
高等院校小计	**Institutions of Higher Education**	**6**	**4177**	**49**	**4128**	**5107**	**171**	**4936**	**14650**	**611**	**14039**	**4990**	**289**	**4701**
贵州大学	Guizhou University	1	2132	33	2099	2528	108	2420	7575	453	7122	2576	256	2320
贵州医科大学	Guiyang Medical University	1	543	16	527	618	25	593	1820	80	1740	585	30	555
贵阳中医学院	Guiyang College of Traditional Chinese Medicine	1	225		225	304		304	817		817	248		248
贵州师范大学	Guizhou Normal University	1	733		733	866	29	837	2295	59	2236	913		913
贵州财经大学	Guizhou University of Finance and	1	355		355	465		465	1319		1319	427		427
贵州民族大学	Guizhou Minzu University	1	189		189	326	9	317	824	19	805	241	3	238

14−8　职业技术培训机构基本情况(2016年)
Basic Statistics on Vocational Training Institutions(2016)

单位：人　　　　　　　　(person)

类　别	Item	学校数(所) Number of Schools (unit)	教学班(点)(个) Number of Classes (unit)	毕业生 Graduates	在校生 Total Enrollment	教职工 Teachers and Staff	#专任教师 Full-time Teachers	聘请校外教师 Teachers Engaged from Other Schools
总　计	**Total**	**523**	**2100**	**135413**	**139343**	**2771**	**1689**	**592**
职工技术培训学校（机构）	**Vocational/Technical Training School(Institutions)**	**1**	**1**	**1560**	**1700**	**28**	**18**	**13**
其他部门办	Run by Non-ed. Dept.	1	1	1560	1700	28	18	13
农村成人文化技术培训学校（机构）	**Technical Training Schools/ Institutions for Peasants**	**364**	**369**	**111454**	**100041**	**547**	**282**	**439**
教育部门办	**Run by Education Departments**	**364**	**369**	**111454**	**100041**	**547**	**282**	**439**
县　办	Run by Counties	5	6	1246	1331	22	9	4
乡　办	Run by Townships	53	57	17959	15927	94	53	136
村　办	Run by Villages	306	306	92249	82783	431	220	299
民　办	**Run by Private Institutions**							
其他培训机构（含社会培训机构）	**Others(Including Social Training Institutions)**	**158**	**1730**	**22399**	**37602**	**2196**	**1389**	**140**
民　办	Run by Private Institutions	158	1730	22399	37602	2196	1389	140

14–9 中等职业教育(学校)基本情况(2016年)

单位：人

类　　别	Item	毕业生 Graduates	#普通中专 Regular Secondary Specialized Schools
总　计	**Total**	**43965**	**33776**
#女	Female Students	23625	18834
按类别划分	**By Field of Study**		
农林牧渔	Agriculture,Forestry,Animal Husbandry and Fishery	1166	732
资源环境	Resources and Environment	102	102
能源与新能源	Energy and New Energy	424	424
土木水利	Civil and Hydraulic Engineering	6180	5764
加工制造	Manufacturing	3674	2525
石油化工	Petroleum and Chemical	778	408
轻纺食品	Textile and Food	148	121
交通运输	Transport	3204	2000
信息技术	Information Technology	5880	2728
医药卫生	Medicine and Health	7474	6458
休闲保健	Leisure and Health	263	227
财经商贸	Finance and Trade	3935	2991
旅游服务	Tourism Services	1890	1632
文化艺术	Culture and Arts	423	340
体育与健身	Sports and Fitness	112	112
教　育	Education	6336	5942
司法服务	Justice Services	196	196
公共管理与服务	Public Management and Services	453	350
其　他	Others	1327	724

注：中等职业教育学校共60所，其中普通中专26所，职业高中26所，成人中专8所。

Statistics on Secondary Vocational Education(2016)

(person)

职业高中 Vocational Senior Secondary Schools	成人中专 Adult Specialized Secondary Schools	招生 New Enrollment	#普通中专 Regular Specialized Secondary Schools	职业高中 Vocational Senior Secondary Schools	成人中专 Adult Specialized Secondary Schools
5601	**4588**	**49435**	**40360**	**8401**	**511**
2561	2230	24696	20780	3703	168
37	397	2221	1913		308
		56	56		
		312	312		
383	33	4323	3962	361	
293	856	3826	3181	474	8
71	299	165	72		93
27		159	159		
1204		5558	4411	1147	
1235	1917	4580	2576	2004	
1016		6995	5774	1221	
36		691	569	122	
516	428	5777	4642	1129	6
258		4320	3118	1202	
83		498	421	77	
		178	178		
394		7377	6769	608	
		349	349		
48	55	694	542	56	96
	603	1356	1356		

a) There are 60secondary vocational schools including 26 regular specialized secondary schools,26 vocationgal senior secondary schools,and 8 adult specialized secondary schools.

14–9 续表

单位：人

类别	Item	在校生 Total Enrollment	#普通中专 Regular Secondary Specialized Schools	职业高中 Vocational Senior Secondary Schools	成人中专 Adult Specialized Secondary Schools
总计	**Total**	**137953**	**109785**	**20721**	**7284**
#女	Female Students	70400	58125	9213	3017
#文化基础课	Cultural Basic Courses				
#实习指导课	Internship Tutorials				
按类别划分	**By Field of Study**				
农林牧渔	Agriculture,Forestry,Animal Husbandry and Fishery	6304	4306		1998
资源环境	Resources and Environment	287	287		
能源与新能源	Energy and New Energy	1393	1393		
土木水利	Civil and Hydraulic Engineering	14082	12752	1330	
加工制造	Manufacturing	12607	8651	1309	2484
石油化工	Petroleum and Chemical	1398	482		916
轻纺食品	Textile and Food	429	346	21	62
交通运输	Transport	16091	13065	3026	
信息技术	Information Technology	15326	9025	5343	958
医药卫生	Medicine and Health	20159	16974	3185	
休闲保健	Leisure and Health	1938	1486	191	261
财经商贸	Finance and Trade	13142	10665	2450	27
旅游服务	Tourism Services	8418	6189	2077	152
文化艺术	Culture and Art	1362	1242	120	
体育与健身	Sports and Fitness	496	496		
教育	Education	18202	16933	1269	
司法服务	Justice Services	942	800	142	
公共管理与服务	Public Management and Services	2407	1739	242	426
其他	Others	2970	2954	16	

注：专人教师总计中包括其他机构教师。

(continued)

(person)

毕业班学生 Current-year Graduates	#普通中专 Regular Specialized Secondary Schools	职业高中 Vocational Senior Secondary Schools	成人中专 Adult Specialized Secondary Schools	专任教师 Full-time Teachers	#普通中专 Regular Specialized Secondary Schools	职业高中 Vocational Senior Secondary Schools	成人中专 Adult Specialized Secondary Schools
45023	**35559**	**4422**	**5042**	**5463**	**3201**	**1084**	**1142**
22699	18610	1910	2179	2812	1849	485	456
				1939	1054	409	448
				165	38	40	87
				3359	**2109**	**635**	**607**
2894	1721		1173	305	118	1	186
186	186			17	5		12
833	833			24	7		17
5631	5073	558		234	171	18	45
5188	2828	215	2145	262	199	49	14
881	265		616	24	19	2	3
102	102			25	16	9	
4080	3493	587		248	131	85	32
5178	3319	1125	734	366	217	93	56
6062	5427	635		533	481	48	4
737	455	40	242	66	54	12	
3452	2824	628		168	133	15	20
1494	1420	74		193	119	64	10
469	426	43		158	89	54	15
115	115			134	78	51	5
5442	5154	288		310	141	77	92
324	224	100		32	9	23	
905	644	129	132	56	15	19	14
1050	1050			204	107	15	82

a) Full-time teachers here include teachers from other institutions.

14−10 普通中学基本情况(2016年)

单位：人

类别	Item	学校数(所) Number of Schools (unit)	初中 Junior Secondary Schools
总计	**Total**	**316**	**112**
#女	**Female Students**		
教育部门和集体办	Run by Education Departments and Collectives	177	102
民办	Run by Private Institutions	137	10
其他部门办	Run by Other Departments	2	
城区合计	**Cities**	**219**	**58**
教育部门和集体办	Run by Education Departments and Collectives	96	50
民办	Run by Private Institutions	122	8
其他部门办	Run by Other Departments	1	
镇区合计	**Counties and Towns**	**58**	**33**
教育部门和集体办	Run by Education Departments and Collectives	49	33
民办	Run by Private Institutions	8	
其他部门办	Other Departments in Running Schools	1	
乡村合计	**Rural**	**39**	**21**
教育部门和集体办	Run by Education Departments and Collectives	32	19
民办	Run by Private Institutions	7	2
其他部门办	Run by Other Departments		

注：学生数不含十二年一贯制学校的小学生人数。

14−10 续表

单位：人

类别	Item	招生 New Enrollment	
		初中 Junior Secondary Schools	高中 Senior Secondary Schools
总计	**Total**	**48800**	**29300**
#女	Female Students	22918	15618
教育部门和集体办	Run by Education Departments and Collectives	37486	23744
民办	Run by Private Institutions	11077	5439
其他部门办	Run by Other Departments	237	117
城区合计	**Cities**	**33735**	**21312**
教育部门和集体办	Run by Education Departments and Collectives	23666	17865
民办	Run by Private Institutions	10043	3447
其他部门办	Run by Other Departments	26	
镇区合计	**Counties and Towns**	**11194**	**7223**
教育部门和集体办	Run by Education Departments and Collectives	10447	5879
民办	Run by Private Institutions	536	1227
其他部门办	Run by Other Departments	211	117
乡村合计	**Rural**	**3871**	**765**
教育部门和集体办	Run by Education Departments and Collectives	3373	
民办	Run by Private Institutions	498	765
其他部门办	Run by Other Departments		

Regular Secondary Schools(2016)

(person)

					毕业生 Graduates	
高 中 Senior Secondary Schools	完 全 中 学 Six-grades Secondary Schools	职 业 初 中 Vocational Junior Secondary Schools	九年一贯制学校 9-Year Schools	十二年一贯制学校 12-Year Schools	初 中 Junior Secondary Schools	高 中 Senior Secondary Schools
23	**32**	**2**	**132**	**15**	**55681**	**28589**
					26395	15451
21	17	2	30	5	44197	25352
2	14		102	9	11185	3130
	1			1	299	107
19	**21**		**111**	**10**	**35468**	**20707**
17	11		15	3	24956	18577
2	9		96	7	10470	2100
	1				42	30
4	**10**	**1**	**7**	**3**	**14575**	**7443**
4	6	1	3	2	13952	6775
	4		4		366	591
				1	257	77
	1	**1**	**14**	**2**	**5638**	**439**
		1	12		5289	
	1		2	2	349	439

a) Number of students exclude pupils in Twelve-year Education Schools.

(continued)

(person)

在校生 Total Enrollment		毕业班学生 Current Graduates		教职工 Teachers and Staff	
初 中 Junior Secondary Schools	高 中 Senior Secondary Schools	初 中 Junior Secondary Schools	高 中 Senior Secondary Schools		#专任教师 Full-time Teachers
149297	**88775**	**52299**	**29428**	**23225**	**20925**
70517	47687	24766	15915	13966	12782
114019	73657	39614	25079	16683	15619
34605	14848	12468	4263	6434	5209
673	270	217	86	108	97
101020	**63887**	**34961**	**21189**	**16285**	**14717**
69429	54458	23547	18389	10728	10246
31476	9429	11357	2800	5520	4440
115		57		37	31
35555	**22489**	**12651**	**7564**	**5133**	**4558**
33215	19199	11841	6690	4520	4075
1782	3020	650	788	542	417
558	270	160	86	71	66
12722	**2399**	**4687**	**675**	**1807**	**1650**
11375		4226		1435	1298
1347	2399	461	675	372	352

14-11 小学基本情况(2016年)
Statistics on Primary Schools(2016)

单位：人 (person)

类别	Item	学校数(所) Number of Schools (unit)	#独立设置少数民族学校 Independent Primary Schools for Minorities	其它机构(教学点) Others Insitutions	毕业生 Graduates	招生 New Enrollment	在校生 Total Enrollment	毕业班学生 Current Graduates	教职工 Teachers and Staff	#专任教师 Full-time Teachers
总计	**Total**	**550**	**15**	**81**	**49682**	**68280**	**348251**	**51093**	**16827**	**15869**
#女	Female Students				23375	32057	162797	23754	12353	11791
教育部门和集体办	Run by Education Departments and Collectives	447		81	39469	56636	285579	40844	14708	14191
民办	Run by Private Institutions	103	1		10165	11593	62281	10206	2119	1678
其他部门办	Run by Other Departments				48	51	391	43		
城区合计	**Cities**	**275**	**4**		**34434**	**44424**	**234324**	**35606**	**10294**	**9692**
教育部门和集体办	Run by Education Departments and Collectives	177	3		24691	33350	174399	25779	8271	8107
民办	Run by Private Institutions	98	1		9743	11074	59925	9827	2023	1585
其他部门办	Run by Other Departments									
镇区合计	**Counties and Towns**	**77**		**1**	**8620**	**12767**	**63628**	**9029**	**3346**	**3130**
教育部门和集体办	Run by Education Departments and Collectives	74		1	8346	12442	62045	8803	3272	3059
民办	Run by Private Institutions	3			226	274	1192	183	74	71
其他部门办	Run by Other Departments				48	51	391	43		
乡村合计	**Rural**	**198**	**11**	**80**	**6628**	**11089**	**50299**	**6458**	**3187**	**3047**
教育部门和集体办	Run by Education Departments and Collectives	196	11	80	6432	10844	49135	6262	3165	3025
民办	Run by Private Institutions	2			196	245	1164	196	22	22
其他部门办	Run by Other Departments									

14-12 特殊教育基本情况(2016年)
Statistics on Special Education Schools(2016)

单位：人 (person)

类 别	Item	班数(个) Number of Classes (unit)	毕业生 Graduates	招 生 New Enrollment	在校生 Total Enrollment	教职工 Teachers and Staff	#专任教师 Full-time Teachers
总 计	**Total**	**117**	**228**	**383**	**1608**	**253**	**208**
#女	Female		95	160	632		160
按特殊教育分	**Disability Classification**						
视力残疾	Visual Deficiency	10	30	38	141		
听力残疾	Hearing Disability	34	75	103	378		
智力残疾	Mental Dificiency	67	94	194	858		
其他残疾	Other Disability	6	29	48	231		
按地域分	**Classification by Region**						
城 市	Cities		162	298	1073		
镇 区	Towns		50	65	423		
农 村	Rural		16	20	112		

注：特殊学校数全市合计10所，其中弱智学校4所，其他学校6所。
a) There are 10 special education schools including 4 mental deficiency schools and 6 others.

14-13 成人高等学校基本情况(2016年)
Statistics on Institutions of Adult Higher Education(2016)

单位：人 (person)

类 别	Item	学校数(所) Number of Schools (unit)	毕业生 Graduates	普通高等教育 Regular Higher Education	成人高等教育 Adult Higher Education	招 生 New Enrollment	普通高等教育 Regular Higher Education	成人高等教育 Adult Higher Education
总 计	**Total**	**2**	**2794**		**2794**	**711**		**711**
贵州广播电视大学	Guizhou Radio&TV University	1	2692		2692	711		711
贵州铝厂职工大学	Guizhou Aluminum Plant University for Employees	1	102		102			

14-13 续表 (continued)

单位：人 (person)

类 别	Item	在校生 Total Enrollment	普通高等教育 Regular Higher Education	成人高等教育 Adult Higher Education	毕业班学生 Current-year Graduates	普通高等教育 Regular Higher Education	成人高等教育 Adult Higher Education	教职工 Teachers and Staff	#专任教师 Full-time Teachers
总 计	**Total**	**5439**		**5439**	**4152**		**4152**	**581**	**334**
贵州广播电视大学	Guizhou Radio&TV University	5293		5293	4036		4036	513	280
贵州铝厂职工大学	Guizhou Aluminum Plant University for Employees	146		146	116		116	68	54

14-14 广播电视宣传基本情况(2016年)
Basic Statistics on Radio and TV(2016)

单位：小时 (hour)

指　　标	Item	全年广播电视节目播出时间 Length of Radio and Television Programs	按节目类型分 Grouped by Program Type	
			新闻资讯 News	专题服务 Special Subject
无线广播合计	**All Radio Broadcasting Stations**	**88725**	**13326**	**17555**
省人民广播电台	Provincial Level	58390	6289	11542
地(市)级广播电台	Prefectural Level	30335	7037	6013
电视播映合计(含有线电视)	**All Television Stations (including cable TV)**	**85631**	**11511**	**12802**
省电视台	Provincial Level	47679	4401	6301
地(市)级电视台	Prefectural Level	33435	4319	6218
县电视台	County Level	4517	2791	283

14-14 续表 (continued)

单位：小时 (hour)

指　　标	Item	按节目类型分 Grouped by Program Type			
		综艺益智 General Entertainment	广播影视剧 Radio Play	广　告 Advertising	其　他 Others
无线广播合计	**All Radio Broadcasting Stations**	**21495**	**5334**	**13334**	**17682**
省人民广播电台	Provincial Level	14512	4436	8866	12746
地(市)级广播电台	Prefectural Level	6983	898	4468	4936
电视播映合计(含有线电视)	**All Television Stations (including cable TV)**	**3792**	**18739**	**13934**	**24853**
省电视台	Provincial Level	1412	15617	5252	14696
地(市)级电视台	Prefectural Level	2204	2075	8568	10051
县电视台	County Level	176	1047	114	106

14-15 广播电视节目制作
Production of Radio and Television Programs Produced

单位：小时 (hour)

指　　标	Item	2016	2015	2016年比2015年增长(%) Growth Rate in 2016 over 2015(%)
广播节目制作	**Production of Radio Programs**	**70965**	**66774**	**6.3**
#新闻资讯	News Programs	6321	6245	1.2
专题服务	Special Subject Programs	13959	19167	-27.2
综　艺	Variety Shows	18745	16883	11.0
广播剧	Radio Plays	3871	1135	241.1
广　告	Advertisements	11508	10685	7.7
其　他	Others	16561	12659	30.8
电视节目制作(含有线电视)	**Production of TV Programs (including cable TV)**	**19204**	**24261**	**-20.8**
#新闻资讯	News Programs	5247	6037	-13.1
专题服务	Special Subject Programs	4170	7491	-44.3
综　艺	Variety Shows	1118	589	89.8
影视剧	Movies and TV Plays	36	2938	-98.8
广　告	Advertisements	3917	1703	130.0
其　他	Others	4717	5503	-14.3

14-16 广播电视事业发展情况
Basic Statistics on Radio and Television Industry

指　　标	Item	2016	2015
中短波转播发射台 (座)	Transmission and Relaying Stations of Medium and Short Wave Broadcast (unit)	10	12
发射机功率 (千 瓦)	Transmitter Power (kilowatt)	463	453
调频电视转播发射台 (座)	Relaying Stations of Frequency Modulation Broadcasting (unit)	15	10
调频发射机功率 (千 瓦)	Modulation Transmitter Power (kilowatt)	191	155
电视发射机功率 (千 瓦)	Television Transmitter Power (kilowatt)	149.30	146.35
广播人口覆盖率 (%)	Radio Coverage Rate of Population (%)	100	100
农村广播综合人口覆盖率 (%)	Radio Coverage Rate of Population in Rural Areas (%)	100	100
电视人口覆盖率 (%)	TV Coverage Rate of Population (%)	99.71	99.71
农村电视综合人口覆盖率 (%)	TV Coverage Rate of Population in Rural Areas (%)	99.48	99.50
广播电视台 (座)	Radio and Television Stations (unit)	2	2

14-17 文化事业机构及人员(2016年)
Number of Institutions and Personnel in Cultural Industry(2016)

指　　标	Item	机　构(个) Number of Institutions (unit)	人　员(人) Numbers of Employed Persons(person)
总　计	**Total**	**1895**	**14855**
文化合计	Total Item of Culture	1873	14501
#艺术表演团体	Art Performance Troupes	9	791
艺术表演场馆	Artistic Performance Stadium	5	53
公共图书馆	Public Libraries	14	280
文化馆	Cultural Center	13	191
文化站	Cultural Stations	170	732
艺术展览创作机构	Art Exhibition and Creation Agencies	2	32
文化科研机构	Cultural Study Institutions	1	15
文化市场经营机构	Cultural Market Management Institutions	1634	11695
文化行政主管部门	Executive Departments of Culture	12	442
其他文化机构	Other Cultural Institutions	13	270
文物合计	Total Item of Cultural Relics	22	354
#博物馆	Museums	7	228
文化保护管理机构	Cultural Protection and Management Institutions	8	28
文物科研机构	Cultural Relic Study Institutions	2	30
文物商店	Antique Store	1	11
其他文物机构	Other Cultural Relic Institutions	4	57

注：本表数据因报表体系调整，数据与往年不可比。
a) The reporting system has been adjusted, so the data are incomparable with previous years.

14-18 专利申请及授权
Patent Applications Accepted and Granted

单位：件 (piece)

指　　标	Item	2016	2015	2015年比2014年增长(%) Growth Rate in 2016over 2015(%)
专利申请受理量	**Number of Patent Aplications Accepted**	**9956**	**7194**	**38.4**
发明专利	Inventions	3952	3083	28.2
实用新型专利	Utility Models	5247	3603	45.6
外观设计专利	Designs	757	508	49.0
专利授权量	**Number of Patent Aplications Granted**	**4754**	**8002**	**-40.6**
发明专利	Inventions	1236	940	31.5
实用新型专利	Utility Models	2983	3573	-16.5
外观设计专利	Designs	535	3489	-84.7

14-19 公共图书馆
Public Libraries

类　　别	Item	2016	2015
公共图书馆个数 (个)	Number of Public Libraries (unit)	14	12
总藏书 (万册、件)	Total Collections (10 000 copies)	999.64	868.53
#图　书 (万册、件)	Books (10 000 copies)	353.82	340.57
电子图书 (万册、件)	Electronic books (10 000 copies)	555.49	441.48
电子阅览室终端数 (个)	Terminals in Electronic Media Reading Rooms (set)	576	535
书刊文献外借人次 (万人次)	Borrowing from Libraries (10 000 person-times)	60.97	65.51
书刊文献外借册次 (万册次)	Number of Books and Periodicals Lent to Readers (10 000 copies-times)	116.48	104.85
累计发放有效借书证 (万 张)	Accumulative Number of Library Cards Distributed (10 000 units)	16.21	14.85

主要统计指标解释

企业办科技机构数 企业办科技机构指企业自办（或与外单位合办），管理上同生产系统相对独立（或者单独核算）的专门科技活动机构，如企业办的技术中心、研究院所、开发中心、开发部、实验室、中试车间、试验基地等。企业办科技活动机构经过资源整合，被国家或省级有关部门认定为国家级或省级技术中心的，应按一个机构填报。与外单位合办的科技活动机构若主要由本企业出资兴办，则由本企业统计，否则应由合办方统计。企业科技管理职能处（科）室（如科研处、技术科等）一般不统计在内；若科研处、技术科等同时挂有科技活动机构的牌子，视其报告年度内主要工作任务而定，主要任务是从事科技活动的可以统计，否则不予统计。本指标不含企业在中国境外设立的科技活动机构数。

机构人员合计 指报告期末企业办科技活动机构中从业人员合计。

仪器和设备原价 指企业办科技机构报告期末固定资产中仪器和设备的原价（不包括长期闲置不用的仪器和设备）。

R&D（科学研究与试验发展，简称“研发”） 是指在科学技术领域，为增加知识总量、以及运用这些知识去创造新的应用进行的系统的创造性的活动，包括基础研究、应用研究、试验发展三类活动。

R&D 人员 指单位内部从事基础研究、应用研究和试验发展三类活动的人员。包括直接参加上述三类项目活动的人员以及这三类项目的管理人员和直接服务人员。为研究活动提供直接服务的人员包括直接为研究活动提供资料文献、材料供应、设备维护等服务的人员。

R&D 人员折合全时当量 由参加 R&D 项目人员的全时当量及应分摊在 R&D 项目的管理和直接服务人员的全时当量两部分相加计算。一个折合全时当量是一人年。例如，一个人在 R&D 活动上花费了 30%的正常工作时间而 70%的时间用于其他工作，则其折合全时当量为 0.3。

R&D 经费内部支出合计 指调查单位在报告年度用于内部开展 R&D 活动（基础研究、应用研究和试验发展）的实际支出。包括用于 R&D 项目（课题）活动的直接支出，以及间接用于 R&D 活动的管理费、服务费、与 R&D 有关的基本建设支出以及外协加工费等。不包括生产性活动支出、归还贷款支出以及与外单位合作或委托外单位进行 R&D 活动而转拨给对方的经费支出。

R&D 经费内部支出中政府资金 指调查单位 R&D 经费内部支出中来自各级政府部门的各类资金，包括财政科学技术拨款、科学基金、教育等部门事业费以及政府部门预算外资金的实际支出。

R&D 经费内部支出中企业资金 指调查单位 R&D 经费内部支出中来自本企业的自有资金和接受其他企业委托而获得的经费，以及科研院所、高校等事业单位从企业获得的资金的实际支出。

R&D 经费内部支出中其他资金 指从上述渠道以外获得的计划用于 R&D 活动的经费，如企业从金融机构贷款得到的用于内部开展 R&D 活动的资金，从独立科研院所和高等学校等事业单位获得的用于 R&D 活动的经费，来自民间非盈利机构的资助和个人捐赠等。

普通高等学校 指按照国家规定的设置标准和审批程序批准举办，通过国家统一招生考试，招收高中毕业生为主要培养对象，实施高等教育的全日制大学、独立设置的学院和高等专科学校、短期职业大学。

成人高等学校 指按照国家有关规定审批，招收通过全国成人高教统一招生考试的具有高中毕业或同等学历的在职从业人员，利用脱产、半脱产、业余或函授等多种形式对其实施高等学历教育，培养高等教育专科或本科毕业水平的专门人才，修业年限、课程设置和总学时数均按高等学历教育要求付诸实施的学校。包括广播电视大学、职工高等学校、农民高等学校、管理干部学院、教育学院、独立设置的函授学院等。

中等职业教育学校 指按规定的设置标准和审批程序批准建立的，招收初中（或部分高中）毕业生或同等学历者，实施中等职业技术教育，培养中等职业技术人才的学校。招收初中毕业生的，修业年限一般为三至四年；招收高中毕业生的，修业年限一般为二年至三年。包括中等专业学校、技工学校、职业中学（高中）等。统计中等职业学校时应注意，已承担培养学生任务的中等职业技术学校和独立设置的高等学校中专部或中专学校计算校数。正在筹建、尚未招生的中等职业学校和高等学校附设的中专班不计校数。

普通中学 指按规定的审批程序批准设立的，招收小学、初中(或部分高中)毕业生或同等学历者，实施普通中学教育的学校。

专任教师 指主要从事教学工作的人员。包括临时(一年以内)调去帮助做其他工作的教学人员。高等学校函授部、夜大学的专任教师和承担科研任务，未担任教学工作仍属教师编制的人员，应计入专任教师中。不包括调离教学岗位，担任行政领导工作或其他工作的原教学人员。

文化事业机构 指从事专业文化工作和为专业文化工作服务的独立建制的单位。不包括这些单位另外举办独立核算的其他机构和各部门的业余文化组织。

Explanatory Notes on Main Statistical Indicators

Number of S&T Institutions refers to specialized technology institutions run by enterprises (or jointly with other units) and their activities in the production system is relatively independent (or accounted separately) on the management, such as technology center office, research institutes, development centers, development department, laboratory, pilot plant and test base. Through resource integration, institutions identified as national or provincial technology center by national or provincial departments should be reported as one institution. A S&T institution organized with other units should implement the statistics by enterprise itself if the institution is funded mainly by the enterprise, otherwise co-sponsor. Enterprise Technology Management Office (Branch) / Room (such as research department, technology department, etc.) are generally not included in the statistics; If the research department, technology department and other S&T departments hanging brand agency at the same time, the statistic depends on main tasks stipulated in the annual report and only the S&T activities should be considered into statistics.

Total Personnel of Institutions refers to institutions reported total number of employees engaged in the S&T activities in the year-end.

Instruments and Equipment Cost refers to institutions reported the original cost of instruments and equipment (excluding long-term idle equipment and facilities) in the fixed assets in the year end.

R&D(Research and Development, hereinafter R&D) refers to systematic and creative activities in the field of science and technology aiming at increasing the knowledge and using the knowledge for new application. R&D includes 3categories of activities: basic research, applied research and experimentation for development.

R&D Personnel refers to persons engaged in the above mentioned activities of R&D, including persons in the project team, persons engages in the management of projects and persons providing direct services. The latter includes persons providing documents, materials and equipment maintenance.

Full-time Equivalent of R&D Personnel refers to the full-time equivalent of R & D project personnel and personnel assessed in full-time equivalent management and direct service. A full-time equivalent is a person-years. For example, a person spends 30% of working hours on the R & D activities while 70% of the time for other work, the full-time equivalent is 0.3.

Total Expenditure of Funds on R&D refers to the real expenditure of surveyed units on their own R&D activities (basic research, application study, test and development) including direct expenditure on R&D activities, indrect expenditure of management and services on R&D activities, expenditure on capital construction and material processing by others. Excluding the expenditure on production activities, return of loan, fees transferred to cooperated and entrusted agencies on R&D activities.

Expenditure of Government Funds on R&D refers to the expenditure of funds on R&D activities from government agencies at different levels including appropriate funds on science and technology from financial departments, scientific funds, operating expenses from education departments and the real expenditure of extra budgetary funds from government agencies.

Expenditure of Funds of enterprises on R&D refers to the expenditure of funds on R&D activities from self-raised funds of enterprises and funds from other enterprises through entrustment, and the expenditure of funds of institutions such as institution of scientific research and universities, from enterprises.

Expenditure of other Funds on R&D refers to funds from other sources other than those mentioned above for R & D activities such as corporate loans from financial institutions, institution of scientific research universities, grants and individual donations of private non-profit organizations.

Regular Institutions of Higher Learning refer to educational establishments set up according to the government evaluation and approval procedures, enrolling graduates from senior secondary schools and providing higher education courses and training for senior professionals. They include full-time universities, colleges, and institutions of higher professional education, institutions of higher vocational education and others.

Institutions of Higher Learning for Adults refer to educational establishments approved according to relevant government rules, enrolling staff and workers with senior secondary or equivalent education through uniform national matriculation examinations, and providing them with regular higher education in various forms such as full-time, part-time, spare-time and correspondence courses in accordance with requirements of regular higher education in years of education, curricula, and total learning hours, so that they meet the standards for graduation of universities or junior colleges. Institutions of higher learning for adults include radio and TV universities, colleges for staff and workers, colleges for farmers, colleges for management cadres, teachers' colleges, and independent correspondence colleges.

Second Vocational Schools refer to those recruiting junior high school (or partly senior high school) graduates or people having the same educational level implement medium vocational education based on regulated setting standards and examination and approval procedure. The lengthy of secondary schools which receive junior high school graduates is usually three to four years; the lengthy of those which receive senior high school graduates is usually two to three years. The secondary vocational schools include medium professional schools, technical schools, vocational middle schools (senior high schools) and etc. Note that medium vocational technical schools taking the mission of developing students and independently established secondary specialized schools of higher education or medium professional schools are counted. The medium vocational technical schools are preparing and are not recruiting students and medium professional classes attaching to higher education are not accounted.

Regular High Schools refer to those recruiting primary schools, junior high schools (senior high schools) graduates or people having the same educational level implement regular high education based on regulated setting standards and examination and approval procedure.

Full-time Teachers refer to those engaging in teaching activities, include the teaching staff dispatched to do other jobs temporarily (within one year).Correspondence departments of higher schools, full-time teachers of evening universities, people with authorized qualifications who taking the mission of doing research but do not teaching students should be regarded as full-time teachers. Former teaching staff who are dispatched off teaching post or bear administrative leadership or other jobs are not regarded as full-time teachers.

Cultural Institutions refers to institutions engaged in professional culture work and independent institutions providing services to cultural work. Institutions with independent accounting departments and amateur cultural organizations are not included.

15
Fifteen

民政、卫生、体育及其他

Social Welfare,Public Health,Sports and Others

卫生机构数（个） 卫生机构床位数（张） 医生数（人）

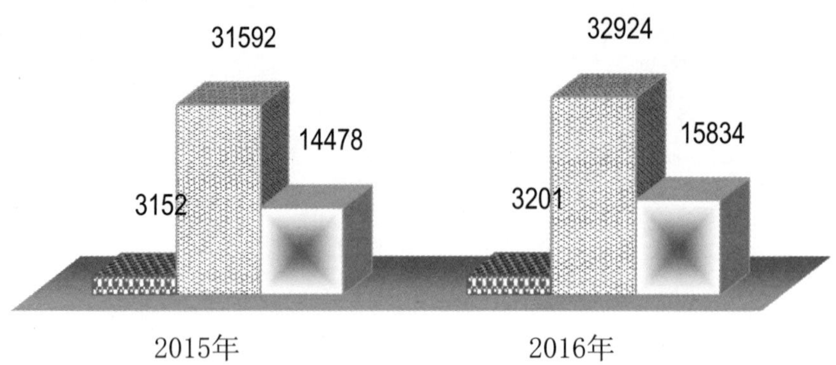

城乡各类福利院床位数（张）

城镇便民、利民服务网点数（个）

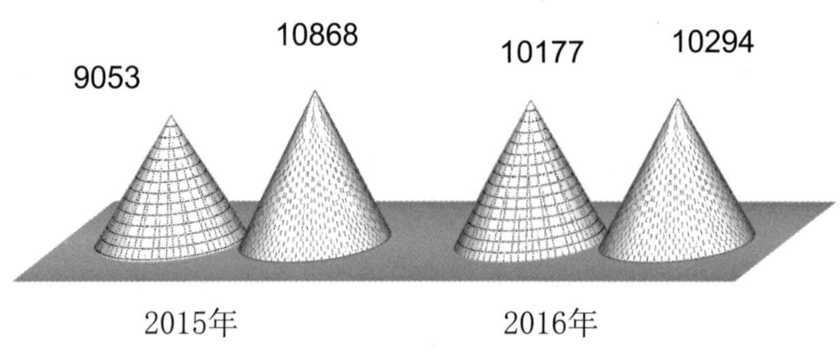

居民最低生活保障人数（人） #城市低保人数（人）

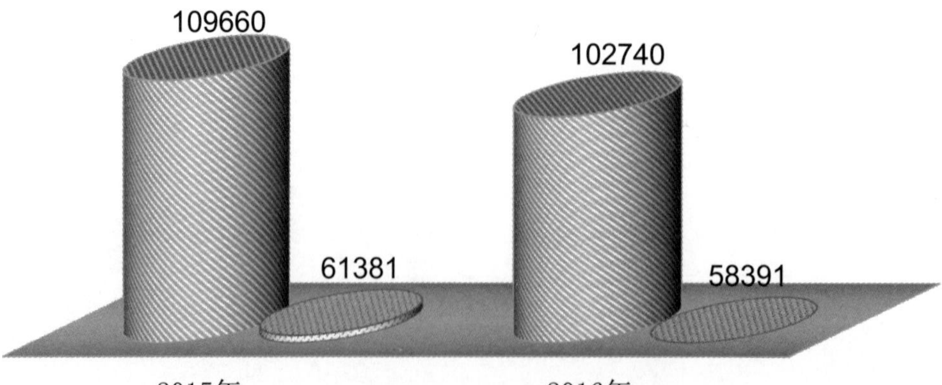

15-1 民政事业基本情况(2016年)
Statistics on Civil Administration Departments(2016)

指标	Item	单位数(个) Number of Institutions (unit)	职工人数(人) Number of Staff (person)	固定资产原价(万元) Original Cost of Fixed Assets (10 000 yuan)	收入合计(万元) Total Revenue (10 000 yuan)	支出合计(万元) Total Expenditure (10 000 yuan)
优抚安置单位	**Institutions for Veteran Benefit and Placement**	**7**	**81**	**2254**	**11440**	**12469**
军休所(含管理中心)	Veteran Management Institutions(centers)	5	57	2059	10701	11724
军供站	Military Supply Stations	1	21	185	691	696
烈士纪念建筑物管理单位	Martyr Memorial Building Management Units	1	3	10	47	49
收养类单位	**Adoptive Institutions**	**4**	**244**	**34172**	**9601**	**9976**
社会福利院	Social Welfare Homes	2	117	7079	2983	3054
儿童福利院	Social Welfare Homes for Children	1	76	4561	2390	2544
社会福利医院(精神病福利院)	Social Welfare Hospitals (Welfare Homes for Psychiatric Patients)	1	51	1008	1438	1448
城市养老服务机构	Urban Service Institutions for Aged Persons	72	751	17604	2096	2794
农村养老服务机构	Rural Service Institutions for Aged Persons	5	29	3920	100	136
救助类单位	**Institutions for Relief**	**2**	**44**	**436**	**1458**	**2252**
救助管理站	Relief Stations	2	44	436	1458	2252
殡仪服务单位	**Funeral and Interment Institutions**	**19**	**1168**	**26384**	**36772**	**13631**
殡仪馆	Funeral Home	5	386	16643	11713	4629
公墓	Cemetery	10	755	9589	24557	8508
殡葬管理	Funeral and Interment Management Institutions	4	27	152	501	495
福利彩票发行单位	**Welfare Lottery Issuing Institutions**	**1**	**74**	**469**	**1764**	**1505**
老龄事业单位	**Institutions for the Cause of Aging**	**9**	**42**	**363**	**2709**	**2759**
其他事业单位	**Other Institutions**	**8**	**129**	**682917**	**2021**	**2019**
行政机关	**Administrative Institutions**	**11**	**366**	**10564**	**143554**	**108525**

15-2 城乡各种福利院机构和人员情况
Statistics on Welfare Institutions and Personnel in Rural and Urban Area

指　标	Item	2016	2014	2016年比2015年增长(%) Growth Rate in 2016 over 2015 (%)
机构数(个)	**Number of Institutions(unit)**	**81**	**78**	**3.8**
社会福利院	Social Welfare Homes	2	2	持平even
儿童福利院	Social Welfare Homes for Children	1	1	持平even
精神病福利院	Welfare Homes for Psychiatric Patients	1	1	持平even
城市养老服务机构	Urban Service Institutions for Aged Persons	72	69	4.3
农村养老服务机构	Rural Service Institutions for Aged Persons	5	5	持平even
职工人数(人)	**Number of Staff (person)**	**1024**	**853**	**20.0**
社会福利院	Social Welfare Homes	117	118	-0.8
儿童福利院	Social Welfare Homes for Children	76	74	2.7
精神病福利院	Welfare Homes for Psychiatric Patients	51	51	持平even
城市养老服务机构	Urban Service Institutions for Aged Persons	751	570	31.8
农村养老服务机构	Rural Service Institutions for Aged Persons	29	40	-27.5
床位数(张)	**Number of Beds (bed)**	**10177**	**9053**	**12.4**
社会福利院	Social Welfare Homes	800	950	-15.8
儿童福利院	Social Welfare Homes for Children	500	500	持平even
精神病福利院	Welfare Homes for Psychiatric Patients	100	100	持平even
城市养老服务机构	Urban Service Institutions for Aged Persons	8087	6543	23.6
农村养老服务机构	Rural Service Institutions for Aged Persons	690	960	-28.1
在院人数(人)	**Inpatients(person)**	**3920**	**3359**	**16.7**
社会福利院	Social Welfare Homes	410	414	-1.0
儿童福利院	Social Welfare Homes for Children	380	397	-4.3
精神病福利院	Welfare Homes for Psychiatric Patients	97	84	15.5
城市养老服务机构	Urban Service Institutions for Aged Persons	2612	2064	26.6
农村养老服务机构	Rural Service Institutions for Aged Persons	421	400	5.3

15-3 民政事业发展情况
Basic Statistics on Civil Affairs

指标		Item		2016	2015	2016年比2015年增长(%) Growth Rate in 2016 over 2015 (%)
抚恤、补助对象情况		**Pension and Subsidy**				
抚恤、补助优抚对象总数	(人)	Total Quantity	(person)	17215	16743	2.8
定期抚恤	(人)	People Receiving Regular Pensions	(person)	275	270	1.9
定期补助	(人)	People Receiving Regular Subsidies	(person)	14855	14424	3.0
伤残人员	(人)	Injured and Disabled Persons	(person)	2085	2049	1.8
优待、烈士褒扬情况		**Preferential Treatment and Resettlement**				
优待优抚对象	(户)	Number of Household Receiving Preferential Treatment	(household)	5837	6809	-14.3
#优待军属	(户)	Number of Soldier's Family Receiving Preferential Treatment	(household)	3388	3509	-3.4
安置退役士兵、复员干部	(人)	Number of Ex-servicemen Receiving Resettlement	(person)	1402	1560	-10.1
低保、救济和医疗救助情况		**Minimum Living Allowance, Relief and Medical Assistance**				
城市居民最低生活保障家庭数	(户)	Number of Households Receiving Minimum Living Allowance in Urban Areas	(household)	32361	33030	-2.0
城市居民最低生活保障人数	(人)	Number of Persons Receiving Minimum Living Allowance in Urban Areas	(person)	58391	61381	-4.9
#女　性	(人)	Female	(person)	26569	27572	-3.6
农村居民最低生活保障家庭数	(户)	Number of Households Receiving Minimum Living Allowance in Rural Areas	(household)	24375	26351	-7.5
农村居民最低生活保障人数	(人)	Number of Persons Receiving Minimum Living Allowance in Rural Areas	(person)	44349	48279	-8.1
农村五保户供养人数	(人)	Number of Persons Receiving Livelihood Guarantees in Five Aspects in Rural Areas	(person)	2751	2663	3.3
#女　性	(人)	Female	(person)	244	233	4.7
民政部门资助参加基本医疗保险	(人次)	Number of Women Receiving Government Subsidies for Insurances	(person-time)	108528	116212	-6.6
民政部门直接医疗救助人次数	(人次)	Number of Women Receiving Direct Medical Assistance from Civil Administration Departments	(person-time)	11610	10048	15.5
社会捐赠情况		**Social Donations**				
直接接收捐赠款	(万元)	Directly Donated Money	(10 000 yuan)	244.5	1977	-87.6
直接接收捐赠衣被	(万件)	Directly Donated Clothes and Quilts	(10 000 units)			
间接接收捐赠款	(万元)	Indirectly Donated Money	(10 000 yuan)			
间接接收捐赠衣被	(万件)	Indirectly Donated Clothes and Quilts	(10 000 units)			
受益人次数	(人次)	Number of Beneficiary	(person-time)	3000	8900	-66.3
社会捐赠接收工作站、点数	(个)	Number of Work Stations and Spots Receiving Social Donations	(unit)	146	149	-2.0
#社会捐赠接收工作站	(个)	Number of Work Stations Receiving Social Donations	(unit)	11	11	持平even
慈善超市	(个)	Number of Charity Supermarkets	(unit)	29	32	-9.4
社区服务情况		**Community Service**				
社区服务志愿者组织数	(个)	Number of Community Voluntary Organizations	(unit)	443	492	-10.0
城镇便民、利民服务网点数	(个)	Number of Convenience Networks in Cities and Towns	(unit)	10294	10868	-5.3

15-4 卫生机构、床位和人员(2016年)

单位：人

指　　标	Item	机构数(个) Number of Institutions (unit)	床位数(张) Number of Bed (bed)
总　计	**Total**	**3201**	**32924**
医　院	**Hospitals**	**182**	**28557**
综合医院	General Hospitals	126	18439
中医医院	Hospitals of Traditional Chinese Medicine	16	2668
中西医结合医院	Hospitals of Traditional Chinese and Western Medicine	3	1452
专科医院	Specialized Hospitals	37	5998
口腔医院	Stomatological Hospitals	1	80
眼科医院	Ophthalmic Hospitals	1	80
耳鼻喉科医院	Otorhinolaryngology Hospital	2	70
肿瘤医院	Cancer Hospitals	1	1043
妇产(科)医院	Obstetrics and Gynecology Hospitals	6	245
精神病医院	Psychiatric Hospitals	4	1090
皮肤病医院	Dermatological Hospitals	3	208
结核病医院	Tuberculosis Hospitals		
骨科医院	Orthopaedic Hospitals	5	1637
康复医院	Convalescent Hospitals	3	196
整形外科医院	Plastic Surgery Hospitals	1	93
美容医院	Beauty Hospitals	3	60
其他专科医院	Other Specialized Hospitals	6	296
基层医疗卫生机构	**Primary-level Medical and Sanitary Institutions**	**2962**	**2714**
社区卫生服务中心(站)	Health Service Centers(stations) for Community	132	731
社区卫生服务中心	Community Health Service Centers	54	731
社区卫生服务站	Community Health Service Stations	78	
卫生院	Health Centers	78	1983
乡镇卫生院	Township Health Centers	78	1983
中心卫生院	Central Health Centers	32	1234
乡卫生院	Countryside Health Centers	46	749
村卫生室	Village Clinics	1386	
门诊部	Outpatient Departments	46	
综合门诊部	Comprehensive Outpatient Departments	22	
中医门诊部	Chinese medicine clinic	2	
中西医结合门诊部	Outpatient Departments of Traditional Chinese and Western Medicine	2	
专科门诊部	Specialist Outpatient Departments	20	
诊所、卫生所、医务室	Clinics,Health Centers and Infirmaries	1320	
诊　所	Clinics	1215	
卫生所、医务室	Health Centers and Infirmaries	105	

Basic Statistics on Health Care Institutions(2016)

(person)

卫生技术人员 Medical Technical Personnel	#医生 Doctor	#执业医师 Licensed Doctor	注册护士 Registered Nurse	药师(士) Pharmacist	技师(士) Technician	#检验师 Inspector	其他 Others
41472	**15834**	**14570**	**18333**	**1699**	**2127**	**1447**	**3479**
29817	**10428**	**9945**	**14439**	**1253**	**1552**	**971**	**2145**
20101	7096	6715	9604	803	1070	651	1528
2465	816	774	1186	135	111	78	217
1385	442	437	726	84	60	43	73
5866	2074	2019	2923	231	311	199	327
329	170	168	115	8	14	6	22
149	34	34	69	5			41
49	17	17	22	3	2	2	5
1154	334	331	591	68	63	48	98
313	102	97	161	11	24	16	15
654	218	218	363	20	20	17	33
136	41	27	78	5	7	6	5
1257	571	562	560	40	61	31	25
110	48	47	53	5	3	3	1
217	75	68	131	4	4	2	3
218	61	54	130	4	6	5	17
340	101	96	164	12	21	12	42
8864	**4176**	**3456**	**3284**	**379**	**253**	**168**	**772**
1977	721	603	934	94	94	64	134
1264	444	371	603	62	64	43	91
713	277	232	331	32	30	21	43
2109	824	468	609	112	119	77	445
2109	824	468	609	112	119	77	445
1183	450	258	349	59	65	39	260
926	374	210	260	53	54	38	185
274	158	51	116				
453	204	176	192	21	20	15	16
230	98	88	98	12	15	11	7
12	6	6	2	3	1		
18	6	6	7	2	2	2	1
193	94	76	85	4	2	2	8
4051	2269	2158	1433	152	20	12	177
3636	2053	1971	1267	140	13	6	163
415	216	187	166	12	7	6	14

15-4 续表

单位：人

指　　标	Item	机构数(个) Number of Institutions (unit)	床位数(张) Number of Bed (bed)
专业公共卫生机构	**Professional Public Health Institutions**	**49**	**1553**
疾病预防控制中心	Disease Prevention & Treatment Centers	13	
省　属	Provincial Centers	1	
省辖市(地区)属	Centers of Provincially Administered Cities	1	
地辖市属	Municipal Centers	6	
县　属	County Centers	4	
其　他	Others	1	
专科疾病防治院(所、站)	Specialized Disease Prevention & Treatment Institutions (Centers or Stations)	3	50
专科疾病防治院	Specialized Disease Prevention & Treatment Agencies	1	50
妇幼保健院(所、站)	Maternal and Child Health Care Institutions(Centers or Stations)	11	1503
按隶属分	**By Administration**		
省辖市(地区)属	Centers of Provincially Administered Cities	1	1129
地辖市属	Municipal Centers	7	213
县　属	County Centers	3	161
其　他	Others		
按类型分	**By Types**		
妇幼保健院	Maternal and Child Health Hospitals	5	1317
妇幼保健所	Maternal and Child Health Centers	2	73
妇幼保健站	Maternal and Child Health Stations	3	101
生殖保健中心	Reproductive Health Centers	1	12
急救中心(站)	First Aid Centers (Stations)	1	
采供血机构	Blood Banks	2	
卫生监督所(中心)	Health Supervision Institutions(Centers)	12	
省　属	Provincial Centers	1	
省辖市(地区)属	Centers of Provincially Administered Cities	1	
地辖市属	Municipal Centers	7	
县　属	County Centers	3	
计划生育技术服务机构	Family Planning Technical Service Organization	7	
其他卫生机构	Other Institutions	**8**	**100**
疗养院	Sanatoriums	1	100
医学科学研究机构	Institutions of Medical Scientific Research	1	
医学在职培训机构	Institutions of Medical In-service Training	3	
临床检验中心(所、站)	Clinical Laboratory Center (station)	1	
其　他	Others	2	

(continued)

(person)

卫生技术人员 Medical Technical Personnel	#医生 Doctors	#执业医师 Licensed Doctors	注册护士 Registered Nurses	药师(士) Pharmacist	技师(士) Technician	#检验师 Inspector	其他 Others
2716	**1203**	**1150**	**585**	**64**	**304**	**290**	**560**
841	410	387	62	8	179	172	182
380	162	160	17	2	81	78	118
139	59	59	6	1	47	47	26
173	114	105	25	3	22	22	9
112	59	47	14	2	24	20	13
37	16	16			5	5	16
29	13	8	13	1			2
15	4	2	8	1			2
1356	710	685	417	51	80	74	98
759	482	482	191	29	41	41	16
352	160	140	123	12	20	17	37
245	68	63	103	10	19	16	45
1106	601	588	336	42	60	59	67
85	49	42	22	3	7	5	4
144	45	41	56	6	10	7	27
21	15	14	3		3	3	
153	38	38	72	1	34	34	8
269							269
71							71
37							37
118							118
43							43
68	32	32	21	3	11	10	1
75	**27**	**19**	**25**	**3**	**18**	**18**	**2**
43	19	11	21	2	1	1	
13	6	6	4		1	1	2
15					15	15	
4	2	2		1	1	1	

15-5 县(区)诊所、卫生室、医务室基本情况(2016年)

指 标	Item	机构数(个) Number of Institutions (unit)	总人员数(人) Medical Personnel (person)	卫生技术人员(人) Medical Technical Personnel(person)
合 计	**Total**	**1320**	**4104**	**4057**
按管理类别分	**By Management**			
非营利性	Non-profit	39	224	212
营利性	Profit	1281	3880	3845
按经济类型分	**By Ownership**			
国 有	State-owned	80	177	166
集体办	Collective-owned	12	21	21
联 营	Jointly Operated	5	8	8
私 营	Privately Operated	1199	3629	3603
其 他	Others	24	269	259
按设置、主办单位分	**By Sponsor**			
政府办	Run by Government	12	15	15
社会办	Run by Society	91	3981	3941
私人办	Run by Private	1217	108	101
按诊所类别分	**By Types**			
普 通	General	802	1911	1888
中 医	Traditional Chinese Medicine	178	465	464
中西医结合	Traditional Chinese Medicine and Western Medicine			
口 腔	Stomatological	243	1357	1336
其 他	Others	97	371	369

15-6 县(区)村卫生室基本情况(2016年)

指 标		Item		合 计 Total	村 办 Run by Villages
机构数	(个)	Number of Institutions	(unit)	1386	320
执业(助理)医师	(人)	Licensed(Assistant) Doctc	(person)	179	50
注册护士	(人)	Registered Nurse	(person)	118	36
乡村医生和卫生员	(人)	Village Doctors and Healt	(person)	1747	438
乡村医生	(人)	Village Doctors	(person)	1488	360
#以中医、中西医结合或民族医为主的人数	(人)	Personnel with Integrated	(person)	74	23
当年考核合格的乡村医生数	(人)	Qualified Village Doctors	(person)	1196	302
卫生员	(人)	Health Workers	(person)	259	63
诊疗人次数	(万人次)	Visits	(10 000 times)	303.79	36.07
#出诊人次数	(万人次)	Patients	(10 000 times)	5.79	0.59

Basic Statistics on Clinics and Health Centers at County(District) Level(2016)

执业医师 Licensed Doctors	执业助理医师 Licensed Assistant Doctors	注册护士 Registered Nurses	药剂师(士) Pharmacist	技 师(士) Technician	#检验师(士) Inspector	其 他 Others	诊疗人次数(万人次) Visits (10 000 times)
2161	**112**	**1436**	**152**	**20**	**12**	**176**	528.21
176	5	0	21	1	0	10	45.01
1985	107	1436	131	19	12	166	483.20
137	4	0	19	0	0	0	34.96
18	0	0	1	0	0	2	3.92
7	0	0	0	0	0	1	2.18
1915	99	1292	126	13	8	158	471.05
84	9	114	6	7	4	9	16.11
						9	
13	0	0	1	0	0	1	3.72
2065	110	1436	138	20	12	172	500.72
83	2	0	13	0	0	3	23.78
1225	47	419	106	6	3	85	313.37
248	13	177	7	1	1	18	69.13
523	39	685	29	11	7	49	107.96
165	13	155	10	2	1	24	37.76

Basic Statistics on Village Clinics at County(District) Level(2016)

按主办单位分 By Sponsor				按行医方式分 By Medicine		
乡镇卫生院设点 Township Hospitals	联合办 Jointly Run	私人办 Run by Private	其 他 Others	中 医 Chinese Traditional Medicine	西 医 Western Medicine	中西医结合 Integration of Traditional Chinese and Western Medicine
79	18	642	327	21	1213	152
18	5	65	41	6	143	30
12	5	51	14	2	100	16
88	40	721	454	20	1536	191
96	21	666	345	16	1304	168
1	1	41	8	3	41	30
80	19	526	269	17	1043	136
6	18	51	121	0	235	24
16.52	5.94	177.64	67.60	4.67	269.73	29.39
0.01	0.52	0.89	3.78	0.07	5.28	0.44

15-7 体育事业基本情况(2016年)
Basic Statistics on Sports(2016)

指标		Item		合计 Total	省级 Provincial Level	市级 Municipal Level
运动员		**Number of Athletes**		**867**	**91**	**776**
国家级运动员（运动健将）	(人)	National Athletes(master of sports)		33		33
省级运动员	(人)	Provincial Athletes		42		42
一线在队人员	(人)	First-team Player	(person)	116		116
二线在队人员	(人)	Second-team Player	(person)	185		185
三线在队人员	(人)	Third-team Player	(person)	400		400
体育设施个数		**Sports Facilities**				
室外全民健身公园、广场	(个)	Fitness Parks and Squares	(unit)	1		1
健身路径	(个)	Fitness Paths	(unit)	400		400
小篮板	(个)	Basketball Stands	(unit)	201		201
乒乓球台	(个)	Table Tennis Tables	(unit)	436		436
室内全民健身中心	(个)	Fitness Center	(unit)	1		1
体育设施占地面积		**Area of Sports Facilities**				
室外全民健身公园、广场、山体公园	(平方米)	Fitness Parks,Squares and Mountain Parks	(s.k.m.)	4200		4200
健身路径	(平方米)	Fitness Paths	(s.k.m.)	97100		97100
小篮板	(平方米)	Basketball Stands	(s.k.m.)	192960		192960
乒乓球台	(平方米)	Table Tennis Tables	(s.k.m.)	13080		13080
室内全民健身中心	(平方米)	Fitness Center	(s.k.m.)	18500		18500

15-8 体育系统机构和从业人员(2016年)
Number of Institutions and Engaged Persons in Sports(2016)

指标		Item		合计 Total	省属 Provincial Level	市属 Municipal Level
机构数	**(个)**	**Number of Institution**	**(unit)**	**31**	**21**	**10**
行政机关	(个)	Administrative Organizations	(unit)	2	1	1
体育运动学校	(个)	Sports Schools	(unit)	2	1	1
业余体校	(个)	Spare-time Sports Schools	(unit)			
体育场馆	(个)	Stadium and Gymnasium	(unit)	6	2	4
其他事业单位	(个)	Other Public Institutions	(unit)	21	17	4
从业人员	**(人)**	**Number of Engaged Persons**	**(person)**	**1341**	**1177**	**164**
行政机关	(人)	Administrative Organizations	(person)	65	49	16
体育运动学校	(人)	Sports Schools	(person)	238	162	76
业余体校	(人)	Spare-time Sports Schools	(person)			
体育场馆	(人)	Stadiums and Gymnasiums	(person)	186	140	46
其他事业单位	(人)	Other Public Institutions	(person)	852	826	26

注：省属为在贵阳市地域上，但隶属于省的机构和人员；市属为在贵阳市地域上，同时也隶属于市的机构和人员。

a) Provincial-level institutions and engaged persons refer to those administrated by Guizhou provincial government in Guiyang City; Municipal-level ones refer to those administrated by Guiyang municipal government.

15-9 举办体育业务情况(2016年)
Basic Statistics on Sports Activities(2016)

指　　标		Item		合　计 Total	省　级 Provincial Level	市　级 Municipal Level	区、县(市)级 Prefectural (County, District) Level
运动会或比赛		**Sports Games**					
举办综合运动会	(次)	Number of Com	(time)	1		1	
现代体育项目活动	(次)	Number of Mod	(time)	3		3	
全民健身活动		**National Fitness Activities**					
举办全民健身活动次数	(次)	Activities of Ful	(time)	400		100	300
#1000人以上	(次)	Over 1 000 Parti	(time)	150	5	45	100
参加活动人数	(人)	Number of Parti	(person)	315000	15000	100000	200000
国际体育活动情况		**International Sports Games**					
出访起数	(起)	Times of Attending	(time)	12	12		
出访人次	(人 次)	Number of Participators	(person)	26	26		
举办培训班情况		**Training Classes**					
举办培训班次数	(次)	Times of Trainir	(time)	16	14	2	
参加培训班人数	(人)	Number of Participators	(person)	2709	2539	170	

15-10 婚姻情况
Statistics on Marriages

指　　标		Item		2016	2015	2016年比2015年增长(%) Growth Rate in 2016 over 2015(%)
国内婚姻		**Marriages with Citizens of Mainland China**				
登记结婚对数	(对)	Number of Registerec	(pair)	45161	50918	-11.3
初　婚	(人)	First Marriages	(person)	84634	93673	-9.6
再　婚	(人)	Marriages After Divo	(person)	5688	8163	-30.3
登记离婚对数	(对)	Number of Registerec	(pair)	20681	21167	-2.3
涉外婚姻		**Marriages with Citizens out of Mainland China**				
登记结婚对数	(对)	Number of Registerec	(pair)	385	393	-2.0
内地公民	(人)	Citizen of Mainland (	(person)	385	393	-2.0
香港、澳门、台湾居民	(人)	Citizen of Hong Kong,	(person)	172	205	-16.1
华　侨	(人)	Overseas Chinese	(person)	11	16	-31.3
外国人	(人)	Foreigners	(person)	202	172	17.4
登记离婚对数	(对)	Number of Registerec	(pair)	60	64	-6.3

15-11 社会保险及就业情况
Social Insurance and Employment

指标		Item		2016	2015	2016年比2015年增长(%) Growth Rate in 2016 over 2015 (%)
城镇就业和失业		**Rural Employment and Unemployment**				
城乡统筹就业人数	(人)	Number of Engaged Person in Urban and Rural Areas	(person)	265383	257374	3.1
城镇失业人员就业人数	(人)	Number of Re-employed Person in Urban Areas	(person)	48729	48816	-0.2
农村富余劳动力转移人数	(人)	Number of Surplus Rural laborer Transferring to Urban Areas	(person)	38378	37136	3.3
就业困难对象	(人)	Number of People Having Difficulties Getting Employed	(person)	11593	10132	14.4
城镇新增就业人数	(人)	Number of New Jobs in Urban Areas	(person)	227005	220238	3.1
城镇登记失业人员期末实有人数	(人)	Actual Number of Registered Unemployment in Urban Areas at the Year-end	(person)	35103	35281	-0.5
#女性	(人)	Female	(person)	17570	17737	-0.9
城镇登记失业率	(%)	Registered Unemployment Rate in Urban Areas	(%)	3.09	3.12	-0.03个百分点
社会保险		**Social Insurance**				
养老保险	(人)	Endowment Insurance	(person)	1700106	1559556	9.0
在职职工养老保险	(人)	Endowment Insurance for On-the-job Staff	(person)	1427615	1306187	9.3
离退休退职人员养老保险	(人)	Endowment Insurance for Retirees	(person)	272491	253369	7.5
失业保险	(人)	Unemployment Insurance	(person)	667312	645794	3.3
医疗保险	(人)	Medical Care Insurance	(person)	1320378	1264322	4.4
#退休人员	(人)	Retirees	(person)	351088	340796	3.0
生育保险	(人)	Maternity Insurance	(person)	1207282	1077452	12.0
工伤保险	(人)	Work-related Injury Insurance	(person)	891942	827746	7.8
城乡居民养老保险参保人数	(人)	Number of Insured Urban and Rural Residents of Endowment Insure	(person)	835705	836022	-0.04
城镇居民医疗保险参保人数	(人)	Number of Insured Urban Residents of Medical Insurance	(person)	701849	651971	7.7

15-12 社会治安
Basic Statistic on Social Securities

指标		Item		2016	2015	2016年比2015年增长(%) Growth Rate in 2016 over 2015(%)
火灾事故	(起)	Number of Fire Accidents	(case)	249	220	13.2
死亡人数	(人)	Number of Deaths	(person)		1	
受伤人数	(人)	Number of Injuries	(person)			
直接损失额	(万元)	Direct Property Losses	(10 000 yuan)	1551.65	413.11	275.6
刑事案件立案数	(件)	Number of Criminal Cases Registered	(case)	7689	7791	-1.3
犯罪人数	(人)	Number of Offenders	(person)	6757	8499	-20.5

注：刑事案件立案数和犯罪人数均为贵阳市中级人民法院数据。
a) Data of criminal cases registered and offenders were provided by the intermediate people's court of Guiyang.

主要统计指标解释

卫生机构 包括医疗机构、疾病预防控制中心(防疫站)、采供血机构、卫生监督及监测(检验)机构、医学科研和在职培训机构、健康教育所等。

医疗机构 包括医院、社区卫生服务中心(站)、疗养院、卫生院、门诊部、诊所(卫生所、医务室)、妇幼保健院(所、站)、专科疾病防治院(所、站)、急救中心(站)和临床检验中心。医疗机构分为非赢利性医疗机构和赢利性医疗机构。

医 院 指设有固定床位，能收容病人住院并能为病人提供医疗、护理服务的医疗机构，包括县及县以上医院、农村乡卫生院和其他医院三部分。县及县以上医院按业务性质不同分为综合医院和专科医院。

卫生技术人员 指卫生事业机构支付工资的全部职工中现任职务为卫生技术工作的专业人员，包括执业医师、执业助理医师、注册护士、药剂人员、检验员和其他初级卫生技术人员。

医 生 指在医疗、预防保健机构工作且取得《执业医师证书》的执业医师和执业助理医师。

体育场 指有 400 米跑道（中心含足球场），有固定道牙，跑道 6 条以上，并有固定看台的室外田径场地。体育场按看台容纳观众人数分为：甲级 25000 人以上，乙级 15000—25000 人，丙级 5000—15000 人，丁级 5000 人以下。

体育馆 指有固定看台，可供篮球、排球、羽毛球、乒乓球、体操等项目训练比赛活动用的室内运动场地。体育馆按看台容纳观众人数分为：甲级 6000 人以上，乙级 4000—6000 人，丙级 2000—4000 人，丁级 2000 人以下。

城镇登记失业人员 指有非农业户口，在一定的劳动年龄内(16 周岁至退休年龄)，有劳动能力，无业而要求就业，并在当地就业服务机构进行求职登记的人员。

城镇登记失业率 城镇登记失业人员与城镇单位就业人员(扣除使用的农村劳动力、聘用的离退休人员、港澳台及外方人员)、城镇单位中的不在岗职工、城镇私营业主、个体户主、城镇私营企业和个体就业人员、城镇登记失业人员之和的比。计算公式为：

城镇登记失业率=城镇登记失业人数/（城镇单位就业人员-使用的农村劳动力-聘用的离退休人员-聘用的港澳台及外方人员）+不在岗职工+城镇私营业主+城镇个体户主+城镇私营企业及个体就业人员+城镇登记失业人数×100%

城镇职工基本养老保险参保人数 指报告期末按照法律、法规和有关政策规定参加城镇基本养老保险并在社保经办机构已建立缴费记录档案的职工人数(包括中断缴费但未终止养老保险关系的职工人数，不包括只登记未建立缴费记录档案的人数)和离休、退休和退职人员的人数。取自人力资源和社会保障部统计年报。

城镇基本医疗保险参保人数 指报告期末按有关规定参加城镇职工基本医疗保险和城镇居民基本医疗保险的人数。取自人力资源和社会保障部统计年报。

失业保险参保人数 指报告期末按照法律、法规和有关政策规定参加了失业保险的城镇企业、事业单位的职工及地方政府规定参加失业保险的其他人员的人数。取自人力资源和社会保障部统计年报。

工伤保险参保人数 指报告期末依据有关规定参加工伤保险的职工人数和有雇工的个体工商户的雇工数。取自人力资源和社会保障部统计年报。

生育保险参保人数 指报告期末依据有关规定参加生育保险的人数。取自人力资源和社会保障部统计年报。

社会福利院数 指年末在所辖区内由民政部门主办的社会福利院、儿童福利院、精神病人福利院、其他收养性单位，以及民政部指导的城乡社会办的各类敬老院、养老院等。

社会福利院床位数 指福利院报告期末床位的实际收养能力。

社区服务设施数 指报告期末城镇（街道办事处、居委会）设立以非盈利为目的，为本社区居民服务，特别是为老年人、残疾人、儿童服务的社区服务中心、活动站、服务站、养老院、老年公寓、残疾人工疗站、残疾儿童日托所家务服务站、婚姻介绍所等福利性设施以及职工社会保险管理服务的机构数。几种不同类型的社区服务单位，共用一个场所的，只能统计为一个社区服务设施。条件是：(1)独立核算单位；(2)有固定的从业人员；(3)有一定的服务项目；(4)有一定的场所。

城市居民最低生活保障人数　指在报告期末，家庭平均收入在当地规定的最低生活保障线以下的城市居民数。包括“三无对象”，失业人员和在职、下岗、退休人员等。

交通事故死亡人数　指实际因交通事故死亡的人数。

交通事故损失额　指道路交通事故造成的车辆、财产直接损失折款，不含现场抢救(险)、人身伤亡善后处理的费用，也不含停工、停产、停业等所造成的财产间接损失。

火灾事故损失额　指火灾事故所造成的直接财产损失折款。火灾直接财产损失是指被烧毁、烧损、烟熏和灭火中破拆、水渍以及因火灾引起的污染等所造成的损失。

Explanatory Notes on Main Statistical Indicators

Health Care Institutions refer to medical institutions, disease prevention and control centers (epidemic prevention stations), blood gathering and supplying institutions, health supervision and inspection (check-up) institutions, medical scientific research and on-job training institutions, health education centers and so on.

Medical Organizations refer to hospitals, health service centers (stations) in communities, sanatoria, health centers, out-patient clinics, clinics (health stations and infirmaries), maternity and child care agencies (centers and stations), special disease prevention and curing agencies (centers and stations), first aid centers (stations) and clinical inspection centers. Medical organizations are grouped by two types: profit-making and non-profit-making medical organizations.

Hospitals refer to medical institutions with permanent hospital beds，including hospitals at county and higher levels, township health certers and other hospitals, which are able to take in patients and provide them with medical and nursing services. Hospitals at county and higher levels can be divided into general hospitals and specialized hospitals according to their business scope.

Medical Technical Personnel refer to the professional staff engaged in, getting payment from health care institutions and working in medical technical position, such as licensed doctors, licensed assistant doctors, registered nurses, pharmacists, laboratory technicians and others.

Doctors refer to the medical workers who have obtained the licenses of qualified doctors or qualified assistant doctors and are employed in medical treatment, disease provension or health care institutions.

Stadiums refer to stadiums for track and field events with six lane 400-meter tracks around soccer fields, permanent track marks and permanent bleachers. Stadiums are classified according to seating capacity. They include: Class A stadiums have the capacity of seating 25000 people each. Class B stadiums have the capacity of seating 15000 to 25000 people each. Class C stadiums have the capacity of seating 5000 to 15000 people each, and Class D stadiums have the capacity of seating fewer than 5000 people. This indicator reflects numbers of large and medium-sized stadiums.

Gymnasiums refer to indoor sports grounds with permanent seats in which basketball, volleyball, badminton, table tennis and gymnastics competitions can be held. Gymnasiums are classified according to seating capacity. They include Class A gymnasiums with the capacity of seating over 6000 people，Class B gymnasiums seating 4000 to 6000 people，Class C gymnasiums seating 2000 to 4000 people, and Class D gymnasiums seating fewer than 2000 people.

Urban Registered Unemployed Persons refer to the persons with non-agricultural household registration at certain working ages (from 16 years old to retirement age), who are capable of working ,unemployed and willing to work, and have been registered at the local employment services agencies to apply for a job.

Urban Registered Unemployment Rate refers to the ratio of the number of the registered unemployed persons to the total number of persons employed in various units (minus the employed rural labour force, re-employed retirees and Hong Kong, Macao, Taiwan or foreign employees), laid-off staff and workers in urban units, owners of private enterprises in urban areas, owners of self-employed individuals in urban areas, employees of private enterprises in urban areas, employees of self-employed individuals in urban areas and the registered umemployed persons in urban aresa. It is calculated as follows:

Urban registered unemployment rate = urban registered unemployed persons/[(persons employed in various units − employed rural labour force − re-employed retirees − Hong Kong, Macao, Taiwan or foreign employees) + laid-off staff and workers + employment in urban private sectors and individuals + urban registered unemployed person] × 100%

Number of Basic Endowment Insurance for Urban Employees refers to number of employees who join the urban basic endowment insurance and has payment records in social security administration department in accordance with relevant laws and regulations at the end of reference period (including those not stop the basic endowment insurance relation but stop capturing spends; excluding those who has registered but without payment records) and retirees and registered persons. The information comes from statistic report of Ministry of Labor and Social Security.

Number of Urban Basic Endowment Insurance refers to number of those people who join the basic endowment insurance for urban employees and urban basic endowment insurance in accordance with relevant regulations at the end of reference period. The information comes from statistic report of Ministry of Labor and Social Security.

Number of Unemployment Insurance refers to number of staffs from town enterprises and institutions joining unemployment insurance and other personnel joining unemployment insurance stipulated by local government in accordance with relevant laws and regulationsat the end of reference period. The information comes from statistic report of Ministry of Labor and Social Security.

Number of Work-related Injury Insurance refers to number of staffs joining work-related injure insurance and employees from individual businesses in accordance with relevant regulations at the end of reference period. The information comes from statistic report of Ministry of Labor and Social Security.

Number of Maternity Insurance refers to number of those who join maternityinsurance in accordance with relevant regulations at the end of reference period. The information comes from statistic report of Ministry of Labor and Social Security.

Number of Social Welfare Homes refers to social welfare homes, social welfare homes for children, welfare homes for psychiatric patients and other adoptive institutions sponsored by civil administration department under the local jurisdiction and various old people's home etc. covering urban and rural areas instructed by ministry of civil affairs at year-end.

Number of Social Welfares' Beds refers to actual adoptive capacity of social welfares' beds in the reference period.

Number of Social Welfares' Beds refers to actual adoptive capacity of social welfares' beds in the reference period.

Number of Community Service Facilities refers to number of nonprofit institutions set up by towns and cities(subdistrict office, neighborhood office) to serve the local community residents at the end of reference period. It included welfare facilities such as community service center for the old, the disable and children, activity stations, service stations, old people's home, elderly apartment, work therapy station for the disabled, day nursery and housework service station for disabled children, matchmaking service center, and social insurance management services for employees. Various different types of community services units sharing one place are calculated as one community service facility. The following are some requirements: 1 independent accounting units; 2 fixed facility; 3 offer certain service items; 4 certain places.

Number of Residents Receiving Minimum Living Allowance in Urban Area refers to number of cities residents whose average household income is below the local minimum subsistence level. It includes "three non-personnel", unemployment person, in-service staff, lay-off workers and retirees etc..

Number of Deaths in Traffic Accidents refers to actual number of person caused to death due to traffic accidents.

Amount of Loss in Traffic Accidents refers to direct losses converted into cash of cars and property caused by road accidents. It excludes onsite care (insurance), treatment fees for personal injuries and deaths and indirect property loss caused by shut down, production halts and closure etc..

Amount of Loss in Fire Accidents refers to direct property loss converted into cash caused by fire accidents. Direct property loss caused by fire accidents refers to losses caused by burnout, sparkwear and smudging as well as forcible entry, waterlogging during firefighting and pollution caused by fire accidents.

16

Sixteen

全国、全省及省会城市和副省级城市主要经济指标

Major Economic Indicators of China, Guizhou, Provincial Capitals and Deputy Provincial Cities in China

16-1 全国、全省及省会城市和副省级城市主要经济指标
Major Economic Indicators of China, Guizhou Province, Provincial Capitals and Deputy Provincial Cities in China

单位：亿元 (100 million yuan)

城市名称	City	生产总值 GDP	位次 Ranking	2016年比2015年增长(%) Growth Rate in 2016 over 2015 (%)	位次 Ranking	第一产业增加值 Added Value of Primary Industry	位次 Ranking	2016年比2015年增长(%) Growth Rate in 2016 over 2015 (%)	位次 Ranking	第二产业增加值 Added Value of Secondary Industry	位次 Ranking
全　国	**National Total**	**744127.00**		**6.7**		**63671.00**		**3.3**		**296236.00**	
贵州省	**Guizhou Province**	**11734.43**		**10.5**		**1846.54**		**6.0**		**4636.74**	
西　部省会城市	**Provincial Capital Cities of Western China**										
贵　阳	Guiyang	3157.70	20	11.7	1	137.14	18	5.9	3	1218.79	18
*成　都	Chengdu	12170.20	2	7.7	13	474.90	4	4.0	7	5232.00	2
昆　明	Kunming	4300.40	17	8.5	6	200.50	15	6.0	2	1660.50	16
*西　安	Xi'an	6257.20	11	8.5	6	232.00	14	3.8	9	2197.80	14
兰　州	Lanzhou	2264.20	23	8.3	8	60.40	21	6.0	2	790.10	22
西　宁	Xining	1248.20	26	9.8	2	39.20	23	5.2	4	595.60	24
银　川	Yinchuan	1617.30	24	8.1	10	58.60	22	4.3	5	825.50	21
乌鲁木齐	Urumqi	2458.98	22	7.6	14	28.37	25	3.0	13	704.94	23
南　宁	Nanning	3703.40	18	7.0	17	400.70	5	3.9	8	1427.20	17
呼和浩特	Hohhot	3173.60	19	7.7	13	113.50	19	3.0	13	884.40	20
其　它省会城市	**Other Provincial Cities**										
石家庄	Shijiazhuang	5857.80	15	6.8	18	480.90	3	0.9	18	2638.00	10
太　原	Taiyuan	2955.60	21	7.5	15	38.20	24	2.6	14	1068.00	19
*沈　阳	Shenyang	6782.00	8	-6.7	19						
*长　春	Changchun	5928.50	14	7.8	12	323.50	8	3.7	10	2926.20	9
合　肥	Hefei	6274.30	10	9.8	2	270.20	11	2.2	15	3189.20	8
福　州	Fuzhou	6197.80	12	8.5	6	492.70	2	4.1	6	2598.30	11
南　昌	Nanchang	4355.00	16	9.0	5	181.80	16	3.9	8	2307.20	13
*济　南	Jinan	6536.10	9	7.8	12	317.30	9	4.1	6	2368.90	12
郑　州	Zhengzhou	7994.20	7	8.4	7	156.40	17	3.0	13	3780.70	7
长　沙	Changsha	9323.70	6	9.4	4	371.00	7	3.0	13	4513.20	4
*武　汉	Wuhan	11912.60	3	7.8	12	390.60	6	3.4	11	5227.10	3
海　口	Haikou	1257.70	25	7.7	13	67.70	20	3.3	12	233.60	25
*杭　州	Hangzhou	11050.50	4	9.5	3	304.80	10	1.9	16	3977.40	6
*南　京	Nanjing	10503.00	5	8.0	11	252.50	12	1.0	17	4117.20	5
*哈尔滨	Harbin	6101.60	13	7.3	16	691.20	1	6.1	1	1896.70	15
*广　州	Guangzhou	19610.94	1	8.2	9	240.04	13	-0.2	19	5925.87	1
其它副省级城市	**Other Deputy Provincial Cities**										
*大　连	Dalian	6730.30		6.5		462.80		4.2		2793.70	
*宁　波	Ningbo	8541.10		7.1		304.60		2.1		4239.60	
*厦　门	Xiamen	3784.25		7.9		23.45		-5.5		1558.62	
*青　岛	Qingdao	10011.29		7.9		371.01		2.9		4160.67	
*深　圳	Shenzhen	19492.60		9.0		6.29		-3.7		7700.43	

注：加*号为副省级城市。
a) The cities marked with"*"are deputy provincial cities.

16-1 续表1 (continued)

单位：亿元 (100 million yuan)

城市名称	City	2016年比2015年增长(%) Growth Rate in 2016over 2015 (%)	位次 Ranking	#工业增加值 Added Value of Industry	位次 Ranking	2016年比2015年增长(%) Growth Rate in 2016 over 2015 (%)	位次 Ranking	第三产业增加值 Added Value of Tertiary Industry	位次 Ranking	2016年比2015年增长(%) Growth Rate in 2016 over 2015 (%)	位次 Ranking
全国	**National Total**	**6.1**		**247860.00**		**6.0**		**384221.00**		**7.8**	
贵州省	**Guizhou Province**	**11.1**		**3682.58**		**9.8**		**5251.15**		**11.5**	
西部省会城市	**Provincial Capital Cities of Western China**										
贵阳	Guiyang	12.1	1	771.33	16	9.9	1	1801.77	20	11.9	3
*成都	Chengdu	6.7	11	4508.60	2	6.9	9	6463.30	3	9.0	14
昆明	Kunming	7.6	7	1039.40	15	4.5	17	2439.50	15	9.3	13
*西安	Xi'an	8.6	5	1396.70	12	9.5	3	3827.40	9	8.8	15
兰州	Lanzhou	4.3	20	526.80	21	2.8	18	1413.80	22	10.9	6
西宁	Xining	10.6	2			9.3	4	613.40	25	9.3	13
银川	Yinchuan	6.6	12	603.70	19	8.0	7	733.20	24	10.3	9
乌鲁木齐	Urumqi	1.7	21	535.20	20	-4.0	20	1725.67	21	10.4	8
南宁	Nanning	5.8	15	1063.10	14	5.6	13	1875.60	17	8.5	17
呼和浩特	Hohhot	8.7	4	679.30	18	8.5	6	2175.70	16	7.7	19
其它省会城市	**Other Provincial Cities**										
石家庄	Shijiazhuang	4.4	19					2738.90	13	10.3	9
太原	Taiyuan	7.3	8	709.87	17	6.7	10	1849.30	19	7.7	19
*沈阳	Shenyang										
*长春	Changchun	7.0	9	2470.30	8	6.9	9	2678.80	14	9.4	12
合肥	Hefei	8.9	3	2562.60	7	9.8	2	2814.80	12	11.6	4
福州	Fuzhou	7.0	9	1982.60	9	6.9	9	3106.80	11	10.7	7
南昌	Nanchang	8.3	6	1708.30	11	9.0	5	1866.00	18	10.3	9
*济南	Jinan	6.9	10	1878.80	10	6.9	9	3849.90	8	8.7	16
郑州	Zhengzhou	5.9	14	3315.10	6	5.7	12	4057.10	7	11.1	5
长沙	Changsha	7.3	8	3727.20	3	7.5	8	4439.50	6	12.4	2
*武汉	Wuhan	5.7	16					6294.90	4	9.9	11
海口	Haikou	5.8	15	134.90	22	2.4	19	956.40	23	8.5	17
*杭州	Hangzhou	4.7	18	3578.70	5	5.2	15	6768.30	2	13.0	1
*南京	Nanjing	5.3	17	3581.70	4	4.8	16	6133.30	5	10.2	10
*哈尔滨	Harbin	6.7	11	1285.40	13	5.4	14	3513.80	10	7.9	18
*广州	Guangzhou	6.0	13	5369.40	1	6.2	11	13445.03	1	9.4	12
其它副省级城市	**Other Deputy Provincial Cities**										
*大连	Dalian	6.7		2275.10		6.5		3473.90		6.6	
*宁波	Ningbo	6.5		3766.60		7.0		3996.90		8.1	
*厦门	Xiamen	5.7		1318.35		5.5		2202.18		9.8	
*青岛	Qingdao	6.7		3653.33		6.7		5479.61		9.2	
*深圳	Shenzhen	7.0		7190.86		6.8		11785.88		10.4	

注：加*号为副省级城市。
a) The cities marked with“*”are deputy provincial cities.

16-1 续表2 (continued)

单位：亿元 (100 million yuan)

城市名称	City	规模以上工业增加值 Added Value of Industry above Designated Size	位次 Ranking	2016年比2015年增长(%) Growth Rate in 2016 over 2015 (%)	位次 Ranking	固定资产投资 Total Investment in Fixed Assets	位次 Ranking	2016年比2015年增长(%) Growth Rate in 2016 over 2015 (%)	位次 Ranking	房地产投资 Real Estate Investment	位次 Ranking
全国	**National Total**			**6.0**		**596500.75**		**7.9**		**102580.61**	
贵州省	**Guizhou Province**	**4032.11**		**9.9**		**12929.17**		**21.1**		**2148.96**	
西部省会城市	**Provincial Capital Cities of Western China**										
贵阳	Guiyang	782.82	14	9.9	1	3380.73	18	20.5	2	927.32	14
*成都	Chengdu			7.4	9	8370.50	1	14.3	3	2638.90	2
昆明	Kunming			4.5	19	3920.10	16	12.1	9	1530.50	9
*西安	Xi'an	1178.40	11	9.9	1	5097.00	11	3.4	21	1955.80	6
兰州	Lanzhou	502.00	18	2.6	20	1991.00	20	10.4	14	391.15	24
西宁	Xining			9.3	2	1399.30	25	10.0	15	316.50	25
银川	Yinchuan	533.10	16	8.5	5	1723.31	22	11.8	10	474.90	23
乌鲁木齐	Urumqi	508.44	17	-2.0	22	1607.78	24		24	306.16	26
南宁	Nanning	1028.60	12	5.7	14	3824.70	17	13.6	7	854.00	15
呼和浩特	Hohhot			9.1	4	1849.20	21	14.2	4	520.50	21
其它省会城市	**Other Provincial Cities**										
石家庄	Shijiazhuang	2190.30	8	4.6	18	5916.00	6	5.4	19	1036.30	13
太原	Taiyuan	571.80	15	7.0	11	2027.70	19	0.1	23	681.90	17
*沈阳	Shenyang			-19.7	23	1631.60	23	-69.4	26	709.70	16
*长春	Changchun	2332.20	6	8.3	6	4659.00	13	10.5	13	596.60	19
合肥	Hefei	2269.10	7	9.9	1	6501.20	5	11.1	12	1352.60	10
福州	Fuzhou	1983.00	9	7.7	8	5184.40	10	6.8	18	1679.40	8
南昌	Nanchang	1611.50	10	9.2	3	4540.30	14	13.5	8	674.60	18
*济南	Jinan			7.3	10	3974.30	15	13.7	6	1163.90	12
郑州	Zhengzhou	3215.40	3	6.0	13	6998.60	3	11.3	11	2778.90	1
长沙	Changsha	3253.00	2	7.9	7	6693.30	4	13.9	5	1260.60	11
*武汉	Wuhan			5.0	16	7039.80	2	-2.8	25	2517.40	5
海口	Haikou	124.20	19	2.2	21	1271.70	26	25.7	1	551.10	20
*杭州	Hangzhou	2983.90	5	5.6	15	5842.40	7	5.1	20	2606.40	3
*南京	Nanjing	3050.60	4	4.8	17	5533.60	9	2.0	22	1845.60	7
*哈尔滨	Harbin	1001.60	13	5.0	16	5040.10	12	9.7	16	512.10	22
*广州	Guangzhou	4877.85	1	6.5	12	5703.59	8	8.0	17	2540.85	4
其它副省级城市	**Other Deputy Provincial Cities**										
*大连	Dalian			7.6		1436.36		-68.5		535.17	
*宁波	Ningbo	2799.10		7.3		4961.40		10.1		1270.30	
*厦门	Xiamen	1264.79		5.4		2159.91		14.4		765.80	
*青岛	Qingdao			7.5		7454.70		13.7		1369.10	
*深圳	Shenzhen	7199.47		7.0		4078.16		23.6		1756.52	

注：加*号为副省级城市。
a) The cities marked with“*”are deputy provincial cities.

16-1 续表3 (continued)

单位：亿元 (100 million yuan)

城市名称	City	2016年比2015年增长(%) Growth Rate in 2016 over 2015 (%)	位次 Ranking	工业投资 Industrial Investment	位次 Ranking	2016年比2015年增长(%) Growth Rate in 2016 over 2015 (%)	位次 Ranking	社会消费品零售总额 Total Retail Sales of Consumer Goods	位次 Ranking	2016年比2015年增长(%) Growth Rate in 2016 over 2015 (%)	位次 Ranking
全国	**National Total**	**6.9**						**332316.00**		**10.4**	
贵州省	**Guizhou Province**	**-2.5**		**3076.5**		**12.0**		**3708.99**		**13.0**	
西部省会城市	**Provincial Capital Cities of Western China**										
贵阳	Guiyang	-7.7	23	661.53	18	13.5	5	1195.34	23	12.7	1
*成都	Chengdu	6.5	16	2246.20	3	41.0	2	5647.40	2	10.4	11
昆明	Kunming	5.5	17	629.50	19	-2.5	17	2310.10	16	12.1	2
*西安	Xi'an	6.8	15	949.30	14	-12.0	20	3730.70	11	9.6	16
兰州	Lanzhou	15.4	11	405.60	22	11.3	7	1263.30	21	9.7	15
西宁	Xining	12.9	13	406.00	21	-18.9	24	513.10	26	11.1	7
银川	Yinchuan	16.1	10	717.50	16	18.9	3	514.20	25	7.7	20
乌鲁木齐	Urumqi	-4.4	22	310.70	25	-24.5	25	1236.69	22	7.5	21
南宁	Nanning	30.0	3	999.60	13	4.0	14	1980.40	17	10.8	9
呼和浩特	Hohhot	2.3	20	357.40	24	10.2	9	1481.50	20	9.5	17
其它省会城市	**Other Provincial Cities**										
石家庄	Shijiazhuang	5.1	19	2663.90	1	6.3	12	2975.20	13	10.5	10
太原	Taiyuan	12.9	13	375.40	23	-16.7	23	1666.20	19	8.1	19
*沈阳	Shenyang	-46.9	25	433.60	20	-79.5	26	3985.90	7	2.5	22
*长春	Changchun	17.9	9	2310.00	2	10.0	10	2650.30	14	9.8	14
合肥	Hefei	7.4	14	2195.00	4	13.7	4	2445.70	15	12.0	3
福州	Fuzhou	21.6	6	1397.60	11	13.0	6	3763.10	9	11.6	5
南昌	Nanchang	39.0	1	1625.90	9	4.7	13	1868.00	18	11.8	4
*济南	Jinan	14.8	12	1237.40	12	7.8	11	3764.80	8	10.4	11
郑州	Zhengzhou	38.9	2	1485.30	10	0.9	15	3665.80	12	11.3	6
长沙	Changsha	26.5	5	2073.60	6	10.7	8	4117.40	6	11.6	5
*武汉	Wuhan	-2.5	21	2117.10	5	-16.3	22	5610.60	3	10.0	13
海口	Haikou	20.7	7	38.30	26	63.4	1	653.90	24	9.8	14
*杭州	Hangzhou	5.4	18	884.00	15	-5.0	18	5176.20	4	10.5	10
*南京	Nanjing	29.2	4	1761.70	7	-14.4	21	5088.20	5	10.9	8
*哈尔滨	Harbin	-12.0	24	1720.90	8	-0.5	16	3744.20	10	10.3	12
*广州	Guangzhou	18.9	8	713.92	17	-5.4	19	8706.49	1	9.0	18
其它副省级城市	**Other Deputy Provincial Cities**										
*大连	Dalian	-40.4		373.01		-74.0		3410.12		10.4	
*宁波	Ningbo	3.4		1469.90		-2.0		3667.60		10.3	
*厦门	Xiamen	-1.1		397.72		12.1		1283.46		9.8	
*青岛	Qingdao	22.0		3512.00		11.6		4104.90		10.5	
*深圳	Shenzhen	32.0		691.57		17.1		5512.76		8.1	

注：加*号为副省级城市。

a) The cities marked with"*"are deputy provincial cities.

16–1 续表4 (continued)

单位：亿美元 (100 million dallors)

城市名称	City	进出口总额 Total Value of Imports and Exports	位次 Ranking	2016年比2015年增长(%) Growth Rate in 2016 over 2015 (%)	位次 Ranking	#出口总额 Total Value of Exports	位次 Ranking	2016年比2015年增长(%) Growth Rate in 2016 over 2015 (%)	位次 Ranking	外商直接投资 Foreign Direct Investment	位次 Ranking
全　国	**National Total**	**36849.25**		**-6.8**		**20974.44**		**-7.7**		**1260.00**	
贵州省	**Guizhou Province**	**57.21**		**-53.2**		**47.64**		**-52.1**		**36.33**	
西　部省会城市	**Provincial Capital Cities of Western China**										
贵　阳	Guiyang	39.27	19	-57.0	23	32.61	16	-58.5	22	11.20	15
*成　都	Chengdu	410.10	7	4.0	3	219.30	7	-8.2	12	86.20	1
昆　明	Kunming	66.80	15	-45.8	22	41.30	15	-56.2	21	7.40	18
*西　安	Xi'an	1828.50	1	3.8	4	946.80	1	15.5	2	45.10	6
兰　州	Lanzhou										
西　宁	Xining	12.81	22	-25.4	20						
银　川	Yinchuan	24.90	21	-18.0	18	19.87	18	-20.6	16	0.36	22
乌鲁木齐	Urumqi	49.00	17	-16.1	15	42.10	14	-12.6	14		
南　宁	Nanning	62.67	16	14.2	2	31.79	17	9.8	3	7.70	17
呼和浩特	Hohhot	6.80	23	-45.2	21	6.30	22	-23.8	17	13.10	12
其　它省会城市	**Other Provincial Cities**										
石家庄	Shijiazhuang	116.10	12	-4.6	9	70.20	11	-4.1	8	11.80	14
太　原	Taiyuan	133.10	11	24.8	1	83.30	10	26.4	1	4.62	20
*沈　阳	Shenyang	113.30	13	-19.3	19	42.50	13	-37.1	20	8.20	16
*长　春	Changchun	141.60	10	1.4	6	19.10	19	-0.6	6	12.90	13
合　肥	Hefei	186.90	9	-8.1	12	126.40	9	-7.8	11	28.10	10
福　州	Fuzhou									18.10	11
南　昌	Nanchang	94.10	14	-17.3	17	57.80	12	-32.0	19	28.90	9
*济　南	Jinan										
郑　州	Zhengzhou	550.30	5	-3.5	8	317.00	5	1.5	4	40.30	7
长　沙	Changsha	746.75	3	-7.3	11	502.31	4	-6.5	10	48.14	5
*武　汉	Wuhan	237.80	8	-15.2	14	137.20	8	-9.4	13	85.23	2
海　口	Haikou	39.20	20	-9.7	13	7.90	21	-17.8	15	0.40	21
*杭　州	Hangzhou	679.90	4	2.2	5	502.60	3	0.5	5	72.10	3
*南　京	Nanjing	502.10	6	-5.7	10	295.90	6	-6.1	9	34.80	8
*哈尔滨	Harbin	39.70	18	-17.2	16	16.80	20	-28.8	18	6.60	19
*广　州	Guangzhou	1297.06	2	-3.1	7	786.07	2	-3.2	7	57.01	4
其它副省级城市	**Other Deputy Provincial Cities**										
*大　连	Dalian									30.02	
*宁　波	Ningbo	948.70		-5.1		660.90		-7.2		45.10	
*厦　门	Xiamen	5091.55亿元		-1.4		3094.22亿元		-6.7		22.24	
*青　岛	Qingdao	4350.67亿元		-0.2		2821.91亿元		0.2		70.02	
*深　圳	Shenzhen	3984.39		-9.9		2375.47		-10.0		67.32	

注：加*号为副省级城市。

a) The cities marked with“*”are deputy provincial cities.

16-1 续表5 (continued)

单位：亿元 (100 million yuan)

城市名称	City	2016年比2015年增长(%) Growth Rate in 2016 over 2015 (%)	位次 Ranking	一般公共预算收入 Public Budgetary Revenue	位次 Ranking	2016年比2015年增长(%) Growth Rate in 2016 over 2015 (%)	位次 Ranking	一般公共预算支出 Public Budgetary Expenditure	位次 Ranking	2016年比2015年增长(%) Growth Rate in 2016 over 2015 (%)	位次 Ranking
全国	**National Total**	**4.1**		**159552.00**		**4.5**		**187841.00**		**6.4**	
贵州省	**Guizhou Province**	**38.3**		**1561.33**		**8.1**		**4262.36**		**7.9**	
西部省会城市	**Provincial Capital Cities of Western China**										
贵阳	Guiyang	20.8	4	366.32	19	4.4	21	525.26	18	4.4	18
*成都	Chengdu	14.5	6	1175.40	5	7.0	16	1597.20	2	9.5	13
昆明	Kunming	54.7	2	530.00	13	5.5	18	689.10	15	9.1	14
*西安	Xi'an	14.0	7	641.10	9	11.1	7	942.50	7	2.8	19
兰州	Lanzhou			215.50	23	16.4	1	422.60	20	22.9	1
西宁	Xining			75.20	26	9.7	11	287.80	24	2.8	19
银川	Yinchuan	78.7	1	173.10	24	13.0	4	329.50	23	14.4	7
乌鲁木齐	Urumqi			369.70	18	0.3	25	417.60	22	-6.5	23
南宁	Nanning	9.8	10	312.80	20	5.3	19	587.10	17	10.9	11
呼和浩特	Hohhot	-36.7	20	269.70	22	9.0	13	420.90	21	16.7	4
其它省会城市	**Other Provincial Cities**										
石家庄	Shijiazhuang	31.2	3	410.80	15	9.5	12	739.70	14	8.4	15
太原	Taiyuan	-45.7	21	282.70	21	3.1	23	424.10	19	0.9	21
*沈阳	Shenyang	-23.1	19	620.90	10	2.4	24	829.40	11	2.6	20
*长春	Changchun	8.0	13	415.50	14	7.0	16	770.60	12	0.6	22
合肥	Hefei	12.0	8	614.80	11	7.6	14	859.85	9	11.3	10
福州	Fuzhou	8.1	12	598.90	12	6.9	17	831.20	10	14.5	6
南昌	Nanchang	10.4	9	402.20	16	3.3	22	587.70	16	8.2	16
*济南	Jinan			641.20	8	9.9	10	741.00	13	12.5	8
郑州	Zhengzhou	5.4	14	1011.20	7	14.3	2	1321.60	4	19.1	3
长沙	Changsha	9.3	11	1231.00	4	10.6	8	1026.30	6	10.2	12
*武汉	Wuhan	16.1	5	1322.10	3	10.1	9				
海口	Haikou	-87.7	22	115.50	25	11.2	6	206.20	25	20.5	2
*杭州	Hangzhou	1.4	17	1402.40	1	13.2	3	1404.30	3	16.4	5
*南京	Nanjing	4.3	16	1142.60	6	12.0	5	1173.80	5	12.3	9
*哈尔滨	Harbin	-22.2	18	376.20	17	7.5	15	876.90	8	6.3	17
*广州	Guangzhou	5.3	15	1393.85	2	5.2	20	1943.68	1	12.5	8
其它副省级城市	**Other Deputy Provincial Cities**										
*大连	Dalian	11.1		611.90		5.5		870.30		-4.4	
*宁波	Ningbo	6.6		1114.50		10.5		1289.30		2.8	
*厦门	Xiamen	6.2		647.94		8.6		758.64		16.5	
*青岛	Qingdao	11.3		1100.00		10.3		1352.80		10.6	
*深圳	Shenzhen	3.6		3136.42		15.0		4178.04		18.6	

注：加*号为副省级城市。

a) The cities marked with"*"are deputy provincial cities.

16-1 续表6 (continued)

单位：亿元 (100 million yuan)

城市名称	City	全部金融机构人民币存款余额 Balance of Deposits in All Financial Institutions	位次 Ranking	比年初增长(%) Growth Rate over the Year Beginning (%)	位次 Ranking	住户存款 Balance of Savings Deposits in Urban and Rural Areas	位次 Ranking	比年初增长(%) Growth Rate over the Year Beginning (%)	位次 Ranking
全国	**National Total**	**1555247.00**		**11.0**		**606522.00**		**9.9**	
贵州省	**Guizhou Province**	**23770.93**		**22.3**		**8531.80**		**15.4**	
西部省会城市	**Provincial Capital Cities of Western China**								
贵阳	Guiyang	9928.30	17	13.2	6	2486.07	19	10.4	8
*成都	Chengdu	31433.69	3	6.7	19	10807.56	2	8.9	11
昆明	Kunming	12676.24	12	6.8	18	4124.64	13	7.5	14
*西安	Xi'an	19073.96	6	7.2	17	7035.81	4	7.1	15
兰州	Lanzhou	8623.11	21	10.5	13	2796.24	18		
西宁	Xining	3756.01	25	4.2	22	1267.18	24	5.8	19
银川	Yinchuan	3343.40	26	9.7	15	1391.35	23	6.6	17
乌鲁木齐	Urumqi	7406.60	22	6.0	20	2295.69	20	6.4	18
南宁	Nanning	8901.72	20	7.8	16	2924.55	17	8.3	13
呼和浩特	Hohhot	6178.83	23	15.2	3	1866.01	21	10.8	5
其它省会城市	**Other Provincial Cities**								
石家庄	Shijiazhuang	11077.90	14	13.0	7	5348.20	8	9.8	10
太原	Taiyuan	11070.04	15	4.5	21	4026.03	14	10.0	9
*沈阳	Shenyang	14242.80	10	2.7	23	6145.50	7		
*长春	Changchun	11034.50	16	12.0	10	4218.10	12	11.2	4
合肥	Hefei	13150.95	11	19.9	2	3281.26	16	8.7	12
福州	Fuzhou	12076.50	13	11.0	11	3871.26	15	10.0	9
南昌	Nanchang	9503.00	19	13.9	5				
*济南	Jinan	15032.80	9	10.9	12	4279.90	11	8.3	13
郑州	Zhengzhou	19000.74	7	12.2	8	6297.63	6	10.6	7
长沙	Changsha	15488.77	8	10.1	14	4872.73	9	11.9	3
*武汉	Wuhan	21792.80	5	14.4	4				
海口	Haikou	4851.25	24	22.7	1	1445.49	22	14.6	2
*杭州	Hangzhou	32514.64	2	12.1	9	8313.13	3	10.7	6
*南京	Nanjing	27633.55	4	6.7	19	6532.82	5	5.8	19
*哈尔滨	Harbin	9804.00	18	1.2	24	4671.90	10	6.9	16
*广州	Guangzhou	45937.34	1	10.5	13	16216.69	1	27.2	1
其它副省级城市	**Other Deputy Provincial Cities**								
*大连	Dalian	14179.48		7.3		5277.66		3.3	
*宁波	Ningbo	16196.00		5.2		5689.40		7.3	
*厦门	Xiamen	9188.49		9.8		2032.86		6.3	
*青岛	Qingdao	14007.00				5326.00			
*深圳	Shenzhen	59562.25		10.7		10391.14		9.7	

注：加*号为副省级城市；全国和贵州省为比上年同期增长。

a) The cities marked with"*"are deputy provincial cities. The national total and Guizhou province are year-on-year growth.

16-1 续表7 (continued)

单位：元

城市名称	City	全部金融机构人民币贷款余额 Balance of Loans in All Financial Institutions	位次 Ranking	比年初增长(%) Growth Rate over the Year Beginning (%)	位次 Ranking	城镇常住居民人均可支配收入 Per Capita Annual Disposable Income of Urban Households	位次 Ranking	2016年比2015年增长(%) Growth Rate in 2016 over 2015 (%)	位次 Ranking
全国	**National Total**	**1120552.00**		**13.4**		**33616**		**7.8**	
贵州省	**Guizhou Province**	**17857.80**		**18.6**		**26743**		**8.8**	
西部省会城市	**Provincial Capital Cities of Western China**								
贵阳	Guiyang	9153.20	17	16.2	9	29502	25	8.3	5
*成都	Chengdu	25009.20	3	13.8	14	35902	11	8.1	7
昆明	Kunming	13553.33	9	13.2	16	36739	10	8.2	6
*西安	Xi'an	15282.65	7	11.4	20	35630	12	7.4	12
兰州	Lanzhou	8401.56	20	21.9	1	29661	23	9.5	1
西宁	Xining	4633.43	24	10.8	22	27539	26	9.1	2
银川	Yinchuan	4076.57	26	11.6	19	30478	21	7.8	10
乌鲁木齐	Urumqi	5287.20	23	6.7	24	34200	15	8.2	6
南宁	Nanning	9423.79	16	14.5	11	30728	20	7.7	11
呼和浩特	Hohhot	7051.84	22	16.1	10	40220	6	7.7	11
其它省会城市	**Other Provincial Cities**								
石家庄	Shijiazhuang	7175.90	21	17.2	7	30459	22	8.1	7
太原	Taiyuan	10103.36	14	11.9	18	29632	24	6.9	14
*沈阳	Shenyang	12569.60	10	10.8	22	39135	8	6.8	15
*长春	Changchun	9921.80	15	11.0	21	31069	18	6.8	15
合肥	Hefei	11550.60	12	19.9	4	34852	13	9.0	3
福州	Fuzhou	12124.69	11	14.0	13	37833	9	8.2	6
南昌	Nanchang	8604.57	19	16.7	8	34619	14	8.4	4
*济南	Jinan	11370.20	13	17.5	6	43052	5	7.9	9
郑州	Zhengzhou	15422.39	6	21.8	2	33214	16	6.8	15
长沙	Changsha	13866.96	8	12.5	17	43294	4	8.3	5
*武汉	Wuhan	19386.30	5	21.0	3	39737	7	9.1	2
海口	Haikou	4178.05	25	14.4	12	30775	19	7.9	9
*杭州	Hangzhou	25464.83	2	13.7	15	52185	1	8.0	8
*南京	Nanjing	21681.28	4	19.0	5	49997	3	8.4	4
*哈尔滨	Harbin	9048.70	18	6.6	25	33190	17	7.1	13
*广州	Guangzhou	28885.54	1	10.5	23	50941	2	9.0	3
其它副省级城市	**Other Deputy Provincial Cities**								
*大连	Dalian	11004.80		4.2		38050		6.0	
*宁波	Ningbo	15806.80		5.6		51560		7.7	
*厦门	Xiamen	7744.99		15.3		46254		8.6	
*青岛	Qingdao	11892.00				43598		8.0	
*深圳	Shenzhen	35165.46		24.6					

注：加*号为副省级城市。

a) The cities marked with"*"are deputy provincial cities.

16-1 续表8 (continued)

单位：元 (yuan)

城市名称	City	农村常住居民人均可支配收入 Per Capita Annual Net Income of Rural Residents	位次 Ranking	2016年比2015年增长(%) Growth Rate in 2016 over 2015 (%)	位次 Ranking	居民消费价格指数(%) CPI (%)	位次 Ranking	2016年比2015年增长(%) Growth Rate in 2016 over 2015 (%)	位次 Ranking
全　国	**National Total**	**12363**		**8.2**		**102.1**		**2.1**	
贵州省	**Guizhou Province**	**8090**		**9.5**		**101.4**		**1.4**	
西部省会城市	**Provincial Capital Cities of Western China**								
贵　阳	Guiyang	12967	18	8.8	7	101.1	15	1.1	15
*成　都	Chengdu	18605	6	9.4	4	102.2	6	2.2	6
昆　明	Kunming	12555	21	9.7	2	101.7	10	1.7	10
*西　安	Xi'an	15191	12	8.0	12	100.9	16	0.9	16
兰　州	Lanzhou	10391	25	8.0	12	100.8	17	0.8	17
西　宁	Xining	9678	26	9.2	5	102.1	7	2.1	7
银　川	Yinchuan	12037	23	8.0	12	101.7	10	1.7	10
乌鲁木齐	Urumqi	16400	9	9.2	5	101.5	12	1.5	12
南　宁	Nanning	11398	24	9.5	3	101.4	13	1.4	13
呼和浩特	Hohhot	14517	15	7.6	15	101.4	13	1.4	13
其它省会城市	**Other Provincial Cities**								
石家庄	Shijiazhuang	12345	22	7.9	13	101.6	11	1.6	11
太　原	Taiyuan	14591	14	7.1	17	101.2	14	1.2	14
*沈　阳	Shenyang	14445	16	7.1	17	101.7	10	1.7	10
*长　春	Changchun	12576	20	7.0	18	101.4	13	1.4	13
合　肥	Hefei	17059	8	8.4	10	102.6	3	2.6	3
福　州	Fuzhou	16347	10	7.5	16	102.3	5	2.3	5
南　昌	Nanchang	14952	13	9.2	5	102.1	7	2.1	7
*济　南	Jinan	15346	11	7.8	14	102.7	2	2.7	2
郑　州	Zhengzhou	18426	7	7.6	15	102.3	5	2.3	5
长　沙	Changsha	25448	2	7.8	14	101.9	8	1.9	8
*武　汉	Wuhan	19152	5	8.1	11	102.4	4	2.4	4
海　口	Haikou	12679	19	9.0	6	103.0	1	3.0	1
*杭　州	Hangzhou	27908	1	8.5	9	102.6	3	2.6	3
*南　京	Nanjing	21156	4	8.6	8	102.7	2	2.7	2
*哈尔滨	Harbin	14439	17	8.0	12	101.8	9	1.8	9
*广　州	Guangzhou	21449	3	11.0	1	102.7	2	2.7	2
其它副省级城市	**Other Deputy Provincial Cities**								
*大　连	Dalian	15664		6.8		101.9		1.9	
*宁　波	Ningbo	28572		7.9		102.1		2.1	
*厦　门	Xiamen	16300		6.8		101.7		1.7	
*青　岛	Qingdao	17969		7.4		102.5		2.5	
*深　圳	Shenzhen					102.4		2.4	

注：加*号为副省级城市。

a) The cities marked with“*”are deputy provincial cities.

17

Seven-teen

主要年份指标

Major Indicators in Main Years

17-1 全市年末从业人员数
Number of Employed Persons at Year-end

单位：万人 (10 000 persons)

年份 Year	从业人员 Number of Employed Persons	第一产业 Primary Industry	第二产业 Secondary Industry	第三产业 Tertiary Industry	城镇私营(含个体) Urban Private Enterprises (Include Self-employed Individuals)	农村从业人员 Rural Employed Persons
1978	102.69	51.36	32.04	19.29	0.66	52.19
1979	104.70	50.97	34.61	19.12	0.72	51.89
1980	107.94	52.12	35.59	20.23	0.98	53.15
1981	111.82	53.12	35.86	22.84	1.37	55.13
1982	114.92	54.69	36.30	23.93	1.56	56.81
1983	116.09	54.72	36.65	24.72	1.86	58.29
1984	125.17	55.84	39.67	29.66	2.59	60.93
1985	133.41	56.89	46.75	29.77	2.92	63.98
1986	139.64	59.57	45.85	34.22	5.02	65.97
1987	143.07	62.16	48.69	32.22	3.71	68.55
1988	146.47	67.70	48.51	33.26	3.96	71.50
1989	152.09	68.67	48.95	34.47	4.98	76.61
1990	159.57	71.50	49.99	38.08	5.15	80.89
1991	164.06	72.42	52.77	38.87	5.44	81.25
1992	169.85	74.77	52.20	42.88	5.24	83.76
1993	173.71	76.93	53.00	43.78	6.06	88.46
1994	181.94	79.11	56.28	46.55	4.11	90.63
1995	184.28	78.07	56.29	49.94	9.02	84.96
1996	189.73	78.85	56.00	54.88	17.28	94.71
1997	195.86	77.79	59.96	58.11	18.78	96.98
1998	200.35	77.24	63.27	59.84	19.82	98.95
1999	200.58	79.32	59.40	61.86	19.66	99.73
2000	204.29	87.01	53.70	63.58	24.55	116.83
2001	202.75	79.52	52.21	71.02	27.83	105.69
2002	205.06	76.39	51.41	77.26	29.52	106.04
2003	210.15	77.95	52.75	79.45	29.83	109.38
2004	211.66	72.98	55.33	83.35	38.41	110.24
2005	200.52	94.01	37.18	69.34	21.81	111.08
2006	206.69	93.17	39.39	74.14	24.35	115.19
2007	204.89	85.40	39.93	79.55	26.95	114.75
2008	209.74	81.41	42.03	86.31	28.46	117.60
2009	213.42	76.62	45.25	91.55	35.05	116.66
2010	212.98	70.40	46.49	96.09	46.65	118.83
2011	217.93	65.73	48.93	103.26	44.02	118.41
2012	223.57	61.07	54.72	107.78	40.47	117.48
2013	232.13	57.81	61.65	112.67	45.80	116.51
2014	242.02	54.86	68.68	118.48	45.95	115.77
2015	251.79	52.23	75.12	124.44	43.85	114.09
2016	262.12	48.14	81.06	132.92	37.68	111.10

注：2005－2010年为第六次人口普查调整数。
a) Data from 2005 to2010 refer to the adjusted figures of the Sixth Population Census.

17–2 全市年末职工人数与工资总额
Number of Staff and Gross Payroll at Year-end

年 份 Year	职工人数 (万 人) Number of Staff (10 000 persons)	国 有 单 位 State-owned Units	城镇集体 单 位 Urban Collective-owned Units	其 它 经济类型 Others	全部职工 工资总额 (万 元) Total Salary of All Staff (10 000 yuan)	国 有 单 位 State-owned Units	城镇集体 单 位 Urban Collective-owned Units	其 它 经济类型 Others	在岗职工 平均工资 (元) Average Salary of On-Post Staff(yuan)
1978	49.84	37.01	12.83		29466	23411	5876		
1979	52.10	38.58	13.52		33116	26859	6089		
1980	53.80	40.30	13.50		39884	32369	7419		
1981	55.32	42.46	13.86		41777	33352	8298		
1982	56.55	43.53	14.02		43699	34756	8967		
1983	55.94	42.77	14.17		45583	35490	9730		
1984	56.79	43.18	14.53	0.08	53492	41153	12160		
1985	60.05	43.12	16.43	0.50	64125	51292	12833		
1986	61.61	45.53	16.02	0.06	73409	59618	13748	43	
1987	63.26	46.90	16.34	0.02	82510	67533	14929	48	
1988	63.77	48.05	15.59	0.13	97748	107830	16819	98	
1989	64.32	49.25	14.87	0.20	109392	91423	17662	306	
1990	68.31	50.68	17.23	0.39	134771	109630	24155	985	
1991	70.33	51.67	18.28	0.38	149080	119246	28633	1200	
1992	71.22	51.78	18.79	0.65	173728	137969	33572	2186	
1993	72.71	52.92	18.83	0.96	209844	164713	41114	4016	
1994	70.75	52.84	16.95	0.95	280397	228097	47217	5083	
1995	66.60	51.85	12.64	1.98	316787	263713	41337	11736	
1996	68.32	52.23	13.20	2.89	366122	296943	50759	18420	5461
1997	69.00	52.76	13.29	2.95	397699	324947	50808	21944	5814
1998	60.99	42.58	10.45	7.96	397802	284117	51178	62507	6588
1999	55.55	38.82	8.57	8.16	419681	308397	47082	64202	7592
2000	53.62	38.00	7.44	8.18	473641	351290	46795	75556	8784
2001	50.11	36.09	5.57	8.45	525095	404655	39109	81331	10611
2002	53.95	37.82	5.22	10.91	575551	428048	38616	108887	10987
2003	55.45	35.26	5.06	15.13	664234	449066	39755	175413	12182
2004	57.30	34.98	4.53	17.79	791311	527475	38079	225757	14099
2005	60.59	36.73	4.13	19.73	964896	640431	42929	281536	16553
2006	59.11	35.58	3.44	20.10	1086325	722524	44864	318937	18524
2007	65.31	39.76	3.26	22.28	1420653	949233	54442	416977	22581
2008	64.52	38.93	3.13	22.46	1704279	1142652	54080	507547	26388
2009	66.25	37.86	2.60	25.79	1803395	1134357	49720	619318	28026
2010	69.84	41.08	2.35	26.41	2087789	1311053	45471	731265	31192
2011	72.15	40.54	2.39	29.22	2742300	1742040	53787	946474	38674
2012	75.86	37.97	1.61	36.28	3236338	1798308	51845	1386185	42974
2013	89.16	33.19	1.50	54.47	4508238	1866776	54506	2586956	50817
2014	90.06	36.53	1.23	55.30	5434671	2383933	54369	2996369	59334
2015	93.34	32.74	1.05	59.55	5813417	2402964	45721	3364732	63949
2016	105.74	35.11	1.12	69.52	7047969	2707080	51675	4289214	68453

注：1998年以后的职工人数、工资总额为在岗职工口径；2011年起职工平均工资包含劳务派遣人员。

a) The number of employed persons and gross payroll after 1998 refer to the caliber of on-post staff; since 2011, the labor service for dispatch has been

17-3 全市生产总值
Gross Domestic Product in the Whole City

(当年价 current price)

年 份 Year	生产总值（万 元）GDP (10 000 yuan)	第一产业 Primary Industry	第二产业 Secondary Industry	工 业 Industry	第三产业 Tertiary Industry	三次产业构成(%) Composition of Industries (%) 第一产业 Primary Industry	第二产业 Secondary Industry	第三产业 Tertiary Industry
1978	107690	14397	70431	64767	22862	13.4	65.4	21.2
1979	124916	15407	83509	75982	26000	12.3	66.9	20.8
1980	141506	17245	95319	80858	28942	12.2	67.4	20.5
1981	147901	21118	93196	75788	33587	14.3	63.0	22.7
1982	164450	24851	102662	83044	36937	15.1	62.4	22.4
1983	203635	26134	129612	109573	47889	12.8	63.7	23.5
1984	254855	33954	154675	130672	66226	13.3	60.7	26.0
1985	321865	33546	203833	174913	84486	10.4	63.3	26.3
1986	357145	39171	223663	190081	94311	11.0	62.6	26.4
1987	403620	47769	250578	210426	105273	11.8	62.1	26.1
1988	451562	60834	266003	233152	124725	13.5	58.9	27.6
1989	536413	65565	328769	292330	142079	12.2	61.3	26.5
1990	602246	61985	349856	309923	190405	10.3	58.1	31.6
1991	711129	76889	401664	349428	232576	10.8	56.5	32.7
1992	833254	79843	458544	402584	294867	9.6	55.0	35.4
1993	981275	92664	531798	455580	356813	9.4	54.2	36.4
1994	1236708	142405	664107	551460	430196	11.5	53.7	34.8
1995	1491181	173209	806196	673211	511776	11.6	54.1	34.3
1996	1711880	206626	856467	745809	648787	12.1	50.0	37.9
1997	1966287	223112	1004980	865175	738195	11.3	51.2	37.5
1998	2198003	228912	1127141	971497	841950	10.4	51.3	38.3
1999	2398261	237523	1190858	1026612	969880	9.9	49.7	40.4
2000	2747006	245146	1313146	1135571	1188714	8.9	47.8	43.3
2001	3106207	253040	1469275	1248086	1383892	8.1	47.3	44.6
2002	3480244	268513	1634422	1392477	1577309	7.7	47.0	45.3
2003	3959219	291554	1815433	1550526	1852232	7.4	45.9	46.8
2004	4691204	323566	2202055	1912079	2165583	6.9	46.9	46.2
2005	5256159	350217	2493874	1918003	2412068	6.7	47.4	45.9
2006	6172427	379455	2878516	2289128	2914456	6.2	46.6	47.2
2007	7289734	456333	3128264	2427007	3705137	6.3	42.9	50.8
2008	8768210	472885	3646658	2791288	4648667	5.4	41.6	53.0
2009	9719382	500766	3951065	2905012	5267551	5.1	40.7	54.2
2010	11218174	571048	4569539	3298719	6077587	5.1	40.7	54.2
2011	13830724	625514	5868389	3782150	7336821	4.6	42.4	53.0
2012	17103048	722826	7173223	4556811	9206999	4.2	42.0	53.8
2013	20854234	815234	8486400	5523510	11552600	3.9	40.7	55.4
2014	24972691	1080236	9765900	6334582	14126555	4.3	39.1	56.6
2015	28911581	1298860	11085216	7122810	16527505	4.5	38.3	57.2
2016	31577101	1371360	12187910	7828196	18017831	4.3	38.6	57.1

注:2004年起，农林牧渔服务业划入第一产业；1997年－2004年为第一次经济普查调整数，2005年－2008年为第二次经济普查调整数。

a) Since 2004, services of agriculture, forestry, animal husbandry and fishery have been divided into primary industry; data from 1997-2004 refer to the adjusted figures of the First Economic Census; data from 2005-2008 refer to the adjusted figures of the Second Economic Census.

17-4 全市生产总值指数
Indices of Gross Domestic Product in the Whole City

(以上年为100)

年 份 Year	生产总值指数(%) Gross Domestic Product Indices (%)	第一产业 Primary Industry	第二产业 Secondary Industry	工 业 Industry	第三产业 Tertiary Industry	人均生产总值 Per Capita GDP 当年价(元) Current Price(yuan)	指 数(%) Indices(%)
1978	127.7	102.3	143.2	146.2	105.0		
1979	111.1	105.5	113.6	114.8	106.0	530	
1980	108.1	110.7	108.6	105.5	102.2	592	106.7
1981	99.1	100.7	97.2	98.1	107.4	610	97.7
1982	113.4	117.6	113.3	115.4	108.8	667	111.6
1983	116.9	106.4	118.1	114.0	124.8	816	115.5
1984	115.5	110.3	114.7	110.3	125.2	1011	114.3
1985	115.4	97.5	118.8	117.4	118.5	1260	113.9
1986	106.4	107.1	104.6	103.2	114.0	1374	104.5
1987	109.3	105.5	109.2	112.5	112.6	1523	107.2
1988	111.8	101.7	108.1	107.0	133.8	1682	110.4
1989	107.9	99.6	105.9	103.8	119.2	1974	106.6
1990	107.1	85.8	104.5	107.8	124.4	2155	104.1
1991	108.9	126.6	105.2	104.0	112.3	2471	105.8
1992	110.7	106.8	102.1	98.5	131.4	2844	108.7
1993	107.1	106.3	103.9	101.5	113.0	3293	105.3
1994	111.8	107.2	112.2	109.1	112.3	4063	109.4
1995	109.8	100.6	115.9	117.3	102.2	4796	106.4
1996	112.9	101.4	117.6	118.2	107.4	5414	112.1
1997	111.5	107.5	112.0	112.3	111.6	6143	110.2
1998	111.9	103.6	112.3	112.7	112.9	6793	110.7
1999	112.0	103.6	112.6	112.7	112.8	7300	110.4
2000	111.7	102.3	111.6	111.6	113.7	8216	109.8
2001	111.8	103.8	111.6	111.8	113.7	9153	110.1
2002	112.6	103.8	113.0	113.3	113.8	10123	111.2
2003	113.3	106.7	113.6	113.9	114.1	11394	112.1
2004	113.7	107.6	113.9	116.8	114.4	13412	112.9
2005	114.6	107.6	116.2	115.0	113.9	13544	113.8
2006	114.7	107.6	112.1	114.9	118.5	15731	114.0
2007	115.8	108.7	112.6	114.8	119.9	18181	113.3
2008	113.1	107.2	109.0	108.4	117.6	21420	110.8
2009	113.3	108.1	112.4	110.3	114.6	23237	110.8
2010	114.3	108.0	115.1	114.9	114.3	26209	111.7
2011	117.1	102.8	121.3	122.3	115.2	31712	114.9
2012	115.9	108.5	118.8	116.2	114.1	38673	114.3
2013	116.0	106.3	118.6	116.8	114.6	46479	114.3
2014	113.9	106.6	113.9	112.1	114.3	55018	112.6
2015	112.5	106.4	114.6	110.2	111.1	63003	111.3
2016	111.7	105.9	112.1	109.9	111.9	67772	110.1

注：本表资料指数均按可比价格计算；人均生产总值2007年以前按常住一年及以上人口计算，2007年开始按常住半年及以上人口计算2006年－2010年按第六次人口普查调整数计算；生产总值1997-2004年为第一次经济普查调整数，2005-2008年为第二次经济普查调整数。

a) The indices in the table were calculated at comparable prices; the per capita GDP was calculated according to the population living for at least a year before 2007 and at least half a year after 2007; data from 2006 to 2010 refer to the adjusted figure of the Sixth Population Census; GDP from 1997 to 2004 refer to the adjusted figures of the First Economic Census, and the Second Economic Census from 2005 to 2008.

17–5 全市工业总产值
Gross Output Value of Industry in the Whole City

单位：万元　　（当年价　current price）　　(10 000 yuan)

年 份 Year	工 业 总产值 Gross Industrial Output Value	按经济类型分 Grouped by Status of Registration			按轻重工业分 Grouped by Light&Heavy		按企业规模分 Grouped by Size of Enterprises	
		国 有 State-owned	集 体 Collective-owned	其 它 Others	轻工业 Light Industry	重工业 Heavy Industry	大 型 Large	中 型 Medium-sized
1978	151375	130770	20322	283	56277	95088	25820	44307
1979	175440	153916	20996	528	66374	109066	32680	54661
1980	183355	160364	22135	856	77788	105567	33256	45584
1981	178432	152973	23794	1665	85743	92689	33016	38268
1982	203633	175057	26146	2430	94709	108924	38895	56832
1983	255259	221377	31874	2008	113453	141806	50857	102222
1984	302965	259671	38975	4319	134338	168627	56374	125484
1985	383948	329526	48346	6076	170212	213736	87874	154720
1986	414655	350412	57583	6660	183643	231012	104403	165847
1987	472758	420788	45117	6853	201231	271527	180035	152303
1988	602424	511527	71047	19850	263817	338607	266186	139746
1989	742651	626715	78621	37315	327172	415479	357204	169243
1990	850041	719735	97229	33077	365057	484984	424666	177852
1991	925912	770874	123053	31985	373502	552410	462941	184998
1992	1118424	914383	119968	84073	430291	688133	663206	136173
1993	1318135	1024279	159044	134812	324109	994026	751980	163528
1994	1636509	1250835	199322	186352	470380	1166129	921134	201360
1995	1785515	1306931	199098	279486	524788	1260727	996878	240860
1996	2188705	1301683	384868	502154	714934	1473771	1092746	240437
1997	2542035	1394016	513556	634463	874346	1667689	1250940	210769
1998	2769327	1395723	482735	890869	960099	1809228	1322251	174196
1999	3217288	1534955	494503	1187830	1151949	2065339	1396605	167483
2000	2496275	1065299	236397	1194579	834976	1652399	1431631	168111
2001	2588494	1035899	135286	1417309	902276	1686218	1448460	155085
2002	2958943	826247	136108	1996588	1029353	1929590	1443748	464315
2003	3569419	1134129	101699	2333591	1177351	2392068	1298735	1409497
2004	4920242	1612578	76601	3231063	1449532	3470710	1651839	2115493
2005	5740645	1811987	82350	3846308	1783270	3957375	2118966	2318695
2006	6696494	1963818	54531	4678145	1910089	4786406	2504986	2581602
2007	7559236	2482745	58318	5018173	2086884	5472352	3190261	2678440
2008	8667178	2528191	46824	6092163	2502421	6164757	3605188	3015956
2009	8967496	2558660	37318	6371518	2866480	6101016	3582084	3040865
2010	10583479	2969558	41830	7572091	3337003	7246475	4710415	3289016
2011	14662863	4896761	86648	9679454	4475231	10187631	8070810	2542979
2012	15934771	3783654	24961	12126156	4912009	11022762	9222967	3041156
2013	20143140	3320968	43823	16778349	6912842	13230298	8652773	5138065
2014	22291542	4554531	43380	17693631	7394216	14897326	9486069	4926736
2015	25785917	5511641	52977	20221299	8427204	17358713	9099151	5944375
2016	28168691	4569606	54269	23544816	9338991	18829700	9821444	6612032

注：2000年以后数据为规模以上(500万元口径及以上)企业，2005年－2008年为第二次经济普查调整数,2012年以后数据为企业规模以上2000万元口径。

a) Data after 2000 refer to the enterprises above designated size with an annual income of 5million and above; data from 2005-2008 refer to theSecond Economic Census; data after 2012 refer to the enterprises above designated size with an annual income of 20 million yuan.

17–6 全市农林牧渔业总产值
Gross Output Value of Agriculture, Forestry, Animal Husbandry and Fishery

单位：万元 (10 000 yuan)

年 份 Year	农林牧渔业总产值 Gross Output Value of Agriculture,Forestry, Animal Husbandry and Fishery	农 业 Agriculture	#种植业 Crop Farming	林 业 Forestry	牧 业 Animal Husbandry	渔 业 Fishery	农林牧渔服务业 Services of Agriculture, Forestry,Animal Husbandry and Fishery
1978	20394	16714	14538	528	3127	25	
1979	22314	18176	15789	647	3439	51	
1980	22427	17882	15721	650	3851	43	
1981	27815	21299	18738	722	5750	43	
1982	34372	27362	24269	1122	5839	50	
1983	35441	27113	23954	1631	6601	97	
1984	43753	34835	27225	1418	7353	146	
1985	45351	30964	28087	1966	11913	508	
1986	51032	35060	31728	1636	13648	688	
1987	62352	40370	23457	1865	19657	460	
1988	82895	50676	45443	1849	29230	1140	
1989	91274	55190	51080	1813	33366	906	
1990	89660	57196	52893	3366	28128	1270	
1991	107985	73751	69828	2983	29871	1380	
1992	116180	77572	72342	3461	32744	2403	
1993	133030	87928	78291	4101	41239	2762	
1994	207946	136776	129369	4339	63429	3402	
1995	263352	171414	163235	5867	79997	6074	
1996	311117	205301	195636	7217	91948	6651	
1997	340619	271209	206892	7168	108391	7851	
1998	347982	213746	201028	8717	117443	8076	
1999	362061	218136	206334	8500	126938	8487	
2000	369939	230774	215146	8170	123709	7286	
2001	389659	237175	221221	6769	137845	7870	
2002	410318	231154	224798	8944	151940	8059	10221
2003	439373	257259	257259	6149	157215	7627	11123
2004	503219	288665	288665	5625	197452	9117	2360
2005	547663	313678	313678	4514	215686	10646	3139
2006	540166	325357	325357	4543	199088	6486	4692
2007	627533	388066	388066	4332	220979	8460	5696
2008	729872	454631	454631	8917	250719	9718	5887
2009	784592	518431	518431	5604	242702	11520	6335
2010	832429	554555	554555	5137	253598	12273	6866
2011	965503	622118	622118	8608	313870	13617	7290
2012	1114911	732370	732370	7556	352089	14832	8064
2013	1258807	825910	825910	9608	397573	16365	9351
2014	1706832	1200009	1200009	10424	463499	22233	10667
2015	2004103	1291882	1291882	12773	558798	24579	116071
2016	2256078	1440107	1440107	12922	646853	25803	130393

注：2003年起农林牧渔业总产值按国民经济新行业分类划分，2002年数据作相应调整；2006、2007年为第二次农业普查调整数。

a) Since 2003, the gross output value of agriculture, forestry, animal husbandry and fishery has been grouped by new sectors on national economicindustry and the data of 2002 were adjusted accordingly; data of 2006 and 2007 refer to the adjusted figures of the Second Agriculture Census.

17–7 全市固定资产投资总额
Total Investment in Fixed Assets in the Whole City

单位：万元 (10 000 yuan)

年 份 Year	固定资产投资完成额 Completed Investment in Fixed Assets	#基 本 建 设 Infrastructure	更 新 改 造 Renovation	房地产开 发 Real Estate Development	按三次产业分 Grouped by Three Strata of Industry 第一产业 Primary Industry	第二产业 Secondary Industry	第三产业 Tertiary Industry
1978	10786	8311	2333		706	3765	6315
1979	21627	18394	2980		1165	10714	9748
1980	41012	36638	3600		924	25599	14489
1981	65288	57397	6643		342	47566	17380
1982	42500	28098	12026		1544	16075	24881
1983	42395	22092	13725		638	9774	31983
1984	54330	31023	17975		513	28212	25605
1985	89290	50756	26987		318	43348	45624
1986	98639	51661	31584		428	35048	63163
1987	108224	57513	35408		296	64275	43653
1988	124772	59615	43211		469	70100	54203
1989	137602	73779	46871		541	76983	60078
1990	157925	86087	46673	6465	1114	82793	74018
1991	180523	89077	66329	10119	706	83437	96380
1992	241952	114434	92331	16122	779	100017	141156
1993	283349	111001	110993	34036	303	110765	172281
1994	380076	138859	153192	50165	842	124516	254718
1995	535496	187730	177928	126631	517	129549	363548
1996	574771	211436	169314	123931	922	156032	417817
1997	619664	198609	225042	122044	7196	207784	404684
1998	778072	303380	258299	147325	2894	299544	475634
1999	954297	359440	260774	225549	4347	352641	597309
2000	1136510	379377	310039	310516	8290	395633	732587
2001	1554183	555418	394201	433327	10484	422541	1121158
2002	1879604	785644	417580	500300	13074	550815	1315715
2003	2418742	1073075	536939	611961	20823	728981	1668938
2004	2931482	1348089	610890	745827	25899	864306	2041277
2005	3439731	1412345	753697	911166	30981	1054645	2354105
2006	4133576	1826207	897951	1076936	44553	1259307	2829717
2007	5004734	2054926	1103319	1351267	58996	1526006	3419732
2008	6015710	2382065	1300350	1701116	102044	1820405	4093261
2009	7827910	3346548	1666608	2103225	161726	2133316	5532868
2010	10191025	4235164	2155898	3104665	206756	2749104	7235165
2011	16005898	6919685	3284391	4673595	393407	5291048	10321443
2012	24825583	—	—	9085224	701456	7373167	16750960
2013	30303811	—	—	9830870	1289244	7771183	21243384
2014	34894077	—	—	10176042	1485125	7812493	25596459
2015	40156407	—	—	10050001	2067029	7888917	30200461
2016	33807314	—	—	9273162	1491150	6663146	25653018

注：从2012年起为新口径，固定资产投资完成额分为建设项目和房地产开发。2012年建设项目为15740359万元；2013年建设项目为20472941万元；2014年建设项目为24718035万元。

a) Since 2012, data have been referred to the new caliber and completed investments in fixed assets include construction projects and the development of real estate. In 2012, the investment in construction projects was 157.40359 billion yuan, in 2013 investment 204.72941 billion yuan, in 2014investment 247.18035 billion yuan.

17–8 全市社会消费品零售总额及构成
Total Retail Sales of Consumer Goods and Its Composition

单位：万元 (10 000 yuan)

年 份 Year	社会消费品零售总额 Total Retail Sales of Consumer Goods	社会消费品零售总额指数(%) Total Retail Sales of Consumer Goods Indices(%)	按行业分 Grouped by Sector	
			批发和零售业 Wholesale and Retail Trades	住宿和餐饮业 Hotels and Catering Services
1978	48458	110.7	46568	1890
1979	55731	115.0	53749	1982
1980	67017	120.3	65023	1994
1981	75482	112.6	72902	2580
1982	81863	108.5	78480	3383
1983	90399	110.4	86855	3544
1984	107105	118.5	102441	4664
1985	132380	123.6	126982	5398
1986	153254	115.8	147431	5823
1987	180877	118.0	174369	6508
1988	231322	127.9	224348	6974
1989	240265	103.9	232566	7699
1990	249475	103.8	238633	10842
1991	274794	110.1	262841	11953
1992	328166	119.4	312617	15549
1993	414257	126.2	398338	15919
1994	476925	115.1	447329	29596
1995	592299	124.2	555178	37121
1996	729769	123.2	669557	60212
1997	827542	113.4	751346	76196
1998	895491	108.2	801213	94278
1999	970716	108.4	851946	118770
2000	1116154	115.0	967921	148234
2001	1251209	112.1	1025823	225386
2002	1404732	112.3	1131446	273286
2003	1580464	112.5	1265470	318594
2004	1805206	114.2	1426010	379196
2005	2043210	113.2	1612469	430741
2006	2349623	115.0	1847308	502315
2007	2793885	118.9	2182612	611273
2008	3558943	123.0	2850347	708596
2009	4052951	116.0	3401740	651211
2010	4847785	119.6	4107415	740370
2011	5843292	120.5	5052744	790548
2012	6831866	116.9	6197888	633978
2013	8409565	115.0	7668682	740883
2014	9511218	113.1	8688617	822601
2015	10601690	111.5	9687808	913882
2016	11953393	112.7		

注：2003年起制造业已划入批发零售贸易业；2004年起餐饮业指标调整为住宿和餐饮业；2000年－2005年为第一次经济普查调整数，2008年为第二次经济普查调整数；2010年起社会消费品零售总额不含其他行业；2013年和2014年为第三次经济普查调整数。

a) Since 2003, manufacturing industry has been divided into the wholesale and retail trades; since 2004, the indices of catering have been adjusted to accommodation and catering service; data from 2000 to 2005 refer to the adjusted figures of the First Economic Census; data in 2008 refer to the adjusted figures of the Second Economic Census; Since 2010, the retail sales of social consumer goods exclude other businesses; data in 2013 and 2014 refer to the adjusted figures of the Third Economic Census.

17–9 全市地方财政预算内收支及构成
Local Budgetary Revenue and Expenditures and Their Composition

单位：万元 (10 000 yuan)

年 份 Year	一般公共预算收入 Public Finance Budget Revenues	#企 业 收 入 Enterprise Revenue	#工商税收 收 入 Industrial and Commercial Tax Revenue	#农业税 收 入 Agricultural Tax Revenue	一般公共预算支出 Public Finance Budget Expenditure	经 济 建设费 Economic and Construction Expenditure	文 教 卫生费 Cultural, Educational and Healthy Expenditure	行 政 管理费 Charges of Administration
1978	25761	2445	22503	473	8984	4033	3032	1069
1979	26891	866	25325	462	9424	3803	3566	1194
1980	29851	1477	27648	447	10041	4318	3193	1403
1981	31420	261	30435	398	11065	4690	3517	1411
1982	37437	3080	33288	473	13492	6199	4042	1777
1983	44177	3359	39350	608	16541	7098	5292	2321
1984	51016	3576	45674	603	26067	13631	6314	3410
1985	60780	2877	56614	493	26930	8989	9437	4360
1986	72490	2053	69110	629	33082	13955	8258	4036
1987	82370	-1271	81739	742	38224	14885	8851	4502
1988	96507	-1224	95941	806	44953	14612	10353	4468
1989	118124	-4984	20477	1173	67982	17604	12533	5327
1990	136291	-7734	138566	947	71991	20392	13927	6244
1991	149939	-6245	150309	1091	73851	22827	14640	6856
1992	155344	-6145	154796	1386	81143	28409	17597	9184
1993	172183	-3276	167953	1927	92093	32280	20635	11548
1994	64040	-2619	51919	5337	105844	29362	27950	9665
1995	86341	550	70126	5648	131104	44185	30598	15957
1996	113498	4016	88225	9091	147782	50625	25182	18868
1997	130506	5952	106952	9878	166153	56063	26616	21987
1998	167353	10257	131391	7809	207261	75142	46985	26311
1999	197907	18642	137270	6859	261554	48800	56095	29842
2000	241483	35108	151656	10539	310569	107069	62536	35932
2001	279687	46105	191888	10365	361699	101781	79961	44501
2002	330788	39125	238891	14669	459589	108167	98646	51113
2003	403855	51692	277554	20517	502919	127837	111192	60271
2004	497019	88578	328695	22668	599316	136181	135334	77423
2005	498015	59822	341551	25465	725719	154500	168852	88389
2006	615798	81174	403904	32228	882349	180866	200191	107116
2007	759154	109593	623442	—	1064287	—	—	—
2008	890503	134409	713516	—	1422818	—	—	—
2009	1053636	181162	859391	—	1698423	—	—	—
2010	1363034	232046	1109258	—	2043801	—	—	—
2011	1870940	314402	1375836	—	2773807	—	—	—
2012	2411920	376391	1661831	—	3493275	—	—	—
2013	2772077	409919	1930850	—	3936020	—	—	—
2014	3315962	456401	2326965	—	4486298	—	—	—
2015	3741476	548768	2501660	—	5035189	—	—	—
2016	3663181	669536	2317767	—	5252621	—	—	—

注：从1994年起为新口径，2005年起财政收入为40%所得税口径。

a) Since 1994, data refer to the new caliber; since 2005, budgetary revenue has referred to the caliber of 40% income tax.

17−10 全市居民收支情况
Income and Expenditure of Urban and Rural Households

单位：元 (yuan)

年 份 Year	居民消费价格指数(%) Consumer Price Index (%)	城镇常住居民人均可支配收入 Per Capita Annual Disposable Income of Permanent Urban Households	城市居民人均消费性支出 Per Capita Annual Consumption Expenditure of Urban Residents	#食 品 Food	教育文化娱乐服务 Education, Culture, Recreation and Services	农村常住居民人均可支配收入 Per Capita Disposable Income of Permanent Rural Residents	农民人均生活消费支出 Per Capita Consumption Expenditure of Rural Residents	#食 品 Food
1979		343	313					
1980		413	385					
1981		453	418			266		
1982		477	431			290		
1983		501	447	277	16	288		
1984		593	527	306	29	342		
1985		805	740	365	95	377		
1986		969	873	438	77	411		
1987		1103	1010	513	70	479		
1988		1276	1228	635	73	593		
1989		1421	1277	734	79	644		
1990		1558	1361	781	84	680		
1991		1691	1514	879	71	672		
1992		2154	1869	1048	170	739		
1993		2581	2205	1221	179	901		
1994		3700	3087	1704	226	1039		
1995		4550	3964	2187	288	1343		
1996	111.7	4866	4526	2335	450	1650	1282	890
1997	102.5	5343	4808	2274	569	1834	1279	835
1998	100.5	5369	5036	2180	624	1940	1410	918
1999	97.6	6082	5327	2214	476	2010	1418	883
2000	98.7	6453	5550	2208	648	2104	1453	852
2001	103.2	6909	5780	2170	822	2229	1532	854
2002	98.4	7306	5801	2210	1017	2352	1552	793
2003	100.8	7985	6324	2447	1034	2510	1704	805
2004	102.1	8989	6912	2750	1156	2809	1967	866
2005	100.7	9928	7693	2946	1113	3135	2296	980
2006	101.1	11222	8808	3334	1351	3442	2454	1314
2007	105.1	12781	10183	3897	1355	4088	3036	1271
2008	107.0	13817	10507	4383	1206	4818	3463	1435
2009	97.7	15041	11519	4718	1685	5316	3928	1605
2010	102.9	16597	12940	4905	1744	5976	4384	1736
2011	105.5	19420	14300	5528	1764	7381	5494	2241
2012	102.6	21796	15718	6011	1924	8488	6161	2380
2013	103.2	22816	17995	6265	3044	9606	6527	1927
2014	102.7	24961	19501	6176	2874	10827	8724	2609
2015	102.3	27241	22532	6935	3337	11918	9875	2851
2016	101.1	29502	24335	7656	3620	12967	11044	3105

注：1、1991年(包括1991年)以前，教育文化娱乐服务指标的名称为文娱用品。
2、按照国家统计局城乡一体化住户调查改革方案，从2014年起，城镇居民人均可支配收入和农民人均纯收入指标修改为城镇（农村）常住居民人均可支配收入，统计口径发生变化，2014年以后的绝对值与2013年以前绝对值不可比。

a) Before 1991(includes 1991), education, culture, recreation and services indices are called cultural and recreational articles.

b) According to the NBS household survey program for reform of urban—rural integration. From 2014 onwards, per capita annual disposableincome of urban households and per capita net income of rural residents indices are adjusted into per capita annual disposable income ofurban (rural) residents. The absolute value is incomparable to that of 2013 because its standards have changed.

17-11 全市对外贸易、招商引资
Foreign Trade and Investment Attraction

年 份 Year	进出口总额 (万美元) Total Value of Imports and Exports ($10 000)			实际直接利用外资 (万美元) Actual Utilized Foreign Direct Investment($10 000)	内资实际到位金额 (亿 元) Actual Domestic Investment in Place (100 million yuan)
		进 口 Imports	出 口 Exports		
1997				2365	
1998	52019	21838	30181	1747	
1999	41436	14613	26823	692	
2000	48967	18386	30581	2755	
2001	49428	16313	33115	4384	
2002	57240	19745	37495	2918	39.58
2003	85186	32866	52320	4450	90.26
2004	120519	45424	75094	5237	122.42
2005	113637	37506	76131	6045	161.01
2006	111855	31755	80100	7010	209.64
2007	169227	45998	123229	8100	252.00
2008	225165	84115	141050	9350	303.01
2009	181076	54751	126325	11220	368.52
2010	227537	83445	144092	13470	453.76
2011	376943	98919	278023	27874	528.90
2012	505104	83706	421398	47415	1198.23
2013	631821	73915	557909	63000	1665.98
2014	784221	57033	727188	76174	2260.95
2015	912149	122417	789732	92740	2765.69
2016	392747	63964	328783	111988	3180.84

注：内资实际到位金额从2010年起为省外境内，不包括市外境内。

a) The actual domestic capital has been changed to the domestic capital outside the province since 2010, not including the the domestic capital outsidethe city.

17-12 全市常住人口及构成
Permanent Resident Population and Its Proportion

单位：万人 (10 000 persons)

年份 Year	年末总人口 Total Population at Year-end	按城镇乡村分 By Urban and Rural Area		按性别分 By Gender		出生率 (‰) Birth Rate (‰)	死亡率 (‰) Death Rate (‰)	自然增长率 (‰) Natural Growth Rate (‰)	人口密度 (人/平方公里) Population Density (person/sq.km)
		市镇 Urban Area	乡村 Rural Area	男 Male	女 Female				
1979	237.48	139.20	98.28	122.93	114.55	13.38	6.33	7.05	295.59
1980	240.53	146.81	93.72	124.41	116.12	14.68	6.53	8.08	299.39
1981	244.66	140.40	104.26	127.13	117.53	17.65	6.85	10.80	304.53
1982	248.30	142.32	105.98	128.80	119.50	15.90	6.69	9.21	309.06
1983	250.57	143.78	106.78	130.13	120.43	12.96	6.61	6.35	311.88
1984	253.48	147.53	105.96	131.55	121.93	14.23	6.52	7.70	315.51
1985	257.27	152.33	104.93	133.52	123.74	14.11	6.38	7.73	320.22
1986	262.75	156.06	106.68	136.45	126.30	16.35	6.31	10.04	327.04
1987	267.31	159.28	108.02	139.13	128.18	16.65	6.04	10.60	332.72
1988	269.64	163.83	105.81	140.22	129.42	15.91	6.28	9.63	335.62
1989	273.78	168.39	105.39	142.51	131.27	17.42	6.62	10.80	340.78
1990	285.15	175.43	109.71	148.26	136.88	18.21	5.73	12.48	354.92
1991	290.43	179.39	111.04	151.13	139.30	13.71	6.39	7.32	361.50
1992	295.58	256.68	38.89	153.27	142.31	11.99	6.52	5.47	367.91
1993	300.34	261.01	39.33	155.64	144.70	11.79	5.95	5.84	373.84
1994	308.37	268.73	39.64	160.25	148.12	12.87	5.81	7.06	383.83
1995	313.48	273.21	40.27	162.69	150.79	11.91	5.60	6.31	390.19
1996	318.85	278.21	40.64	165.24	153.61	12.02	6.15	5.87	396.88
1997	321.26	280.25	41.01	166.28	154.98	13.08	5.67	7.41	399.88
1998	325.87	284.27	41.60	168.66	157.21	13.85	5.92	7.93	405.61
1999	331.21	289.34	41.87	171.21	160.00	14.48	5.66	8.82	412.26
2000	337.45	206.42	131.03	177.40	160.05	14.87	6.07	8.80	420.03
2001	341.29	208.77	132.52	179.42	161.87	13.55	5.94	7.62	424.81
2002	346.27	214.58	131.69	182.03	164.24	12.90	5.80	7.10	431.01
2003	348.70	217.48	131.22	177.38	171.32	12.00	5.81	6.19	434.03
2004	350.85	221.83	129.02	178.65	172.20	12.07	5.92	6.15	436.71
2005	388.09	244.76	143.33	198.35	189.74	12.33	6.90	5.43	483.06
2006	396.66	250.17	146.50	200.83	195.83	11.85	6.10	5.75	493.73
2007	405.26	255.59	149.67	205.42	199.84	10.96	6.36	4.60	504.43
2008	413.44	265.35	148.09	209.50	203.94	10.75	6.31	4.44	514.61
2009	423.12	275.88	147.24	214.88	208.24	11.06	6.17	4.89	526.66
2010	432.93	294.96	137.97	222.79	210.14	11.11	4.48	6.63	538.87
2011	439.33	304.02	135.31	225.82	213.51	10.29	4.58	5.71	546.84
2012	445.17	313.97	131.20	229.14	216.03	10.73	4.76	5.97	554.11
2013	452.19	326.03	126.16	232.68	219.51	10.69	4.90	5.79	557.83
2014	455.60	333.50	122.10	234.24	221.36	10.47	4.99	5.48	566.43
2015	462.18	338.55	123.63	237.35	224.83	10.21	4.96	5.25	574.61
2016	469.68	348.31	121.37	240.57	229.11	11.05	5.20	5.85	583.96

注：1979年—2004年为常住一年口径数，2005年起为常住半年口径数。

a) Data from 1979 to 2004 refer to the calibers of permanent residents living in Guiyang for a year; data in 2005 refer to the calibers of permanent residents living in Guiyang for half a year.

17–13 全市旅游接待
Tourists Reception

年份 Year	旅游总收入（亿元）Total Tourism Earnings (100 million yuan)	比上年增长(%) Growth Rate over Last Year(%)	国内旅游收入（亿元）Earnings from Domestic Tourism (100 million yuan)	比上年增长(%) Growth Rate over Last Year(%)	旅游外汇收入（万美元）Foreign Exchange Earnings from Tourism ($10 000)	比上年增长(%) Growth Rate over Last Year(%)	旅游人数（万人次）Number of Tourists (person-time)	比上年增长(%) Growth Rate over Last Year(%)	接待海外游客（万人次）Number of Foreign Visitors (person-time)	比上年增长(%) Growth Rate over Last Year(%)	接待国内游客（万人次）Number of Dometic Tourists (10000 person-times)	比上年增长(%) Growth Rate over Last Year(%)
1997	5.84		4.02		1160.67		869.56		4.37		865.19	
1998	20.51	251.2	19.52	385.6	1201.00	3.5	899.41	3.4	4.21	-3.6	895.20	3.5
1999	23.03	12.3	21.90	12.2	1369.00	14.0	960.92	6.8	4.52	7.4	956.40	6.8
2000	30.47	32.3	29.24	33.5	1484.00	8.4	998.63	3.9	4.96	9.7	993.67	3.9
2001	36.03	18.2	34.67	18.6	1633.00	10.0	1005.44	0.7	5.95	19.9	999.49	0.6
2002	41.62	15.5	40.04	15.5	1908.91	16.9	1016.37	1.1	6.75	13.4	1009.62	1.0
2003	38.74	-6.9	38.07	-4.9	806.52	-57.7	923.85	-9.1	2.26	-66.6	921.59	-8.7
2004	48.70	25.7	47.60	25.0	1332.07	65.2	1166.42	26.3	3.72	64.9	1162.70	26.2
2005	60.38	24.0	58.40	22.7	2480.24	86.2	1458.82	25.1	6.15	65.3	1452.67	24.9
2006	84.54	40.7	81.43	41.2	3454.16	42.2	1853.67	35.0	8.92	35.0	1844.75	35.0
2007	125.28	48.2	120.81	48.4	5872.28	50.4	2326.23	25.5	12.09	35.6	2314.14	25.4
2008	187.29	51.0	182.29	50.9	6268.90	6.8	2625.85	12.9	13.58	12.9	2612.27	12.9
2009	294.85	57.4	292.09	60.2	4042.28	-35.5	3288.47	25.2	9.11	-32.9	3279.36	25.5
2010	425.96	44.5	424.24	45.2	2486.66	-38.5	3946.91	20.0	6.13	-32.7	3940.78	20.2
2011	612.37	43.8	609.93	43.8	3726.76	49.9	5250.42	33.0	9.78	60.3	5240.64	33.0
2012	602.70	28.6	600.01	28.6	4474.08	20.1	4924.21	23.6	11.62	18.8	4912.59	23.6
2013	728.66	20.9	725.50	20.9	5229.79	16.9	6022.50	22.3	13.42	15.5	6009.08	22.3
2014	874.39	20.0	870.86	20.0	5661.94	8.3	7240.09	20.2	14.59	8.7	7225.50	20.2
2015	1040.53	19.0	1036.56	19.0	6034.70	6.6	8477.80	17.1	15.85	8.6	8461.95	17.1
2016	1389.51	33.5	1384.08	33.5	7902.86	31.0	11073.42	30.9	18.37	15.9	11073.42	30.9

附 录

Appendix

2016 年贵阳市国民经济和社会发展统计公报[1]

贵阳市统计局　国家统计局贵阳调查队

2017 年 4 月 11 日

2016 年，在市委、市政府坚强领导下，全市上下紧紧围绕主基调主战略，努力打造以大数据为引领的创新型中心城市，着力培育经济发展新动能，努力推进供给侧结构性改革，进一步加大民生领域投入，全市经济社会实现了持续较快增长。

一、综　合

初步核算，全年实现生产总值[2]3157. 70 亿元，比上年增长 11. 7%。分产业看，第一产业增加值 137. 14 亿元，比上年增长 5. 9%；第二产业增加值 1218. 79 亿元，比上年增长 12. 1%；第三产业增加值 1801. 77 亿元，比上年增长 11. 9%。人均生产总值 67771 元，比上年增长 10. 1%。

图1：2012年-2016年地区生产总值及增长速度

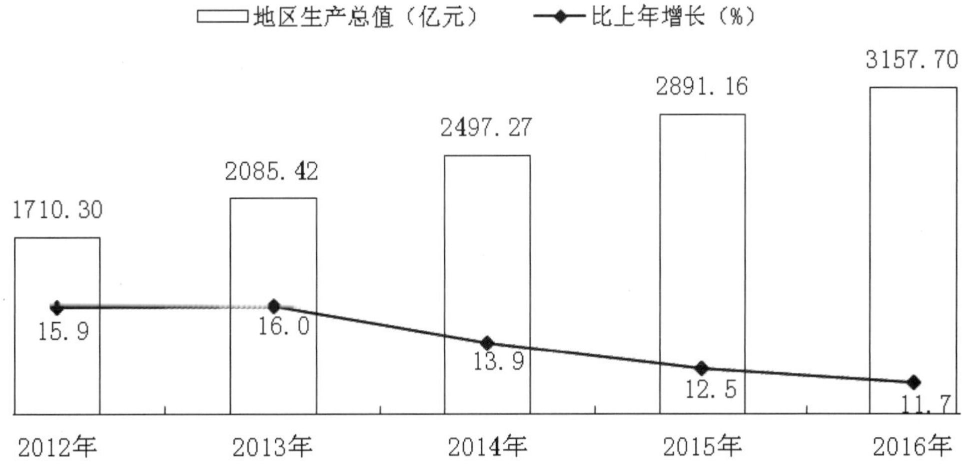

全市第一产业、第二产业和第三产业增加值占地区生产总值的比重分别为 4. 3%、38. 6%和 57. 1%。与上年比，第一产业、第三产业比重分别下降 0. 2 个和 0. 1 个百分点，第二产业比重提高 0. 3 个百分点。

表 1：2012—2016 年全市地区生产总值

指标名称	2012 年	2013 年	2014 年	2015 年	2016 年	2016 年比 2015 年增长（%）
地区生产总值（亿元）	1710.30	2085.42	2497.27	2891.16	3157.70	11.7
第一产业	72.28	81.52	108.02	129.89	137.14	5.9
第二产业	717.32	848.64	976.59	1108.52	1218.79	12.1
工　业	534.73	608.32	678.00	714.15	771.33	9.9
建筑业	182.59	240.32	298.59	394.37	447.46	16.0
第三产业	920.70	1155.26	1412.66	1652.75	1801.77	11.9
交通运输、仓储和邮政业	123.64	159.24	203.89	239.10	263.64	15.5
批发和零售业	156.51	189.54	222.65	256.02	269.32	9.8
住宿和餐饮业	71.11	85.52	105.33	123.98	128.99	11.3
金融业	140.07	193.05	238.25	310.07	337.56	15.0
房地产业	60.53	76.40	83.01	89.50	92.97	3.1
营利性服务业	148.93	179.88	221.77	256.81	290.28	16.7
非营利性服务业	219.90	271.63	337.77	377.27	409.95	7.8
人均地区生产总值（元）	38673	46479	55018	63003	67771	10.1

全年居民消费价格比上年上涨 1.1%，其中食品烟酒类价格比上年上涨 2.9%。工业生产者出厂价格下降 2.2%。

表 2：2016 年居民消费价格比上年涨跌幅度

指标名称		涨跌幅度（%）
居民消费价格	居民消费价格	1.1
	非食品和能源价格	0.8
	服务项目价格	1.6
	消费品价格	0.8
	1.食品烟酒类	2.9
	2.衣着类	0.2
	3.居住类	-0.8
	4.生活用品及服务类	-0.4
	5.交通和通讯类	-1.4
	6.教育文化和娱乐类	1.4
	7.医疗保健类	5.2
	8.其他用品和服务类	1.2
	商品零售价格	-0.5

全年新建商品住宅价格比上年上涨 5.2%，二手房价格比上年上涨 1.9%。

图2：2016年月度居民消费价格指数

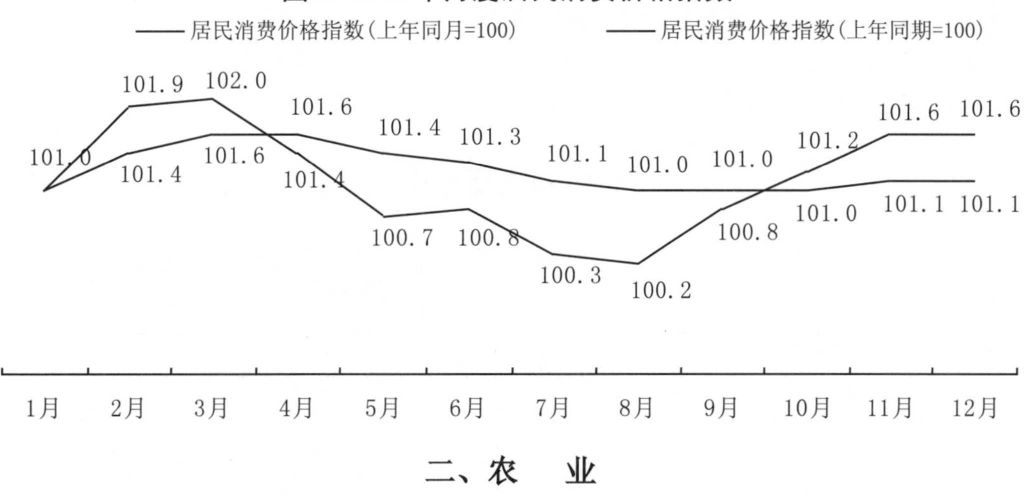

二、农　业

全年粮食播种面积 10.69 万公顷，比上年下降 4.0%；油菜籽播种面积 3.81 万公顷，比上年下降 1.7%；烤烟播种面积 0.57 公顷，比上年下降 35.8%；蔬菜及食用菌播种面积 12.24 万公顷，比上年增长 2.7%。

全年粮食产量 44.19 万吨，比上年减产 2.6%。其中，夏粮产量 8.51 万吨，比上年减产 4.3%；秋粮产量 35.67 万吨，比上年减产 2.2%。

表 3：2016 年主要农产品产量

指　标	绝对数（万吨）	比上年增长（%）
粮食作物产量	44.19	-2.6
按夏秋粮分		
夏　粮	8.51	-4.3
秋　粮	35.67	-2.2
按类别分		
#稻　谷	17.81	-2.4
小　麦	0.93	-7.9
玉　米	16.37	-0.4
大　豆	0.80	6.6
薯　类	8.13	-6.2
油料作物	6.59	-4.0
#油菜籽	6.35	-3.4
花　生	0.13	-39.1
烤　烟	1.08	-33.8
蔬菜及食用菌	263.47	2.2
茶　叶	0.41	10.2
园林水果	19.40	8.1
#梨	5.56	-4.0
桃	2.19	-4.1
柑　橘	1.17	12.2
杨　梅	0.73	6.8
猕猴桃	4.67	30.1
葡　萄	2.15	15.3

全年完成造林面积 1.04 万公顷，比上年下降 9.4%。

全年肉类总产量 15.19 万吨，比上年下降 1.7%；禽蛋产量 28721 吨，比上年增长 13.3%；奶类产量 55832 吨，比上年增长 13.0%；水产品产量 9560 吨，比上年下降 6.5%。

表 4：2016 年主要畜产品产量

指　标	单 位	绝对数	比上年增长（%）
当年肉猪出栏头数	万 头	111.18	-14.6
当年肉用牛出栏头数	万 头	6.59	10.1
当年羊出栏头数	万 只	3.09	2.3
当年家禽出栏头数	万 只	2416.13	40.0
大牲畜年末存栏头数	万 头	21.04	-14.9
#牛	万 头	19.42	-15.8
肉　牛	万 头	4.51	-9.5
奶　牛	万 头	1.50	6.4
役用牛	万 头	13.41	-19.5
马	万 匹	1.62	-2.0
猪年末存栏数	万 头	89.24	-8.7
羊年末存栏数	万 只	4.45	-2.0
家禽年末存栏数	万 只	1462.18	6.6
当年肉类总产量	万 吨	15.19	-1.7
#猪　肉	万 吨	10.15	-12.6
牛　肉	万 吨	0.82	5.8
羊　肉	万 吨	0.06	2.3
禽　肉	万 吨	4.07	40.0
其他畜产品产量			
#生牛奶	吨	55787	13.1
蜂　蜜	吨	35	-7.9
禽　蛋	吨	28721	13.3

全市年末拥有农业机械总动力 191.39 万千瓦，比上年增长 2.6%；全年实现机耕面积 14 万公顷，比上年增长 18.5%；机播面积 4370 公顷，比上年增长 16.7%；机灌面积 40227 公顷，比上年增长 9.7%；机收面积 13738 公顷，比上年增长 38.3%。农用化肥施用量（折纯）6.04 万吨，比上年下降 5.5%。

三、工业和建筑业

全年规模以上工业[3]增加值 780.82 亿元，比上年增长 9.9%。重点产业（行业）规模以上工业增加值 646.95 亿元，比上年增长 7.2%，占规模以上工业增加值的 82.9%。其中，铝及铝加工、磷煤化工、特色食品业增加值、医药制造业分别比上年增长 17.6%、21.2%、22.4%和 12.7%。工业园区规模以上工业企业实现增加值 678.20 亿元，比上年增长 9.3%，占规模以上工业增加值的 86.9%。

34个行业24升10降。全市34个工业行业中，24个行业呈增长趋势，其中石油加工、炼焦和核燃料加工业、酒、饮料和精制茶制造业、造纸和纸制品业、煤炭开采和洗选业和水的生产和供应业5个行业增速均超过30%，共实现工业增加值108.58亿元，占全市规模以上工业增加值的13.9%。

表5：全市工业园区生产情况

工业园区	绝对数（亿元）	比上年增长（%）
全市规模以上工业增加值	780.82	9.9
#园区工业增加值	678.20	9.3
贵州双龙航空港经济区	23.88	3.2
云岩产业园	12.04	2.2
花溪产业园	21.28	15.6
小河—孟关装备制造业生态工业园	210.51	-4.6
乌当医药食品新型产业园	49.46	14.2
白云铝及铝工业基地	79.22	14.0
麦架—沙文高新技术产业园	31.45	16.4
观山湖电子商务和现代制造业产业园	4.00	20.1
开阳磷煤化工生态工业示范基地	68.98	21.8
息烽磷煤化工生态工业基地	60.22	22.3
修文产业园	72.09	20.1
清镇经开区	44.07	16.2

表6：全市规模以上重点产业（行业）生产情况

行业分类	绝对数（亿元）	比上年增长（%）
全市规模以上工业增加值	780.82	9.9
重点产业（行业）	646.95	7.2
磷煤化工	95.52	21.2
铝及铝加工	45.80	17.6
特色食品业	105.80	22.4
烟草制造业	151.93	-8.9
医药制造业	78.13	12.7
装备制造业	107.45	4.9
#汽车制造业	23.22	16.9
#电子信息产业制造业	25.26	14.4
电力生产及供应业	39.73	8.4
橡胶及塑料制品业	22.60	-6.5

表7：全市规模以上工业中主要行业生产情况

行 业 分 类	绝对数（亿元）	比上年增长（%）
主要行业工业增加值合计	315.87	14.8
化学原料和化学制品制造业	77.15	18.8
酒、饮料和精制茶制造业	67.96	30.0
非金属矿物制品业	48.99	14.9
橡胶和塑料制品业	22.60	-6.5
金属制品业	11.55	-20.9
通用设备制造业	12.66	-16.3
铁路、船舶、航空航天和其他运输设备制造业	21.92	4.1
电气机械和器材制造业	13.46	27.1
计算机、通信和其他电子设备制造业	19.45	17.4
石油加工、炼焦和核燃料加工业	20.14	50.7

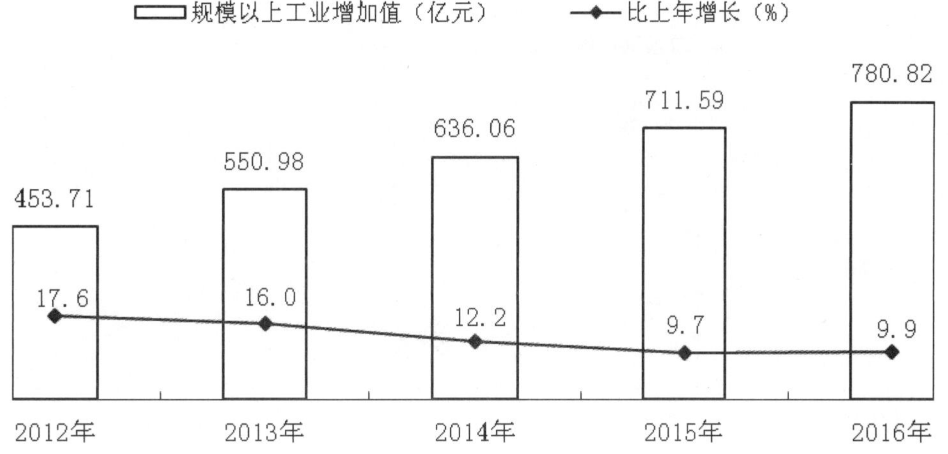

在规模以上工业企业中，轻工业增加值比上年增长6.8%，重工业增加值比上年增长12.9%；国有企业增加值233.60亿元，比上年增长0.9%，国有控股企业增加值379.01亿元，比上年增长2.3%，非公有制工业增加值396.57亿元，占规模以上工业增加值50.8%，比重较上年提高3.9个百分点，对规模以上工业增加值贡献率为86.3%。比上年增长18.2%，高于全市平均水平8.3个百分点；外商及港澳台投资企业增加值49.69亿元，比上年增长22.5%。

高技术产业（制造业）稳步增长。全市规模以上高技术产业（制造业）实现工业增加值126.17亿元，比上年增长12.4%，增速高于全市平均水平2.5个百分点。总量占全市规模以上的16.2%，比重较上年提高0.4个百分点，对全市规模以上工业的贡献率为19.7%。

表8：全市规模以上工业企业主要工业产品产量

指　标	单　位	绝对数	比上年增长（%）
白　酒	万　升	1023.79	44.5
啤　酒	万　升	30854.63	1.6
发电量	亿千瓦时	126.30	0.8
电解铝	万　吨	29.82	-2.7
钢　材	万　吨	82.68	38.8
橡胶轮胎外胎	万　条	492.45	2.1
磷矿石（折含五氧化二磷30%）	万　吨	2186.53	11.2
农用氮、磷、钾化学肥料（折纯）	万　吨	330.99	6.3
彩色电视机	万　台	119.36	-3.0
水　泥	万　吨	1160.52	-5.1
卷　烟	亿　支	503.26	-9.1
中成药	万　吨	5.22	4.6

全年规模以上工业企业679个，比上年增长6.8%。主营业务收入2733.52亿元，比上年增长8.0%；实现利税总额410.19亿元，比上年下降7.9%；实现利润总额220.42亿元，比上年下降7.4%。

全市建筑业实现增加值 447.46 亿元，比上年增长 16.0%。具有资质等级的总承包和专业承包建筑企业 316 户，资质以上建筑企业房屋建筑施工面积 9304.67 万平方米，比上年增长 5.8%；房屋建筑竣工面积 1579 万平方米，比上年增长 26.7%。

图4：2012年-2016年建筑业增加值及增长速度

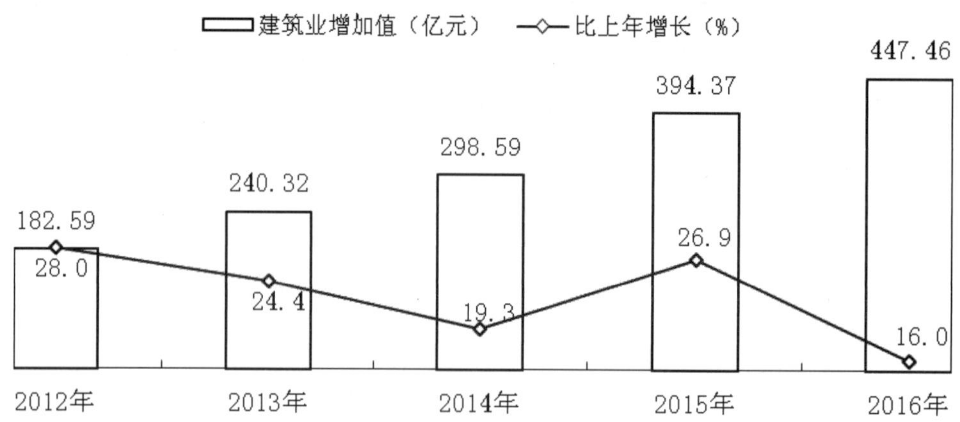

四、固定资产投资

全年固定资产投资[4] 3380.73 亿元，比上年增长 20.5%。分产业看，第一产业投资 149.12 亿元，比上年增长 56.4%；第二产业投资 666.31 亿元，比上年增长 13.0%；第三产业投资 2565.30 亿元，比上年增长 21.0%。

表 9：2016 年分行业固定资产投资及增长速度

指　标	绝对数(亿元)	比上年增长（%）
固定资产投资	3380.73	20.5
第一产业	149.12	56.4
第二产业	666.31	13.0
#工　业（不含工业园区基础设施）	661.53	13.5
#化学原料及化学制品制造业	53.51	-19.5
医药制造业	30.07	56.2
非金属矿制品业	85.48	11.9
黑色金属冶炼及压延加工业	16.22	1.3 倍
有色金属冶炼及压延加工业	21.13	-43.0
电气机械及器材制造业	29.44	3.9
第三产业	2565.30	21.0
#交通运输、仓储和邮政业	227.75	4.0
#道路运输业	125.98	4.0
信息传输、计算机服务和软件业	53.46	1.8 倍
水利、环境和公共设施管理业	838.73	71.5
#公共设施管理业	801.03	71.3

全年固定资产投资到位资金 2943.87 亿元，比上年增长 14.9%。其中，国家预算内资金 90.95 亿元，比上年增长 1.3 倍；国内贷款 689.58 亿元，比上年增长 32.1%；自筹资金 1479.77 亿元，比上年增长 21.0%；其他资金 657.31 亿元，比上年下降 11.7%。

全年房地产开发项目投资 927.32 亿元，比上年下降 7.7%。其中，住宅投资 493.33 亿元，

比上年下降 15.9%；办公楼投资 122.91 亿元，比上年下降 8.4%；商业营业用房投资 211.90 亿元，比上年增长 21.6%；其他投资 99.81 亿元，比上年下降 10.0%。

表 10：2016 年房地产开发和销售主要指标完成情况

指　　标	绝对数	比上年增长（%）
本年施工面积（万平方米）	6176.97	-11.2
#住　宅	3905.45	-15.4
本年新开工面积（万平方米）	896.24	-23.6
#住　宅	556.65	-11.6
本年竣工房屋面积（万平方米）	980.52	-31.3
#住　宅	642.02	-41.6
本年销售商品房面积（万平方米）	988.57	2.1
现房销售面积	121.26	70.7
#住　宅	72.24	45.1
期房销售面积	867.32	-3.3
#住　宅	760.54	1.6
本年商品房销售额（亿元）	587.47	1.0
现房销售额	76.71	78.2
#住　宅	41.47	69.8
期房销售额	510.76	-5.1
#住　宅	406.50	9.7

五、国内贸易

全年实现社会消费品零售总额 1195.34 亿元，比上年增长 12.7%。其中，限额以上单位通过互联网实现的零售额为 47.72 亿元，比上年增长 134.0%。

按经营地统计，城镇消费 1055.99 亿元，比上年增长 11.9%，其中城区消费 1012.07 亿元，比上年增长 10.3%；乡村消费 139.35 亿元，比上年增长 19.3%。按消费形态分，商品零售 1152.91 亿元，比上年增长 13.0%；餐饮收入 42.43 亿元，比上年增长 5.3%。

图5：2012年-2016年社会消费品零售总额及增长速度

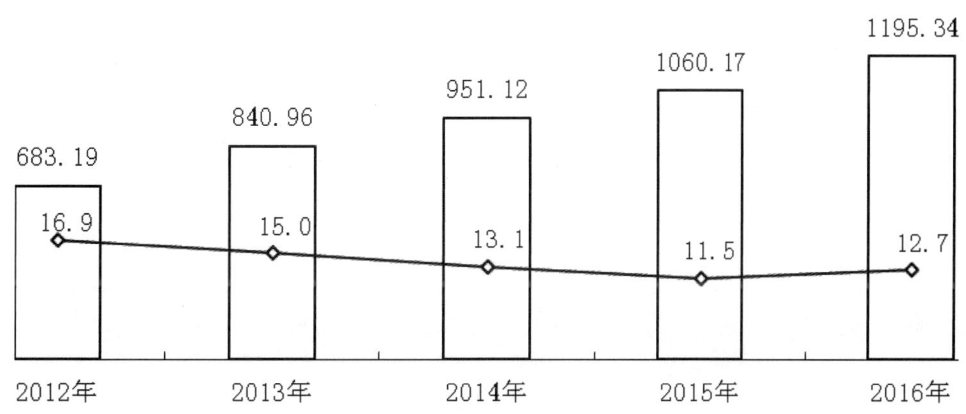

表 11：2016 年社会消费品零售总额完成情况

行业分类	绝对数（亿元）	比上年增长（%）
社会消费品零售总额(亿元)	1195.34	12.7
#限额以上	869.53	10.3
按销售单位所在地分		
城　镇	1055.99	11.9
#城　区	1012.07	10.3
乡　村	139.35	19.3
按消费形态分		
餐饮收入	42.43	5.3
商品零售	1152.91	13.0
#限额以上企业（单位）商品零售	843.44	10.5
#粮油、食品类	56.08	12.3
饮料类	7.07	15.5
烟酒类	31.19	67.3
服装鞋帽、针纺织品类	53.55	-2.5
化妆品类	10.44	3.3
金银珠宝类	6.06	-4.0
日用品类	27.66	10.9
体育、娱乐用品类	2.94	41.6
书报杂志类	4.63	7.8
家用电器和音响器材类	32.63	6.7
中西药品类	60.88	10.7
文化办公用品类	9.57	3.6
家具类	2.36	83.9
通讯器材类	8.98	-4.1
石油及制品类	147.87	6.7
建筑及装潢材料类	4.62	23.9
汽车类	346.52	12.4

六、对外经济

全年外贸进出口总额 39.27 亿美元，比上年下降 56.9%。其中出口 32.88 亿美元，比上年下降 58.4%；进口 6.40 亿美元，比上年下降 47.7%。

全年批准外商投资项目 24 项，比上年下降 20.0%。实际直接利用外资 11.20 亿美元，比上年增长 20.8%。

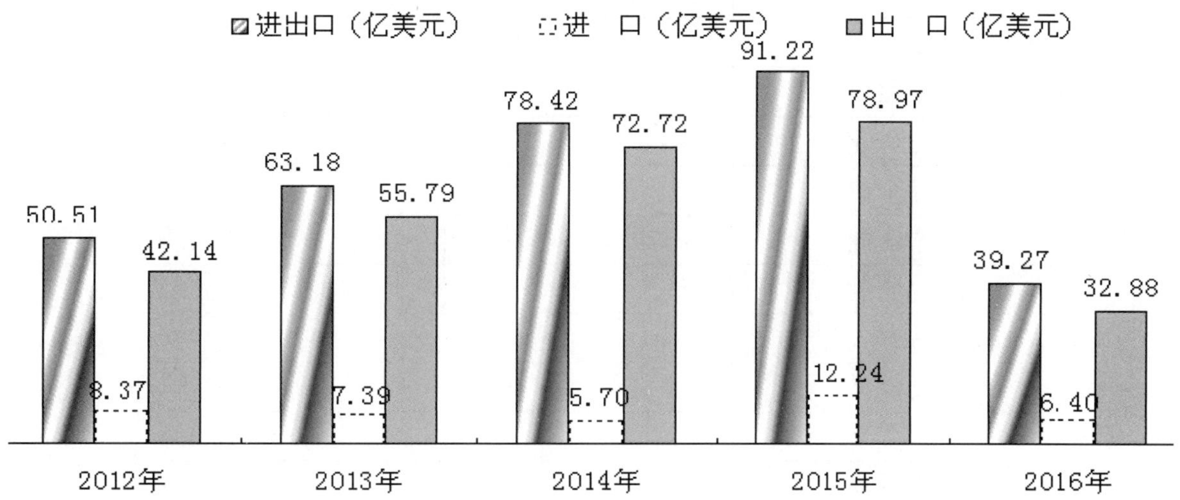

表 12：2016 年外贸进出口情况

指　　标	绝对数（亿美元）	比上年增长（%）
海关进出口总额	39.27	-56.9
按企业性质分		
三资企业	2.53	8.0
国有企业	20.92	-22.8
集体企业	0.20	-47.1
民营企业及其他	15.63	-74.5
按贸易方式分		
一般贸易	29.96	-59.9
加工贸易	7.43	-33.4
其他贸易	1.89	-64.2
出口总额	32.88	-58.4
按企业性质分		
三资企业	1.51	26.8
国有企业	17.51	-19.5
集体企业	0.11	-65.0
民营企业及其他	13.74	-75.3
按贸易方式分		
一般贸易	26.99	-61.7
加工贸易	5.06	-21.5
其他贸易	0.83	-59.9

指　　标	绝对数（亿美元）	比上年增长（%）
进口总额	6.40	-47.7
按企业性质分		
三资企业	1.02	-11.6
国有企业	3.40	-36.3
集体企业	0.09	64.9
民营企业及其他	1.89	-66.8
按贸易方式分		
一般贸易	2.97	-31.6
加工贸易	2.37	-49.6
其他贸易	1.06	-66.9

表 13：2016 年分国别（地区）外贸进出口情况

单位：亿美元

国家或地区	外贸进出口总额	出　口	进　口
总　计	39.27	32.88	6.40
亚 洲	23.39	19.22	5.92
#香 港	3.41	3.41	0.00
印 度	3.09	3.02	0.07
日 本	1.25	0.97	0.28
韩 国	1.80	1.74	0.06
台 湾	0.96	0.20	0.76
东 盟	8.53	6.71	1.82
非 洲	1.68	1.52	0.16
欧 洲	4.74	4.15	0.59
#欧 盟	4.11	3.62	0.49
拉丁美洲	1.68	1.60	0.08
北美洲	4.91	3.69	1.22
#美 国	4.47	3.44	1.03
大洋洲	2.88	2.70	0.18
#澳大利亚	1.82	1.79	0.03

七、交通、邮电和旅游

2016 年，贵阳机场通航城市 92 个，比上年增加 11 个城市。其中国际城市 17 个，比上年增加 5 个，地区 3 个，比上年增加 1 个。全年各种运输方式完成旅客发送量 66171.44 万人次，比上年下降 1.2%；完成货物运输量 38685.02 万吨，比上年增长 20.2%。

表14：2016年运输完成情况

指　标	绝对数	比上年增长（%）
旅客发送量(万人次)	66171.44	-1.2
铁　路	2203.80	9.1
公　路	62385	-1.9
航　空	1510.50	14.0
水　运	72.14	56.0
货物运输量(万吨)	38685.02	20.2
铁　路	1312.90	3.9
公　路	37355	20.8
航　空	9.59	10.0
水　运	7.53	73.5

全市年末民用车辆拥有量119.06万辆，比上年末增长7.4%，其中汽车拥有量91.67万辆，比上年末增长8.9%。私人汽车拥有量80.04万辆，比上年末增长10.2%。

全市邮电业务总量200.27亿元，比上年增长51.4%，其中邮政业务总量14.12亿元，比上年增长30.4%。电信业务总量186.15亿元，比上年增长53.3%。邮政业务收入15.70亿元，比上年增长49.0%。快递业务量5929.04万件，比上年增长46.7%；移动电话实行实名制清理，年末用户655.89万户，比上年下降23.4%。其中，3G用户数60.89万户,4G用户数385.68万户；宽带上网用户123.65万户，比上年增长6.5%。

全市全年旅游总人数11091.79万人次，比上年增长31.0%,其中接待国内游客11073.42万人次，接待外国（海外）游客17.52万人天。旅游总收入1389.51亿元，比上年增长33.5%，其中旅游外汇收入达7902.86万美元。

2016年旅游资源大普查中，全市旅游资源单体登记6499处，其中，已开发或正在进行规划、开发2071处；未开发（新发现）4428处；优良级旅游资源7607处。优良级旅游资源中，已开发或正在进行规划、开发386处；未开发（新发现）292处。

表15：2016年旅游情况

指　标	单　位	绝对数	比上年增长（%）
接待海外旅游人数	人　次	183685	15.9
外国人	人　次	82622	14.8
港澳同胞	人　次	55344	11.8
台湾同胞	人　次	45719	23.5
接待海外旅游人天数	人　天	389412	14.4
外国人	人　天	175159	15.6
港澳同胞	人　天	117329	10.3
台湾同胞	人　天	96924	17.4
旅游外汇收入	万美元	7902.86	31.0
国内旅游			
接待国内游客	万人次	11073.42	30.9
旅游收入	亿　元	1384.08	33.5
旅游总收入	亿　元	1389.51	33.5

八、财政、金融、证券和保险

全年完成财政总收入 717.70 亿元，剔除营改增因素比上年增长 2.3%；一般公共预算收入 366.32 亿元，比上年增长 4.4%；一般公共预算支出 525.61 亿元，比上年增长 4.4%。

表 16：2016 年财政收支完成情况

指 标	绝对数（亿元）	比上年增长（%）
财政总收入	717.70	2.3
#一般公共预算收入	366.32	4.4
税收收入	283.78	1.9
#增值税	71.97	-4.0
营业税	45.60	19.9
企业所得税	28.36	-6.7
个人所得税	11.88	-0.3
非税收入	82.54	14.0
一般公共预算支出	525.61	4.4
#一般公共服务	74.26	2.9
公共安全	49.95	20.6
教 育	99.27	0.8
科学技术	17.26	19.0
社会保障和就业	38.92	12.4
医疗卫生与计划生育	38.82	-1.6
城乡社区	50.81	8.2

全市年末金融机构本外币各项存款余额 9978.84 亿元，比年初增加 1120.86 亿元，其中，住户存款余额 2505.41 亿元，比年初增加 241.43 亿元；金融机构本外币各项贷款余额 9256.41 亿元，比年初增加 1311.86 亿元。全市年末金融机构人民币各项存款余额 9928.30 亿元，比年

初增加1156.09亿元，其中，住户存款余额2486.070亿元，比年初增加234.40亿元；非金融企业存款余额4662.62亿元，比年初增加819.80亿元。金融机构人民币各项贷款余额9153.20亿元，比年初增加1277.63亿元，其中，短期贷款余额301.53亿元，比年初下降1.65亿元；中长期贷款余额1453.16亿元，比年初增加228.48亿元。

全年保险保费收入114.35亿元，比上年增长19.6%。保险赔付支出45.39亿元，比上年增长14.3%。

表17：2016年保险业情况

指　标	绝对数（亿元）	比上年增长（%）
保费收入	114.35	19.6
财产险	57.77	14.2
#机动车辆保险	44.67	19.4
人身险	56.58	25.7
人寿险	47.12	23.8
健康险	6.94	44.3
意外伤害险	2.52	17.6
赔付支出	45.39	14.3
财产险	30.15	17.0
#机动车辆保险	22.69	15.9
人身险	15.24	9.3
人寿险	12.82	7.6
健康险	1.95	23.4
意外伤害险	0.47	6.8

全市年末共有上市公司16家，其中上交所7家，深交所9家。上市公司总市值1935.48亿元，比上年增长16.2%。证券公司2家，证券营业部50家，资金帐户数72.97万户，成交金额达到6744.21亿元。期货营业部10家，成交金额3730.03亿元。

九、科学技术和教育

全年专利申请受理量为9956件，比上年增长43.0%。专利授权量4754件，比上年下降40.6%，其中发明专利1236件，比上年增长31.5%；实用新型专利2983件，比上年下降16.5%；外观设计专利535件，比上年下降84.7%。新获批院士工作站2个，博士后科研流动工作站2个，重点（工程）实验室3个，省级企业技术中心5个。新建贵阳交通大数据孵化器等创新创业孵化器12个，新增6家国家级众创空间，8家省级众创空间。成功获得全国第二批“小微企业创业创新基地城市示范”资格。

全年研究生教育招生5107人，在校生14650人，毕业生4177人；高等教育招生12.61万人，在校生40.98万人，毕业生9.44万人；中等职业教育招生4.94万人，在校生13.80万人，毕业生4.40万人；普通高中招生2.93万人，在校生8.88万人，毕业生2.86万人；普通初中招生4.88万人，在校生14.93万人，毕业生5.57万人；普通小学招生6.83万人，在校生34.83

万人，毕业生 4.97 万人；特殊教育招生 302 人，在校生 1115 人，毕业生 151 人；幼儿园在园幼儿 15.88 万人。

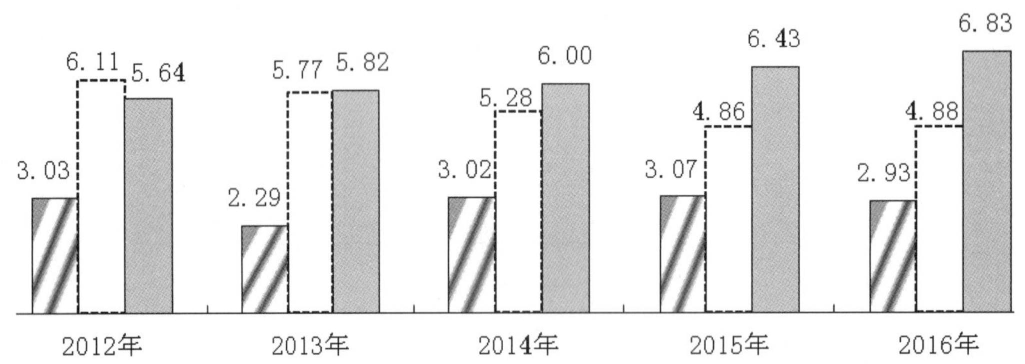

十、文化、卫生和体育

全市共有艺术表演团体 10 个，文化馆、群众艺术馆 13 个，文化站 170 个，公共图书馆 14 个，图书馆藏书量 403.07 万册。有广播电台 2 座，广播人口综合覆盖率 100%。电视台 2 座，电视人口综合覆盖率 99.71%。

全市年末拥有卫生机构 3165 个，其中医院 182 个，乡镇卫生院 76 个，社区卫生服务中心 54 个，村卫生室 1352 个，疾病预防控制中心 13 个；卫生机构床位 32924 张；卫生技术人员 41472 人，执业（助理）医师 15834 人，注册护士 18333 人，药师 1699 人，技师 2127 人。

全市拥有 1 所体育运动学校，776 名运动员（不含省级单位）。全年共举办全民健身活动 404 次，其中，1000 人以上的全民健身活动 149 次；举办培训班 5 次，培训人数达到 330 人。全年参加国内体育比赛，贵阳代表队获奖牌 299 枚。其中，金牌 99 枚，银牌 116 枚，铜牌 84 枚。 先后成功举办和承办了贵阳国际马拉松赛、贵阳国际拳击季、CMEG 全国移动电子竞技大赛总决赛、全国健身气功站点联赛（南部赛区）、ITF 国际女子网球巡回赛（贵阳站）和中甲足球联赛等大型赛事；贵州恒丰智诚足球俱乐部在 2016 甲足球联赛中以中甲联赛第二名冲入中超。

十一、城市建设和生态环境

年末市区道路总长度达到 1306 公里，道路面积 2643 万平方米，桥梁 345 座，其中立交桥 26 座。公交运营车辆 3265 辆[(5)]，折合标准运营车辆 3971 标台，运营线路总长度 4721 公里，公交客运总量 61994 万人次。城市出租汽车 8904 辆。

全市自来水厂 8 个，自来水综合生产能力 134.50 万立方米/日，供水管道长度达到 3850.23 公里。全年供水总量 29727.09 万立方米，售水总量 26294.10 万立方米，其中公共服务用水 6210.97 万立方米，居民家庭用水 15961.88 万立方米。

天然气供气总量 24903 万立方米，比上年增长 21.5%。其中家庭用量 9854 万立方米，比上年增长 13.8%。用天然气户数 89.27 万户，其中家庭用户 88.78 万户，比上年增长 20.2%。天然气人口 252.14 万人。

全市 22 个污水处理厂，处理能力 110 万吨/天，其中市区污水处理厂 11 座，市区污水处理能力 100 万吨/天，市区排水管道长度 3423.81 公里。

生态环境进一步优化。全市 16 个县级以上和 39 个建制乡镇集中式饮用水源地均达到III类水质标准，水质达标率 100%；工业固体废物处置利用率 97.53%，淘汰落后产能和化解过剩产能 35 万吨。全市区域噪声为 59 分贝，交通噪声为 69.6 分贝，控制在国家标准范围内。“千园之城”有序推进，新建森林公园、湿地公园、山体公园、城市公园、社区公园共 249 个，建成高新区太阳湖公园、观山湖区百花湖森林公园一期、白云区泉湖公园、清镇乡愁贵州公园等 11 个市级示范公园；成功申报贵阳登高云山森林公园、贵州乌当羊昌黄连森林公园、清镇市黔中竹海森林公园、开阳云顶山森林公园、开阳二重山森林公园等 5 个省级森林公园；新增城市绿地 629.69 万平方米；建成区园林绿地面积 11744.20 公顷，建成区绿化覆盖面积 12182.48 公顷，建成区公园绿地面积 3600.94 公顷，建成区绿化覆盖率 40.74%，人均公园绿地面积 12.86 平方米，森林覆盖率 46.5%。

全市环境空气质量综合指数[6] 3.99，与上年持平。全年空气质量为优和良的天数占全年天数的 95.6%，比上年提高 2.4 个百分点，区域噪声 59 分贝，交通噪声 69.6 分贝，控制在国家标准范围内。市区大气可吸入颗粒物年平均浓度为 0.063 毫克/立方米，比上年上升 3.3%；二氧化硫年平均浓度为 0.013 毫克/立方米，比上年下降 23.5%；二氧化氮年平均浓度为 0.029 毫克/立方米，比上年上升 3.6%；细颗粒物年平均浓度为 0.037 毫克/立方米，比上年下降 5.1%。

全年平均气温 15.3℃，极端最高气温 33.7℃，极端最低气温零下 4.8℃。全年平均相对湿度 80%，总降水量 1046 毫米，日照时数 1160 小时。

十二、人民生活和劳动就业

全年城镇常住居民人均可支配收入 29502 元，比上年增长 8.3%，扣除价格因素，实际增长 7.1%。人均消费性支出 24335 元，比上年增长 8.0%；教育文化娱乐占消费性支出的比重为 14.9%。每百户居民拥有的家用汽车和移动电话机数量分别为 31.48 辆和 209.77 部。

图8：2012年-2016年城乡居民人均可支配收入

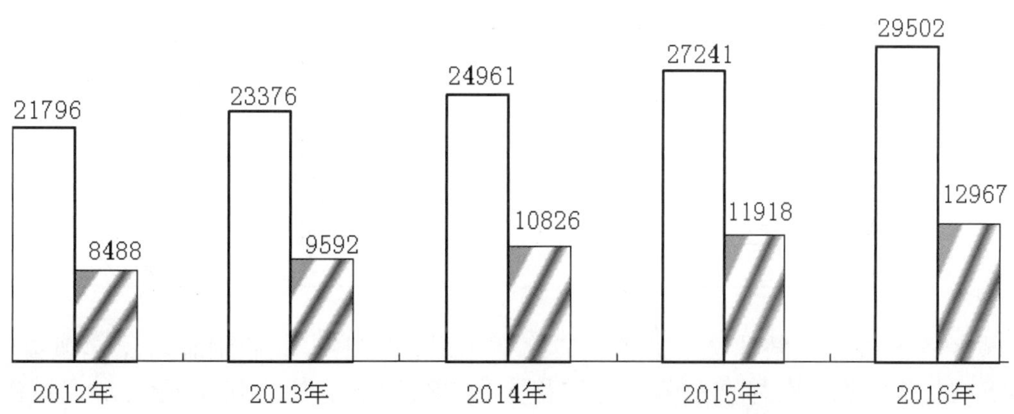

表 18：2016 年末每百户城镇居民家庭耐用消费品拥有量情况

指　标	单　位	绝对数
家用汽车	辆	31.48
摩托车	辆	4.70
电冰箱	台	97.39
洗衣机	台	99.40
热水器	台	85.01
空调	台	17.61
彩色电视机	台	104.86
摄像机	台	8.26
照相机	台	21.00
计算机	台	55.30
中高档乐器	架	3.38
固定电话	部	45.65
移动电话	部	209.77

农村常住居民人均可支配收入为 12967 元，比上年增长 8.8%。扣除物价因素，实际增长 7.6%。人均生活消费支出 11044 元，比上年增长 11.8%；教育文化娱乐占生活消费性支出的比重为 10.8%。

表 19：2016 年末每百户农村居民家庭耐用消费品拥有量情况

指　标	单　位	绝对数
家用汽车	辆	28.01
摩托车	辆	58.05
电冰箱	台	86.19
洗衣机	台	99.91
热水器	台	58.83
空调	台	0.74
彩色电视机	台	106.53
摄像机	台	0.08
照相机	台	3.63
计算机	台	18.00
中高档乐器	架	0.60
固定电话	部	9.80
移动电话	部	260.28

全年城乡统筹就业人数达 26.54 万人，比上年增长 3.1%。就业困难对象实现再就业 11593 人，比上年增长 14.4%。农村富余劳动力转移人数 38378 人，比上年增长 3.3%。城镇新增就业人数 22.70 万人，比上年增长 3.1%。年末城镇登记失业率为 3.1%。

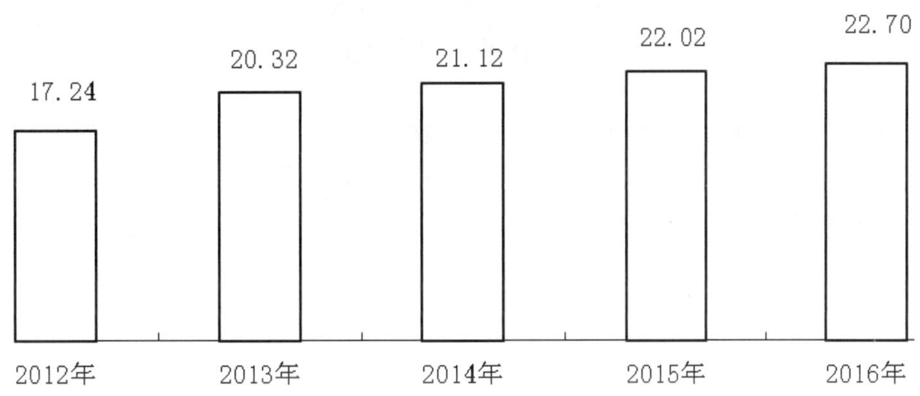

十三、人口、社会保障和服务

全市年末常住人口469.68万人，年平均人口465.93万人。年出生率11.05‰，死亡率5.20‰，自然增长率5.85‰，城镇化率达74.16%。

表20：2016年末人口数及其构成

指　标	单　位	绝对数	比上年增长（%）
年平均人口	万　人	465.93	1.5
年末总人口	万　人	469.68	1.6
按市镇、乡村分			
市　镇	万　人	348.31	2.9
乡　村	万　人	121.37	1.9
按性别分			
男	万　人	240.57	1.4
女	万　人	229.11	1.9
人口出生率	‰	11.05	0.84
人口死亡率	‰	5.20	0.24
自然增长率	‰	5.85	0.6

全市年末参加城镇职工基本养老保险人数170.01万人，比上年增长9.0%，其中在岗职工基本养老保险142.76万人，比上年增长9.3%，离退休职工基本养老保险27.25万人，比上年增长7.5%；城乡居民养老保险人数83.57万人，与去年基本持平；失业保险参保人数66.73万人，比上年增长3.3%；城镇职工基本医疗保险参保人数132.04万人，比上年增长4.4%；城镇居民医疗保险参保人数70.18万人，比上年增长7.7%；参加生育保险人数120.73万人，比上年增长12.0%；农村合作医疗参合率达到99.48%。

全市城市养老服务机构 72 个，年末床位数 8087 张，年末在院人数 2612 人。农村养老服务机构 5 个，年末床位数 690 张，年末在院人数 421 人；社区服务中心 171 个，其中农村 78 个；社区服务站 1459 个，其中农村 912 个；城乡居民享受最低生活保障的人数达 10.27 万人，其中城镇最低生活保障人数为 5.84 万人，农村最低生活保障人数为 4.43 万人；国家抚恤、补助优抚对象总人数达到 17215 人；全年民政部门直接接受社会捐赠款 244.50 万元，受益人数达 3000 人次。

十四、安全生产

全年各类生产安全事故(7) 239 起，共死亡 180 人。其中，道路交通发生安全事故 222 起，死亡 158 人；工矿商贸发生安全事故 7 起，死亡 16 人；铁路交通发生安全事故 9 起，死亡 6 人；无煤矿安全事故发生。

注　释：

⑴公报中所列数据为初步统计数。

⑵生产总值和各产业增加值绝对数为当年价格，增长速度按可比价格计算。

⑶规模以上工业指年主营业务收入为 2000 及 2000 万元以上工业企业。

⑷统计口径为计划总投资 500 万元及以上固定资产项目投资和全部房地产开发项目投资。

⑸公交运营车辆数包含三县一市数据。

⑹环境空气质量指数（AQI）技术规定（试行）（HJ633-2012）与《环境空气质量标准》（GB 3095—2012）同步实施，标准内容可在环境保护部网站（bz.mep.gov.cn）查询。

⑺生产安全事故不含消防火灾事故，2016 年安全生产事故统计制度改革，统计口径发生改变，与上年数据不可比。

⑻资料来源：本公报中电信数据来自贵州省通信管理局；民航运输数据来自贵州省机场集团；铁路运输数据来自成都铁路局；上市公司数据来自证监委贵州监管局；保险业数据来自贵州保监局；教育数据来自贵州省教育厅、市教育局；艺术表演团体、公共图书馆、文化馆数据来自贵州省文化厅、市文广局；广播、电视数据来自省新闻出版广电局、市文广局；体育数据来自市体育局；城镇新增就业、登记失业率、社会保障数据来自市人力资源和社会保障局；财政数据来自市财政局；农业机械总动力和机耕面积数据来自市农业委员会；公路运输数据来自市交通委员会；水运数据来自市地方海事局；燃气供应数据来自市住房城乡建设局；外商投资、外贸进出口数据来自市商务局；民用车辆数据来自市公安局；邮政业务数据来自市邮政管理局；旅游数据来自市旅游产业发展委；金融数据来自人民银行贵阳中心支行；科技、专利数据来自市科技局；平均气温及湿度数据来自市气象局；卫生、新农合数据来自市卫计委；社会福利、低保、社会捐赠数据来自市民政局；环境监测、建成区绿化数据来自市生态委；城市建设数据来自市城管局；自来水及污水处理等数据来自市水务局；公交运营数据来自市公交公司、市城市公共交通管理局；安全生产数据来自市安全监管局；物价和城乡居民收支数据来自国家统计局贵阳调查队；其他数据均来自市统计局。

The Statistical Communiqué of Guiyang on the 2016 National Economic and Social Development [(1)]

Guiyang Statistical Bureau NBS Survey Office in Guiyang

April 11th, 2017

In 2016, Guiyang's economy realized a sustained and rapid growth. The whole city carried out the policies and strategies under the leadership of Guiyang municipal Party committee and municipal government, aiming to build Guiyang a key city of innovation and creation under the leading of big data, develop new drives of economic and push forward supply-side structural reform, further invest people's livelihood.

I. General

According to the preliminary accounting, its annual GDP [(2)] has achieved 315.770 billion yuan, an increase of 11.7% over the previous year. From the perspective of industry, the added value of the primary industry was 13.714 billion yuan with an increase of 5.9% over the previous year; the second industry was 121.879 billion yuan with an increase of 12.1%; and the tertiary industry was 180.177 billion yuan with an increase of 11.9%. The average GDP per capita was 67.771 thousand yuan, with an increase of 10.1% over the previous year.

Figure1: Regional GDP and Growth Rate 2012-2016

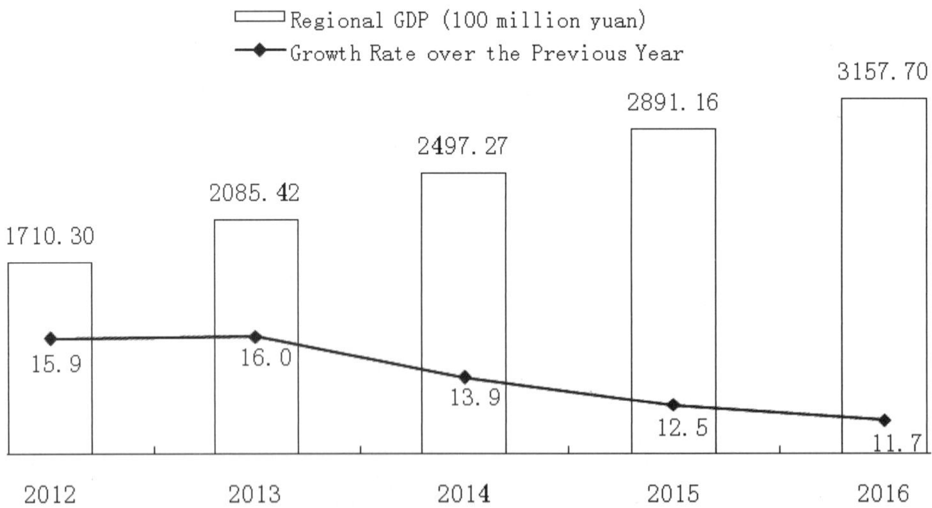

The added value accounting for the regional GDP of primary, secondary, tertiary industry was respectively 4.3%, 38.6% and 57.1%. Comparing to previous year, the proportion of the primary industry and the tertiary industry decreased by 0.2% and 0.1% respectively, while the proportion of the second industry increased by 0.3%.

Table1： GDP by region 2012—2016

Item	2012	2013	2014	2015	2016	Growth Rate over 2015 (%)
GDP（100 million yuan）	1710. 30	2085. 42	2497. 27	2891. 16	3157. 70	11. 7
Primary Industry	72. 28	81. 52	108. 02	129. 89	137. 14	5. 9
Secondary Industry	717. 32	848. 64	976. 59	1108. 52	1218. 79	12. 1
Industry	534. 73	608. 32	678. 00	714. 15	771. 33	9. 9
Construction Industry	182. 59	240. 32	298. 59	394. 37	447. 46	16. 0
Tertiary Industry	920. 70	1155. 26	1412. 66	1652. 75	1801. 77	11. 9
Transportation, Storage and Post	123. 64	159. 24	203. 89	239. 10	263. 64	15. 5
Wholesale and Retail Trades	156. 51	189. 54	222. 65	256. 02	269. 32	9. 8
Hotels and Catering Services	71. 11	85. 52	105. 33	123. 98	128. 99	11. 3
Financial Intermediation	140. 07	193. 05	238. 25	310. 07	337. 56	15. 0
Real Estate	60. 53	76. 40	83. 01	89. 50	92. 97	3. 1
Profit Services	148. 93	179. 88	221. 77	256. 81	290. 28	16. 7
non-profit Services	219. 90	271. 63	337. 77	377. 27	409. 95	7. 8
Per Capital Gross Domestic Product （yuan）	38673	46479	55018	63003	67771	10. 1

The consumer prices in 2016 rose 1.1 percent over the previous year, of which food, tobacco and liquor prices rose 2.9 percent over the previous year and industrial producer prices declined by 2.2%.

Table 2: Fluctuation Range of Consumer Prices in 2016

	Item	Balance Number (%)
Consumer Prices	Consumer price	1. 1
	Non-food and energy	0. 8
	Service price	1. 6
	Consumer goods price	0. 8
	1.Food, tobacco and liquor	2. 9
	2. Clothing	0. 2
	3. Housing	-0. 8
	4.Living goods and services	-0. 4
	5. Transportation and communications	-1. 4
	6. Education, culture and recreation	1. 4
	7. Medical and health care	5. 2
	8.Other articles and services	1. 2
	Retail price	-0. 5

In 2016, the newly-built house price increased by 5.2% over the previous year, and the second-hand house price increased by 1.9% over the previous year.

Figure2: Monthly Changes of Consumer Price Index in 2016

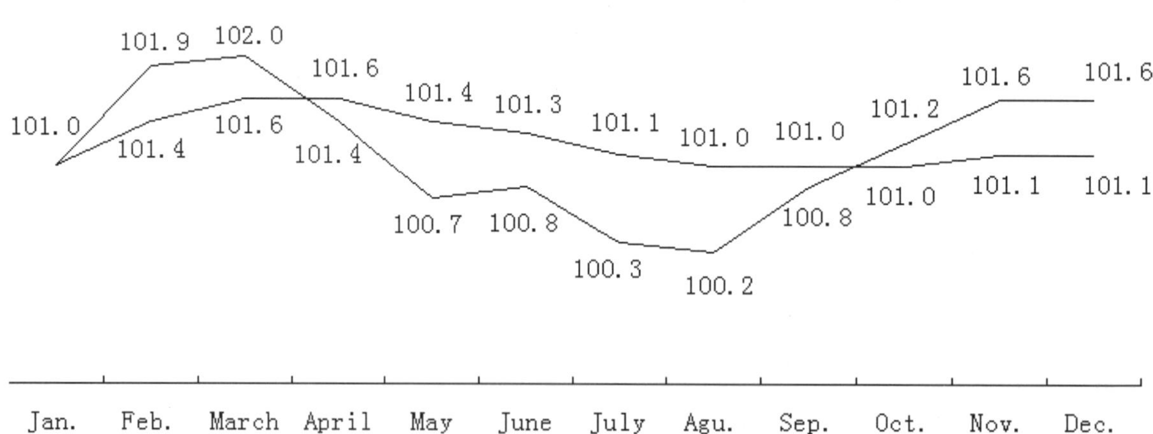

Ⅱ. Agriculture

In 2016, the total sown area of grain was 106.9 thousand hectares, a decrease of 4.0% over the previous year; the sown area of rapeseed was 38.1 thousand hectares, a decrease of 1.7%; the sown area of flue-cured tobacco was 5.7 hectares, a decrease of 35.8% compared with the precious year; the sown area of vegetables and edible mushroom was 122.4 thousand hectares, an increase of 2.7%.

The total output of grain in 2016 was 441.9 thousand tons decreased by 2.6%, of which the

summer grain was 85.1 thousand tons, down by 4.3% while the autumn grain was 356.67 thousand tons decreased by 2.2%.

Table 3: Output of Major Agricultural Products in 2016

Item	Absolute Number	Growth Rate over 2015(%)
Total grain output	**44. 19**	**-2. 6**
By season		
Summer grain	8. 51	-4. 3
Autumn grain	35. 67	-2. 2
By species		
Rice	17. 81	-2. 4
Wheat	0. 93	-7. 9
Corn	16. 37	-0. 4
Beans	0. 80	6. 6
Tubers	8. 13	-6. 2
Oil-bearing crops	6. 59	-4. 0
#Rapeseed	6. 35	-3. 4
Peanut	0. 13	-39. 1
Flue-cured tobacco	1. 08	-33. 8
Vegetables and edible mushrooms	263. 47	2. 2
Tea	0. 41	10. 2
Garden Fruits	19. 40	8. 1
#Pear	5. 56	-4. 0
Peach	2. 19	-4. 1
Tangerine	1. 17	12. 2
Waxberry	0. 73	6. 8
Chinese gooseberry	4. 67	30. 1
Grape	2. 15	15. 3

The total area of forestation in 2016 was 10.4 thousand hectares, down by 9.4% over the previous year.

The total output of meat was 151.9 thousand tons, down by 1.7%; the output of poultry and eggs was 28.721 thousand tons, up by 13.3%; the output of milk was 55.832 thousand tons, up by 13.0%; the output of aquatic products was 9.560 thousand tons, down by 6.5%

Table 4: Output of Major Livestock Products in 2016

Item	Unit	Absolute Number	Growth Rate over 2015(%)
Annual slaughtered fattened hogs	10000 heads	111. 18	-14. 6
Annual slaughtered beef cattle	10000 heads	6. 59	10. 1
Annual slaughtered sheep and goats	10000 heads	3. 09	2. 3
Annual slaughtered poultry	10000 heads	2416. 13	40. 0
Large animal at Year-end	10000 heads	21. 04	-14. 9
# Cattle	10000 heads	19. 42	-15. 8
Beef Cattle	10000 heads	4. 51	-9. 5
Cow	10000 heads	1. 50	6. 4
Draft Cattle	10000 heads	13. 41	-19. 5
Horse	10000 heads	1. 62	-2. 0
Hogs at year-end	10000 heads	89. 24	-8. 7
Sheep and goats at year-end	10000 heads	4. 45	-2. 0
Poultry at year-end	10000 heads	1462. 18	6. 6
Total output of meat	1000 tons	15. 19	-1. 7
#Pork	1000 tons	10. 15	-12. 6
Beef	1000 tons	0. 82	5. 8
Mutton	1000 tons	0. 06	2. 3
Poultry Meat	1000 tons	4. 07	40. 0
Other livestock products			
# Milk	ton	55787	13. 1
Honey	ton	35	-7. 9
Eggs	ton	28721	13. 3

The total power of agricultural machinery in Guiyang was 1.9139 million kilowatt at the end of 2016, increased by 2.6% over the previous year; the area of tractor-ploughed farmland reached 140 thousand hectares, increased by 18.5% over the previous year; the area of mechanical sowing farmland reached 4,370 hectares, increased by 16.7%; the area of pumping irrigation farmland was 40.227 thousand hectares, increased by 9.7%; the area of machine harvested farmland was 13,738 hectares, increased by 38.3%. The application amount of agricultural fertilizer (at volume of effective components) was 60.4 thousand tons, decreased by 5.5%.

Ⅲ. Industry and Construction

In 2016, the added value of industries above the designated size (3) was 78.082 billion yuan, up by 9.9%; The added value of key industries above the designated size was 64.695 billion yuan, up by 7.2%, accounted for 82.9% over the added value of industries above the designated size; of which, the added value of aluminum and aluminum processing, phosphorus and coal chemical industry, special food processing and manufacture of medicine increased by 17.6%, 21.2%, 22.4% and 12.7% respectively. The industrial parks above the designated size was 67.820 billion yuan, up by 9.3 %, accounted for 86.9% of the industries above the designated size.

There are 34 industries in Guiyang, among them, 24 remained increasing and 10 got decreased. Of which, the growth rate of all the 5 industries reached over 30%, they are petroleum processing, coking, nuclear fuel processing industry, manufacturing of liquor, beverage and refined tea, manufacture of paper and paper products, mining and washing of coal and production and supply of water. The industrial added value reached 10.858 billion yuan, accounted for 13.9% of the industries above designated size in Guiyang.

Table 5: Output of Guiyang Industrial Park

Industrial Park	Absolute Number	Growth Rate over 2015（%）
Added Value of Industries Above Designated Size	780. 82	9. 9
# Added Value of Industrial Park	678. 20	9. 3
Guizhou Shuanglong Air Harbor Economic Zone	23. 88	3. 2
Yunyan Industrial Park	12. 04	2. 2
Huaxi Industrial Park	21. 28	15. 6
Xiaohe-Mengguan Equipment Manufacturing Eco-industry Park	210. 51	-4. 6
Wudang New Type Industries of Medicine and Food	49. 46	14. 2
Baiyun Aluminum and Aluminum Industrial Park	79. 22	14. 0
Maijia-Shawen New & Hi-tech Industrial Park	31. 45	16. 4

Industrial Park	Absolute Number	Growth Rate over 2015 (%)
Guanshanhu E-commerce and Modem Manufacturing Industrial Park	4. 00	20. 1
Kaiyang Phosphorus and Coal Industrial Park	68. 98	21. 8
Xifeng Phosphorus and Coal Industrial Park	60. 22	22. 3
Xiuwen Industrial Park	72. 09	20. 1
Qingzhen Economic Development Zone	44. 07	16. 2

Table 6: The Production Status of Key Industries above Designated Size

Industry Classification	Absolute Number (100 million yuan)	Growth Rate Over 2015 (%)
Added Value of Industries Above Designated Size	780. 82	9. 9
Key Industries	646. 95	7. 2
Phosphor and Coal Chemical Industry	95. 52	21. 2
Aluminum and Aluminum Processing	45. 80	17. 6
Special Food Industry	105. 80	22. 4
Tobacoo Manufacturing Industry	151. 93	-8. 9
Pharmaceutical Industry	78. 13	12. 7
Equipment Manufacturing Industry	107. 45	4. 9
# Automobile Industry	23. 22	16. 9
# Electronic Information Industry	25. 26	14. 4
Electric Power Production and Supply Industry	39. 73	8. 4
Rubber and Plastic Manufacturing Industry	22. 60	-6. 5

Table 7: The Production Status of Main Industries above Designated Size

Industry Classification	Absolute Number（100 million yuan）	Growth Rate Over 2015（%）
Total Added Value of Main Industries	315.87	14.8
Manufacture of Raw Chemical Materials and Chemical Products	77.15	18.8
Manufacture of Liquor, Beverages and Refined Tea	67.96	30.0
Manufacture and Processing of Non-ferrous Metals	48.99	14.9
Manufacture of Chemical Fibers and Plastics	22.60	-6.5
Manufacture of Metal Products	11.55	-20.9
Manufacture of General Purpose Machinery	12.66	-16.3
Manufacture of Railway, Watercraft, Aviation, Aerospace and Other Transport Equipment	21.92	4.1
Manufacture of Electrical Machinery and Equipment	13.46	27.1
Manufacture of Computers, Communication Equipment and Other Electronic Equipment	19.45	17.4
Petroleum Processing, Coking and Nuclear Fuel Processing	20.14	50.7

Figure3： Added Value of Industries Above Designated Size and Growth Rate(2012-2016)

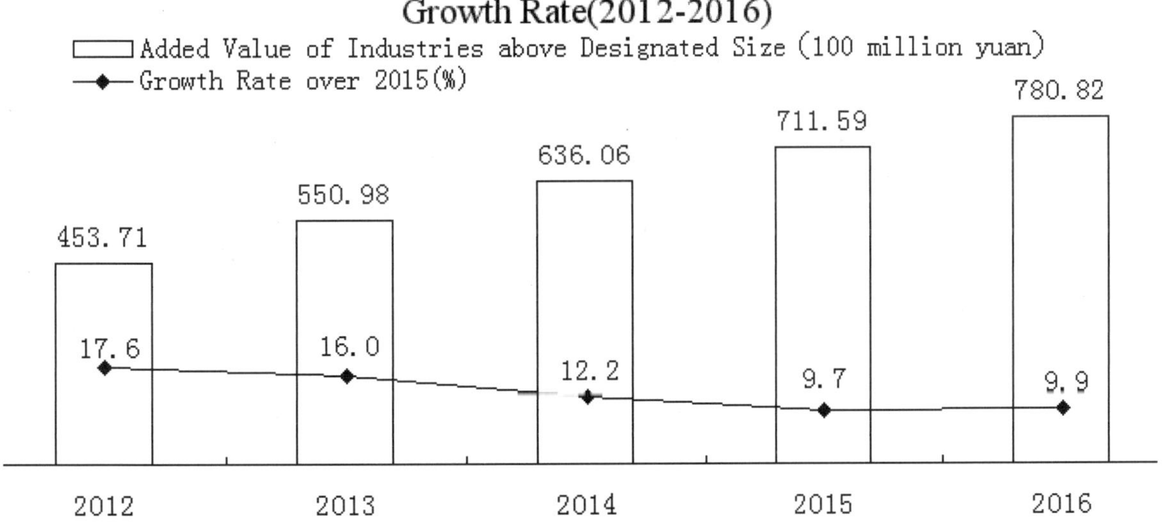

For the added value of the industrial enterprises above the designated size, the light industry increased by 6.8%, the heavy industry increased by 12.9%, the added value of the state-owned enterprises was 23.360 billion yuan, up by 0.9% over the previous year. The added value of the state-holding enterprises was 37.901 billion yuan, increased by 2.3%. The added value of non-public industries was 39.657 billion yuan, accounted for 50.8% of the industrial enterprises above the designated size, with the proportion increased by 3.9%, with a contribution rate of 86.3% for the industrial enterprises above designated size, up by 18.2% over the previous year, 8.3% higher than the average level of Guiyang city. The added value of enterprises by foreign investors and investors from Hong Kong, Macao and Taiwan was 4.969 billion yuan, increased by 22.5 % over the previous year.

The high-tech enterprises (manufacture industry) had a steady increase. The industrial added value of the high-tech enterprises (manufacture industry) reached 12.617 billion yuan, increased by 12.4% over the previous year, with a growth rate 2.5% higher the average level of Guiyang city. The total number accounted for 16.2% of the enterprises above designated size in Guiyang city, increased by 0.4% over the previous year, with a contribution rate of 19.7% for the enterprises above designated size in Guiyang city.

Table 8: Output of Major Industrial Enterprises above Designated Size in 2016

Item	Unit	Absolute Number	Growth Rate over 2015 (%)
Liquor	1 000 liters	1023. 79	44. 5
Beer	10 000 liters	30854. 63	1. 6
Electricity	100 million Kilowatt-hours	126. 30	0. 8
Electrolytic Aluminum	10 000 tons	29. 82	-2. 7
Steel	10 000 tons	82. 68	38. 8
Tires	10 000 tires	492. 45	2. 1
Phosphorus ore（30%phosphorus pentoxide）	10 000 tons	2186. 53	11. 2
Chemical fertilizers(farm-oriented NPK fertilizer purification)	10 000 tons	330. 99	6. 3
Color TV set	10 000 sets	119. 36	-3. 0
Cement	10 000 tons	1160. 52	-5. 1
Cigarettes	100million pieces	503. 26	-9. 1
Traditional Chinese medicine	10 000 tons	5. 22	4. 6

There were 679 industrial enterprises above the designated size in 2016, up by 6.8% over the previous year. The revenue made by the industrial enterprises above the designated size was 273.352 billion yuan, up by 8.0%. The total taxes and profits was 41.019 billion yuan, down by 7.9%. The total profits achieved 22.042 billion yuan, down by 7.4%.

The total added value of construction in Guiyang was 44.746 billion yuan, increased by 16.0%. There were 316 qualified general and professional contracting construction enterprises. The area constructed by qualified enterprises was 93.0467 million square meters, increased by 5.8%. The floor space of building completed was 15.79 million square meters, increased by 26.7%.

Figure4:Added Value of Construction and Growth Rate(2012-2016)

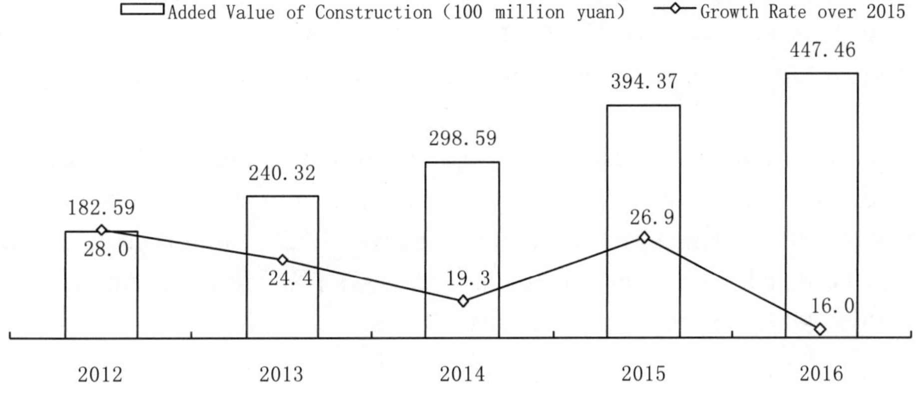

Ⅳ. Investment in Fixed Assets

The total investment in fixed assets (4) of Guiyang in 2016 was 338.073 billion yuan, increased by 20.5% over the previous year. From the perspective of sector, the investment in primary industry was 14.912 billion yuan, up by 56.4%; the secondary industry was 66.631 billion yuan, up by 13.0% and the tertiary industry was 256.530 billion yuan, up by 21.0%.

Table 9: Investment in Fixed Assets by Sector and Growth Rate in 2016

Items	Absolute Volume (100million yuan)	Growth Rate over 2015 (%)
Total investment in fixed assets	3380. 73	20. 5
Primary industry	149. 12	56. 4
Secondary industry	666. 31	13. 0
#Industry	661. 53	13. 5
#Manufacture of raw chemical materials and chemical products	53. 51	-19. 5
Manufacture of medicines	30. 07	56. 2
Manufacture of non-metallic mineral products	85. 48	11. 9
Smelting and calendering of ferrous metals	16. 22	1. 3 倍
Smelting and calendering of non-ferrous metals	21. 13	-43. 0
Manufacture of electrical machinery and apparatus	29. 44	3. 9
Tertiary industry	2565. 30	21. 0
#Transport, storage and post	227. 75	4. 0
# Road Transport	125. 98	4. 0
Information transmission, software and information technology	53. 46	1. 8 倍
Management of water conservancy, environment and public facilities	838. 73	71. 5
# Management of public facilities	801. 03	71. 3

The funded investment of fixed assets was 294.378 billion yuan, up by 14.9% over the previous year. Of which, the state budgetary appropriation was 9.095 billion yuan, up by 1.3 times over the previous year; the domestic loan was 68.968 billion yuan, up by 32.1%; the self—raised fund was 147.977 billion yuan, up by 21.0%; other fund was 65.731 billion yuan, down by 11.7% over the previous year.

In 2016, the investment in real estate development projects was 92.732 billion yuan, down by 7.7% over the previous year. Of which, the housing investment was 49.333 billion yuan, decreased by 15.9% over 2015; the investment in office buildings was 12.291 billion yuan, decreased by 8.4%; the investment in houses for commercial business was 21.190 billion yuan, increased by 21.6%; Other investment was 9.981 billion yuan, down by 10.0%.

Table 10: Achievement of the Major Indicators of Developing and Selling Properties in 2016

Items	Absolute Number	Growth Rate over 2015(%)
Floor Space of Construction	6176. 97	-11. 2
#Households	3905. 45	-15. 4
Floor Space of New Construction	896. 24	-23. 6
#Households	556. 65	-11. 6
Floor Space of Completed Buildings	980. 52	-31. 3
#Households	642. 02	-41. 6
Floor Space of Sold Commercial Buildings	988. 57	2. 1
Floor Space of Sold Complete Department	121. 26	70. 7
#Household	72. 24	45. 1
Floor Space of Forward Delivery Housing	867. 32	-3. 3
#Household	760. 54	1. 6
Sales Volume of Commercial Buildings	587. 47	1. 0
Sales Volume of Complete Department	76. 71	78. 2
#Household	41. 47	69. 8
Sales Volume of Forward Delivery Housing	510. 76	-5. 1
#Household	406. 50	9. 7

Ⅴ. Domestic Trade

In 2016, the total retail sales of consumer goods reached 119.534 billion yuan, up by 12.7% over the previous year, of which the retail sales by Internet of units above the designated size was 4.772 billion yuan, up by 134.0% over the previous year.

By location, the retail sales of consumer goods in cities and towns was 105.599 billion yuan, up by 11.9%, of which the city was 101.207 billion yuan, increased by 10.3%, the rural was 13.935 billion yuan, increased by 19.3%. Of patterns of consumption, the commodity retailing was 115.291 billion yuan, up by 13.0% over the previous year. The revenue of catering was 4.243 billion yuan, up by 5.3%.

Figure 5:Total Retail Sale of Consumer and Growth Rate(2011-2015)

Table 11: Total Retail Sales of Consumer Goods in 2016

By Industries	Absolute Number (100million US dollars)	Growth Rate over2015(%)
Total Retail Sales of Consumer Goods(yuan)	1195. 34	12. 7
#Above Designed Size	869. 53	10. 3
By Region		
Town	1055. 99	11. 9
#Urban	1012. 07	10. 3
Rural	139. 35	19. 3
By Consumption Pattern		
Revenue of Catering	42. 43	5. 3
commodity retailing	1152. 91	13. 0
# Retail Sales of Enterprises(Units Above Designed Size	843. 44	10. 5
Food and oil	56. 08	12. 3
Beverages	7. 07	15. 5
Tobacco and Liquor	31. 19	67. 3
Garments, Shoes, Caps and Textiles	53. 55	-2. 5
Cosmetics	10. 44	3. 3
Gold and silver jewelry	6. 06	-4. 0
Daily Necessities	27. 66	10. 9
Sports and Recreation Appliances and Equipments	2. 94	41. 6
Books, Newspapers and Magazines	4. 63	7. 8
Household Appliances and Stereo Equipment	32. 63	6. 7
Chinese and Western Medicines	60. 88	10. 7
Culture and Official Articles	9. 57	3. 6

By Industries	Absolute Number (100million US dollars)	Growth Rate over2015(%)
Furniture	2. 36	83. 9
Communication Equipment	8. 98	-4. 1
Oil and Oil Products	147. 87	6. 7
Construction and Decoration Materials	4. 62	23. 9
Cars	346. 52	12. 4

Ⅵ. Foreign Trade and Economic Cooperation

The total volume of imports and exports in 2016 was 3.927 billion US dollars, decreased by 56.9% over the previous year. Of which the export was 3.288 billion US dollars, decreased by 58.4% and the import was 0.640 billion US dollars, decreased by 47.7%.

There were 24 projects approving foreign investment in 2016 decreased by 20.0% over the previous year. Total volume of foreign investment actually utilized was 1.120 billion US dollars, increased by 20.8%.

Figure 6:Total Volume of Imports and Exports and the Growth Rate(2012-2016)

Table 12: Imports and Exports in 2016

Item	Absolute Number (100million US dollars)	Growth Rate over2015 (%)
Total volume of imports and exports	**39. 27**	**-56. 9**
By enterprises property		
Three types of foreign-funded enterprises	2. 53	8. 0
State-owned enterprises	20. 92	-22. 8

Item	Absolute Number (100million US dollars)	Growth Rate over2015 (%)
Collective-owned enterprises	0. 20	-47. 1
Private enterprises and others	15. 63	-74. 5
By trade mode		
General trade	29. 96	-59. 9
Processing trade	7. 43	-33. 4
Others	1. 89	-64. 2
Total volume of exports	**32. 88**	**-58. 4**
By enterprises property		
Three types of foreign-funded enterprises	1. 51	26. 8
State-owned enterprises	17. 51	-19. 5
Collective-owned enterprises	0. 11	-65. 0
Private enterprises and others	13. 74	-75. 3
By trade mode		
General trade	26. 99	-61. 7
Processing trade	5. 06	-21. 5
Others	0. 83	-59. 9
Total value of imports	**6. 40**	**-47. 7**
By enterprises property		
Three types of foreign-funded enterprises	1. 02	-11. 6
State-owned enterprises	3. 40	-36. 3
Collective-owned enterprises	0. 09	64. 9
Private enterprises and others	1. 89	-66. 8
By trade mode		
General trade	2. 97	-31. 6
Processing trade	2. 37	-49. 6
Total value of imports	1. 06	-66. 9

Table 13: Imports and Exports by Countries and Regions in 2016

Unit:100 million U.S.D.

Country or Region	Total Volume of Imports and Exports	Exports	Imports
Total	39. 27	32. 88	6. 40
Asia	23. 39	19. 22	5. 92
# Hong Kong	3. 41	3. 41	0. 00
India	3. 09	3. 02	0. 07
Japan	1. 25	0. 97	0. 28
South Korea	1. 80	1. 74	0. 06
Taiwan	0. 96	0. 20	0. 76
ASEAN	8. 53	6. 71	1. 82
Africa	1. 68	1. 52	0. 16
Europe	4. 74	4. 15	0. 59
#European Union	4. 11	3. 62	0. 49
Latin America	1. 68	1. 60	0. 08
North America	4. 91	3. 69	1. 22
# America	4. 47	3. 44	1. 03
Oceania	2. 88	2. 70	0. 18
# Australia	1. 82	1. 79	0. 03

Ⅶ.Transport, Post and Telecommunication, Tourism

In 2016, Guiyang Airport navigable city reached 92, increased 11 cities over the previous year, among which there were 17 international, 5 cities more than 2015, and 3 international districts, 1 more than the previous year. The total passenger traffic by all transport means reached 661.7144 million persons, decreased by 1.2% over the previous year and the freight traffic reached 386.8502 million tons, increased by 20.2%.

Table 14: Achievement of Transport in 2016

Item	Absolute Number	Growth Rate over 2015 (%)
Total passenger traffic (10 000 persons)	66171. 44	-1. 2
Railways	2203. 80	9. 1
Highways	62385	-1. 9
Civil aviation	1510. 50	14. 0
Waterways	72. 14	56. 0
Total freight traffic(10 000tons)	38685. 02	20. 2
Railways	1312. 90	3. 9
Highways	37355	20. 8
Civil aviation	9. 59	10. 0
Waterways	7. 53	73. 5

The total number of motor vehicles for civilian use reached 1190.6 thousand by the end of 2016, increased by 7.4%. Of which the total number of cars was 916.7 thousand, increased by 8.9% and number of the private cars was 800.4 thousand, increased by 10.2%.

The turnover of post and telecommunication services reached 20.027 billion yuan, increased by 51.4%. Of which post service was 1.412 billion yuan, increased by 30.4%; telecommunication service was 18.615 billion yuan, increased by 53.3%. The revenue of postal business was 1.570 billion yuan, increased by 49.0%, among which the revenue of express delivery business was 59.2904 million yuan, increased by 46.7%. The mobile phone subscribers had been cleared up under the real-name system, and the number of mobile phone subscribers reached 6.5589 million, decreased by 23.4%. Of which 3G mobile phone users reached 608.9 thousand, and 4G mobile phone users reached 3.8568 million. The number of Internet users was 1.2365 million, increased by 6.5%.

The whole year saw 110.9179 million tourists, increased by 31.0% over the previous year, of which including 110.7342 million domestic tourists and 175.2 thousand foreign tourists. The total revenue from tourism in 2016 was 138.951 billion yuan, up by 33.5% over the previous year. Of which foreign exchange reached 79.0286 million US dollars.

Table 15: Basic Statistics on Tourism in 2016

Item	Unit	Absolute Number	Growth Rate over 2015（%）
Number of foreign tourists	Person-time	183685	15. 9
Foreigners	Person-time	82622	14. 8
Compatriots from Hong Kong and Macao	Person-time	55344	11. 8
Compatriots from Taiwan	Person-time	45719	23. 5
Number of overseas tourists received	Person-day	389412	14. 4
Foreigners	Person-day	175159	15. 6
Compatriots from Hong Kong and Macao	Person-day	117329	10. 3
Compatriots from Taiwan	Person- day	96924	17. 4
Foreign exchange revenue	10000U.S.D.	7902. 86	31. 0
Domestic tourism			
Domestic tourists	10 000 person-times	11073. 42	30. 9
Tourism revenue	100 million yuan	1384. 08	33. 5
Total Tourism revenue	100 million yuan	1389. 51	33. 5

In the tourism resources survey of 2016, the units of tourism resource registered were 6499, of which, those developed or under planning and developing were 2071, undeveloped(newly found) 4428. The number of premier tourism resources was 7607, of which, the developed or under planning and developing were 386, the undeveloped (newly found) 292.

Ⅷ. Finance, Banking, Stocks and Insurances

The total government revenue in 2016 reached 71.770 billion yuan, a 2.3% increase compare to the previous year after removing the effect of business tax changed into added-value tax; the public financial budget revenue was 36.632 billion yuan, a 4.4% increase compare to the previous year; and the public financial budget expenditure was 52.561 billion yuan, a 4.4% increase compare to the previous year.

Table 16: Basic Statistics on Financial Revenue and Expenditure in 2016

Item	Volume	Growth Rate over 2015 (%)
General financial revenue	717. 70	2. 3
#Public financial budget income	366. 32	4. 4
Tax revenue	283. 78	1. 9
#Added-value tax	71. 97	-4. 0
Business tax	45. 60	19. 9
Corporate income tax	28. 36	-6. 7
Individual income tax	11. 88	-0. 3
Non-tax revenue	82. 54	14. 0
Public financial budget expenditure	525. 61	4. 4
#General public services	74. 26	2. 9
Public security	49. 95	20. 6
Education	99. 27	0. 8
Science and technology	17. 26	19. 0
Social security and employment	38. 92	12. 4
Medical care and public health &Family planning	38. 82	-1. 6
Urban and rural community affairs	50. 81	8. 2

By the end of 2016, saving deposits in RMB and foreign currencies in all items of financial institutions in Guiyang totaled 997.884 billion yuan, 112.086 billion more than the figure calculated

at the beginning of 2016. Of which household balance reached 250.541billion yuan, 24.143 billion yuan more than the figure calculated at the beginning of 2016. Loan balance in RMB and foreign currencies in all items of financial institutions reached 925.641 billion yuan, 131.186 billion more than that of the beginning of 2016. Saving deposits in RMB in all items of financial institutions in Guiyang at the end of 2016 reached 992.830 billion yuan, 115.609 billion more than the figure calculated at the beginning of 2016. Of which, household balance reached 248.6070 billion yuan, 23.440 billion yuan more than the figure calculated at the beginning of 2016. Balance of non-financial companies reached 466.262 billion yuan, 81.980 billion yuan more than the figure calculated at the beginning of 2016.

Loan balance in RMB in all items of financial institutions in RMB reached 915.320 billion yuan, 127.763 billion more than that of the beginning of 2016. Of which short-term loan balance was 30.153 billion yuan, 0.165 billion less than that of the beginning of 2016; middle and long term loans was 145.316 billion yuan, 22.848 billion more than that of the beginning of 2016.

Total premium income in 2016 reached 11.435 billion yuan, a 19.6 percent increase over the previous year. And total compensation expenses amounted to 4.539 billion yuan, a 14.3 percent increase over the previous year.

Table 17：Basic Statistics on Insurance in 2016

Item	Volume	Growth Rate over 2015 (%)
Premium income	114.35	19.6
Property insurance	57.77	14.2
#Motor vehicle insurance	44.67	19.4
Life insurance	56.58	25.7
Personal insurance	47.12	23.8
Health insurance	6.94	44.3
Personal accident insurance	2.52	17.6
Compensation expenses	45.39	14.3
Property insurance	30.15	17.0
#Motor vehicle insurance	22.69	15.9
Life insurance	15.24	9.3
Personal insurance	12.82	7.6
Health insurance	1.95	23.4
Personal accident insurance	0.47	6.8

By the end of 2016, the number of listed companies was 16, including 7 listed in Shanghai Stock Exchange and 9 listed in Shenzhen Stock Exchange. The total market value of those listed companies was 193.548 billion yuan, up by 16.2% over the previous year. Besides, there were 2 securities company, 50 securities exchange departments. The number of capital accounts reached

729.7 thousand. And the turnover of trades reached 674.421 billion yuan. Moreover, there were 10 business departments of future goods, with a turnover of 373.003 billion yuan.

Ⅸ. Science, Technology and Education

In 2016, there were 9956 patent applications for new inventions, a 43.0% increase comparing to the previous year, and 4754 of them had been authorized, a 40.6% decrease comparing to the previous year. Among those authorized patents, 1236 were for inventions, up by 31.5%, 2983 for utility models, down by 16.5%, and 535 design patents, down by 84.7% over the previous year. In 2016, 2 academician workstations, 2 post-doctoral research flow workstations, 3 key (engineering) laboratories, 5 enterprise technology center of provincial level had been newly approved. Twelve innovation and entrepreneurship incubators, like the "incubator" of big data of Guiyang transportation, 6 national maker spaces, and 8 provincial maker spaces were newly built. Guiyang successfully won the qualification in the second group of "demonstration city of innovation base for small and micro enterprise entrepreneurship".

In 2016, the enrollments of postgraduate education institutions were 14,650 with 5107 newly recruited students and the number of graduates was 4177;enrollments of higher education institutions were 409.8 thousand with 126.1 thousand newly recruited students and the number of graduates was 94.4 thousand; enrollments of secondary vocational education institutions were 138.0 thousand with 49.4 thousand newly recruited students and the number of graduates was 44.0 thousand; enrollments of regular high schools were 88.8 thousand with 29.3 thousand newly recruited students and the number of graduates was 28.6 thousand; enrollments of regular junior secondary schools were 149.3 thousand with 48.8 thousand newly recruited students and the number of graduates was 55.7 thousand; enrollments of ordinary primary schools were 348.3 thousand with 68.3 thousand newly recruited students and the number of graduates was 49.7 thousand; enrollments of special education institutions were 1,115 with 302 newly recruited students and the number of graduates was 151;and enrollments of kindergartens were 158.8 thousand.

Figure 7:New Students Enrollment (2012-2016)

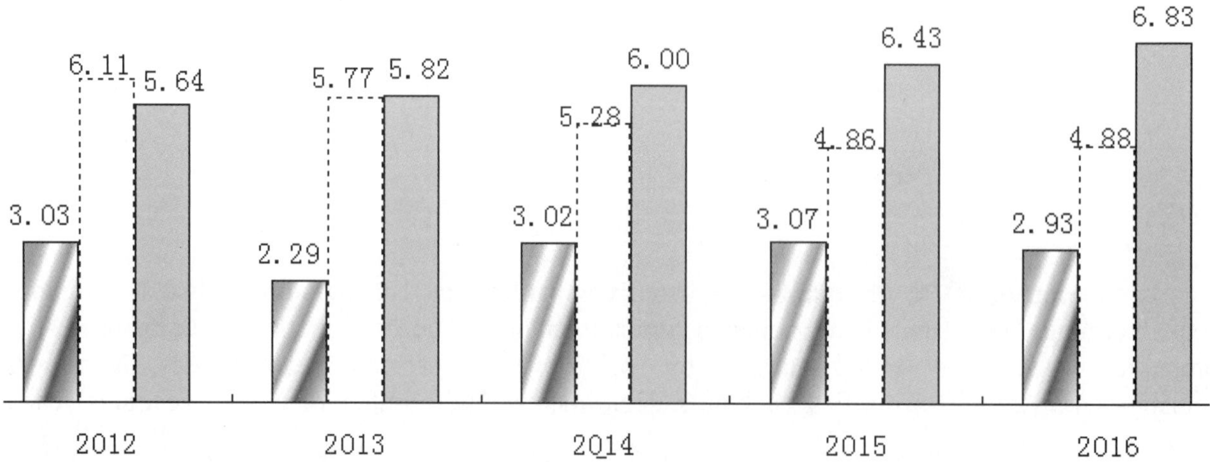

Ⅹ. Culture, Sanitation and Sports

At the end of 2016, here were 10 art-performing groups, 13 cultural centers and mass cultural centers, 170 cultural stations as well as 14 public libraries with 4. 0307 million copies; there were 2 radio station with 100% comprehensive broadcast coverage of population; there were 2 TV stations with 99.71% coverage of population of television.

By the end of 2016, there were 3,165 medical and health institutions in Guiyang, including 182 hospitals, 76 health centers, 54 community health service centers(stations), 1,352 village clinics and 13 epidemic disease prevention centers. And there were 32,924 beds, 41,472 health workers, 15,834 licensed doctors and licensed assistant doctors, 18,333 registered nurses, 1,699 pharmacists and 2,127 technicians.

In 2016, throughout Guiyang there were 1 sport schools and 776 athletes. Over the year, 404 mass fitness activities had been held, among which there were 149 activities attracting more than 1,000 participants, 5 times of training class with 330 people trained during the courses. As for honors and awards won in domestic sports events in 2016, athletes from Guiyang won 299 medals including 99 gold medals, 116 silver medals and 84 bronze medals. In 2016, Guiyang successively held Guiyang international marathon, Guiyang international boxing season, the Finals of China Mobile E-Sports Games, National Fitness Site League (the southern division), 2016 ITF Women's Circuit (Guiyang), and Chinese Football Association China League. Guizhou Hengfeng Zhicheng Football Club ranked the second in the Chinese Football Association China League and got the access into Chinese Football Association Super League.

Ⅺ. Urban Construction and Ecological Environment

The total length of paved roads at the end of 2016 in urban areas was 1306 kilometers, the area of paved roads was 26.43 million square meters and the number of bridges was 345, including 26 cloverleaf junctions. The number of operating vehicles was 3265 [(5)], amount to 3971 standard operating vehicles. The total length of lines in operation was 4721 kilometers. The total volume of public transportation was 619.94 million persons. And there were 8904 taxis in Guiyang City.

There were 8 water supply plants totally in Guiyang. The comprehensive productive capacity of tap water reached 1.3450 million cubic meters per day, with water supply pipelines reaching 3850.23 kilometers. The total water supply in 2016 reached 297.2709 million cubic meters and the total volume of water sold reached 262.9410 million cubic meters, including 62.1097 million cubic meters of consumption for public use and 159.6188 million cubic meters for household use.

The total natural gas supply in 2016 was 249.03 billion cubic meters, up by 21.5% over the previous year. Subscribers of natural gas reached 892.7 thousand, including 887.8 thousand household users, up by 20.2% over the previous year, with 98.54 million cubic meters natural gas supply, up by 13.8% compared with the previous year. The population of using natural gas reached 2521.4 thousand.

There were 22 sewage disposal plants in Guiyang at the end of 2016, with the capacity of disposing 1.10 million tons of sewages per day. Among those plants, 11 locate in urban areas, with the capacity of disposing 1 million tons of sewages per day. And the length of drainage pipelines of urban areas was 3423.81 kilometers.

The eco-environment was further optimized. The centralized drinking water source areas in more than 16 counties and 39 villages and towns reached III drinking water quality standard and the water qualification rate was 100%. The disposal utilization rate of industrial solid waste was 97.53%. Three hundred and fifty thousand outdated production facilities was closed down or resolved. The regional noise in Guiyang was 59 decibel, and the traffic noise was 69.6 decibel, both were under the control of national standard. A city with thousands of parks proceeded in order. Two hundred and forty-nine parks were newly built, which included forest parks, wetland parks, mountain parks, city parks and community parks. Eleven municipal demonstration parks were completed, like Taiyanghu Park in high-tech district, Baihuahu Forest Park in Guanshanhu district, Quanhu Park in Baiyun district, Xiangchou Guizhou Park in Qingzhen. Five provincial forest parks were successfully applied, they were: Guiyang Denggao Yunshan Forest Park, Guizhou Wudang Yangchang Huanglian Forest Park, Qingzhen Qianzhong Zhuhai Forest Park, Kaiyang Yundingshan Forest Park, Kaiyang Erchongshan Forest Park. The area of newly increased urban green land was 6296.9 thousand cubic meters. Besides, there were 11.7442 thousand hectares of newly district green area, 12.18248 thousand hectors of newly district green coverage, 3600.94 hectors of newly district garden greens. And the ratio of newly district green coverage was 40.74%. The public green area per capita was 12.86 square meters. The ratio of forest coverage was 46.5%.

The municipal air quality index [(6)] in 2016 was 3.99, the same with the previous year and the proportion of days when air quality meet or above the standards of good or excellent in the whole year accounted for 95.6%, up by 2.4 percentage points over the previous year. The regional noise was 59 decibel and the traffic noise was 69.6 decibel, both were under the control of national standard. The annual average concentration of inhalable particles in urban areas was 0.063 milligram per cubic meter, up by 3.3%; the annual average concentration of sulfur dioxide was 0.013 milligram per cubic meter, down by 23.5%; the annual average concentration of nitrogen dioxide was 0.029 milligram per cubic meter, up by 3.6%; and the annual average concentration of fine particles was 0.037 milligram per cubic meter, down by 5.1%.

In 2016, the annual average temperature of Guiyang city was 15.3 ℃, the extreme maximum temperature was 33.7℃, and the extremely minimum temperature was -4.8℃. The annual average relative humidity was 80%. The total amount of precipitation was 1046 millimeters and the hours of sunshine reached 1160 hours.

Ⅻ. People's Livelihood and Employment

In 2016, the annual per capita disposable income of urban households was 29,502 yuan, a 8.3% increase comparing to the previous year, or a real increase of 7.1% when the factors of price excluded. The annual per capita nonproductive expenditure of rural households was 24,335yuan, an increase of 8.0% comparing to the previous year. Expenditures on services of education, culture and recreation accounted for 14.9% of the total nonproductive expenditure. The number of family cars and mobile phones per 100 households were 31.48 and 209.77 respectively.

Figure 8: Per Capital Annual Disposable Income of Urban and Rural Residents 2012-2016

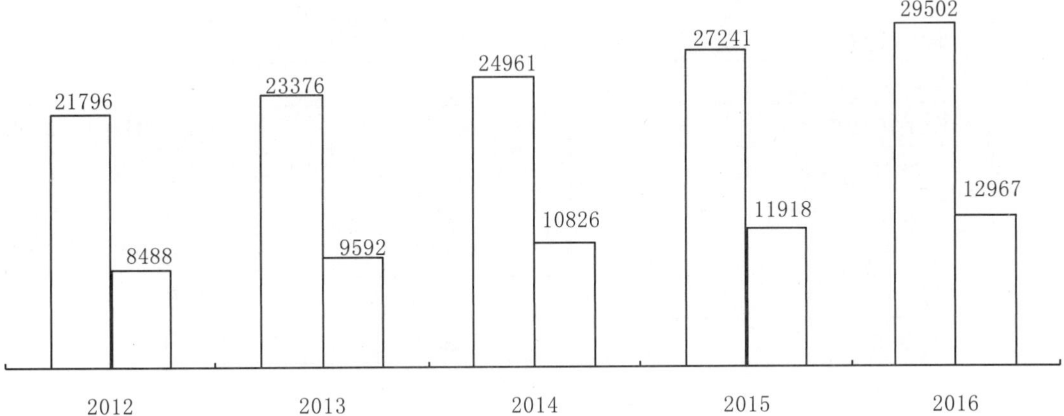

Table 18: Ownership of Family Durable Consumer Goods Per 100 Urban Households at the End of 2016

Item	Unit	Absolute Number
Family car	unit	31. 48
Motorcycle	unit	4. 70
Refrigerator	set	97. 39
Washing machine	set	99. 40
Electric water heater	set	85. 01
Air-condition	set	17. 61
Color TV set	set	104. 86
Vidicon	set	8. 26
Camera	set	21. 00
Computer	set	55. 30
Medium and High-grade Instruments	unit	3. 38
Fixed-line Telephone	set	45. 65
Mobile Telephone	set	209. 77

In 2016, the annual per capita disposable income of rural households was 12967 yuan, an increase of 8.8% comparing to the previous year, or a real increase of 7.6% when the factors of price increase excluded. The annual per capita living expenditure was 11044 yuan, an increase of 11.8% comparing to the previous year. Expenditures on services of education, culture and recreation accounted for 10.8% the total living expenditure.

Table 19: Ownership of Family Durable Consumer Goods Per 100 Rural Households at the End of 2016

Item	Unit	Absolute Figure
Family Cars	unit	28. 01
Motorcycle	unit	58. 05
Refrigerator	set	86. 19
Washing machine	set	99. 91
Electric water heater	set	58. 83
Air-condition	set	0. 74
Color TV set	set	106. 53
Vidicon	set	0. 08
Camera	set	3. 63
Computer	set	18. 00
Medium and High-grade Instruments	unit	0. 60
Fixed-line Telephone	set	9. 80
Mobile Telephone	set	260. 28

The overall number of employed people both in urban and rural areas reached 265.4 thousand, with an increase of 3.1% over the last year. And the number of those who had difficulty finding jobs and being reemployed was 11,593, an increase of 14.4% over the previous year. The number of surplus rural labor transformed reaches 38,378, increased by 3.3% over the previous year. The new jobs created in city and counties were 227 thousand, an increase of 3.1% over the previous year. And the registered unemployment rate in urban areas at year-end was 3.1%.

Figure 9: Newly Increased Employment 2012-2016

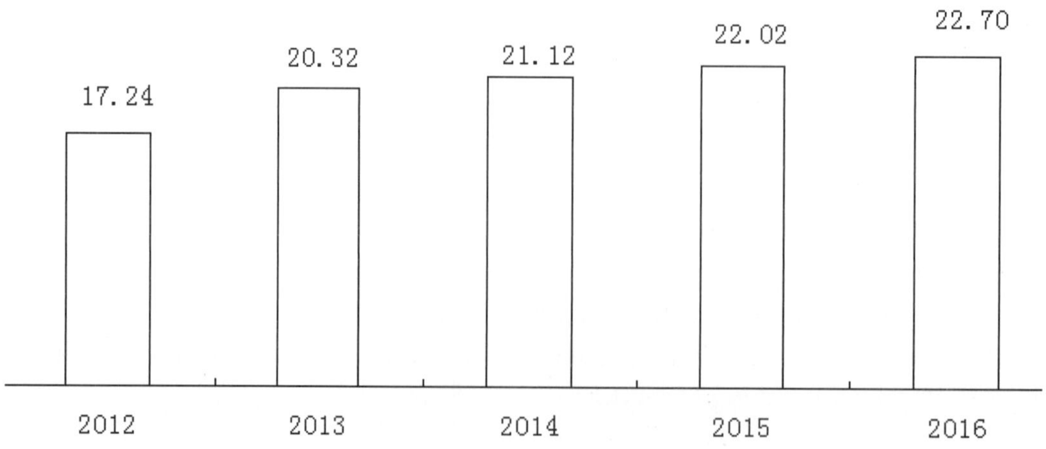

XIII. Population, Social Security and Social Services

By the end of 2016, the total permanent residential population of Guiyang City reached 4.6968 million and the annual average population was 4.6593 million. The annual birth rate of 2016 was 11.05‰, the death rate 5.2‰, the natural growth rate 5.85 ‰, and the urbanization rate was 74.16%.

Table 20: Number and Composition of Permanent Residents at the End of 2016

Item	Units	Absolute Figure	Growth Rate over 2015 (%)
Annual average population	10 000 persons	465. 93	1. 5
Total population at year-end	10 000 persons	469. 68	1. 6
Grouped by towns and countries			
Town	10 000 persons	348. 31	2. 9
Country	10 000 persons	121. 37	1. 9
Grouped by gender			
Male	10 000 persons	240. 57	1. 4
Female	10 000 persons	229. 11	1. 9
Birth rate	‰	11. 05	0. 84
Death rate	‰	5. 20	0. 24
Natural growth rate	‰	5. 85	0. 6

At the end of 2016, a total of 1.7001 million people participated in the basic old-age pension program for urban workers, an increase of 9.0% over last year. Among these participants, 1.4276million people were on-spot staff, an increase of 9.3% over last year, 272.5 thousand people were retirees, an increase of 7.5% over last year; 835.7 thousand people were urban and rural residents, the same with last year and 667.3 thousand people insured unemployment insurance, an increase of 3.3% over last year. Furthermore, 1.3204 million people insured the fundamental medical insurance for urban workers, an increase of 4.4% over last year; 701.8 thousand people insured the medical insurance for urban residents, an increase of 7.7% over last year; 1.2073million people insured Maternity Insurance, an increase of 12.0% over last year. And the rate of joining rural cooperative medical scheme reached 99.48%.

There were 72 adopting social welfare institutions throughout the city with 8087 beds and 2612 adopted people at the end of 2016. Moreover, there were 5 rural pension service institutions, with 690 beds and 421 people at the year end. There were 171 community service centers, 78 in rural areas. The number of community service station was 1459, in which 912 in rural areas. As for the lowest living allowances, 102.7 thousand urban and rural residents had enjoyed them. Among these people, 58.4 thousand people had enjoyed urban minimum living allowances and 44.3 thousand people had enjoyed rural minimum living allowances. And there were 17,215 people enjoying the state pension and subsidies for entitled groups. In total, Civil Affairs Departments of Guiyang City received a donation of 2445 thousand yuan directly from the society throughout the year benefiting 3000 people.

XIV. Work Safety

The total number of all kinds of work safety accidents [7] was 239. The death toll was 180. The number of road traffic accidents was 222, and the death toll of road traffic accidents was 158. The number of mining and trading safety accidents was 7, with a death toll of 16. The number of railway traffic accidents was 9, and the death toll was 6. There was no coal mine accident.

Notes:

(1)Statistics listed in the communique are preliminary data.

(2)Gross value of production and absolute added value of each industry are calculated at current prices and their growth rates are calculated at comparable prices.

(3) Industrial enterprises above designated size refer to those with a main business income of 20billion yuan and more.

(4)The statistical caliber refers to the 5million and more of the total planned investment in fixed assets projects and the whole investment in real estate.

(5) The numbers of operating vehicles include the statistics of three counties and Guiyang city.

(6)The *Ambient Air Quality Standard Technical Regulation (HJ633-2012)(On Trial)* was implemented synchronously with *Amendment of Ambient Air Quality Standard（GB 3095—2012）*, the standard information can be reached in the website of Environment Protection Ministry (bz.mep.gov.cn).

(7)Fire accidents are not included in work safety accidents. The statistical system of work safety accidents has undergone a reform, so the data are incomparable.

(8) Data Sources:

In this communique, telecommunication data come from Communications Authority of Guizhou Province; data of civil aviation transportation come from Guizhou Airport Group; data of railway transportation come from Chengdu Railway Bureau; data of listed companies come from Supervision and Regulatory Bureau of Guizhou Province affiliated to China Securities Regulatory Commission; data of insurance industries come from Insurance Regulatory Bureau of Guizhou Province; data of education come from Guizhou Provincial Department of Education and Education Bureau of Guiyang City; data of artistic performance groups, public libraries and cultural centers come from Guizhou Provincial Department for Cultural Affairs and of Guiyang Cultural Affairs Bureau; data of radio, television and movies come from Guizhou Provincial Radio, Film and Television Administration and of Guiyang Bureau of Radio, Film and Television; data of sports come from Guizhou Provincial Administration of Sports and Guiyang Sports Bureau; data of newly increased employed people, unemployment rate based on unemployment registration, social security come from of Guiyang Human Resources and Social Security Bureau; data of finance come from Guiyang Bureau of Finance; data of total agricultural machinery power and areas ploughed by agricultural machinery come from Guiyang Commission of Agriculture; data of highway transportation come from Guiyang Road Transport Bureau; data of waterway transportation come from Guiyang Bureau of Maritime Affairs; data of gas supply come from Guiyang Bureau of Housing and Urban-rural Development; data of green coverage in built-up areas come from Guiyang Bureau of Landscape and Forestry; data of foreign investments as well as imports and exports come from Guiyang Administration of Commerce; data of motor vehicles for civil use come from Guiyang Public Security Bureau; data of postal services comes from Guiyang Post Bureau; data of tourism come from Guiyang Tourism Development Commission; data of banking come from Guiyang Central Sub-branch of the People's Bank of China; data of science and technology projects come from Guiyang Bureau of Science and Technology; data of patents come from Guiyang Bureau of Intellectual Property; data of average temperature and humidity come from Guiyang Meteorological Bureau; data of sanitation and new cooperative medical care system in rural areas come from Guiyang Sanitary Bureau; data of social welfare, minimum living allowances and social donations come from Guiyang Bureau of Civil Affairs; data of environment monitoring come from Guiyang Ecological and Environmental Protection Commission; data of urban construction come from Guiyang urban-management bureau; data of tap water and sewage treatment come from Guiyang Water Authority; data of public traffic operation come from Public Transport Agencies of Guiyang City and Guiyang Transit Administration; data of safety in production come from Guiyang Work Safety Administration; data of commodity prices, income and expenditure of urban and rural residents come from Guiyang investigation team affiliated to National Bureau of Statistics of China; and other data come from Guiyang Bureau of Statistics.